山钢年鉴

SD STEEL YEAR BOOK

2023

《山钢年鉴》编纂委员会　编

冶 金 工 业 出 版 社

图书在版编目(CIP)数据

山钢年鉴. 2023 /《山钢年鉴》编纂委员会编. —北京：冶金工业出版社，2024. 5. —ISBN 978-7-5024-9887-0

Ⅰ. F426. 31-54

中国国家版本馆 CIP 数据核字第 20241JY015 号

山钢年鉴 2023

出版发行 冶金工业出版社　**电　话** (010)64027926
地　址 北京市东城区嵩祝院北巷 39 号　**邮　编** 100009
网　址 www. mip1953. com　**电子信箱** service@ mip1953. com

责任编辑 于昕蕾　美术编辑 彭子赫　版式设计 郑小利
责任校对 王永欣　责任印制 窦　唯
北京捷迅佳彩印刷有限公司印刷
2024 年 5 月第 1 版，2024 年 5 月第 1 次印刷
787mm×1092mm 1/16；31 印张；8 彩页；734 千字；482 页
定价 199. 00 元

投稿电话 (010)64027932 投稿信箱 tougao@cnmip. com. cn
营销中心电话 (010)64044283
冶金工业出版社天猫旗舰店 yjgycbs. tmall. com
(本书如有印装质量问题，本社营销中心负责退换)

《山钢年鉴》编纂委员会

主　　任　侯　军

副 主 任　陈向阳　赵文友　王鸿飞　王向东　付　博
　　　　　董立志　刘慈玲　李长青　王培文

委　　员　(以姓氏笔画为序)
　　　　　马先红　王　勇　王文学　王兴强　王志强
　　　　　王其成　车连房　刘兰雪　刘松林　孙日东
　　　　　李　林　李　强　李丰功　李学玉　李荣臣
　　　　　李洪建　邱现金　张元福　张兰润　张永护
　　　　　陈茂文　罗文军　周传勇　逄晓男　黄振辉
　　　　　魏　风

《山钢年鉴》(2023) 编审人员

主　　审　李学玉

主　　编　李波涛　陈　振

副 主 编　张海明　张　序　李海新

责任编辑　张　序　李海新　徐　晨　胡　玉　刘　宁
　　　　　牛玉波　杨　栋　马家泰　梁玉超　徐大天
　　　　　于亦海　朱向前　张金良　叶　华

特约审稿　孙亚宁

主要摄影　李建辉

英文翻译　郑　玮

编辑说明

《山钢年鉴》是山东钢铁集团有限公司（简称山钢集团或集团公司）主办的综合性年刊，主要记录山钢集团及各权属单位重点工作，展现改革发展的重要成果，反映各方面的新进展、新情况、新经验。本部年鉴是山钢集团成立以来的第14部年鉴，与《山钢年鉴》（2022）相衔接。标期为出版年份。

本卷收录2022年发生在山钢集团的大事要闻，有些资料适当上溯或下延。卷首刊载了反映山钢集团重大事件、重要工作、两个文明建设重要成果的彩色图片。全卷设特载、专论专文、大事记、概况、机构与人事、战略合作与交流、专业管理、党群工作、山钢股份、权属单位、统计资料、荣誉、附录，共13个栏目，全面展现了山钢集团深入贯彻落实中共山东省委、省政府决策部署，认真学习宣传贯彻党的二十大精神，面对钢铁市场严峻形势，全面导入商业计划书管理模式，打响生存保卫战的新业绩；真实记载了山钢集团持续深化改革，加快转型发展，坚定不移打造世界一流企业，着力锻造绿色、智慧、可持续发展比较优势，立足新发展阶段，贯彻新发展理念，融入新发展格局，加快谋划“强”起来，不断推动企业高质量发展的新征程，以及努力实现转型升级走在全国国企前列、综合竞争力走在国内钢铁强企前列、深化改革走在省属企业前列、信息化建设水平走在国内钢铁行业前列，全力打造一个“注入改革基因、充盈市场元素、拥有创新特质、饱含人文情怀”的魅力山钢的新成就。

全卷框架结构及内容经集团公司领导审阅，稿件由山钢集团各单位、各直属机构及总部各部门提供，部分稿件由编纂委员会办公室撰写，均经单位主要负责人审阅。主要数据资料由运营管理部、财务部、人力资源部、科技创新部提供并审阅，机构与人事资料由党委组织部提供并审阅，主要图片资料由党委宣传部、新闻传媒中心提供并审阅。

全卷的编辑出版，得到了各级领导及各单位、各部门的大力支持和帮助，在此谨表诚挚谢意。由于时间较紧，加之水平所限，纰漏与不足在所难免，恳请读者批评指正。

《山钢年鉴》编纂委员会

2023年12月

山东钢铁集团有限公司党委书记、董事长　侯军

山东钢铁集团有限公司党委副书记、总经理　陶登奎

2022 年 3 月 22 日，中共山东省委书记李干杰（左二）到山钢股份莱芜分公司调研，对山钢疫情防控工作、新旧动能转换项目等给予高度评价

2022 年 2 月 26 日，中共山东省委常委、组织部部长王宇燕（右三）到山钢集团日照有限公司调研

2022 年 7 月 29 日，中华全国总工会基层工作部副部长杨洪伟（右一），山东省总工会党组成员、副主席李业文（右二）到山钢集团日照有限公司调研，并在日照公司开展山东省“十佳职工信赖的娘家人”送奖上门活动

2022 年 4 月 19 日，山钢集团召开科技创新、商业计划书管理推进暨一季度工作会议。图为山钢集团党委书记、董事长侯军为科技进步突出贡献奖获得者、山钢集团研究院高级研究员周平颁发 100 万元奖励

2022 年 3 月 25 日，山钢集团召开疫情防控与生产运行工作视频会议

2022 年 2 月 26 日，山钢集团召开第一届职工代表大会第四次会议

2022 年 1 月 6 日，山钢集团召开安全环保工作会议

2022年7月26日，山东省钢铁行业协会成立大会在济南召开。山钢集团党委常委、董事陈向阳（左二）当选协会首届轮值会长

2022年1月7日，由中国冶金职工思想政治工作研究会主办，山钢集团承办的2021年度中国冶金政研会理事大会在日照公司召开

2022年1月19日，山钢集团以视频会议形式召开2022年度工作会议

2022 年 3 月 5 日至 11 日，全国人大代表、山钢集团党委书记、董事长侯军在北京参加第十三届全国人民代表大会第五次会议

2022 年 3 月 8 日，全国人大代表、莱钢职工张学政在北京参加第十三届全国人民代表大会第五次会议

2022年，山钢集团正式导入商业计划书管理模式，升级确立了“精品与规模并重，沿海与内陆并进，绿色与智慧并举”的发展战略和新的企业愿景、企业使命。图为日照公司生产厂区

2022年，面对钢铁市场急转直下的严峻形势，山钢集团打响生存保卫战，钢铁主业成本大幅降低。图为炼铁生产现场

2022 年，山钢集团连续第三年上榜世界 500 强榜单，位列榜单第 332 位，较上一年跃升 52 位

山钢集团获评 2022 年“钢铁绿色发展标杆企业”

2022 年 10 月 16 日，中国共产党第二十次全国代表大会开幕。山钢集团党委组织广大党员干部职工收听收看开幕实况

2022 年 5 月 28 日，中国共产党山东省第十二次代表大会在济南开幕。山钢集团党委组织广大党员干部职工收听收看开幕实况

2022 年 7 月 1 日，山钢集团召开庆祝中国共产党成立 101 周年暨五星级党支部命名表彰大会。图为与会党员重温入党誓词

2022 年 10 月 24 日，山钢集团召开党委理论学习中心组（扩大）暨决战四季度工作会议，深入学习贯彻党的二十大精神

日照公司厂区松虎湾公园

山钢股份莱芜分公司炼铁厂3800立方米高炉

山钢资本深圳总部办公楼

2022 年 6 月 14 日，在山东省第八届职工运动会开幕式上举行的拔河比赛决赛中，山钢集团拔河队包揽男女项目冠军

2022 年 11 月 22 日，山钢股份莱芜分公司青年志愿者为做好疫情防控工作冒雨对进入厂区车辆进行检查

2022 年 7 月 7 日，山钢集团党委书记、董事长侯军赴菏泽市巨野县调研走访乡村振兴工作，实地调研山钢援派干部帮扶村和重点项目，并代表山钢集团向巨野县捐赠帮扶项目资金

2022 年 7 月 13 日，山钢集团党委副书记、总经理陶登奎看望慰问专家人才

2022 年 1 月 20 日，山钢集团召开党史教育总结会议

2022 年 1 月 29 日，山钢集团纪委召开一届七次全体会议

目　　录

特　　载

中共山东省委书记李干杰到山钢集团检查指导工作 …… 3
中共山东省委常委、省委组织部部长王宇燕到山钢集团调研 …… 3
山东省工信厅领导到山钢集团调研 …… 4
山东省国资委领导到山钢集团调研 …… 4
山钢集团位列 2022 年《财富》世界 500 强第 332 位 …… 5
2021 年度中国冶金政研会理事大会在山钢集团召开 …… 5
侯军参加十三届全国人大五次会议 …… 6
山钢集团统筹兼顾以稳促进生产经营疫情防控两手抓双保障 …… 7
山钢集团党委开展“学习创新争先锋，建功献礼二十大”主题实践活动 …… 8
山钢集团党委组织收听收看党的二十大开幕会 …… 9

专论专文

抢抓新机遇　应对新挑战　融入新格局　以改革攻坚实效推进高质量发展全面跃升
——在山钢集团第一届职工代表大会第四次会议上的讲话 …… 侯　军 13
登高望远应大势　踔厉奋发走在前　以改革发展新作为开创山钢“强”起来新局面
——在集团公司科技创新、商业计划书管理推进暨一季度工作会议上的讲话 …… 侯　军 18
砥砺攻坚促改革　凝神聚力谋新篇　以勇立潮头的坚定自信应对行业大变局
——在集团公司 2022 年半年工作会议上的讲话 …… 侯　军 25
在集团公司纪委一届七次全体会议上的讲话 …… 侯　军 32
改出新动力　阔步新发展 …… 侯　军 39
砥砺新时代　逐梦新征程　只争朝夕奋力开创新山钢美好未来
——在山钢集团第一届职工代表大会第四次会议上的工作报告 …… 陶登奎 43
承压奋进　应变克难　全力以赴在不确定性中抢机遇抢时间抢效益抢进度
——在集团公司科技创新、商业计划书管理推进暨一季度工作会议上的讲话 …… 陶登奎 54
居危思进　危中寻机　全力以赴稳效益促改革守底线求突破
——在集团公司 2022 年半年工作会议上的讲话 …… 陶登奎 61

大　事　记

2022 年山东钢铁集团有限公司大事记 …… 73
2022 年度山钢集团十大新闻 …… 88

概　　况

公司简况 …… 93
2022 年工作综述 …… 94

机构与人事

山东钢铁集团有限公司组织机构图 …… 101
山东钢铁集团有限公司领导简介 …… 102
中共山东钢铁集团有限公司委员会 …… 114

山东钢铁集团有限公司董事会 …… 114
山东钢铁集团有限公司监事会 …… 114
山东钢铁集团有限公司经理层 …… 114
中共山东钢铁集团有限公司纪律检查委员会 …… 115
集团公司总部部门 …… 115
集团公司直属机构 …… 117
集团公司所属子公司、直属单位 …… 118

战略合作与交流

山钢集团与中泰证券战略合作签约暨“1+N”综合金融服务启动仪式举行 …… 125
山钢集团与中国民生银行济南分行签署全面战略合作协议 …… 125
山钢集团应邀参加山西焦煤战略客户合作峰会 …… 126
山钢集团与中国银行山东省分行签署党建共建、廉洁伙伴暨战略合作协议 …… 126
山钢股份与山推股份签署战略合作协议 …… 127
山钢股份与宝武资源签署战略合作框架协议 …… 127

专业管理

行政事务管理 …… 131
公司治理 …… 133
战略发展管理 …… 135
财务管理 …… 136
投资与资本运营管理 …… 138
运营管理 …… 139
信息化管理 …… 141
绩效管理 …… 142
人力资源管理 …… 143
档案管理 …… 144
外事管理 …… 145
安全环保管理 …… 145
风险管理 …… 148
法务与合规管理 …… 149
审计管理 …… 150
科研管理 …… 151
企业文化管理 …… 153
资金中心工作 …… 153
审计中心工作 …… 155
法律顾问中心工作 …… 156
人力资源服务中心工作 …… 158

党群工作

综述 …… 163
党委综合事务管理工作 …… 166
组织工作 …… 168
意识形态和宣传思想工作 …… 169
统一战线工作 …… 171
纪检监察工作 …… 172
巡察工作 …… 174
机关党群工作 …… 175
新闻传媒中心工作 …… 177
工会工作 …… 179
共青团工作 …… 181

山钢股份

公司简况 …… 185
2022 年工作综述 …… 186
2022 年山钢股份公司大事记 …… 187
机构与人事 …… 196
中共山东钢铁股份有限公司委员会 …… 196
山东钢铁股份有限公司董事会 …… 196
山东钢铁股份有限公司监事会 …… 197
山东钢铁股份有限公司经理层 …… 197
中共山东钢铁股份有限公司纪律检查委员会 …… 197
山钢股份总部各部门 …… 197
山钢股份管理单位 …… 198
专业管理 …… 200
党群工作 …… 218
股东大会、董事会、监事会会议内容简介 …… 228
山钢股份 2022 年度合并利润表 …… 232

山钢股份 2022 年度部分制度文件目录 …… 234
山东钢铁股份有限公司莱芜分公司 …… 235
山东钢铁集团日照有限公司 …… 237
山东钢铁股份有限公司营销总公司 …… 240
山东钢铁集团有限公司研究院 …… 243
莱芜铁路运输分公司 …… 246
全资和控股子公司 …… 247
莱芜钢铁冶金生态工程技术有限公司 …… 247
山东莱钢环友化工能源有限公司 …… 247
莱芜天元气体有限公司 …… 248
受托管理单位 …… 250
莱芜钢铁集团银山型钢有限公司 …… 250
山东冶金机械厂有限公司 …… 251

权属单位

莱芜钢铁集团有限公司 …… 255
山东工业职业学院 …… 257
山东钢铁集团矿业有限公司 …… 261
山东耐火材料集团有限公司 …… 263
山东钢铁集团淄博张钢有限公司 …… 266
山东钢铁集团永锋淄博有限公司 …… 267
山东钢铁集团财务有限公司 …… 269
山东钢铁集团国际贸易有限公司 …… 272
山东钢铁集团房地产有限公司 …… 274
山钢金融控股（深圳）有限公司 …… 277
山信软件股份有限公司 …… 281

统计资料

集团公司 2022 年主要生产经营指标完成情况表 …… 287
集团公司 2022 年钢材品种结构构成表 …… 288
集团公司 2022 年主要技术经济指标完成情况表 …… 289
2022 年全国钢铁企业主要产品产量排序表（前 10 名） …… 291
2022 年世界钢铁企业粗钢产量排名表（前 20 名） …… 291
2001～2022 年全国铁、钢、材历年产量表 …… 292
集团公司 2022 年职工队伍基本情况统计表 …… 293
集团公司 2022 年专业技术人才基本情况统计表 …… 294
集团公司 2022 年获国家专利情况统计表 …… 295

荣 誉

集团公司 2022 年获全国荣誉的先进单位 …… 333
集团公司 2022 年获省级荣誉的先进单位 …… 336
集团公司 2022 年获全国荣誉的先进个人 …… 341
集团公司 2022 年获省级荣誉的先进个人 …… 346
集团公司 2022 年表彰的各类先进集体 …… 351
集团公司 2022 年表彰的各类先进个人 …… 361
集团公司 2022 年获省级以上管理创新成果 …… 364
集团公司 2022 年获省级以上科技创新成果 …… 367
集团公司 2022 年获省级以上教学成果奖 …… 369
集团公司 2022 年表彰的各类优秀成果 …… 370

附 录

上级文件选录 …… 387
山东省省属企业战略规划管理暂行办法 … 387
山东省省属企业高风险业务管控暂行办法 …… 390
山东省国资委关于下发《省属企业重大决策事项相关文件依据目录》的通知 …… 392
内部文件选录 …… 394
山东钢铁集团有限公司重大决策终身责任追究暂行办法 …… 394
中共山东钢铁集团有限公司委员会山东钢铁集团有限公司问责工作办法（试行） … 396
中共山东钢铁集团有限公司委员会关于大力发现培养选拔优秀年轻干部的实施办法 …… 425
中共山东钢铁集团有限公司委员会关于进一步加强党建带团建工作的实施意见 …… 429
山东钢铁集团有限公司董事会授权管理办法 …… 432
山东钢铁集团有限公司应付款项核销管理办法 …… 436
山东钢铁集团有限公司信息系统账户安全管理办法 …… 438
山东钢铁集团有限公司安全检查管理办法 …… 442

山东钢铁集团有限公司软件正版化管理办法 …… 443
山东钢铁集团有限公司阳光采购管理办法 …… 446
山东钢铁集团有限公司总部办公楼无线网络安全管理暂行规定 …… 453
山东钢铁集团有限公司网络安全管理办法 …… 455
山东钢铁集团有限公司通用信息化终端设备管理办法 …… 461
媒体看山钢 …… 464
党史铸钢魂奋进向未来，山钢集团铆定高质量发展蓄足澎湃动能 …… 464
高质量发展的纪检监察答卷
——2021年度山钢纪检监察工作综述 …… 467
山钢集团重拳出击打赢亏损企业歼灭战 …… 469
科技澎湃　创新有为
——山钢集团科技创新工作综述 …… 471
当稀土遇见钢
——山钢稀土钢冶炼及连铸生产关键工艺技术突破纪实 …… 474
山钢集团“智慧工厂”渐入佳境 …… 476
硬核产品看山钢 …… 477
山钢再拿磁悬浮专用F型钢新订单 …… 479
在这里，一线职工创新参与率100% …… 479
《山钢年鉴》（2023）撰稿、审稿人员名单 …… 481

Contents

Special Issue

Li Ganjie, Secretary of the Shandong Provincial Committee of the Communist Party of China, Visited Shandong Iron and Steel Group to Inspect and Guide Work ········ 3
Wang Yuyan, Member of the Standing Committee of the Shandong Provincial Committee of the Communist Party of China and Minister of the Organization Department of the Provincial Committee, Conducted Research at Shandong Iron and Steel Group ········ 3
Leaders from the Shandong Provincial Department of Industry and Information Technology Conducted Research at Shandong Iron and Steel Group ······ 4
Leaders of Shandong Provincial State Owned Assets Supervision and Administration Commission Conducted Research at Shandong Iron and Steel Group ········ 4
Shangang Group Ranks 332nd on the Fortune Global 500 List in 2022 ········ 5
The 2021 China Metallurgical Political Research Association Board Meeting was Held at Shandong Iron and Steel Group ········ 5
Hou Jun Attends the Fifth Session of the 13th National People's Congress ········ 6
Shandong Iron and Steel Group Takes into Account Overall Planning, Promotes Production and Operation with Stability, and Provides Dual Guarantees for Epidemic Prevention and Control ········ 7
The Party Committee of Shandong Iron and Steel Group Carried out the Theme Practice Activity of "Learning, Innovation, Striving for Pioneers, Making Merits and Presenting to the 20th National Congress" ········ 8
The Party Committee of Shandong Iron and Steel Group Organizes Listening and Watching of the Opening Ceremony of the 20th National Congress of the Communist Party of China ········ 9

Monograph

Seizing New Opportunities, Dealing with New Challenges, Integrating into the New Pattern, Promoting Comprehensive Leap Forward of High Quality Development with Effective Reform Efforts
—Speech at the Fourth Session of the First Workers' Congress of Shandong Iron and Steel Group ········ Hou Jun 13
Climbing High and Looking Far should be in Line with the Overall Trend, Striving Vigorously and Taking the Lead with Reform and Development as a New Approach, Creating a New Situation for Shandong Iron and Steel to Become Stronger
—Speech at the Group Company's Technology Innovation and Business Plan Management Promotion and First Quarter Work Conference ········ Hou Jun 18
Sharpen the Challenge, Promote Reform, Concentrate on Unity, and Strive for a New Chapter with Firmly Confidence in Leading the Tide to Cope with Major Industry Changes
—Speech at the 2022 Half Year Work Conference of the Group Company ········ Hou Jun 25
Speech at the 7th Plenary Session of the 1st Discipline Inspection Commission of the Group Company ········ Hou Jun 32
Transforming into New Driving Forces and Advancing towards New Development ········ Hou Jun 39

Forge the New Era, Pursue Dreams, and Embark on a New Journey. Seize the Day and Night, Strive to Innovate and Create a Better Future for Shangang
—Work Report at the Fourth Session of the First Workers' Congress of Shandong Iron and Steel Group ······ Tao Dengkui 43

Under Pressure, Strive to Overcome Difficulties, and Make Every Effort to Seize Opportunities, Time, Benefits, and Progress in the Face of Uncertainty
—Speech at the Group Company's Technology Innovation and Business Plan Management Promotion and First Quarter Work Conference ······ Tao Dengkui 54

Stay in Danger, Think Ahead, Seek Opportunities in the Midst of Danger, and Make Every Effort to Stabilize Benefits, Promote Reform, Guard the Bottom Line, and Seek Breakthroughs
—Speech at the 2022 Half Year Work Conference of the Group Company ······ Tao Dengkui 61

Chronicle of Events

Events of Shandong Iron and Steel Group Co., Ltd. in 2022 ······ 73

Top 10 News of Shandong Iron and Steel Group in 2022 ······ 88

Overview

Company Profile ······ 93

Work Overview of 2022 ······ 94

Institutions and Personnel

Organizational Chart of Shandong Iron and Steel Group Co., Ltd. ······ 101

Introduction to Leaders of Shandong Iron and Steel Group Co., Ltd. ······ 102

Committee of the Communist Party of China Shandong Iron and Steel Group Co., Ltd. ······ 114

Board of Directors of Shandong Iron and Steel Group Co., Ltd. ······ 114

The Supervisory Board of Shandong Iron and Steel Group Co., Ltd. ······ 114

The Management Team of Shandong Iron and Steel Group Co., Ltd. ······ 114

Discipline Inspection Committee of Shandong Iron and Steel Group Co., Ltd. of the Communist Party of China ······ 115

The Headquarters Department of the Group Company ······ 115

Directly Affiliated Institutions of the Group Company ······ 117

Subsidiaries and Directly Affiliated Units of the Group Company ······ 118

Strategic Cooperation and Communication

The Signing Ceremony of Strategic Cooperation between Shandong Iron and Steel Group and Zhongtai Securities and the Launch of "1 + N" Comprehensive Financial Services was Held ··· 125

Shandong Iron and Steel Group and China Minsheng Bank Jinan Branch Signed a Comprehensive Strategic Cooperation Agreement ······ 125

Shandong Iron and Steel Group was Invited to Participate in the Shanxi Coking Coal Strategic Customer Cooperation Summit ······ 126

Shandong Iron and Steel Group and Bank of China Shandong Branch Signed Party Building Co Construction, Integrity Partner and Strategic Cooperation Agreement ······ 126

Shandong Iron and Steel Group and Shantui Group Signed a Strategic Cooperation Agreement ······ 127

Shandong Iron and Steel Group and Baowu Resources Signed a Strategic Cooperation Framework Agreement ······ 127

Professional Management

Administrative Affairs Management ······ 131

Corporate Governance ······ 133

Strategic Development Management ······ 135

Financial Management ······ 136

Investment and Capital Operation Management ··· 138

Operation Management ······ 139

Information Management ······ 141

Performance Management ······ 142

Human Resource Management …… 143
File Management …… 144
Foreign Affairs Management …… 145
Safety and Environmental Management …… 145
Risk Management …… 148
Legal and Compliance Management …… 149
Audit Management …… 150
Scientific Research Management …… 151
Corporate Culture Management …… 153
Work of Fund Center …… 153
Work of Audit Center …… 155
Work of the Legal Advisor Center …… 156
Work of the Human Resources Service Center …… 158

Party and Mass Work

Summarize …… 163
Comprehensive Affairs Management of the Party Committee …… 166
Organizational Work …… 168
Ideological and Propaganda Work …… 169
United Front Work …… 171
Discipline Inspection and Supervision Work …… 172
Inspection Work …… 174
Party and Mass Work in Office Department …… 175
Work of the News and Media Center …… 177
Work of Labour Union …… 179
Work of the Communist Youth League …… 181

Shandong Iron and Steel Co., Ltd.

Company Profile …… 185
Work Overview of 2022 …… 186
Major Events of Shandong Iron and Steel Co., Ltd. in 2022 …… 187
Institutions and Personnel …… 196
Committee of the Communist Party of China Shandong Iron and Steel Co., Ltd. …… 196
Board of Directors of Shandong Iron and Steel Co., Ltd. …… 196
Supervisory Board of Shandong Iron and Steel Co., Ltd. …… 197
The Management Team of Shandong Iron and Steel Co., Ltd. …… 197
Discipline Inspection Committee of Shandong Iron and Steel Co., Ltd. of the Communist Party of China …… 197
Various Departments of the Headquarters of Shandong Iron and Steel Corporation …… 197
Shandong Iron and Steel Co., Ltd. Management Units …… 198
Professional Management …… 200
Party and Mass Work …… 218
Introduction to the Content of Shareholder Meetings, Board of Directors, and Supervisory Board Meetings …… 228
2022 Consolidated Income Statement of Shandong Iron and Steel Co., Ltd. …… 232
Catalogue of Some Institutional Documents of Shandong Iron and Steel Co., Ltd. for the Year 2022 …… 234
Shandong Iron and Steel Co., Ltd. Laiwu Branch …… 235
Shandong Iron and Steel Group Rizhao Co., Ltd. …… 237
Shandong Iron and Steel Co., Ltd. Marketing Corporation …… 240
Shandong Iron and Steel Group Co., Ltd. Research Institute …… 243
Laiwu Railway Transport Branch …… 246
Wholly Owned and Controlling Subsidiaries …… 247
Laiwu Iron and Steel Metallurgical Ecological Engineering Technology Co., Ltd. …… 247
Shandong Laigang Huanyou Chemical Energy Co., Ltd. …… 247
Laiwu Tianyuan Gas Co., Ltd. …… 248
Entrusted Management Unit …… 250
Laiwu Iron and Steel Group Yinshan Steel Co., Ltd. …… 250
Shandong Metallurgical Machinery Factory Co., Ltd. …… 251

Ownership Unit

Laiwu Steel Group Co., Ltd. …… 255
Shandong Vocational College of Industry …… 257
Shandong Iron and Steel Group Mining Co., Ltd. …… 261

Shandong Refractory Materials Group Co., Ltd. ········· 263
Shandong Iron and Steel Group Zibo Zhanggang Co., Ltd. ········· 266
Shandong Iron and Steel Group Yongfeng Zibo Co., Ltd. ········· 267
Shandong Iron and Steel Group Finance Co., Ltd. ········· 269
Shandong Iron and Steel Group International Trade Co., Ltd. ········· 272
Shandong Iron and Steel Group Real Estate Co., Ltd. ········· 274
Shangang Financial Holdings (Shenzhen) Co., Ltd. ········· 277
Shanxin Software Co., Ltd. ········· 281

Statistical Information

Table of Completion of Main Production and Operation Indicators of the Group Company in 2022 ········· 287
Composition Table of Steel Variety Structure of the Group Company in 2022 ········· 288
Table of Completion of Main Technical and Economic Indicators of the Group Company in 2022 ········· 289
Ranking Table of Main Product Output of National Steel Enterprises in 2022 (Top 10) ········· 291
Ranking of Crude Steel Production of World Steel Enterprises in 2022 (Top 20) ········· 291
Annual Production Table of National Iron, Steel, and Materials from 2001 to 2022 ········· 292
Statistical Table of the Basic Situation of the Employee Team of the Group Company in 2022 ········· 293
Statistical Table of Basic Situation of Professional and Technical Talents of the Group Company in 2022 ········· 294
Statistical Table of National Patents Obtained by the Group Company in 2022 ········· 295

Honors

Exemplary Organization of the Group Company Won National Honors in 2022 ········· 333
Exemplary Organization of the Group Company Won Provincial Honors in 2022 ········· 336
Exemplary Individual of the Group Company Won National Honors in 2022 ········· 341
Exemplary Individual of the Group Company Won Provincial Honors in 2022 ········· 346
Various Advanced Collectives Commended by the Group Company in 2022 ········· 351
Exemplary Individual Commended by the Group in 2022 ········· 361
The Group Company Achieved Management Innovation Achievements at or above the Provincial Level in 2022 ········· 364
The Group Company Achieved Provincial-level or above Technological Innovation Achievements in 2022 ········· 367
The Group Company Won the Provincial-level or above Teaching Achievement Award in 2022 ········· 369
Various Outstanding Achievements Commended by the Group Company in 2022 ········· 370

Appendix

Selection of Superior Documents ········· 387
Interim Measures for the Management of Strategic Planning of Provincial Enterprises in Shandong Province ········· 387
Interim Measures for High Risk Business Control of Provincial Enterprises in Shandong Province ········· 390
Notice of Shandong Provincial State owned Assets Supervision and Administration Commission on Issuing the Catalogue of Relevant Documents for Major Decision Matters of Provincial Enterprises ········· 392
Internal File Selection ········· 394
Interim Measures for Lifetime Accountability of Major Decisions of Shandong Iron and Steel Group ········· 394
Measures for Accountability of Shandong Iron and Steel Group Co., Ltd. by the Committee of the

Communist Party of China Shandong Iron and Steel Group Co., Ltd. (Trial) ············· 396
Implementation Measures of the Communist Party of China Shandong Iron and Steel Group Co., Ltd. Committee on Vigorously Discovering, Cultivating, and Selecting Excellent Young Cadres ·· 425
Implementation Opinions of the Committee of the Communist Party of China Shandong Iron and Steel Group Co., Ltd. on Further Strengthening the Work of Party Building Leading Youth League Building ······························ 429
Management Measures for Authorization of the Board of Directors of Shandong Iron and Steel Group Co., Ltd. ······························ 432
Management Measures for Verification of Accounts Payable of Shandong Iron and Steel Group Co., Ltd. ·· 436
Shandong Iron and Steel Group Co., Ltd. Information System Account Security Management Measures ·· 438
Management Measures for Safety Inspection of Shandong Iron and Steel Group Co., Ltd. ··· 442
Management Measures for Software Legalization of Shandong Iron and Steel Group Co., Ltd. ··· 443
Shandong Iron and Steel Group Co., Ltd. Sunshine Procurement Management Measures ··· 446
Interim Provisions on Wireless Network Security Management of the Headquarters Office Building of Shandong Iron and Steel Group Co., Ltd. ··· 453
Shandong Iron and Steel Group Co., Ltd. Network Security Management Measures ············· 455
Management Measures for General Information Terminal Equipment of Shandong Iron and Steel Group Co., Ltd. ······················· 461

Media View of Shangang ···························· 464
Party History Forges Steel Soul, Advancing Forward towards the Future, Shandong Iron and Steel Group Rivets High Quality Development, Accumulates Ample Energy ··· 464
High Quality Development of Disciplinary Inspection and Supervision Answer Sheet —Overview of Discipline Inspection and Supervision Work of Shangang in 2021 ··· 467
Shandong Iron and Steel Group Takes a Heavy Blow to Win the Battle of Annihilating Loss Making Enterprises ···························· 469
Technology is Surging, Innovation is Promising —Overview of Science and Technology Innovation Work of Shandong Iron and Steel Group ······························ 471
When Rare Earths Meet Steel —Record of Key Technological Breakthroughs in Rare Earth Steel Smelting and Continuous Casting Production at Shandong Iron and Steel ·············· 474
Shangang Group's "Smart Factory" is gradually entering a better stage ························· 476
Looking at Shandong Iron and Steel for Hard Core Products ································ 477
Shangang Reacquires a New Order for Magnetic Suspension Special F-shaped Steel ·········· 479
Here, the Innovation Participation Rate of Front Line Employees is 100% ···················· 479

List of Contributors and Reviewers of *SD STEEL YEARBOOK* (2023) ······························ 481

山钢年鉴 2023

☆ 特载

专论专文

大事记

概况

机构与人事

战略合作与交流

专业管理

党群工作

山钢股份

权属单位

统计资料

荣誉

附录

山钢集团
SD STEEL

特 载

山钢集团
SD STEEL

山钢文化

核心理念

山钢使命：

为客户提供满意的产品和服务

中共山东省委书记李干杰到山钢集团检查指导工作

2022年3月22日，中共山东省委书记李干杰到山钢股份莱芜分公司检查指导疫情防控和生产经营工作。他强调，省属企业要针对疫情传播的新特点、新规律，带好头、作表率，压实企业主体责任，统筹抓好疫情防控和生产经营。省委常委、济南市委书记孙立成，省国资委党委书记、主任张斌，山钢集团副总经理、山钢股份党委书记、董事长王向东等陪同调研。

在山钢股份莱芜分公司，李干杰认真听取山钢集团疫情防控和生产经营情况介绍，并走进车间实地察看高炉生产。企业投资的高炉绿色升级改造项目采用先进检测技术，可实现高炉内部黑箱“可视化”。对此，李干杰给予高度评价。就当前面临的疫情防控形势，他强调，抓疫情防控就是抓生产经营，疫情防控抓好了，企业生产经营就有了保障。所有企业必须算大账，特别是省属企业，要针对疫情传播的新特点、新规律，带好头、作表率，压实企业主体责任，统筹抓好疫情防控和生产经营。

李干杰要求，当前疫情形势下，山钢集团要坚决守住疫情防控底线。企业疫情防控的根本目的是稳增长，确保正常生产经营，防疫工作一定要从严从实，除每周开展一次全员核酸检测外，对重点岗位、重点人员要加密检测频次，确保及时发现并处置风险隐患。要建立疫情检测的常态化机制和调度指挥机制，建立应急预案，确保筛查发现病例后能及时应对、科学处置，同时生产不能停顿，确保疫情防控和生产运营两不误。

（撰稿：赵　腾　审稿：张兰润）

中共山东省委常委、省委组织部部长王宇燕到山钢集团调研

2022年2月26日，中共山东省委常委、省委组织部部长王宇燕一行到山钢集团日照公司调研。中共日照市委书记、市人大常委会主任张惠，市委常委、组织部部长郭飞，山钢集团党委书记、董事长侯军，山钢集团副总经理、山钢股份党委书记、董事长王向东参加调研。

王宇燕一行走进日照公司2号高炉主控室等生产一线，详细了解企业发展情况，就企业党建、科技创新和人才引进培育等工作，与企业负责人深入交流。她希望山钢把创新摆在发展的核心位置，持续加大科研投入和技术创新力度，全方位培养、引进、用好人才，努力提高工艺水平，生产出更多科技含量高、附加值高的产品。

王宇燕对山钢集团的发展成绩和精品基地项目建设运营表示肯定。她说，通过调研，切实感受到山钢集团高质量发展的信心和决心，也感受到地方党委政府对企业的帮助和支持。日照钢铁精品基地项目是承担山东省钢铁产业结构调整的重点项目，实践证明，战略转移对山钢集团发展起了非常重要的作用。

王宇燕表示，企业要进一步提高政治

站位，坚决贯彻落实中央和省委有关决策部署，实施更加开放有效的人才政策，加大人才引进力度，注重创新驱动发展，坚持以人为本。地方政府、各有关部门要紧紧围绕企业发展需求，进一步加大政策扶持和服务力度，切实帮助企业解决发展过程中遇到的困难和问题，共同推动企业高质量发展。

王宇燕指出，山钢集团高站位谋划，整体发展有大的战略格局，积极寻求与行业一流企业战略重组，体现了山钢的大格局、大视野、大境界、大胸怀，干部职工有奉献精神，祝愿山钢实现更高质量发展，为新时代社会主义现代化强省建设作出新的贡献。

侯军对省委省政府、日照市委市政府长期以来对山钢集团的支持和帮助表示感谢。他介绍，山钢集团坚决贯彻落实党中央决策部署，准确把握新发展阶段，深入贯彻新发展理念，积极融入新发展格局，积极响应国家钢铁产业布局调整政策，在行业联合重组大势中找准“山钢篇”落地实施路径，为企业高质量发展找到了出路。

侯军表示，牢牢把握行业发展趋势和自身发展实际，准确定位集团发展战略、发展定位、发展方向。与行业一流企业全面对标找差，提升比较优势。大力提升自主创新能力，激活企业发展第一动力。坚持绿色智能可持续发展，全力“构建钢铁产业生态圈，打造行业发展新标杆”。

（撰稿：张荣海　郭　阳
审稿：张兰润）

山东省工信厅领导到山钢集团调研

2022 年 5 月 19 日，山东省工信厅党组书记、厅长张海波到山钢集团调研。山钢集团党委书记、董事长侯军，党委副书记、总经理陶登奎，党委常委罗登武，副总经理王向东，副总经理、总法律顾问董立志在总部办公楼汇报了企业有关情况。

侯军汇报了山钢集团生产运营情况。他说，面对错综复杂的环境和前所未有的挑战，山钢集团坚持稳中求进工作总基调，坚决贯彻落实省委省政府决策部署，生产经营平稳顺行，经营绩效达到预期，全集团保持了良好发展态势。下一步，山钢将咬定既定目标，做实落地商业计划书，深入推进“全面对标、系统提升”，不断提高劳动生产率，提升精益运营水平，全力以赴稳增长、抓发展、防风险、抓引领，实现高质量发展。

听取汇报后，张海波对山钢集团各项工作给予充分肯定，表示将认真研究企业实际需求，为企业高质量发展提供更多优质服务、创造良好环境。

（撰稿：李　森　审稿：张兰润）

山东省国资委领导到山钢集团调研

2022 年 1 月 13 日，为推进党史学习教育深入基层，山东省国资委党委委员、副主任、一级巡视员邵泽武带队到山钢集团调研，并就企业发展中遇到的问题进行协调解决。山钢集团党委副书记、总经理陶登奎，山钢集团副总经理、山钢股份党委书记、董事长王向东陪同。

听取相关汇报后，邵泽武对山钢集团党史学习教育开展情况和生产经营工作给予充分肯定。他表示，山钢集团把党史学习教育与实际工作、企业发展紧密结合，持续推进全面深化改革，抓实生产经营管理，实现了改革发展、生产经营“双丰收”。对下一步工作，他要求，深入学习贯彻中央经济工作会议精神，推动企业效益、效率持续增长，在高质量发展征程中展现国企担当；着眼长远，紧抓新旧动能转换和产品产业升级，进一步抢占市场，抢抓机遇，提升比较优势；不断调整完善管理体系，强化全面管理，加强对标提升，全力做强主业，系统谋划新产业，推进企业实现高质量发展；做好改革协同“文章”，发挥自身优势，对接地方需求，更好地服务地方经济社会发展。

（撰稿：刘 芳 审稿：张兰润）

山钢集团位列2022年《财富》世界500强第332位

2022年8月3日，《财富》杂志发布2022年世界500强榜单。山钢集团连续第三年上榜，位列榜单第332位，较上一年的384位跃升52位。

（撰稿：梁玉超 审稿：张兰润）

2021年度中国冶金政研会理事大会在山钢集团召开

2022年1月7日，由中国冶金职工思想政治工作研究会主办，山钢集团承办的2021年度中国冶金政研会理事大会在山钢集团日照公司召开。中国钢铁工业协会党委常委、纪委书记陈洪飞，中国冶金政研会会长姜兴宏，山钢集团党委书记、董事长侯军，日照市副市长高月波，山钢集团党委副书记、董事苏斌，山钢集团副总经理、山钢股份党委书记、董事长王向东出席。中国冶金政研会秘书长李淑华主持会议。中国钢铁工业协会党委书记、执行会长何文波，第九届全国政协委员、原冶金工业部副部长、中国钢铁工业协会第一届会长吴溪淳分别发来贺信。

侯军在致辞中指出，实践充分表明，思想政治工作是山钢攻坚克难、改革创新、夺取胜利的重要保证，是广大干部职工关键时刻服从大局、同心同向的力量源泉。回顾既往，山钢改革发展取得的成绩得益于始终把思想政治工作贯穿于改革发展的各方面和全过程。着眼未来，面对新形势、新任务、新挑战，思想政治工作必须坚持守正创新，在继承好经验、好传统、好做法的基础上拓展新思路、研究新举措，服务好山钢集团高质量发展的工作大局。我们将坚定不移把党建思想政治工作作为推动改革发展的根本政治保证，体现到服务国家重大战略、落实党中央决策部署的具体行动中，深化拓展群众性主题实践，以高水平党建思想政治工作确保改革平稳落地，并将以此次会议为契机，认真学习借鉴兄弟单位的先进经验，以党建思想政治工作的丰硕成果为山钢高质量发展提供源源不断的思想动力和强大的政治保障。

高月波在致辞中表示，当前市场不仅对钢铁产业的产品提出了更高的要求，还对企业的政治建设和思想理论建设提出了更高要求，这就要求钢铁企业顺应新时代、适应新要求，坚持党的领导，加强政治建设、理论建设，强化体制机制创新和制度保障，全力打造高素质专业化的干部队伍，推动改革发展，为钢铁企业的发展提供精神动力，日照市将与山钢集团加强合作，共谋发展，互惠共赢。

中国冶金政研会会长姜兴宏作报告。他表示，2022 年将充分发挥思想政治工作的引领、保证、服务作用，把党员干部的积极性、主动性、创造性激发出来，形成建功新时代、争创新业绩的浓厚氛围和生动局面，为构建钢铁产业发展新格局、推进钢铁工业高质量发展，提供强有力的思想政治保证。

苏斌介绍了山钢集团以高质量党建推进企业开启“强”起来新征程的实践。他说，坚持党的领导、加强党的建设，是国有企业的光荣传统、独特优势、力量所在。实施铸魂工程，强化思想引领，把牢推动“强”起来的方向盘；实施强基工程，强化组织引领，夯实推动“强”起来的基础桩；实施清风工程，强化政治引领，密织推动“强”起来的监督网；实施聚力工程，强化服务引领，汇聚推动“强”起来的正能量，山钢集团党委将坚持党的领导、加强党的建设，把各级党组织锻造得更加坚强有力，让企业高质量发展的底色更红、堡垒更坚，为“钢铁报国”“钢铁强国”贡献山钢力量。

陈洪飞在讲话时表示，钢铁行业广大职工在推进高质量发展、引领低碳绿色发展、提高产业集中度、发展智能制造等方面都取得了长足的进步，党的宣传、思想和政治工作也围绕中心、服务大局，创造了新业绩、作出了新贡献。2022 年，要继续做好党的思想政治工作，为实现钢铁行业高质量发展不懈奋斗。

中国宝武集团党委宣传部、企业文化部部长、宝武党校常务副校长、管理研修院院长、融媒体中心主任钱建兴介绍了中国宝武开展的“钢铁荣耀 铸梦百年”宣传教育系列活动、“星辰大海 伟大征程”“公司日”活动，以及党史学习教育等一系列活动开展情况。山钢集团日照公司、首钢京唐公司、南钢集团等单位在会上作交流发言。

会上对冶金企业获得 2021 年度中国思想政治工作研究会优秀个人和集体进行了颁奖。在 86 件获奖成果中，山钢集团有 18 件。其中，3 件成果获一等奖，7 件成果获二等奖，8 件成果获三等奖。

（撰稿：亓　迪　任晓华
审稿：张兰润）

侯军参加十三届全国人大五次会议

2022 年 3 月 5 日至 11 日，全国人大代表、山钢集团党委书记、董事长侯军在北京参加第十三届全国人民代表大会第五次会议，认真审议政府工作报告等各项报告、议案，参加所在团组的讨论并发言，结合履职实践积极提出意见建议。最高人民检察院来函，对侯军的建议给予答复。会议期间，侯军还就学习贯彻政府工作报告、钢铁行业绿色低碳发展、科技创新等热点问题，接受了央视网、《经济参考报》、《大众日报》、《中国冶金报》、《世界金属导报》、《中国经济周刊》、山东电视台·闪电新闻等多家媒体的采访。

2022年3月8日，最高人民检察院办公厅致函侯军代表，感谢他对检察工作的关心、支持和监督，对侯军去年提出的"严厉打击网络造谣、网络传谣行为"建议，在今年最高检工作报告中有体现，来函请予审阅并监督检察机关进一步改进工作。

（撰稿：褚慧娟　李波涛
审稿：张兰润）

山钢集团统筹兼顾以稳促进生产经营疫情防控两手抓双保障

"确保疫情防控和生产经营两手都要抓、两手都要硬，以有力措施确保企业安全稳定和高质量发展。"2022年3月11日，山钢集团疫情防控工作视频会议对新冠肺炎疫情防控工作再次作出部署。山钢集团所属各单位、各部门贯彻省委、省政府和省国资委部署要求，迅速行动从严从实落实常态化疫情防控措施，严之又严、真之又真、细之又细、实之又实、快之又快地做好各项工作，推动山钢高质量发展全面跃升。

3月17日，日照公司热轧厂生产现场，干部职工精神高涨、精力集中，加热、粗轧、精轧、卷取等工序有条不紊，一捆捆热轧卷不断下线……"我们厂各项生产经营计划按部就班，并未受到这一轮疫情影响。"日照公司热轧厂党委书记、经理孟祥瑞介绍，他们厂效率提升、对标挖潜、创新创效等重点工作不断取得突破，日产量首次突破2万吨大关。

针对近期国内新冠肺炎疫情呈局部散发和规模聚集并存特征，日照公司成立应急领导小组和疫情防控应急、物资供应应急、物流运输及保障应急、保产应急等工作小组，以未雨绸缪、防线前置的思路，进一步明确职责，层层压实疫情防控责任，保障生产正常稳定运行和疫情管控措施到位。加强舆论引导，提高职工预防意识，自觉佩戴口罩、不扎堆、不聚集，职工防疫意识不断提升。制定《进出厂物流运输疫情防控工作预案》，采用固定车辆、固定驾驶员、固定路线的运输方式组织，各运输公司指定车辆加油地点加油，做到安全可控。提前做好主要合金、辅料订单储备工作，每类物资至少安排两家以上负责保供，应对某一供应商因疫情无法供货的情况，确保原燃料物资稳定供应。严格履行进出车辆和人员信息登记、健康码查验和体温检测等程序，对外来物流运输车辆、人员在厂区内的行进路线与活动范围作出明确规定，尽可能减少人员接触，缩短在厂内停留时间。

3月份以来，山钢股份莱芜分公司型钢厂产品一次检验合格率稳步提升；成材率逆势攀升，站稳行业第一梯队，实现了对标找差、全面改进的新突破。在3月11

日召开的疫情防控专题会议上，型钢厂党委副书记、经理刘庆祯表示：“我们以‘战时’状态，全力做好生产防疫各项工作，把任务细化到每一级，把责任落实到每一层，确保落实管控、保证生产两不误。”

型钢厂加大职工管理全覆盖，动员广大职工生活、工作、交通实行“两点一线”模式，尽量减少职工流动和聚集，区域食堂全面暂停堂食，实行打包用餐。完善各类封闭管理应急预案，控制人员减少直接联系，严禁串岗、交流，筑牢疫情管控防线。加强对现场设备的巡视检查，确保生产设备安全稳定运行，打赢疫情期间安全生产“保卫战”。3 月 14 日，该厂全体职工积极配合完成了公司第一轮次核酸检测，做到了应检尽检。“必须要认清形势，提高政治站位，严格按照疫情期间各项管理规定，坚决服从全员核酸检测工作安排，做到全员覆盖，不漏一人，为圆满完成全年经营任务保驾护航。”型钢厂综合管理室副主任孙鹏鹏说。

疫情当下，山钢股份莱芜分公司围绕 2022 年经营任务目标，极致提产提效，铁前、炼钢、轧线等各项指标稳中向好，生铁成本继续降低，效益、效率、质量、成本等对标指标进步明显，取得了疫情防控和生产经营工作的双促进、双提升。

“前后不到 5 分钟！不出公司就能做核酸检测，节省时间的同时，为项目推进提供了保障。”3 月 14 日，山钢地产日照山钢·龙樾小区项目经理梁洪磊完成核酸检测后，立即赶赴项目现场，为项目顺利交付进行最后冲刺。

山钢地产统筹做好疫情防控和开发经营工作，严格落实疫情防控主体责任，宣传防疫知识，配备足够防疫物资，对办公场所全方位消杀，组织职工和开发项目、运营项目等相关方开展全员核酸检测；落实目标任务，加大项目开发力度，保障广大业主安全和公司生产经营活动平稳顺行。“提高站位，做好重点区域人员、在建项目、运营项目和销售现场疫情防控工作，统筹规划好生产防疫两手抓两不误，为全面完成全年奋斗目标不懈努力。”山钢地产党委书记、董事长、总经理王文学表示。

目前，按照山钢集团新冠肺炎疫情处置工作领导小组要求，山钢集团各单位、直属机构及总部各部门进一步压实工作责任，认真做好全员核酸检测，进一步严格人员管理，加强邮件快件管理，严格控制会议、培训等聚集性活动，未雨绸缪做好应急准备，有效抓好疫情防控工作。

（撰稿：赵　腾　颜永健
杨位钦　谭明林　赵增翼
审稿：张兰润）

山钢集团党委开展“学习创新争先锋，建功献礼二十大”主题实践活动

为迎接党的二十大胜利召开，根据中共山东省委组织部和省国资委党委部署，山钢集团党委决定自 2022 年 6 月份开始至年底，在全集团各级党组织和广大党员中开展“学习创新争先锋，建功献礼二十大”主题实践活动。

活动以迎接和学习贯彻党的二十大为主线，把党建工作融入产业链、价值链、创新链的各环节各方面，引导基层党组织和广大党员争当“学思践悟、知行合一”

的先锋、“疫情防控、安全生产”的先锋、“改革创新、攻坚克难”的先锋、“转变作风、遵规守纪”的先锋，推动实现全集团各项工作全面跃升，以实际行动和优异成绩向党的二十大献礼。

活动要求，始终把深入学习贯彻习近平新时代中国特色社会主义思想作为首要政治任务。严格落实“第一议题”制度，全面系统、及时跟进学习习近平总书记最新重要讲话重要指示批示精神，结合实际研究制定落实措施。党员领导干部、各级党代表、先模人物等发挥示范表率作用，通过“我来讲党课”、理论宣讲等形式，带头学习宣贯习近平新时代中国特色社会主义思想、党的二十大和省第十二次党代会精神。坚决贯彻落实党中央“疫情要防住，经济要稳住，发展要安全”的要求，统筹疫情防控和安全生产，维护职工群众切身利益。坚定不移、持之以恒整治“四风”，大力倡树“严真细实快”的作风。引导广大党员立足本职、创先争优，干在实处、走在前列，充分激发基层党组织和广大党员的创新创造活力，不断展现新作为、创造新业绩。

（撰稿：李盛熙　审稿：张兰润）

山钢集团党委组织收听收看党的二十大开幕会

2022 年 10 月 16 日上午，中国共产党第二十次全国代表大会开幕，习近平代表第十九届中央委员会向大会作报告。山钢集团党政领导侯军、陶登奎、苏斌、陈向阳、赵文友、刘秀元、王鸿飞、王向东、董立志、王培文，总部各部门、直属机构、驻总部各单位相关人员在总部办公楼报告厅收看开幕会实况。山钢集团各级党组织在严格落实属地疫情防控要求基础上，通过集中与分散相结合的形式，组织广大党员干部职工收听收看大会实况。

莱钢集团、山东耐材、山钢地产、山钢财务、山钢金控、山钢矿业等单位也分别组织党员干部群众收听收看大会实况。

（撰稿：赵　腾　陈　峰
杜　慧　颜永健　张　强
审稿：张兰润）

特载
☆ 专论专文
大事记
概况
机构与人事
战略合作与交流
专业管理
党群工作
山钢股份
权属单位
统计资料
荣誉
附录

山钢集团
SD STEEL

专论专文

山钢集团
SD STEEL

山钢文化

核心理念

山钢愿景：
打造具有国际竞争力的钢铁强企

抢抓新机遇　应对新挑战　融入新格局 以改革攻坚实效推进高质量发展全面跃升

——在山钢集团第一届职工代表大会第四次会议上的讲话

党委书记、董事长　侯　军

（2022年2月26日）

各位代表，同志们：

在全党全国上下深入学习宣传贯彻党的十九届六中全会精神、喜迎全国两会召开之际，山钢集团第一届职工代表大会第四次会议在全体代表和与会同志的共同努力下，圆满完成了大会预定的各项议程，即将胜利闭幕。

这次会议，听取审议了总经理陶登奎所作的工作报告，讨论通过了一系列事关企业改革发展和职工切身利益的重要议题，命名表彰了集团公司第二批“幸福和谐企业”。各位代表肩负着全集团3万多名职工的重托，以高度的责任感认真履行职责，积极建言献策，提出了许多宝贵的意见建议，展现了爱企兴企的深厚情怀。这次会议，既总结成绩、坚定信心，又明确任务、增进共识，体现了精干高效、求真务实和集思广益，达到了预期效果。在此，我代表集团党委、集团公司对大会的成功召开和受到命名表彰的“幸福和谐企业”表示热烈的祝贺！向关心支持集团公司改革发展的各级领导、各界朋友，表示衷心的感谢！

刚刚过去的一年，面对严峻复杂的内外部环境、跌宕起伏的市场形势和艰巨繁重的疫情防控任务，我们坚持以习近平新时代中国特色社会主义思想为指导，坚决贯彻落实省委省政府、省国资委各项决策部署，紧紧依靠广大职工群众，聚焦“十四五”战略目标，统筹推进疫情防控和改革发展、转型升级各项工作，在党史学习教育中汲取力量，在改革创新攻坚中积蓄动能，在全面对标找差距中提速增效，在绿色低碳转型中积极作为，在推动高质量发展中展现担当，在深入推进“幸福和谐新山钢”建设中彰显形象，党的领导更加巩固，改革共识更加凝聚，发展势头更加强劲，清风正气更加充盈，形成了扬帆起航、蓬勃发展、奔向未来的喜人局面，实现了“十四五”良好开局。

回顾这不平凡的一年，全集团各级工会组织在党的领导下，坚持围绕中心、服务大局，加强职工思想政治引领，组织职工建功立业，抓好职工维权服务，深化产业工人队伍建设改革，深入实施全员平凡创新工程，开展了大量创新发展的工作，形成了一批在全省乃至全国有影响力的先进经验和重要成果。广大职工以强烈的主人翁责任感和昂扬向上的姿态，踔厉奋发、笃行不怠，攻坚克难、创新创造，在推动集团公司改革发展中作出了积极贡献，展示了新时期钢铁工人奋进新征程、建功新时代的豪迈风采。在此，我代表集团党委、集团公司向全集团广大干部职工、离退休老同志和职工家属，表示崇高的敬意！

下面，结合新形势、新任务、新要求，就准确把握这次职代会精神、做好今年及今后一个时期工作，我再讲三点意见。

一、充分认清形势，在抢抓新机遇中坚定信心、改革攻坚

钢铁工业是国民经济的重要基础产业，提供了人类文明发展不可或缺的结构材料和功能材料，是建设现代化强国的重要支撑，是绿色低碳发展和生态文明建设的重点领域，是建设社会主义现代化强国的重要基石，对实现中华民族伟大复兴具有举足轻重的作用。习近平总书记高度重视钢铁产业发展，考察调研中国宝武时强调，“企业发展，钢铁挂帅”。我们也反复讲，钢铁不是轻易被颠覆的行业。在实现第二个百年奋斗目标的进程中，钢铁工业还有巨大的发展前景。2月7日，工业和信息化部、国家发展改革委、生态环境部三部委联合印发了《关于促进钢铁工业高质量发展的指导意见》，从总体要求、主要任务、保障措施等方面提出了十八条具体意见，重中之重是绿色低碳智能发展，既有超低排放改造80%以上、吨钢综合能耗降低2%以上、水资源消耗强度降低10%以上、关键工序数控化率达到80%左右、打造30家以上智能工厂、电炉钢产量占粗钢总产量比例提升至15%以上等量化指标，也有钢铁产业集中度大幅提高、产业耦合发展、2030年碳达峰、资源多元化保证能力显著增强、废钢回收加工体系基本健全等导向性目标，方向明确、任务具体，为钢铁行业实现高质量发展提供了全面指导。全体山钢人要怀着强烈的行业自信和职业自豪感，胸怀“两个大局”，牢记“国之大者”，锚定“走在前列、全面开创”“三个走在前”总遵循、总定位、总航标，明时辨势、精准识变、抢抓机遇、乘势而上。

积极抢抓国家重大战略叠加的新机遇。习近平总书记多次作出重要指示批示，对我省在重大战略实施中的功能定位提出明确要求，比如，黄河流域生态保护和高质量发展、对外开放、乡村振兴、经略海洋、优秀传统文化等。服务好我省承担的国家重大战略就是心怀“国之大者”的具体体现、就是融入服务构建新发展格局的具体行动。集团公司要在服务构建新发展格局中找准定位、在服务我省现代化强省建设中找准定位、在融入行业高质量发展大势中找准定位，将山钢工作放在民族复兴、产业报国、区域发展的大局中谋划，深入思考落实国家战略需要集团公司做什么、集团公司可以做什么，坚决扛起国有企业的政治责任、经济责任、社会责任，努力在服务和融入新发展格局中作出“山钢探索”，在增强经济社会发展创新力中跑出“山钢速度”，在推动黄河流域生态保护和高质量发展中贡献“山钢力量”。

积极抢抓当前“政策发力适当靠前”的新机遇。今年是党的二十大召开之年，做好经济工作意义重大。中央经济工作会议强调要坚持“稳字当头、稳中求进”，明确提出“七大政策”推动经济实现质的稳步提升和量的合理增长。省委经济工作会议提出准确把握、正确处理稳和进的关系，对奋力实现全年经济“开门稳”“开门红”提出了明确具体的要求。目前，我省已安排今年省级重点项目2000个，总投资3.1万亿元，主要围绕“七网”基础设施、产业链供应链稳定、社会民生保障、生态环保治理等重点领域，项目数量比去年增加了400个，年度计划投资6500亿元，比2021年提高近20%。各单位、部门都要系统梳理、科学谋划，建立政策跟踪机制，找好“结合点”，对出台的相关政策第一时间获取、第一时间解读、第一时间提出利用建议，切实用足用好各项政策，让“黄金政策”产生“真金白银”。

积极抢抓行业加快联合重组政策导向的新机遇。“十三五”期间，我国钢铁企业粗钢产量前10位集中度有所提升，但与欧、美、日、韩等地区与国家，以及国内汽车、水泥等行业相比仍有很大差距。产业结构分散、集中度低，导致钢铁行业在资源掌控能力、市场有序竞争、淘汰落后产能、技术研发创新、节能降耗减排等重大问题上缺乏约束力和自律能力，已成为制约行业实现高质量发展的关键问题。《关于促进钢铁工业高质量发展的指导意见》将“推进企业兼并重组”作为十二项主要任务之一，提出“鼓励行业龙头企业实施兼并重组，打造若干世界一流超大型钢铁企业集团。鼓励钢铁企业跨区域、跨所有制兼并重组”。目前，国内钢铁企业联合重组全面提速，企业间战略和策略联盟明显增多，资源加速向头部企业集聚，行业联合重组越来越体现出中央要求、国家意志、地方推动。集团公司在实现“强”起来的进程中，受以前年度部分投资损失大、低效无效资产多等因素制约，仍面临消化历史遗留问题实力不足、拓展高质量发展空间受限等诸多重大问题和困难，仍然身处“沼泽地”路径选择的特殊时期，靠单打独斗适应行业高质量发展的约束难度很大。省委省政府决策实施山钢集团与中国宝武联合重组，踏准了国家战略节拍，顺应了行业发展规律，是推动我省经济社会发展，推动钢铁产业战略规划实施、结构优化调整、转型升级的重大措施，更是集团公司必须抓住的重大历史机遇。广大干部职工要进一步提高政治站位，统一思想认识，坚决落实好省委省政府部署要求，在思想观念上放眼全局，在推进举措上立足长远，在体制机制上迅速适应，依法依规推进各项工作，从核心能力培育的新起点谋划未来钢铁、未来山钢。

二、全面对标提升，在应对新挑战中直面矛盾、创新奋起

我国进入新发展阶段，能源资源要素约束趋紧、“双控”“双碳”等政策常态化，钢铁工业也由增量发展进入存量甚至减量发展竞争的新阶段，必须完整、准确、全面贯彻新发展理念，摒弃传统的大呼隆、粗放型发展，坚持创新驱动、产业协同、低碳绿色、内外联动、共建共享，不断破解发展难题、增强发展动力、厚植发展优势。集团公司仍处在爬坡过坎、滚石上山的紧要关口，面临的绿色低碳工作的要求始终不变、全面从严治党加强党风廉政建设的要求始终不变、明晰发展定位的要求始终不变，我们要在变与不变中观大势、闯新路、抓实事、提质效。

以思想解放为先导拓宽高质量发展新境界。回眸过去，我们深切体会到，格局决定结局、思路决定出路，只有跳出山钢看山钢、跳出行业看行业，才能在全局工作中精准定位山钢，不断开辟发展新境界。要持续在解放思想中统一思想、在统一思想中解放思想，让捍卫“两个确立”、做到“两个维护”铸入灵魂，让贯彻新发展理念成为自觉。要跳出“地方企业”和“经营企业”局限，各产业板块全面学习借鉴行业龙头中国宝武成功经验，借势借力借智，按照“一业一企，一企一业”原则，超前顶层设计，清晰专业化发展方向和路径，实现入列、并轨、融合、互动发展，进一步塑造比较优势、涵养发展后劲，在更深层次、更大范围、更高水平上实现更好更快发展。要通过积极探索管控体系变革、运营模式变革、管理方式变革，用创新的思路、改革的办法，坚决破除一切妨碍发展的体制机制障碍，让制度力量更好地转化为治理的效能、发展的动能，用治理体系和治理能力的现代化保障山钢在未来发展中走在前列、赢得主动。

以商业计划为抓手开创高质量发展新局面。钢铁作为基础原材料，需求跟经济增速密切相关，2021 年钢产量较 2020 年降低3300万吨，同比降幅3.0%。在“双限”政策常态化情况下，预计“十四五”时期，我国钢铁生产消费总体仍将维持10亿吨规模的高位水平，2022年总体供给呈现稳中缓降态势，在较长一段时间内呈现供需双弱、总体平衡的运行态势，价格走势大概率前高后低，呈现“虎头蛇尾”行情。可以说，今年集团公司将面临外部市场变化和内部深化改革的双重考验。全集团要做实落地商业计划书，运用其中蕴含的先进管理理念系统推进全方位、全层级、全体系“全面对标，系统提升”行动，完善对标找差机制，细化分解指标，将对标找差与战略执行体系紧密衔接，瞄准“三高两化”核心竞争力要素，突出抓好净资产收益率、吨钢利润、全员劳动生产率、研发强度等指标提升，系统查找改善提升空间，持续提升资金、资源、人事效率，增强抗市场波动能力。

以系统创新为动力重塑高质量发展新引擎。今年春节后上班第一天，省委省政府召开的2022年工作动员大会，向全省上下发出了“创新引领走在前、聚力实现新突破”的动员令，提出了“十大创新”要求，明确到2025年基本建成高水平创新型省份。目前，我国仍有70项200万吨左右“短板”钢铁材料需要依赖进口。《关于促进钢铁工业高质量发展的指导意见》将“每年突破5种左右关键钢铁材料”作为任务目标。我们要主动对表对标习近平总书记“三个走在前”要求，瞄准世界一流提升核心创新能力，勇当钢铁产业链链长，以创新补齐短板、以创新放大优势、以创新提升质效、以创新奔向未来，围绕区域发展需求，加强基础材料研究，提升研发投入质效，集中力量攻克一批钢铁材料关键核心技术，增强高端钢铁产品供给能力，在原创技术策源地上取得突破，力争在“每年突破5种左右关键钢铁材料”中占有一席之地；要加强对氢冶金、低碳冶金等先进工艺技术的跟踪研发，专业化整合加快构建高质量钢铁生态圈，推动供需两端协同发力，打通基础前沿、关键共性、产业化开发、成果转化、示范应用全链条衔接上存在的断点、堵点，实现产学研用协同创新及产业链完全自主可控。

以绿色智慧为支撑打造高质量发展新动能。绿色智慧是推动质量变革、效率变革、动力变革，实现转型升级高质量发展的关键。面对“双碳”目标、行业竞争，没有绿色低碳转型发展，企业就没有生存的资格。在全集团全面开展“绿色制造、制造绿色、绿色产业”行动，是集团公司绿色低碳转型的努力探索和必由之路。要将绿色低碳理念融入未来山钢的血脉，从产品研发到资源利用，从“三治四化”到智慧制造，都一以贯之。要把降碳作为源头治理的“牛鼻子”，全面推广应用先进适用节能环保技术，实现极致能效和超低排放。要通过大力推动数智化技术与钢铁制造过程的融合，加快实现智慧制造“四个一律”，实现生产操控集约化、少人化、远程化，推动工序互联共享，减少中间环节，助力资源能源高效利用。要加强钢铁产品全生命周期碳足迹研究，从全生命周期角度降低二氧化碳排放强度，为量大面广用户提供绿色材料综合解决方案，推动材料使用端绿色化和升级换代，打造绿色产品产业链。要积极研究、充分挖掘绿色金融、绿色资源、绿色智慧服务、循环经济等产业发展潜力，打造新的增长极。

三、落实依靠方针，在融入新格局中凝聚合力、全面跃升

集团公司改革发展实践充分证明，山钢的各级党组织、广大党员和职工队伍敢打硬仗、善打硬仗。2022年，改革将是贯穿集团公司全年的主基调，改革就会涉及

利益调整、就会触及各种矛盾。局面越是复杂，各级党组织越要不断提高政治判断力、政治领悟力、政治执行力，集中精力谋大事、议大事、抓大事，汇聚起改革攻坚的强大合力，为集团公司高质量发展提供坚强政治保证。

加强党的建设，把握正确方向。各级党组织要坚持以习近平新时代中国特色社会主义思想为指导，始终在思想上政治上行动上同以习近平同志为核心的党中央保持高度一致，坚持以党的政治建设为统领，全面贯彻落实省委省政府和省国资委各项决策部署，发挥好国有企业“根魂”优势，树牢全心全意依靠职工办企业的思想，尊重职工主体地位和首创精神，坚持发展依靠职工、发展为了职工、发展成果由职工共享，在深化改革、推动发展上谋篇布局，把党的政治优势内化为集团核心竞争力，真正把“两个确立”“两个维护”体现在行动上、落实到工作中。广大党员领导干部要把“真”和“实”作为一切工作的生命线，牢固树立创新意识，敢闯敢试、敢为人先，善于用新思路、新理念、新办法解决难题，在风险面前要敢作敢为、敢于挺身而出，在矛盾面前要敢抓敢管、敢于碰硬，大力发扬斗争精神，敢于啃硬骨头、打攻坚战。

坚持围绕中心，发挥支撑作用。认真落实好职工代表大会职权，充分发挥职工代表大会在企业发展重大决策和涉及职工切身利益等重大事项上的重要作用，依法保障职工的知情权、参与权、表达权、监督权。各级工会组织要切实发挥好桥梁纽带作用，忠诚党的事业、竭诚服务职工，巩固和拓展党史学习教育成果，探索建立“我为群众办实事”常态化机制，密切关注职工群众所想所盼，更加精准地解民忧、纾民困，及时解决职工最关心、最直接、最现实的问题，不断增强职工幸福感、获得感、安全感。各位职工代表既是集团公司研究制定重大决策的参与者、宣传者，又是带头贯彻落实改革发展任务的实践者、监督者，要“敢”字当头、“担”在前面、“当”仁不让，做勇于担当、善于作为的表率，对集团党委要求抓的重大事、本单位正在干的重点事、职工关注多的热点事做好解读引导，凝聚共识，汇聚力量。

注重全员发动，形成发展合力。强化以人民为中心工作导向增强职工幸福感，加强思想引领、健全源头参与、强化维权服务、深化民主管理、完善协商机制、化解矛盾风险，积极构建和谐劳动关系。秉持“为民情怀，职工福祉”信念追求增强职工获得感，积极践行共同富裕价值导向，在劳动效率提高、公司效益提升的前提下职工收入和福利保持稳步增长，在企业实现“省钱、赚钱、值钱”价值的同时，职工实现“有钱、有闲、有趣”的工作保障和幸福生活，实现企业与职工共同成长，全力实现职工对美好生活的向往。提升本质化安全水平增强职工安全感，时刻把保护职工生命安全放在首位，采取务实举措确保职工群众的生命财产安全，切实把“保护好职工生命财产安全就是开展党史学习教育为职工办的最大实事”的理念落到实处。全面加强新时期产业工人队伍建设，增强职工成就感，大力弘扬劳模精神、劳动精神、工匠精神，不断完善管理创新—技术创新—全员平凡创新“三位一体”的创新体制机制，持续实施“百名劳模、千名一线创新技能人才”培养工程，构建管理创新搭框架、全员创新做基础、技术创新拔头筹的立体化高效创新工作体系，充分发挥广大职工在企业创新驱动发展中的主力军作用，让创新智慧充分释放，创新成果和创新典范充分涌现。构建命运共同体增强职工责任感，发挥好职工在监督方面的主人翁作用，鼓励职工通过各种合规合法形式和途径参与集团公司党风廉政建设和反腐败工作，推进大监督体系高效运行，堵塞各种“跑冒滴漏”的“口子”，实现“颗粒归仓”。以魅力山钢建设新成效增强职工自豪感，践行“精品与规模并重，沿海与内陆并进，绿色与智慧并举”的发展战略，将行业标杆中国宝武战略定位清晰的引领优势、产业布局科学的结构优势、创新能力领先的差异优势、科学规范制衡的治理优势、资源效率极致的成本优势、响应能力快速的市场优势、发展生态优良的文化优势根植山钢，转化为推进治理体系和治理能力现代化、打造钢铁业绿色智能高端高效发展新标杆的动力与潜能，改革攻坚、创新跃升，以高质量发展成效增强职工企业自信。

各位代表，同志们！路虽远行则将至，事虽难做则必成！让我们更加紧密地团结在以习近平同志为核心的党中央周围，在大有可为的舞台上拿出大有作为的劲头，锐意进取、只争朝夕、加压奋进、全面发力，圆满完成这次职代会确定的各项奋斗目标和重点任务，以魅力山钢建设的新业绩向党的二十大献礼！

登高望远应大势　踔厉奋发走在前
以改革发展新作为开创山钢“强”起来新局面

——在集团公司科技创新、商业计划书管理推进暨一季度工作会议上的讲话

党委书记、董事长　侯　军

（2022年4月19日）

同志们：

今天集团公司以科技创新和商业计划书管理推进为主题召开一季度工作会议，主要是研判政策环境与行业走势，以科技创新塑造核心竞争力硬核支撑，以做实落地商业计划书提升运营质量，进一步抓好党的建设、改革发展、健康运营、疫情防控、安全保障等各项工作。

刚才，向阳同志总结了一年来集团公司科技创新取得的成绩，部署了今年及今后一个时期科技创新目标举措；隆重表彰了集团公司科学技术奖项和首席专家、首席技能大师。在此，我代表集团党委和集团公司向受到表彰的单位、团队和个人表示热烈祝贺，向长期奋战在科技战线的干部职工致以崇高的敬意！希望广大科技工作者以获奖者为榜样，勇担历史使命，勇攀科技高峰，为山钢踔厉奋发“走在前”作出新的更大贡献！

商业计划书是集团公司今年全面导入的重要管理模式与工具。从上午汇报情况看，成效比较明显：理念显著提升，氛围日渐浓厚，管理语言趋向统一；绩效稳中向好，部分核心指标同比进步较大，尤其是山钢股份先行的商业计划书实践很好促进了经营改善，吨钢盈利指标日照公司节点性达到湛江钢铁标杆水平、莱芜分公司与马钢股份本部差距初步缩小一半；运营质量持续夯实，资产负债率、劳动效率“一降一升”，跑赢行业大盘，大幅缩小与标杆差距，实现了“开门稳”“开门红”。同时，在商业计划书推进过程中也暴露出

精准对标意识不强、过于注重短期数据、经营活动现金流和“两金”管理意识不够强、战略任务和改善项目分解执行有偏差等问题，要随着商业计划书的深入推进尽快解决。

当前，钢铁行业整体走势与我们年初“不容乐观”的整体判断基本吻合，“变”是最大的特点。宏观形势加速演变，世纪疫情冲击下，百年变局加速演进，外部环境更趋复杂严峻和不确定，全球经济持续低迷、贸易保护主义抬头、逆全球化思潮盛行，俄乌冲突和新冠疫情对全球产业链供应链的影响越发凸现，国际大宗商品市场波动较大，铁矿石价格维持150美元/吨左右高位运行，部分钢铁企业成本难以承受，利润挤压加剧；美联储为抑制通胀自2018年12月以来首次加息，4月11日，中美10年期国债利差出现2010年以来首次倒挂，对钢铁产品出口、资产价格、汇率等将造成一定冲击；我国面临稳增长的压力，已开启新一轮降准，存在进一步释放流动性的趋势。行业供需稳中有忧，一季度，我国国内生产总值同比增长4.8%，开局总体平稳，但疫情的复杂性、艰巨性、反复性超出预期，3月份财新中国制造业采购经理指数（PMI）48.1，降至2020年首轮新冠疫情以来最低水平，钢铁行业原燃料供应、生产运行、物流运输、下游需求等均受到疫情较为明显影响。

历史证明：优秀企业崛起都是在历次调控中拉开距离。市场从不眷顾因循守旧、满足现状者，从不等待不思进取、坐享其成者，而是将更多机遇留给善于和勇于创新者。我们要以全面、辩证、长远的思维观大势、谋大局，辨析当下、着眼未来，准确识变、变中求进，把准“稳”的信号抓当下，用好国家和地方密集推出的财政税费、金融信贷等一系列稳增长政策，找准与我省“十大创新”“十强产业”“十大扩需求”行动计划的结合点，把握产品卓越、品牌卓著、创新领先、治理现代的世界一流企业内涵，踏准行业发展的时代节拍，贯穿重大改革一条主线，突出绿色、智能、高科技三大特质，做实商业计划书一个抓手，提升资金、资产、人事三大效率，防范安全生产、疫情防控、信访稳定、合规运营等一排风险，落脚世界一流企业一个目标，在深化改革攻坚、创新奋起中实现全面跃升，奋战二季度、下好先手棋，在风险与机遇挑战中强化机遇意识，把战略机遇转化为发展优势，把目标定位转变为地位提升。

一、在强化科技创新上用实招、求突破

习近平总书记指出，产品和技术是企业安身立命之本。希望企业在科技创新上再接再厉、勇攀高峰，在支撑先进制造业发展方面迈出新的更大步伐。今年政府工作报告中“科技”“创新”分别出现16次和39次，对加大企业创新提出了具体要求。省委李干杰书记在全省工作动员大会上指出，要把创新摆在发展全局的核心位置，提出了“十大创新”要求，强调科技创新是全面创新的核心。科技创新强则企业强，要顺应行业绿色智能发展方向，把强化科技创新作为握指成拳的首要任务，不断激发科研活力、凝聚科研合力、提升科研实力，加速打造高科技企业步伐，全力赢得竞争新优势。

全力打造人力资源新高地。树牢人才是第一资源理念，加快形成有利于人才成长的培养机制、有利于人尽其才的使用机制、有利于各展其能的激励机制、有利于脱颖而出的竞争机制，打造一支创新能力强、领军作用突出、梯队层次合理的科技创新领军人才队伍。优化创新生态，深化“一院多中心”体系建设和研发深度融合，

坚持谁有能力谁上、谁能干好谁来，强力突出“项目制”，推行“揭榜制”，谁有“金刚钻”，就让谁揽“瓷器活”，让更多“千里马”在科技创新的“赛马场”上跑起来。用好人才评价“指挥棒”，把成果更多体现在市场产品、技术实力、产业实力上，探索定性与定量相结合的科技成果效益评价办法，力避片面将论文、专利等作为人才评价标准的做法，真正把科研成果转化为经营绩效和竞争优势。拿出突破性的硬招实招，加大“高精尖缺”人才引育力度，从经费分配、教育培训等方面鼓励科技人员潜心研究，在创新创效一线建功立业；深化工程技术等领域技能人才与专业技术人才贯通发展，培育一批掌握关键技艺、绝技绝活的齐鲁大工匠、首席技师、技术技能大师。大力推进全员平凡创新制度建设和平台建设，充分挖掘创新创效的深层次潜力，浓厚人人皆可创新、处处都有创新的企业文化。

全力打造硬核产品新高地。在卓越产品供给上加力加速。产品是企业的硬实力，也是发展的硬道理。作为大型联合钢铁企业，我们要自觉担负产业链“链主”责任，聚合上下游配套企业、省内外高校和科研院所，充分发挥国家级技术中心等平台作用，推进创新链与产业链双向融合发展，围绕国家“十四五”科技重大专项课题、国家重大工程、国防安全等重点领域，集中力量攻克一批钢铁材料关键核心技术，推进先进材料国产化替代，力争在“特精高”关键品种实现突破，彰显国之大者、国之重器的使命担当。目前，我国仍有70项200万吨左右“短板”钢铁材料需要依赖进口。近期，国家三部委《关于促进钢铁工业高质量发展的指导意见》明确要求加快推进钢铁行业兼并重组，鼓励行业龙头企业跨区域、跨所有制开展兼并重组，同时将“每年突破5种左右关键钢铁材料”作为重要任务。中国宝武提出“十四五”时期累计为国家攻克15个以上“卡脖子”材料的目标。集团公司要认真谋划如何力争在“每年突破5种左右关键钢铁材料”中占一席之地。在卓著品牌培育上加力加速。中国宝武在对我国覆盖用钢量达1.7亿吨的19个行业近千家企业调研后，明确了包括减重30%以上、屈服强度600兆帕以上、为客户降本10%等作为实施路径的综合材料解决方案。要以山钢股份卓越品质、最佳使用成本、精准交付、产品创新和智慧高效服务为支撑的QCDVS用户定制服务系统为基础，着力深化“五位一体”商业模式创新，着重充分辨识客户需求，量化交易产品、交易模式、质量标准、交付方式、服务价值等纲领性牵引指标，以战略高效产品为“点”介入，以产销研共振为“线”聚力，以打造卓越团队为“面”攻坚，以聚合产业资源为“链”深化，加快从钢铁到材料、从单一产品到提供用户解决方案转变，塑造综合材料服务商的新名片、新品牌。

全力打造绿色低碳新高地。今年政府工作报告明确提出了“推动能源‘双控’向碳排放总量和强度‘双控’转变”的要求。3月15日，碳关税获得欧盟理事会初步通过，迈出了动用“碳壁垒”的第一步，目前，欧盟碳交易价格约80欧元/吨，将力促作为重点征税对象的钢铁行业加快使用绿电、加大低碳零碳产品认证，也将倒逼我国加速健全碳市场。近日，生态环境部已向中国钢铁工业协会发函要求开展钢铁行业碳排放权交易相关工作，钢铁行业纳入全国碳市场进程已经启动，有专家预测将在2023年第三个履约期被纳入，4月6日，全国碳市场价格60元/吨。一季度，太钢集团使用绿电3.42亿度。我省绿色低碳转型2022年行动计划也从构建全省碳达峰碳中和体系、健全碳排放检测体系、引导企业参与全国碳排放权交易等方面进行了安排，钢铁行业面临的碳排放强度“相对约束”、碳排放总量“绝对约束”，以及严峻的“碳经济”挑战越来越清晰，没有绿色低碳转型，企业就没有生存资格会在不远的将来得到验证。中国宝武陈德荣董事长在近日召开的中国钢铁业低碳发展重大问题研讨会上，提出把钢铁冶炼全流程电气化作为低碳冶金的重要技术方向，产业技术革命或将带来巨大甚至颠覆性变化。集团公司作为地处黄河流域入海口区域的国有骨干钢铁企业，要主动对标对表习近平总书记对我省提出的“三个走在前”指示要求，将绿色发展理念融入血脉，履行国企责任和担当，正确处理发展和减排、整体和局部、短期和长期的关系，加快构建将碳排放总量和强度“双控”要求作为引领性指标的绿色发展评价体系，着力打造城市钢厂绿色发展样板。要坚持“源头减、中间控、末端转”，发挥全产业链协同降碳，持续跟踪行业前沿技术，全面推广应用先进适用节能环保技术，实施绿色制造；基于全生命周期理念开展生态产品设计，加强钢铁产品全生命周期碳足迹研究，系统性降低二氧化碳排放强度，开发优质、高强、长寿命、可循环的钢铁产品，实现制造绿色。要深入研究低碳发展政策争取真金白银，完善碳资产管理制度体系和管理机制，系统设计碳资产管理模式，探索建立集团公司碳资产负债表，用好利率较低的绿色债券等金融工具，增强碳资产保值增值能力，培育绿色产业，在推动黄河流域生态保护和高质量发展中贡献“山钢力量”。

全力打造智慧制造新高地。疫情加速推动了智能化、少人化甚至无人化的发展进程。把握数字经济发展机遇，在整体规划和科学论证基础上，加快“数智山钢”换版升级，深入推进“四个一律”，依托信息技术提升整体管理能力，实现更大跨度的管控，加快推进集控中心等智慧制造重点项目建设；着手部署“三跨融合”，积极推进云计算、大数据、物联网、5G等新一代信息技术与钢铁工业技术深度融合，推动工序互联共享，打破界面制约，减少中间环节，推动生产组织、质量管控、物流调配、环保安全等智慧化管控，提高资源能源利用水平，实现效率提升和绿色低碳同频共振；积极跟踪“工业大脑”技术研究，全面贯通生态圈数据，用好海量数据和丰富应用场景优势，实现深层次的数据赋能，加快从业务驱动向数据驱动转变，从合同组织生产向预测组织生产转换。全力做好智慧制造测评，以“四个一律”和“三跨融合”等智慧化指数为引领，确保6月底前正式发布首期钢铁产业智慧制造指数测评报告，全年智慧制造指数提升率不低于10%。

二、在强化治理能力上用实招、求突破

培育具有全球竞争力的世界一流企业，是以习近平同志为核心的党中央对国有企业改革作出的重大部署，为新时代国有企业改革发展指明了方向。要深刻理解集团公司重大改革带来的理念、定位、模式、体系变化，深化全面对标提升，增强改革举措的系统性、针对性、有效性，着力破解深层次体制机制问题，在近年来止血补欠、绩效攀升、运营趋于健康的新起点上，进一步动真碰硬，在重点领域、关键环节改出效率活力、改出效益效能。

持续推进改革三年行动走深走实。今年是国企改革三年行动收官之年，从改革关键指标调度情况看，阶段性改革任务已基本完成。要明确“完工销号”标准，逐项梳理任务配档，运用定量与定性相结合方式评估改革实效和标志性成果，确保在

"已完成"的同时还要有"实效"，坚决避免"纸面改革""数字改革"。要做好改革"后半篇"文章，在"系统集成、巩固拓展"上再发力，健全完善中国特色现代企业制度与坚持党的领导加强党的建设、混合所有制改革与市场化经营机制、国有经济布局结构优化与处僵清非治亏等系统联动，推动改革工作继续向纵深发展，形神兼备。要突出典型引领，充分发扬基层首创精神，做好优秀改革案例总结提炼、推广工作。

持续做实落地商业计划管理。强化政策环境分析，密切跟踪国内外宏观政策调整、行业动态、情势突发，动态分析产业政策调整和钢铁行业态势，强化运行监测、分析、研判、预警和调度，及时发现问题，调整策略，以预案实施的前瞻性、精准性对冲外部环境的复杂性、不确定性。变革管理模式，精准掌握商业计划思维、贯通商业计划语言、细化落实行动计划，瞄准"三高两化"核心竞争力要素，突出抓好归母净利润、净资产收益率、吨钢利润、人均产钢量、全员劳动生产率、研发强度等指标提升，项目化推进战略性任务和ROE改善项目落地，盯住关键节点目标，加强过程管控和资源保障，实现闭环管理。完善生态圈建设方案，深度对标中国宝武高质量钢铁生态圈共享平台，提升内部资源运营效率，实施"搭台""展链""优链"工程，持续拓展与上下游企业合作空间，推升良好产业生态。

持续抓好对标提升进档提位。一季度，全集团56项监控指标纵向进步率63.04%，横向达标率39.46%，与年度目标均存在较大差距。要聚焦吨钢利润核心指标，分层分类建立集团层面及各产业层面对标指标体系，锻长板补弱项，确保今年纵向提升目标完成率不低于90%，横向提升目标达标率不低于70%。积极拓展市场，加快建立预测式经营模式，抓好品种结构优化，不断提高价值创造能力和可持续发展能力。项目化推进业务协同，坚持问题导向、效益牵引，充分发挥市场、管理、技术、制造等产业链资源优势，坚持动态优化、对标提升、做透项目、突出实效，确保"真金白银"尽快落袋。严格成本管控，践行"一切成本费用皆可降"理念，倡树既"抱西瓜"又"捡芝麻"的理念，深入分析成本结构，挖掘降本潜力点，精选降本增效项目，该取消的外委一律取消、该上线的业务一律上线、该清退的用工一律清退；建立主要原料价格跟踪机制，合理把握采购节奏，优化采购渠道和策略，实现单位采购成本明显下降工作目标。抢抓黄金政策"窗口期"。抓住"政策发力适当靠前"的机遇期，以中央经济工作会议确定的七大政策方向为总纲，用足用好国家部委以及我省《2022年"稳中求进"高质量发展政策清单》等有关产业政策。山钢股份提出从6个方面政策创效7亿元、奋斗9亿元的目标，明确责任人及考核办法。各单位、部门也要细化落地方案，确保"黄金政策"发挥"黄金作用"。

三、在强化发展质效上用实招、求突破

习近平总书记指出，要激发制度活力，敢于突破，主动作为，在优化资源配置上下功夫，用制度来盘活资源、提高效能。近期，为加快构建新格局，中共中央、国务院出台了建设全国统一大市场的意见，提出打造统一的土地、资本、技术、数据、能源、生态环境等要素和资源市场，这将从竞争态势方面对钢铁行业的原料采购、钢材销售、物流运输、技术研发、区域布局等产生影响，同时也为钢铁行业联合重组进一步打破壁垒、驱动新一轮供给侧结构性改革创造了条件，优质钢铁企业有望

打破地域限制迅速整合扩张。要抓住用好集团公司重大改革机遇期，顺势而为，在布局结构优化、内涵式发展上加力加速。

在产业布局优化上实现新突破。统筹协同钢铁产业发展。对照我省刚刚公布的《“十四五”应对气候变化规划》提出的2025年底前沿海钢铁产能占比达到70%以上、废钢在钢铁原料中占比达到30%左右等要求，在全省钢铁产业规划布局优化调整中抓住窗口期、打造新优势。日照基地定位于打造成高端精品板材基地和绿色低碳发展示范基地，深刻领会钢铁行业由物流优势向能源优势竞争转变的趋势，找准日照二期在产品结构、工艺技术、主要装备的定位，力争上半年高质量完成二期一步可研编制，积极做好各项指标获取、项目建设手续等前期准备工作。莱芜基地要突出“型钢+优特”产品重点，新旧动能转换项目贯彻“极致高效、绿色智能”发展理念，在更大空间上进行谋划，进一步做优做强。多元产业全面借势借力借智，学习借鉴行业龙头中国宝武成功经验，发挥沿海+内陆的区位优势，按照“一业一企，一企一业”原则，超前顶层设计，清晰专业化发展方向和路径，重点围绕智慧服务、资源环境、产业金融、新材料、产业园区等领域塑造比较优势、涵养发展后劲。

在资产效率提升上实现新突破。提升钢铁产业一体化运营水平，以效益为主线，提升资源配置效率，优化生产组织、产品结构、产线布局，加快缩短与宝武系等对标企业在吨钢利润、净资产收益率、劳动生产率等方面的差距。稳妥推进资产证券化，把握全面实行股票发行注册制政策，全力推进“专精特新”公司上市；用好上市公司平台，积极推动具备条件的资产证券化。探索建立上市公司市值管理制度，通过持续提高资产盈利能力和信息披露质量，力争进入行业可比上市公司前列。扎实推进亏损企业治理工作，一企一策、一企一表，动态跟踪、确保完成。坚定不移推进法人压减和参股瘦身工作，按照“应压尽压、应退尽退、宜早尽早”原则，大力清退持续亏损、业务风险大的子企业，力争用三年时间法人压减和参股企业退出户数80户，压减比例达到40%以上。

在资金效率提升上实现新突破。系统推进降负债，锚定集团公司有息负债总额尽快降到1000亿元以内的目标，用好当前货币政策宽松的有利时机，按月分季落实高成本融资置换目标，大力优化调整资产负债结构、融资品种结构、融资期限结构、融资主体结构，坚决避免债券、贷款大额集中偿付风险。创新资金归集、债务融资、票据使用、应收款项清收等管理模式，切实提高资金管理效益。强化现金流动态管理，加快处置长账龄应收款项和长库龄存货，严格落实省国资委“两金”管控要求，确保“两金”净额增幅低于收入增幅。

在人事效率提升上实现新突破。强化顶层设计，建立涵盖人力资源优化、人均价值创造、人工成本产出三个主要纬度的人事效率提升评价体系，突出在岗职工总量优化、人均营业收入、人均利润、全员劳动生产率等关键指标，压实用人主体责任，统筹推进钢铁主业和多元产业人事效率提升工作。结合各权属单位主营业务特点，分类施策，有序推进，聚焦制约人事效率提升瓶颈，健全激励约束机制，以人事效率提高和经营效益增长支撑员工收入提升。

四、在强化风险防控上用实招、求突破

安全是发展的前提，没有安全就没有发展，更没有高质量发展。形势越是复杂

严峻，越要变革防控观念，把安全发展贯穿企业改革发展全过程，提高警觉度和主动性。

理直气壮抓好安全生产。针对当前安全生产领域的新问题新风险新隐患，习近平总书记作出重要指示，务必把安全生产摆在重要位置，树牢安全发展理念，层层压实责任，狠抓整改落实，强化风险防控，从根本上消除事故隐患。李克强总理也作出了批示要求。国务院安委会专门出台加强安全生产工作的十五条硬措施，省政府及主管部门也密集发布多项安全生产文件，加大了督导检查力度。深入学习、深刻领会习近平总书记重要指示精神，坚持人民至上、生命至上，牢固树立安全发展理念，进一步增强对安全生产工作重要性认识，敢于发现问题、敢于动真碰硬，对安全生产领域的违章违纪行为严厉批评、严格考核、严肃处理。深刻吸取行业近期事故暴露的深层次问题，进一步完善常态化隐患排查整改机制，找准管住重大风险源点，真正做到不碰红线、守住底线、筑牢防线。实施全员安全责任清单化管理，各单位主要负责人要切实履行安全生产第一责任人责任，推动安全生产工作落细落实，确保工作部署穿透落实到每个岗位、每名员工。持续做好安全生产“大学习、大培训、大考试”专项行动，不断提高全员安全素质，筑牢安全生产基础。

慎终如始抓好疫情防控。疫情防控工作事关人民群众生命安全和身体健康，事关国家经济社会发展大局，是“一稳皆稳、一失皆失”的大事要事。坚决把思想和行动统一到党中央和省委、省政府决策部署上来，落实“5+1”和“4+2”工作要求，把确保疫情防控不出问题作为对集团党委及各级党组织、党员领导干部的一次重大政治和能力考验，统筹抓好疫情防控和生产经营各项工作。不断完善疫情防控应急预案，严格值班值守，精准掌握应急处置流程，确保极端情况下生产经营平稳运行。压紧压实各级责任，对出现严重后果、弄虚作假、搞形式主义的，依规依纪依法严肃追责问责。时刻关注疫情动态变化，按照“立足于有”“就高不就低”的原则，坚决执行落实好地方政府各项防控政策标准和具体要求。

从严从实抓好风险防范。巩固风控合规管理“三道防线”，压实各级管理主体责任，推动风险防控、合规管理与内控、法务、审计、巡察等工作的统筹衔接协同联动，增强穿透式监管能力，着力把风险关口由事后向事前延伸，严控“两新”风险发生。立足巡察政治监督和“审计监督首先是经济监督”的定位，加大对会计信息质量、资金使用效益效率、经营风险等高风险领域的监督力度，及时补齐财务管理、资金管控、招标采购等方面的短板。加快压减存量风险，妥善化解处置历史遗留风险，按期完成“六大存量攻坚战”目标。

五、在强化党的建设上用实招、求突破

坚持党的领导、加强党的建设，是国有企业的“根”和“魂”，是做好改革、创新、发展、安全等各项工作的根本保障。新形势新挑战新目标，我们更要深刻认识抓好党建工作对统一思想、凝心聚力的关键作用，增强做好党建工作的责任感、使命感、紧迫感，以高质量党建打通贯彻落实省委省政府决策部署、贯彻落实集团公司工作安排的“最后一公里”。

持之以恒强化政治引领。始终坚持把习近平新时代中国特色社会主义思想作为统领，坚定不移落实“两个一以贯之”，在完善公司治理中加强党的领导和党的建设。严格落实意识形态工作各项责任，抓

好重大决策事项舆情风险评估，提升舆情监测和应对处置水平，扎实做好信访稳定、保密等工作。今年各方面工作要围绕迎接党的二十大，宣传贯彻落实好党中央和省委省政府部署要求，引导广大职工知重负重、勇毅前行，以实际行动为党的事业增光添彩。

持之以恒加强组织建设。抓实抓牢“全面从严治党责任整改清单”。巩固深化党支部规范化建设和过硬党支部创建成果，全面推行党支部评星定级管理。坚持党管干部党管人才，大力选拔德才兼备、忠诚干净担当的高素质专业化干部，进一步推动各级班子领导人员年轻化。持续优化经理层成员任期制和契约化管理。落实党委常委联系专家制度，实施好“党委书记人才项目”。

持之以恒强力正风肃纪。持续推进党风廉政建设和反腐败斗争，认真汲取营销总公司系列案件的教训，落实好省纪委监委《关于进一步强化营销领域廉洁风险防控的纪检监察建议》，举一反三，以案为戒、以案为鉴，深刻认识山钢集团发展历史存在的问题及滋生腐败的深层次症结，以案促改。扎实开展常态化廉洁教育活动，用身边事教育身边人，警惕常在、警钟长鸣。大力倡树廉洁文化，加大对重点领域、关键环节的监督力度。各级党组织切实担负起全面从严治党主体责任，深化“四种形态”运用机制，旗帜鲜明、态度坚决支持纪检监察工作，完善不敢腐、不能腐、不想腐一体推进机制。锲而不舍纠“四风”、树新风。把整治形式主义官僚主义与巩固党史学习教育成果和持续深化“我为群众办实事”结合起来，深入开展自查自纠。

乘风破浪会有时，直挂云帆济沧海。改革是贯穿集团公司今年各项工作的主基调，蓝图已经绘就、奋进正当其时，各单位、各部门要按照集团公司部署，加快推动工作落实落地，谱写“强”起来新篇章，以优异成绩迎接党的二十大胜利召开！

砥砺攻坚促改革　凝神聚力谋新篇
以勇立潮头的坚定自信应对行业大变局

——在集团公司2022年半年工作会议上的讲话

党委书记、董事长　侯　军

（2022年7月21日）

今年以来，宏观环境复杂严峻，突发因素超出预期，钢铁行业发生剧变。这次半年工作会议主要任务是分析研判形势，理性应对变局，以深化改革和商业计划书管理推进为主题，突出提质增效目标，明确提升内功重点，增强抵御风险能力，以高质量发展新成效推动集团公司“走在前、开新局”。

经过半年多管理实践，全集团商业计划意识更加浓厚，更加注重政策环境分析，更加关注归母净利润、净资产收益率、吨钢利润、人均产钢量、全员劳动生产率等关键指标，运营质量持续夯实；同时也要看到，部分单位在思想认识上没有充分认清当前形势的严峻性、复杂性和艰巨性，工作按部就班多，在标杆选择、目标确定、措施有效性等方面亟须改进。各单位要根据集团领导点评要求细化分解、抓好目标落实，解决实际问题的情况要在今后的会议上进行说明。

下面，根据党委常委会研究的意见，我讲三个方面内容：

一、精准识变应挑战、勇担当

上半年，面对能耗双控、环保限产、疫情反复、市场波动等多重考验，全集团坚决落实习近平总书记“疫情要防住、经济要稳住、发展要安全”的重要指示，深入贯彻落实省第十二次党代会精神和省委省政府决策部署，全面完成“攻坚二季度、决胜上半年”任务目标，集团公司联合重组等重大改革顺利推进，取得了疫情防控和改革发展“双胜利”。当前，世界之变、时代之变、历史之变正以前所未有的方式展开，经济周期、金融周期、产业周期带来的叠加挑战逐步凸显。上半年钢铁行业整体走势印证了我们年初“不容乐观”的整体判断，行业态势总体呈现供给减量、需求缓弱、库存上升、价格下跌、成本上涨、收入减少、利润下滑。可以概况为三个“出乎行业意料”。

需求收缩幅度出乎行业意料。全球经济增长下滑影响钢材需求。受俄乌冲突、全球通胀高企等因素影响，世界银行继4月份后再次下调今年全球经济增长预期至2.9%，联合国也将2022年全球经济增长预期由4%下调至3.1%。1~5月份，全球粗钢产量7.92亿吨，同比下降6.3%。国内经济下行压力影响钢材需求。上半年我国国内生产总值同比增长2.5%，其中，二季度同比增长0.4%，环比下降2.6%，这是近年来除2020年一季度外第二次环比增速为负。尤其受房地产新开工面积同比下降及投资拉动乏力等重大影响，上半年全国钢铁需求同比下降超10%，我省钢铁行业增加值同比下降16%。进入三季度，高温多雨天气迎来传统淡季，房地产、汽车、家电、造船等下游用钢行业对品种需求进一步分化，短期内总体需求依然偏弱。

供给刚性力度出乎行业意料。“强预期、弱现实”导致供需矛盾突出。一季度全国钢产量2.43亿吨，同比下降10.5%，供应大幅下降对冲了年初需求收缩的影响，整体价格表现平稳；二季度随着对需求旺季的预期，钢产量回升至2.84亿吨，日均产量较一季度增长12.7%；上半年我国粗钢、钢材产量同比分别下降6.5%、4.6%，钢材进出口总量同比分别下降21.5%、10.5%，总供给降幅低于总需求降幅，钢材库存高企，重点钢企6月下旬钢材库存为1695万吨，比年初增加50.03%，同比增长23.12%，创近年同期高点。从当前粗钢压减政策导向看，如果按照全年粗钢产量压减1000万吨测算，预计下半年粗钢日均产量将在270万吨左右，同比增加15万吨左右。供给侧、需求侧协同联动存在差距。何文波同志在中国钢铁工业协会二季度部分钢铁企业经济运行座谈会上对当前钢铁市场形势提出六点基本判断，第一个判断就是目前市场主要问题出在钢铁需求侧，但现实解决方案在供给侧。2013~2015年钢铁过剩阶段，在铁矿石价格低至37美元、焦炭700元的情况下仍出现全行业亏损的状况，也说明了供需联动的重要性。如何根据需求适时调整生产强度，从而在保障供给的前提下实现高水平供需动态平衡是行业亟待解决的难题。

预期走弱程度出乎行业意料。价格下滑速度超出预期。6月中旬以来，钢材期货、现货分别降价464元/吨和760元/吨，螺纹主力期货一个月暴跌了近1000元/吨。6月末，中国钢材价格指数环比下降8.01%，同比下降14.61%。行业亏损面超出预期。受国际大宗商品市场波动加剧，铁矿石价格高位运行，特别是焦煤等价格较上年同期大幅上涨影响，二季度以来行业亏损面持续增加，5月份达三分之一，6月份亏损面继续加大，7月份基本陷入全行业亏损。从近期发布半年度业绩预告的20家上市钢企看，只有永兴材料、攀钢钒钛、常宝股份半年净利润实现同比增长，其他均为同比大幅下降，甚至净利润为负。山钢股份6月份以来盈利情况大幅下滑，莱芜分公司开始出现亏损，预计下半年压力更大。对后市判断不乐观超出预期。部分行业专家和企业预判，本轮市场下行较2008年和2015年的恶劣状况产生了新一轮的差异变化，有可能持续较长时间。截至7月19日，国内37家钢厂发布检修计划，山东已有钢企全面停产。“保生存”已成为行业共识。我们必须迅速转变思想和行动，咬紧牙关、咬定目标，坚决打赢生存保卫战、攻坚战。

习近平总书记指出，危和机总是同生并存的，克服了危即是机，要深入分析，全面权衡，准确识变、科学应变、主动求变，善于从眼前的危机、眼前的困难中捕捉和创造机遇。实践证明，市场环境对大家是公平的，优秀企业崛起都是在历次调控中拉开距离。形势越是严峻复杂，越要看谁的定力更强、更善于把握时势，练好内功、夯实基础、蓄势待发。山钢集团经历了“求生存”向“谋发展”的艰辛历程，特别是筹划推进联合重组基本抚平了重大历史创伤，连年经营绩效稳定在百亿级，行业地位稳居第一方阵，不断积累了应对风险的抵抗力。尤其是我们拥有一支敢打硬仗的优秀职工队伍、具备了应对复杂局面的经验能力。只要我们坚持底线思维、从最坏处着眼，把困难估计得更充分一些，把解决问题措施抓得更实一些，就一定能在危机中育先机、于变局中开新局。

应对挑战、化危为机，必须坚定不移坚持党的领导、加强党的建设。坚持党的领导、加强党的建设，是我国国有企业的光荣传统，是国有企业的“根”和“魂”，是我国国有企业的独特优势。集团公司作为省属重要骨干企业，要牢记“国之大者”，深学笃行习近平新时代中国特色社会主义思想，自觉把习近平总书记对山东工作的重要指示要求和关于国企改革重要论述精神落到实处，从讲政治高度抓好稳增长、防风险各项工作，确保始终沿着正确方向前进。深入开展“学习创新争先锋，建功献礼二十大”主题实践活动，强化“三基建设”，创新工作载体，把党建工作融入产业链、价值链、创新链的各环节各方面，引导基层党组织和广大党员充分发挥作用，为生产经营赋能、为改革发展护航。各级党群组织要统筹把握意识形态、舆情动态、职工心态，发挥思想政治工作统一思想、凝聚共识的重要作用，通过多种形式向职工讲清形势、讲明困难、讲透问题，让每名职工既感受到严峻市场形势变化和企业生存压力，又切实在砥砺奋进中鼓舞斗志、攻坚克难，始终咬定勇立潮头的目标定位，在激烈残酷竞争中立于不败之地。各级领导干部作为攻坚克难的实践者、决策者和指挥者，必须坚定不移练就过硬担当能力，必须保持头脑清醒，不断提高预判和驾驭复杂局面的能力，既有防范风险的先手、又有应对和化解挑战的高招；面对困难，保持战略定力，把格局打开、把内功练好，牢记“军中无戏言”，扭住责任“牛鼻子”，大力倡树“严真细实快”工作作风，坚决杜绝“温水煮青蛙”的麻痹思想、坚决杜绝“人家亏、我亏是正常”“只为亏损找理由、不为扭亏想办法”的错误认识、坚决杜绝消极无奈的颓废态度，主动出击、迎难而上、扬长避短、创新突破。深入推进党风廉政建设和反腐败斗争，充分发挥全面从严治党的引领保障作用，坚持严的主基调不动摇，始终保持零容忍的警醒、零容忍的力度，把不敢腐的强大震慑效能、不能腐的刚性制度约束、不想腐的思想教育优势融于一体，坚决打击“靠企吃企”“内外勾结”的贪腐行为，坚决同一切损害企业和职工利益的行为作斗争；各级党组织要切实履行主体责任，纪检监察部门要做实做细日常监督，紧盯“关键人”“关键处”“关键事”“关键时”，以有力有效监督保障企业高质量发展。

应对挑战、化危为机，必须坚定不移把准行业走势用足政策利好。4 月 29 日，中共中央政治局会议强调，在复杂严峻的环境挑战下，要坚定实现全年 GDP 增长 5.5%目标的信心；5 月 25 日国务院召开全国稳住经济大盘电视电话会议，要求坚持“稳字当头，稳中求进”总基调，把“稳经济”作为当前及今后一定时期的重要任务，我国经济韧性强、潜力足、长期向好的基本面没有改变。今年下达的 3.45 万亿元专项债券 6 月底已基本发行完毕，截至 7 月 18 日，5 家建筑央企公布 2022 年上半年新签合同额 3.41 万亿元，同比增长 9%，基建项目预计在三四季度形成实物工作量，钢材需求有望逐步恢复。7 月 12 日，中央企业深化专业化整合工作推进会提出坚持“五个聚焦”，在钢铁等重点领域加快培育竞争能力强、资源配置优的一流企业，钢铁行业集中度有望进一步加快提升。省第十二次党代会提出“打造世界级先进钢铁基地”，要求大力推进钢铁产业发展，创建国家级传统产业转型升级试点示范区，明确了我省钢铁产业高质量发展的方向；近期我省已出台促进经济高质量发展的第四批政策包。我们要从中央、省一系列调控政策中增强底气和信心，充分捕捉和创造市场下行周期中蕴藏的新机遇，用足融资、环保、创新等方面的政策，直面挑战，迎难而上，立足当前抓改革，着眼长远谋发展，赢得战略主动。

二、深化改革练内功、固根基

改革是集团公司保持高质量发展的法宝和利器，面对新挑战，我们要继续保持勇往直前、风雨无阻的战略定力，发挥全面深化改革决定性作用，为力克时艰、提质增效提供动力活力。

全力以赴打好国企改革三年行动“收官战”。集团公司重点改革任务已完成 95%以上，但从“回头看”自查和省国资委两次抽查情况看，集团公司在 28 户省属企业中名次仅居中游，存在明显短板。改革措施不够规范细致。有的单位制定的党组织前置研究讨论重大经营管理事项清单存在照搬照抄问题，未结合企业实际细化量化，缺乏可操作性；有的单位经理层成员任期经营业绩责任书与年度责任书重合度过高，考核缺乏个性化、差异化，计分规则不够明确或不能实现客观打分；部分需要持续落实的改革任务进展缓慢等。各单位要在改革走深走实走细上回头看、再完善，运用定量定性方式评估改革实效和标志性成果，明确“完工销号”标准，坚决避免“纸面改革”“数字改革”；做好改革“后半篇”文章，持续巩固改革成果，建立完善制度机制，推动改革举措制度化、规范化、长效化；深入发掘改革典型经验，加强宣传推广，主动生动讲好改革故事。

全力以赴提升治理能力。推动管控模式现代化。落实“两个一以贯之”要求，用党的政治领导力引领公司治理能力。对标宝武“1+N”制度树，健全完善全面覆盖、责任清晰、快速传递、运作高效的制度体系，提高决策效率和质量。抓实商业计划书，聚焦“三高两化”核心竞争力要素，超前系统谋划管理变革和流程再造，聚焦功能定位变化，高起点高标准设计产业定位和业务布局，构筑长期长效竞争优势。推动经营机制现代化。优化经理层任期制和契约化管理，重点突出业绩目标设置的科学性、考核的个性化和计分规则的可操作性，严格落实不胜任退出、末位调整等制度规定。各权属企业要以本次经理层任期换届为契机，进一步落实省国资委《自查清单》要求，真正纳入规范管理轨道。落实好国务院、省政府关于工资总额决定机制要求，摒弃“工资性费用是固定成本而非变动成本”“职工收入只能升不能降”的片面认识，真正做到“效益增工资总额适度增、效益降工资总额相应降”。各单位要根据形势变化加大改革力度，适时调整内部绩效考核兑现政策；优化工资总额过程管控，严格执行工资总额预算，严禁超提、超发，因过程管控不到位造成超提超发或重大负面影响的，严肃追究责任。推动数据治理能力现代化。按照“四三二一”即“四个一律、三跨融合、两个中心（大数据中心、工业互联网平台）、一个工业大脑”的路线加快自动化、信息化向数智化进阶的步伐。加速实施机械化换人、自动化减人、智能化无人，快速提升智慧制造指数；适时推进智慧经营、智慧治理类信息系统的贯穿和共享，积极融入智慧生态平台；用好海量数据和丰富应用场景优势，实现深层次的数据赋能，发挥好数据在支撑集团公司科学决策中的作用，全力打造智慧制造新高地。

全力以赴抓好效率变革。以极致思维抓好资产、资金、人事效率提升，充分释放效率潜力。深挖资产效率潜力。常态化推进剥离清退“两非”“两资”、法人压减和参股企业退出工作，“瘦身健体”重点解决好“不想动”“动不了”问题。不讲客观、不讲条件，一企一策推进亏损企业治理；动态评估投资能力，严控非主业、高风险、低回报投资，严禁借款投资，合理把握投资节奏。大力盘活存量资产，让闲置低效资产“物尽其用”。提升钢铁产业一体化运营水平，以效益为主线组织产线生产，将产量指标根据产品贡献情况进行动态优化，优化柔性策略，极致提高优势产线、优势品种的生产效率和效益。深挖资金效率潜力。截至6月末，集团公司有息负债规模同口径较年初降低97.59亿元、综合融资成本较年初降低25BP，但还存在资产负债率依然高企、“两金”较年初增加、融资性保证金占用金额大、部分单位降负债和压成本距离年度目标仍有较大差距等问题。要调整融资品种结构，提高银行融资占比，压降债券及非标融资占比，加速高息债务置换，努力实现新增融资利率破3见2；要优化债务期限结构，抓住三季度货币政策相对宽松的融资窗口，提高中长期债务占比，力避债务大额集中到期兑付，保障流动性安全；要建立完善极限库存模型，莱芜、日照基地要探索推进通用原料、备件互给互补，在维持正常生产情况下确保原料及备件库存降至最低，规避存货减值风险；要牢固树立“现金为王”理念，在行业大概率出现长周期亏损的情况下，保现金流就是保生命线，做好全年现金流量总体收支平衡，资金优先用于经营性支出及刚性债务还款，严控投资及预算外支出，严控无边际贡献、无现金流的业务；要锚定压减有息负债到1000亿元的目标，引入宝武通宝等方式努力压减融资性保证金；要研究司库管理体系建设，进一步强化债务风险穿透式监测预警，实现“防控风险、提升效率、创造价值”的资金管理总目标。深挖人事效率潜力。集团公司已经出台了《关于持续提升人事效率的指导意见》，从4个方面提出了12条具体举措。各单位要勇于啃“硬骨头”，解决“想到但没有办到”“办了但没有办好”的瓶颈问题。上半年，全集团人事效率提升完成全年目标的80%以上，山钢股份等单位在共享用工、替代外委、一专多能、内部挖潜等方面取得了明显成效，但有的单位仍进展较慢，差距较大。下一步，降低人工成本是钢铁主业工作的重中之重。人力资源部门要牵头做好总结分析，直面矛盾和问题，争取三季度完成年度目标；同时，围绕专业化业务整合，会同钢铁主业尽快理清业务界面和人员界面，加快人力资源管理信息系统覆盖升级，推动完善共享用工机制，努力拓展集团外部岗位资源，研究策划山钢集团人事效率提升三年行动方案，形成长效机制。

全力以赴提升运营质效。大力塑造差异化竞争优势。近年来，集团公司实施莱芜分公司新旧动能转换等改造提升项目，实现了装备升级，为差异化优势培育创造了物质条件，但不是有投入就有差异化，必须加快实现从装备升级向产品升级再到客户升级的转型，深化“五位一体”商业模式创新，全面推行QCDVS客户定制方案，以差异化产品和服务塑造竞争新优势。不断强化营销创效，深化营销体系变革，建立紧贴用户、即时响应、敏捷服务的营销体系，根据市场变化，及时调整接单政策和主攻方向；强化精品创效，聚焦高质高端，推动产品提档升级，从规模化效益向产品效益转变；强化协同创效，发挥“链主”企业优势，充分挖掘产业链、生态圈价值增值空间。多措并举降本增效。坚决摒弃“指标到顶，潜力挖尽”思想，跳出固有思维、传统模式，树立“一切成本皆可降”的理念，动态优化降本刚性指标和弹性指标，实现系统成本最低。钢铁产业要在采购、生产、市场、检维修、物流、能源、质量等关键环节上自我加压，实施全流程全要素成本管控。采购端挖潜空间最大，要促进铁矿石供应多元化，推进采购管理体系专业化、平台化、市场化运作，向上游供应商传导压力，实现利益共享、风险共担。要强化精细化生产管理，以极致思维去“活套”。比如，优化铁钢、钢轧界面减少热损失，既能创效又能改善现场环境等。营销端坚持极限库存管理策略，干多少卖多少，力争中间产品、产成品零占用，大宗原燃料维持最低安全边际，从源头上规避风险。充分挖掘煤气、发电、化工、气体、固废等钢铁副产资源潜力，培育创效增长极。多元产业作为确保集团稳增长目标实现的重要部分，也要主动思考、积极谋划，不断拓展降本增效空间，全力完成全年目标任务。

三、科学发展谋长远、塑优势

发展是解决一切问题的基础和关键。越是在发展承压的时候，越要完整、准确、全面贯彻新发展理念，越要坚定推动高质量发展的信心决心，用全面、辩证、长远的思维谋划集团公司发展，既解决当前矛盾，又紧扣行业发展趋势，着力塑造比较优势，积蓄壮大发展势能，在未来竞争中抢占先机、赢得主动。

坚持创新驱动发展。实现高质量发展，必须实现依靠创新驱动的内涵型增长。抓创新就是抓发展，谋创新就是谋未来。按照习近平总书记对我省提出的“在增强经济社会发展创新力上走在前”的重要指示，省第十二次党代会把“加快推动科技自立自强”作为部署重点任务之首，明确提出了让山东成为“创新高地”“争当国家高水平科技自立自强排头兵”的工作目标。以科技战略思维优化产业布局。聚焦解决好影响产业链安全和制约产业链升级的瓶颈问题，把科技创新嵌入“碳达峰、碳中和”“智慧制造”等高质量发展全过程，坚持问题导向，下大功夫解决“卡脖子”关键问题，加快建设原创技术策源地，勇做突破钢铁关键核心技术的攻坚者。打造优良创新生态。自主创新是增强企业核心竞争力、实现企业高质量发展的必由之路；深化供给侧结构性改革，以新供给创造新需求，自主创新也是关键。自主创新不是自己创新，决不能关起门来“自我封闭”“单打独斗”，市场环境越是严峻复杂，越要打开视野，积极融入全产业链创新网络，提升“五位一体”商业模式创新内涵，发挥供给侧对需求侧的引导培育作用，形成“你中有我、我中有你”的命运共同体，真正实现从“钢铁到材料”“制造到服务”的转型。加快建设人才高地。要做好“引育用留”文章，以灵活机制柔性引才，建立人才需求清单，对于战略性、领军型创新人才，特事特办、一事一议、一人一议。以实用导向精准育才，分层分类加强科技人才、经营管理人才和技能人才队伍建设。以改革办法科学用才、展才，深化人才体制机制改革，全面推广实施“揭榜挂帅”“赛马制”等机制，激发各类人才的积极性、创新性。以关心关爱用情留才，落实党委联系专家制度，解决专家人才工作生活等实际问题。

加快绿色低碳转型。近日，工业和信息化部等六部门联合印发《工业能效提升行动计划》，提出到2025年，钢铁行业重点产品能效达到国际先进水平。在“双碳”目标下，绿色低碳发展已经成为我国钢铁工业转型发展的核心命题和实现高质量发展的必由之路。实施绿色制造，推动流程降碳。从二季度城市钢厂绿色发展指数自评情况看，日照、莱芜两基地达到行业平均水平，但与湛江钢铁等头部企业在绿色产品及供应链、前沿技术应用等方面差距明显。要充分发挥钢铁产业全面完成超低排放改造的先发优势，尽快制定改进提升方案，实现由投入向创效的升级，高质量推进“三治四化”，确保2023年山钢股份全域实现环境绩效A级目标。开发绿色精品，推动产品降碳。2027年起欧盟将正式全面开征碳关税，低碳甚至“零碳”钢铁将是未来竞争力所在。中国宝武已开始实践百万吨级零碳示范工厂具体路线，包括氢基竖炉、富氧碳循环高炉等。我们还没有开展产品生命周期评价和绿色采购，绿色产品认证只有日照公司管线钢一项。要围绕下游重点行业需求，实施钢铁产品全生命周期评价，系统性降低二氧化碳排放强度，尽快提升综合材料解决方案能力。强化系统协同，推动科技降碳。积极开展碳排放和污染物排放协同治理研究，密切跟踪前沿创新技术、成果和成功案例，利用冶金低碳技术创新联盟，共享绿色低碳技术资源。

严守安全发展“一排底线”。安全是发展的前提，发展是安全的保障，绝不能只重发展不顾安全，更不能因为安全管控不到位阻碍了发展。健全完善风险防控体系。加强风险防控、合规管理与内控、法务、审计、巡察等工作的统筹衔接协同联动，大力去存量、全力遏增量，认真剖析风险发生的深层次原因，着力解决体制性障碍、机制性阻梗问题。今年集团公司在财务管理、资产经营质量及2021年度绩效评价审计中发现，部分单位存在大额资金难收回、重大合同纠纷、超股比担保、出借资金不合规等问题。责任单位要提高站位，充分认识到问题的严重性和危害性，严格落实整改主体责任；有关业务主管部门要加强对各单位整改的督导；审计部门要及时跟踪督导问效。纪检监察部门对拒不整改、推诿整改、敷衍整改、虚假整改的，依规依纪依法追责问责。慎终如始抓好疫情防控。严格按照属地政府要求，落实细化常态化疫情防控措施，立足于有做好应急应对准备。毫不松懈抓实安全生产。集团公司“安全生产月”活动专项安全检查中发现问题167项，反映出各单位不同程度存在负责人对“八抓二十项”创新举措掌握不全面、隐患排查治理未形成闭环、相关方作业管控不严格、特种设备管理不细致等问题。针对今年高温多雨特点，全集团要按照习近平总书记“安全责任重于泰山”“生命至上”等重要指示精神，坚决抓好安全生产专项整治“百日清零行动”，守牢安全底线。抓实抓牢和谐稳定工作。下半年我们将迎来党的二十大胜利召开，这是党和国家政治生活的一件大事。全集团要把做好党的二十大维稳安保工作作为压倒一切的政治任务，重点抓好意识形态、信访维稳、网络安全、保密等工作，从源头上加强矛盾风险排查化解，依法及时解决职工群众合理诉求，确保发展成果公平惠及全体职工。

同志们！征途漫漫、唯有奋斗！形势已到了不进即退、慢进也是退的关键时刻，我们只有坚定信心、勇毅笃行，才能经受磨砺、勇立潮头，打赢生存保卫战！让我们在以习近平同志为核心的党中央坚强领导下，坚决贯彻落实省委省政府部署要求，改革攻坚、创新突破，以“走在前、开新局”的优异成绩迎接党的二十大胜利召开！

在集团公司纪委一届七次全体会议上的讲话

党委书记、董事长　侯　军

（2022 年 1 月 29 日）

同志们：

刚才文友同志代表集团公司纪委常委会作了工作报告。这个报告已经集团党委常委会研究同意，集团公司各级党委、纪委要结合实际抓好贯彻落实。

2021 年，集团公司各级党组织坚持以习近平新时代中国特色社会主义思想为指导，扎实履行主体责任，坚持党的全面领导，加强党的建设，推进全面从严治党向纵深发展，为集团公司高质量发展提供了坚强有力的政治保障。全集团发展态势持续向好，经营绩效稳步提升，全年营业收入、利润总额、净利润、归母净利润四项指标均创历史同期新高，实现了“十四五”良好开局。各级纪委履行协助职责和监督专责，坚持以“两个维护”为根本任务，坚持严的主基调，强力正风肃纪反腐，严肃监督执纪问责，党风廉政建设和反腐败工作取得新突破，反腐败压倒性态势已基本形成，政治生态和运营生态不断优化，为集团公司核心竞争力持续提升提供了坚强有力的纪律保障。2021 年度纪检监察工作在全省考核为优秀等次，走在了省属企业前列，在全省纪检监察系统树立了山钢榜样。巡察工作坚持“高站位、高标准”，聚焦主责主业，上下联动开展专项巡察，利剑作用凸显。各级纪检监察、巡察人员知重负重、担当实干，不舍昼夜、默默奉献。在此，我代表集团党委，向奋战在纪检监察和巡察工作战线上的全体同志表示衷心感谢！

1 月 18 日，习近平总书记在十九届中央纪委六次全会上发表的重要讲话，深刻总结新时代党的自我革命的成功实践，深刻阐述全面从严治党取得的历史性开创性成就、产生的全方位深层次影响，对把全面从严治党向纵深推进、迎接党的二十大胜利召开作出了战略部署，是推进新时代党的建设新的伟大工程的基本遵循，是纪检监察工作高质量发展的行动指南。1月28日，中共山东省委书记李干杰在省纪委十一届七次全会上，就贯彻落实习近平总书记重要讲话精神，深入推进全省全面从严治党工作提出明确要求。这次会议，重点就贯彻落实中央纪委、省纪委全会精神、推进集团公司全面从严治党工作进行部署，同时也是对全集团党员领导干部的一次廉政谈话。根据集团党委研究的意见，我重点讲四个方面。

一、深入学习贯彻党的十九届六中全会精神，增强全面从严治党永远在路上的政治自觉

习近平总书记指出，100年来，党外靠发展人民民主、接受人民监督，内靠全面从严治党、推进自我革命，勇于坚持真理、修正错误，勇于刀刃向内、刮骨疗毒，保证了党长盛不衰、不断发展壮大。全面从严治党是新时代党的自我革命的伟大实践，开辟了百年大党自我革命的新境界。集团公司各级党组织和党员干部要把学习贯彻党的十九届六中全会精神和中央纪委、省纪委全会精神作为重要政治任务，保持清醒头脑、坚定政治定力，把严的主基调长期坚持下去，坚持不懈把全面从严治党向纵深推进。

坚持学懂弄通做实。党的十九届六中全会通过的《中共中央关于党的百年奋斗重大成就和历史经验的决议》，系统总结了党的百年奋斗重大成就和历史经验，是指引全党全国各族人民以史为鉴、开创未来、齐心协力奋进新时代创造新伟业的马克思主义纲领性文献。“两个确立”反映了全党全军全国各族人民共同心愿，对新时代党和国家事业发展、对推进中华民族伟大复兴历史进程具有决定性意义。习近平新时代中国特色社会主义思想是当代中国马克思主义、21世纪马克思主义，是中华文化和中国精神的时代精华，实现了马克思主义中国化新的飞跃。要深学细悟。把学习贯彻习近平新时代中国特色社会主义思想作为首要政治任务，深刻理解这一思想的核心要义、精神实质、丰富内涵、实践要求，深刻把握贯穿其中的马克思主义立场观点方法，不断提高广大党员干部的政治判断力、政治领悟力、政治执行力。要实干兴企。深刻领会“国有企业是中国特色社会主义的重要物质基础和政治基础，是我们党执政兴国的重要支柱和依靠力量”精神实质，准确把握钢铁行业发展趋势，认清山钢“强”起来面临的机遇与挑战，履行做强做优做大山钢的政治责任，深入落实魅力山钢建设“两步走”和“构建生态圈、打造新标杆”发展方略，全面践行“精品与规模并重，沿海与内陆并进，绿色与智慧并举”发展战略，对标中国宝武，勇毅前行、改革攻坚、创新奋起、全面跃升，在更高起点、更大舞台上实现强企梦，打造钢铁业绿色智能高端高效发展新标杆。

牢牢把握“国之大者”。深化对坚持党的领导、全面从严治党的认识，看清楚山钢为什么能实现从“合”起来、“活”起来到“强”起来的历史性变革，想明白山钢为什么能从巨额亏损到巨额盈利的根本性转变。这一系列巨变的背后，是我们以坚定决心、顽强意志加强党的领导、推进全面从严治党治企，从根本上改变了党的领导弱化、虚化、淡化、边缘化问题；是我们以上率下改进作风，纠“四风”树新风；是我们雷霆万钧惩治腐败、利剑高悬强化监督；根本在于我们抓住了管党治党这个“牛鼻子”，始终坚持党对企业改革发展的全面领导，加强党的建设，刹住了一些过去被认为不可能刹住的歪风，纠治了一些多年未除的顽瘴痼疾，党的意识、党员意识明显增强，党建工作成为引领高质量发展的"红色引擎"，营造了风清气正的良好政治生态和阳光规范的高效运营生态，这些经验都需要认真总结并继续发扬。要不断提高党委把方向、管大局、保落实的能力，不断提高对全面从严治党引领和保障作用的认识，各级党组织落实管党治党主体责任，书记落实第一责任人责任，领导班子成员落实"一岗双责"，纪委履行监督责任，不断提高新形势下党员干部适应企业改革发展履职尽责的能力，展现新气象新作为。

聚焦"两个维护"强化政治监督。把"两个维护"作为最高政治原则和根本政治责任。立足把握新发展阶段、贯彻新发展理念、构建新发展格局、推动高质量发展，加强对党中央重大决策部署、省委工作安排贯彻落实情况的监督检查，加强对集团党委各项措施落实情况的监督检查，加强对保障党的二十大胜利召开、新冠肺炎疫情防控、北京冬奥会成功举办等工作的监督检查，督促各级党组织和党员领导干部严明政治纪律和政治规矩，自觉同党中央对标对表，以实际行动践行"两个维护"，把对党忠诚体现到应变局、开新局、谋发展各项工作中。突出抓好政治监督。2021年，集团党委印发了《政治监督指导手册》，明确了政治监督的重点对象和开展政治监督的着力点。各级党委要切实担负起政治监督的主体责任，把加强政治监督作为提高党的建设质量的重要抓手，统筹谋划。党委书记要以上率下亲自抓，班子成员各司其职分头抓。各级纪委要把加强政治监督作为重大政治使命，放在纪检工作的首要位置，精准有力开展工作。各单位要将指导手册列入党委会、党委理论学习中心组学习、支部"三会一课"等重点学习内容，学习组织情况纳入巡察检查、落实全面从严治党主体责任暨党建工作责任制检查考核；要深刻理解和把握政治监督的内涵和重要意义，在坚持中深化、在深化中坚持，为企业深化改革、高质量发展提供坚强政治保障。健全对中央、省委、集团党委决策部署贯彻落实情况的"回头看"制度。把"回头看"作为强化政治监督"规定动作"，通过抽查与自查、开展专项检查、专项治理等方式，看各级党组织特别是"一把手"的重视程度和落实情况，查存在突出问题是否得到彻底解决。

二、深入整治职工群众身边的腐败和作风问题，拓展纠"四风"树新风的治理成效

近几年，集团党委严惩享乐主义、奢靡之风，大力整治形式主义、官僚主义，纠治"四风"成效明显。2021年共查处违反中央八项规定精神问题31件，其中给予党政纪处分12人次，组织处理30人次，对8名党员领导干部进行精准问责。同时，我们也清醒地认识到：有些党组织和党员领导干部在整治"四风"的重视程度、治理重点、方法措施上还有欠缺；有的对纠治"四风"的长期性艰巨性认识不足，思想自觉和行动自觉还有欠缺；有的对公款吃喝、礼品礼金等享乐主义、奢靡之风"老套路"关注得多，对人到心不到、履职不尽责、不担当不作为等形式主义官僚主义"新问题"关注还有欠缺，缺乏行之有效的方法措施。

拓展纠治"四风"广度深度，深化整治形式主义、官僚主义顽瘴痼疾。盯住贯彻上级党组织决策部署只表态不落实或搞"包装式""洒水式""一刀切式"落实问题；盯住漠视职工群众利益不担当不作为慢作为问题；盯住契约化管理经营指标不真实、数据造假问题；盯住文山会海、搞"指尖上的形式主义"、检查考核过多过频和过度留痕问题，拓展监督触角，加大处理力度。深挖作风背后的腐败问题。充分认识“四风”问题与腐败问题互为表里、相互交织的内在本质，对企业政治生态、改革发展带来的现实风险和重大危害，严防隐形变异、花样翻新，坚持露头就打，驰而不息。要吸取教训，高度警惕由风及腐、风腐交织问题。从查处的山钢股份莱芜分公司原副总经理刘立华案件来看，其多次收受内外部人员礼品礼金等问题，涉及人员之多、范围之广，令人触目惊心，有的多次使用公款送礼，有的送黄金，有的送外币，有的送高档烟酒，有的送购物卡，说明由风变腐的风险始终存在，党员领导干部由风及腐并非一朝一夕，而是从“一杯酒”“一顿饭”“一支烟”“一张卡”“一份礼”开始的。究其根本，是党员意识淡漠，理想信念丧失，纪律观念松弛。这是各级党组织和纪检监察机构需要持续纠治的重点。加大通报曝光力度，把通报曝光作为整治“四风”的有力武器。紧盯重要节点，抓住典型问题，应曝尽曝，持续释放整治“四风”越往后越严的强烈信号。健全作风建设长效机制。要坚持以人民为中心的发展思想，维护好实现好发展好职工群众根本利益，从职工群众反映强烈的具体事入手，一个节点一个节点突破，一个问题一个问题解决，使职工群众获得感成色更足、幸福感更可持续、安全感更有保障。要大力弘扬对党忠诚、艰苦奋斗的光荣传统和优良作风，确保养成习惯、抓出成效，化风成俗。各级党组织要教育引导党员干部与服务对象光明磊落交往，亲而有度、清而有为，把精力放在提供优质服务、解决客户实际困难和问题上，防止“亲”“清”关系庸俗化为吃喝送礼等物质往来，推动形成亲清客户关系，让清正廉洁的风气不断充盈。

三、系统施治标本兼治，一体推进不敢腐、不能腐、不想腐

习近平总书记指出，要保持反腐败政治定力，不断实现不敢腐、不能腐、不想腐一体推进的战略目标。我们必须清醒认识到，腐败和反腐败较量还在激烈进行，并呈现出一些新的阶段性特征，防范形形色色的利益集团成伙作势、“围猎”腐蚀还任重道远，有效应对腐败手段隐形变异、翻新升级还任重道远，彻底铲除腐败滋生土壤、实现海晏河清还任重道远，清理系统性腐败、化解风险隐患还任重道远。我们要保持清醒头脑，永远吹冲锋号，牢记反腐败永远在路上。只要存在腐败问题产生的土壤和条件，腐败现象就不会根除，我们的反腐败斗争也就不可能停歇。要以抓铁有痕、踏石留印的坚韧和执着，继续打好党风廉政建设和反腐败斗争这场攻坚战、持久战。无论谁在党纪国法上出问题，党纪国法决不饶恕。国企领域业态多元、资金密集、商业往来频繁，既面临“群狼”环伺的外部环境，也有滋生“蠹虫”的内部温床，腐败问题隐蔽性强、易发多发，“围猎”反“围猎”“腐蚀”反“腐蚀”斗争将长期存在，决不能滋生已经严到位的厌倦情绪，决不能产生反腐败会影响经济发展的错误思想。近年来，中央持续加大国企领域反腐败力度，中国华电云公民、中船集团胡问鸣、南方电网李庆奎、贵州茅台袁仁国等一批国企党政“一把手”被查处，云南昆钢发生靠钢吃钢、靠企吃企系列腐败案，从“一把手”到车间职工共57人被查，期间纪检监察机关在同一时间留置了31人之多。国企腐败涉及领域之广，犯罪数额之大、危害之重令人触目惊心。2021年，中央纪委国家监委通报执纪审查中央一级党和国家机关、国企和金融单位干部93人，是党的十九大以来数量最多的一年。2021年，我省国企领域立案审查调查案件同比大幅增长。十九届中央纪委五次、六次全会和省纪委十一届六次、七次全会都连续把国有企业反腐败工作作为重点进行部署，反映出当前国企领域反腐败斗争形势的严峻性、复杂性和迫切性，也充分反映了中央、省委对国有企业高质量发展的高度重视，对国企领域反腐败工作的坚定决心、顽强意志和空前力度。从集团公司监督检查和查办案件情况看，很多问题发生在党的十八大、十九大以后，不收敛不收手的现象屡禁不止，有的党员干部甘于被“围猎”，谋一己之私，心存侥幸，目无法纪。“蝇贪蚁腐”依然存在，各类“潜规则”仍有市场。必须高度重视、加大力度，坚决对腐败问题零容忍。

强化不敢腐的震慑。加大问题线索处置力度，精准发现问题，把重点问题转化为“初核”内容和成案要件，提高问题举报线索成案率。有针对性查处“三个重点”，重点查处选人用人、采购、营销、工程建设领域腐败案件；重点查处职工群众反映强烈的“一把手”腐败案件；重点查处权力集中、资金密集、资源富集、资产聚集的部门和领域腐败案件。在建立亲清新型合作关系上树立全面从严治党鲜明导向，坚持受贿行贿一起查，坚持不法利益和国家、企业损失一起追。

扎牢不能腐的笼子。着力完善不能腐的制度机制。目前存在两个方面突出问题：一是制度执行不够有力。有的对制度内容学习不认真、理解不全面、执行不严肃，执行制度打折扣、搞变通、做选择，合则用、不合则弃，制度优势还没有完全转化成治理效能，这也是我们提出“凡是重要制度不执行的要坚决调离岗位”的主要原因。二是一些好经验、好做法没有及时形成制度机制，“点”上的有效实践没有放大成“面”上的规模效应。着力做到“两个统一”。要将制度执行与监督落实相统一，认清纪检监察工作在依规治党、依法治企中的重要作用，把制度学习与执行作为履职尽责的看家本领，把监督制度有效执行作为履职尽责的工作基础，加强对下级党委执行制度情况的日常监督，以严格监督增强规矩意识，以精准问责防止制度“空转”。将“干得好”与“建得好”相统一，大力推广实践经验，把实践成果及时提炼上升到制度机制建设层面，产生由“点”到“面”的规模效应。

增强不想腐的自觉。发挥思想政治工作的“法宝”作用，无论是工作交流、日常监督，还是追责问责、执纪执法，都要坚持把加强思想政治工作、纪法教育、弘扬中华优秀传统文化贯穿监督工作全过程。持续深化同级同类警示教育，发挥忏悔录、警示片重要作用；加强对下级党组织年度民主生活会、以案促改专题民主生活会的监督指导；把领导干部配偶、子女、亲属作为警示教育重要对象，督促领导干部把修身律己与廉洁齐家有机结合，本分做人、干净做事。发挥廉洁文化正面引导作用，宣传好身边典型，用好廉洁文化教育基地，将正面引领与反面警示有机结合，厚植“三不”一体推进的思想根基和文化涵养。

持续推进大监督体系建设。大监督体系运行以来，各单位积极推进，成效初步显现，为改革发展营造风清气正政治生态发挥了积极作用。通过前期的调研，也发现个别单位存在政治站位不高、监督能力不强、监督制度体系不健全等问题。各级党组织要继续提高站位，坚持以党内监督为主导，推动各类监督有机贯通，把监督贯穿于管党治党、公司治理各项工作，形成常态长效的监督合力，以强有力监督推动全面从严治党向纵深发展。增强大监督体系建设的政治自觉和行动自觉。坚持不松劲、不停步，发挥全面从严治党的引领保障作用，以严密的监督维护良好政治生态，以严格的执纪形成强烈震慑，以严肃的问责压实管党治党政治责任，为企业改革发展造氛围、创环境、强保障。把握监督着力点。坚持问题导向，围绕中心工作，扭住集团重点改革事项推进落实不放手，较真碰硬，着力解决突出问题，“纠偏定向”“清障堵漏补缺”“助推消除顽疾”，攻坚克难。提升制度供给质量。对标中国宝武管理体系，夯实基础，补齐短板，提高制度制定的科学性，强化制度执行的刚性，持续提升职能监督质效。加强职能监督体系数字化、信息化建设。充分发挥互联网、大数据等优势和信息化手段，推动监督环节全覆盖，形成常态化，日常化和全流程闭环，实现“穿透式”监督。把监督融入管理全过程，形成人人可监督、人人被监督的监督格局，使职能监督更智能、更有效。涵养优秀监督文化。形成各级管理人员和重要岗位人员自觉接受监督的氛围，不怕纪委“探照灯”、不怕职工“聚光灯”，习惯在监督下工作和生活。进一步扩大群众监督的有效载体，做好群众监督的有效延伸，全力打造山钢政治生态的绿水青山。

破解“一把手”监督难题。“一把手”往往是不法分子“围猎”腐蚀的重点对象，如果出了问题不只涉及自身，也会对一个单位一个领域政治生态产生恶劣影响。2020年全国纪检监察机关共立案审查调查县处级及以上“一把手”5836人，党的十九大至2020年底，中央纪委国家监委网站通报的受党纪政务处分的厅局级及以上领导干部中，曾担任“一把手”的占八成以上。“一把手”作为“关键少数”中的关键，是党内监督的重中之重。各级党委要突出加强对“关键少数”特别是“一把手”和领导班子的监督，把《贯彻落实〈中共中央关于加强“一把手”和领导班子监督的意见〉的若干措施》分工方案落实落细。推动“一把手”把牢政治方向。要紧盯“一把手”是否深入学习贯彻习近平新时代中国特色社会主义思想，不断提高政治判断力、政治领悟力、政治执行力，围绕“三新一高”，守住安全发展底线，正确履行职责。要紧盯“一把手”是否坚持党建业务一起抓，推动形成科学决策、执行坚决、监督有力的权力运行机制。要紧盯“一把手”是否带头遵守党的纪律，带头贯彻落实中央八项规定精神，驰而不息纠治“四风”。推动“两个责任”贯通联动一体落实。严格执行全面从严治党责任制度，落实“一把手”第一责任人职责，各级党委要通过分解任务，建立全面从严治党责任清单和履责纪实制度，层层传导压力。纪检机构定期开展本单位政治生态研判分析，积极协助同级党委开展监督工作。要把领导干部的岗位职责与管党治党主体责任结合起来，把纪检监察的协助职责与监督责任贯通起来，推动“两个责任”有机贯通、一体发力。加强党组织自上而下的监督。上级党组织对下级党组织尤其是上级“一把手”对下级“一把手”的监督最管用、最有效。重点要强化上级“一把手”教育、监督和管理方面的责任，完善上级主要负责人、纪检监察机构主要负责人、组织部门主要负责人与下级党政“一把手”定期谈话制度，做到一级抓一级、一级管一级。同时，要把相关党组织“一把手”作为巡察监督重点，在巡察报告中将“一把手”履行第一责任人职责和廉洁自律情况单独列出。突出贯彻民主集中制这个监督重点。紧盯“一把手”权力运行，强化对“一把手”和领导班子对新形势下党内政治生活的若干准则、贯彻民主集中制、重大事项请示报告制度、突出政治标准选人用人等制度规定落实情况的监督检查，对“一把手”存在的突出问题进行梳理，形成重点问题清单，逐一对账督促整改。“一把手”要以身作则，自觉接受监督，自觉反对特权思想、特权现象，始终保持共产党人清正廉洁的政治本色。

深化运用“四种形态”。党的十九届六中全会《决议》指出，党坚持纪严于法、执纪执法贯通，用好监督执纪“四种形态”，强化政治纪律和组织纪律，带动各项纪律全面严起来。2017年至2021年5年间，山钢集团运用“四种形态”处理处分1375人次，其中，第一种形态954人次，占69.38%；第二种形态321人次，占23.35%；第三种形态45人次，占3.27%；第四种形态55人次，占4%。这充分体现了坚持“惩前毖后、治病救人”原则，发挥“四种形态”教育警醒、惩戒挽救、惩治震慑功能。坚持实事求是，精准规范运用“四种形态”。坚持严管厚爱结合、激励约束并重，做到宽严相济、精准得当。各级党委要认真执行《党委运用监督执纪“第一种形态”工作细则》，履行好主体责任，经常性开展谈心谈话、批评和自我批评，及时咬耳扯袖。前期查处的钢材销售领域的贪腐问题，暴露出一部分营销领域人员纪法意识、责任意识不强的共性问题。要督促有关单位党委压实管党治党主体责任、纪委履行好监督责任，职能部门履行好职能监督责任，完善制度，坚决堵住漏洞；纪检监察机构对营销领域人员集体谈话、廉政谈话，下发纪检监察建议书，及时提醒那些有违纪违法行为的同志主动将存在的问题向组织讲清楚。同时，从政策上感召，讲清政策，提醒他们认清形势，站稳立场，作出正确的选择。把握好精准运用“四种形态”与“三个区分开来”的政策界限。“三个区分开来”适用于为公做事但出现失误的情形，“四种形态”处理的是违纪违法和腐败问题，“为公”还是“为私”是最大的分水岭，既要严格执纪，让违纪违法者受到应有处理，又要积极落实“三个区分开来”要求，鼓励各级干部秉公用权、担当作为，保护干事创业的积极性。要发挥组织作用、组织优势，坚持民主集中制，严格组织程序，努力提高纪法政策运用水平。

四、深化实化巡察监督，发挥巡察利剑作用

提高站位，充分认识巡察的重要作用。巡察是集团党委强化政治监督、净化政治生态、提升运营管理水平的重要抓手。集团党委在完成三轮巡察全覆盖的基础上，2021年又聚焦钢铁主业的关键业务领域和资金管理开展了专项巡察。揭示了党建、纪检、选人用人和内控管理等方面问题2906项，通过问题整改，规范了权力运行机制，压缩了权力任性空间，解决了一批体制性障碍、机制性梗阻问题，净化了政治生态，提升了治理效能，发挥了巡察在全面从严治党中的重要作用。

认清形势，持续强化巡察监督。要客观认识山钢集团的现状和存在的突出问题，认识到下一步巡察任务依然繁重艰巨，不能有松口气，歇歇脚的想法，要持续瞄准运营管理的薄弱点、权力运行的关键点和效率效益的流失点，坚持问题导向，严格责任落实，各级党组织必须讲政治、顾大局，对巡察发现的问题主动认领，不断提升巡察监督质效。2021年对山钢股份开展专项巡察，集团党委明确提出“巡察发现的所有问题必须找出责任单位、责任人，启动问责程序”，彰显了集团党委强化巡察监督，越往后监督越严的鲜明态度。

深化成果运用，做好巡察“后半篇文章”。发现问题是巡察工作的生命线，推动解决问题是巡察工作的落脚点。近日中共中央办公厅对巡视巡察问题整改和结果运用专门下发文件，明确规定要压实被巡察单位党组织整改主体责任，纪委和组织部门的整改监督责任，发挥专业职能部门对本专业领域问题整改的督促、指导作用，做好做实巡察“后半篇文章”。各专业职能部门要充分借助巡察监督平台，全面掌握下属单位在本专业领域存在的突出问题，有的放矢，从顶层设计和体制机制层面根本性地解决问题，推动山钢集团高质量发展。

同志们，打铁必须自身硬。各级党委、纪检监察机构和纪检监察干部要认真学习贯彻《中国共产党纪律检查委员会工作条例》，同学习习近平总书记关于党的自我革命重要战略思想、同贯彻党中央全面从严治党战略方针、同落实党章对纪检监察机关的规定要求结合起来，增强做到“两个维护”的政治自觉。要紧紧围绕企业中心工作忠诚履职，加强规范化、法治化、正规化建设，以更高的标准、更严的纪律要求自己，锤炼过硬的思想作风、能力素质，以党性立身做事，刚正不阿、秉公执纪、谨慎用权，不断提高自身免疫力，主动接受各方面的监督。各级党组织要加强对同级纪委的领导和监督，加强纪检机构和纪检干部队伍建设，关心关爱纪检干部，加强思想淬炼、政治历练、实践锻炼、专业训练，推进新时代纪检监察工作高质量发展，为魅力山钢建设提供坚强有力保障，以纪检工作优异成绩迎接党的二十大胜利召开。

当前，随着冬奥会、全国两会日益临近，省委省政府高度重视这期间疫情防控、安全生产、信访稳定、网络安全等各项工作，今天上午省政府、省国资委分别召开了全省安全生产视频会议和省属企业加强春节冬奥、全国两会期间安全防范工作视频会议，对做好相关工作再部署、再强调、再动员、再细化。集团党委已成立安保维稳工作指挥部，制定了《集团公司北京冬奥会和全国两会安保维稳工作方案》，并于1月21日开始执行领导带班值班值守和每日“零报告”机制。在这个特殊时间节点，各级党组织要切实提高政治站位、强化底线思维，开展好各类风险隐患排查治理，对排查出的风险隐患建立工作台账，依法依规逐项抓好落实；严格落实值班带班制度，带班领导、值班人员必须24小时坚守岗位，重要动态、紧急情况、突发事件必须第一时间报告，及时妥善应对，确保集团公司在关键时段和敏感时期风险不失控，维护集团公司和谐稳定大局。

改出新动力　阔步新发展

山钢集团党委书记、董事长　侯　军

近年来，山钢集团锚定“走在前列、全面开创”和“三个走在前”要求，深入落实省委省政府决策部署和省国资委安排，坚持稳中求进、以进固稳工作基调，聚焦五大效能，加强顶层设计，突出系统集成，持续提升改革能级、增强改革动力，改革攻坚、创新奋起、全面跃升，构建安全高效钢铁产业生态圈，打造绿色智能行业发展新标杆，逐步走出“沼泽地带”，进入高质量发展新阶段。

山钢集团2021年营业收入达2550亿元；利润总额跃升并稳定在百亿级，2021年达151亿元；连续三年荣获“中国卓越钢铁企业品牌”，综合竞争力稳居中国钢铁企业第一方阵极强级，连续3年上榜《财富》世界500强，2022年位列榜单第332位，较上一年跃升52位。

治理效能提升，打造现代化公司

科学构建现代化治理管控体系。聚焦

国有资本投资公司功能定位，构建《管理纲要》和系列管理清单“1+6”治理管控体系，持续提升治理体系治理能力现代化。完善法人内部治理机制。依法依章程厘清股东会、党委会、董事会、经理层及职代会权责，修订完善各治理主体议事规则，一张清单明确股东（会）权责及授权、董事会权责及授权、党委前置研究、经理层权责事项及决策路径，各治理主体“表单化”规范运行。聚焦管战略、作决策、防风险，构建专门委员会支撑、议案管理、会前沟通、会议组织、决议督导等运行体系，完善会前信息沟通、会议规范决策、会后执行反馈工作机制，持续推进董事会规范运行。完善法人层级管控体制。落实《进一步规范权属公司治理的指导意见》，坚持董事会应建尽建、外部董事占多数，持续规范权属企业法人治理结构。坚持放权、激励、监督“三个到位”，厘清母子公司权责边界，全面落实董事会职权，并将20项投资、产权处置、资产处置、内部融资担保权力授予二级企业董事会，推出利润分配、担保管理、资金管理等一批深层次创新制度，让权属企业真正成为“五自”市场主体。落实董事长责任制、经理层契约化等制度，完不成指标“摘帽子”“挪位子”“减票子”，充分激发权属企业发展动能。落实《治理管控绩效考核办法》，强化总部职能部门治理管控监督责任，深化审计、法务集团共享、一级管理机制，风险、内控、合规、法务“四位一体”运行，健全风险防控体系。

持续打造高端高效商业模式。以客户为引领、以人才为支持、销研产“五位一体”协同机制不断完善，面向市场、面向客户的“产品+服务”能力持续提升。坚持“开放共享、系统集成、产业协同、智慧赋能、创新驱动”，持续构建安全高效钢铁产业生态圈，打破传统企业经营边界、资源掌控方式以及规模扩张模式，形成以生态圈实现资源聚合为导向的发展模式。全面导入商业计划书管理模式，建立完善以战略规划为起点、商业计划为切入点、管理报告为支撑点、绩效审核为保障点、绩效激励为落脚点的年度战略执行闭环体系。

人事效能提升，纵深推进“三项制度”改革

契约化激发骨干职工动能。深化经理层成员任期制和契约化管理。将经理层成员选聘、考核、分配权归位权属企业董事会、党组织，出台《权属企业经理层等高级管理人员市场化选聘、契约化管理实施办法》《权属公司推行职业经理人制度实施办法》等系列制度，权属企业任期制契约化管理全覆盖，逐步向分公司、事业部、项目部深化扩展。出台《权属二级公司董事长责任制考核办法》，聚焦董事会管战略、作决策、控风险，健全二级企业董事长考核指标体系。完善中长期激励机制。11家权属企业实行超额利润提成、虚拟股权激励、科技型企业分红等中长期激励，已累计激励骨干职工929人。在日照公司等单位积极稳妥推进职工持股试点，让管理、技术和技能骨干成为企业“股东”。完善科技研发项目制，制定《科学技术奖励办法（试行）》，每年超千万元重奖科技功臣，建立实行首席专家、首席技能大师制度。健全管理人员竞争机制。完善领导班子领导人员年度考核和不胜任退出制度，出台《领导人员末位调整实施办法》，2021年调整退出比例达到3%。

市场化提升人力资源效能。健全完善用工机制。全面推行岗位和层级管理，建立以劳动合同管理为基础、以岗位管理为核心的市场化用工机制，坚持职工公开招聘率、管理人员竞争上岗比例100%。纵深推进改革薪酬制度。出台《工资总额管理与考核办法》《领导人员年度考核薪酬管理办法》等系列制度，全面建立以岗位工资为主的宽带薪酬制度，健全全员绩效考核体系，“三个可以超过”理念（研发和销售一线突出贡献人员可以超过单位负责人，子公司负责人可以超过集团高管，集团高管可以超过董事长）引领薪酬分配纵深改革，权属企业领导人员绩效薪酬占比达71%，中层管理人员绩效薪酬占比超过50%，薪酬与考核结果挂钩达到100%，中高层管理人员薪酬差异化系数连续两年超过3.66。极致提升人事效率。树立人力资本经营理念，建立人事效率提升评价指标体系和跟踪评价机制，采取精简机构、流程再造、智慧制造、清理劳务派遣、协力业务回归、业务整合共享等组合方式，推进全集团人员每年优化率不低于8%。

资本效能提升，优化资本资产结构

混改激发国有资本活力。国资民资“合”得来才能“混”得好。山钢集团在推进混改中，坚持引入战略投资者与混改企业产业契合、链条互补。早在2017年，就创新性提出50%对50%股权结构，引入先进民营钢铁企业，成功对淄博张钢钢铁产业实施分立、混改，企业由连年亏损到混改两年实现主要经营指标和职工收入翻番。近年来，山钢集团制定落实“混改三年计划”，通过增资扩股、股权转让、合资新设等方式先后对淄博锚链、莱钢建设等8户企业实施混改，2021年末混改企业户数占比、资产占比分别达到64%、65%。准确把握混改要义，坚持以混促改，发挥国企体制嫁接民企机制优势，推动企业深度转换经营机制，取得“1+1>2”成效。淄博锚链作为资源枯竭矿山转型企业，制造规模一度进入国内行业前列，但受制于体制机制僵化、历史包袱沉重、经营活力不足，十几年一直亏损，2020年成功引入青岛锚链公司，携手打造形成我国江北地区最大锚链制造基地，由濒临破产到盈利能力持续提升，实现了“老树发新枝”。

组合拳优化资产结构。健全资产质量责任制。制定《资产质量管理办法》《违规经营投资责任追究实施办法》，建立资产质量责任制，一批制约发展的现实难题和潜在风险得到稳控化解，13户“僵尸企业”全面出清，非正常债权、资产减值准备核销、项目长期挂账不转资、巡视巡察审计问题整改等“六大存量攻坚”强力开展，坚决不把历史遗留问题留给历史。加强投资管理与控制。落实《权属二级公司新入产业管理办法》《投资管理办法》《投资管理实施细则》及负面清单，非主业投资和营业收入占比不超过10%。在今年一季度完成17户非主业企业清理退出基础上，研究制定非主业、非优势产业（业务）及法人压减、参股退出标准，持续发力“两非”清理整合、法人压减和参股企业退出，力争三年内压减40%以上。紧抓资产负债率“牛鼻子”。升级“全面对标、系统提升”动能，聚焦资产、资金效率提升，倡树极致思维，全面提升本质化运营水平，“一企一策”推进亏损企业治理。锚定有息负债规模压减目标，持续降低“四金”占用，大力优化融资结构、降低融资成本，新增融资成本“破四见三”，有息负债规模持续呈下降趋势。

转型效能提升，构建高质量发展新格局

高站位推进布局结构优化。借助央企平台推进山钢集团布局结构调整，加快落实黄河流域生态保护和高质量发展国家战略、山东省钢铁产业发展规划。升级确立“精品与规模并重，沿海与内陆并进，绿色与智慧并举”发展战略，“构建生态圈，打造新标杆”（2020—2022）发展方略逐步落地。聚焦主业，推进产业整合、优化、退减、延伸，推动国有资本向核心主业、向产业链价值链高端集中，淄博片区钢铁产能提前实现向沿海地区转移，莱芜片区新旧动能转换改造项目扎实推进，日照钢铁精品基地二期一步项目前期工作加快推进，济南钢城、日照岚山、德州齐河、临沂临港四地布局形成。矿产资源、贸易物流、耐火材料、供应链金融、信息技术等产业板块竞先争优，发展能级全面提升。

内涵式打造企业发展硬实力。发布《高科技企业创建纲要》，以创建高科技企业为抓手，推动绿色化、智慧化、高端化、精益化、协同化、效益化转型发展。绿色低碳走在前列。制定《绿色低碳发展行动方案》，在全省率先完成钢铁全流程全工序超低排放改造，权属企业环境信用评价全部绿牌，莱芜基地获评“钢铁绿色发展标杆企业”称号，日照基地获“国家级绿色工厂”称号，全集团国家级绿色工厂达到4家，在产能、产量“双控”形势下先行优势凸显。“数智赋能”稳步推进。升级《“数智山钢”建设方案》，“数字化”引领生产由按合同组织向预测式组织转换，控制室一律集中、操作岗位一律用机器人、设备一律远程监控、服务一律上线“四个一律”理念和跨基地、跨产业、跨空间“三跨融合”逐步落地。43项智能制造项目启动实施，国内单一场景接入终端规模最大的5G智能料场建成投用，机器人应用数量翻番达到69台套，“新一代钢铁智慧制造工厂”成为省属企业数字化转型试点示范项目。“第一动力”持续增强。“一院多中心”研发体系构建完善，“揭榜挂帅”等制度不断完善，研发投入强度逐年加大，2021年研发费用51亿元，制造业企业研发投入强度达到3.15%。拥有省级以上科技创新平台27个，高新技术、单项冠军、瞪羚企业、“专精特新”等各类科技型企业40余家。承担或参与国家和省重大专项13项，H1000大规格H型钢耐低温、超薄异型坯全保护浇铸等世界性难题先后被突破，51项成果达到国际领先或国际先进水平，位列“2021钢铁企业专利创新指数”全国第5位、全球第9位。

党建效能提升，高质量党建引领高质量发展

高质量党建引领企业高质量发展。健全落实党建责任制及考核办法，区别“双向进入、交叉任职”不同领导岗位权重，将党建责任制考核纳入薪酬绩效考核，压紧压实党委主体责任、纪委监督责任、第一责任人责任和“一岗双责”，推进党建工作与生产经营深度融合。全面完成“党建入章”，完善党组织研究决定、前置研究讨论及负面事项三个清单，实现党的领导融入企业治理各环节规范化、制度化、程序化，彰显“国企姓党”根本属性。坚持抓基层、打基础，明确党支部规范化标准，基层党建全面进步、全面过硬，过硬党支部比例达到66%。坚持“发展推进到哪里，宣传教育就跟进到哪里”，统筹把握意识形态、职工心态、舆情动态，抓实意识形态和宣传思想文化工作，为深化改革和高质量发展凝心聚力、赋智赋能。

全面从严治党引领干事创业生态。在省属企业中率先成立监督委员会、审计委员会，持续构建完善党内监督、行政监督、群众监督“三位一体”大监督体系，创新落实室地企联合办案机制，探索完善“巡审联动”监督机制，建立“1+3+*N*”监督制度体系，巡察工作三轮全覆盖后转向专项精准巡察，正风反腐持续高压，“不敢腐、不能腐、不想腐”一体推进，以反复抓、抓反复的韧劲持续治理“四风”问题，“零容忍”查处“靠钢吃钢”等顶风违规违纪问题。印发《关于进一步激励广大干部新时代新担当新作为的实施细则》《领导人员履职行为容错免责清单》，风清气正的政治生态巩固拓展。“幸福和谐新山钢”品牌效应凸显，产业工人队伍建设成为全行业样板，蝉联“山东社会责任企业”，国企使命担当有力彰显。

（原载于《山东国资》2022年7月刊）

砥砺新时代 逐梦新征程
只争朝夕奋力开创新山钢美好未来

——在山钢集团第一届职工代表大会第四次会议上的工作报告

总经理 陶登奎

（2022年2月26日）

各位代表：

时代灯塔照耀崭新征程，蓝图绘就山钢更加壮美。现在，我代表集团公司向大会报告工作，请予审议；同时，请大会特邀代表和列席会议的同志提出意见。

一、2021年工作回顾

过去的一年，极不平凡。世纪疫情跌宕蔓延，百年变局加速演进，钢铁市场急剧波动，改革任务艰巨繁重。面对错综复杂的宏观形势和前所未有的风险挑战，集团公司广大干部职工高举习近平新时代中国特色社会主义思想伟大旗帜，全面落实省委、省政府和省国资委决策部署，积极践行新发展理念，锚定高质量发展目标，聚精会神推进联合重组、生产运营，全方位落实“13368”重点任务，全流程加快绿色智慧转型升级，全过程强化风险防控和历史遗留问题处置，全覆盖推动党史学习教育和幸福和谐企业建设，上次职代会确定的八项任务全面完成，“十四五”开局良好。

经营绩效再创新高。坚定执行国家宏观调控和深化供给侧结构性改革要求，积极应对“双碳”“双限”“双控”等困难挑战，努力“减产不减效”。严格执行省里下达的产量控制目标，全年生产生铁2659万吨、粗钢2825万吨、商品坯材2889万吨。生产铁精粉300万吨，球团矿176万吨，耐火原材料及制品32万吨。全集团营业收入、利润总额、净利润、归母净利润四项指标均创历史新高，分别为2651亿元、151亿元、109亿元、58亿元，同比增幅分别达20%、96%、94%、550%。企业综合实力和影响力持续提升。首次上榜中国500最具价值品牌，位列第151位；连续两年跻身世界500强，位列第384位，较上年跃升75位；连续三年荣获“中国卓越钢铁企业品牌”；连续四年位列中国钢企综合竞争力排名A+（竞争力极强）行列。

转型活力竞相迸发。魅力山钢建设阔步前行，新发展方略深入实施，全集团以奋进姿态和昂扬斗志踏上“强”起来的新征程。“十四五”战略规划编制完成，一批事关山钢全局长远发展的重大事项渐次铺开。新旧动能转换三年行动成果丰硕，工程建设日新月异，钢铁主业提档升级。在黄海之滨，绿色智慧全面赋能先行示范区；在汶河之畔，新旧动能转换项目建设如火如荼，一期工程全线贯通；在临沂临港，产能转移有序推进，一座年产600万吨先进优特钢基地正强势崛起。矿产资源、贸易物流、耐火材料、金融、信息技术等产业板块竞先争优，发展能级全面提升。财务公司资金结算规模跨过万亿元大关。贸易出口有效应对政策调整，避免损失3000余万元。莱钢建设、山钢地产解困突围，存量处置取得重大进展。职业学院“一校两制”混合所有制办学模式在全省推广。稀土钢、超薄马氏体钢、9Ni钢等一批高端产品走进重大工程、重大项目；油气工程用热轧型钢入选全国高端钢铁产品10强；日照基地轧钢工程获工程建设领域最高荣誉“国家优质工程金奖”；山钢股份拳头产品销售占比64%，入选山东省高端品牌培育企业名单。

深化改革攻坚突破。全面落实省委、省政府决策部署，主动靠前、尽锐出战，与中国宝武联合重组工作蹄疾步稳、有序展开。资产重组稳步实施，股权置换规范推进，济钢整建制顺利划转济南市。与中国宝武互派人员交流挂职，业务对接、资源共享，第一批17个业务协同项目全面推进，预期效益16亿元以上，已实现落袋2.39亿元。融资结构不断优化，新增融资成本“破四见三”，10亿元山东省首单可持续发展债券成功发行。国企改革三年行动整体完成70%以上目标如期实现。法人治理结构日趋规范，党的领导融入公司治理，董事会实现应建尽建。聚焦主责主业，非主业投资与非主业收入严控在10%以内，15户非主业控股企业和参股企业稳妥退出。加大低效无效资产处置，混改后评价工作启动实施，去“僵”治“亏”年度目标顺利完成。分红、担保、资金三项管理制度重磅推出，市场化运营机制不断健全。担保余额较上年同期压减182亿元，压减26%。三项制度改革攻坚突破，82户权属企业263名经理层成员全部实施任期制和契约化管理，6户权属企业开展职业经理人制度试点。全年调整退出各级管理人员25人，“下”的比例达3.5%。

发展动能加速集聚。勇担“双碳”使命，绿色低碳发展行动夯基起步。环保整治纵深推进，钢铁产业超低排放改造全部完成，权属公司环境信用评价全部绿牌。全集团国家级绿色工厂达到4家。“数智山钢”稳步推进，43项智能制造项目启动实施，国内单一场景接入终端规模最大的5G智能料场建成投用，机器人应用数量翻番达到69台套。“新一代钢铁智慧制造工厂”成为省属企业数字化转型试点示范项目。高科技企业创建步伐加快，银山型钢、山东耐材通过高新技术企业认定，新增单项冠军、瞪羚企业、“专精特新”中小企业等省级以上科技型企业14家。研发投入67亿元，增幅43%；研发费用55亿元，增幅84%，占营业收入比例分别为2.5%和2.09%。新增发明专利132件，累计拥有1673件，位列“2021钢铁企业专利创新指数”全国第5位、全球第9位。关键技术攻关、高端产品研发取得突破，51项成果达到国际领先或国际先进，多个异型钢产品填补国内空白。千万元重奖科技人才。广大职工立足岗位全员创新，莱芜分公司、日照公司荣获“山东省全员创新企业”。

运营质量不断改善。“全面对标、系统提升”行动全面展开，全集团与最快者赛跑、向最优者看齐，量化指标完成率89%，高质量发展态势在争先进位中日益强劲。人员结构逐步优化，劳动生产率持续改善。打造“双降双提”升级版，有息负债总额下降，资产负债率较年初降低0.64个百分点。“五位一体”高效运转，内部市场协同破百亿。阳光购销信息全部上线，采购成本降低率0.88%。转型发展的外部环境大幅改善，政策支持产生效益3.02亿元。安全生产形势总体稳定，依法治企走深走实。"六大存量攻坚"成效显著。审计工作高效运行，绩效审计实现全覆盖，工程审计降本6000余万元。塞矿项目、新疆项目、淄博张钢等一批历史遗留问题得到妥善解决，企业会计报表质量得到本质提升。

党的建设全面加强。全集团共同庆祝党的百年华诞，掀起学习习近平总书记"七一"重要讲话和党的十九届六中全会精神热潮。党史学习教育扎实推进，广大党员干部捍卫"两个确立"、做到"两个维护"的自觉性、坚定性不断增强。"我为群众办实事"实践活动深入开展，各级党组织解决基层急难愁盼问题193项。党支部建设巩固提升，过硬比例超过66%。坚持全面从严治党主基调，不敢腐、不能腐、不想腐一体推进，运用"四种形态"批评教育帮助和处理259人次。驰而不息纠治"四风"，查处违反中央八项规定精神问题31件，处理处分42人次。大监督体系落地生根，监督机制协同高效，风清气正的政治生态巩固拓展。"幸福和谐新山钢"品牌效应凸显。产业工人队伍建设改革成为全行业样板示范。职工年人均收入继续稳定增长。民主管理有效落实，82户企业实现信息公开全覆盖。积极服务经济社会发展，国企使命担当有力彰显，蝉联"山东社会责任企业"。

信访稳定、武装保卫、统战、共青团、女职工、离退休、档案史志等工作进一步加强，取得新的成绩，为集团公司改革发展稳定作出了积极贡献。

今天的山钢，正在发生一系列深层次、全局性变革，企业思进、人心思齐、生态持续向好。成绩硕果累累，根本在于以习近平同志为核心的党中央掌舵领航，离不开省委、省政府和省国资委的坚强领导，浸润着全体山钢人的心血，凝聚着所有山钢人的辛勤与付出。在此，我代表集团公司向各位代表，并通过你们向广大职工、离退休老同志、职工家属，向所有关心和支持山钢改革发展的各级领导、地方政府、各界朋友，表示衷心的感谢和崇高的敬意！

各位代表！回顾过去一年，大家携手并肩，一起穿越市场风雨、勇趟改革激流，深切感受到，成绩来之不易、成之惟艰。深切体会到：

唯有方向正确才能行稳致远。党的领导是战胜一切困难和风险挑战的"定海神针"。只有坚持以习近平新时代中国特色社会主义思想定向领航，坚定不移贯彻党中央和省委、省政府决策部署，把山钢发展放到"两个大局"中去谋划，放到"国之大者"中去定位，就一定能够找准前行方向、激发奋进动力、凝聚各方力量，在高质量发展新征程上取得新胜利。

唯有依靠职工才能无往不胜。全心全意为企业谋发展为职工谋幸福，是各级党组织的初心使命和奋斗目标。只有坚持以人为本，把群众观点、群众路线深深根植于思想中，把保障和改善民生作为最根本的价值追求，把促进共同富裕摆在更加突出的位置，才能赢得职工群众的信任和支持，凝聚起推动高质量发展的磅礴力量。

唯有事争一流才能赶超跨越。思危思进、只争朝夕，是融入山钢血液的优秀基因和高贵品格。面对重大机遇、千帆竞发，必须树立大浪淘沙的危机意识和紧迫感，把以我为主、事争一流作为永恒的境界、执着的追求，在把握大势中赢得主动，在对标找差中突破瓶颈，在力争上游中塑造优势，在踏上高原后再攀高峰，努力在改革发展中赶超跨越、奋进提升。

唯有担当作为才能铸就精彩。重任在肩、征途漫漫，只有持续奋斗，方能不负重托。山钢的美好未来需要全体职工担当作为、共同开创，需要大家勇于迎难而上、敢于挺身而出，勠力同心、笃行不怠。改革最能体现担当，改革最能检验担当，用持续改革的思路闯关夺隘，以钉钉子精神推动落实，不断把发展推向新境界、让梦想抵达新高度，用实干拼搏成就一个充满活力魅力的新山钢。

各位代表，收获满满仍须保持警醒。前进的道路上，我们还存在不少困难和问题：格局定位不够高远，拓展高质量发展空间受限；与先进企业相比，质量性指标提升还不稳固，产业转型升级步伐不快，整体抗风险能力不强；科技创新引领作用不够有力，创效比较优势不明显；治理体系和治理能力现代化水平还没有保持与先进环境变化的同步性；一些体制机制障碍尚未取得实质性突破，又要面临新一轮管控模式、组织架构、人力资源调整的考验；资产负债率居高不下、劳动生产率低于行业先进水平、吨钢盈利能力亟待提升；党的建设还有薄弱环节，部分党员干部的思维方式、担当意识、能力作风有待提升，不作为、慢作为、乱作为甚至腐败现象仍然存在等。对于这些问题，我们将高度重视，采取有效措施，切实加以解决。

二、2022年面临的形势任务

各位代表！2022年是党的二十大召开之年，是“十四五”规划实施的关键之年，也是山钢集团踏上高原再攀高峰，持续改革攻坚、实现全面跃升、开创美好未来的重要一年。立足新时代、把握新要求、展现新作为，做好各项工作具有特殊重要意义。

当前，我们面临的外部环境依然复杂严峻。从国际看，全球经济增长恢复缓慢，国际货币基金组织、世界银行均下调了2022年全球经济增长预期。从国内看，经济发展面临需求收缩、供给冲击、预期转弱三重压力，在工业领域尤为凸显，困难和挑战明显增多。从行业看，产能产量“双限”、能源消耗总量和消费强度“双控”、碳达峰碳中和等政策趋向加严；钢铁行业进入大企业竞争时代，联合重组进入加速推进阶段。总体看，多种矛盾叠加，诸多因素影响，内外部环境存在较多不确定性。我们要清醒辨识风险挑战，更要从发展格局的深刻变化中看到难得机遇。

抢抓政策集中发力窗口期，我们必须善谋善为。中央经济工作会议强调，今年经济工作要稳字当头、稳中求进。国家和地方政府层面政策组合充足发力、精准发力、靠前发力，已陆续推出降准、超预期降息及振作工业经济运行等“稳增长”政策，将有力促进制造业繁荣稳定，优化改善钢铁行业市场营商环境。

抢抓高质量发展黄金期，我们必须奋发有为。工业和信息化部等三部门联合发布的《关于促进钢铁工业高质量发展的指导意见》，为钢铁行业铺砌了“十四五”发展之路，必将助推企业加快质量变革、效率变革、动力变革，进一步增强应对挑战的能力和韧性，夯实巩固高质量发展的基础。

抢抓重要战略机遇期，我们必须主动作为。推进与中国宝武联合重组，是集团公司难得的、最大的历史发展机遇和发展增量，将为山钢在更深层次、更大范围、更高水平的新平台上，塑造比较优势、涵养发展后劲、实现全面跃升提供强劲支撑和广阔天地。

各位代表！错失机遇就会落后时代，抓住机遇才能赢得未来。我们有条件、有基础、有信心在波澜壮阔的改革发展大潮中乘风破浪、扬帆远航。我们必须本着对历史负责、对企业负责、对职工负责的态度，加强前瞻性思考、全局性谋划、系统性推进，全力以赴在高质量发展新征程上展现更大作为、成就更好发展。

2022年指导思想是：以习近平新时代中国特色社会主义思想为指导，深入贯彻党的十九大和十九届历次全会精神，认真落实习近平总书记关于国企改革和对山东工作的重要指示要求，弘扬伟大建党精神，锚定“走在前列、全面开创”和“三个走在前”要求，坚持党的全面领导，坚持稳中求进、以进固稳工作总基调，全面推动“构建生态圈、打造新标杆”发展方略深入实施，全面推进“精品与规模并重，沿海与内陆并进，绿色与智慧并举”发展战略落地，努力将山钢打造成为钢铁业绿色智能高端高效发展新标杆，为构建钢铁生态圈贡献新动能，为现代化强省建设提供钢铁支撑，以优异的成绩喜迎党的二十大召开。

2022年工作思路是：“一二三四五六七”，即一个目标：坚持党对国有企业的绝对领导，创建世界一流企业。两个融入：更好地融入和服务山东省经济社会发展大局、更快地融入和借力中国宝武管理运营体系。三大路径：继续推进市场化改革、积极推进全面对标找差、在更高层次上推进极致专业化。四个提升：全面提升绿色制造水平、全面提升智慧制造水平、全面提升高端产品占比、全面提升劳动生产率。五大增量：通过联合重组实现品牌增量、管理增量、资本增量、技术增量、人才增量。六大系列：钢铁主业重点推进高端装备用钢、海洋工程用钢、轨道交通用钢、白色家电用钢、石化装备用钢、工程机械用钢研发与生产。七大体系：推进组织结构体系、技术研发体系、市场营销体系、人才队伍体系、工艺装备体系、产业链建设体系、协同运营体系建设。

2022年预期目标是：

（1）高质量发展跃上新台阶。锚定世界500强，全集团实现营业收入2126亿元，利润总额保持百亿级，归母净利润“保三争四”力争翻番（确保30亿元、力争40亿元），净资产收益率达到18%以上，运营质量全面提升。

（2）深化改革取得新突破。联合重组取得突破性成果；管控体系与管控模式调整优化；国企改革三年行动任务圆满完成；风险防控体系实现全覆盖，历史遗留问题收尾工作稳妥有序。

（3）转型升级迈出新步伐。生态圈建设全面深化，“一基五元”产业结构布局基本完成；聚合企业和社会各类资源，谋划推动日照基地二期，争取尽早具备项目建设条件。

（4）发展动能实现新提升。高科技企业转型取得实质性进展；“数智山钢”建设全面提速；绿色低碳转型跃上新台阶；安全环保实现“七为零”。

（5）运营效率得到新改善。全集团在岗员工优化率不低于8%，钢铁主业人均粗钢产量增长15%；职工人均收入随劳动效率提高、公司效益提升稳步增长。

（6）政治生态呈现新面貌。党的领导和党的建设全面加强；党风廉政建设和反腐败工作取得新进展；“幸福和谐新山钢”创新版启动实施。

三、2022年重点工作

各位代表！击鼓催征、奋楫扬帆。实现上述目标，必须凝心聚力实现八个“全面跃升”。

（一）砥砺新时代，奋进新征程，实现政治能力全面跃升

胸怀“两个大局”，心系“国之大者”，勇于承载使命，敢于直面挑战，做到谋划工作有政治高度，推动工作有政治担当，检验工作有政治标准。

坚持政治引领。“只有站在政治的高度，对党中央的大政方针和决策部署才能领会透彻，工作起来才能更有预见性和主动性。”习近平总书记关于国企党建和改革发展的重要论述、重要指示批示精神，为

山钢砥砺新时代、奋进新征程指明了前进的方向、提供了根本遵循。全面对标对表习近平总书记的要求，坚守钢铁报国、产业报国的使命担当，坚定不移落实党中央、国务院决策部署，理直气壮做强做优做大国有资本和国有企业，提升国有资产保值增值能力。主动融入和服务双循环，在融入大势中提升境界，在融入大势中把握机遇，在融入大势中攻坚克难、建功立业。肩负起新时代赋予山钢的历史使命，把山钢打造成为践行国家使命、履行社会责任、备受各方尊重的企业，生动诠释新时代国有企业“镇国之宝、国之重器、中流砥柱”的神圣使命。

坚持战略引领。战略牵动全局，事关长远。坚定不移建设世界一流企业，践行“构建生态圈、打造新标杆”发展方略，实现战略迭代升级，将山钢集团打造成为北方重要的钢铁生产基地，具有国际竞争力的绿色低碳钢铁强企。精品与规模并重。坚持创新驱动，突出科技赋能，着力提升高端产品占比，“型钢+优特钢”竞争力显著提升，沿海板材精品系列化成形。沿海与内陆并进。坚持两翼齐飞，着力提升发展动能。统筹推进资源整合，持续优化产业布局，谋划推动日照基地二期一步尽快取得突破性进展，助推我省钢铁产业“两个70%”目标实现；强化思维变革，莱芜基地新旧动能转换项目优化推进。绿色与智慧并举。坚持绿色低碳发展，巩固拓展提升环保绩效，塑造比较优势，厚植绿色根基。坚持数智赋能，培育建设智能产线，壮大智慧工厂，集聚数智化建设新优势。

坚持思维引领。牢固树立市场化思维、比较优势思维、时间价值思维、以我为主思维、积极思维、有解思维、极致思维、责任思维、法治思维、人本思维等“十大思维”，思维引领未来，成就梦想。着眼未来发展，实现“四大转变”。集团定位从国有资本投资公司向资产经营公司转变，着力推动管理职能向总部集中、制造功能向基地下沉；对标重心从集团争优向产业竞优转变，着力推动各产业板块各显其能、竞相发展；对标方式从横向对标向同台竞技转变，着力推动各产业板块在擂台赛中激发活力、提质增效；对标要求从跑赢大盘向力争上游转变，着力推动各产业板块靠实力争先崛起，在新一轮的变革中有所作为，在新一轮的竞争中赢得先机。

（二）砥砺新时代，奋进新征程，实现改革成效全面跃升

发展无穷期，改革无止境。改革之于山钢尤为重要、尤为紧迫。2022年仍要将改革贯穿全年，切实把改革作为“创新奋起、全面跃升”的内在需求，作为争先进位、推动转型的根本动力，聚焦重点领域、关键环节，坚定不移把改革进行到底。

“三年行动”收官。全面落实国企改革三年行动方案，对照任务清单，定向突破、靶向攻关，全面完成国企改革三年行动各项任务。聚焦治理管控体系优化、国有资本布局结构调整、混合所有制改革、健全市场化经营机制、国有企业党的领导和党的建设等，认真梳理分析改革整体进展状况，对标先进企业改革经验，抓紧补齐短板、弥合差距。坚持问题导向、目标导向，着手开展国企改革三年行动任务落实情况年度评估，建立健全改革考核评估体系，形成有力有序推动国企改革三年行动落地见效的工作机制，确保改革任务落到实处，见到成效。

管理体系变革。突出改革的系统性、整体性、协同性，按照“分业经营、分级管理”管控架构和“一总部多基地”管理体系建设要求，强化资产经营层经营管理能力和生产运营层运营执行能力建设，全力推动山钢集团由国有资本投资公司向资产经营公司转变。聚焦体系能力创新提升，

构建高效协同综合运行体系、构建“五位一体”生产运营体系、构建集中一贯专业职能管理体系、构建协同共享保障服务体系、构建科学规范制度流程体系。大幅压缩管理层级，缩短管理链条，提高管控效率、运转效率。实施组织机构变革，强化一体化运营，推动管理流程再造，构建简洁高效、敏捷柔性、“集中一贯”运营管控模式。优化管控运行方式，实行专业化、集约化、扁平化运作，实现效率极致和效益最大化。管理体系变革要尽快取得标志性成果，取得实质性成效。

市场化改革突破。持续完善市场化选人用人机制，积极鼓励支持和推动具备条件的企业推行职业经理人制度。优化经理层契约化管理，适时开展契约化履约质量“回头看”。严格落实末位调整和不胜任退出制度，坚决调整退出不适宜现职人员。探索建立健全人力资源市场，有序推进员工转型发展、合理流动、平稳退出。优化绩效考核导向，强化工资效益同向联动，加强工资总额预算管理，提高人工成本投入产出效率。聚焦 ROE 经营贡献，突出效率对标调节，有效发挥“超越自我、跑赢大盘”机制引领作用。优化薪酬分配秩序，控制各管理层级间差距水平，倡导同层竞争、同层拉开差距。坚决破除平均主义，打破“高水平大锅饭”，让能干事、会干事、多干事的职工多劳多得、多创多得。探索建立企业内部职工最低工资保障机制。

（三）砥砺新时代，奋进新征程，实现运营质量全面跃升

坚持稳字当头、稳中求进、以进固稳，聚焦运营安全和效益稳定，全面导入商业计划书模式，推动各项工作全面进步，质量性指标全面改善，夯实高质量发展根基。

推进全面对标。深入推进“全面对标、系统提升”行动，建立效益对标倒逼机制，以观念对标为引领、以技术对标为支撑、以管理对标促提升，打造更具活力的全面对标生态体系。统筹推进“1+10+N”对标管理模式，突出重点、因企施策，拓展与先进企业对标的广度和深度。以“超越自我、跑赢大盘，追求极致、力争上游”为导向，聚焦关键要素、核心能力指标，以效益、效率、效能最优为目标，动态精准对标。分层分类建立集团层面及各产业层面对标指标体系，构建网格化对标工作机制，集团层面统领对标提升全局，总部部门聚焦专业管理任务，各权属单位落实主体责任，推进对标提升取得实效。2022 年各权属公司纵向提升目标完成率不低于 90%，横向提升目标达标率不低于 70%。

优化运营秩序。沉着应对变革，增强战略定力，正确处理当前和长远、改革与运营的关系，找准自身定位，最大限度减少不确定性成本。深化“五位一体”商业模式创新，坚持面向市场、面向用户，导入 QCDVS 管理模式，推动产销研深度融合，打造具有核心竞争力的商业模式。钢铁主业深化“产能是稀缺资源、产量指标更是稀缺资源”的认识，珍惜每一吨钢产量指标，每一吨钢都不能浪费、都要创出极致效益。正视现有环境条件，动态调整，构建新的生产经营秩序。积极探索法人间资源优化配置、创效合理分成的操作路径，把效率、效益发挥到极致。完善投资管理体系，探索建立固定资产投资预立项制度，建立重大项目储备库。严格控制固定资产投资，科学把握工作时序，切实踏准工作节拍，优化新旧动能转换工程、日照二期一步建设规划。积极推动彭集铁矿建设，为国家资源安全保障贡献力量。积极推动王铝北矿项目，积累耐材资源储备、涵养发展后劲。

提升三大效率。提升资金效率。大力压减“四项资金”占用，优化控制资金支出，促进财务杠杆水平明显下降，资产负

债率年底力争降低两个百分点；稳妥推进有息负债压减，力争有息负债控制在1000亿元以内。开展闲置冗余银行账户清理专项行动，尽快压缩到1000个以内。提升资产效率。着力破除阻碍资产效率的体制机制障碍，继续推动内部资产重组，实施产业内部和组织之间的流动转移，重新配置资源，提升国有资产的整体质量和效率；按照极致思维的要求，制造业各产线启动就必须是极致效率，优化资源配置，坚决杜绝“热备份”。提升人事效率。建立人事效率提升评价体系，着力研究好“双控”形势下最匹配最高效人力资源模式，确保全集团在岗职工优化比例不低于8%和钢铁主业人均粗钢产量增长15%。

（四）砥砺新时代，奋进新征程，实现产业发展全面跃升

钢铁是山钢的主业基业，其他产业紧紧依托钢铁，服务钢铁，握指成拳。各类优势资源和要素资源有机整合，有序流动，凝聚发展合力。

主业更加聚焦。坚持心无旁骛攻主业，加快产业链延链、补链、强链，各环节联动互通，集聚发展，聚势赋能，打造安全高效钢铁产业生态圈。推动钢铁主业布局调整，统筹做好“存量优化+增量崛起”，莱芜基地借势动能转换，逐步跳出红海竞争；日照基地牢牢把握安全智能高效绿色高端主题，坚决扛牢先行示范区重任，为钢铁主业提供可复制可推广的路径模式。推动极致思维、极致效率、极致专业化落地生根，紧紧盯住吨钢盈利能力核心指标，日照基地吨钢盈利能力必须达到湛江水平、莱芜基地与马钢的差距必须缩小一半。山钢的未来在品种，统筹做好“高端+高效”，着力突破一批影响产品质效的关键管理技术环节，着力打造一批具有比较优势标志性产品，着力培育一批立足前沿领域的产品储备，着力推动钢铁产业核心竞争力快速提升。增强市值管理理念，统筹做好“生产经营+资本运营”，积极推动钢铁主业资产整体上市，在提高资产证券化水平上取得新突破。

多元更加突出。以钢铁为龙头，各产业携手并肩，在更高层次推动特色发展；融入改革发展大潮，主动对接资源管理新平台，打造活力强劲新的增长极。优化产业布局，适时推动权属子公司及所属企业通过增资、引入战略投资或实施重组等进行混改，强化主导产业培育发展。矿业板块对接国家资源能源战略，坚持存量资源优化和增量资源开发并举，全面提升资源保障能力。金融板块坚持产融结合、以融促产、融融协同，产业金融和金融科技双轮驱动，着力打造以资本运作和产业投资为主要功能的产融结合服务平台。着手研究产业园区规划，构建新产业空间。贸易板块提升资源保障、市场拓展、社会贸易、跨境融资服务能力，实现服务主业与贸易业务相融共进。信息技术板块以智能制造为主攻方向，极致提升山钢数字化、智能化水平。耐材板块按照高温工业长寿化、功能化、轻量化、绿色化发展方向，打造高科技含量支撑的材料供应商。

协同更加有力。各产业板块立足实际，挖掘与对标企业的深度协同，在“一基五元”中找准定位、找准突破口，打造更具活力的协同共赢体系。全面开展产业共建，提高协同效率，项目化推进落地，快速实现资本增量、技术增量、管理增量、品牌增量、人才增量。优化融资环境，拓宽融资渠道，改善融资结构，融资利率与对标企业的差距缩小50个BP，新增融资利率控制在LPR以内，力争达到对标企业平均水平。坚持聚合资源，开放共享，重视和谐环境创造，优化市场环境、政策环境、法治环境，促进企业更加依法公平使用资源要素。

（五）砥砺新时代，奋进新征程，实现内涵发展全面跃升

绿色智慧是推动质量变革、效率变革、动力变革，实现高质量发展的重要引擎。创建世界一流企业，绿色低碳化、智慧化转型势在必行。

绿色低碳转型升级。全面开展“绿色制造、制造绿色、绿色产业”行动，绘就山钢高质量发展底色、筑就绿色长城。开展绿色低碳前沿技术研究，加快工艺流程变革，推进超低排放改造；提升资源能源利用极致效率，“消灭活套、应收尽收”。加强产品全生命周期管理，实施产品碳足迹、生命周期评价诊断分析，建立绿色产品评价体系，充分挖掘钢铁、矿业、耐材等产品的绿色低碳发展潜力。尽快完成优势钢铁产品的绿色产品认证，拥有一批全国首发绿色产品。完善碳资产管理制度体系和管理机制，系统设计碳资产管理模式，探索建立集团公司碳资产负债表。建设穿透式环境风险监管信息化系统，筑牢生态环保风险监管屏障。优化产业结构，废气超低排、废水零排放、固废不出厂。莱芜基地、日照基地持续优化低碳发展路线，矿业板块建设绿色智慧安全示范矿山，提升生态环保绩效。到今年年底，钢铁板块全面达到环保绩效A级标准，其他涉及重污染行业的企业达到B级标准及以上。深化产城融合，推进能源资源节约集约循环利用，积极开展消纳城市固体废弃物、危险废弃物、中水等业务。加强绿色金融、绿色资源、绿色智慧服务、循环经济产业等方面前瞻性研究，积极谋篇布局。

“数智山钢”换版提速。把握数字经济发展机遇，围绕智慧制造、智慧服务、智慧治理探索转型实践，全面提升钢铁产业链现代化水平和竞争力。深入推进智慧制造建设，在提高产品质量、提升生产效率、减少生产成本、降低安全环保压力、释放人力资源活力等方面取得更多实质性成果。以“四个一律”和“三跨融合”等智慧化指数为引领，建立完善智慧制造标准和评价体系，完成钢铁主业智慧制造评价指数测评。2022年智慧制造指数提升10个百分点。推动管理变革和流程再造，实施专业化平台建设，统筹做好标准财务等运营共享类、采购供应链等经营共享类、纪检监督等监督检查类信息系统的贯通部署。择机升级各子公司经营管理信息系统。谋划启动“工业大脑”建设，以突破性的行动计划为抓手，推动生产更智能、管控更集约、管理更高效。探索研究5G、工业互联网、人工智能、商用密码、数字孪生等关键技术的场景应用。全方位提升网络安全防护水平，坚决遏制防范网络安全重大风险事件。

（六）砥砺新时代，奋进新征程，实现创新发展全面跃升

创新是高质量发展的第一动力，坚持实施创新驱动发展战略，把科技自立自强作为高质量发展的战略支撑，推动科技兴企、科技强企，加快建设高科技企业。

创新生态优化。贯彻落实创新驱动发展战略，坚定不移向高科技企业转型。积极组织开展科技创新项目立项攻关，着力培育和打造一批“隐形冠军”、瞪羚企业、“专精特新”等科技型企业。探索建立加速高科技企业培育成长机制，日照公司创建成为高新技术企业。强化研发费用占营业收入比例、核心知识产权、高新技术产品占比等情况的调度管控，持续推进高新技术企业创新能力提升。加强对相关政策研究利用，最大限度优化创新环境，享受和利用高新技术企业优惠政策。建立研发投入绩效评价机制，促进从研发投入向研发产出和创新能力提升转化。全年研发费用增长不低于10%，研发投入强度不低于2.8%，申请专利550项以上，获授权专利

450项以上。将首台（套）技术装备、首批次新材料及关键零部件纳入权属二级公司董事长责任制治理管控绩效考核，树立旗帜鲜明鼓励创新的工作导向、绩效导向。

创新平台升级。心怀“国之大者”，坚持“四个面向”构建创新平台和载体，努力打造科技创新策源地。推动产学研深度融合，支持各产业与高校、科研院所、中国宝武等优质资源强化合作，共建一批高质量高层次研发中心、重点实验室。进一步整合研发资源，主动对接对标企业科研体系，积极推动科研管理信息系统的覆盖应用，提高科研管理效率，实现科技资源共享。挖掘创新动力，激发科技创新活力，大力促进共性技术移植孵化，缩短研发周期，提升研发实效，实现科技向生产转化。强化科技人才支撑，搭建施展才华舞台，探索推进“军令状”制度和“揭榜挂帅”机制，鼓励更多优秀科研团队、科技人才在重大科研攻关中闯关夺隘，让科技创新活力竞相迸发。

关键技术突破。积极攻关国家和山东省重大科技专项，在产业优势领域精耕细作，培育更多“看家本领”“独门绝技”，塑造差异化竞争优势。钢铁产业聚焦行业领先、国际先进水平，聚焦国家重大工程、重点项目建设，形成一批具有牵引性、示范性、带动性的重大科技成果，掌握一批具有自主知识产权的核心技术。信息技术产业聚焦制造业转型升级，打造一批标志性工程和示范产线，突破一批软硬件智能化关键技术，解决一批制约运营管理的突出难题，打造具备复制推广价值的示范产线、标杆工厂。耐材产业以钢铁行业为基础，聚力扩大化工、军工、电子、碳素炉等非钢铁市场份额，着力打造细分市场领域内的“单项冠军”。

（七）砥砺新时代，奋进新征程，实现风控能力全面跃升

风险与业务相伴相生，企业不能因为风险不敢发展，也不能因为发展不顾风险。

强化“大风控”建设。坚持守土有责、守土尽责，树牢底线思维，完善防控机制，强化体系建设，全面提升企业抗风险能力。增强系统观念，做好顶层设计，强化各级党委会、董事会“双引领”，发挥党委“把方向、管大局、促落实”和董事会“定战略、作决策、防风险”的引领作用，严防发生重大风险、系统性风险。坚持“审计监督首先是经济监督”定位，聚焦重大资产投资项目、资产质量、经营管理等关键环节及重大风险领域，开展经济体检。发挥审计监督与审计服务作用，筑牢“第三道防线”。夯实风险、内控、合规、法务“一体化”管理基础，推动法治山钢建设迈向新高度。建立健全重大风险监测指标体系，抓好风险监测预警、识别评估和研判处置。落实岗位风险责任制，与风险共舞，在风险中挖掘价值。发挥法治引领保障作用，规章制度、重要决策、经济合同的法律审核率达到三个“100%”。

推进“六大存量”攻坚。要有功成不必在我的胸怀和功成必定有我的担当，审慎稳妥完成历史遗留问题处置收尾工作。坚持打赢“六大存量攻坚战”目标不动摇，集中优势力量，创新方式方法，压实责任、矢志攻坚。动态调整攻坚任务，将“担保压减工作”纳入“六大存量攻坚战”重要任务。坚持“分类管理、分级防控、分层负责”，各攻坚主体单位统筹谋划，集团公司动态管理、穿透监督，实现重大风险的有效遏制和防控。“企业不消灭亏损，亏损就消灭企业”，稳步推进亏损企业实现减亏、扭亏，坚决完成权属重点亏损子企业2022年度专项治理工作目标。扎实做好非主业退出及“两非”业务梳理，确保实现17户非主业企业全部退出。稳妥推进法人压减与参股企业退出。通过吸收合并、股权转让、破产清算注销等方式，2022年

清理退出参股企业5~9户，深入推进法人压减和资产处置。

推进本质化安全提升。安全工作一失万无。坚持从讲政治的高度看待安全稳定、谋划安全工作，树牢底线意识、红线意识，不断提升防范化解重大安全风险的能力。坚定不移落实《安全总监管理办法》、相关方安全管理规定，推动全员安全责任落实，实施清单化管理，照单履职、照单考核、照单追责。统筹抓好双重预防体系建设，全面实施风险分级管控，“四位一体”推进安全生产专项整治，坚决遏制各类事故发生。强化制度刚性执行，对违规行为动真碰硬，依规严惩。推进协力管理变革，厘清业务边界，2022年消灭插入式混岗用工。培育战略协力供应商，动态优化准入、评价、退出机制，不断提升协作队伍的技能水平和专业化能力。毫不松懈抓好常态化疫情防控，提升危机管理能力，织紧织密防护网、筑牢筑实隔离墙。完善社会治安防控体系，建设高水平平安山钢。全力做好信访稳定、网络安全、保密等工作，严防各类矛盾风险。

（八）砥砺新时代，奋进新征程，实现党建工作全面跃升

始终坚持把强“根”固“魂”作为推动集团公司高质量发展的动力之源、力量所在。

固本强基提能力。忠诚拥护“两个确立”，做到“两个维护”。坚决用习近平新时代中国特色社会主义思想统领工作、校准航向、凝聚力量。巩固拓展党史学习教育成果，建立党史学习教育常态化、长效化制度机制。聚焦迎接宣传贯彻党的二十大精神，精心策划工作。持续推进党建“五大工程”，提高基层党组织建设标准化、规范化水平。巩固过硬党支部建设成果。树立重实干、重实绩、重担当的鲜明导向，从改革发展一线、重大斗争前沿、急难险重关头，选用“闯将”“干将”，着力打造忠诚干净担当有为的高素质干部队伍。丰富企业文化内涵，推进企业文化宣贯、践行、融合工作。坚持发挥思想政治工作优势，强化各类意识形态阵地管理，唱响主旋律，壮大正能量，引导干部职工认清形势、凝聚共识，汇聚起改革发展强大力量。

正风肃纪强保障。秉持自我革命精神，以永远在路上的坚韧执着，持之以恒、一刻不停地将党风廉政建设和反腐败工作进行到底。持续深化不敢腐、不能腐、不想腐一体推进，综合运用监督执纪“四种形态”，争取更多制度性成果和治理成效。强化大监督体系建设，发挥职工群众监督作用，聚合各类监督力量，全方位、不间断开展穿透式监督。聚焦选人用人、招标采购、营销物流、计量检验、工程管理等重点关键领域开展专项巡察、专项行动，严肃查处“靠企吃企”，坚决抵制“损公肥私”，斩断不当利益链条，破除不当利益圈子。锲而不舍落实中央八项规定及其实施细则精神，精准施治形式主义、官僚主义，严防“四风”问题反弹回潮。认真落实“三个区分开来”，为担当者担当、为实干者撑腰，努力营造良好政治生态和发展环境。

凝心聚力促和谐。“世界上最大的幸福莫过于为人民幸福而奋斗。”山钢发展的成果来源于职工，必须惠及职工。树立“把企业搞好是对职工最大负责”的理念，持续落实“为民情怀，职工福祉”的信念追求和使命支撑，全力打造“幸福和谐新山钢”创新版。深化民主管理出实招，健全以职代会为基本形式的民主管理制度体系，在企业改革转型关键时期切实维护好职工合法权益。畅通职工成长通道做实功，全面深化产业工人队伍建设改革，为聚才育才展才搭舞台、建平台。保障改善民生求

实效，积极创造一切条件，解决职工最关心、最直接、最现实的问题，让每一位与时俱进、敢为人先的开拓者扎根山钢，让每一位只争朝夕、埋头苦干的实干者体面工作，让每一位砥砺前行、不懈奋斗的追梦者筑梦圆梦。

各位代表！改革大潮奔涌向前，山钢发展赓续新篇。让我们更加紧密地团结在以习近平同志为核心的党中央周围，在省委、省政府和省国资委坚强领导下，知重负重、勇毅前行，砥砺新时代，逐梦新征程，只争朝夕奋力开创新山钢美好未来，以优异成绩迎接党的二十大胜利召开！

承压奋进　应变克难
全力以赴在不确定性中抢机遇抢时间抢效益抢进度

——在集团公司科技创新、商业计划书管理推进暨一季度工作会议上的讲话

党委副书记、总经理　陶登奎

（2022年4月19日）

同志们：

现在开会。进入2022年以来，国际环境动荡多变，国内形势深刻复杂，疫情防控骤然紧张，钢铁行业供给受限，多种因素相互叠加，企业运行面临更多的不确定性和更大的挑战。我们对百年未有之大变局的理解和认识更加深刻。“变”是当今世界唯一不变的主题。经济发展规律告诉我们，总有一些企业因为“变”和不确定性，在大潮冲击时逆势而上、脱颖而出；也总有一些企业因为不适应、不符合，随波逐流，归于平庸，甚至被淘汰出局。疾风知劲草。“变”对于山钢这样历经磨难、百折不挠、勇于变革的企业，机遇大于挑战。今天的会议安排比较紧凑充实，目的是引导大家清醒地认识当前面临的严峻形势和复杂多变的内外部环境，清醒地辨识面临的重大机遇和重大挑战，进一步增强战略定力，坚定不移按照集团公司2022年度工作会议、一届四次职代会各项决策部署，应变克难、承压奋进，全力以赴在不确定性中抢机遇、抢时间、抢效益、抢进度，推动各项工作实现全面突破、全面跃升。

刚才，侯军董事长系统研判了政策环境和行业走势，从强化科技创新、治理能力、发展质效、风险防控、党的建设等五个方面对后续工作作出安排部署，要求全集团登高望远应大势，踔厉奋发走在前，以改革发展新作为开创山钢“强”起来新局面。侯董事长的讲话既是动员令，更是攻坚决战令。各单位、各部门要深刻学习领会，深入贯彻落实董事长的讲话精神，把思想和行动统一到集团公司整体工作安排和各项要求上来。要团结带领广大职工采取超常规思维、革命性举措，攻坚克难、真抓实干，以更加务实高效的工作作风和昂扬进取的精神状态，在变局中创新突破，在逆境中砥砺前行，夺取疫情防控和生产运营的“双胜利”，确保高质高效完成全年任务目标。

下面，结合一季度的工作运营情况和

商业计划书推进调研情况，讲几个方面的意见。

一、关于生产经营绩效

一季度，环境错综复杂，挑战前所未有。在省委、省政府和省国资委坚强领导下，在中国宝武体系能力强力支持下，全集团遵循创新奋起、全面跃升的总要求，坚持稳中求进、以进固稳的总基调，按照“一二三四五六七”工作思路，以商业计划书为运营工作总抓手，聚焦运营安全和效益稳定，统筹疫情防控和经济社会发展，生产运营保持平稳，经营绩效达到预期；广大干部职工迎难而上、聚力攻坚，全集团保持了良好的发展局面，在经济稳增长中发挥了国有企业“压舱石”的作用，体现了全体山钢人的责任担当。

（一）坚定沉着、科学应变

坚持系统思考，科学谋划，始终保持决策的前瞻性、预见性，全集团驾驭复杂局面、应对突出问题的能力显著提升。体现在三个方面：疫情防控总体可控。坚决贯彻上级部署要求，按照中共山东省委书记李干杰同志调研时作出的指示安排，把疫情防控工作作为当前最大的政治任务，坚定扛牢疫情防控主体责任。坚持“立足于有，关口前移，多重屏障、两手结合”，全面落实省委“5+1”工作要求，突出党政同责、齐抓共管，超前实施“类封闭”管理，切实做到守土有责、守土尽责。按照“全员覆盖、不漏一人”的原则，全集团闻令而动，完成四轮全员核酸检测。各单位众志成城，形成了极端条件下疫情防控和生产运营应急预案，努力把疫情带来的损失降到最低。安全生产态势向好。认真研读典型事故通报，深刻吸取教训，持续强化安全检查，全面加大整顿力度，实现了生产安全事故“六为零”。风险防控稳妥实施。坚持底线思维，六大存量攻坚持续推进；强化风险穿透管控，靶向提示重大风险；聚焦关键业务环节，强化内部审计监督；新增诉讼妥善隔离，依法有序处置，全集团风险防控能力进一步提升。

（二）精准调控，精益运营

各产业板块应时而变、顺势而为，展现出很好的自我调节能力和经营韧性。钢铁、矿业、耐材板块正视现有环境条件，动态优化生产组织，协调配置各类资源，构建新的生产经营秩序，有效对冲环境的复杂性和不确定性。生产节奏保持稳定。一季度全集团累计生产生铁559万吨、粗钢616万吨、商品坯材625万吨。累计生产铁精粉70万吨，生产耐火原材料及制品5.6万吨。莱芜基地分阶段建立最优生产组织模型，实现了产量精准控产。成本控制成效显著。各生产单元持续加强成本削减工作，积极应对产量降低以及市场下行的不利局面。钢铁产业一季度成本费用削减8.75亿元，可比成本降低率4.48%，吨钢成本降低182元。按照管理口径，莱芜基地吨钢利润与标杆企业差距大幅度缩小，日照基地基本达到标杆企业水平。资金链安全有效保障。强化资金统一管理，统筹集团资金平衡，一季度集团新增银行授信167亿元，申请注册债券发行额度210亿元，融资资源储备扩大，资金保障能力提升。

（三）绩效平稳，向好发展

从报表数据看，利润总额实现两位数增长。一季度，集团公司实现营业收入、利润总额、净利润、归母净利润较上年同期同口径分别增加1.40亿元、1.25亿元、1.09亿元、减少0.68亿元。利润总额、净利润增幅分别为16.39%、37.95%。从实际经营看，集团公司一季度经营绩效呈现逐月改善、向好发展的态势。

（四）资产质量有效改善

资产质量持续向好，“两金”占用稳

步降低，资产负债率呈现持续降低趋势。1~3月份，集团公司资产负债率环比分别降低0.13个、0.17个、0.07个百分点。预计3月末，集团公司资产负债率为81.80%，较年初降低明显。资金效率有效提升，保证金比例大幅压减，大部分银行承兑汇票保证金比例从40%降至20%，信用证保证金比例从25%降至10%，盘活资金19亿元。融资成本一路走低。截至3月末，集团平均融资成本较年初下降21BP。一季度新增及续借平均融资成本2.94%，较年初降低194BP。有息负债逐步压降，融资结构不断优化，一季度末有息负债（含票据）比年初降低35亿元；债务置换着力开展，成功置换外部金融机构高成本融资23.45亿元。资金归集持续加强，预计3月末全口径资金归集度较年初39.33%提高6%左右。

（五）人事效率稳步提升

系统策划推进，截至3月底，全集团在岗30023人，较上年末减少612人（含淄博张钢人员分流安置），人员优化率2%，年化人事效率提升8%，完成计划目标。

国企改革三年行动推进、“数智山钢”建设、绿色低碳发展、园区业研究推动、亏损企业治理、法人压减和参股企退出、“两非”处置等面上和点上的工作稳步推进，不再展开讲。

一季度全集团整体运行体现了“稳中求进、以进固稳”，但也折射出“稳中有难、进中有忧”。

一是产品产量大幅下降。受疫情和限产政策影响，集团公司各业务板块受到较大干扰，钢铁、矿业、耐材被动减产。全集团生铁、粗钢、商品坯材同比分别减少20%、18%、16%，均没有完成进度计划。其中：莱芜基地一季度粗钢产量同比减少86万吨，降幅28%；永锋系粗钢产量同比减少46万吨，降幅21%。日照基地粗钢产量223万吨，比去年同期略有降低。生产铁精粉同比减少11%，生产耐火原材料及制品同比减少18%。

二是比较优势不够牢固。与行业对比：从2022年前两个月看，钢协重点大中型企业财务快报，国内89家大中型钢企实现利润277亿元，同比减少约30%。中国宝武同比减少约34%，沙钢同比减少42%，湖南钢铁同比增长38%。钢企业绩出现分化，前两个月37家企业利润同比增长，52家企业利润同比下降，其中有27家企业出现亏损。山钢集团利润同口径同比减少，与先进企业比较有明显差距。对照商业计划书，集团公司营收、利润、净利润、ROE等核心经营指标与进度目标相比存在较大差距。

三是瓶颈矛盾依然突出。资产负债率仍居高位，高成本有息负债仍然偏高。亏损企业治理等工作因历史遗留问题复杂进展缓慢。“数智山钢”建设、全面深化改革受多方条件制约有所放缓。人事效率提升受限产因素影响，一季度钢铁主业累计人均产钢203.3吨，年化人均产钢量为813吨，年化水平较上年降低了8.45%。

从目前获取的行业数据以及对标单位的数据情况来看，各企业稳增长的压力巨大，产量、营收、利润总额、净利润之间的勾稽关系不匹配，尤其是利润指标，月度与月度之间大起大落、波动剧烈，这给集团公司强化经营绩效分析、全面对标找差带来难度。单纯从数据来看，已无法横向校准，真实反映一季度对标企业的运营情况。到半年结束时，各企业的数据将会趋于正常。我们不要过于纠结于数，而是要集中精力找差距，看到危机。要切实增强忧患意识，牢固树立比较优势思维，深入开展以吨钢利润为核心的全面对标找差，坚定信心，只争朝夕，在产业竞优中力争上游。

二、关于商业计划书执行

商业计划书是今年全集团运营工作的总抓手。会前，集团公司对各单位商业计划书运行情况进行集中全面调度，上午召开了管理报告会，总体来看，在正式导入商业计划书管理的第一年，大家从全面预算管理向商业计划书并轨转向，行动比较快，理解和认识相对到位，整体运行不错。战略引领更加清晰。战略是企业发展的灵魂。商业计划书把战略放在首位，以战略为引领，抽丝剥茧，各项工作主次分明，条分缕析。围绕战略强化执行，企业内外部各类资源以战略为基础进行配置，一切活动紧紧围绕战略进行布局和展开，各种要素资源聚焦支撑战略自主有序流动，战略起到了纲举目张的作用。经营理念实现提升。全集团把商业计划书作为一种重要的管理工具，集团公司自上而下推行战略分解、任务落地，各级经营者以我为主、自我驱动，展现出很好的全局意识、系统思维，推动了集团公司实现经营回归本质。管理模式实现转变。各单位自觉用商业计划书的思维研究、思考工作，用商业计划书的语言行为，交流、推动工作，在形式上首先做到了整齐划一。同时商业计划书管理报告机制初步建立，形成了月调度、季报告模式。主动意识得到增强。各单位对商业计划书管理与执行高度重视，围绕商业计划书任务落地，锚定战略目标，聚焦全面对标找差，紧盯战略性任务、ROE改善项目等工作推进，跟踪执行，狠抓落实。总部各部门深入研究各权属单位商业计划书内容，有针对性地确定了各权属二级单位商业计划书年度工作目标。目前全集团经营管理以商业计划书为总抓手的工作氛围日渐浓厚。

总体来看，商业计划书的运行在集团公司已经落地。但在落地运行过程中，单位和单位之间、单位和部门之间、部门和部门之间、各子公司与下属单元之间存在不平衡，刚才董事长对商业计划书运行中暴露出来的问题作了剖析，上午我也对商业计划书运营情况提出了要求，各单位各部门务必高度重视。今年是商业计划书运行的第一年，对于存在的问题，需要从一开始就要即时纠偏、即时整改。对于上午商业计划书报告中各单位的目标举措，集团公司领导点评作出的部署安排，各单位各部门要认真对照、认真分析，群策群力，进一步做好相关工作。集团公司将在半年度商业计划书报告会上进行检验。

三、关于二季度重点工作

关于宏观形势，董事长刚才从多个维度进行了全面细致分析，各单位要坚持用全面、辩证、长远的眼光做好消化理解，准确把握发展环境变化，充分研判困难风险挑战，充分利用和挖掘有利条件，抓住各种有利时机，努力争取改革发展的主动权。做好二季度的工作对于完成全年任务目标至关重要。全集团必须增强紧迫感、责任感、使命感，立足于“抢”，抢机遇、抢时间、抢效益、抢进度，打开创新奋起、全面跃升，稳中求进、以进固稳的新局面。

一要全力以赴稳增长。2022年国内外形势严峻复杂，保持经济稳定增长意义重大。中央以及省委都对“稳字当头、稳中求进”作出强调安排。近期几次国务院常务会议指出，要把稳增长放在更加突出的位置，统筹稳增长、调结构、推改革，切实稳住宏观经济大盘。3月22日，省国资下发《关于切实确保省属企业2022年度稳增长的通知》，明确要求，省属企业利润总额、净利润增速要高于全省经济增速。

坚定全年任务目标不动摇。稳增长既是政治任务、刚性要求，也是集团公司稳中求进、进中提质、以进固稳的内在需要。

全集团必须把稳增长摆在更加突出位置，紧紧抓住既定的目标任务，在稳增长中体现责任担当。集团公司一届四次职代会确定，全集团实现营业收入2126亿元，利润总额保持百亿级，归母净利润“保三争四”力争翻番（确保30亿元、力争40亿元），净资产收益率达到18%以上，EVA达到57亿元以上。对于全年的经营任务目标，集团公司基本没有回旋的余地，特别是对于归母净利润的刚性要求。没有强有力的归母利润水平支撑，集团公司深化改革可能是空中楼阁。全集团必须要深刻牢记这一点，不讲条件，不讲客观，主动工作，努力拓展增长空间，提高增长质量，激发增长活力，促进运营质量全面提升，力争更加积极进取的经营绩效。

坚定调整经营策略不动摇。从目前形势综合研判，无论从“稳字当头、稳中求进”的总要求，还是从《关于建设全国统一大市场意见》蕴含的信息，以及政策对制造业的支持拉动，经济的托底仍需要传统基建、房地产的发力等，二季度的政策支持及市场对钢材需求形成支撑。集团公司必须果断调整经营策略，掌控好生产经营节奏的变化，让效益颗粒归仓、落袋为安。要放产量。当前市场是难得的机遇期，要及时调整运营秩序，研究最优的生产作业计划，把生产组织干到极致，满负荷放量生产。“产能是稀缺资源、产量指标更是稀缺资源”，钢铁板块要落实李干杰书记“省里还是要力保山钢的产量”的指示，积极与省直部门沟通，赢得产量指标。要调出口。以创效益为中心提升出口强度，引领产品升级，重点在提量增效上做文章。二季度要以全国平均水平为目标，抓机遇促出口，提高订单效益。要注重发挥与中国宝武的营销协同，不断优化营销渠道，优化出口产品结构，增加高端产品比重，提高经济效益。要优结构。坚持以效益为核心的倒逼机制，衡量的指标就是吨钢利润，这是经营工作的出发点，也是落脚点。要严格按照边际效益水平组织生产，产线的生存要靠竞争。要把每一吨钢配置到最赚钱的产线上，最有效益的品种上。要控成本。打破流程间的壁垒，消除工序间的冗余，剔除低效无效环节，要严禁“热备份”，绝对不能出现“谁也吃不饱，谁也干不好”的现象，必须追求最低的成本，最高的效率。要抓对标。坚持从四个维度强化全面对标找差，与行业对，看能不能“活”；与先进对，看够不够“优”；用好内部资源，内部之间对，看是不是“真”；与区域竞争对手对，看区域市场话语权、掌控力是不是“强”。

矿业板块、耐材板块也要据此思路，展开工作。

二要全力以赴抓发展。发展是解决企业一切问题的基础和关键。抓发展就是抓未来，抓未来就要抓项目，坚定不移推动国有企业和国有资本做大做强做优。

要用发展践担当。重大项目建设是扩需求稳增长的重要引擎、重要抓手。近期全国各地紧锣密鼓推动重大项目建设。李干杰书记在莱芜基地调研时指出，不仅是莱芜基地要抢抓机遇，加速提速推进新旧动能转换项目，全力闯出高质量发展的新路，日照二期项目也要加快推进，尽快取得实质性进展，这也是山钢与中国宝武合作的前提。山钢作为国有企业责无旁贷，必须强化责任担当，以新项目注入新动能、以新项目推动新发展。矿业板块彭集铁矿、耐材板块王铝北矿等项目进度也要提速。

要用发展优环境。从求生存到谋发展再到站在推动高质量发展的新起点，今天的山钢，随着历史遗留问题妥善处置，负重奋进的姿态调整为轻装上阵，改革发展又到了一个节骨眼上，各项工作亟待突破，亟待全面跃升。这迫切需要多方有利条件支撑，迫切需要多方力量推动，迫切需要良好的外部环境和氛围烘托。项目是敲门砖。要依托项目优化环境，依托项目聚合资源，依托项目拓展高质量发展空间，依托项目推动持续深化改革提速加力。

要用发展再定位。着眼未来，集团公司要融入竞合发展的新业态，从集团争优向产业竞优转变，在同台竞技中力争上游。与中国宝武系几家企业相比，品种我们赶不上宝钢股份，成本我们拼不过安徽马钢，产业我们优不过山西太钢，未来低碳技术强不过新疆八一。未来山钢要力争上游，要取决于“质”，更取决于“量”，有量就有结构。

要用发展提实力。目前莱芜基地新旧动能转换项目推进、产品结构调整，日照钢铁精品基地二期建设、工艺路线优化、产品布局等都从绘“蓝图”走到了绘“施工图”的阶段。要注重做好“四个统筹”。一要统筹好市场与现场。要进一步明确发展定位，从适应市场变化，适应政策导向，适应行业需求三个维度，看容量、看市占、看品种。二要统筹好局部与整体。要进一步深化发展思路，处理好日照基地与莱芜基地的关系，处理好自身发展与中国宝武布局的关系，要处理好未来极致专业化的问题。三要统筹好发展与安全。要着力研究“双碳”、研究双限、研究区域环境容量、研究产能通道要求。四要统筹好当前与长远。要做到两个关注，关注支撑我省高端装备制造，关注省内钢铁规划两个70%目标实现，推动“精品与规模并重、内陆与沿海并进、绿色与智慧并举”落地。

三要全力以赴抓突破。亏损企业治理、法人压减及参股企业退出、“两非”清理处置等工作是贯彻中央决策部署、履行国企责任使命的必然要求，是落实国企改革三年行动、完成商业计划书任务的具体行动，是应对风险挑战、提质增效的关键举措。

要在推动问题解决中解决问题。亏损企业治理、法人压减及参股企业退出、“两非”清理处置剩下的全是“硬骨头”。这些“硬骨头”也到了必须解决的时候。“遇事一定要先说行”，这是集团一贯要求。全集团要始终保持清醒的头脑，统一思想，树立有解思维，积极想办法、拓思路，坚定不移确保高质量完成既定目标。解决问题一定会遇到问题，遇到什么问题再解决什么问题。要用创新的思路先干起来，压紧压实各级责任。各相关权属子公司是推动三项工作的责任主体，要积极发挥主观能动性，制定针对性措施，逐级抓好落实。集团层面强化责任担当，加强统筹协调，建立精准考核导向。要强化压力传导、过程管控，形成月调度、季报告的运行机制，把工作做在日常，管在平时。

要在保链前提下强化资金创效。4月25日，中国人民银行将下调金融机构存款准备金率0.25个百分点，进一步优化金融机构资金结构，促进降低社会综合融资成本。此次降准共计释放长期资金约5300亿元。要抓住当前金融环境加大对实体经济的支持力度的有利时机，深度开展有息负债压降，着力推动高息债务置换，靠增量优化存量。资金中心要排出计划。要坚持集团效益最大化，深挖内部协同资源，靠协同优化结构。比如山信软件作为高新技术企业，融资成本仅一点多，而集团内部有些权属企业融资成本高近7%。这就是空间，就是潜力。再比如在项目建设、科技研发等领域要学会做文章，积极争取绿色贷款、研发贷款等低成本融资。要把资金创效发挥到极致，支持重点领域和薄弱环节低成本融资、低成本置换。压降存量货币资金规模，压降融资成本，提高资金归集度，持续提升资金使用效率。调整融资结构。提高银行融资占比，压降债券及非标融资占比；优化长短期融资结构，提高长期融资占比，大力压降短期融资。

要立足内涵式挖潜提升人事效率。坚定不移推进人事效率提升，立足于内涵式挖潜，压实各用人主体责任。钢铁主业要持续精干，协力做到能清则清、应清尽清。其他产业不要局限于8%的目标，要提前想办法，做工作。要做到“三个清零”，协力清零、外委清零、近期内委原则也要清零。要把人事效率提升与智慧制造紧密结合起来，继续深入推进产线“智慧化”改造。同时畅通人员转型安置通道，完善绩效考核评价等配套机制，确保目标的完成。

四要全力以赴夯基础。董事长反复强调，安全可以使一个企业猝死，现在来看，疫情也可以使一个企业猝死。两项工作都是“一失万无”，都是各级管理人员履职的底线，容不得半点闪失。

疫情防控必须再加严再加力。抓疫情防控就是抓生产经营。习近平总书记要求“努力用最小的代价实现最大的防控效果，最大限度减少疫情对经济社会发展的影响。”这为我们统筹疫情防控和经济社会发展指明了方向，提供了遵循。全集团要认真落实“5+1”思路要求，严格按照上级部署，积极履行政治责任、社会责任，本着有利于协助地方政府完成疫情防控任务，有利于保护职工家属身心健康，有利于保障集团公司正常运营，不打折扣做好工作。要“立足于有”，持续加强政策研究、形势研判，更加精准有效优化防控体系、防控策略，切实提升整体疫情防控能力。当前山东省疫情防控延续稳定向好基本态势，这为我们统筹兼顾，推动企业改革发展进中提质创造了条件。各子公司要统筹抓好疫情防控和生产运营，超前制定应急预案，确保极端条件下生产经营不中断、不掉线。要突出结果导向，对出现严重后果的子公司主要负责人及班子人员，严肃追责问责；各单位要制定办法，对不遵守相关政策要求造成疫情传播的人员要严肃考核。

安全防线必须再织密再织牢。坚定贯彻落实习近平总书记关于安全工作重要指示和李克强总理批示精神要求，贯彻落实国务院安委会电视电话会议精神，对照进一步强化安全生产责任落实、坚决防范遏制重特大事故的15条措施，查缺补漏，确保集团公司各项安全措施真管用、真正落实到一线。实施全员安全责任清单化管理，深化分类分级安全教育培训，全面推动安全生产责任制全面落实到位。强化安全生产管理基层基础建设，推进集团公司安全管理能力建设。推进双重预防机制建设，严格落实风险分级管控职责，从严从细抓好安全隐患排查治理。强化相关方安全管理，深化区域协同作业安全管理暂行规定，提高相关方安全管理水平。

反腐败工作再加压再加严。反腐败永远在路上。近期集团公司查处的几起案件值得我们反思。腐败就在我们身边，反腐败任重道远。要深刻分析企业党风廉政建设和反腐败斗争面临的严峻形势，清醒认识企业面临的“群狼环伺”“群狼环撕”的局面，坚持无禁区、全覆盖、零容忍，严肃查处腐败行为、腐败分子。要秉持自我革命精神，以永远在路上的坚韧执着，持之以恒、一刻不停地将党风廉政建设和反腐败斗争进行到底。要坚持猛药去疴、刮骨疗毒的决心和勇气，继续聚焦工程建设、招标采购、备品备件、营销等重点关键领域开展专项巡察、专项行动，严肃查处“靠钢吃钢”，坚决抵制“损公肥私”，斩断不当利益链条，破除不当利益圈子。

五要全力以赴促重组。联合重组开弓没有回头箭，是一场只许成功不容失败的改革，这事关山钢集团长远发展，事关十几万名职工家属的长远利益、幸福生活。

要展现山钢信心。借助中国宝武作为行业头部企业的优势，依托中国宝武强大的体系能力支撑，集团公司在众多领域进行有益探索，实施深层次变革。前段时间，集团公司围绕“五大增量”进行梳理，成效非常显著。当前，联合重组推进转入另外一个层面。受制于外部条件，尽管集团公司只能协调协助，但我们绝对不能静等坐享其成，必须以我为主，主动作为。要拿出一往无前、不达目的誓不罢休的劲头，逢山开路，遇水架桥。改革的成效是“盯”出来的，也是“抢”出来的。

要讲好山钢故事。山东省近日发布《山东省“十四五”应对气候变化规划》，其中涉及坚决淘汰落后动能。坚决淘汰碳排放量大的落后产能和生产工艺。实施钢铁行业低碳循环发展。深化钢铁行业供给侧结构性改革，严格执行产能置换，推进存量优化，淘汰落后产能。明确加快建设“日临”“莱泰”两大钢铁产业基地，推动京津冀大气污染传输通道城市、胶济沿线城市钢铁产能应退尽退，提升沿海地区钢铁产能占比。每一次相关政策的出台，对山钢来讲都是借势而为的机会。作为我省最大的钢铁企业，集团公司必须在我省钢铁产业布局调整、结构优化中承担重要的责任和使命。借势中国宝武的力量，山钢集团“十四五”规划将更好地衔接行业大势与我省实际，更好地支撑我省从制造业大省向制造业强省转变，更好地破解产能产量“双限”、能源消耗总量和消费强度“双控”、碳达峰碳中和等政策趋向加严的矛盾，更好地为其他产业发展腾出能耗空间，更好地助力我省2025年底前，产业集中度提高到70%，沿海钢铁产能占比达到70%以上目标的实现。

要谋划山钢未来。近期集团公司已经梳理形成了企业未来发展，以及中国宝武与山东省委、省政府全面战略合作的有关材料。省委、省政府推动山钢集团与中国宝武联合重组，将我省与世界钢铁企业的老大紧紧链接在一起，通过在多个领域开展深度合作，源源不断地为我省经济社会发展注入生机活力。联合重组实施后，山钢集团也将充分利用中国宝武在资源、规模、技术、人才等多方面的优势，在更高的层次和更大的舞台，有机整合各类优势资源和要素资源，更好地融入和助力山东省经济社会发展。

同志们，每一次变革都是一次优胜劣汰。山钢集团又一次迎来了机遇性、竞争性、重塑性的变革，希望广大干部职工凝心聚力，众志成城，只争朝夕，稳中求进，进中提质，以进固稳，在二季度打一场漂亮的战役，为站在高原勇攀高峰奠定坚实基础，以优异的成绩向党的二十大献礼！

居危思进　危中寻机
全力以赴稳效益促改革守底线求突破

——在集团公司2022年半年工作会议上的讲话

党委副书记、总经理　陶登奎

（2022年7月21日）

同志们：

经集团公司党委研究，今天我们召开2022年度半年工作会议。今天这次会议极为特殊、极为重要，是在全国上下喜迎党的二十大，全集团深入学习贯彻习近平总书记关于国企改革发展和党的建设的重要论述，全面落实省第十二次党代会和创新驱动高质量发展会议部署要求的关键时刻召开的一次重要会议；是在宏观经济发展极不寻常，超预期突发因素严重冲击，经济下行压力明显加大的艰难时刻召开的一次重要会议；是在市场剧烈波动，钢铁需求大幅回落，部分企业经营效益断崖式下跌，行业亏损面持续扩大，保生存再次成为行业普遍“共识”的危急时刻召开的一次重要会议；是在经过艰苦卓绝的努力，BS项目推进不确定性基本消除，联合重组即将进入决策审批新阶段的紧要时刻召开的一次重要会议；是在一个多种矛盾交织，多种因素交汇，多种问题叠加，运营环境错综复杂的大背景下召开的。企业发展的道路漫长，但紧要处往往只有几步。开好今天的会议，对全集团进一步统一思想，凝聚共识，增强战略定力，沿着正确的方向勇毅前行，具有重要的现实意义和深远的历史意义。

刚才，侯董事长从精准识变、深化改革、科学发展三个维度，深入分析研判形势，安排部署重点工作，讲话立足当前，着眼长远，站在战略全局的高度，向全集团发出了“保生存”的动员令。各单位、各部门要深刻学习领会董事长的讲话精神，按照集团公司整体工作安排和部署要求，以“背水一战”的使命感、“兵临城下”的紧迫感、“军令如山”的责任感，在危机中锤炼内功，在危机中锻造本领，奋力攻坚克难、补齐短板弱项，全面塑造比较优势，坚决打赢这场输不起也不能输的生存保卫战、攻坚战，为实现全年“稳增长”任务目标、开创山钢高质量发展新局面贡献力量。

下面，结合上半年的工作运营和商业计划书执行情况，特别是前期全集团范围的集中调研情况，我讲几个方面的意见，重点是如何应对当前的困难和挑战。

一、应变克难，在诸多不确定性中圆满完成上半年稳增长各项任务目标

今年以来，国际环境严峻复杂，国内疫情多发散发，“黑天鹅”“灰犀牛”事件此起彼伏，经济发展极不寻常。钢铁行业跌宕起伏。面对困难挑战，全集团坚决贯彻中央和省委、省政府决策部署，按照省国资委工作要求，坚持稳中求进、以进固稳工作总基调，按照“一二三四五六七”工作思路，聚焦“经营要抢、疫情要防、重组要快、安全要保”四项重点任务，广大干部职工不惧风险，知责担责，在诸多不确定性中，集中精力抢效益、抢时间、抢机遇、抢进度，全力以赴保稳定、守底线、稳增长，发挥了国有企业“顶梁柱”“压舱石”的作用。

两个大的方面可圈可点：

（一）有效应对四大考验

一是有效应对限产给生产秩序带来的考验。面对采暖季叠加冬奥会限产停产政策，各产业板块正视客观环境条件，动态优化生产组织，协调配置各类资源，构建新的生产经营秩序，有效对冲环境的复杂性和不确定性。钢铁产业等深化预测式经营，强化精益生产，因时调节生产节奏，保持了稳定高效顺行态势。

二是有效应对疫情给工作秩序带来的考验。面对疫情多点频发，集团公司迅速落实各项疫情防控举措，立足于有、立足于极端，超前实施“类封闭”管理，形成了极端条件下疫情防控和生产运营应急预案。3月中旬，淄博区域各产业公司面对“人员静止、居家静止、原地静止、原岗位静止”的疫情防控要求，广大干部职工坚守岗位，无私奉献，保证连续作业单元生产不断线不断流。4月23日，舜泰广场突发疫情，半夜三更，集团公司果断决策实施总部机关封闭式管理，总部和驻总部权属单位抢抓时间窗口，命令发出一个半小时，178名干部职工集中到位，岗位奋战12个日夜。全集团守土有责、守土负责、守土尽责，将疫情影响降到最低，书写了鏖战疫情的优异答卷。

三是有效应对稳增长给运营秩序带来的考验。面对二季度明显加大的经济下行压力，全集团深入贯彻落实中央和省委省政府关于“稳住经济大盘”的决策部署，顾全大局、迎难而上、加压奋进，全力以赴攻坚二季度、决胜上半年。钢铁、矿业、耐材等最大限度释放产能，发挥了极致效率。6月份，日照和莱芜两基地钢产量达到年化960万吨和1350万吨水平。国贸、金控、山信软件、财务公司等紧紧围绕营收增长、利润增长目标，千方百计做好工作。全集团不讲客观、不打折扣、不搞变通，为完成稳增长政治任务作出了积极贡献。

四是有效应对市场变化给联合重组带来的考验。进入2022年，受股市下挫、美元升值、运营绩效不理想等因素冲击，集团公司总部和莱钢集团锲而不舍，统筹兼顾，全面权衡，敢于担当，用超常规的力度、超常规的举措、超常规的作风，以主要矛盾的解决为顺利推进联合重组创造了有利条件。“两评三增三落地”系统推进，调动各方资源和积极性，协调联动，中泰证券主要股东变更6月29日核准获批、应收大额资金到位、集团公司归母净资产满足了重组要求。6月16日，集团公司果断决策了“630”净资产审计基准日，联合重组进入了程序决策新阶段。

（二）有效提升三大韧性

生产韧性不断显现。上半年，集团公司生产生铁1209万吨、粗钢1374万吨、商品坯材1427万吨，同比分别减少14%、10%、7%。累计生产铁精粉144万吨、耐火原材料及制品15万吨，同比分别减少4%、1.6%。受客观因素制约，一季度主要产品产量大幅下降，二季度随着政策调整，集团公司生产运行效率大幅提升。铁钢材产量环比一季度增幅分别达到16%、23%、28%。铁精粉、耐火原材料及制品环比一季度增幅分别为6.8%、72%。

经营韧性不断显现。上半年，集团公司累计实现营业收入1096亿元、利润总额38.76亿元，较上年同期同口径变动幅度分别为10.5%、-13%。归母净利润同比大幅增长。归母净利润增幅大于净利润增幅、净利润增幅大于利润总额增幅，标志着集团公司资产结构、盈利结构发生了可喜的重大变化，集团公司运行更加健康。

运营韧性不断显现。“全面对标、系统提升”行动深入实施。纵向比较指标进步率79%，横向比较指标达标率52%。科技创新能力高水平提升，预计研发投入32亿元，同比增长19%；发生研发费用26亿元，同比增幅11%。绿色低碳高标准推进，两基地成为国家级绿色工厂和中国钢铁工业清洁生产环境友好企业。智慧制造高质量实施，钢铁产业智慧制造指数值较年初提升8.51个百分点。干部人事制度改革、劳动用工制度改革、薪酬分配制度改革高效推进，上半年，全集团人事效率提升完成全年目标的82.34%。法人压减和参股企业退出稳步推进，上半年完成11家。亏损企业治理、“六大存量”攻坚稳妥实施。常态安全现场督查深入开展。推动资产质量优化专项工作，挖潜增利约8亿元。抓住有利时机出口接单38万吨，完成全年预算91%，同比增长62%，创效3900万元。成功发行全国首批转型债10亿元；平均融资成本较年初下降25BP；有息负债规模较年初降低近百亿元。

其他各项工作稳步有序推进。

总体来看，上半年仍是一个较好的市场，也可能是未来一个时期最好的市场，集团公司工作务实高效联动，下好了决策“先手棋”，顶住了超预期因素冲击，打好了落实“主动仗”，为全年取得较好的经营绩效奠定了基础。

二、认清形势、直面危机，充分研判风险挑战，充分挖掘有利条件

市场瞬息万变。特别是6月中下旬以来，钢铁行业市场急转直下，形势异常严峻。6月下旬，集团公司到各子公司督查“攻坚二季度、决胜上半年”工作时，日照公司6月份预计还可以实现利润2亿元以上，然而仅仅过去10天，钢材价格一路下跌，日照公司当月利润较预期削掉一半；莱芜分公司6月份从预测微利到实际亏损，再次面临生存考验。变化之快超出想象，令人瞠目。从近期调度的全集团各产业板块的情况来看，三季度的情况仍然不容乐观；集团公司7月份可能是一个亏损的盘子，这也是继2016年12月以来，集团公司第一次出现月度亏损。这迫切需要我们清醒地认识当前的风险挑战，正确权衡利弊，在各种可以预见和难以预见的困难中作出抉择，增强生存力、竞争力、抗风险能力。

认清当前形势，重要的是从全局分析研判。

要高度关注世界政治格局。当前地缘政治紧张和大国博弈愈演愈烈，遏制中国崛起成为美国国家战略、是美国民主、共和两党少有的共识，拉拢欧洲和中国周边某些国家对中国围追堵截不遗余力；俄乌冲突造成全球能源和粮食价格大幅上扬。全球经济因此受损、供应链高度紧张，严重拖累了世界经济复苏。

要高度关注世界经济走势。美国、欧盟CPI数据迈入“9时代”，创下40年来新高。6月下旬，世界银行将2022年全球经济增长预期大幅下调至2.9%，约为2021年的一半。今年全球经济滞胀已成为大概率事件。美元在今年连续三次加息（3月、5月、6月分别加息25个、50个和75个基点）基础上，预期美联储7月底将再加息75个基点，届时今年累计加息将达到225个基点。过去5个月的加息幅度相当于2015年至2018年上轮加息周期幅度的总和。美联储持续加息，世界上绝大部分国家货币相对美元贬值，大量资本回流美国，表面上看美国为了要抑制通胀，实质上是在收割全球财富。

要高度关注国内宏观经济走向。外部不确定性增加，内部面临“需求收缩、供给冲击、预期转弱”三重压力，我国经济持续恢复的基础不稳固，经济下行压力依然巨大。实现全年经济增长预期充满挑战。近日新华社用了“争取今年我国经济发展达到较好水平”这样一个表述。

要高度关注行业发展态势。钢铁行业是强周期行业，自2016年钢铁市场震荡上行至今已有6年之久。需要特别关注的是，改革开放以来的四十多年，行业几乎所有成功的商业经验都建立在水涨船高“增长”的大前提下。6月份全国247家钢铁企业有近85%的企业亏损，目前较多的企业已经不得不采取高炉检修、限产甚至停产放假等措施实现止损。有专家预测，钢铁行业危机会长期持续，可能是五年。行业洗牌将会加剧，两极分化趋势会更加明显，本轮周期调整将会通过淘汰一批企业而宣告结束。

要高度关注上下游行业态势。一方面，主要用钢行业需求增幅低于预期，除新基建、新能源等少数行业外，多数行业并未完全恢复正常增长状态，甚至出现产量下滑30%以上的困难局面。特别是房地产行业，每年消耗钢材占35%左右，且相关产业链长，带动作用大，目前并未显示复苏迹象。另一方面，由于全球能源价格上涨，炼焦用煤、喷吹用煤价格持续高位运行。以山钢股份为例，今年上半年市场因素影响效益39亿元，其中原燃料成本影响达到近38亿元，主要是煤炭影响。另外国际铁矿石供应格局调整也不可能靠一日之功，较长一段时间内仍将处于被动状态。

要高度关注行业政策调整。国家发展改革委、工业和信息化部、生态环境部、国家统计局将继续开展粗钢产量压减工作，确保实现2022年全国粗钢产量同比下降。从面上来看，2021年限产主要是针对2+26城市；2022年将扩大到长三角、汾渭平原。从目前情况来看，限产比不限产要好。另外要高度关注出口政策和形势。今年上半年，我国累计出口钢材3346万吨，同比下降10.5%。6月份的国际钢价仍然连续暴跌。全球钢材基准价格指数，月环比下跌7.2%，月同比下跌8.8%。

在正视面临的危机、变局、风险和挑战的同时，也要认清我们具有的基础、优势、机遇、信心。

要看到，上半年我国经济克服困难保持增长，6月份呈现企稳回升态势，充分验证了中国经济的韧性，充分说明我国经济增长的基本面没有改变。下半年，随着一系列稳增长政策措施落地见效，国民经济有望逐步恢复，保持平稳增长。关键是随着下半年经济复苏力度加大，整个社会预期将得以修复，有利于扩大消费拉动经济增长。已有明显迹象，重大基建项目开工建设全面提速回暖，基建投资开始发力增长，投资叠加信贷投放和财政资金增加，对钢材的需求拉动作用会进一步加大。

要看到，经过近年来改革攻坚的积累，山钢集团肌体正在强壮，应对危机的能力、底气、条件都比以往较大提升。突出表现在经营质量有了显著改善。与上年同期相比，尽管利润水平有所降低，但是净利润、归母净利润均呈现同比上升趋势，净利润占利润总额比重提升了13个百分点，归母净利润占利润总额比重大幅提升，已经形成了一定的比较优势。莱钢集团、山钢地产、淄博张钢等积极处置存量资产，总体成效不错。

要看到，山钢集团塑造形成了一定的比较优势。1～4月份行业普遍盈利时，我们的利润增长好于行业平均水平36个百分点。5月当月行业利润总额同比下降72.46%，我们同比下降45%。6月份，行业247家长流程钢厂亏损面达到85%左右，山钢集团依然保持了盈利态势。上半年集团利润降幅低于整个行业，基本做到了行业普遍盈利，我们能够跑赢大盘；行业普遍亏损，我们也能跑赢大盘。

要看到，多元板块运营支撑有力。山钢国贸、山钢金控、山钢财务利润总额均有两位数的增幅；山东耐材基本持平；山钢矿业利润总额同口径同比仅降低29%，明显优于大盘。

更要看到，我们有一支敢打硬仗、善打硬仗、作风优良的干部职工队伍。多数职工经历了“求生存”到“谋发展”的艰辛历程，这支队伍锐意进取、敢于担当，对企业忠诚，对岗位热爱，始终与企业同心同德、同甘共苦，也必将在市场严冬中与企业一道，砥砺前行、同舟共济、共克时艰。

三、居危思进、锐意改革、积极应变，实现创新奋起、全面跃升

当务之急，全集团一切工作要围绕保生存展开。

应对复杂局面，必须要有科学的决策，决策靠担当。有三个复杂敏感、牵一发而动全身的问题不容回避：一是有些产品没有边际效益要不要停产？当前，绝大部分产品利润很低，一定比例的产品没有毛利甚至没有边际效益。首先必须测算科学，理论必须联系实际，合理配置成本。充分考虑国有企业，特别是山钢集团实际，准确计算边际效益，按照边际效益配置资源，边际效益大的满负荷运行，边际效益为负要毫不犹豫停止生产。要注意用边际思维思考是否停产问题，要判断是长期为负还是短暂现象。二是经营性现金流不足以支撑投资，项目建设要不要停和缓？总的原则是“有保有压、原则要缓”。市场是现实的，项目投入后暂时没有产出、没有回报，为什么还要急于投入？有现金流就可以保生存，但现金流必须要靠经营性现金流产生，决不允许靠扩大负债特别是有息负债维持运行、发工资、支撑项目建设。集团公司关于“分红、担保、资金”三项制度必须严格执行。要高度警惕行业变化可能对信贷政策产生的连锁反应。三是利润若大幅下滑，工资政策要不要执行？毫无疑问，国务院、省政府的政策具有刚性、必须执行，工资总额随效益必须同向浮动。子公司贯彻落实政策必须科学，要进一步提高市场化水平，大幅增加工资中“活”的部分比重，既要保证价值贡献大的骨干员工的积极性，也要保护低收入群体的基本生活。要进一步提升劳动效率，通过持续优化结构、提升效率，保持职工人均收入相对稳定。变局当前，思想政治工作必须靠前、超前，围绕经营工作调动职工的积极性。务必牢记：好的企业才是职工最大的福利，搞好企业才是对职工最大的负责。

应对复杂局面，必须要有科学的策略，思路要清晰。概括起来“四个为王”。要坚持订单为王。深化“五位一体”商业模式创新，突出以营销为龙头，抢抓相对高效益订单。进一步明确优势市场，确保站稳基础区域，深耕核心区域，抢滩高附加值区域。要最大限度提升重点产品比例，最大限度以市场带现场，推动精益制造，调整产品结构，逐步跳出红海进入蓝海。要坚持成本为王。各产业要自我加压，调高指标。探索生产组织不均衡条件下的经济运行规律，动态设计经济料模型，快速适应市场变化，始终确保低成本运行。要破解劳动生产率这个主要矛盾。牢固树立“成本管控水平决定企业竞争力边界”的思想认识，强抓全流程成本管控，努力消除工序、管理环节的衔接成本，深挖全流程降本潜力，打造一流成本管控能力。牢固树立“一切成本皆可降”的理念，在全集团全方位全过程全员参与开展降本增效。大力压减各项费用，杜绝非必要成本支出。全力以赴压降有息负债规模，降低财务费用支出。要调整到期融资结构，按照“就高置换”原则，确保高成本负债优先置换、有效置换、有序置换。要坚持现金为王。要研究融资品种，降低融资成本，提高银行融资占比，压降债券及非标融资占比。要加大沟通交流，进一步压减银行承兑汇票保证金、信用证保证金比例。强化“两金”占用管理，通过对表找差，将库存降到最低。严格按照边际效益水平组织生产，没有边际贡献、没有经营性净现金流的业务应停尽停。应收尽回早回，决不允许违规对外借款、决不允许赊销。要高度关注美联储加息，积极稳妥压降外币融资额，降低成本同时防范汇率风险。要坚持效率为王。追求极致生产效率、资产效率、人事效率。需要满负荷运行的产线必须全力以赴保证满负荷，不能满负荷运行的产线需要生产时必须处于满负荷状态。继续推进劳动生产率提升，坚定不移完成年度分解目标。

应对复杂局面，必须要有清晰的着力点，敢于突破。

实现协同新突破。概括起来“四个协同”。加强基地间协同。钢铁主业要切实实现一体化，破除地域壁垒。日照公司拥有全集团最优质的资产、最优越的位置、最优良的装备、最有后劲的发展空间，当前生产着最有效益的产品，要以效益最大化为原则，确保高强度满负荷运行。年底前日照基地生产能力要保持6月份水平。莱芜基地宽厚板、型钢、转炉优钢等产线要超越6月份水平。推动要素资源在集团内顺畅流动。产量资源是稀缺资源，省政府已有产量指标交易办法，集团内部要加大产量交易力度，效益合理分配。加强产业间协同，围绕提高主业竞争力，进一步发挥钢铁产业的带动作用，将内部铁精粉市场、耐火材料市场、金融市场更多地配置给集团内部企业，提升产业链供应链的稳定性和竞争力。加强与对标企业协同，通过研发协同、采购协同、产品协同、生产协同、营销协同，实现互动发展。同步思考研究产权合作、产线托管等多种方式，实现更高层次协同。加强生态协同，进一步增强链主企业的带动力，牵引上下游企业精准建链、补链、延链、强链，提升产业链供应链的稳定性和竞争力。

实现资产结构新突破。截至2021年底，山钢集团法人企业193户，其中：全资控股及实际控制企业129户；各级参股企业64户。对标中国宝武，数量明显偏多，延长了集团公司管理链条，占用了集团大量资源。2022年，集团公司正式印发了《山东钢铁集团有限公司法人压减和参股企业退出标准》和《山东钢铁集团有限公司“两非”产业（业务）判定标准》《山东钢铁集团有限公司法人压减和参股企业退出标准工作方案》，《山东钢铁集团有限公司“两非”产业（业务）处置实施方案》已经提起研究、即将印发。这些制度的出台，为法人单位压减、参股企业退出和“两非”产业（业务）处置工作提供了坚实的制度保障，各有关单位和部门务必按照要求积极推进。要努力实现有息负债降到1000亿元以下目标，财务部、资金中心要制定有息负债压降方案，将任务分解到各级法人单位，将责任压实到各级班子特别是主要负责人，严格控制、严格考核。还要高度重视亏损企业治理和“僵尸企业”处置工作。

实现创新驱动新突破。6月30日，山东省委召开了国有企业创新驱动高质量发展工作会议，李干杰书记强调要在加强科技创新上、在优化布局结构上、在稳定经济运行上、在提升管理质效上、在严格风险防控上、在加强国企党建上等六个方面闯新路、勇攀登。科技创新能力是硬实力。抵御市场严冬，更是尤为突出。当前，必须用好科技创新这个“关键变量”“最大增量”。要建立研发投入刚性增长机制，保持研发投入强度，科技研发投入增幅原则上必须高于营业收入增幅。要突出价值创造导向，尽快在更多领域取得突破。要着力解决市场用户差异化和精益化需求，研发一批经济效益好、差异化优势突出、具有核心竞争力技术。省委、省政府印发了《关于国有企业创新驱动高质量发展的十条意见》，要建立寻标对标工作机制，全面提升企业发展质效。集团公司要按照要求，研究建立相应的评价机制，加快研究推动落实。当前要特别突出人才引进工作，一要优化全集团岗位体系设置，让人才成长空间更大、通道更畅；要宽容失败，鼓励人才放开手脚、大胆创新；要为人才松绑，在科研项目立项、经费使用、团队建设方面赋予充分的自主权。总之，要形成鼓励创新的良好机制，破除官本位。二要制定有吸引力的政策，与市场接轨，保障高层次人才有体面的生活和社会地位。三要“到人才集聚的地方设立研发机构，只求所用，不求所在”，让高层次人才享受高水平生活。

实现绿色发展新突破。对山钢集团来说，实现超低排放，环保绩效达A级已经全面完成，面向未来，要进一步贯彻落实习近平生态文明思想，提升绿色发展新境界，策划绿色发展新目标，开展绿色发展新行动，把绿色发展水平推到一个新高度，巩固山钢集团在行业内的领先优势。以“双碳”目标为引领，以减污降碳协同增效为总抓手，统筹高质量发展与绿色低碳转型。聚焦绿色城市钢厂建设，学习借鉴对标企业城市钢厂绿色发展指标评价体系，持续提升绿色钢厂和产城融合两大绿色发展指数。深入实施绿色制造，大力推进节能降碳，全面提高资源利用效率，积极推行清洁生产改造，提升绿色低碳技术、绿色产品、服务供给能力，构建绿色低碳转型与赋能绿色发展相互促进、深度融合的现代化钢铁产业新格局，使低碳成为引领高质量发展的新引擎和核心竞争新优势，高质量发展和生态环境高水平保护走在行业前列，实现具有国际竞争力的绿色低碳钢铁强企目标，支撑国家碳达峰碳中和目标任务如期实现。

实现智慧制造新突破。数字经济是新经济革命的主战场，是经济增长的快变量，也是未来经济的增长极。同时，数字经济也是科技创新和制度变革的主战场，推动未来社会变革的主引擎。要按照“应上尽上”的原则，完成钢铁产业智慧制造指数年度提升10%的目标。尽快形成《“数智山钢”快速提升工作方案》。统筹今后一段时期内数智化提升各项工作，研究数智化快速提升的最佳路径，为数智化水平提档升级创造良好开局。要超前谋划和启动“数智山钢”换版工作，适时启动“穿透类”“共享类”智慧治理信息系统的部署工作和各制造基地智慧经营类信息系统的建设工作，积极融入智慧生态平台。力争两到三年时间，全面启动工业大脑建设，实现数据赋能，按照中国宝武评价体系标准，智慧制造指数评估值超过80分。

实现风险防控新突破。危机当前，必须更加注重全面提升企业风险防控能力。要进一步提升风险防范意识，把风险防范要求贯穿领导、决策、管理和监督全过程。重点聚焦市场风险、运营风险、财务风险和法律风险四大风险。实现风险预警能力、防控渗透能力、精准防控能力、重大风险有效防控能力四个突破。提速推进“六大存量”攻坚。要慎终如始守好意识形态、网络安全、信访稳定等底线。要继续加强对重点领域和重要岗位的有效监督，一方面严肃查处“靠钢吃钢”“损公肥私”的人和事，斩断不正当利益链条，解决“不敢”的问题；另一方面要汲取教训，建立制度和机制，着力解决“不能”的问题，根本上还要加强思想教育、进行严格认真的思想锤炼，解决“不想”的问题。要抓好安全生产，强化全员安全责任落实，坚持不懈开展常态化安全督查，安全管理人员下沉一线。要抓好疫情防控，坚持立足于有、立足于极端，巩固好疫情防控成果。当前，要重点抓好夏季四防各项工作，保障好职工的身心健康。要抓好安保维稳工作。党的二十大将在下半年召开，这是全党政治生活中的一件大事，必须全力打赢党的二十大安保维稳硬仗。

应对市场变化，各企业措施大同小异，其结果如何，关键取决于内部工作，取决于对严峻形势认识是否深刻到位，取决于执行举措是否坚决有力，取决于是否把工作做到了极致，不留余地，最根本取决于各级党组织是否坚强有力，必须时刻牢记，坚持以经济建设为中心是党的基本路线的要求。

同志们，一流的企业总是在市场风雨中坚定前行，在波澜壮阔中磨砺成长，这次危机既是对山钢集团过往六年以来深化改革成果的检验，也是对广大干部职工在逆境困境中展现能力水平担当的试金石。相信并希望广大干部职工能够风雨不惧，信念坚定，以优异的成绩迎接党的二十大胜利召开。

特载
专论专文
☆ 大事记
概况
机构与人事
战略合作与交流
专业管理
党群工作
山钢股份
权属单位
统计资料
荣誉
附录

山钢集团
SD STEEL

大事记

山钢集团
SD STEEL

山钢文化

核心理念

山钢核心价值观：共创、共进、共赢

2022年山东钢铁集团有限公司
大 事 记

1月

6日　集团公司召开安全环保工作会议。集团公司党委书记、董事长、安委会主任侯军讲话并与部分单位主要负责人签订2022年度安全环保目标责任书，党委副书记、总经理、安委会副主任陶登奎主持会议，党委常委、董事陈向阳宣读相关表彰决定，党委常委、安委会副主任罗登武作安全环保工作报告。集团公司党政领导刘秀元、王鸿飞、王向东、董立志、刘慈玲、卢彤书、李长青、王培文参加会议。

• 集团公司党的十九届六中全会精神专题学习班开班。集团公司党委常委、纪委书记、监察专员赵文友出席开班仪式并作动员讲话。

7日　由中国冶金职工思想政治工作研究会主办，集团公司承办的2021年度中国冶金政研会理事大会在日照公司召开，中国钢铁工业协会党委常委、纪委书记陈洪飞，中国冶金政研会会长姜兴宏，集团公司党委书记、董事长侯军，日照市副市长高月波，集团公司党委副书记、董事苏斌，副总经理王向东出席。中国冶金政研会秘书长李淑华主持会议。中国钢铁工业协会党委书记、执行会长何文波，第九届全国政协委员、原冶金工业部副部长、中国钢铁工业协会第一届会长吴溪淳分别发来贺信。

10日　集团公司党委召开领导班子党史学习教育专题民主生活会征求意见座谈会。集团公司党委书记、董事长侯军主持会议，党委副书记、董事苏斌，党委常委刘秀元，副总经理王向东及各单位代表参加座谈会。

• 集团公司举办第二期党的十九届六中全会精神专题学习班。集团公司党委常委刘秀元出席开班式并作动员讲话。

11日　集团公司党委理论学习中心组举行2022年1月集体学习，主题为：巩固拓展党史学习教育成果，高质量开好专题民主生活会。集团公司党委书记、董事长侯军主持会议，党委常委陶登奎、陈向阳、赵文友、罗登武、刘秀元、王鸿飞，集团公司高管董立志、卢彤书、李长青及总部各部门主要负责人参加学习。

• 集团公司召开疫情防控工作视频会议。集团公司党委书记、董事长侯军出席会议并讲话，党委常委罗登武主持会议，传达中共山东省委领导有关疫情防控工作指示批示精神，并提出相关要求，安全总监王培文参加会议。

13日　集团公司举办第三期党的十九届六中全会精神专题学习班。集团公司党委常委、总审计师王鸿飞出席开班仪式并讲话。

• 集团公司党委副书记、总经理陶登奎，集团公司副总经理，山钢股份党委书记、董事长王向东在总部办公楼会见到访的山东省国资委党委委员、副主任、一级巡视员邵泽武一行，并陪同进行调研。

• 集团公司以视频会议形式启动财务管理、资产经营质量及2021年度绩效评价审计项目。集团公司党委书记、董事长、党委审计委员会主任侯军出席并讲话，党委常委、总审计师、党委审计委员会副主任王鸿飞主持会议，党委常委、董事陈向阳，党委常委、纪委书记、监察专员、党委审计委员会副主任赵文友，党委常委罗登武，副总经理、总法律顾问董立志，总经理助理刘慈玲出席。

18日 集团公司党委副书记、董事苏斌，副总经理王向东，工会主席卢彤书陪同省总工会党组成员、副主席、机关党委书记李业文一行到莱钢走访慰问全国劳模、莱钢老领导和困难职工。

● 集团公司党委书记、董事长侯军，党委副书记、总经理陶登奎，党委常委、董事陈向阳，副总经理王向东在总部办公楼与到访的中共济南市委常委、副市长孙斌一行进行座谈。

● 山钢股份2021年度全员岗位创新表彰大会召开。山东省总工会二级巡视员、省冶金工会主席刁维强，集团公司党委副书记、董事苏斌，集团公司副总经理、山钢股份党委书记、董事长王向东，集团公司工会主席卢彤书出席会议。

● 集团公司党委下发《关于张永护同志任职的通知》（山钢党字〔2022〕3号）、《关于刘文生同志任职的通知》（山钢党字〔2022〕4号）、《关于张永护等人员任职的通知》（山钢任字〔2022〕1号）、《关于刘文生等人员任职的通知》（山钢任字〔2022〕2号）：张永护任山东钢铁集团有限公司工会副主席、人力资源部副总经理，人力资源服务中心总经理（兼）；刘文生任党委办公室副主任（管理4级）、办公室副主任（兼）；孙敏为运营管理部副总经理、信息化管理办公室副主任（管理4级）；杨俊生为科技创新部副总经理（管理4级）；刘汉春为安全环保部副总经理、应急管理部副总经理；于亦海、黄丽为人力资源服务中心副总经理（管理5级）。

19日 集团公司党委召开党委（扩大）会议暨2021年度党组织书记履行全面从严治党责任和抓基层党建工作述职评议会议。集团公司党委书记侯军主持会议，与权属单位党委、党总支代表现场签订2022年履行全面从严治党主体责任暨党建工作责任书。山东省国资委党委组织与统战工作处副处长迟建勇，集团公司党委副书记陶登奎、苏斌，党委常委赵文友、罗登武、刘秀元、王鸿飞出席会议。

● 集团公司以视频会议形式召开2022年度工作会议。集团公司党委书记、董事长侯军作题为《改革攻坚 创新奋起 全面跃升 以高质量发展开创幸福和谐新山钢美好未来》的讲话，党委副书记、总经理陶登奎主持会议并讲话，党委副书记、董事苏斌宣读关于表彰2021年度山钢集团文明单位的决定，党委常委陈向阳、赵文友、罗登武、王鸿飞等党政领导参加会议。

20日 集团公司党委常委会召开党史学习教育专题民主生活会，主题为：大力弘扬伟大建党精神，坚持和发展党的百年奋斗历史经验，坚定历史自信，践行时代使命，厚植为民情怀，勇于担当作为，团结带领人民群众走好新的赶考之路。集团公司党委书记、董事长侯军主持会议并作总结讲话，党委常委参加会议。中共山东省委党史学习教育第十五巡回指导组副组长贺茂广作点评讲话，省纪委监委第五监督检查室副主任牛德锋，省委党史学习教育第十五巡回指导组成员孟磊到会指导。集团公司党委办公室、纪委机关、党委组织部、党委宣传部负责人列席会议。

● 集团公司召开党史学习教育总结视频会议，深入学习贯彻习近平总书记关于党史学习教育的重要讲话和重要指示批示精神，学习贯彻中央和省委、省国资委党委党史学习教育总结会议精神，总结集团公司党史学习教育开展情况。集团公司党委书记、董事长、党史学习教育领导小组组长侯军出席会议并讲话，中共山东省委党史学习教育第十五巡回指导组副组长贺茂广、成员孟磊莅临指导。集团公司党政领导陶登奎、苏斌、陈向阳、赵文友、罗登武、刘秀元、王鸿飞、王向东、董立志、刘慈玲、卢彤书、李长青、王培文等参加会议。

25 日 集团公司举办网络信息安全专题讲座，特邀中共山东省委网信办、山东九州信息安全研究院的专家，围绕“十四五”时期网络安全政策、网络安全风险防范措施等作专题讲座。集团公司党委常委罗登武参加讲座。

27 日 集团公司 2020 年度管理创新成果终评会议召开。集团公司党委常委、董事陈向阳参加会议。

29 日 集团公司纪委一届七次全会召开。集团公司党委书记、董事长侯军讲话，党委副书记、总经理陶登奎宣读表彰纪检工作先进集体和先进个人的通报，党委常委、纪委书记赵文友代表纪委常委会作工作报告。集团公司党政领导苏斌、陈向阳、罗登武、刘秀元、王鸿飞、王向东、付博、董立志、李长青、王培文出席会议。

• 集团公司党委下发《关于王佑宝等同志职务任免的通知》（山钢党字〔2022〕8 号），集团公司下发《关于李文亮任职的通知》（山钢任字〔2022〕3 号）：王佑宝任山东耐火材料集团有限公司党委委员、副书记；李文亮为山东耐火材料集团有限公司调研员，不再任山东耐火材料集团有限公司党委副书记、委员。

2 月

7 日 集团公司收听收看全省 2022 年工作动员大会并召开专题会议。集团公司党委书记、董事长侯军主持会议并讲话，党委副书记、总经理陶登奎，党委副书记、董事苏斌，党委常委陈向阳、赵文友、罗登武、刘秀元、王鸿飞，公司高管及总部各部门主要负责人参加会议。

10 日 山钢股份莱芜分公司、钢城区人民政府、济南能源集团战略合作举行签约仪式。集团公司副总经理、山钢股份公司党委书记、董事长、莱芜分公司党委书记王向东，钢城区、济南能源集团相关负责人出席。

• 集团公司党委下发《关于卢彤书同志免职的通知》（山钢党字〔2022〕10 号）、《关于李长青同志任职的通知》（山钢党字〔2022〕11 号）：李长青任山东钢铁集团有限公司工会主席；卢彤书不再任山东钢铁集团有限公司党委委员、工会主席职务。

15 日 山东省国资委召开国企党风廉政建设和反腐败工作视频会议。集团公司党委书记、董事长侯军在主会场参加会议；党委副书记陶登奎、苏斌，党委常委陈向阳、赵文友、罗登武、刘秀元、王鸿飞，公司高管及相关部门负责人在山钢集团分会场参加会议。

18 日 集团公司第一届职工代表大会第四次会议各代表团团长、各专门工作委员会主任联席会议召开。

• 集团公司工会一届七次全委会在总部办公楼召开。集团公司党委副书记、董事苏斌出席。

23 日 集团公司党委理论学习中心组举行集体学习，主题为：在高质量发展新征程中全面跃升。集团公司党委书记、董事长侯军主持学习，集团公司党委常委、高管人员，总部各部门主要负责人参加学习。

25 日 山东省工信厅党组成员、副厅长、省化工专项行动办专职副主任李莎到集团公司调研安全管理工作。集团公司党委书记、董事长侯军，党委副书记、总经理陶登奎，党委常委陈向阳，副总经理王向东参加调研，安全总监王培文汇报工作情况。

26日 集团公司第一届职工代表大会第四次会议召开。集团公司党委书记、董事长侯军讲话，党委副书记、总经理陶登奎向大会作工作报告。

● 中共山东省委常委、省委组织部部长王宇燕一行到日照公司调研。日照市委书记、市人大常委会主任张惠，市委常委、组织部部长郭飞，集团公司党委书记、董事长侯军，集团公司副总经理、股份党委书记、董事长王向东参加调研。

28日 集团公司召开资金管理专项巡察反馈会议。集团公司党委常委、纪委书记、省监委驻山钢集团监察专员、资金管理专项巡察组组长赵文友向被巡察单位反馈巡察情况，集团公司总部各部门主要负责人、被巡察总部部门六级以上干部，以及山钢金控、山钢财务领导班子成员参加会议。

● 山钢金控财务总监周艳梅、日照公司钢铁研究院专家胡淑娥被推荐为2021年省级无党派代表人士数据库人选。

本月 工业和信息化部办公厅公布2021年度绿色制造名单，日照公司被评为国家级绿色工厂，管线钢产品被评为国家级绿色设计产品。至此，集团公司国家级绿色工厂达到4家。

● 集团公司助力北京冬奥会，3000余吨山钢精品钢用于张家口赛区古杨树场馆群，参与供货制造国内第一批氢能源除雪车。

3月

1日 集团公司党委常委会召开第144次会议，专题研究意识形态工作，“第一议题”学习习近平总书记关于意识形态工作的重要论述，听取宣传部门2021年意识形态工作情况汇报，研究下一步意识形态工作措施。集团公司党委书记、董事长侯军主持会议并讲话，党委副书记、总经理陶登奎，党委副书记、董事苏斌，党委常委、董事陈向阳，党委常委、纪委书记赵文友，党委常委、组织部部长刘秀元、党委常委、总审计师王鸿飞参加会议。

2日 集团公司第四届董事会召开第二十二次会议，审议13项议案。集团公司董事长侯军主持会议，董事苏斌、陈向阳、王宏伟、梁阜、高景言、李长青出席会议，总经理陶登奎、总法律顾问董立志、董事会秘书李学玉及有关部门负责人列席会议。

3日 集团公司党委成立统一战线工作领导小组，领导小组由党委书记侯军任组长，党委副书记苏斌，党委常委、组织部部长刘秀元任副组长，相关部门负责人为成员，领导小组办公室设在统战工作部门，统战部门主要负责人兼任办公室主任。

● 集团公司党委副书记、总经理陶登奎，党委副书记、董事苏斌到山钢新闻传媒中心看望慰问广大新闻工作者，并进行座谈交流。

● 集团公司印发《2022年权属二级公司董事长责任制治理管控绩效考核办法》(山钢运营字〔2022〕4号)。

5日至11日 全国人大代表、集团公司党委书记、董事长侯军在北京参加第十三届全国人民代表大会第五次会议。

7日至11日 集团公司安全总监王培文带领安全环保督察组到山钢股份莱芜分公司开展督导检查。

11日 集团公司召开疫情防控工作视频会议。集团公司党委副书记、董事苏斌主持会议，党委常委罗登武出席并讲话，总部各部门、直属机构主要负责人、驻总部办公各单位主要负责人及疫情防控工作分管负责人、其他单位党政主要负责人等分别在主、分会场参加会议。

14日 集团公司召开专题会议，学习贯彻全国两会精神。全国人大代表，集团公司党委书记、董事长侯军传达会议精神，并结合集团公司实际提出贯彻要求。党委副书记陶登奎、苏斌，党委常委陈向阳、赵文友、罗登武、刘秀元、王鸿飞等党政领导出席。

17日 集团公司党委书记、董事长侯军，党委常委、董事陈向阳，副总经理王向东在总部办公楼与到访的中共济南市委常委、副市长孙斌一行进行座谈。

18日 集团公司党委、集团公司分别下发《刘文生同志不再任党委办公室副主任职务》(山钢党字〔2022〕20号)、《关于刘文生免职的通知》(山钢任字〔2022〕5号)：刘文生不再任党委办公室副主任、办公室副主任职务。

21日 集团公司下发《关于刘文生退休的通知》(山钢人字〔2022〕1号)：党委办公室原副主任、公司办公室原副主任刘文生退休。

22日 中共省委书记李干杰到山钢股份莱芜分公司调研疫情防控和生产经营工作，省委常委、济南市委书记孙立成，省国资委党委书记、主任张斌，集团公司副总经理、股份党委书记、董事长王向东等陪同调研。

23日 集团公司党委理论学习中心组举行集体学习，主题为：加快创新步伐，建设一流企业。集团公司党委书记、董事长侯军主持会议，党委常委陶登奎、苏斌、陈向阳、赵文友、罗登武、刘秀元、王鸿飞等党政领导及总部各部门主要负责人参加学习。

● 集团公司下发《关于王文学等人员职务任免的通知》(山钢任字〔2022〕6号)：王文学为莱芜钢铁集团有限公司董事。陈肖鸿不再任莱芜钢铁集团有限公司董事职务。

● 集团公司下发《关于王兴强等人员任职的通知》(山钢任字〔2022〕7号)：王兴强为山东钢铁集团淄博张钢有限公司执行董事；孙耿平为山东钢铁集团淄博张钢有限公司监事。

24日 集团公司工会一届八次全委会(扩大)会议以视频形式在总部办公楼召开。集团公司党委副书记、董事苏斌，工会主席、职工董事李长青出席。集团公司工会第一届委员会委员、各单位工会主席、副主席、经审委主任、女职委主任及相关工作人员参加会议。

25日 集团公司召开疫情防控与生产运营工作视频会议。集团公司党委书记、董事长侯军出席会议并讲话，党委常委罗登武主持会议，安全总监王培文参加会议。

4月

15日 为庆祝第七个全民国家安全教育日，集团公司组织参加山东省国家安全知识竞赛、全民国家安全教育创意大赛，组织开展“国家安全教育进企业”活动。

19日 集团公司召开科技创新、商业计划书管理推进暨一季度工作会议。集团公司党委书记、董事长侯军作题为《登高望远应大势 踔厉奋发走在前 以改革发展新作为开创山钢强起来新局面》的讲话，党委副书记、总经理陶登奎主持会议，党委常委、董事陈向阳作工作报告。

24日 集团公司党委书记、董事长侯军主持召开新冠疫情防控紧急会议，总部办公楼实施封闭管控。

5月

10日 集团公司召开钢铁产业智慧制造提升专题推进视频会议。集团公司党委常委罗登武讲话，副总经理王向东在莱芜分会场参加会议。

• 中国冶金报社发布2022年度中国钢铁品牌榜，集团公司连续第4年上榜“2022中国卓越钢铁企业品牌”，山钢股份上榜“2022中国优秀钢铁企业品牌”。

16日 集团公司党委理论学习中心组举行集体学习，主题为：科学把握大势，迈向更高质量发展。集团公司党委书记、董事长侯军主持，党委常委、高管及总部各部门主要负责人参加学习。

• 集团公司党委印发《山钢集团重大决策终身责任追究暂行办法》（山钢党字〔2022〕31号）。

17日 集团公司党委书记、董事长侯军，安全总监王培文到山钢股份莱芜分公司炼铁厂开展包保责任制安全检查。集团公司副总经理，股份公司党委书记、董事长，莱芜分公司党委书记王向东陪同检查。

19日 山东省工信厅党组书记、厅长张海波到山钢集团调研。集团公司党委书记、董事长侯军，党委副书记、总经理陶登奎，党委常委罗登武，副总经理王向东，副总经理、总法律顾问董立志汇报相关情况。

24日 集团公司副总经理，山钢股份党委书记、董事长王向东出席在钢城区召开的济南市钢铁产品产销衔接专题会议。

25日 集团公司党委向中共山东省委组织部报送《关于侯军、陈向阳同志任职的请示》（山钢党字〔2022〕35号）：侯军兼任中国金属学会第十一届理事会副理事长；陈向阳兼任山东省钢铁行业协会副会长、轮值会长。

• 山钢股份与山推股份签订战略合作协议，莱芜分公司与山推履带底盘分公司共建工程机械用钢研发与应用研究所同日宣告成立。集团公司副总经理，山钢股份党委书记、董事长，莱芜分公司党委书记王向东与山推股份党委书记、总经理张民共同为工程机械用钢研发与应用研究所揭牌，并进行战略协议书签约。

26日 集团公司召开稳定经济运行工作专题会议。集团公司党委书记、董事长侯军出席会议并讲话，党委副书记、总经理陶登奎主持会议，苏斌、陈向阳、赵文友、罗登武、刘秀元、王鸿飞等党政领导参加会议。

27日 集团公司党委副书记、总经理陶登奎，党委常委罗登武在总部办公楼会见到访的山东省国资委监事会主席杨少军一行。

• 集团公司党委常委、董事陈向阳带队到山钢股份莱芜分公司能源动力厂对风险点管控情况进行专项督导。

31日 集团公司党委常委侯军、陶登奎、苏斌、陈向阳、赵文友、罗登武、刘秀元、王鸿飞等分别带队到各单位，开展2021年度履行全面从严治党主体责任暨党建工作责任制检查。

• 集团公司副总经理、总法律顾问董立志及有关部门和单位人员，以视频形式参加国务院国资委举办的第38期法治讲堂。

6月

2日 集团公司党政领导侯军、陶登奎、陈向阳、赵文友、罗登武、刘秀元、王鸿飞、刘慈玲、李长青、王培文及总部各部门负责人在总部办公楼分会场以视频形式参加山东省国资委党委（扩大）会议，传达学习省第十二次党代会精神。

• 集团公司党委常委会召开会议，学习习近平总书记在十九届中央政治局第二十九次集体学习时的讲话。集团公司党委书记、董事长侯军主持会议并讲话。党委常委陶登奎、陈向阳、赵文友、罗登武、刘秀元、王鸿飞参加会议。

6日 集团公司党委理论学习中心组（扩大）学习会议召开，主题为：牢记“三个走在前”嘱托，贯彻省第十二次党代会精神，坚决扛牢新时代新征程国企责任。集团公司党委书记、董事长侯军主持会议，集团公司党委常委、公司高管参加学习。

7日 集团公司党委印发《关于中共山钢金融控股（深圳）有限公司委员会第二次党员大会选举结果的批复》（山钢党字〔2022〕37号）：同意由选举产生的黄振辉、乔立海、马晋宇、王启明、潘小丽5人组成中共山钢金融控股（深圳）有限公司第二届委员会，黄振辉为党委书记，乔立海、马晋宇为党委副书记。马晋宇、王伟平、孙树卫3人组成中共山钢金融控股（深圳）有限公司第二届纪律检查委员会，马晋宇为纪委书记，王伟平为纪委副书记。

• 集团公司党委印发关于《贯彻落实〈推动党史学习教育常态化长效化的意见〉若干措施的实施方案》的通知（山钢党字〔2022〕38号）。

14日 集团公司党委常委会召开会议，传达学习习近平总书记致2022年六五环境日国家主场活动重要贺信精神，研究部署贯彻落实意见。集团公司党委书记、董事长侯军主持会议并提出要求，党委副书记、总经理陶登奎，党委常委陈向阳、罗登武、刘秀元、王鸿飞等参加会议。

• 集团公司召开警示教育大会暨集体廉政谈话会议。集团公司党政领导侯军、陶登奎等与总部部门、直属机构党员领导干部和驻总部的权属二级单位领导班子成员参加会议。党委常委、纪委书记赵文友主持会议，并对参会人员进行廉政谈话。

15日 2021山东社会责任企业（企业家）发布暨2022山东社会责任企业推选活动启动仪式在济南南郊宾馆举行。作为此次受表彰的2021山东社会责任企业代表，集团公司党委书记、董事长侯军上台领奖，并接受大众日报社的专访。

• 集团公司党委副书记、总经理陶登奎，党委常委罗登武，工会主席李长青一行，到山钢股份莱芜分公司开展“攻坚二季度、决胜上半年”工作督查督办。集团公司副总经理，山钢股份党委书记、董事长，莱芜分公司党委书记王向东参加座谈。

16日 集团公司党委常委、总审计师王鸿飞在总部办公楼与到访的渤海银行济南分行行长郑涛进行座谈。

• 集团公司下发《关于李文亮免职的通知》（山钢任字〔2022〕8号）：解聘：李文亮的山东耐火材料集团有限公司调研员职务。

20日 集团公司党委书记、董事长侯军，党委副书记、总经理陶登奎，党委常委、总审计师王鸿飞在总部办公楼会见工商银行山东省分行党委书记、行长赵桂德一行。

• 集团公司召开山钢建筑用钢市场推介会议。集团公司副总经理，山钢股份党委书记、董事长王向东出席会议并讲话。

21日 集团公司党委书记、董事长侯军，党委常委、总审计师王鸿飞在总部办公楼会见到访的农行山东省分行党委委员、副行长兼济南分行党委书记、行长付晓一行。

• 集团公司党委书记、董事长侯军，党委常委、总审计师王鸿飞在总部办公楼会见到访的国家开发银行山东省分行党委委员、副行长李国颂一行。

22日 集团公司党委理论学习中心组举行集体学习，主题为：筑牢意识形态安全防线，营造喜迎党的二十大有利氛围。集团公司党委书记、董事长侯军主持学习，集团党委常委、高管人员、总部各部门和新闻传媒中心主要负责人参加会议，部分单位宣传部门负责人列席会议。

• 集团公司党委书记、董事长侯军，党委副书记、总经理陶登奎，党委常委、总审计师王鸿飞在总部办公楼会见到访的济南市国资委党委书记、主任张海平一行。

• 第一届山东省应急管理普法知识竞赛决赛在济南举行，集团公司代表队获省属企业赛区二等奖。集团公司工会主席李长青、安全总监王培文等观看决赛。

23日 集团公司副总经理、总法律顾问董立志在总部办公楼会见到访的中国人民银行济南分行营业管理部跨境办处长刘文杰一行。

• 集团公司印发《山东钢铁集团有限公司应付款项核销管理办法》（山钢财字〔2022〕11号）。

24日 集团公司第四届董事会召开第二十三次会议。集团公司董事长侯军主持会议，董事苏斌、陈向阳、高景言、李长青出席会议，纪委书记赵文友、总法律顾问董立志、董事会秘书李学玉及有关部门负责人列席会议。

• 集团公司党委常委、总审计师王鸿飞在总部办公楼与到访的山东财经大学党委副书记、校长赵忠秀一行座谈。

27日 集团公司下发《关于吴玉峰免职的通知》（山钢任字〔2022〕9号）：解聘：吴玉峰的风险合规部高级经理职务。

• 集团公司印发《山东钢铁集团有限公司信息系统账户安全管理办法》（山钢运营字〔2022〕10号）。

28日 集团公司党委书记、董事长侯军在济南参加省委、省政府召开的全省科技创新大会。在会议表彰的科技创新项目中，集团公司3个项目获奖。

• 集团公司党委常委在山钢分会场组织收看山东省国资委党委书记、主任张斌讲授的七一专题党课。

• 集团公司党委副书记、总经理陶登奎到钢城区看望“加强农村基层党组织建设工作队”钢城区总队队员，并开展党建工作调研。集团公司副总经理王向东，钢城区委副书记、区长程学锋，莱钢集团党委书记、董事长、总经理李洪建等陪同调研。

• 集团公司党委下发《关于满生堂同志免职的通知》（山钢党字〔2022〕45号）：满生堂不再任山东钢铁集团淄博张钢有限公司党委副书记、委员，工会主席职务（另有任用）。

• 集团公司印发《关于调整推荐山信软件股份有限公司监事人选的函》（山钢函〔2022〕7号）：吴玉峰为山信软件股份有限公司监事人选；董芳不再任山信软件股份有限公司监事职务。

29日 集团公司党委副书记、总经理陶登奎为财务部党支部党员上专题党课。

30日 集团公司召开党委常委会会议，学习习近平总书记在十九届中央政治局第四十次集体学习时的讲话，研究2022年上半年集团党委履行全面从严治党工作情况。集团公司党委书记、董事长侯军主持会议并讲话，党委常委陶登奎、苏斌、陈向阳、赵文友、罗登武、刘秀元、王鸿飞参加会议。

• 集团公司党委下发《关于陈奋同志免职的通知》（山钢党字〔2022〕48号）：陈奋不再任山东钢铁集团有限公司纪委副书记、常委、委员职务。

本月 集团公司党委决定自6月份开

始至年底，在全集团各级党组织和广大党员中开展“学习创新争先锋，建功献礼二十大”主题实践活动。

7 月

1 日 集团公司举行庆祝中国共产党成立101周年暨五星级党支部命名表彰大会。集团公司党委书记、董事长侯军领誓入党誓词，党委副书记、总经理陶登奎宣读《关于表彰2021年度五星级党支部的决定》，党委副书记、董事苏斌为受表彰的2021年度五星级党支部代表颁授奖牌。其他党政领导陈向阳、罗登武、刘秀元、王鸿飞、王向东、董立志、李长青参加会议。

4 日 集团公司与中泰证券在济南证券大厦举行战略合作协议签约暨“1+*N*”综合金融服务启动仪式。集团公司党委书记、董事长侯军，中泰证券党委书记、董事长李峰出席仪式并致辞。集团公司党委副书记、总经理陶登奎，副总经理、总法律顾问董立志参加启动仪式。

6 日 集团公司党委书记、董事长侯军，党委副书记、总经理陶登奎在总部办公楼会见到访的北京银行济南分行行长田宏一行。

7 日 集团公司党委书记、董事长侯军赴菏泽市巨野县调研走访，与巨野县委书记冯艳丽进行座谈，听取山钢集团选派驻村第一书记汇报。集团公司党委常委、组织部部长刘秀元参加活动。

8 日 集团公司党委书记、董事长侯军，党委副书记、总经理陶登奎，党委常委、总审计师王鸿飞在办公楼会见到访的民生银行济南分行行长黄绍辉一行。

● 集团公司印发《生产安全事故报告和调查处理管理办法》（山钢安字〔2022〕16号）。

● 集团公司印发《安全检查管理办法的通知》（山钢安字〔2022〕17号）。

13 日 集团公司党委以理论学习中心组（扩大）学习会的形式举办省第十二次党代会精神宣讲报告会，山东省国资委宣讲团成员，集团公司党委书记、董事长侯军作省第十二次党代会精神宣讲报告。集团公司党政领导陶登奎、苏斌、陈向阳、赵文友、罗登武、刘秀元、王鸿飞、付博、董立志、李长青、王培文参加会议。

18 日 集团公司印发《山东钢铁集团有限公司软件正版化管理办法》（山钢信字〔2022〕5号）。

20 日 集团公司在济南黄河大酒店举办安全管理人员素质提升和取证（复审）培训班。集团公司安全总监王培文出席开班仪式。

● 集团公司副总经理、总法律顾问董立志及有关人员以视频形式参加山东省国资委举办的2022年第二期国资论坛暨《民法典》担保物权专题讲座。

21 日 集团公司以视频会议形式召开2022年半年工作会议。集团公司党委书记、董事长侯军作题为《砥砺攻坚促改革 凝神聚力谋新篇 以勇立潮头的坚定自信应对行业大变局》的讲话，党委副书记、总经理陶登奎主持会议并讲话，党委副书记、董事苏斌宣读“攻坚二季度，决胜上半年”专题劳动竞赛表彰决定。陈向阳、赵文友、罗登武、刘秀元、王鸿飞等党政领导出席。

25 日 集团公司与中国民生银行济南分行举行全面战略合作协议签约仪式。集团公司党委书记、董事长侯军，中国民生银行济南分行党委书记、行长黄绍辉出席仪式并致辞。集团公司党委副书记、总经理陶登奎，党委常委、总审计师王鸿飞，总经理助理刘慈玲参加签约仪式。

26 日 山东省钢铁行业协会成立大会

在济南召开。山东省政府党组成员、副省长凌文，中国钢铁工业协会党委常委、副会长兼秘书长屈秀丽共同为协会成立揭牌；中国工程院院士殷瑞钰、毛新平，集团公司党委书记、董事长侯军出席；集团公司党委常委、董事陈向阳当选协会首届轮值会长。

27日 集团公司党委书记、董事长侯军到日照公司进行督导。集团公司副总经理，山钢股份党委书记、董事长王向东参加。

28日 集团公司党委书记、董事长侯军，党委常委罗登武在办公楼会见到访的华为公司高级副总裁、煤矿军团董事长邹志磊一行。

29日 中华全国总工会基层工作部副部长汤洪伟，山东省总工会党组成员、副主席李业文一行到日照公司调研，并在日照公司开展山东省“十佳职工信赖的娘家人”送奖上门活动。集团公司党委副书记、董事苏斌，工会主席、职工董事李长青陪同。

30日 山钢股份营销改革动员大会在营销总公司召开。集团公司副总经理，山钢股份党委书记、董事长王向东出席会议。

本月 集团公司党委常委侯军、陶登奎、苏斌、陈向阳、赵文友、罗登武、刘秀元、王鸿飞等分别到党建工作（党支部）联系点宣讲省第十二次党代会精神。

• 集团公司落实党委常委联系服务专家制度，党委常委侯军、陶登奎、苏斌、陈向阳、赵文友、罗登武、刘秀元、王鸿飞等分别看望慰问各单位人才代表胡淑娥、李朝阳、邢伟明、杨雷、王中学、李子高、蔡国庆、田家海。

8月

2日 集团公司党委常委、纪委书记、监察专员赵文友在总部办公楼会见到访的山东省工信厅党组成员、驻省工信厅纪检监察组组长张忠庆，工信厅机关党委副书记、机关纪委书记杨齐眉一行。

4日 集团公司党委常委、总审计师王鸿飞、中国银行山东省分行总审计师赵焱参加山钢财务与中国银行山东省分行金融部党支部党员在日照莒县开展的党建共建活动。

• 集团公司副总经理、总法律顾问董立志在总部办公楼陪同山东省国资委法规处陈琳副处长一行8人就省属企业重大经营决策合法性审查问题进行专题调研。

5日 集团公司党委书记、董事长侯军，副总经理王向东出席在太原召开的2022年山西焦煤战略客户合作峰会。侯军作为客户代表在峰会上发言。

• 集团公司党委常委、总审计师王鸿飞陪同中国银行山东省分行总审计师赵焱一行在日照公司开展“党建共建”活动。日照公司与中国银行日照分行签署党建共建全面合作协议。

12日 集团公司党政领导侯军、苏斌、陈向阳、赵文友、刘秀元、董立志、李长青、王培文等在山钢分会场参加山东省国资委召开的《关于国有企业创新驱动高质量发展的十条意见》和《省属企业开展全面对标一流质效提升工程行动方案》宣贯视频会议。

• 集团公司召开《信访工作条例》宣贯会议。集团公司党委副书记、董事苏斌主持会议。会议邀请山东能源枣矿集团信访办主任罗士宝作专题报告。

• 集团公司在总部办公楼以视频会议形式举办“三项制度”改革“亮剑讲坛”暨第八期“山钢讲堂”。集团公司党委常委、党委组织部部长刘秀元出席。

• 集团公司党委常委、总审计师王鸿飞出席山钢金控在日照市举行的“山钢仓E融”监管认证仓库揭牌仪式。

17 日 集团公司党委下发《关于公布罗登武同志免职的通知》（山钢党字〔2022〕52 号）：接中共山东省委组织部(鲁组任字〔2022〕409 号) 任免通知，罗登武不再任山东钢铁集团有限公司党委常委、委员职务。

18 日 集团公司党委召开常委会。党委书记、董事长侯军主持会议，集团公司党委常委陶登奎、苏斌、陈向阳、赵文友、刘秀元、王鸿飞参加会议，集团公司副总经理、总法律顾问董立志列席会议。

• 集团公司党委书记、董事长侯军，党委常委、总审计师王鸿飞在总部办公楼会见到访的民生银行党委委员、副行长石杰一行。

19 日 集团公司党委常委、总审计师王鸿飞主持由巡察办/审计部党支部、审计中心党总支与新闻传媒中心党总支联合开展的"学习创新争先锋，建功献礼二十大"主题党日活动，邀请集团公司原外部董事王宏伟作专题辅导报告。

22 日 集团公司下发《关于崔颖川免职的通知》（山钢任字〔2022〕10 号）：解聘崔颖川的山东钢铁集团审计中心副总经理职务。

23 日 集团公司与中国银行山东省分行签署党建共建、廉洁伙伴暨战略合作协议。集团公司党委书记、董事长侯军，中国银行山东省分行党委书记、行长徐效强出席签约仪式。集团公司党委副书记、总经理陶登奎，党委副书记、董事苏斌，党委常委、纪委书记赵文友，党委常委、总审计师王鸿飞出席。

25 日 集团公司召开向山钢股份反馈财务管理、资产经营质量及 2021 年度绩效评价审计会。集团公司党委常委、总审计师王鸿飞反馈审计情况；集团公司副总经理，山钢股份党委书记、董事长王向东主持会议。

• 集团公司党委印发《关于大力发现培养选拔优秀年轻干部的实施办法》（山钢党字〔2022〕54 号）。

26 日 集团公司党委理论学习中心组举行集体学习，主题是：自强创新，勇立潮头。集团公司党委书记、董事长侯军主持会议并讲话，党委副书记陶登奎、苏斌，党委常委赵文友、刘秀元、王鸿飞，公司高管及总部各部门相关负责人参加会议。

• 集团公司召开产业工人队伍建设改革工作推进会。集团公司党委副书记、董事苏斌参加会议，工会主席李长青主持。

• 集团公司副总经理，山钢股份党委书记、董事长王向东率队到山西焦煤（日照）配煤基地走访调研。

30 日 集团公司党委副书记、总经理陶登奎带队到山钢股份调研。集团公司副总经理，山钢股份党委书记、董事长王向东参加座谈。

9 月

2 日 集团公司纪委书记会议召开，学习贯彻中央纪委、省纪委有关重要文件精神，总结前期工作，安排部署下一步重点任务。山钢集团党委常委、纪委书记、监察专员赵文友参加会议并讲话。

7 日 集团公司意识形态和宣传思想工作会议暨培训班动员会在济南市雪野湖酒店举行。集团公司党委书记、董事长侯军，党委副书记、董事苏斌出席会议并讲话。各单位党委分管领导，部分单位党组织负责人，山钢集团党委宣传部和各单位宣传部门负责人、宣传工作骨干参加会议。

8 日 集团公司党委书记、董事长侯军，党委副书记、总经理陶登奎在总部办公楼会见到访的中国矿产资源集团有限公司党组书记、董事长姚林，党组副书记、总经理郭斌一行。

9日 集团公司印发《山东钢铁集团有限公司阳光采购管理办法》（山钢运营字〔2022〕10号）。

13日 集团公司印发《总部办公楼无线网络安全管理暂行规定》（山钢信字〔2022〕7号）。

16日 集团公司下发《关于张鲁兵退休的通知》（山钢人字〔2022〕9号）：山东钢铁集团房地产有限公司原党委副书记张鲁兵退休。

19日 集团公司党委常委会召开会议，党委书记侯军主持会议，党委常委陶登奎、苏斌、陈向阳、赵文友、刘秀元、王鸿飞等参加会议。

20日 集团公司举办2022年党组织书记示范培训班。集团公司党委副书记、董事苏斌出席开班仪式并作动员讲话。各权属单位党组织书记、副书记，基层党支部书记等50人参加培训。

●集团公司党委委员、副总经理、总法律顾问董立志作为山东省习近平法治思想研究基地课题组组长，参加山东省习近平法治思想研究基地成立座谈会。

21日 集团公司党委副书记、董事苏斌在总部办公楼会见到访的山东省财欣资产运营公司党委副书记、董事李军一行。

●集团公司党委常委、组织部部长刘秀元到日照公司专题调研人事效率提升工作，并参观生产现场。

24日 由山钢股份、中国科学院金属研究所共同承担的2018年山东省重大科技创新工程项目“高端制造装备用高品质稀土特殊钢关键技术研究及产业化”综合绩效评价会在山钢股份召开。山东省科技厅高新处处长张志丹，山东省国资委规划发展处主任科员公永超，山钢股份党委书记、董事长王向东出席会议。

25日至28日 集团公司党委常委、纪委书记、监察专员赵文友先后到山东耐材、山钢股份、山钢矿业、山钢国贸等单位，就全面从严治党、党风廉政建设和反腐败工作开展专题调研。

26日 集团公司举办保密工作和网络安全培训班。集团公司党委副书记、董事苏斌出席开班仪式并授课，各单位保密和网络信息工作负责人及有关人员参加培训。

28日 集团公司党委书记、董事长侯军参加由山东省国资委、日照市政府共同举办的“共担新使命·共创新未来”央企省企日照行活动，并代表省属企业发表致辞，参加项目签约活动。

●全国机械冶金建材行业工匠学院、山东冶金工匠学院、山钢集团工匠学院揭牌仪式在莱钢培训中心举行。中国机械冶金建材工会党组书记、主席陈杰平，中国机械冶金建材工会钢铁工作部部长王欣，山东省总工会二级巡视员、省冶金工会主席刁维强，省冶金工会副主席肖敬慧，集团公司党委副书记、总经理陶登奎，党委副书记、董事苏斌，副总经理王向东，工会主席李长青出席揭牌仪式。

●集团公司副总经理、总法律顾问董立志及有关单位人员参加以视频方式参加国务院国资委第四十期法治讲堂。

●集团公司在雪野大酒店举行2022年度纪检监察业务培训班，全集团90余名纪检监察干部参加培训。

29日 山东省环保发展集团与山钢股份莱芜分公司战略合作签约仪式举行。山东省环保发展集团党委副书记、董事、副总经理曾繁领，山钢集团公司副总经理，山钢股份党委书记、董事长，莱芜分公司党委书记王向东，钢城区委常委、副区长高宇，山东省环保发展集团党委委员、副总经理，水发生态产业集团党委书记、董事长公培山出席签约仪式。

●集团公司党委理论学习中心组举行集体学习会议，主题为：深入学习领会习近平总书记重要讲话精神，以实际行动迎接党的二十大胜利召开。集团公司党委书记、董事长侯军主持会议，党委副书记、总经理陶登奎、党委常委刘秀元领学，党委常委、董事陈向阳，党委常委、纪委书记、监察专员赵文友作重点发言。集团公司党委常委、高管人员、总部各部门主要负责人参加会议。

10月

10日 山东省国资委二级巡视员张志波率省国资委第五检查组到山钢股份莱芜分公司棒材厂、特钢事业部督导检查安全生产、疫情防控等工作。集团公司党委常委、董事陈向阳，安全总监王培文陪同。

11日 集团公司2022年度群团干部培训班开班。集团公司党委副书记、董事苏斌出席开班仪式并讲话，工会主席李长青主持开班仪式，各单位工会、团委、女职委负责人等92名学员参加培训。

16日 中国共产党第二十次全国代表大会开幕，习近平代表第十九届中央委员会向大会作报告。集团公司党政领导侯军、陶登奎、苏斌、陈向阳、赵文友、刘秀元、王鸿飞、王向东、董立志、王培文，总部各部门、直属机构、驻总部各单位相关人员收看开幕会实况。集团公司各级党组织在严格落实属地疫情防控要求基础上，通过集中与分散相结合的形式，组织广大党员干部职工收听收看大会实况。

20日 集团公司党委常委会召开，党委书记、董事长侯军主持会议并领学党的二十大报告。集团公司党政领导陶登奎、苏斌、陈向阳、赵文友、刘秀元、王鸿飞、王向东、付博、董立志、李长青、王培文等参加会议。

23日 集团公司印发《山东钢铁集团有限公司网络安全管理办法》（山钢信字〔2022〕8号）。

24日 集团公司召开党委理论学习中心组（扩大）暨决战四季度工作会议。集团公司党委书记、董事长侯军，党委副书记、总经理陶登奎参加会议并讲话，集团公司党政领导苏斌、陈向阳、赵文友、刘秀元、王鸿飞、王向东、付博、董立志、李长青、王培文等参加会议。

• 集团公司党委下发《关于司乔磊同志免职的通知》（山钢党字〔2022〕61号）：司乔磊不再任纪委、监察专员办公室第一纪检监察室副主任职务。

28日 集团公司党委巡察工作高质量发展主题研讨会召开。集团公司党委常委、纪委书记、监察专员赵文友及巡察工作领导小组相关成员、有关部门和单位负责人、巡察办全体人员参加会议。

• 集团公司财务系统三季度工作例会以视频形式召开。集团公司党委副书记、总经理陶登奎，党委常委、总审计师王鸿飞，总经理助理刘慈玲参加会议。

31日 集团公司董事会印发《山东钢铁集团有限公司董事会授权管理办法》（山钢董事会〔2022〕5号）。

• 集团公司印发《山东钢铁集团有限公司通用信息化终端设备管理办法》（山钢信字〔2022〕9号）。

11月

4日 山钢股份与宝武资源有限公司战略合作框架协议签约仪式在上海举行。集团公司副总经理，山钢股份党委书记、董事长王向东，宝武资源有限公司党委书记、董事长施兵，党委常委、高级副总裁朱学滨出席签约仪式。

6日 受山钢集团党委书记、董事长侯军委托，集团公司副总经理，山钢股份党委书记、董事长王向东出席在国家会展中心（上海）举行的中欧企业家大会，并致辞。

8日 集团公司党委书记、董事长侯军，党委副书记、总经理陶登奎等党政领导，以及集团总部部门、直属机构负责人以视频形式收听收看国务院国资委在国资国企系统举行的学习贯彻党的二十大精神中央宣讲团报告会。

● 集团公司召开庆祝中国记者节暨短视频协会、新闻摄影协会 2022 年工作会议。集团公司党委副书记、董事苏斌，工会主席李长青出席会议，为获奖组织和个人代表颁奖，并向全集团奋战在新闻战线上的工作人员致以节日的问候。

10日 集团公司党委常委、纪委书记、监察专员赵文友到山钢股份就决战四季度工作会议落实情况开展“下沉式”监督检查。集团公司副总经理，山钢股份党委书记、董事长王向东参加。

14日 山钢股份召开周工作例会。集团公司党委书记、董事长侯军，党委副书记、总经理陶登奎，党委常委、董事陈向阳，党委常委、纪委书记、监察专员赵文友，副总经理、总法律顾问董立志参加。集团公司副总经理，山钢股份党委书记、董事长王向东作汇报。

16日 集团公司工会在山钢股份召开全员创新暨劳动竞赛工作推进会。集团公司党委副书记、董事苏斌参加并为山钢股份颁发 100 万元全员创新专项资金。集团公司副总经理，山钢股份党委书记、董事长王向东介绍情况。集团公司工会主席、职工董事李长青主持会议。

17日 集团公司召开疫情防控工作视频会议。集团公司党委书记、董事长侯军讲话，党委常委、董事陈向阳主持会议，副总经理王向东、付博参加会议。

● 集团公司召开审计整改工作推进会。集团公司党政领导侯军、赵文友、王鸿飞、王向东、付博、董立志及各有关单位、党委审计委员会成员单位负责人参加会议。

21日 集团公司党委常委会召开会议，学习习近平总书记在中央政治局会议上的重要讲话精神，贯彻落实关于学习宣传贯彻党的二十大精神的重要指示要求。集团公司党政领导侯军、陶登奎、苏斌、陈向阳、赵文友、刘秀元、王鸿飞等参加会议。

12月

2日 集团公司党委常委会召开会议，学习习近平总书记关于全面从严治党重要论述，与纪委会商研究《问责工作办法》。集团公司党委书记、董事长侯军主持会议并讲话，集团公司党委常委陶登奎、陈向阳、赵文友、刘秀元、王鸿飞等出席会议。

6日 党中央、全国人大常委会、国务院、全国政协、中央军委在北京人民大会堂隆重举行江泽民同志追悼大会。按照省委统一部署，山钢集团党委组织收听收看了大会实况，山钢集团党政领导侯军、陶登奎、陈向阳、赵文友、刘秀元、王鸿飞、王向东、付博、董立志、李长青、王培文及驻总部各单位主要负责人，总部各部门、直属机构主要负责人参加。

● 集团公司党委常委、组织部部长刘秀元主持召开山东钢铁集团国际贸易有限公司干部会议，宣布对山钢国贸主要负责人调整的决定：经山钢集团党委研究决定，王兴强任山钢国贸党委委员、书记，董事、董事长；李强笃任山钢国贸调研员，不再任山钢国贸党委书记、委员，董事长、董事。集团公司党委书记、董事长侯军出席会议并讲话。

• 集团公司党委下发《关于王兴强等同志职务任免的通知》（山钢党字〔2022〕77号），集团公司下发《关于王兴强等人员职务任免的通知》（山钢任字〔2022〕12号）、《关于李强笃任职的通知》（山钢任字〔2022〕13号）：王兴强任山东钢铁集团国际贸易有限公司党委委员、书记、董事、董事长。李强笃不再任山东钢铁集团国际贸易有限公司党委书记、委员、董事长、董事，聘任为山东钢铁集团国际贸易有限公司调研员。魏水才为山东钢铁集团国际贸易有限公司董事。张瑞堂不再任山东钢铁集团国际贸易有限公司董事。

• 集团公司党委下发《关于李荣臣等同志职务任免的通知》（山钢党字〔2022〕78号），集团公司下发《关于孙永和等人员职务任免的通知》（山钢任字〔2022〕14号）：李荣臣任集团公司纪委委员、常委、副书记；孙永和任巡察工作领导小组办公室主任、审计部总经理。贾元奎不再任巡察工作领导小组办公室副主任、审计部副总经理职务。

• 集团公司下发《关于潘铣免职的通知》（山钢任字〔2022〕11号）：解聘：潘铣的审计中心副总经理职务。

• 集团公司党委下发《关于刘洪波同志免职的通知》（山钢党字〔2022〕76号）：刘洪波不再任山东钢铁集团淄博张钢有限公司党委副书记、委员。

8日 集团公司党委、集团公司印发《问责工作办法（试行）》（山钢党字〔2022〕80号）。

• 集团公司党委印发《关于进一步加强党建带团建工作的实施意见》（山钢党字〔2022〕81号）。

14日 集团公司召开疫情防控专题视频会议。集团公司党政领导侯军、陶登奎，各单位主要负责人、分管负责人及主管部门主要负责人，总部各部门、直属机构主要负责人参加会议。

19日 集团公司党的二十大精神宣讲报告会以视频会议形式召开。省属企业党的二十大精神宣讲团成员，集团公司党委书记、董事长侯军作党的二十大精神宣讲报告。集团公司党政领导陶登奎、陈向阳、赵文友、刘秀元、王鸿飞出席会议，总部各部门、直属机构6级及以上管理人员、各单位党政领导班子成员、部分党员群众代表及侯军所在党建联系点党员参加。

• 集团公司党委理论学习中心组“党的二十大精神”读书班总结会以视频方式举行。集团公司党委书记、董事长侯军主持学习并作总结讲话。集团公司党政领导陶登奎、陈向阳、赵文友、刘秀元、王鸿飞等出席。

• 中共山东钢铁集团有限公司第一届委员会第四次全体会议以视频方式举行。集团公司党委书记、董事长侯军受党委常委会委托主持会议并讲话。集团公司党委委员出席会议，集团高管，总部各部门、直属机构6级以上管理人员，各单位领导班子成员列席会议。

26日 集团公司下发《关于孙全胜免职的通知》（山钢任字〔2022〕15号）：孙全胜不再任山东耐火材料集团有限公司监事。

29日 2022年山钢集团经济研究成果奖终评会议以视频形式召开。集团公司11项入围终评的经济课题研究成果分别进行展示，并接受专家评审团队的评审。集团公司党委常委、董事陈向阳出席会议并讲话。

• 2022年度山钢集团安全生产委员会会议以视频形式召开。集团公司党委书记、董事长、安全生产委员会主任侯军主持会议，安全生产委员会全体成员、节能环保领导小组全体成员、安委会办公室有关人员参加会议。

30日 山钢集团关心下一代工作交流推进会以视频会议形式召开。集团公司党委常委、关工委副主任刘秀元出席会议并讲话。各权属单位分管领导、关工委工作负责人、相关工作人员参加会议。

（注：●与上面日期相同）

（撰稿：张　序　审稿：李学玉）

2022年度山钢集团十大新闻

一、全集团持续兴起喜迎党的二十大和深入学习宣传贯彻党的二十大精神热潮

6月8日，山钢集团党委下发通知，部署开展“学习创新争先锋，建功献礼二十大”主题实践活动，号召各级党组织和广大党员争当“学思践悟、知行合一”“疫情防控、安全生产”“改革创新、攻坚克难”“转变作风、遵规守纪”四个先锋。各单位开展丰富多彩的活动，以实际行动喜迎党的二十大胜利召开。党的二十大召开后，全集团上下迅速兴起学习宣传贯彻党的二十大精神的热潮，各级党组织以各种形式层层开展学习宣讲。12月19日，山钢集团党委举行一届四次全委会，审议通过《关于深入学习宣传贯彻党的二十大精神 全面推动集团公司高质量发展的实施意见》。

二、中共山东省委书记李干杰到山钢调研疫情防控和生产经营工作，山钢集团经受住疫情连续冲击的考验

3月22日，中共山东省委书记李干杰到山钢股份莱芜分公司调研，他对山钢疫情防控工作、新旧动能转换项目等给予高度评价。他强调，抓疫情防控就是抓生产经营，疫情防控抓好了，企业生产经营就有了保障。在一波又一波的疫情冲击下，山钢集团坚决贯彻党中央关于“疫情要防住、经济要稳住、发展要安全”要求，统筹推进疫情防控和经济发展，压紧压实责任，精准有效防控，实现了疫情防控与生产经营“两手硬两手赢”。

三、山钢集团打响生存保卫战，钢铁主业成本降低幅度前所未有

上半年，山钢集团圆满完成“攻坚二季度，决胜上半年”稳增长目标。面对钢铁市场急转直下的严峻形势，7月21日，山钢集团召开2022年半年工作会议，提出“以勇立潮头的坚定自信应对行业大变局”“一切工作围绕‘保生存’展开”。10月24日，山钢集团召开决战四季度工作会议，对“打赢生存保卫战”再动员、再部署、再推进，10家权属单位接受任务目标书并作出公开承诺。全集团层层传递压力，人人勇挑重担，以“一切成本皆可降”的理念和行动，深挖潜力，改善指标，四季度莱芜、日照基地成本降低幅度前所未有。

四、国企改革三年行动顺利收官，重点领域和关键环节改革取得新突破

健全完善法人治理结构，完善董事会授权制度，2022年集团董事会向总经理授权21项，向二级公司董事会授权18项，34户企业董事会“应建尽建”达到100%。持续深化人事制度改革，大力提升人事效率，全集团在岗职工从五年前的4.6万人降至2.78万人，2022年在岗人员优化率超过9%，钢铁主业年化人均钢产量同比提升 10%。纳入省国资委考核的 13 户“僵尸”企业全部处置完成，高质量完成 17 户非主业企业退出等阶段性重难点改革任务。国企改革三年行动整体完成率 100%。

五、山钢产品亮相北京冬奥会，2 个项目获冶金科学技术奖一等奖

2 月 4 日晚，北京冬奥会开幕式上，由山钢集团产品制作而成的大型视频显示装置钢结构——“冰瀑”惊艳亮相，燃爆现场；山钢产品还应用到冬奥会张家口赛区古杨树场馆群建设和国内第一批氢能源除雪车制造。8 月 2 日，山钢集团牵头完成的“基于机器视觉的厚板轮廓及板形 CPS 智能制造技术研发与应用”项目，参与完成的“大板坯连铸——轧钢界面高效化、绿色化关键技术开发与集成应用”项目双双获 2022 年度冶金科学技术奖一等奖。全年共有 4 项国家和省部级重大科技专项结题验收，9 项科技成果获省部级以上奖励。4 月 19 日，在山钢集团科技创新、商业计划书管理推进暨一季度工作会议上，山钢研究院高级研究员周平获 100 万元重奖。

六、日照公司被评为国家级绿色工厂，山钢集团吨钢碳排放强度居行业先进水平

1 月 15 日，工业和信息化部公布 2021 年度绿色制造名单，日照公司被评为国家级绿色工厂，管线钢产品被评为国家级绿色设计产品。至此，山钢集团国家级绿色工厂/绿色矿山达到 4 家。山钢股份莱芜分公司吨钢碳排放强度比五年前降低了 15%；日照公司投产以来吨钢碳排放强度保持 1.8 以下的行业先进水平。山钢集团获评“2022 钢铁绿色发展标杆企业”。

七、山钢集团全面导入商业计划书管理模式

2022 年，山钢集团正式导入商业计划书管理模式，升级确立了“精品与规模并重，沿海与内陆并进，绿色与智慧并举”的发展战略和新的企业愿景、企业使命。从全面预算管理向商业计划书并轨转向，建立商业计划书管理报告机制，全集团经营管理以商业计划书为总抓手的工作氛围日渐浓厚。各权属公司、总部各部门按照商业计划书确定的目标，系统查找改善提升空间，深度挖掘降本增效潜力，稳步提升高质量发展水平。

八、山钢集团第 3 次上榜《财富》世界 500 强，重返中国企业百强行列

8 月 3 日，《财富》杂志发布 2022 年世界 500 强榜单，山钢集团连续第 3 年上榜，位列榜单第 332 位，较上一年跃升 52 位。9 月 6 日，“2022 中国企业 500 强”名单发布，山钢集团位居第 98 位，比上年提升 10 个位次，时隔 10 年再次跻身中国企业百强。在 2022 山东省综合百强企业和工业百强企业中，山钢集团均名列第 5。12 月 20 日，中国钢铁企业竞争力（暨发展质量）评级发布，山钢集团连续第 5 年跻身 A+（极强）行列。山钢集团连续第 4 年上榜“2022 中国卓越钢铁企业品牌”，蝉联“山东社会责任企业”。

九、正风肃纪反腐重拳出击，《问责工作办法（试行）》重磅发布

7 月 3 日，山钢集团党委出台二十条措施分工方案，进一步加强党风廉政建设和反腐败工作。12 月 8 日，《问责工作办法（试行）》正式发布，推动全面从严治党、全面从严治企向纵深发展。一年来，集团党委对部分权属单位党组织开展专项巡察，各级党委、纪委重拳出击，连续查处一批关键岗位违规违纪案件，部分人员被“双开”或获刑。

十、全国机械冶金建材行业首家工匠学院在山钢揭牌成立

9月28日，全国机械冶金建材行业工匠学院、山东冶金工匠学院、山钢集团工匠学院在揭牌成立，这是全国机械冶金建材行业成立的首家工匠学院。三个工匠学院由山钢集团工会依托莱钢培训中心创建，旨在造就更多的钢铁行业齐鲁工匠、齐鲁大工匠、大国工匠。9月15日，山钢集团被命名为首批“全国机械冶金建材系统产业工人队伍建设改革示范单位”。12月9日，莱钢银山型钢板带厂轧钢工主任技师王万松荣获第二十届全国质量奖（2022—2023年）个人奖“中国质量工匠”称号。

山钢年鉴 2023

特载
专论专文
大事记
☆ 概况
机构与人事
战略合作与交流
专业管理
党群工作
山钢股份
权属单位
统计资料
荣誉
附录

山钢集团
SD STEEL

概 况

山钢集团
SD STEEL

山钢文化

核心理念

山钢经营宗旨：

精品赢得市场，诚信创造未来

公司简况

山东钢铁集团有限公司（简称山钢集团）2008年3月17日注册成立，系山东省人民政府出资设立，由山东省人民政府国有资产监督管理委员会、山东国惠投资控股集团有限公司、山东省财欣资产运营有限公司作为股东代表的有限责任公司。总部位于山东济南。

旗下拥有山东钢铁股份有限公司、莱芜钢铁集团有限公司、山东钢铁集团矿业有限公司、山东钢铁集团国际贸易有限公司、山东钢铁集团房地产有限公司、山东钢铁集团财务有限公司、山钢金融控股（深圳）有限公司、山东耐火材料集团有限公司、山信软件股份有限公司、山东钢铁集团永锋淄博有限公司、山东钢铁集团淄博张钢有限公司等子公司。控股山东钢铁和金岭矿业2家A股上市公司。

截至2022年，山钢集团注册资本111.93亿元，资产总额1820.85亿元，企业信用等级AAA。2022年连续第三年上榜《财富》世界500强，位列第332位，较上年跃升52位。位居“2022中国企业500强”第98位、“2022中国制造业企业500强”第37位；“2022山东企业100强”和“2022山东工业企业100强”第5位。连续五年跻身中国钢企综合竞争力排名A+（竞争力极强）行列。荣获“山东社会责任企业”“中国钢铁企业高质量发展AAA企业”“全国循环经济试点示范企业”“中国钢铁工业清洁生产环境友好型企业”“全国冶金行业绿色发展标杆企业”，以及国家级“绿色工厂”“全国企业文化建设特殊贡献单位”等称号。

山钢集团重点发展“黑色金属采矿、冶炼及加工，钢铁贸易及服务，新材料、高端装备制造及技术服务”三大主业，培育发展产业金融、产业园区开发运营、信息技术等新兴产业。坚持“精品与规模并重，沿海与内陆并进，绿色与智慧并举”发展战略，聚焦钢铁产业转型升级，着力打造日照钢铁精品基地、莱钢精品钢基地、临沂临港先进特钢基地、德州永锋短流程高品质建材基地，逐步形成年产3000多万吨钢生产规模，工艺技术和装备达到国内领先水平。主要钢铁产品覆盖板带、板材、型钢、特钢、建材五大系列，畅销全国并远销70多个国家和地区，成功应用于港珠澳大桥、大兴国际机场、北京冬奥会场馆、北极亚马尔液化天然气项目等重要工程。30多项钢铁产品被评为中国名牌、山东名牌、全国冶金产品实物特优质量奖和金杯奖。

山钢集团坚定不移打造世界一流企业，着力锻造绿色、智慧、可持续发展比较优势。秉承“共创、共进、共赢”的核心价值观，与国内外100多家大型企业集团结成战略合作伙伴关系，携手共建共享高质量钢铁生态圈。坚持生态优先、绿色低碳发展，在山东省率先实现钢铁全流程全工序超低排放改造，成为全省钢铁企业绿色转型的示范者、引领者。大力实施创新驱动发展战略，拥有国家级和省级科技创新平台20个，每年新获授权专利近500项。截至2022年末，拥有软件著作权229件、专利技术3463件，其中发明专利1829项。

山钢集团切实履行国有企业政治责任、社会责任和经济责任，全面加强党的建设和领导，深化国有资本投资公司改建，深入推进市场化改革，推动国有资本和国有企业做强做优做大。2020~2022年，累计生产铁8130万吨、钢8879万吨、钢材8871万吨，纳税238.08亿元，职工收入每年保持合理增长。积极践行“为民情怀、职工福祉”信念追求，始终坚持发展为了职工、发展依靠职工、发展成果由职工共享，全面实施“幸福和谐新山钢”建设，使山钢人推动高质量发展的脚步更加坚实，圆梦热情更加激昂。

立足新发展阶段，贯彻新发展理念，融入新发展格局，山钢集团在谋划“强”起来、推动高质量发展新征程中，锚定“争上游、走在前”目标定位，立足“聚合资源、开放共享，构建安全高效钢铁产业生态圈；动能转换、创新治理，打造绿色智能行业发展新标杆”的发展方略，努力实现转型升级走在全国国企前列、综合竞争力走在国内钢铁强企前列、深化改革走在省属企业前列、信息化建设水平走在国内钢铁行业前列，全力打造一个“注入改革基因、充盈市场元素、拥有创新特质、饱含人文情怀”的魅力山钢。

（撰稿：孙亚宁　审稿：李学玉）

2022年工作综述

【主要经营指标】 集团公司经受住外部环境复杂多变的冲击、多重矛盾交织叠加的压力、钢铁市场急转直下的阵痛、各种困难矛盾风险的挑战，有力应对超预期因素冲击，稳住了发展底盘，守住了稳定底线。全年生产生铁2566.17万吨、粗钢2942.28万吨、商品坯材2991.40万吨，其中粗钢、商品坯材同比分别增加117.30万吨、102.30万吨，分别增幅4.15%、3.54%。生产铁精粉287.48万吨，同比减少12.29万吨，减幅4.10%；生产耐火原料及制品31.66万吨，同比增加0.13万吨，增幅0.40%。全年实现营业总收入1826.68亿元；期间费用140.75亿元，其中管理费用34.55亿元、研发费用41.09亿元、财务费用57.91亿元、销售费用7.20亿元；实现营业利润-2.73亿元，利润总额4.63亿元，净利润-2.47亿元，归属母公司净利润-14.31亿元。2022年末，集团公司资产总额1820.85亿元，负债总额1540.48亿元，所有者权益280.37亿元。企业综合实力和影响力持续提升，连续三年跻身世界500强位列第332位，较上年跃升52位；连续五年位列中国钢企综合竞争力排名A+（竞争力极强）行列；荣获中国钢铁企业高质量发展AAA企业；蝉联“山东社会责任企业”荣誉称号。

【转型发展】 聚焦“黑色金属采矿、冶炼及加工，钢铁贸易及服务，新材料、高端装备制造及技术服务”三大主业，推进产业整合、优化、退减、延伸，推动国有资本向核心主业、向产业链价值链高端集中。淄博片区钢铁产能顺利实现向沿海地区转移，莱芜片区新旧动能转换改造项目扎实推进，非主业资产清理整合三年行动首年任务全面完成。矿产资源、贸易物流、耐火材料、供应链金融、信息技术等产业板块竞先争优，发展能级全面跃升。抢抓国家重点工程密集出台机遇，加大重点工程市场开发力度，全面加强基础设施建设，成功进军川藏铁路、荣成核电、长沙机场磁浮等26个国家、省级重点工程项目，多系列产品打入中铁、中石化等国字头供应体系，“山钢制造”备受各界瞩目。超重单齿履带钢、超大规格高强度耐低温H型钢、门架槽钢等异型钢研发方面取得新进展，齿轮钢、轴承钢品种规格不断丰富，高端特钢产品销量实现快速增长。抗酸容器钢研发推广实现突破，海洋工程用钢完成最高强度级别的认证，桥梁钢市场竞争力快速提升，大型机械装备用高强度中厚板获中国钢铁工业产品开发市场开拓奖，中厚板产品已形成高水平的产品集群。乘用车制造用冷轧高强钢实现从“0”到“1”的重大突破。耐火材料继续保持铝硅系产品、干熄焦用系列产品行业中的领先水平，形成“高强致密高导热硅砖”等山东省名牌产品、山东省优质品牌产品18个。

【深化改革】 全面落实中共山东省委、省政府决策部署，与中国宝武联合重组工作扎实推进。国企改革三年行动5大类、28项改革任务全面完成。法人治理体系优化完善，31户建立董事会的企业实现外部董事占多数。三项制度改革持续深化，市场化经营机制不断健全。69户各级子企业，227位经理层成员全部实施任期制和契约化管理，8户权属企业开展职业经理人制度试点。11户权属二、三级公司中长期激励方案落地。人力资源储备机构建立，共享用工模式创新实施，外委用工有效压减。管理人员能上能下，年内末位调整和不胜任退出管理人员占比10.5%。工资效益同向联动，薪酬管理进一步规范。持续发力“两非”清理整合、法人压减和参股企业退出，17户非主业企业清理退出。“一企一策”推进亏损企业治理，如期完成治亏目标任务。

【管理提升】 商业计划书全面导入，“定标倒逼、模板控制、细化纠偏、激长克短”的工作推进机制建立完善，全集团以目标倒逼责任、以时间倒逼进度、以考核倒逼落实的氛围日渐浓厚。“全面对标、系统提升”行动扎实开展，全年集团总体监控指标完成绩效超越上年实绩的进步指标共48项，总体监控指标纵向进步率82.76%，横向达标率72.07%。以客户为引领，以人才为支撑，营销、生产、研发高效运行的“五位一体”协同机制统筹推进，钢铁主业一体化运营迈出坚实步伐。QCDVS用户定制服务体系全面推行，组建六大产销研一体化团队，产品经营与用户服务水平大幅提升。钢铁主业拳头产品比例从2019年的不足50%提升至70.32%，新产品销售收入742.48亿元。资产负债率同比降低，有息负债较年初降低270亿元。企业融资环境持续优化，融资空间有效拓展，融资结构实现改善，融资成本大幅降低，平均融资成本较年初降低53个基点，担保压减354亿元。员工转型优化渠道不断拓展，共享用工、外委替代稳步实施，全集团在岗员工优化率10.5%，钢铁主业在岗员工年人均产钢同比提升14.1%。依托行业龙头统筹内外部资源，与对标企业互动发展、融合发展，协同优势凸显。64个业务协同项目有序推进，全年实现效益20.95亿元。安全生产形势保持稳定。审计监督保障作用进一步增强。依法合规治企一体推进，“六大存量攻坚”取得超预期成果。

【科技创新】 持续深化科技创新体系变革，项目绩效薪酬、创效提成、成果奖励等激励机制相继落地。14项重大科研项目实施“揭榜挂帅”管理新模式，机制创新成势见效。全年研发投入52.3亿元，研发投入强度2.88%，同比增长14.7%，科研保障能力持续增强。全年新增各类科技型企业4家，日照公司、淄博锚链通过高新技术企业认定，全集团拥有省级以上科技创新平台达到20个。鲁耐窑业被评为“山东省技术创新示范企业”“国家专精特新‘小巨人’企业”。科技政策利用收益达5.68亿元，企业自主创新热情进一步释放。累计拥有有效专利3463件。承担的4项国家和省部级重大科技专项结题验收，其中“稀土特殊钢”项目和“超高强韧汽车钢”项目核心技术达到国际领先水平，在山东省科技厅组织的综合绩效评价中被评为优秀。新增承担“钢铁轧制全流程工艺优化与管控软件开发”等5项国家和省重点研发计划项目，获国拨资金支持565万元。在研的9项国家和省部级重大科技专项、

27项公司内部重大科技创新项目顺利实施。科研人才队伍建设持续加强，完成山钢集团王国栋院士工作站续签备案，引进东北大学、中国海洋大学多位专家教授及团队，招聘的高校毕业生中硕士研究生占46.2%，较上年增长130%。坚持高标准推进全员岗位创新，“金点子”“创新达人”纷纷涌现，钢铁主业人均创新改善项目8.6项，获全省职工创新创效竞赛决赛奖项3项，其中特等奖1项。

【绿色低碳】 全年累计投入7.2亿元，建成投运节能环保项目81个，持续提升环保绩效，吨钢二氧化硫、颗粒物、氮氧化物排放同比降低25%、19%、24%；吨钢综合能耗同比降低9.95%；吨钢新水消耗同比降低5.5%；自发电量同比增加13.7%，干熄焦发电、煤气发电气耗创历史最高水平。开展环境绩效创A保A行动，持续深化超低排放改造。日照公司、莱芜分公司焦化厂通过环境绩效A级复审，型钢公司获评环境绩效A级企业。取得管线钢绿色产品认证，日照公司冷轧镀锌板等三种产品碳足迹LCA核算工作启动实施。实施《绿色城市钢厂评价指标体系》，持续提升绿色化指数，日照公司、莱芜分公司绿色化指数较年初分别提升4分、7分。国家级绿色工厂/矿山达到4家，提前一年完成新旧动能转换三年行动方案目标。莱芜分公司、日照公司均被评为全国钢铁绿色发展标杆企业、全省清洁生产先进单位；莱芜分公司通过中国钢铁工业清洁生产环境友好型企业复审；日照公司被评为国家级水效领跑者企业、山东省资源综合利用先进单位。

【社会责任】 积极履行国企社会责任，在新冠肺炎疫情防控中，践行初心使命，展现了“大国重器”顶梁柱的担当作为。疫情期间累计为2054户中小微企业、个体工商户减免房租4942.07万元。有力有效应对疫情持续反复冲击，最大程度保护了职工家属生命安全和身体健康。深入落实疫情防控关爱措施，各级工会组织下拨防疫专项资金600余万元。有效落实《山东省促进服务业领域困难行业恢复发展的实施方案》《养老托育服务业纾困扶持若干政策措施分工落实方案》，全年减免649户房租共计1351.47万元。选派3名干部挂职担任驻村第一书记、1名干部作为加强农村基层党组织建设工作队队长，捐赠170万元专项资金用于派驻地改善乡村基础设施和人居环境。开展“慈心一日捐”活动，向山东省慈善总会捐款30万元，用于扶贫济困、扶老救孤、恤病助残、救助自然灾害、助力乡村振兴和公共卫生事件等慈善活动。

【党的建设】 严格落实“第一议题”学习制度和中心组学习规范，集团党委常委会、党委理论学习中心组共开展“第一议题”学习38次。组织开展“学习创新争先锋，建功献礼二十大”主题实践活动，580个党组织和1.2万名党员立足疫情防控、安全生产、改革发展一线争先锋、当表率。开展意识形态领域和网上风险隐患排查整治工作。开展“中国梦·新时代·新征程·新山钢”百姓宣讲和“全面对标、系统提升”等系列主题宣传。深入实施党建五大工程，全面推行党支部评星定级管理，评定四星级及以上党支部377个、占比75.24%。出台《问责工作办法》，对“一把手”和领导班子监督全面加强。深化“三不腐”一体推进，在省管企业率先探索实践“室企地”联合办案机制，在营销采购、设备装备、工程建设等关键领域，先后查办了一批有重大影响的涉嫌职务犯罪案件，形成了强烈震慑。全年运用“四种形态”批评教育帮助和处理230人次，通过办案给国家挽回直接经济损失2.39亿元。驰而不息纠“四风”树新风，大力倡树“严真细实快”工作作风，持续深入开展作风整治。对4家权属二级单位党组织开展专项巡察，发现问题73项，移交问题线索18项。4家单位对上轮巡察反馈问题进行整改，新建、修订制度142项，废止制度38项，避免和挽回经济损失7.26亿元。确立113个廉洁建设示范点，打造“清廉山钢”廉洁文化品牌，1人被评为全国纪检监察系统先进工作者。围绕攻坚决胜、打赢生存保卫战，组织开展专题劳动竞赛、主题劳动竞赛等，集团公司荣获全国“安康杯”竞赛活动优胜单位。在全省大企业中第一家建立全国机械冶金建材行业/山东冶金/山钢集团工匠学院，1个单位荣获全国工人先锋号，3人分别荣获全国五一劳动奖章、全国质量工匠、齐鲁工匠，1人获山东省五一劳动奖章。运行职工六条保障普惠线，补充医疗安康线实质性推进，全年互助互济保障累计救助161人次、109.48万元。

（撰稿：孙亚宁　审稿：李学玉）

山钢年鉴 2023

特载

专论专文

大事记

概况

☆ 机构与人事

战略合作与交流

专业管理

党群工作

山钢股份

权属单位

统计资料

荣誉

附录

山钢集团
SD STEEL

机构与人事

山钢集团
SD STEEL

山钢文化

核心理念

山钢精神：信恒如山，创新超越

山东钢铁集团有限公司组织机构图

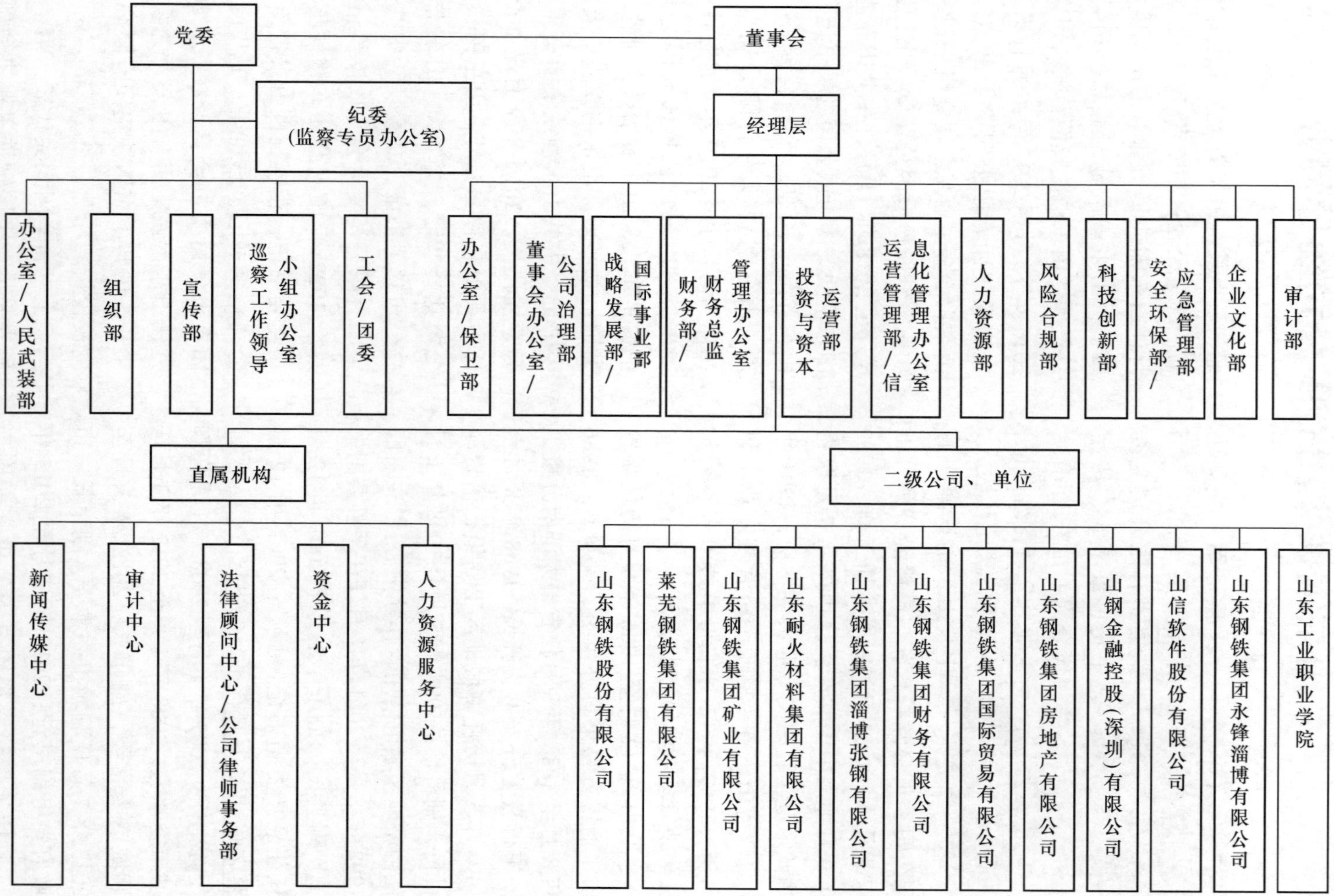

山东钢铁集团有限公司领导简介

侯　军　中共山东省委委员，山东钢铁集团有限公司党委书记、董事长、法定代表人，山东省冶金工业总公司党组书记、总经理、法定代表人，中共山东钢铁集团有限公司委员会党校校长，高级经济师。山东莘县人，1981 年 12 月参加工作，1985 年 9 月加入中国共产党，1987 年 7 月取得聊城师范学院中文专业大专学历，1991 年 7 月取得山东省委党校经济管理专业本科学历，1997 年 12 月取得中共山东省委党校经济管理专业研究生学历。

1981 年 12 月至 1986 年 8 月历任聊城市工商银行秘书科办事员、副科长；1986 年 8 月至 1988 年 8 月任省电大济南分校工商银行教学班支书、班长；1988 年 8 月至 1994 年 5 月历任聊城地区工商银行信贷科科员、副科长；1994 年 5 月至 1998 年 1 月任聊城地区城市信用合作社中心社副主任；1998 年 1 月至 2001 年 1 月任茌平县委副书记、副县长；2001 年 1 月至 2002 年 12 月任茌平县委副书记、县长；2002 年 12 月至 2007 年 1 月任茌平县委书记、县人大常委会主任；2007 年 1 月至 2008 年 1 月任聊城市委常委；2008 年 1 月至 2012 年 3 月任聊城市委常委、副市长；2012 年 3 月至 2013 年 7 月任聊城市委常委、副市长、市政府党组副书记；2013 年 7 月至 2015 年 11 月任华鲁控股集团有限公司党委副书记、董事、总经理；2015 年 11 月至 2015 年 12 月任山东钢铁集团有限公司党委书记、董事长，山东省冶金工业总公司党组书记、总经理；2015 年 12 月至 2016 年 12 月任山东钢铁集团有限公司党委书记、董事长，山东省冶金工业总公司党组书记、总经理，山东钢铁股份有限公司党委书记；2016 年 12 月至 2017 年 6 月任改建后的山东钢铁集团有限公司党委书记、董事长，山东省冶金工业总公司党组书记、总经理，山东钢铁股份有限公司党委书记；2017 年 6 月至 2018 年 11 月任中共山东省委委员，山东钢铁集团有限公司党委书记、董事长，山东省冶金工业总公司党组书记、总经理，山东钢铁股份有限公司党委书记；2018 年 11 月至 2019 年 9 月任中共山东省委委员，山东钢铁集团有限公司党委书记、董事长，山东省冶金工业总公司党组书记、总经理，山东钢铁股份有限公司党委书记，中共山东钢铁集团有限公司委员会党校校长。2019 年 9 月至 2022 年 6 月任中共山东省委委员，山东钢铁集团有限公司党委书记、董事长，山东省冶金工业总公司党组书记、总经理，中共山东钢铁集团有限公司委员会党校校长；2022 年 6 月至 2022 年 10 月任山东钢铁集团有限公司党委书记、董事长，山东省冶金工业总公司党组书记、总经理，中共山东钢铁集团有限公司委员会党校校长；2022 年 10 月任山东钢铁集团有限公司党委书记、董事长，中共山东钢铁集团有限公司委员会党校校长。

十三届全国人大代表，第十一届山东省委委员，中国钢铁工业协会副会长，中国金属学会副理事长，山东金属学会理事长、《山东冶金》理事长。

陶登奎 山东钢铁集团有限公司党委副书记、总经理，工程技术应用研究员。山东莱芜人，1988年7月参加工作，1984年10月加入中国共产党，1988年7月研究生毕业于北京科技大学冶金机械专业，并取得工学硕士学位。

1988年7月至1997年12月历任莱钢轧钢厂带钢车间技术组组长、主任助理、副主任，中小型车间筹备组组长、车间主任；1997年12月至2002年6月历任莱钢轧钢厂副厂长，中型厂副厂长、厂长兼党委书记、厂长兼党委副书记；2002年6月至2008年2月历任莱钢股份有限公司副总经理，莱钢集团有限公司总经理助理，莱钢股份有限公司董事；2008年2月至2009年11月任山东钢铁集团有限公司党委委员、副总经理；2009年11月至2011年8月任山东钢铁集团有限公司党委委员、副总经理，山东钢铁集团有限公司资金中心总经理；2011年8月至2014年7月任山东钢铁集团有限公司党委委员、副总经理，山东钢铁集团有限公司资金中心总经理，山东钢铁集团财务有限公司董事长（其间：2013年8月起挂职中国工商银行北京总部风险管理部副总经理一年，2013年5月至2013年9月任日照钢铁精品基地工程指挥部副总指挥）；2014年7月至2015年5月任山东钢铁集团有限公司党委委员、副总经理，山东钢铁股份有限公司党委常委，山东钢铁集团有限公司资金中心总经理，山东钢铁集团财务有限公司董事长；2015年5月至2015年8月任山东钢铁集团有限公司党委委员、副总经理，山东钢铁集团有限公司资金中心总经理，山东钢铁集团财务有限公司董事长，山东钢铁股份有限公司党委常委、董事；2015年8月至2015年11月任山东钢铁集团有限公司党委委员、副总经理，山东钢铁集团财务有限公司董事长，山东钢铁股份有限公司党委常委、董事；2015年11月至2015年12月任山东钢铁集团有限公司党委副书记、副董事长、总经理，山东钢铁集团财务有限公司董事长，山东钢铁股份有限公司党委常委、董事；2015年12月至2016年12月任山东钢铁集团有限公司党委副书记、副董事长、总经理，山东钢铁股份有限公司党委副书记、董事长，山东钢铁集团财务有限公司董事长；2016年12月至2017年9月任改建后的山东钢铁集团有限公司党委副书记、总经理，山东钢铁股份有限公司党委副书记、董事长，山东钢铁集团财务有限公司董事长；2017年9月至2019年9月任山东钢铁集团有限公司党委副书记、总经理，山东钢铁股份有限公司党委副书记、董事长；2019年9月任山东钢铁集团有限公司党委副书记、总经理。

中国金属学会理事，山东金属学会副理事长。曾荣获山东省优秀知识分子、山东省优秀青年企业家等荣誉称号。

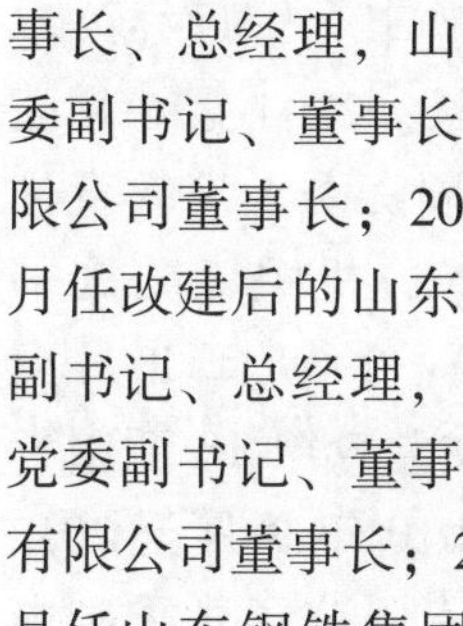

苏　斌 山东钢铁集团有限公司党委副书记、董事，教授级高级政工师。山东定陶人，1984年7月参加工作，1983年12月加入中国共产党，1984年7月大学毕业于山东农业大学土化系土壤农化专业，2002年7月取得中央党校经济管理专业研究生学历，2005年4月取得南开大学商学院高级管理人员工商管理硕士学位。

1984年7月至1985年9月任济南市郊区姚家办事处纪检委员、团委副书记；1985年9月至1986年10月任共青团济南市郊区区委副书记；1986年10月至1987

年4月在山东省委组织部知识分子工作处帮助工作；1987年4月至2002年5月历任山东省委组织部知识分子工作处副科级巡视员、正科级巡视员、助理调研员、副处长，企业干部办公室副主任（其间：1994年3月至1995年9月挂职山东省平原县平原镇党委副书记，1999年9月至2002年7月在中央党校经济管理专业研究生班学习）；2002年5月至2004年6月历任山东省委企业工委省管企业监事会管理办公室主任、监事会工作处处长；2004年6月至2010年9月历任山东省国资委人事教育处（外事处）负责人、处长，机关党委副书记，人事处处长（其间：2008年2月至2008年12月在山东省委党校第18期中青年干部培训班学习）；2010年9月至2012年4月任山东钢铁集团有限公司党委副书记、纪委书记；2012年4月至2014年7月任山东钢铁集团有限公司党委副书记、纪委书记，山东钢铁股份有限公司监事会主席；2014年7月至2015年5月任山东钢铁集团有限公司党委副书记、纪委书记，山东钢铁股份有限公司党委副书记、监事会主席、纪委书记；2015年5月至2016年12月任山东钢铁集团有限公司党委副书记、纪委书记，山东钢铁股份有限公司党委副书记、纪委书记；2016年12月至2017年3月任改建后的山东钢铁集团有限公司党委副书记、董事；山东钢铁股份有限公司党委副书记、纪委书记；2017年3月至2019年9月任山东钢铁集团有限公司党委副书记、董事，山东钢铁股份有限公司党委副书记；2019年9月至2022年11月任山东钢铁集团有限公司党委副书记、董事；2022年11月任山钢集团董事。

中国劳动学会冶金分会常务理事、副会长，中国冶金职工思想政治工作研究会副会长，山东省省管企业党建思想政治工作研究会副会长。曾荣获山东省五一劳动奖章、山东省优秀思想政治工作者，中共山东省委组织部和山东省国资委机关先进工作者、优秀共产党员等荣誉称号。

陈向阳 山东钢铁集团有限公司党委常委、董事，工程技术应用研究员。山东冠县人，1988年7月参加工作，1994年5月加入中国共产党，1988年7月大学毕业于东北工学院钢铁冶金专业，2003年12月取得武汉科技大学冶金工程硕士学位，2010年4月取得东北大学钢铁冶金专业研究生学历和工学博士学位。

1988年7月至1989年11月莱钢炼钢厂炼钢车间见习；1989年11月至1992年2月任莱钢炼钢厂技术科助理工程师；1992年2月至1996年7月历任莱钢炼钢厂连铸车间主任助理、副主任；1996年7月至1997年2月任莱钢炼钢厂连铸二车间主任；1997年2月至1999年4月历任莱钢炼钢厂生产经营部业务科长、技术科业务科长；1999年4月至2001年1月任莱钢股份有限公司炼钢厂副厂长；2001年1月至2005年7月任莱钢股份有限公司炼钢厂党委副书记、厂长；2005年7月至2006年2月任莱钢股份有限公司副总经理；2006年2月至2008年2月任莱钢集团有限公司总经理助理，莱钢股份有限公司副总经理；2008年2月至2009年7月任莱钢集团有限公司党委副书记、副董事长、总经理，莱钢股份有限公司党委副书记、董事长；2009年7月至2009年10月任山东钢铁集团有限公司党委委员、董事、副总经理，莱钢集团有限公司党委副书记、副董事长、总经理，莱钢股份有限公司党委副书记、董事长；2009年10月至2010年3月任山东钢铁集团有限公司党委委员、董事、副总经理，济钢集团有限公司党委副书记、副董事长、总经理；2010年3月至2012年4月任山东钢铁集团有限公司党委委员、董事、副总经理；2012年4月至2013年5月任山东钢铁集团有限公司党委委员、董事、副总经理，山东钢铁股份有限公司董事；2013年5月至2013年9月任山东钢铁集团有限公司党委委员、董事、副总经理，山东钢铁股份有限公司董事，日照钢铁精品基地工程指挥部副总指挥；2013年9月至2014年7月任山东钢铁集团有限公司党委委员、董事、副总经理，山东钢铁股份有限公司董事，日照钢铁精品基地工程指挥部总指挥，山东钢铁集团日照有限公司党委书记、执行董事、总经理；2014年7月至2015年5月任山东钢铁集团有限公司党委委员、董事、副总经理，山东钢铁股份有限公司党委常委、董事，日照钢铁精品基地工程指挥部总指挥，山东钢铁集团日照有限公司党委书记、执行董事、总经理；2015年5月至2016年5月任山东钢铁集团有限公司党委委员、董事、副总经理，山东钢铁股份有限公司党委常委，日照钢铁精品基地工程指挥部总指挥，山东钢铁集团日照有限公司党委书记、执行董事、总经理；2016年5月至2016年12月任山东钢铁集团有限公司党委委员、董事、副总经理，山东钢铁股份有限公司党委常委，日照钢铁精品基地工程指挥部总指挥，山东钢铁集团日照有限公司党委书记、执行董事；2016年12月至2017年3月任改建后的山东钢铁集团有限公司党委常委、董事，山东钢铁股份有限公司党委常委，日照钢铁精品基地工程指挥部总指挥，山东钢铁集团日照有限公司党委书记、执行董事；2017年3月至2017年7月任山东钢铁集团有限公司党委常委、董事，山东钢铁股份有限公司党委常委、副董事长，日照钢铁精品基地工程指挥部总指挥，山东钢铁集团日照有限公司党委书记、执行董事；2017年7月至2019年9月任山东钢铁集团有限公司党委常委、董事，山东钢铁股份有限公司党委常委、副董事长，山东钢铁集团日照有限公司党委书记、执行董事；2019年9月任山东钢铁集团有限公司党委常委、董事。

中国钢铁工业协会质量标准化工作委员会委员，中国金属学会理事，山东省钢铁行业协会轮值会长，山东省冶金质量协会副会长。曾荣获全国重点钢铁联合企业节能工作先进个人、山东省劳动模范、山东省十大杰出青年、山东省“富民兴鲁”劳动奖章等荣誉称号。

赵文友 山东钢铁集团有限公司党委常委、纪委书记，山东省监察委员会驻山东钢铁集团有限公司监察专员，高级会计师。山东临朐人，1991年7月参加工作，1994年12月加入中国共产党，1991年7月大专毕业于山东财政学院税收系税收专业，1996年7月取得山东财政学院会计学专业管理学学士学位，2008年7月取得中央党校经济学专业研究生学历。

1991年7月至2004年5月历任山东省旅游局审计室干部，财务管理处科员、副主任科员、主任科员（其间：1993年9月至1996年7月在山东财政学院函授会计学专业学习）；2004年5月至2008年7月任山东省旅游局办公室副主任（其间：2004年7月至2007年6月援藏任西藏自治区日喀则地区旅游局副局长，2005年9月至2008年7月在中央党校研究生院在职研究生经济学专业学习）；2008年7月至2009年6月任山东省监察厅驻省旅游局监察专员办公室副主任；2009年6月至2014年11月任山东省纪委驻省旅游局纪检组副组长，山东省监察厅驻省旅游局监察专员办公室主任；2014年11月至2017年1月任山东省民委党组成员，山东省纪委驻省民委纪检组组长，山东省监察厅驻省民委（省宗教局）监察专员；2017年1月至2017年3月任山东钢铁集团有限公司党委常委、纪委书记；2017年3月至2019年8月任山东钢铁集团有限公司党委常委、纪委书记，山东钢铁股份有限公司党委常委、纪委书记；2019年8月至2019年9月任山东钢铁集团有限公司党委常委、纪委书记，山东省监察委员会驻山东钢铁集团有限公司监察专员，山东钢铁股份有限公司党委常委、纪委书记；2019年9月任山东钢铁集团有限公司党委常委、纪委书记，山东省监察委员会驻山东钢铁集团有限公司监察专员。

曾荣获山东省五一劳动奖章、山东省财税大检查先进个人，省人社厅、省旅游局联合荣记个人二等功两次、三等功一次等荣誉称号。

罗登武 山东钢铁集团有限公司党委常委，工程技术应用研究员。陕西临潼人，1982年8月参加工作，1984年12月加入中国共产党，1982年7月大学毕业于西安冶金建筑学院炼铁专业，2006年12月取得中南财经政法大学高级管理人员工商管理硕士学位。

1982年8月至1996年10月历任莱钢第一铁厂高炉车间副炉长、炉长、副主任，机动技术部副科长，副主任；1996年10月至2002年6月历任莱钢第一铁厂副厂长、第二铁厂副厂长、炼铁厂副厂长、炼铁厂厂长、党委副书记；2002年6月至2004年3月任莱钢股份有限公司副总经理；2004年3月至2006年2月任莱钢股份有限公司董事、副总经理；2006年2月至2006年3月任莱钢集团有限公司总经理助理兼股份有限公司董事、副总经理；2006年3月至2008年3月任莱钢集团有限公司总经理助理兼股份有限公司董事、副总经理，研发中心主任；2008年3月至2010年7月任莱钢集团有限公司副总经理；2010年7月至2012年4月任莱钢集团有限公司董事、副总经理；2012年4月至2012年5月任莱钢集团有限公司董事、副总经理，山钢股份有限公司副总经理；2012年5月至2013年1月任莱钢集团有限公司董事、副总经理，山钢股份有限公司副总经理、莱芜分公司总经理；2013年1月至2013年3月任莱钢集团有限公司党委常委、董事、副总经理，山钢股份有限公司副总经理、莱芜分公司总经理；2013年3月至2014年7月任莱钢集团有限公司党委副书记、副董事长、总经理，山钢股份有限公司副总经理、莱芜分公司总经理；2014年7月至2016年3月任山钢股份有限公司副总经理，莱芜分公司党委书记、总经理；2016年3月至2016年5月任莱钢集团有限公司党委书记、副董事长，山钢股份有限公司副总经理，莱芜分公司党委书记、总经理；2016年5月至2016年6月任莱钢集团有限公司党委书记、副董事长，山钢股份有限公司董事、副总经理，莱芜分公司党委书记、总经理；2016年6月至2016年12月任莱钢集团有限公司党委书记、董事长，山钢股份有限公司董事、副总经理，莱芜分公司党委书记、总经理；2016年12月至2017年1月任山东钢铁集团有限公司党委常委，山钢股份有限公司董事、副总经理，莱钢集团有限公司党委书记、董事长，山钢股份有限公司莱芜分公司党委书记、总经理；2017年1月至2017年3月任山东钢铁集团有限公司党委常委，山钢股份有限公司董事、总经理，莱钢集团有限公司党委书记、董事长，山钢股份有限公司莱芜分公司党委书记、总经理；2017年3月至2018年9月任山东钢铁集团有限公司党委常委，山钢股份有限公司党委常委、董事、总经理，莱钢集团有限公司党委书记、董事长，山钢股份有限公司莱芜分公司党委书记、总经理；2018年9月至2019年9月任山东钢铁集团有限公司党委常委，山钢股份有限公司党委常委、董事、总经理，山钢股份有限公司莱芜分公司党委书记、总经理；2019年9月至2022年7月任山东钢铁集团有限公司党委常委。

山东省第十一次党代会代表。曾荣获山东省劳动模范、山东省八十年代优秀毕业生、山东省优秀青年知识分子、山东省新长征突击手等荣誉称号。

刘秀元　山东钢铁集团有限公司党委常委、党委组织部部长，教授级高级政工师。山东招远人，1981年10月参加工作，1988年3月加入中国共产党，1987年7月取得山东广播电视大学大专学历，2004年6月取得山东省委党校经济管理专业研究生学历。

1981年10月至1985年8月任济钢炼钢分厂工会干事、团委副书记；1985年8月至1987年7月为山东广播电视大学学生；1987年7月至1991年8月任济钢团委干事、青工部副部长；1991年8月至1997年4月历任济钢团委副书记、书记；1997年4月至2002年7月任济钢中板厂党委书记、纪委书记；2002年7月至2004年1月任济钢组干部部长；2004年1月至2006年9月历任济钢党委委员、组干部部长、组织部部长；2006年9月至2008年2月任济钢党委委员、工会主席；2008年2月至2012年4月任济钢集团有限公司党委常委、董事、工会主席；2012年4月至2014年7月任济钢集团有限公司党委常委、董事、工会主席，山钢股份有限公司职工监事；2014年7月至2015年5月任山钢股份有限公司职工监事，山钢股份有限公司济南分公司党委副书记、纪委书记、工会主席，济钢板材公司党委副书记、纪委书记、工会主席；2015年5月至2015年8月任山钢股份有限公司职工监事，山钢股份有限公司济南分公司党委副书记、纪委书记、工会主席，济钢板材公司党委副书记、纪委书记、工会主席；2015年8月至2016年3月任山东钢铁集团有限公司职工董事，山钢股份有限公司职工监事，山钢股份有限公司济南分公司党委副书记、纪委书记、工会主席，济钢板材公司党委副书记、纪委书记、工会主席；2016年3月至2016年12月任山东钢铁集团有限公司职工董事，山钢股份有限公司职工监事，山钢股份有限公司济南分公司党委副书记、纪委书记、工会主席，济钢集团有限公司党委副书记、董事、纪委书记、工会主席，济钢板材公司党委副书记、纪委书记、工会主席；2016年12月至2017年1月任改建后的山东钢铁集团有限公司党委常委、职工董事，山钢股份有限公司职工监事，山钢股份有限公司济南分公司党委副书记、纪委书记、工会主席，济钢集团有限公司党委副书记、董事、纪委书记、工会主席，济钢板材公司党委副书记、纪委书记、工会主席；2017年1月至2017年2月任山东钢铁集团有限公司党委常委、职工董事，山钢股份有限公司职工监事；2017年2月至2017年3月任山东钢铁集团有限公司党委常委、职工董事、党委组织部部长，山钢股份有限公司职工监事；2017年3月至2017年4月任山东钢铁集团有限公司党委常委、职工董事、党委组织部部长，山钢股份有限公司党委常委、职工监事；2017年4月至2018年2月任山东钢铁集团有限公司党委常委、职工董事、党委组织部部长，山钢股份有限公司党委常委；2018年2月至2019年9月任山东钢铁集团有限公司党委常委、党委组织部部长，山东钢铁股份有限公司党委常委；2019年9月任山东钢铁集团有限公司党委常委、党委组织部部长。

济南市第十一次党代会代表。曾荣获全国优秀工会工作者、山东省“富民兴鲁”劳动奖章、山东省省管企业优秀党务工作者、山东省优秀青年工作者、济南市五一劳动奖章等荣誉称号。

王鸿飞　山东钢铁集团有限公司党委常委、总审计师，正高级审计师。山东东平人，1987年7月参加工作，1987年7月加入中国共产党，1987年7月毕业于山东省司法学校法律专业，2001年7月取得中央党校领导干部在职研究生班经济管理专业研究生学历。

1987年7月至1989年2月任山东省司法学校政治处干事；1989年2月至1991年2月任冶金部山东地勘局党委秘书、团委干事；1991年2月至1995年8月任冶金部山东地勘局团委副书记（其间：1992年8月至1994年12月在中央党校函授学院本科班经济管理专业学习，1989年4月至1991年12月在山东大学高等教育自学考试法律专业大专班学习）；1995年8月至1999年1月任冶金部山东地勘局机关党委副书记、团委书记；1999年1月至2000年9月任山东省审计厅人教处副处级干部；2000年9月至2001年11月任山东省审计厅人事处副处长、调研员（其间：1998年9月至2001年7月在中央党校领导干部在职研究生班经济管理专业学习）；2001年11月至2006年7月任山东省审计厅社会保障审计处处长（其间：2003年2月至2003年12月在省委党校中青班学习）；2006年7月至2012年9月任山东省审计厅人事处处长（其间：2006年5月至2006年11月在美国康涅狄格州中央州立大学做访问学者）；2012年9月至2015年3月任山东省审计厅固定资产投资审计处处长（其间：2012年4月至2012年12月在省委第一巡视组挂职）；2015年3月至2017年6月任山东省审计厅固定资产投资审计一处处长；2017年6月至2017年12月任山东省审计厅固定资产投资审计处处长；2017年12月至2018年12月任山东省审计厅固定资产投资审计处处长、一级调研员；2018年12月至2020年8月任山东省审计厅二级巡视员、固定资产投资审计处处长；2020年8月至2020年10月任山东钢铁集团有限公司党委常委；2020年10月任山东钢铁集团有限公司党委常委、总审计师。

山东省内部审计师协会第五届理事会副会长。曾荣获全省建购职工住房审计先进个人等荣誉称号，荣记个人二等功一次。

王向东　山东钢铁集团有限公司党委委员、副总经理，山东钢铁集团有限公司研究院院长，山东钢铁股份有限公司党委书记、董事长，山东钢铁股份有限公司莱芜分公司党委书记，莱芜钢铁集团银山型钢有限公司党委书记、执行董事，高级政工师。山东东平人，1989年7月参加工作，1995年12月加入中国共产党，1989年7月中专毕业于山东电子工业学校计算机应用专业，1999年7月取得山东省经济管理干部学院经济管理专业大专学历，2003年7月取得山东行政学院经济管理专业大学学历，2009年9月取得天津大学工业工程领域专业工程硕士学位。

1989年7月至1993年7月为济钢材料处见习、计算机管理员；1993年7月至1995年2月任济钢材料处管理科副科长；1995年2月至1996年10月任济钢材料处计划管理部经理；1996年10月至1997年12月任济钢材料处处长助理（科级）；1997年12月至2002年5月任济钢材料处副处长；2002年5月至2005年11月任济钢材料处处长；2005年11月至2006年2月任济南钢铁股份有限公司销售公司经理；2006年2月至2008年3月任济南钢铁股份有限公司销售公司经理、党总支书记；2008年3月至2008年10月任济钢集团有限公司党委办公室主任、办公室主任；2008年10月至2008年12月任济钢集团有限公司总经理助理、党委办公室主任、办公室主任；2008年12月至2009年3月任济钢集团有限公司副总经理、党委办公室主任、办公室主任；2009年3月至2009年8月任济钢集团有限公司副总经理、党委办公室主任、办公室主任，销售公司经理；2009年8月至2009年11月任济钢集团有限公司副总经理、销售公司经理；2009年11月至2010年2月任济钢集团有限公司副总经理、销售公司经理，山钢销售中心总经理；2010年2月至2011年9月任山钢集团销售中心总经理、济钢集团有限公司副总经理；2011年9月至2012年4月任山钢销售中心总经理，济钢集团有限公司党委常委、副总经理；2012年4月至2014年7月任山钢股份有限公司副总经理、山钢销售中心总经理，济钢集团有限公司党委常委、副总经理；2014年7月至2016年3月任山钢股份有限公司副总经理、山钢销售中心总经理，山钢股份有限公司济南分公司党委委员、副总经理；2016年3月至2016年12月任山钢股份有限公司副总经理、销售中心总经理，山钢股份营销总公司党委书记、总经理；2016年12月至2017年2月任山钢股份有限公司副总经理，山钢股份营销总公司党委书记、总经理；2017年2月至2017年3月任山东钢铁集团有限公司副总经理，山钢股份有限公司副总经理，山钢股份营销总公司党委书记、总经理；2017年3月至2017年11月任山东钢铁集团有限公司副总经理；2017年11月至2017年12月任山东钢铁集团有限公司党委委员、副总经理；2017年12月至2019年9月任山东钢铁集团有限公司党委委员、副总经理，山东钢铁集团有限公司研究院院长；2019年9月至2021年12月任山东钢铁集团有限公司党委委员、副总经理，山东钢铁集团有限公司研究院院长，山东钢铁股份有限公司党委书记、董事长，山东钢铁股份有限公司莱芜分公司党委书记，莱芜钢铁集团银山型钢有限公司党委书记；2021年12月任山东钢铁集团有限公司党委委员、副总经理，山东钢铁集团有限公司研究院院长，山东钢铁股份有限公司党委书记、董事长，山东钢铁股份有限公司莱芜分公司党委书记，莱芜钢铁集团银山型钢有限公司党委书记、执行董事。

山东省第十四届人民代表大会代表，济南市第十八届人民代表大会代表。曾荣获山东省“富民兴鲁”劳动奖章、济南市五一劳动奖章、济南市优秀共产党员等荣誉称号。

付　博　山东钢铁集团有限公司党委委员、副总经理，山东钢铁集团矿业有限公司党委书记、董事长，正高级工程师。山东沂水人，1994年7月参加工作，2000年5月加入中国共产党，1994年7月大学毕业于鞍山钢铁学院钢铁冶金专业，2005年11月取得美国莱特州立大学研究生学

历、工商管理硕士学位。

1994年7月至1995年3月莱钢炼钢厂技术科见习；1995年3月至1996年8月为莱钢炼钢厂连铸车间作业长；1996年8月至1996年12月为莱钢炼钢厂调度室调度员；1996年12月至1998年3月为莱钢炼钢厂连铸二车间责任工程师；1998年3月至1999年3月为莱钢炼钢厂生产调度室调度员；1999年3月至1999年8月为莱钢炼钢厂生产科助理工程师；1999年8月至2000年2月任莱钢炼钢厂4号连铸机副总机长；2000年2月至2001年1月任莱钢炼钢厂1号炉副总炉长、炉长；2001年1月至2001年12月任莱钢炼钢厂厂长助理；2001年12月至2007年8月任莱钢炼钢厂副厂长；2007年8月至2008年6月任莱钢股份有限公司品质保证部党委书记、副主任，莱钢集团有限公司品质保证部副部长，莱钢银山型钢公司品质保证部副主任；2008年6月至2016年9月任山东钢铁集团有限公司资本运营部部长；2016年9月至2017年2月任山东钢铁集团有限公司资本运营部总经理；2017年2月至2017年11月任山东钢铁集团有限公司副总经理、董事会秘书、资本运营部总经理；2017年11月至2020年8月任山东钢铁集团有限公司党委委员、副总经理、董事会秘书；2020年8月任山东钢铁集团有限公司党委委员、副总经理，山东钢铁集团矿业有限公司党委书记、董事长。

曾荣获山东省国资委齐鲁创业先锋共产党员荣誉称号。

董立志　山东钢铁集团有限公司党委委员、副总经理、总法律顾问，高级经济师。山东德州人，1992年8月参加工作，1995年11月加入中国共产党，1992年7月大学毕业于烟台师范学院英语专业，1997年7月取得大连海事大学专门用途外语专业研究生学历、文学硕士学位，2013年7月取得中南财经政法大学工商管理专业工商管理硕士学位。

1992年8月至1994年9月任德州粮食学校教师；1994年9月至1997年7月为大连海事大学专门用途外语专业学生；1997年7月至2001年1月任青岛外轮代理公司职员；2001年1月至2001年12月任青岛市招商局促进局干部；2001年12月至2003年5月任青岛市招商局三处处长；2003年5月至2004年2月任青岛开发区外贸局副局长；2004年2月至2008年12月任青岛开发区欧美亚投资促进局副局长（其间：2004年8月至2008年6月任中国驻迪拜总领事馆经济商务领事）；2008年12月至2009年12月任莱钢集团有限公司副总经理；2009年12月至2011年12月任莱钢集团有限公司副总经理、总法律顾问；2011年12月至2012年5月任莱钢集团有限公司副总经理、总法律顾问，山钢驻塞拉利昂唐克里里办事处主任；2012年5月至2013年9月任莱钢集团有限公司副总经理、总法律顾问，山钢集团非洲总代表处总代表；2013年9月至2015年7月任莱钢集团有限公司党委常委、董事、副总经理、总法律顾问，山钢非洲总代表处总代表；2015年7月至2016年3月任莱钢集团有限公司党委常委、董事、副总经理、总法律顾问；2016年3月至2016年6月任山钢集团有限公司总法律顾问、法律事务部部长；2016年6月至2016年9月任山钢集团有限公司总法律顾问、法律事务部部长，山钢股份有限公司监事会主席；2016年9月至2017年2月任山钢集团有限公司总法律顾问，山钢股份有限公司监事会主席；2017年2月至2017年4月任改建后的山东钢铁集团有限公司总法律顾问，山钢股份有限公司监事会主席；2017年4月至2017年

11月任山东钢铁集团有限公司总法律顾问；2017年11月至2019年9月任山东钢铁集团有限公司党委委员、总法律顾问；2019年9月任山东钢铁集团有限公司党委委员、副总经理、总法律顾问。

山东省企业商事法律研究会常务理事、副会长。曾荣获全国十佳首席法务官、山东省十大法治人物、山东省“七五”普法先进工作者、青岛市最佳创汇能手、青岛市对外开放系统突出贡献个人等荣誉称号。

刘慈玲 山东钢铁集团有限公司总经理助理（挂职），经济师。江苏仪征人，1998年7月参加工作，1998年7月大学毕业于上海大学国际商学院国际金融专业，获经济学学士学位。

1998年7月至2002年5月在宝钢国贸经营财务部工作；2002年5月至2003年3月任宝钢国际资产管理部投资主管；2003年3月至2006年7月任宝钢国际经营财务部合并报表主管、子公司会计主管、预算主管；2006年7月至2011年3月任宝钢资源有限公司资产财务部资金经费高级主管；2011年3月至2012年3月任宝钢资源有限公司资产财务部见习副部长、资金经费高级主管；2012年3月至2012年10月任宝钢资源有限公司资产财务部副部长；2012年10月至2013年1月任宝钢资源有限公司资产财务部副部长兼预算管理高级主管；2013年1月至2013年4月任宝钢资源有限公司金属贸易部副总经理（挂职）、资产财务部副部长兼预算管理高级主管；2013年4月至2014年4月任宝钢资源有限公司金属贸易部副总经理（挂职）、资产财务部副部长；2014年4月至2015年3月任宝钢资源有限公司金属贸易部副总经理；2015年3月至2015年6月任宝钢资源（国际）有限公司金属贸易副总经理；2015年6月至2016年7月任宝钢资源（国际）有限公司风险管理总经理；2016年7月至2018年7月任宝钢资源（国际）有限公司财务总经理（境内）；2018年7月至2019年3月任宝钢资源（国际）有限公司财务总经理（境内）、风险管理总经理；2019年3月至2020年5月任宝钢资源（国际）有限公司、宝钢资源有限公司副总裁兼财务部总经理、风险管理总经理；2020年5月至2021年8月任宝钢资源（国际）有限公司、宝钢资源有限公司副总裁、董事会秘书兼经营财务部总经理；2021年8月任山东钢铁集团有限公司总经理助理（挂职）。

卢彤书 山东钢铁集团有限公司党委委员、工会主席、职工董事，教授级高级政工师。山东莱芜人，1981年7月参加工作，1987年6月加入中国共产党，1981年7月中专毕业于山东莱芜师范学院师范专业，1987年6月取得山东省教育学院教育管理专业大专学历，1996年12月取得山东省委党校涉外经济管理专业大学学历，2007年6月取得山东省委党校经济管理专业研究生学历。

1981年7月至1989年6月为莱钢一中、莱钢中心小学教师；1989年6月至1992年2月为莱钢党委组织部、党委办公室秘书；1992年2月至1994年5月任莱钢党委办公室秘书科副科长；1994年5月至1996年7月任莱钢党委办公室秘书科科长；1996年7月至1997年8月任莱钢党委办公室副主任；1997年8月至1998年12

月任莱钢党委办公室副主任、莱钢股份有限公司党委办公室副主任；1998年12月至2001年12月任莱钢特殊钢厂党委书记、党委委员；2001年12月至2002年6月任莱钢党委宣传部、统战部部长；2002年6月至2003年6月任莱钢党委宣传部、统战部部长，企业文化部部长；2003年6月至2008年3月任莱钢技改工程指挥部工委副书记、纪工委书记；2008年3月至2008年4月任莱钢技改工程指挥部工委书记、副指挥；2008年4月至2008年6月任山钢集团有限公司党群工作部部长，莱钢技改工程指挥部工委书记、副指挥；2008年6月至2008年9月任山钢集团有限公司党群工作部部长、机关党委书记，莱钢技改工程指挥部工委书记、副指挥；2008年9月至2012年8月任山钢集团有限公司党群工作部部长、机关党委书记；2012年8月至2016年9月任山钢集团有限公司职工监事、党群工作部部长、机关党委书记；2016年9月至2017年10月任山钢集团有限公司职工监事、党群部部长、机关党委书记；2017年10月至2017年11月任山钢集团有限公司职工监事、工会主席候选人、党群部部长、机关党委书记；2017年11月至2017年12月任山东钢铁集团有限公司党委委员、职工监事、工会主席候选人、机关党委书记；2017年12月至2018年2月任山东钢铁集团有限公司党委委员、工会主席、职工监事、机关党委书记；2018年2月至2018年7月任山东钢铁集团有限公司党委委员、工会主席、职工董事、机关党委书记；2018年7月至2022年2月任山东钢铁集团有限公司党委委员、工会主席、职工董事。

中国工会第十七次全国代表大会代表、山东省第十二届政协委员。曾荣获全国冶金优秀思想政治工作者、山东省省管企业优秀党务工作者、全省企业文化建设先进个人等荣誉称号。

李长青 山东钢铁集团有限公司工会主席、职工董事，高级经济师。山东临沂人，1987年7月参加工作，1987年1月加入中国共产党，1987年7月毕业于山东省第二轻工业学校工业企业管理专业，1992年7月取得复旦大学企业管理专业大学学历、经济学学士学位。

1987年7月至1994年3月为济钢组织干部部科员、主办科员；1994年3月至2002年7月历任济钢组织干部部科技干部管理科副科长、科长；2002年7月至2008年5月历任济钢组织干部部部长助理、人力资源处副处长；2008年5月至2010年2月任济钢人力资源处处长；2010年2月至2011年9月任济钢人力资源处处长、教育培训中心主任；2011年9月至2012年5月任济钢组织部部长、人力资源处处长、教育培训中心主任、党校常务副校长；2012年5月至2013年9月任济钢集团党委常委、组织部部长、人力资源处处长、教育培训中心主任、党校常务副校长；2013年9月至2014年7月任济钢集团副总经理、组织部/人力资源部部长、教育培训中心主任、党校常务副校长；2014年7月至2016年3月任济钢集团董事、副总经理、党委常委、工会主席；2016年3月至2016年5月任济钢集团董事、副总经理、党委常委；2016年5月至2017年1月任济钢集团董事、副总经理、党委常委兼济钢板材公司、山钢股份济南分公司副总经理、党委委员；2017年1月至2017年6月任济钢集团董事、党委副书记、纪委书记；2017年6月至2017年11月任济钢集团董事、党委副书记、纪委书记、副总经理；2017年11

月至2018年12月任济钢集团董事、党委副书记、副总经理；2018年12月至2019年9月任济钢集团党委副书记、董事、工会主席；2019年9月至2021年12月任山东钢铁集团有限公司安全总监；2021年12月至2022年2月任山东钢铁集团有限公司总经理助理级领导；2022年2月任山东钢铁集团有限公司工会主席、职工董事。

济南市第十次党代会代表。曾荣获山东冶金优秀组织人事干部荣誉称号。

王培文 山东钢铁集团有限公司安全总监，高级工程师。山东蓬莱人，1995年7月参加工作，1995年1月加入中国共产党，1995年7月毕业于东北大学金属压力加工专业，获工学学士学位，2008年11月在职取得美国莱特州立大学商务专业研究生学历、工商管理硕士学位。

1995年7月至1996年8月在莱钢轧钢厂中小型车间见习；1996年8月至1997年4月任莱钢轧钢厂中小型车间助理工程师；1997年4月至1998年9月任莱钢轧钢厂中型车间助理工程师；1998年9月至1999年5月任莱钢中型厂轧钢车间主任助理、助理工程师；1999年5月至2000年9月任莱钢市场部科员、助理工程师；2000年9月至2000年11月任莱钢集团市场部市场研究二室副主任（副科级）、助理工程师；2000年11月至2001年5月任莱钢股份中型厂轧钢车间主任、工程师；2001年5月至2002年3月任莱钢股份中型厂轧钢车间工会主席兼车间副主任、工程师；2002年3月至2002年8月任莱钢股份中型厂技术科副科长（主持工作）；2002年8月至2005年6月任莱钢股份中型厂技术科科长；2005年6月至2006年3月任莱钢股份中型厂厂长助理、高级工程师；2006年3月至2012年6月任莱钢股份型钢厂副厂长；2012年6月至2014年2月任莱钢集团/山钢股份莱芜分公司规划发展部副部长、银山型钢公司规划处副处长；2014年2月至2014年8月任莱钢集团/山钢股份莱芜分公司规划发展部副部长（主持工作），银山型钢公司规划处副处长（主持工作）；2014年8月至2014年12月任山钢股份莱芜分公司规划发展部副部长（主持工作），银山型钢公司规划处副处长（主持工作）；2014年12月至2015年3月任山钢股份莱芜分公司规划发展部部长，银山型钢公司职工代表董事、规划处处长；2015年3月至2016年6月任山钢股份莱芜分公司运营管理部部长，银山型钢公司职工代表董事、运营管理处处长；2016年6月至2017年4月任山钢股份莱芜分公司党委委员、总经理助理、总法律顾问、运营管理部部长，银山型钢公司职工代表董事、运营管理处处长；2017年4月至2017年6月任山钢股份副总经理、山钢股份莱芜分公司党委委员、副总经理、总法律顾问、运营管理部部长，银山型钢公司职工代表董事、运营管理处处长；2017年6月至2017年7月任山钢股份公司副总经理、运营管理部经理（兼），山钢股份莱芜分公司副总经理、党委委员、总法律顾问、安全总监、运营管理部部长，银山型钢公司职工代表董事、运营管理处处长；2017年7月至2017年8月任山钢股份公司副总经理、运营管理部经理（兼），山钢股份莱芜分公司副总经理、党委委员、总法律顾问、安全总监、运营管理部部长，银山型钢公司职工代表董事、副总经理、运营管理处处长；2017年8月至2017年9月任山钢股份公司副总经理、运营管理部经理（兼），山钢股份莱芜分公司副总经理、党委委员、总法律顾问、安全总监、运营管理部部长，银山型钢公司党委委员、职工代表董事、副总经理、运营管理处处长；2017年9月至

2018年12月任山钢股份公司副总经理，山钢股份莱芜分公司副总经理、党委委员、总法律顾问、安全总监，银山型钢公司党委委员、职工代表董事、副总经理；2018年12月至2019年9月任山钢股份公司副总经理，山钢股份莱芜分公司副总经理、总法律顾问、安全总监，银山型钢公司职工代表董事、副总经理；2019年9月至2020年3月任山钢股份公司副总经理，山钢股份莱芜分公司党委委员、副书记、总经理、总法律顾问、安全总监，银山型钢公司党委委员、副书记、总经理、职工代表董事；2020年3月至2021年12月任山东钢铁股份有限公司副总经理，山钢股份莱芜分公司党委副书记、总经理、总法律顾问，银山型钢公司党委副书记、总经理、职工董事；2021年12月任山东钢铁集团有限公司安全总监。

曾荣获山东省优秀共产党员、山东省新旧动能转换综合试验区建设先进个人等荣誉称号。

中共山东钢铁集团有限公司委员会

委　　员　（按照姓氏笔画顺序）
王向东　王鸿飞　左海青
卢彤书（2月10日止）
付　博　吕　铭　刘秀元
苏　斌（11月17日止）
陈向阳
罗登武（7月29日止）
赵文友　侯　军　陶登奎
董立志

常　　委　侯　军　陶登奎
苏　斌（11月17日止）
陈向阳　赵文友
罗登武（7月29日止）
刘秀元　王鸿飞

书　　记　侯　军

副 书 记　陶登奎
苏　斌（11月17日止）

山东钢铁集团有限公司董事会

董　　事　侯　军　苏　斌　陈向阳
卢彤书（职工代表，2月26日止）
李长青（职工代表，2月26日任）
王宏伟（外部董事，4月13日止）
梁　阜（外部董事）
高景言（外部董事）

董 事 长　侯　军

董事会秘书　李学玉

山东钢铁集团有限公司监事会

监　　事　李荣臣（职工代表）
陈明玉（职工代表）

山东钢铁集团有限公司经理层

总 经 理　陶登奎

副总经理　王向东　付　博　董立志

总审计师　王鸿飞

总法律顾问　董立志

总经理助理　刘慈玲（挂职）
安全总监　王培文

中共山东钢铁集团有限公司纪律检查委员会

委　　员　田　勇　刘淑云　孙日东
　　李学玉　来现民　陈明玉
　　陈　奋（6月30日止）
　　罗文军　封常福　赵文友
　　赵智珠
　　李荣臣（12月6日任）
　　徐　峰　秦立彬　蒋晓文
常　　委　赵文友
　　陈　奋（6月30日止）
　　李荣臣（12月6日任）
　　徐　峰　秦立彬　田　勇
　　蒋晓文
书　　记　赵文友
副 书 记　陈　奋（6月30日止）
　　李荣臣（12月6日任）

集团公司总部部门

办公室/党委办公室/人民武装部/保卫部/信访办公室

（合署办公，信访办公室成立于10月24日）

党委办公室主任
　　李学玉
党委办公室副主任
　　刘文生（1月18日任，3月18日止）
党委办公室主任助理
　　李波涛　陈　振
办公室主任
　　李学玉
办公室副主任
　　刘文生（1月18日任，3月18日止）
办公室主任助理
　　李波涛　陈　振
人民武装部部长
　　李学玉
保卫部总经理
　　李学玉
信访办公室主任
　　李学玉（10月24日任）

董事会办公室/公司治理部

（合署办公）

董事会办公室副主任
　　陈茂文
公司治理部副总经理
　　陈茂文

战略发展部/国际事业部

（合署办公）

战略发展部副总经理
　　邱现金　郝之峰　魏水才
战略发展部高级经理
　　王传斌
国际事业部副总经理
　　邱现金　郝之峰　魏水才
国际事业部高级经理
　　王传斌

财务部/财务总监管理办公室

（合署办公）

财务部副总经理
　　李　强　唐邦秀（挂职）

投资与资本运营部

总 经 理　王其成

副总经理　吕永刚　陈　剑
高级经理　杨瑞山　苏爱军

运营管理部/信息化管理办公室
（合署办公）

运营管理部总经理
孙日东
运营管理部副总经理
孙　敏（1月18日任）
范　鹍　高　勇
运营管理部高级经理
张金鹏
信息化管理办公室主任
孙日东
信息化管理办公室副主任
孙　敏（1月18日任）
范　鹍　高　勇
信息化管理办公室主任助理
张金鹏

纪委/监察专员办公室
（合署办公）

纪委书记、监察专员
赵文友
纪委副书记
陈　奋（6月30日止）
李荣臣（12月6日任）

党委组织部/人力资源部
（合署办公）

党委组织部部长
刘秀元（兼）
党委组织部常务副部长
来现民
党委组织部副部长
李　林　李勇实
阎文龙（挂职）
集团公司党委组织员
李勇实
人力资源部总经理
来现民
人力资源部副总经理
张永护（1月18日任）
李　林　李勇实
阎文龙（挂职）

风险合规部

总 经 理　罗文军
副总经理　马先红
高级经理　赵东岳
吴玉峰（6月27日止）
杜　鲲

科技创新部

副总经理　李丰功
杨俊生（1月18日任）
高级经理　宋国栋

安全环保部/应急管理部
（合署办公）

安全环保部副总经理
王志强　刘汉春（1月18日任）
安全环保部高级经理
杨富廷
应急管理部副总经理
王志强　刘汉春（1月18日任）
应急管理部高级经理　杨富廷

党委宣传部/企业文化部
（合署办公）

党委宣传部副部长
张兰润　周传勇

企业文化部副总经理
张兰润　周传勇

巡察工作领导小组办公室/审计部

（合署办公）

巡察工作领导小组办公室主任
孙永和（12月6日任）
巡察工作领导小组办公室副主任
贾元奎（12月6日止）　刘兰雪
巡察工作领导小组办公室主任助理
沈立军　安　燕
审计部总经理
孙永和（12月6日任）
审计部副总经理
贾元奎（12月6日止）　刘兰雪
审计部高级经理　沈立军　安　燕

集团公司工会/团委

（合署办公）

工会主席　卢彤书（2月10日止）
李长青（2月10日任）
工会副主席　刘松林
张永护（1月18日任）
团委书记　张海鹰
工会女工委主任　金连华

机关党委

（与党委组织部、人力资源部合署办公）

委　员（按照姓氏笔画顺序）
李勇实　张兰润
书　记　李勇实

机关纪委

委　员（按照姓氏笔画顺序）
王径成　沈立军
副书记　王径成

机关工会

主　席　刘松林
委　员　孙　波　王利峰　李　霞
张　颖
司乔磊（10月24日止）
邴　鑫（10月24日任）

山钢党校

校　长　侯　军

集团公司直属机构

新闻传媒中心

总经理　周传勇
副总经理　张庆斌
《山东钢铁报》报社社长　周传勇

审计中心

总经理　刘兰雪
副总经理　潘　铣（12月6日止）
崔颖川（8月22日止）
高级经理　韩典平

法律顾问中心/公司律师事务部

（合署办公）

法律顾问中心总经理
马先红
法律顾问中心高级经理
苏　伟

公司律师事务部总经理
马先红

人力资源服务中心

人力资源服务中心总经理
张永护（1月18日任）
人力资源服务中心副总经理
于亦海（1月18日任）
黄　丽（1月18日任）

资金中心

副总经理　王　勇

集团公司所属子公司、直属单位

山东钢铁股份有限公司

党委委员　王向东　吕　铭　高凤娟　赵智珠
党委书记　王向东
党委副书记　吕　铭　高凤娟
纪委书记　赵智珠
工会主席　高凤娟
董　事　王向东　徐金梧　汪晋宽　王爱国　刘　冰　马建春　苗　刚　陈肖鸿　孙日东
董事长　王向东
董事会秘书　金立山
监　事　高凤娟　罗文军　徐　峰　高淑军（职工代表）　李东祥（职工代表）
监事会主席　高凤娟
总经理　吕　铭
副总经理　尉可超　张润生
财务负责人　尉可超

莱芜钢铁集团有限公司

党委委员　李洪建　李茂岭　李荣臣　陈肖鸿　张晓燕
党委书记　李洪建
党委副书记　李茂岭
纪委书记　李荣臣
工会主席　李茂岭
董　事　李洪建　陈明玉　陈肖鸿（3月23日止）　王文学（3月23日任）　孙日东　李茂岭（职工代表）
董事长　李洪建
监　事　陈肖鸿（职工代表，4月7日任）　杨致东　王友军（职工代表）
监事会主席　陈肖鸿（4月7日任）
总经理　李洪建
副总经理　王金华（3月30日止）　孟宪俭（4月6日任）
财务总监　陈明玉
安全总监　孟宪俭（4月6日止）　樊章新（4月6日任）

山东工业职业学院

党委委员　左海青　马光亭　李克勇（7月20日止）　彭丽英　赵红军　白星良　魏安庆　金奎文　张　峰
党委书记　左海青
党委副书记　马光亭　李克勇（7月20日止）
纪委书记　魏安庆
工会主席　李克勇（7月20日止）

院　　长　马光亭
副 院 长　彭丽英　赵红军　白星良

山东钢铁集团矿业有限公司

党委委员　付　博　封常福　杜文华
　　　　　刘长进
党委书记　付　博
党委副书记　封常福
纪委书记　封常福
工会主席　封常福
董　　事　付　博　刘　纯　陈　剑
　　　　　张新福
　　　　　封常福（职工代表）
董 事 长　付　博
监　　事　杨致东
副总经理　刘　伟　王尧伟

山东耐火材料集团有限公司

党委委员　车连房
　　　　　李文亮（1月29日止）
　　　　　王佑宝（1月29日任）
　　　　　瞿守民　王金海　刘　彬
党委书记　车连房
党委副书记　李文亮（1月29日止）
　　　　　王佑宝（1月29日任）
　　　　　王金海
纪委书记　瞿守民
董　　事　车连房　辛本权
　　　　　王金海（职工代表）
　　　　　郝之峰　高　勇
董 事 长　车连房
监　　事　瞿守民
　　　　　孙全胜（12月26日止）
　　　　　薄纯尧（职工监事，1月18日止）
　　　　　翟红军（职工董事，1月18日任）
监事会主席　瞿守民
总 经 理　王佑宝
副总经理　张延敏　汪继炉
调 研 员　李文亮（1月29日任，6月16日止）
副调研员　王文学（12月26日止）
财务总监　辛本权
安全总监　张延敏

山东钢铁集团淄博张钢有限公司

（2022年3月撤销董事会、监事会，委派执行董事、监事）

党委委员　王兴强
　　　　　刘洪波（12月6日止）
　　　　　满生堂（6月28日止）
　　　　　刘淑云
党委书记　王兴强
党委副书记　刘洪波（12月6日止）
　　　　　满生堂（6月28日止）
纪委书记　刘淑云
工会主席　满生堂（6月28日止）
董　　事　王兴强（3月23日止）
　　　　　满生堂（3月23日止）
　　　　　苏　伟（3月23日止）
董 事 长　王兴强（3月23日止）
执行董事　王兴强（3月23日任）
监　　事　刘淑云（3月23日止）
　　　　　孙耿平
　　　　　丁　聪（职工监事，3月23日止）
监事会主席　刘淑云（3月23日止）
总 经 理　刘洪波（12月6日止）
副总经理　满生堂（6月28日任）
　　　　　马龙鹏（4月28日止）
　　　　　宗作波
安全总监　马龙鹏（4月28日止）

山东钢铁集团财务有限公司

党总支委员　王　勇　董保树　宋　军
党总支书记　王　勇
党总支副书记　董保树
董　　　事　王　勇　李　强　尉可超
　　　　　　戴汉强
　　　　　　董保树（职工代表）
董　事　长　王　勇
监　　　事　高　勇　李　涛
　　　　　　刘爱华（职工代表）
监事会主席　高　勇
总　经　理　王　勇
副总经理　张云庭　杨士东

山东钢铁集团国际贸易有限公司

党委委员　李强笃（12月6日止）
　　　　　王兴强（12月6日任）
　　　　　张海鹰　李宪龙　王　涛
党委书记　李强笃（12月6日止）
　　　　　王兴强（12月6日任）
党委副书记　张海鹰
纪委书记　张海鹰
工会主席　张海鹰
董　　事　李强笃（12月6日止）
　　　　　王兴强（12月6日任）
　　　　　张瑞堂（12月6日止）
　　　　　魏水才（12月6日任）
　　　　　苏　伟
　　　　　马晋宇（职工代表，1月27日止）
　　　　　张海鹰（职工代表，1月27日任）
　　　　　吕永刚
董　事　长　李强笃（12月6日止）
　　　　　王兴强（12月6日任）
监　　事　张明山　万　军
总　经　理　李强笃（12月30日止）
　　　　　李士安（12月30日任）
副总经理　赵树俭（12月30日止）
　　　　　邢　磊
　　　　　张　钢（12月30日止）
　　　　　顾志国（12月30日任）
调　研　员　李强笃（12月6日任）

山东钢铁集团房地产有限公司

党委委员　王文学　贾秀光　朱月肖
　　　　　田发永
党委书记　王文学
党委副书记　贾秀光
纪委书记　朱月肖
工会主席　贾秀光
董　　事　王文学　王其成　曹海良
　　　　　孙李涛
　　　　　贾秀光（职工代表）
董　事　长　王文学
监　　事　张明山
　　　　　李　莉（1月27日止）
　　　　　狄会爱（1月27日任）
　　　　　阮双荣（职工代表，3月1日止）
　　　　　冀　晋（职工代表）
　　　　　宋　正（职工代表，3月1日任）
总　经　理　王文学
副总经理　包建伟（5月31日止）
　　　　　王吉涛　李宏伟
总经理助理　王　剑
安全总监　王少卿

山钢金融控股（深圳）有限公司

党委委员　黄振辉　乔立海　马晋宇
　　　　　时鹏刚　王启明
党委书记　黄振辉

党委副书记　乔立海　马晋宇
纪委书记　马晋宇
工会主席　马晋宇
董　　事　黄振辉　张新福　李　强
　　　　　谭　军
　　　　　周　庆（职工代表，1月28日止）
　　　　　马晋宇（职工代表，1月28日任）
董事长　黄振辉
监　　事　李　涛　万　军
总经理　乔立海
副总经理　潘　刚（12月27日止）
　　　　　王　磊
　　　　　王来星（12月27日止）
　　　　　时鹏刚（12月27日任）
　　　　　侯世杰（12月27日任）
财务总监　周艳梅
总经理助理　时鹏刚（12月27日止）
　　　　　侯世杰（12月27日止）

山信软件股份有限公司

党委委员　张元福　丁光伟　张　瑾
　　　　　孟凡平
党委书记　张元福
党委副书记　丁光伟
纪委书记　丁光伟
工会主席　丁光伟
董　　事　张元福　赵东岳　毕衍涛
　　　　　闵宪金
　　　　　丁光伟（职工代表）
董事长　张元福
监　　事　田玉山
　　　　　董　芳（6月28日止）
　　　　　吴玉峰（6月28日任）
　　　　　张　瑾（职工代表）
监事会主席　田玉山
总经理　张元福（12月28日止）
　　　　　范　鹍（12月28日任）
副总经理　柳希泉（12月28日止）
　　　　　王江臣　胥爱国
　　　　　张卫华（挂职）
　　　　　孙　玮（12月28日任）

山东钢铁集团永锋淄博有限公司

执行董事　魏　风
总经理　魏　风
监　　事　李明江

（撰稿：马家泰　审稿：阎文龙）

特载
专论专文
大事记
概况
机构与人事
☆ 战略合作与交流
专业管理
党群工作
山钢股份
权属单位
统计资料
荣誉
附录

山钢集团
SD STEEL

战略合作与交流

山钢集团
SD STEEL

山钢文化

核心理念

山钢使命：

为客户提供满意的产品和服务

山钢集团与中泰证券战略合作签约暨“1+*N*”综合金融服务启动仪式举行

2022年7月4日，山钢集团与中泰证券战略合作协议签约暨“1+*N*”综合金融服务启动仪式在济南证券大厦举行。山钢集团党委书记、董事长侯军，中泰证券党委书记、董事长李峰出席仪式并致辞。山钢集团党委副书记、总经理陶登奎，副总经理、总法律顾问董立志参加启动仪式。

侯军在致辞中对中泰证券长期以来的关心和支持表示感谢，介绍了企业生产经营和改革发展情况。侯军表示，将以此次签约为契机，进一步加强与中泰证券的全面协作，携手并进、共谋发展。

李峰介绍了中泰证券的基本情况，希望进一步加强合作，更好地服务山钢高质量发展。

启动仪式上，陶登奎和中泰证券总经理、首席服务官毕玉国代表双方签署协议。毕玉国现场向山钢集团送达《战略客户呈送函》及专属综合金融服务方案、战略客户服务手册。

（撰稿：王天宁　李建辉
审稿：张兰润）

山钢集团与中国民生银行济南分行签署全面战略合作协议

2022年7月25日，山钢集团与中国民生银行济南分行举行全面战略合作协议签约仪式。山钢集团党委书记、董事长侯军，中国民生银行济南分行党委书记、行长黄绍辉出席仪式并致辞。山钢集团党委副书记、总经理陶登奎，党委常委、总审计师王鸿飞，总经理助理刘慈玲参加签约仪式。

侯军在致辞中介绍了企业生产经营和改革发展情况，表示将以此次签约为契机，进一步加强与中国民生银行济南分行的合作，书写银企融合发展、共赢发展的新篇章，以高质量银企命运共同体建设新成效谱写美好未来。

黄绍辉介绍了中国民生银行济南分行的基本情况，希望进一步提升与山钢集团的合作层级，大力深化合作领域，携手同行，共创美好未来。

签约仪式上，王鸿飞与中国民生银行济南分行党委委员、副行长马涛代表双方签署协议。

（撰稿：王天宁　李建辉
审稿：张兰润）

山钢集团应邀参加山西焦煤战略客户合作峰会

2022年8月5日，山钢集团应邀参加在太原召开的2022年山西焦煤战略客户合作峰会。山钢集团党委书记、董事长侯军，副总经理王向东出席，侯军作为客户代表发言。

山西焦煤战略客户合作峰会以“携手同行 共生共赢”为主题，参会企业围绕创新合作，构建更加紧密的“煤钢焦”产业链供应链命运共同体进行了交流。

侯军在发言中表示，面对百年变局和世纪疫情交织影响，上下游企业建立新型战略伙伴关系将成为应对风险挑战、赢得未来竞争的重要举措。山钢集团将秉承“共创、共进、共赢”的核心价值观，持续深化“构建生态圈、打造新标杆”发展方略，以更开阔的视野、更包容的胸怀，与山西焦煤集团等战略合作伙伴携手并肩，共建安全高效产业生态圈，为经济社会高质量发展作出新的更大贡献，以优异成绩迎接党的二十大胜利召开。

8月5日下午，侯军与山西焦煤集团公司党委书记、董事长赵建泽座谈交流，就在“共生、共创、共赢”中合力打造“煤钢焦”产业链供应链高质量发展生态圈深入交换了意见。

（撰稿：李波涛　张庆祥　成耀华
审稿：张兰润）

山钢集团与中国银行山东省分行签署党建共建、廉洁伙伴暨战略合作协议

2022年8月23日，山钢集团与中国银行山东省分行签署党建共建、廉洁伙伴暨战略合作协议。山钢集团党委书记、董事长侯军，中国银行山东省分行党委书记、行长徐效强出席签约仪式。山钢集团党委副书记、总经理陶登奎，党委副书记、董事苏斌，党委常委、纪委书记赵文友，党委常委、总审计师王鸿飞出席。

签约仪式上，侯军与徐效强共同见证签约。陶登奎主持签约仪式，苏斌、赵文友、王鸿飞代表山钢集团分别签约。根据协议内容，双方将以“党建共建”为抓手，不断扩大合作范围，加强创新、深化合作，为双方党建工作注入新的活力。同时双方将在公司金融服务、个人金融服务、投资银行等领域深化合作。

座谈中，侯军介绍了山钢集团近年来的改革发展运营情况。他表示，山钢集团与中国银行山东省分行有着多年良好的合作基础，本次合作协议的签署，开启了银企双方进一步深化合作、协同共赢的新篇章。希望双方以本次签约为契机，在党建联学共建、深化银企合作等方面不断深化交流，积极探索拓展合作领域，创新合作模式，共同开创银企融合共赢发展新路径。

徐效强在致辞中感谢山钢集团对中国银行山东省分行的认可和支持。他表示，与山钢集团开展全面战略合作，符合双方发展需求。中国银行山东省分行将持续发挥综合化、全球化优势，助力山钢集团高质量发展。希望双方以此次签约为契机，建立深入、全面的银企合作模式，充分发挥各自优势，拓展合作领域，丰富合作形式，共同服务省内经济社会发展。

（撰稿：李　森　李建辉
审稿：张兰润）

山钢股份与山推股份签署战略合作协议

2022年5月25日，山钢股份与山推股份战略合作签字仪式暨莱芜分公司与山推履带底盘分公司共建工程机械用钢研发与应用研究所成立仪式在山推股份举行。山钢集团公司副总经理，山钢股份党委书记、董事长，莱芜分公司党委书记王向东与山推股份党委书记、总经理张民共同为工程机械用钢研发与应用研究所揭牌，并进行战略协议书签约。营销总公司党委书记、总经理郭伟达，莱芜分公司副总经理程鼎，党委委员、党委办公室/公司办公室主任景凯出席签约仪式。

王向东在致辞中说，下一步，山钢股份将着力深化以客户为引领、人才为支撑、产销研高效协同的“五位一体”商业模式创新，着力构建QCDVS用户定制化服务体系，突出强化与山推股份等龙头企业的全面战略合作，努力提供更高品质的产品和更加细致的服务，坚定不移做大朋友圈、做优创新圈、做强生态圈，携手开创高质量发展的美好未来，共同为新时代现代化强省建设作出新的更大贡献。

张民说，近年来，山钢股份与山推股份保持密切的合作关系，双方持续推进研发协同，加快实现技术开发项目的落地，希望双方进一步深化战略合作，共同推进人才、技术、设备、信息等资源深度共享，携手开启高质量发展新篇章。

（撰稿：袁伟祎　王子寒
审稿：张兰润）

山钢股份与宝武资源签署战略合作框架协议

2022年11月4日，山钢股份与宝武资源有限公司战略合作框架协议签约仪式在上海举行。山钢集团副总经理，山钢股份党委书记、董事长王向东，宝武资源有限公司党委书记、董事长施兵，宝武资源有限公司党委常委、高级副总裁朱学滨及有关人员出席签约仪式。

王向东在致辞中介绍了山钢股份基本情况及生产经营建设情况。他说，山钢股份拥有从焦化、原料、烧结、球团、炼铁、炼钢到轧钢完整的生产工艺系统，整体装备水平较高，特别是新建成的莱芜基地新旧动能转换区域和日照基地，整体工艺装备达到国内先进水平，产品涵盖高端装备、海洋工程、轨道交通、白色家电、石化装备、工程机械六大系列，是全国著名的宽厚板、板带、H型钢、优特钢和高端建筑用钢生产基地，目前正向着打造北方最具竞争力钢铁强企的战略目标阔步前进。

王向东表示，山钢股份前期与宝武资源有限公司在原燃料方面有着非常好的合作，具有非常充分、极为广阔的合作空间，具有高度的产业链契合点和利益共赢面。实施全面战略合作，有利于资源和渠道优势整合发挥，协同提高各自领域的风险防控与核心竞争力。希望双方以本次签约仪式为新起点，全面深化协同发展，深入开展品种购销及产业链延伸相关业务合作，协同拓展整合国内外重点领域产品与市场，携手共建共生共赢的钢铁生态圈。

施兵介绍了宝武资源有限公司基本情况。他说，宝武资源有限公司是中国宝武旗下矿产资源供应链公司，致力于为钢铁业打造可靠、高效、绿色资源供应链，近年来已经成为世界一流的矿产资源供应商。山钢股份发展前景广阔，是宝武资源有限公司重要战略用户，希望双方以本次战略合作协议签署为契机，强化全方位、全系统、全品种的合作交流，培育山钢采购资源优势与核心竞争力；强化供需两端资源整合，加大严峻形势下的渠道互动协同，更大限度助力满足山钢采购渠道资源开拓，服务山钢原燃料需求；强化原燃料库存管控协同，有效降低库存风险并合理创造库存资源的最大价值；深化高层互访与信息沟通机制，提升合作层级，抢抓市场先机，实现高质量发展。

签约仪式前，双方还就原燃料延伸加工合作、市场信息共享机制建立等方面进行了深入交流。

（撰稿：刘　芳　王玉军
审稿：张兰润）

山钢年鉴 2023

特载
专论专文
大事记
概况
机构与人事
战略合作与交流
☆ 专业管理
党群工作
山钢股份
权属单位
统计资料
荣誉
附录

山钢集团
SD STEEL

专业管理

山钢集团
SD STEEL

山钢文化

核心理念

山钢愿景：

打造具有国际竞争力的钢铁强企

行政事务管理

【综述】 集团公司办公室与党委办公室、人民武装部、保卫部合署办公，主要职能为：负责集团公司党委会、经理层日常事务；组织安排集团公司重大活动、会议，督促检查重要工作部署贯彻落实，及时向上级报告山钢集团有关重要情况；综合调研、重要文稿的起草和审核，信息上报；信访维稳、机要、保密、文电、印信、外事、接待和行政后勤事务管理；公文审批流转和拟发公文审核，档案管理、史志编纂，集团公司及权属公司加入学会、协会等管理；人民武装、治安保卫、消防安全、反恐防暴、人民防线建设等工作。截至2022年底，共有职工16人。其中，高级工程师4人，高级经济师1人，高级政工师2人，副研究馆员1人，工程师1人，经济师2人，政工师1人，记者1人，助理经济师1人，高级技师1人；研究生5人，大学本科10人，技校1人。

【文秘工作】 聚焦集团党委和集团公司中心工作，持续提升文字材料质量，做到常规材料上规范、一般材料有亮点、重要材料出精品。参与完成重要会议和重要工作的文字材料有：省工业运行指挥部第二十二次调度会议、全省重点工业企业发展座谈会、省属企业保增长做贡献专题视频会议、先进材料产业链“链长”专题会议、驻济省属企业座谈会、与中泰证券战略合作签约暨“1+*N*”综合金融服务启动仪式、第二届“安德湖论坛”等发言交流材料；年度、季度工作会议，党的二十大维稳安保工作部署会议、疫情防控工作视频会议、党史学习教育总结会议、稳定经济运行工作专题会等集团公司内部会议领导讲话。做好党委常委会、总经理办公会议、周例会的记录和纪要等。全年编发《每日摘要》251期。

【信息工作】 聚焦改革发展中心任务，推动信息工作再上新台阶，在钢铁行业和省国资国企系统树立了良好形象。全年报省国资委信息184篇，被省委办公厅采用信息12篇、得分145分，被省政府办公厅采用信息45篇、得分475分，被采用信息数量、信息得分等指标均排在省属企业前列。全年报中国钢铁工业协会信息163篇，在协会网站刊登71篇。山钢集团和山钢股份分别被中国钢铁工业协会授予“2022年度信息工作先进单位”称号，14人被授予“2021年度优秀钢铁信息员”称号。集团公司办公室被省国资委评为“2022年度省属国资国企系统信息工作表现突出集体”，1人被评为“表现突出个人”。

【公文印信管理】 严格执行集团公司党委和集团公司《公文处理办法》，认真做好日常公文处理工作，内、外部收文管理工作中，充分发挥办公自动化系统功能作用，强调“快、准”，提高公文运转效率和质量，强化领导阅批后的督促落实。2022年接收处理内、外部文件2500余份。扎实做好集团公司发文的办理、管理、归档等工作，明确公文起草、审核、校对、签发各环节责任，提高公文内容质量和制发水平，跟踪流转过程，及时催办。落实集团公司党委持续解决形式主义问题的意见，按照2022年度山钢集团发文数量比上年压减不低于20%，继续实施文件计划管理，定期对公文处理情况进行通报。2022年总部各部门根据工作需求压实责任，收发文限时办结完成率达到100%，收文驳回率0%，发文驳回率0.1%。发文数量较2021年同比缩减25%。认真做好集团公司用印管理工作，持续做好部分印章使用网上审批管理，严格审批流程，落实工作责任，强化风险防控，保证用印材料与决策通过的材料真实意思表达一致，切实维护集团公司利益。围绕新冠疫情形势任务需要，推动OA系统移动办公总部部门全覆盖，为集团公司疫情防控和生产经营两不误在公文运转、信息沟通方面提供支撑。疫情封控期间履职尽责，充分发挥OA系统功能作用，确保集团公司政令畅通。督促集团公司门户网站信息发布工作，组织山信软件公司做好集团公司外网网站维护，每月通报网站信息发布情况，确保集团公司外网网站信息发布及时。

【会务接待】 精心做好会务组织管理工作，完成集团公司2022年度工作会议、山钢集团与中国银行山东省分行战略合作协议签署仪式、党的二十大宣讲报告会、集团公司党委理论学习中心组集体学习会议、集团公司党委常委会、总经理办公会、董事会等226个集团公司及集团公司总部各部门组织的各项会议（包括视频会议）的会务组织管理工作（不含直属机构、部门内部会议）；办公楼会议室使用3428次，为集团日常会议活动、研讨活动提供保障服务；积极协调、热情接待来访和业务交流的来宾，办公室为主接待42次，来宾290人次。每周编制集团领导会议活动计划，协调领导会议活动工作，减少工作安排重叠，提高工作效率。

【行政事务】 根据山钢大厦测绘报告及双方签署的相关合同，完成集团办公楼房产证补充合同签署，房产网签、房产证办理及付款等手续。完成集团总部办公楼会议系统维护保养单一来源采购、办公楼视频监控进行升级改造、416会议室背景墙改造等。与济南市公安局雪亮工程进行联网对接。针对办公楼高区3号、5号及低区6号、7号、8号等5部电梯曳引轮钢丝绳出现生锈、磨损严重等问题，组织编写招标文件、招标公告及竞争性磋商，完成更换5部电梯曳引轮钢丝绳工作。组织办公楼空调维保系统竞争性磋商采购，根据采购文件、供应商报价及磋商程序进行了详细评审和多轮次磋商，供应商最终报价为：三年空调维修（包括备件）、维保包干费共计91.5万元，费用同比降低10.9%。组织开展集团公司违规发放津贴补贴专项整治，对省国资委专项督导查出的3项问题组织有关部门进行整改。组织实施第四季度降本增效措施，根据办公室职责，从办公楼节能降耗、办公用房调整、职工食堂管理费用、办公费用压减等方面深挖降本潜力，为集团公司打赢生存保卫战贡献力量。完成办公楼负二层生活水箱漏水焊补处理、职工餐厅厨房烟道清洗、办公楼前地砖破损维修、二层损坏的防火卷帘更换等。组织集团总部公务用车竞争性磋商，完成办公用车招标采购工作。与中垠地产协商办公用房退租事宜，收回中垠违约金160余万元，并完成物品清缴工作。全年集团总部办公用房出租收入共计2294万元，比2021年增长5.2%。组织开展集团公司2022年职工健康查体工作。规范和加强政务平台转办事项办理，及时解决职工群众反映的问题，全年共办理政务热线12起。

【安保应急】 1月27日，组织总部办公楼综合检查，印发《关于做好春节期间总部办公楼安全消防、治安保卫工作的通知》。2月9日，济南市公安局经文保支队开展重点要害部位检查并调研北京冬奥会和全国两会期间社会稳定风险排查治理工作。5月24日，组织驻总部办公楼各单位、总部各部门及各直属机构签订《消防安全责任协议书》和《消防安全责任书》。6月16日，结合“安全生产月”活动实际，组织驻总部办公楼各单位、各直属机构及总部各部门全体人员应急疏散演练。7月15日，济南市公安局经文保支队开展关于党的二十大前期不稳定因素调研，查看部分重点要害部位。9月20日，组织总部办公楼安全消防、治安保卫综合检查，共查处3类16项问题，督促整改，印发《关于做好国庆节期间总部办公楼安全消防、治安保卫工作的通知》。10月19日，济南市公安局经文保支队调研党的二十大安保维稳工作落实情况，并到重点要害部位检查指导，强调重要信息报送及疫情防控工作。对办公楼高低压配电室气体灭火系统中七氟丙烷气瓶进行检测，新购灭火器666具，维修216具。开展办公楼电气设施检测、消防设施检查和消防设施评估，查出问题24项（其中电气问题5项、建筑防火6项、消防设施13项），全部完成整改。制定并实施办公楼疫情风控实施方案，汇总留守人员名单，组织封控期间核酸检测，扎实做好集团总部办公楼疫情常态化防控工作。

【人民武装】 11月18日，根据济南市警备区通知要求填报专武干部基础信息统计表。

【史志年鉴】 完成《山钢年鉴》（2022）编辑出版工作。本卷设“特载”“大事记”“专业管理”“党群工作”等13个栏目，真实记载集团公司2021年度重大事件、重要工作以及重大活动等，全面展现了山钢集团深入贯彻落实中共山东省委、省政府决策部署，持续深化改革，加快转型发展，坚定不移打造世界一流企业，着力锻造绿色、智慧、可持续发展比较优势，立足新发展阶段，贯彻新发展理念，融入新发展格局，加快谋划“强”起来，不断推动企业高质量发的新征程，以及努力实现转型升级走在全国国企前列、综合竞争力走在国内钢铁强企前列、深化改革走在省属企业前列、信息化建设水平走在国内钢铁行业前列，全力打造一个“注入改革基因、充盈市场元素、拥有创新特质、饱含人文情怀”的魅力山钢的新成就。本卷由冶金工业出版社出版发行，共计77万多字。加强读鉴用鉴工作，深入挖掘志鉴信息资料，为集团公司生产经营、改革创新服务。及时将年鉴发放到集团公司各单位、各直属机构和总部各部门，并与同行业和上下游战略合作伙伴加强年鉴交流，扩大赠阅范围。按时完成《中国钢铁工业年鉴》《山东档案年鉴》的供稿任务。

（撰稿：孙亚宁　张海明　孙　波
魏　东　宋玉前　张　序　刘孝存
审稿：李学玉）

公司治理

【综述】 董事会办公室与公司治理部合署办公，主要职能为：负责集团公司董事会日常事务；拟订集团公司章程、董事会议事规则，制定二级公司章程；集团公司派出的非执行董事、监事履职管理及日常管理；集团公司管控体系构建，设计二级公司管控模式；集团公司治理体系优化和提升，拟订二级公司法人治理结构构成，检查指导二级公司治理体系的运行；山钢集团组织架构、集团公司组织机构设置与职责管理，二级公司管理和业务部门设置审批管理；组织拟订集团公司管控权限清单，并持续优化调整；组织拟订集团公司管理流程及制度体系；研究、提出集团公司和适用于权属公司的体制机制改革思路，并牵头组织方案设计及落实；牵头拟订山钢集团内部职能业务整合方案等。截至2022年底，共有职工4人。其中，高级经济师4人；研究生2人，大学本科2人。

【董事会运行支撑服务】 强化董事会信息提报、董事会会前沟通、议案审核、会议组织或书面审议协调等相关工作，全流程提高董事会运行日常工作效率和质量。全年共提报董事会信息11期，组织董事会会前沟通会5次，董事会现场会议6次，董事会审议议案86项。落实“情况报告、规范性审查、通报考核”三步法监督机制，定期调度报告董事会决议执行情况，推动董事会决议落地执行。协调推动董事会专门委员会规范运行，为董事会决策提供有效专业支撑。

【治理体系建设】 持续督导推进“1+6”治理管控体系执行。开展董事会授权事项合规性自查工作，对不符合省国资委现行管理要求的部分事项提出调整意见，印发《山东钢铁集团有限公司董事会关于暂停执行〈山东钢铁集团有限公司董事会授权事项〉部分条款的通知》。按年度动态优化调整董事会授权，印发《山东钢铁集团有限公司董事会关于延长〈山东钢铁集团有限公司董事会授权事项〉执行期的通知》，定期做好授权对象决策、执行情况报告及规范性审核，确保董事会授权“接的住”“接的好”。按照集团公司统一部署，组织调整原莱钢集团主辅分离辅业改制公司治理管控模式，完成永锋钢铁、莱钢矿建、鲁碧建材、金鼎实业、莱钢物流、蓝天商旅、泰东实业、莱芜矿业、鲁南矿业等9家公司退出莱芜钢铁集团（法人联合体）工作，改为权益法核算；完成永锋钢铁、莱钢矿建、鲁碧建材、金鼎实业、莱钢物流、蓝天商旅、泰东实业等7家公司章程修订工作；烟台钢管仍保留莱芜钢铁集团（法人联合体）成员资格，由山钢集团继续并表。落实集团公司《制度管理办法》，加强制度审核，推动制度体系建设。强化章程在公司治理中的基础作用，修订11户所出资企业公司章程，同步对相关单位董事会、监事会组成进行调整，健全完善法人治理结构。

【规范公司运行】 推动各级权属公司全面建立完善党组织、董事会、总经理议事清单和议事规则，形成权责对等、运转协调、有效制衡的决策执行监督机制。董事会应建尽建、外部董事占多数全面实现，落实“自查报告、规范性审查、通报考核”工作机制，定期调度二级公司董事会建设和运行情况，坚持目标导向和问题导向，推进二级公司董事会规范化建设和运行。

【规范股东行权】 健全集团公司依法依章程履行多股东企业股东权利的工作机制，受理多股东公司股东（大）会通知、派出董事征求表决意见报告，有效衔接公司内部决策及股东会表决、派出董事表决各环节工作，依法依章程通过参加股东（大）会表决、指导派出董事表决，有效加强对所出资企业规范治理管控。共受理多股东企业股东会通知23次、涉及议题47项。

【推进深化改革】 认真贯彻落实国家、省国企改革三年行动方案要求，落实“领导小组全面领导、深改办综合督导协调、专业部门分项督导推动、二级公司主责推动落实”工作机制，按月采集国企改革重点量化指标，定期评估进展情况，强化督导检查、绩效考核，聚焦短板弱项，不断压实改革责任、增强改革动能，推动《山东钢铁集团有限公司深化改革三年行动实施方案（2020—2022）》顺利收官。扎实有序推动与中国宝武重组工作。

【外派董监事履职管理】 加强外派董监事履职管理。做好外派董监事日常工作沟通、履职报告、履职考核评价及日常管理服务等各项工作。截至2022年底，共有专职外派董事2人、外派监事7人。

【信息公开】 认真贯彻落实国企信息公开、打造阳光国企工作要求，按照《关于加强企业信息公开工作的通知》要求，推动权属各级公司信息公开全覆盖并规范运行。按季度、半年、年度适时做好集团公司信息公开工作。

（撰稿：刘　晨　刘　宁　于　奇
审稿：陈茂文）

战略发展管理

【综述】 战略发展部/国际事业部是集团公司战略发展管理的职能部门，主要职能为：集团公司战略规划的研究、拟订与管理，组织指导集团公司相关部门编制山钢集团各专项规划；集团公司转型发展及权属公司产业发展方向定位，二级公司发展规划的指导、管理及执行监督；经济发展、产业政策、核心竞争力等重大课题研究立项；产业结构、产业链研究，推动山钢集团内产业整合、产业结构调整升级，产业协同发展规划；山钢集团品牌规划、建设和管理；集团公司境外产业和业务战略研究、规划及信息搜集和分析；集团公司董事会战略与预算委员会的日常事务；职责范围内的规章制度制定、落实情况的考核监督工作。截至2022年底，共有职工6人。其中，工程技术应用研究员1人，高级工程师3人，高级经济师1人，工程师1人；研究生2人，大学本科4人。

【战略规划】 多情景编制钢铁制造业中长期战略规划，组织编制多方案日照基地二期规划和二期一步工程项目可研，参与谋划日照基地和莱芜基地建设方案统筹，并取得重大决策性成果。配合完成产业园区规划初稿，初步确立产业园区业的发展定位、目标。

【产业管理】 集团公司作为山东省钢铁产业链“链主”企业，战略发展部负责组织先进钢铁材料产业链“链长制”工作推进工作。全面完成多元产业BS项目与宝武钢铁服务业管理对接，协同项目顺利推进。根据BS项目的总体工作部署，形成集团公司各多元产业与宝武对应产业公司的对接方案并推进实施。2022年集团公司7家单位（山钢国贸、山钢金控、山东耐材、山钢矿业、莱钢集团、山钢地产、山信软件）与宝武7家平台公司（宝武新材料产业发展中心、宝武原料、宝钢资源、欧冶云商、华宝投资、宝地资产、宝信软件）陆续完成对接，对接率达100%，并形成了8个具体协同项目，已完成3个，其他5个项目均取得明显进展，计划长期推进。按照山东省国资委的统一部署，作为国企改革三年行动任务之一，持续推进集团公司非主业资产清理整合工作。截至2022年3月底，集团公司提前完成17户非主业企业退出任务。组织开展“两非”（非主业、非优势）产业（业务）处置专项工作，先后制定了判定标准、实施方案、分类及处置清单，全年完成“两非”产业（业务）退出24户。

【母公司经济研究类课题管理】 山钢研究院负责的经济与战略研究业务继续由集团公司战略发展部和山东钢铁股份有限公司共同管理。战略发展部按照管理职责，对2021年度的《山钢集团创建高科技企业研究》等8项集团公司经济研究成果进行了表彰奖励。2022年对山钢研究院2项课题进行了立项、1项课题进行了调整、2项课题进行了终止。对山钢研究院提交结题申请的《山钢集团矿业板块经济增长点的研究》等6个课题，依据《山东钢铁集团有限公司母公司经济研究类课题结题验收标准》（战略字〔2018〕13号），组织了结题验收。组织召开2022年集团公司经济研究成果奖终评会议，对参评的11项成果进行了现场答辩评审。经评审，最终《山钢集团钢铁制造业中长期目标市场研究》等8项研究成果纳入奖励建议名单，并对终评结果进行公示。

【品牌创建管理】 山钢集团在2022年中国品牌价值评选中荣获中国冶金组品牌价值排名第一位；山钢股份荣获产品价值排名第四位。

【国际化经营管理】 组织开展境外国有资产监管和境外腐败治理，树牢海外业务经营“红线”，制定下发《境外国有资产监管和境外腐败治理工作要点》，对集团内4家有关权属单位开展5项专项整治和排查，排查具体到17位境外员工的每一人，进一步梳理了境外资产状况，对境外企业和员工进行专项排查，对境外违规操作等行为起到了警示教育作用。加强海外资产监管，完善海外利益安全管控体系，根据山东省国资委关于省属企业境外国有资产监管、海外利益安全监管等相关文件要求，定期调度涉外单位的境外国有资产情况，对相关情况进行翔实的统计。编制完成了《涉海外利益安全工作协调机制及应急处置预案（征求意见稿）》，并按要求组织开展了海外经营专项整治排查工作等。

（撰稿：王　刚　审稿：邱现全）

财务管理

【综述】 财务部是山东钢铁集团有限公司财务管理的职能部门，主要职能为：负责山钢集团及权属公司会计政策、会计报表、会计科目标准制定与管理，山钢集团会计报表编制及财务分析，编制山钢集团年度全面预算方案及调整方案，二级公司年度预算方案备案，山钢集团担保管理，山钢集团及权属公司清产核资、资产减值核销管理，山钢集团财务管理及财务风险控制，监督指导权属公司财务风险控制，山钢集团整体税收管理，指导权属公司开展税收管理工作，山钢集团所持股企业利润分配管理，上交国有资本收益和留存收益使用管理，山钢集团及权属公司对外捐赠管理，山钢集团外派财务总监履职管理及日常管理，山钢集团总部、直属机构财务管理和会计核算，职责范围内的规章制度制定、落实情况考核监督工作，山钢集团财务信息披露工作等。截至2022年底，共有职工14人。其中，高级会计师6人，高级经济师2人，中级会计师2人。

【财务状况】 2022年，山钢集团累计实现营业总收入1826.68亿元，较上年度2665.19亿元减少838.51亿元，降幅为31.46%；利润总额4.63亿元，较上年度148.61亿元减少143.98亿元；实现净利润-2.47亿元，较上年度108.33亿元减少110.80亿元。年末资产总额1820.85亿元、负债总额1540.48亿元、所有者权益280.37亿元，降幅分别为30.40%、28.81%、38.01%。经营活动现金净流入229.01亿元，较上年度增加130.65亿元；投资活动现金净流入73.01亿元，较上年度增加190.63亿元；筹资活动现金净流出402.16亿元，较上年度减少400.31亿元。资产负债率84.60%，流动比率0.62，营业收入利润率-0.15%，总资产报酬率2.67%，应收账款周转率44.96次/年，存货周转率6.72次/年。

【会计工作】 按月及时完成山钢集团月度报表编制工作；组织完成2021年度财务决算工作，关注资产负债率等重点指标；加强山钢集团、山钢集团工会、机关工会会计核算与管理；按山东省国资委要求，完成山钢集团年度、半年报及季度的财务等重大信息公开工作；定期报送国家税务总局“千户集团信息采集”和山东省财政厅、省国资委、钢协月度快报；把财务基础核算纳入月度考核范畴，以内外部审计整改为契机，夯实会计基础核算工作。

【财务决算】 2022年财务决算涉及法人单位107家，管理级次达到5级。其中一级子公司14户，二级子公司62户，三级子公司22户，四级子公司8户。一级子公司分别为山东钢铁股份有限公司、莱芜钢铁集团有限公司、山东钢铁集团财务有限公司、山东钢铁集团国际贸易有限公司、山东钢铁集团矿业有限公司、山钢金融控股（深圳）有限公司、山东工业职业学院、山东钢铁集团淄博张钢有限公司、山东耐火材料集团有限公司、山东钢铁集团永锋淄博有限公司、山东冶金机械厂有限公司、淄博东方星城置业有限公司、莱芜钢铁集团银山型钢有限公司、山东钢铁集团房地产有限公司。

【预算管理】 预算编制始终以推动企业改革发展为核心，深入贯彻“深化改革，敢想善为”的编制理念，持续推进“全面对标，系统提升”工作，坚持目标导向、高目标引领，引导成员单位发挥极致思维，优化资源配置，提升资产使用效率，注重协同创效，细化实施路径，推进快赢项目落地。同时，认真谋划、部署预算年度各项工作，做好工作预算、管理预算、改革预算，推动各项改革任务落地实施。预算编制中，借重组契机，积极探索商业计划书编制模式，建立“以战略目标为引领，以跑赢大盘为目标，以 ROE 改善项目为路径，以预算数据为基础”的编制思路，把战略规划落实到商业计划书中，把商业计划书体现到年度预算中，按照长短期目标相结合的原则，推进营业收入利润率、资产负债率、有息负债规模、净资产收益率、营业现金比率、经济增加值、劳动生产率等核心指标显著改善。

【降杠杆工作】 坚持以“双降双提”总体方案为主线，以行业先进企业水平为标杆，认真学习先进企业在降杠杆工作方面的先进经验。通过建立资产负债率测算模型，密切关注各经营事项对资产负债率的影响，发现推高资产负债率的主要原因，对山钢集团年末资产负债率情况进行预计，合理安排各项工作，精准控制各事项对资产负债率的影响。在全集团范围内组织开展了专项工作，全面挖潜，提质增效，把握工作重点，稳步增加山钢集团净资产。截至 2022 年末，山钢集团同口径资产负债率较年初降低 1 个百分点以上，全面完成资产负债率相关目标。

【亏损企业治理】 2022 年，通过结合以前年度山钢集团亏损企业治理工作经验，进一步完善亏损企业治理方案和工作计划，全集团建立了亏损企业治理长效机制。在工作理念上，总部及各子公司高度重视，全面分析各亏损企业的现状和原因；在工作机制上，按照月度执行跟踪，季度专题会议的方式开展亏损企业治理工作，实现亏损企业治理工作常态化推进；在工作方法上，全集团达成四个明确共识，明确目标分解，明确责任主体，明确工作机制，明确评价机制。通过一企一策、一企一表，针对不同类型的亏损企业分类施策，多措并举。加大考核力度，完善问责机制，将亏损企业治理工作纳入《权属二级公司董事长责任制治理管控绩效考核办法》，使之成为重点量化考核指标。2022 年，山钢集团纳入国务院国资委、山东省国资委亏损企业治理范围的重点亏损子企业均完成各项下达任务目标。

【外派财务总监管理】 截至 2022 年末，财务部向莱钢集团、山钢金控、山东耐材 3 家成员单位委派财务总监。各外派财务总监严格按照《山东钢铁集团有限公司财务总监管理办法》规定，参加所在单位重要决策会议，对其中涉及财务问题的重大事项，发表专业意见，充分发挥财务总监职能，切实提高所在单位财务管理水平；同时严格执行工作报告制度，及时向财务总监管理办公室汇报近期及重要工作事项。

【担保管理工作】 2022 年，山钢集团以担保压减、风险防控为主线，强化担保管理工作。根据《山东省国资委关于进一步加强担保管理工作的通知》（鲁国资收益〔2021〕1号）文件精神，山钢集团按照“严控增量、处置存量、逐年压减、最终归零”的原则，制定2022~2024年担保压减计划，在保证资金链安全的情况下，严控新增担保，多渠道多策略压减担保额度，全年压减担保额度350余亿元，潜在风险大幅度压降，山钢集团抗风险能力进一步提升。

（撰稿：周林琳　审稿：李　强）

投资与资本运营管理

【综述】 投资与资本运营部是集团公司投资与资本运营管理的职能部门，主要职能为：负责山钢集团资本运营计划、投资计划制定，集团公司投资管理，权属公司投资审批管理；负责资产重组管理、改制管理、山钢集团产（股）权管理、固定资产管理、资产处置、资产评估备案管理等工作；负责资本运营项目的方案审核或拟订与组织实施、权益性融资方案拟订及组织实施等。截至2022年底，共有职工12人。其中，高级职称8人，中级职称3人；硕士及以上学历7人，大学本科5人。

【投资管理】 面对严峻复杂的内外部环境，山钢集团紧紧围绕贯彻落实习近平总书记在黄河流域生态保护和高质量发展座谈会上的重要讲话精神，聚焦中共山东省委提出的“六个一”发展思路、“六个更加注重”策略方法、“十二个着力”重点任务，结合“十四五”战略规划，紧盯主责主业，深化供给侧结构性改革，着力加快新旧动能转换，按照“做到极致、走向前列”工作总要求和“进中做优、主动应变”工作主基调，全面对标找差，提升比较优势，较好地完成了2022年投资计划执行任务。全年累计完成投资33.53亿元。其中，固定资产投资30.21亿元，股权投资3.31亿元；非主业投资4400万元，占比1.31%。

【法人压减和参股企业退出】 按照国务院国资委关于全面落实“国企改革三年行动计划”的工作部署，山东省国资委关于推动省属企业规范参股管理的通知等文件精神，山钢集团创新性开展了法人压减和参股企业退出工作。明确了山东钢铁集团有限公司七条法人压减标准和九条参股企业退出标准，制定了《山钢集团2022年—2024年法人压减工作计划》，形成了《山东钢铁集团有限公司法人压减和参股企业退出工作方案》，建立了“集团公司和权属二级公司两级工作专班、定期通报和督导、持续滚动推进”的工作机制，并有效推进。全年共计完成19户法人压减和6户参股企业退出，较好完成商业计划书任务目标。

【产权交易】 2022年，经集团公司审批并实施完成的产权转让项目主要有济钢新加坡有限公司100%股权协议转让、山东莱钢建筑设计有限公司股权和债权公开转让、山钢金控（深圳）融资租赁有限公司20%股权内部协议转让等3个项目。

【评估备案】 完成评估备案项目55个，资产评估值43.66亿元。评估项目类型以股权转让、设备与附属设施资产及房产等的资产处置为主，含有部分债权处置评估项目；重点项目涉及集团公司法人压减和参股企业退出专项工作相关的各权属单位股权转让，以及山钢股份新旧动能转换项目等资产调整处置项目。其中，山钢股份24项，莱钢20项，山钢金控4项，山钢地产3项，淄博张钢3项，永锋淄博1项。

【产权基础管理】 严格把关产权登记管理审核，报送至国资委审核72家，完成产权登记67户；每月对《山钢集团产权结构表》进行梳理、更新。截至2022年底，山钢集团各级子企业共181户。按照产权性质划分，全资67户，控股45户，实际控制6户，参股63户。

【企业上市管理】 组织推进集团公司增持山东钢铁股份有限公司（以下简称山东钢铁）股份工作，2022年6月2日，山钢集团董事会审议通过了《关于山东钢铁集团有限公司增持山东钢铁股份有限公司股份的决议》，山钢集团自6月6日至6月30日，通过上海证券交易所集中竞价方式累计增持山东钢铁A股股份307542700股。办理完成中泰证券股份有限公司股份协议转让工作，6月29日，中国证监会下发《关于核准中泰证券股份有限公司变更主要股东的批复》。7月28日，办理完成中泰证券股份协议转让中国证券登记结算有限责任公司过户登记，中国证券登记结算有限责任公司出具《过户登记确认书》。经山钢集团第110次总经理办公会以及山东钢铁股东大会审议通过，山东钢铁于12月20日调整回购专用证券账户股份用途，并注销股份247700062股，山东钢铁股本总数由10946549616股变更为10698849554股。

（撰稿：奚道鑫　审稿：王其成）

运营管理

【综述】 运营管理部是集团公司运营管理的职能部门，主要职能为：负责分解集团公司年度生产经营计划目标、拟订二级公司年度生产经营目标；负责二级公司年度生产经营计划执行情况监督，集团境内外产业运营过程监控、运营分析管理；负责集团公司产业协同管理，牵头组织集团内与产业运营相关的业务整合与调整；负责阳光采购管理及上级主管部门要求集团公司增加的与产业运营高度相关的综合管理；负责BS项目业务协同管理，牵头协调推进BS业务协同工作，开展业务协同项目周期管理、效益分析、过程服务；负责集团公司综合统计工作，产业运营数据和信息的收集、汇总、分析和对外报送；负责职责范围内的规章制度制定、落实情况的考核监督工作。截至2022年底，共有职工14人。其中，工程技术应用研究员1人，高级经济师3人，高级工程师3人，高级统计师2人，高级会计师1人，经济师2人，会计师1人，统计师1人；研究生4人，大学本科10人。

【2022年主要生产运营指标完成情况】 按照全年主要产品产量、技术经济指标等统计指标含参股单位口径，2022年，集团公司全年产生铁2566.17万吨，完成年计划的100.14%，同比减少92.82万吨，减幅3.49%。产粗钢2942.28万吨，完成年计划的104.04%，同比增加117.30万吨，增幅4.15%。产商品坯材2991.40万吨，完成年计划的100.75%，同比增加102.30万吨，增幅3.54%，其中，产成品钢材2924.44万吨，完成年计划的100.56%，同比增加68.01万吨，增幅2.38%；产商品坯66.95万吨，完成年计划的109.76%，同比增加34.29万吨，增幅105.00%。全年产铁精粉287.48万吨，完成年计划的93.04%，同比减少12.28万吨，减幅4.10%。全年高炉入炉焦比334.17千克/吨，比上年升高5.43千克/吨，高炉喷煤比164.90千克/吨，比上年提高2.76千克/吨；转炉钢铁料消耗1064.93千克/吨，比上年降低1.60千克/吨；钢材综合成材率98.40%，比上年提高0.36个百分点；吨钢综合能耗525.48千克标准煤/吨，比上年降低37.06千克标准煤/吨，吨钢可比能

耗460.27千克标准煤/吨，比上年降低41.77千克标准煤/吨。

【月度生产运营分析评价】 聚焦集团公司效益效率效能提升，持续完善月度生产运营评价分析体系，进一步优化升级产业板块业务经营、资金管理、行业对标、重点工作推进等分析板块内容，重点关注产业板块品种效益测算模型和库存占用预警调度机制的建设及运行情况，定期发布月度运营分析报告，督导各单位动态关注市场变化，精准监测钢材及原燃料价格指数变动，科学把握采购和生产节奏，按照效益最大化原则配置运营要素资源，全面提升运营效率和效益。

【推进极致生产创效】 聚焦极致运行效率，系统优化生产运营组织，强化生产经营目标层层分解落实，建立周、旬、月度生产督导机制，及时跟踪、调度生产运行情况，强化过程督导，统筹协调，确保提质增效目标实现。二季度，聚焦主要产品产量提升和产成品库存压降，建立了关键产品生产调度日报制度，动态监督、引导主要生产单位进一步优化生产组织，激发资源效率和潜能。8月起建立了主要产业板块产品产销存旬调度工作机制，对股份公司、山钢矿业、山东耐材的主要产品、主要产线实行产销存旬动态监控，督导二级单位科学调整生产组织形式，做到快进快出、快产快销，大力压缩各类库存占用，严控库存上升，规避资产减值损失风险，打好“稳生产、保供给，控成本、防风险，提质量、稳效益”的组合拳。全年山钢股份实际产钢2023.35万吨，超年计划50.35万吨，年计划完成率102.55%，比上年增加2.56%。全年粗钢产能利用率达到了94.55%，比一季度升高11个百分点，比上半年升高3个百分点，其中四季度产能利用率达到了105.6%，比一季度升高22个百分点，比上半年升高14个百分点。

【“对标找差、创建一流”行动】 一是强化管理制度体系支撑。迭代升级对标管理体系、指标体系、评价考核体系，通过重定目标、优化对象、拓展内容、细化考核，形成全面覆盖、流程高效、责权清晰、运作高效的管理制度体系，为持续对标提升提供强力保障。二是突破盲点，紧抓核心，精准对标。进一步细化全层级覆盖对标，钢铁及制造类细化到工序产线，平台及服务类细化到最末级子分公司，重点突出“吨钢利润、人均创效及归母净利润”指标提升，点面结合，协同推进。三是坚持统筹谋划、督导调度、通报评价一体推进。按月通报各单位指标完成情况，展示工作成效，深度查找、及时总结推进亮点，激发创新活力，提出针对性督导要求加速追赶潜力。2022年度目标整体推进完成良好，集团总体监控指标纵向进步率82.76%，横向达标率72.07%。

【运营协同管理】 强化内部市场产业协同督导，“内联式”协同量效再创新高，集团公司各权属公司面对疫情、市场双重压力，供需双方积极协同联动，全年实现协同金额34.59亿元，协同度不断提升。截至2022年底，集团公司统筹内外部资源，先后启动两批共64个BS业务协同项目，按照《宝武-山钢协同效益计算及跟踪规则初步方案》测算，各项目已累计实现效益23.15亿元。其中，2022年全年实现效益20.95亿元，超额完成年度计划目标16.4个百分点。

【阳光采购管理】 完成阳光购销信息管理平台接口升级，实现了省国资委线上对集团公司采购公告、结果信息监管的实时全覆盖。2022年，集团公司各类采购共计913.16亿元，采购成本降低率3.68%。其中，采购信息上线率100%，比2019年增加18.91个百分点；直购比94.59%，增加5.7个百分点；销售信息上线率98.3%，增加86.34个百分点；直销比72.4%，增加8.65个百分点；中间商占比6.59%，降低9.41个百分点，均明显好于同期水平。

【助企纾困政策落实】 深入贯彻落实省委、省政府2022年“稳中求进”高质量发展政策清单，夯实惠企政策落实常态化工作调度机制，积极跟踪调度各类政策落地情况，有效利用各类业务扶持、财政税务、社保类优惠政策，确保各类政策红利全面落袋。全年有效利用各类业务扶持、财政税务、社保类政策累计获得优惠31.58亿元。

（撰稿：胡　玉　罗　剑　马丽萍
审稿：孙日东）

信息化管理

【综述】 信息化管理办公室与运营管理部合署办公，是集团公司信息化管理的职能部门。主要职能为：负责集团公司信息化规划、年度计划制定和推进，全集团信息化一体化管理；网络安全管理；软件正版化管理；负责职责范围内的规章制度制定、落实情况的考核监督工作。

【制度建设】 优化提升山钢集团信息化管理体系，完成山钢集团《信息系统账户安全管理办法》《软件正版化管理办法》《网络安全管理办法》《总部办公楼无线网络安全管理暂行规定》《通用信息化终端设备管理办法》等5项制度文件的制定工作，建设了较为全面的制度管理体系。

【网络安全管理】 以全面提升集团公司整体网络安全水平为目标，健全网络安全监测预警机制，不断提升网络安全防护和预警能力。按月对全集团互联网网站和重要信息系统进行安全技术监测，及时消除互联网系统各类安全隐患。针对2022年度重大社会事件，积极落实上级工作部署，及时组织网络安全实战攻防演习，开展专项整治攻坚行动。在省属企业网络安全实战攻防演习中名列前茅，实现全年网络安全零事故。

【软件正版化】 统筹推进山钢集团软件正版工作，在实现了全集团统一的办公软件国产化和正版化“双升级”基础上，2022年集中采购腾讯iOA终端安全软件，完成办公终端杀毒软件的统一建设。在2022年迎接国家部际联席会议检查组山东省软件正版化核查工作中，山钢集团承办了省委宣传部组织的迎接国家软件正版化核查现场推进会，作为先进单位在会议上做了经验交流，并通过了国家部际联席会议现场核查。

【总部信息化平台建设】 为满足合规性要求，适应未来网络发展，组织完成集团公司门户网站IPv6改造项目；根据集团公司数据中心异地灾备、网络安全等发展需求，完成了总部数据中心核心网络等基础设施升级改造、总部数据中心主机安全加固改造；为保障疫情异地办公、便捷网络接入，完成了总部安全云桌面平台升级、办公楼互联网无线安全接入等信息化建设项目，有效提高了集团公司办公效率和保障能力。

【“数智山钢”建设】 全面推进智慧制造测评体系建设。积极推进云计算、大数据、物联网、5G等新一代信息技术与钢铁工业技术深度融合，按照“云-边-端”数智化架构体系，全面推进“端部”建设，无人化/少人化项目广泛落地，机器人应用数量达到117台套，首次实现“百台套”量级突破；积极开展“边侧”建设，山钢股份莱芜基地炼钢集控中心，日照基地供电煤气集控中心等项目竣工投用；稳步推进“云端”基础建设，山钢集团云桌面平台等IT基础设施建成投用，为“数智山钢”换版升级夯实基础。加速数字化创新应用，山钢股份《5G智能原料场项目》斩获工业和信息化部第五届“绽放杯”5G应用大赛国家级一等奖（能源赛道全国一等奖）。山信软件“安全管控大数据平台解决方案”“工业企业产线工序生产大数据分析平台应用”等多项成果获评省级大数据创新应用优秀解决方案。截至2022年底，山钢集团钢铁产业智慧制造“四个一律”指数提升率达到12.01%，数智赋能作用初步展现。

（撰稿：郭全生　审稿：孙日东）

绩效管理

【综述】 运营管理部/信息化办公室负责集团公司绩效管理，主要职能为：负责权属二级公司组织绩效考核方案的制定及组织实施；负责集团公司管理的权属二级公司领导人绩效考核方案的制定及组织实施。负责集团公司组织的权属二级公司经理层契约化考核方案的指导、备案；负责省属企业负责人经营绩效考核工作的政策研究及业务对接。

【组织绩效管理】 贯彻落实上级工资总额管理要求和精神，不断完善市场化工资总额管理机制，坚持工资效益联动，做到工资总额随效益同向浮动、能增能减，“工资是挣出来的”的理念成为山钢集团的普遍共识和价值遵循。强化工资总额过程管控，引导各单位通过不断提升劳动效率保持职工收入相对稳定。加强工资水平调控，对“未实现国有资产保值增值”和“亏损企业实现减亏”两种情况下的企业工资总额强化管控措施。推进分类核算、分类考核，针对山钢地产功能定位及业务性质的变化，按照平台运营和存量资产压减两个模块实施分类核算、评价，增强考核体系的适应性和针对性。围绕集团公司确定的决战四季度基础目标和奋斗目标，印发决战四季度目标任务书，建立强激励硬约束机制，保障四季度及全年目标任务落实落地。

【负责人绩效管理】 省属企业负责人考核方面，深入贯彻省委、省政府和省国资委各项部署，对照《2022年度省管企业高质量发展绩效考核方案》（鲁委考办发〔2022〕9号）和《省管企业高质量发展绩效考核指标标准（2022年版）》的规定，全面分解落实高质量发展各项考核目标，定期调度进度完成情况，积极争取上级政策支持，在省属企业2021年度绩效考核中，山钢集团业绩考核实现了历史性突破，综合业绩考核在省属企业中名列第7位，考核等级实现了由B级到A级的跃升。权属企业负责人考核方面，严格执行《权属二级公司董事长责任制考核办法》《权属二级公司领导人员年度考核薪酬管理办法》《权属二级公司契约化方案指导意见》等考核制度，突出主责净资产规模和净资产收益率在效益贡献考核中的核心作用，经营责任、管理责任与风险防控并重，2021年度考核薪酬增幅最高的达到24.1%、最低的降低16.5%，平均增幅低于全体职工收入增幅，薪酬极差达到1.8倍，薪酬差异充分挂钩市场化标准和各单位业绩贡献。

【经理层契约化管理】 严格贯彻落实省国资委关于经理层契约化和职业经理人《两项规范》制度，深入推行经理层契约化管理，稳步实施职业经理人制度，践行契约精神，坚持“业绩与薪酬双对标”，实行高目标引领、市场化业绩、市场化薪酬，指标完成高低直接与薪酬挂钩，刚性考核、刚性兑付，业绩不达标否决全部绩效薪酬，实现责权利有机统一。全面推行经理层任期制和契约化管理，在集团公司层面及各级权属子公司实现全覆盖（100%），权属二级公司契约化经理层成员年度薪酬极差达到了3.46倍，各级契约化人员采取末位调整和不胜任退出机制，实现责任、利益、风险高度捆绑。

（撰稿：朱碧桃　审稿：孙日东）

人力资源管理

【综述】 人力资源部与党委组织部、机关党委合署办公，是集团公司人力资源管理的职能部门，主要职能为：编制、实施集团公司人力资源发展规划，人力资源配置，劳动合同管理、劳动争议处理和劳动保障年检，专业技术职务评聘，集团人才发展和高层次人才的引进、选拔、推荐和评选，职工教育培训，“五险一金”管理，人力资源信息统计，人力资源管理信息化建设等。

【薪酬管理】 按照山东省国资委考核结果批复，编制集团公司领导2021年度薪酬及2019—2021年任期激励收入分配方案，并上报省国资委备案后组织兑现。根据集团公司确定的所属各单位主要负责人2021年薪酬总额，计算并确定各单位负责人薪酬总额，备案后由各单位组织兑现。完成集团公司2021年工资总额清算和2022年工资总额预算编制工作。制定下发《关于进一步规范薪酬管理的通知》，进一步规范集团公司薪酬分配秩序，构建合理有序的收入分配格局，健全完善薪酬分配激励约束机制。落实工资总额与经济效益同向联动机制，进一步提高收入市场化水平，力求做到科学公正、精准激励。

【劳动用工制度市场化改革】 紧紧围绕集团公司人力资源发展规划（2021—2025），以“控制人员总量，提高劳动效率；引进各类人才，改善队伍结构；培养发展存量，提升整体素质；激发人员活力，发挥人力效能”为主要任务，保障完成“在岗职工优化不低于8%、钢铁主业人均粗钢产量增长15%以上”的效率提升目标。在推进职工能进方面，坚持招聘配置计划编制制度，统筹全集团整体情况，合理确定各单位引进计划，加强与重点高校合作交流，通过系列校园活动以及资助学生创新等，积极培育山钢集团雇主品牌，提升毕业生引进质量。在推进职工能出方面，严格执行国家法律法规和职工内部退养政策；强化劳动合同管理，完善劳动合同管理配套制度，严格考核结果运用，强化劳动合同对员工能出的约束；严格落实《山东钢铁集团有限公司职工违规违纪处理规定》，对违反法律法规、企业规章制度等符合解聘条件的，依法解除劳动合同。

【高层次人才引进培养】 围绕单位战略任务、使命类产品和卡脖子技术，形成任务清单和需求清单，锚定高精尖缺人才，通过积极、开放、有效的人才引进政策，持续提升人才聚集能级。依据企业实际需求和产业特点引进人才，推动人才与产业深度融合，将人才优势转化为产业发展优势；做到按照引进对象特点开展引进，实施动态化、个性化的服务，按照“一人一策”，聚焦所需骨干人才；坚持通过市场方式引进，通过与智联招聘、猎聘网等专业招聘机构合作，推动市场化的人才引进服务供给。坚持把人才发展融入企业经营管理全过程，完善人才培养体系，建立全链条人才培育机制。加大省级以上重点人才工程培养选拔力度，深入研究相关政策，确保实现增量突破。完善技能人才表彰奖励体系，完成第二届山钢集团首席专家、首席技能大师选拔工作。2022年，全集团成功入选泰山产业领军人才4人，齐鲁金融之星1人，省重点产业链尖端人才1人，有力地促进了企业核心竞争力的提升。

【人力资源优化配置】 按照“精干高效、人岗相适、岗事相宜”原则，在充分挖掘内部资源的基础上，合理编制集团公司年度招聘计划。加快构建以岗位管理为基础、以合同管理为核心的契约化、市场化劳动用工机制，推动形成人员能进能出的长效机制。认真贯彻中央、省委省政府、省国资委疫情防控期间稳定就业政策，扎实推进“才聚齐鲁 成就未来”招聘专项行动方案，创新线上招聘方式，全面推行公开招聘制度，全年引进各类高校毕业生 78 人，其中硕士研究生占 46.2%，占比较上年增长 129.9%，公开招聘率保持 100%。

（撰稿：魏　鹏　李小权

审稿：李　林）

档案管理

【综述】 办公室负责集团公司档案管理。主要职能为：贯彻执行国家和省档案法律法规及有关部署要求，统筹规划集团公司档案工作；制定集团公司文件材料归档和档案鉴定、整理、保管、统计、利用等有关规章制度；负责集团公司总部部门档案的收集、整理、保管、鉴定、统计和提供利用工作；指导集团公司总部部门文件材料的积累、整理及归档工作；监督、指导、检查各单位和各直属机构的档案工作；依照有关规定向国家档案馆或有关单位移交档案。

集团公司实行“统一领导，统一制度，分级管理，共享平台”的档案管理模式。档案工作在实行统一领导和统一制度的前提下，集团公司办公室负责集中统一管理集团公司总部形成的各类档案并对集团所属单位的档案工作进行监督指导；所属各单位档案部门分别负责本单位的档案管理；总部各部门设置兼职档案工作人员。

【组织制度建设】 集团公司建立相关档案管理制度，成立档案管理领导小组。2022 年，集团公司对照“十四五”山东省档案事业发展规划评估标准，召开专题会议，制定专项工作推进方案，指导各权属单位进行自查自评工作，形成集团公司重点任务落实台账以及情况报告。贯彻执行《全国档案事业统计年报制度》，按照山东省档案局统计工作要求，组织各单位填报 2022 年度档案统计年报，审核汇总后及时上报省档案局。根据全省档案工作会议重点任务落实台账，研究制定了专项工作推进方案。2022 年初，集团公司成立专项组对塞矿项目档案进行专项档案整理。协调冶金公司就档案移交省档案馆成立档案整理专班，指导永锋淄博、淄博张钢做好产能调整过程中档案管理工作。

【基础设施建设】 截至 2022 年底，全集团馆（室）总面积达到 3.1 万平方米。2022 年，集团公司组织全集团档案管理部门进行安全自查和安全检查，各管档单位均实现了人防、技防、物防、联防相结合，以技防为主的安全控制措施，杜绝安全事故的发生，制定集团公司安全防范清单，切实落实安全责任，排除安全隐患，全年档案库房安全事故为零，未发生档案安全事件。

【资源建设】 按照文件材料归档范围和档案保管期限表规定，从源头上加强对各类档案的收集。各类管理文件、综合报表、合同协议、专利科研、新闻书稿、照片证书、奖杯奖牌、光盘实物等资料归档率、完整率、准确率保持在 99% 以上，对规定应当整理归档的文件材料，做到应管尽管、应归尽归。

【信息化建设】 2022 年集团公司探索档案数字化升级改造，统筹规划档案信息化建设，联合集团公司山信软件对多家档案系统进行考察。稳妥推进档案数字化建设，着力提升档案数字化和信息化水平，确立了大集中式的上下联动档案信息化系统升级方案，目标档案管理系统与知识管理平台对接加强档案信息化工作，推进档案目录数据库、全文数据库和声像档案数据库的建设。加强档案信息安全管理，严格按照档案类别和用户权限利用档案。按照“涉密信息不进系统，系统信息不涉密”的原则，认真做好档案保密工作。及时对档案数据进行备份，脱机保存，确保重大灾难后全部数据的可恢复。加强档案信息系统服务器和网络系统的管理，保障操作安全、接入安全和应用服务安全。

【培训与交流】 2022 年组织召开全集团档案工作座谈会，进一步提高全集团档案管理人员的法治意识、安全意识，提升档案管理水平。组织各管档单位参加省档案馆线上档案业务培训及参加初任考试。

【开发利用】 围绕企业的中心工作，发挥档案资源优势，开展档案利用服务工作，将利用频率高、非密级非电子形式的文书档案逐步数字化，实现档案快捷方便查阅和利用。全集团共提供利用档案 1.56 万人次、2.8 万卷次。为山东省国资委国企改革重点专项任务检查提供相关材料。各权属二级单位充分利用经济科技档案，如采用理正网上图纸加工、归档智能型管理软件提升设计及归档管理水平，完成新项目的前期调研、立项等工作，发挥档案作用，创造经济利润，经济科技档案微视频多次获得上级表彰。

（撰稿：张　序　审稿：李学玉）

外事管理

【综述】 办公室负责集团公司外事管理，主要职能为：负责集团公司外事工作的计划汇编、组织实施、指导协调、总结考核；国家外事政策、方针的宣传贯彻；集团公司外事管理制度的制定与执行；外事翻译；负责集团公司因公出国（境）团组一定权限的审批与管理；组织参加国际会议与国际展会；邀请和接待国（境）外来访；出国（境）证照、签注、签证的申办等工作。

【出访团组审批申办工作】 认真贯彻执行国家、省政府和省外办关于因公出国（境）管理和邀请外国人来华的各项政策和规定，认真履行外事审核审批权，从严把控因公出国团组，按照工作任务导向和“出访有计划、经费有预算、审批有原则”的要求，严格按出访计划进行审批和申办，维护因公出国管理工作的严肃性。认真传达落实疫情期间省委省政府外事管理相关工作要求，定期按时汇报疫情防控工作情况，整个集团无一例外来输入病例，为集团正常生产运营做好服务工作。全年审批并申办因公出国（境）团组 13 批、26 人；新增办理因公护照 9 本，港澳通行证 11 本；出访主要涉及中国香港、新加坡、马来西亚等驻境外公司所在地。办理邀请外国人来华 0 批次。

（撰稿：郑　玮　审稿：李学玉）

安全环保管理

【综述】 安全环保部与应急管理部合署办公，是集团公司安全、环保、应急管理的职能部门。主要职责：落实安全生产、职业卫生、环境保护、节能减排、应急管理、疫情防控等方面的法规、政策和标准，制定山钢集团节能环保绿色发展规划，建立健全目标责任体系并贯彻执行；负责安全生产、职业卫生、环境保护、能源管理、节能减排工作的监督检查和考核；贯彻国家、省有关消防的法规和政策，督促各单位火灾、交通事故的分析、统计和上报；负责集团公司应急体系和平台建设，编制应急预案，优化应急资源配置，健全应急救援力量；完成上级主管部门交办的各项应急管理任务，做好应急协调组织等工作；对权属公司应急管理进行督促指导、监督检查；负责职责范围内的规章制度制定、落实情况的考核监督工作。截至2022年底，共有职工8人，其中内退职工1人。

【指标完成情况】 2022年，集团公司各权属单位建设项目安全、职业卫生、节能、环保“三同时”执行率达到100%，特种设备安全技术状况检测率100%，特种作业人员持证上岗率100%，职工及相关方安全培训教育率100%，接毒接害岗位人员查体率100%，工作场所职业病危害因素检测率100%，隐患整改落实率100%。全年发生一起一般生产安全责任事故，工亡1人。主要污染物化学需氧量（COD）、氨氮、二氧化硫、氮氧化物、颗粒物等按证排放，并完成地方政府下达的总量控制目标。固危废资源化利用或无害化处置率、无组织排放有效控制率均为100%。未发生较大及以上环境污染事件，各权属单位能源环保行政处罚全部为零，企业环境信用评价全部为绿牌。

【主体责任落实】 集团公司召开安委会和年度安全环保工作会议，明确全年工作任务和目标措施，与10家权属单位、14个机关部室和3个直属机构签订《安全生产目标责任书》，与5家权属单位签订《节能环保目标责任书》。各单位层层分解和逐级压实安全责任，签订安全生产目标责任书3190份，节能环保目标责任书682份。强化责任落实，修订完善《安全生产责任制》等安全管理制度，健全完善责任清单内容、考核标准和检查考核机制，实施全员安全责任清单化管理，突出关键岗位的安全责任落实，强化安全履职考评，考评结果与绩效考核挂钩。扎实推进“三管三必须”，实施职能部门定期述职制度，专项听取各单位职能部门安全责任履职汇报，形成了专业管理对安全生产的协同合力，营造了“党政同责、一岗双责、齐抓共管”的良好氛围。保障安全环保资金需求，全年投入安全费用1.57亿元，推进“机械化换人、自动化减人、智能化无人”技术应用，累计投入7.2亿元，建成投运节能环保项目81个，本质化安全、节能环保水平持续提升。

【风险管控】 完成年度安全风险辨识评价，及时完善风险管控措施清单和隐患排查清单。按“五定”原则严格落实管控措施，确保每一项风险在控、可控。强化重大安全风险管控，发挥各级负责人示范带头作用，集团党政领导班子成员和权属单位各级主要负责人对一二级风险点分片包干，定期监督检查。组织开展安全生产专项整治“百日清零行动”，围绕“2个专题8个重点领域”，持续推进安全风险隐患排查整治和三年专项行动重点攻坚，对金属冶炼、矿山、危险化学品、涉爆粉尘、高风险作业、检维修等领域的重大安全事故隐患进行全面排查、彻底清零。认真吸取各类事故教训，高度关注事故风险预警，举一反三防范事故发生。针对国内环保设施安全事故频发情况，督促相关单位对类似环保设施进行风险再辨识，制定专项安全措施。持续加大安全环保督查力度，全年共查改各类安全问题86078项，能源环保问题1426项。其中，开展春节、两会、党的二十大等特殊时段全覆盖、蹲点式安全环保督导检查，查改问题543项。通过高频次、高标准安全环保检查，有效提高了职工安全环保意识，现场本质化安全水平明显提升，确保了重点领域、关键时期的安全环保形势稳定。

【安全基础建设】 坚持“制度不完善是重大安全隐患”的理念，适时修订《生产安全事故报告和调查处理管理办法》《安全检查管理办法》等管理制度。持续推进班组安全建设，按照《山东省企业安全生产“晨会”制度规范》要求，完善班组交接班制度，规范基础建设内容，提升班组整体安全素养和安全技能。把班组建设督导验收贯穿于日常工作中，全年对880个生产班组进行了全覆盖验收核查，达标率92.95%。扎实开展安全教育培训，制定“大学习、大培训、大考试”专项行动工作方案和2022年度职工安全素质提升实施方案，明确全员安全教育目标任务，分类、分级、分岗位的安全教育培训贯穿全年。事故案例警示教育实现制度化、常态化。持续强化职业健康管理，加强职业健康监护指导，建立健全职业卫生档案和职工健康档案，全年开展接害职工查体16854人，妥善安置职业禁忌证人员127人。

【绿色发展推进】 开展环境绩效创A保A行动，制定实施环境绩效巩固提升方案，持续深化超低排放改造。山钢股份日照公司、莱芜分公司焦化厂通过环境绩效A级复审，莱钢集团银山型钢公司获评环境绩效A级企业。开展水平衡测试，加强水资源的串级利用，提升了废水资源化利用率，基本实现废水零排放。开展固危废产生及流向排查，实施冶金渣、除尘灰、焦化除尘灰、轧钢油泥等资源化循环利用。强化固危废全流程规范化管理，完善固危废贮存场所“三防”措施。开展土壤污染调查，定期进行土壤和地下水检测。实施《绿色城市钢厂评价指标体系》，持续提升绿色化指数，山钢集团日照公司、山钢股份莱芜分公司评价得分较年初分别提升4分、7分。推动创建工业旅游景区，日照公司建成沙滩公园，基本达到AAA级景区标准。山钢股份莱芜分公司积极提升厂区环境，推进工业旅游区建设。山钢矿业、山东耐材积极拓展渣石、尾矿资源化利用途径，开展矿山绿化和生态修复，建设绿色矿山。积极探索环保设施经济高效运行最佳参数，推进实施精准环保。污染物排放量进一步降低，吨钢二氧化硫、颗粒物、氮氧化物排放同比降低25%、19%、24%。

【节能降碳管理】 落实国家“双碳”目标和集团公司“尽快碳达峰、积极碳减排、贡献碳中和”的要求，系统研究提升节能降碳水平。深入推进节能降碳增效，组织开展全流程节能降碳分析，制定实施年度节能降碳方案。山钢股份莱芜分公司全年实施节能改善项目74项，累计增效8619万元。日照公司实施节能项目19项，节能增效7800万元。积极开展低碳培训交流，培养低碳人才队伍，组织参加中钢协钢铁行业双碳政策技术系列培训、冶金规划院低碳发展等业务培训。积极对外开展低碳技术、低碳管理、低碳发展路径、钢铁产品LCA评价工作交流。推进绿色产品认证，取得管线钢绿色产品认证，启动日照公司冷轧镀锌板等三种产品碳足迹LCA核算工作。能效水平持续提升，吨钢综合能耗完成549.38千克标准煤，同比降低9.95%；吨钢新水消耗2.41立方米，同比降低5.5%；自发电量42亿千瓦·时，同比增加13.7%，干熄焦发电、煤气发电汽耗创历史最高水平。吨钢碳排放强度同比降低1%。日照公司被评为省级水效标杆企业。组织第七届节能环保宣传月活动，开展全员节能环保知识答题竞赛、征文等活动。日照公司开展低碳宣传进社区、邀请市民代表进厂区参观等活动，提高了全员绿色低碳意识和企业社会形象。

【疫情防控】 按照“疫情要防住、经济要稳住、发展要安全”的总体要求，集团公司把疫情防控工作作为重大的政治任务，全面落实党中央、国务院决策部署，按照山东省委省政府和省国资委部署要求，根据疫情形势变化，结合集团公司实际，细化任务分工，层层压实疫情防控责任，落实落细疫情防控措施，优化完善应急处置机制，积极做好应急物资储备，体现出强大的组织力、执行力，保证了生产经营的稳定有序。

（撰稿：韩怀平　审稿：王志强）

风险管理

【综述】 风险合规部是集团公司风险管理职能部门，主要职能：集团公司全面风险、法务、内控、合规管理体系的建设、评估、完善，组织拟订年度工作计划；全面监控集团公司及权属公司风险、合规、法务管理工作的计划执行情况，并对执行有效性进行评价；集团公司规章制度、重大事项合规审查；制定法务业务的制度、流程和标准，监控法律顾问中心/公司律师事务部法务业务计划执行情况，指导和监督其开展各类法务业务并进行考核评价；办理集团公司法定代表人授权事务；集团公司董事会审计与风险管理委员会相关日常事务；职责范围内的规章制度制定、落实情况的考核监督。截至2022年底，共有职工5人，全部为中共党员。其中，具有高级专业技术职务的4人，中级1人；硕士研究生3人，大学本科2人。

【“四位”一体化常态化运行】 进一步强化风险防范意识，加快推进风险管理全覆盖，增强抗风险体系能力建设，夯实风险管理“三道防线”，深化风险、内控、合规、法务“四位”一体化管理，健全“四位”一体管理体系，机构、职责、岗位、人员实现四个到位；在具体工作中，推行重大事项专项风险评估制度、法律意见书制度和制度合规审核制度，一体化制度与业务融合逐步深入，“四位”一体管理实现常态化运行。

【重大风险动态监控】 严格执行重大风险预警、专项风险评估报告制度。严格会议决策材料提交程序，未进行专项风险评估把关的，不提交上会；专项风险评估复核不合格的，不提交上会，严防重大决策风险；聚焦公司主要业务流程、重要管理环节、重点岗位人员，抓牢重大决策、重大项目、重大合同、重大诉讼等重要事项的风险防控；督导权属公司建立重大风险管控清单，建立运行重大风险动态监测制度，按季度上报集团公司备案管理，有效遏制、防控重大风险。

【前移风险管控关口】 强化风险分级分类分层管理，加快风控管理重心下沉。严格执行风险提示函、通报函制度，针对权属单位风险积聚苗头性问题，及时发出风险提示函，强化风险提示及靶向督导；针对风险易发、多发的业务和领域，集团公司印发八类风险提示及托管承包风险提示等文件，提前预警风险，各权属单位辨识经营风险，集团跟进督导，保证经营风险在线受控，有力促进提升经营管理本质化安全。

【压减存量风险】 坚持极致思维，强力攻坚，推进“六大存量攻坚战”；集中力量推动非正常债权清收，系统分析、分类施策；配置优势力量，明确责任，强化激励与约束机制，创新方式方法；加强指导调度，全力攻坚压减存量风险，至2022年底，用两年时间完成三年攻坚任务80%的奋斗目标。

【历史遗留法律风险化解】 坚持问题导向和有解思维，依法有序处置历史遗留风险。

系统研究塞矿项目处置，依法推进项目清盘程序；督导新疆公司完成破产清算，新疆公司历史遗留问题处置历时四年，于2022年6月破产结案；淄博张钢、山镁等一系列历史遗留风险得到依法妥善处置。

【助推品牌价值提升】 积极申报500强企业，集团公司再次上榜《财富》世界500强，2022年比前一年度提升52个位次，跃居《财富》世界500强第332位；上榜中国企业500强第98位，中国制造业企业500强第37位。山钢品牌的持续培育打造，助推品牌价值稳步提升。

（撰稿：徐　晨　审稿：罗文军）

法务与合规管理

【综述】 风险合规部是集团公司法务、合规管理部门。负责制定法务业务的制度、流程和标准，组织开展集团公司合规管理，重大事项合规审查；提出集团公司法律业务需求；推进法治山钢建设，开展普法教育培训；监控法律顾问中心/公司律师事务部法务业务计划执行情况，指导和监督其开展各类法务业务并进行考核评价。

【深化“双制度”建设】 总法律顾问制度写入《公司章程》，具有法律专业资格的总法律顾问聘任到位；持续深化法律顾问和公司律师专职化专业化管理，打造法律顾问、公司律师队伍，为依法治企提供人才支撑；坚持法律顾问与公司律师优势互补、同向发力，确保法治融入业务、嵌入管理流程；进一步健全完善法律顾问制度和公司律师制度，更好地发挥法律顾问制度的管理优势和公司律师制度的专业优势。

【护航支撑重大决策】 推行实施合规风险审查、法律意见书制度，保障重大决策的依法合规。重大事项在提交决策前，出具法律意见书；严格会议决策材料提交程序，未进行法律审核把关的，不提交上会；法律意见认为违法违规的，不提交上会。跟进重大决策的落实执行，把住重要关口，确保重大决策依法合规性。

【加快推进合规管理】 落实国资监管部门强化合规管理要求，围绕合规重点，夯实重点领域、重点流程、重点环节及重点岗位的合规管理基础；持续推进并拓展合规试点工作，加快形成合规运行合力，加快推进合规管理跃升新台阶。抓实重点环节合规管理，在制度制定环节，建立规章制度合规审查制度，明确审查范围、审查程序及审查标准，保证规章制度的合规性要求，实现规章制度合规审核率100%。在重大经营决策环节，“三重一大”决策事项严格落实依法合规要求，保障决策事项实体与程序的合规性。

【法律共性业务运行】 持续发挥法律顾问中心的协同共享平台作用，落实《法律共性业务运行管理办法》，以市场化、项目制为重点的法律共性业务运行有序开展，集约化、共享化的法律保障作用进一步显现，促进提升了法律服务效能。

【名称字号保护管理】 坚持服务保障与价值创造并举，依法规范名称字号使用与维权。督导参股公司名称字号的规范使用和整改，2022年督导16家公司完成整改；积极开展打击假冒国企、挂靠国企专项行动，依法推进名称字号维权；对省内外擅自使用山钢集团公司名称字号、商标的企业进行重点排查并发出律师函，23家企业完成名称变更登记停止使用，取得良好维权成效。

【法治文化建设】 坚持普法与治理并重，弘扬法治精神，培育法治文化，厚植企业文化之根。开展“山东省十大法治人物”宣传，集团公司总法律顾问董立志当选

“山东省十大法治人物”；集团公司作为唯一省属企业入选省法学会发起成立的山东省习近平法治思想研究基地，集团公司总法律顾问董立志担任山东省习近平法治思想研究基地课题组组长，负责企业法治建设课题研究；利用法治大讲堂、山钢讲堂等平台，组织开展针对合规管理、风险管理的国资监管制度培训学习，切实防范法律合规风险，促进提升依法治企水平；深入开展“国家宪法宣传日”等多层次普法教育宣传活动，通过“报视网微”法治进家入户，开展“国家宪法日”主题书画展活动，营造学习法律、崇尚法律、信仰法律、遵守法律的法治氛围，培育具有山钢特色的企业法治文化。

（撰稿：徐　晨　审稿：罗文军）

审计管理

【综述】 审计部是集团公司审计管理的职能部门，主要职能为：负责山钢集团审计管理体系建设、评估、完善，组织拟定审计工作计划；制定审计业务制度、流程和标准，监控审计中心审计计划执行情况，指导和监督其开展各类审计业务并进行考核评价；提出对集团公司及权属公司发展规划、战略决策、重大措施以及年度业务计划执行情况的审计需求；提出对集团公司及权属公司财务收支、固定资产投资项目、经济管理和效益情况、内部控制和风险管理、领导人员履行经济责任情况的审计需求；山钢集团投资项目后评价计划管理，提出集团公司审批的投资项目后评价专项审计需求；上级审计问题组织整改，集团公司审计问题监督整改；集团公司董事会风险管理与审计委员会相关日常事务；职责范围内的规章制度制定、落实情况的考核监督工作等。

【党委审计委员会】 加强党对审计工作的领导，持续推动集中统一、全面覆盖、权威高效的审计监督体系在山钢集团落地生根，为促进公司健康快速发展保驾护航。深入学习贯彻习近平总书记关于审计工作的重要指示批示精神，紧紧围绕公司改革发展中心任务，牢牢把握正确政治方向，聚焦主责主业强化审计监督，着力抓好审计领域重大工作的顶层设计、总体布局和统筹协调，指导开展常态化“经济体检”工作。2022年7月1日，山钢集团党委召开审计委员会第三次会议，听取山钢集团2021年度财务管理、资产经营质量及绩效评价审计工作情况，深入研究审计发现问题，部署下一步审计工作。健全完善党委审计委员会日常工作机制，研究部署审议审计报告、年度审计工作计划、审计结果运用和审计整改等重大事项，为确保审计监督体系规范高效运行提供坚强领导。为推动近年来审计发现的重点、难点问题的整改工作，11月4日，党委审委员会召开审计整改推进会，总结工作，安排部署审计整改任务，持续推进工作开展。

【业务开展】 指导和组织开展山钢集团2021年度财务管理、资产经营质量及绩效评价审计工作，对纳入年度绩效考核范围以及签订契约化指标的10家权属二级单位及其所属单位绩效完成情况进行审计，涉及资产总额3500亿元，披露了影响公司健康运营的持续亏损、潜亏数额大和资产质量差及未来存续艰难等问题。本次审计项目打破原先的组织模式和工作形式，在继续抓好各权属单位年度绩效完成情况审计的同时，增加了对集团总部财务管理、资产管理及其他专业管理部门职能履行情况的审计，这是山钢集团首次开展“同级审”。审计发现了影响公司提质增效方面的诸多问题，并有针对性地提出审计整改意见和建议。加强对“一把手”的监督，指导和组织开展了对17家权属公司经济责任审计，加大对重点单位、重点领域的审计力度，对领导干部履职情况作出客观评价，促进领导干部依法用权、秉公用权、廉洁用权。

【审计整改】 加大协调督促力度，坚持边审边改，将审计发现问题形成审计整改意见或审计整改指令书，协调督促主管部门和被审计单位，做到各负其责、各司其职，采取现场、网络督办等方式，及时敦促被审计单位主动履行职责范围内的整改主体责任和业务主管部门的督促协调和指导整改的责任，形成审计整改合力，促进审计整改工作取得实效。强化审计跟踪检查，重点核查整改情况，对于尚未整改完成的问题，持续督促做好整改，做到不整改不销号，整改不到位不销号。深入推进“六大存量攻坚战”涉及审计方面问题整改工作，纳入审计存量问题整改“攻坚战”的内部审计发现问题137项，截至2022年底，完成问题整改111项，总体完成率81.02%。

【管理创新】 坚持以干代训，以培促学，有计划组织开展省内审协会组织的内部审计培训班，根据审计任务工作安排，抽调多名审计骨干参加审计署、省审计厅和省国资委组织开展的审计、检查工作任务，抽调多名审计人员参加山钢集团党委巡察工作，丰富了理论知识，提高了实战经验，增强了综合素质。注重审计理论创新，积极参加省内审协会组织的“华泰永信杯”内部审计优秀论文评选活动并获奖。注重对标交流，到中国宝武进行对标学习，与山东能源等省属企业进行审计工作交流，提升了山钢集团的影响力和良好形象。

【荣誉成果】 山钢集团审计部被山东省内部审计协会授予“2021年度全省内部审计先进集体”荣誉称号。1人荣获“2021年度全省内部审计先进工作者”荣誉称号。1人获得省国资委来信表扬。

（撰稿：李　琦　审稿：刘兰雪）

科研管理

【综述】 科技创新部是集团公司科研管理的职能部门，主要职能为：负责山钢集团科技创新体系建设，科技创新规划、年度计划的组织制定与实施；负责集团公司重大科技专项管理，二级公司重大科技创新项目备案管理，专利、技术秘密等登记及转让管理，科技成果、科技奖励的组织评审；负责集团公司对外技术合作、各类科技创新平台建设工作；负责与政府、行业科技管理部门的对接；指导和协助权属公司进行内外部科技资源整合、协同创新管理；负责集团公司科学技术委员会与智库管理；指导权属公司科技创新体制机制、平台载体、科技人才队伍建设；负责集团公司管理创新管理，管理创新成果评审；负责省金属学会活动（由山钢集团代为管理）等。截至2022年底，共有职工6人。其中，正高级工程师2人，高级工程师3人，经济师1人；研究生2人，大学本科4人。

【研发费用和研发投入管理】 按照集团公司商业计划书下达的指标目标，深入贯彻《国企改革三年行动方案》，持续开展研发投入和研发费用专项管理提升活动。全年集团公司研发投入52.26亿元，占营业收入比例为2.88%，目标完成率102.80%；研发费用41.09亿元，占营业收入比例为2.26%，目标完成率94.31%。

【科技创新项目管理】 全年权属各单位下

达科技创新年度项目计划401项，结题验收315项。各单位在研项目753项，其中重大项目21项。在国家和省部级重大科技专项方面，结题验收《高端制造装备用高品质稀土特殊钢关键技术研究及产业化》等4项，新增《超高强耐腐蚀海洋工程用钢关键技术研发与产业化》等5项，在研《高品质大单重特厚钢板绿色生产与高效制造技术开发》等9项。

【对外合作及平台建设】 全年累计签订引进技术合作52项，对外输出技术合同1项。科技创新平台累计33个，其中国家级4个，省级20个，市级9个，新增海洋装备特种材料山东省工程研究中心省级平台1个。科技型企业合计40家，包括高新技术企业16家，其中，新增山东钢铁集团日照有限公司和莱芜钢铁集团淄博锚链有限公司2家；山东省技术创新示范企业3家，其中，新增山东耐材集团鲁耐窑业有限公司1家；国家级科技型中小企业4家；山东省"专精特新"中小企业3家，济南市"专精特新"中小企业2家；山东省"瞪羚企业"6家，济南市"瞪羚企业"2家；新增国家专精特新"小巨人"企业山东耐材集团鲁耐窑业有限公司1家；山东省制造业单项冠军企业1家；济南市技术成果转移转化服务机构1家；国家工业设计绿色示范企业1家。累计签订战略合作协议35项，共建或加入山东省碳中和技术创新中心等联合研发机构/联盟26个。

【科技成果管理】 组织完成2021年度科学技术奖励终评，并于4月15日印发《关于2021年度山钢集团科学技术奖励的决定》，授予山钢集团研究院周平山钢集团科技进步突出贡献奖；授予"大中型转炉精品钢高效精准冶炼技术集成与创新"等33个项目山钢集团科技进步奖，其中特等奖2项、一等奖6项、二等奖9项、三等奖16项；授予"用于海洋天然气开采平台结构的热轧H型钢及其生产方法"等9项专利山钢集团专利奖，其中一等奖2项、二等奖3项、三等奖4项。4月19日，集团公司召开科技创新、商业计划书管理推进暨2021年第一季度工作会议，对获奖人员、项目和单位进行了表彰奖励，奖励金额达913万元。作为牵头单位获2022年度山东省科学技术进步奖二等奖1项；作为牵头单位获2022年度冶金科学技术奖2项，其中一等奖1项、二等奖1项；作为参与单位获2022年度冶金科学技术奖2项，其中一等奖1项、三等奖1项；作为参与单位获2022年度湖北省科学技术进步奖2项，其中二等奖1项、三等奖1项。

【专利管理】 全年集团公司主要权属单位新申请专利786件，其中发明专利525件；新获授权专利399件，其中发明专利167件。截至2022年底，累计有效专利3463件，其中发明专利1829件。2022年5月，获第四届山东省专利奖2项，其中二等奖1项、三等奖1项。

【标准管理】 全年完成标准制修订项目8项，其中国家标准1项、行业标准2项、团体标准5项；参与在编标准制修订项目67项，其中国家标准14项、行业标准33项、团体标准20项。累计完成标准制修订项目147项，其中国家标准33项、行业标准72项、地方标准15项、团体标准27项。

【"四新"收入及优惠政策利用】 全年集团公司"四新"收入241.16亿元，同比增长8.92%。科技相关政策性收益5.68亿元。其中，研发费用加计扣除减免企业所得税2.86亿元，高新技术企业减免所得税2.80亿元，专利项目获政府支持2.00万元，科技平台等获政府支持181.34万元。

【管理创新成果】 组织完成2020年度集团公司管理创新成果的终评、公示和审核，并于4月15日印发《关于公布2020年度管理创新成果评审结果的通知》，评定出2020年度管理创新成果66项。其中，一等奖成果11项，二等奖成果15项，三等奖成果40项。组织推进2021年度管理创新成果的申报和评审，全集团共计申报成果101项，并完成申报成果的初评。组织完成2022年度管理创新课题立项及备案工作，全集团共计立项实施课题301项。开展向上级部门推荐申报优秀管理创新成果工作，累计向中国钢铁工业协会和山东省企业管理现代化创新成果评审委员会推荐申报优秀成果65项，获奖20项。其中，一等奖成果2项，二等奖成果5项，三等奖成果13项。

（撰稿：牛玉波　谢　晖
审稿：李丰功）

企业文化管理

【综述】　企业文化部与党委宣传部合署办公，是山钢集团企业文化建设管理的职能部门。主要职能为：在集团公司企业文化建设管理委员会领导下，负责制定企业文化建设发展规划、年度工作计划及管理制度，承担集团公司企业文化建设管理委员会日常工作；组织研究集团公司企业文化理念、视觉和行为识别系统核心内容的创建、导入和融合提升；制定集团公司对内对外企业文化应用和宣传规范，并监督执行；统一组织集团公司对外企业文化宣传；山钢品牌推广，指导、协调品牌形象展示和产品推介宣传。

【完善文化内涵】　根据集团公司“十四五”规划及内外部形势变化和企业发展状况，对企业文化核心理念部分内容进行了修订，并在内外网站页面等处进行了更新维护。其中，山钢愿景由原来的“打造具有国际竞争力的钢铁强企”，变更为“成为钢铁业绿色智能高端高效发展新标杆”。山钢使命由原“为客户提供满意的产品和服务”更新为“为建设钢铁生态圈贡献新动能，为制造业高质量发展提供强支撑”，维护了山钢集团企业理念及形象的完整性、一致性。

【企业文化建设】　先后组织开展了“新时代美德山东”公益宣传征集展示活动、“诚信兴商”宣传月活动、“民法典”宣传月活动、打击假冒国企专项行动等企业文化实践活动。共征集诚信经营典型案例13件，其中4件被《山东国资资讯》采用刊登。山钢集团常态化、规范化发布年度社会责任报告，不断建立完善具有自身特色的社会责任工作管理制度和相关工作机制，推动各部门、各单位将社会责任理念更好融入企业运营全过程。年内，山钢集团获评山东社会责任企业。在《财富》杂志发布的2022年世界500强榜单上，山钢集团位列332位，较上年的384位跃升52位。在中国企业联合会、中国企业家协会发布的“2022中国企业500强”名单中，山钢集团位居第98位，比上年提升10个位次。在由新华社、中国品牌建设促进会等单位联合主办的2022中国品牌价值评价信息发布活动上，山钢集团以品牌强度838、品牌价值337.29亿元位列冶金有色板块第一名。在中国钢铁企业竞争力评级中，山钢集团入选极强（A+），位列第七名。

（撰稿：徐大夭　审稿：张兰润）

资金中心工作

【综述】　资金中心是集团公司资金管理的

职能部门，主要职能为：负责山钢集团资金管理制度的制定和修改完善，山钢集团收付款政策研究，货币政策、债券市场、汇率、利率研究和分析，山钢集团资金预算编制、分析和汇总，依据有关规定，审核成员单位资金预算，资金预算系统维护及管理，山钢集团银行统一授信管理，山钢集团银行账户开立和注销管理，山钢集团票据池和本外币资金池的搭建和管理，山钢集团融资渠道、种类、期限结构和成本管理，集团公司融资业务，集团公司信贷资金结算及核算业务，集团公司内部借款管理，山钢集团资金归集管理、资金理财业务管理及资金月末存放管理，山钢集团境外债券发行与管理，山钢集团资金资源的协同管理，山钢集团有息负债、财务费用分析和控制，融资融信系统的维护与管理等。截至2022年底，共有职工10人。其中，正高级会计师1人，高级会计师2人，会计师3人，经济师1人，助理会计师1人，持有法律职业资格证1人；研究生6人，大学本科4人。

【制度建设】 制定下发《山东钢铁集团有限公司资金管理办法》（山钢资金字〔2022〕1号），形成以该《办法》为基本管理制度，以《山东钢铁集团有限公司深化资金统一管理办法》《山东钢铁集团有限公司资金预算管理实施细则》为具体规章制度的“1+2”资金管理制度体系，为持续提升资金效率提供了制度保障。

【资金管理】 以资金管理制度体系为保障，全面提升资金使用效率。资金管理由“管资金”进阶至“管资源”，融资政策及融资标准由集团统一管控、项目资源及金融资源由集团统一整合、银行账户开销由集团统一管理、资金调度由集团集中统一实施，实现“一盘棋”的垂直管控。有息负债规模显著降低，截至2022年末，山钢集团有息负债规模较2021年末降低278亿元。融资成本显著降低，平均融资成本4.33%，较2021年末降低55个基点；全年新增及续借融资成本3.24%，利息支出同比减少13.67亿元。资金归集度显著提升，2022年末全口径资金归集度56.82%，创历史最高水平。货币资金结构显著改善，2022年末融资性保证金余额较2021年末减少66.91亿元，降低了资金占用。

【管理创新】 以资金“承压测试”优化存贷结构。在资金预算的基础上实施滚动预算，每周定期调度未来20个工作日的资金收支情况，对集团整体资金存量进行“承压测试”，在保障资金链安全稳定的前提下减少资金沉淀，保持合理资金存量。对内深挖融资资源，对外抢抓机遇，紧盯国家政策导向，研究吃透政策精神，让政策红利落袋。利用绿色信贷、科技研发、矿石保供政策支持，资金中心向商业银行积极争取优惠信贷政策，全年累计办理政策性贷款46.50亿元。紧抓绿色和可持续金融优惠政策，发行10亿元全国首批转型债（22鲁钢铁MTN001）用于新旧动能转换系统优化升级改造减量置换项目，为山钢集团坚定绿色发展理念，绿色低碳发展转型，科学推进“双碳”工作树立了良好的市场形象。资金中心被评为全员平凡创新型班组（团队）。

【债券发行】 加强政策研判，抢抓市场有利窗口期，全年发行债券205亿元，有效保障山钢集团资金链安全。通过融资资源整合优化，集团整体债务结构得到改善。截至2022年末，债券融资占比33.93%，较2021年末降低6.85个百分点，低于省国资委40%管控线。

【权益融资】 全年通过发行永续中票、开展类永续业务累计融入权益性资金87.85亿元，累计偿还72.08亿元，净增加15.77亿元，集团公司融资结构进一步优化。截至2022年末，集团合并报表权益融资余额

190.43 亿元，有效降低集团公司资产负债率。

【银企合作】 与中国银行山东省分行签署党建共建、廉洁伙伴暨战略合作协议，以党建为引领，建立深入、全面的银企合作新模式，为集团公司新增 20 亿元银行授信。与中国民生银行济南分行签署全面战略合作协议，提升合作层级，深化合作领域，为集团公司新增 22 亿元 7 年期专项并购贷款。

（撰稿：张文坛　审稿：王　勇）

审计中心工作

【综述】 审计中心是集团公司的直属机构，主要职能是：在审计部的业务管理和指导下，执行集团公司年度审计计划，完成各项审计任务；承接权属公司委托的审计业务；完成计划外的重点审计工作任务，包括投资项目后的评估审计、任期/离任审计、管理审计等。审计中心内设综合室、第一审计室、第二审计室、第三审计室。截至 2022 年底，共有职工 37 人。其中，高级职称 20 人，中级职称 13 人；注册会计师 1 人，国际注册内部审计师 8 人，国家注册一级建造师 1 人，注册造价师 2 人；研究生 8 人，大学本科 27 人；中共党员 27 人（含预备党员 1 人），民主党派 1 人。

【审计项目完成情况】 审计中心全年累计完成财务审计项目 59 项。其中，绩效审计 31 项，经济责任审计 21 项，专项审计 7 项；累计完成工程结算审计 3405 项，涉及建筑安装工程结算金额 51.14 亿元（含 EPC 项目），审计复审核减 5633 万元。

【绩效审计】 全年共组织完成对集团 10 家权属单位及部分二级单位委托的 21 家子分公司绩效审计，涉及资产总额 3201 亿元，审计发现大类问题 71 项、提出审计建议 56 条，向集团纪委移交审计线索 1 条，形成审计专报 5 份。通过边审边改、以审促改的形式，促进了被审计单位风险防控及管理水平的提升。

【经责审计】 严格执行中共中央办公厅、国务院办公厅印发的《党政主要领导干部和国有企事业单位主要领导人员经济责任审计规定》及集团公司《任期经济责任审计规定》，促进权力规范运行，加强对“一把手”的监督，以监督领导干部履职尽责担当为主线，加大对重点单位、重点领域的审计力度。年内累计完成集团公司及权属二级公司委托的经济责任审计 21 项，审计发现问题 82 项，提出审计建议 63 条。通过经责审计，为全面评价考核领导干部任期业绩、正确评价和使用干部提供了客观依据，促进了领导干部更好地履职担责。

【工程审计】 全年累计完成工程结算 3405 项，结算原报审金额 511438 万元，审计审定金额 505804 万元，审计审减金额 5633.78 万元，进一步降低了建安工程造价，积极发挥了审计服务增值作用。

【党群工作】 中心党总支以“星级党支部”创建为抓手，深化基层党支部规范化建设。持续实施“五个强审”工程，扎实开展以“三明三亮”为主题的“党员示范岗”创建活动，努力践行“以审计精神立身、以创新规范立业、以自身建设立信”，带头做到“明责任亮身份、明目标亮旗帜、明使命亮作为”，其中第一党支部被评为山钢集团五星级党支部；规范党的组织生活，严格落实“三会一课”、主题党日、“第一议题”、双重组织生活等制度，组织开展“我来讲党课”活动，班子成员、先进模范及党员代表带头讲党课 4 次，听课 100 余人次；开展“学习创新争先锋，建功献礼二十大”主题实践、“生存保卫战，决战四季度，审计怎么干”党性实践活动；加强党员活动阵地建设，所属基层党支部均建立了党员活动室、设计制作了党建工作台账。学习利用好“灯塔-党建在线”综合管理平台，发挥党员关系转接、发展党员线上公示等规范化操作功能；扎实推进“双培养”工程，严格按照程序规范发展党员，年内按期转正1人、发展预备党员1人，列为入党积极分子重点考察培养3人；丰富党员学习教育形式，年内组织全员赴泰安开展“真抓实干、勇挑重担，做新时代泰山‘挑山工’党员拓展户外训练”和革命传统教育活动。联合巡察办/审计部、新闻传媒中心举办专题党课，邀请集团公司原董事王宏伟、山钢党校徐国良作专题辅导报告。组织广大党员集体观看《跨过鸭绿江》《乳娘》等革命传统电影和话剧，均取得了良好的教育效果；面对新冠疫情，广大党员坚守岗位、担当作为，始终冲在前，奋力构筑群防群治的严密防线，充分发挥了党员先锋模范作用，有力保障了审计业务开展。

【队伍建设】 加强人才强审建设，推行“导师制”“传帮带”等形式，形成了审计人才培养、管理长效机制；建立综合事务团队，充分发挥绩效考核的激励导向作用；注重对审计人员实战锻炼，年度内抽调2名职工参加上级审计机关重大审计项目，工作成效及表现得到了上级主管部门的肯定，山东省审计厅两次给集团公司发来感谢信；扎实开展青年人才培养素质提升工作，年度内荣获“山钢集团优秀共青团干部”1人、“山钢集团第四届女职工读书活动书香天使”1人、“山钢集团优秀巾帼志愿者”1人、“山钢集团优秀工会积极分子”1人、“山钢集团职工职业道德建设标兵”1人；大力推进思想政治研究工作，年度内荣获“山钢集团2022年党建思想政治工作研究会优秀干部”称号1人、“山钢集团新闻宣传工作先进个人”称号1人、1个通讯类作品荣获山钢集团好新闻一等奖。

【研究成果】 注重管理创新工作，有多篇论文成果获奖并在专业报刊发表。其中，《两统筹理念下绩效审计与其他审计协作路径研究实践》荣获《冶金财会》第十一届优秀论文二等奖，《企业内部审计模拟市场化运营的实践与研究》荣获山钢集团管理创新成果二等奖；荣获山钢集团优秀党建思想政治工作研究成果二等奖1项；总结撰写的山钢审计工作经验等多篇文章在《中国审计报》《山东内部审计》、省审计厅官网等媒体上发表，相继荣获山东省审计学会“学习宣传贯彻党的二十大精神”主题征文二等奖1项、优秀奖1项，中国钢铁协会第二十一届冶金企业管理现代化成果三等奖1项。在7月15日省属国有企业内部审计“创新引领发展”座谈会上，审计中心受邀参会并代表山钢集团作经验介绍，系统总结推广山钢内部审计的经验做法，扩大了企业内审工作影响力，1人荣获全省内部审计工作先进个人荣誉称号，山钢集团被评为全省内部审计工作先进集体，展现了审计团队的良好形象。

（撰稿：李　志　审稿：刘兰雪）

法律顾问中心工作

【综述】 法律顾问中心/公司律师事务部（简称法律中心）是集团公司直属机构，作为山钢集团法律共性业务运行平台，承担集团公司及权属单位的法律共性业务。主要职责包括：合同法律服务、纠纷处理法律服务、重大事项法律顾问服务、工商及知识产权法律服务、招投标法律服务等，下设第一、第二、第三顾问室和综合室。截至2022年底，共有在册职工23人（含退养1人）。其中，在岗职工22人；高级专业技术职务5人，中级专业技术职务10人；研究生9人，大学本科12人；具有法律职业资格证的18人，具有公司法律顾问资格的8人，公司律师16人。法律中心设党总支部，下设济南、莱芜、日照、机关4个党支部，共有党员17人。

【重大专项法律服务】 将法律服务嵌入管理流程，积极参与集团公司及权属单位重大发展决策和重大经营决策，在法商融合中以极致思维分析研究法律问题，提示法律风险，提供有效可行的法律意见。深度参与淄博张钢人员和资产处置工作，参与研究处置方案、工作路径及资金来源，协助制定职工安置方案、风评报告、答疑手册、年金终止方案等，保障了人员安置顺利进行和资产处置有序推进；抢抓时机，主动作为，通过诉讼保全，实现对淄博张钢资产的“零”成本维权，对防范其他债权人查封及推进淄博张钢处置工作发挥了重要作用；全面参与莱钢集团亏损企业治理和法人压减、建设公司资产处置、管控模式调整等重大经营决策事项，有效防控法律风险，保障了项目实施在依法合规的前提下顺利推进。2022年度共出具法律意见书42份，为集团公司及权属单位高质量发展提供了有力支撑。

【案件处理】 整合资源，勠力攻坚，一批重大案件处理结案，取得良好法治绩效。信达公司诉淄博张钢撤销权案，通过调整应诉策略，多方沟通协调，取得胜诉判决，有力维护了集团公司重大资产安全；新疆公司破产清算案，通过加强与当地政府部门沟通，与管理人密切配合，积极推进案件处置进程，历时近4年，莱钢集团共计收回债权8.42亿元，破产清算程序顺利终结；天津诚丰公司资产交易仲裁案，经过多方协调和不懈努力，取得解除《资产交易合同》，对方支付违约金876万元的胜诉裁决，为涉案资产重新挂牌处置扫清了障碍，推动了山钢股份莱芜分公司新旧动能转换项目建设；积极参与日照公司自备电合同纠纷谈判，有效化解了项目合同和诉讼风险，节约支出过亿元。2022年度共办理集团公司及各权属单位纠纷案件130件，标的额30.37亿元；办理结案63件，避免、挽回损失6.91亿元，人均年办案创效超3000万元。

【非正常债权清收】 按照集团公司《打赢“六大存量攻坚战”行动指导意见》部署，为确保两年完成非正常债权清收率80%以上的任务目标，年度伊始，法律中心即组织召开专题会议，聚焦债权清收的难点、堵点、痛点问题，全面分析，分类施策，制定下发《关于推进非正常债权清收工作的通知》，明确攻坚重点目标，细化攻坚措施，加大工作力度，发挥项目制优势，纳入内部绩效考核，实行月排名、季公布，激励与惩戒并重。全年指导、督办、配合集团公司权属单位处置非正常债权530余项，压减债权金额6.79亿元。其中，通过诉讼、非诉等法律方式压减债权5.45亿元，收回现金1.47亿元。两年累计处置非正常债权1140余项，压减金额18.39亿元，累计完成压减指标的81.25%，超额完成了非正常债权清收压减进度目标，为集团公司资金链安全和生产经营稳定提供了有力支撑。

【非诉业务处理】 积极探索法律共性业务内部市场化运行模式下加强合同管理的新模式，积极探索合同的标准化、模块化管理，借助信息化手段，努力实现合同的全生命周期管理；根据服务单位业务特点，将合同法律审核前置，有效防控招标合同风险。2022年度共审查集团公司及权属单位各类合同3165份，审查招标文件2556件/次，提出审查意见7600余条。创新市场主体工商事务办理工作思路、服务方式，提前介入、缩短流程，不断提升服务效率，保证了市场主体登记/变更事务办理规范高效。全年共办理市场主体年度信息公示33家，变更登记等事务162件次。

【知识产权保护】 组织开展“名称字号”维权行动，严厉打击假冒集团公司名称字号侵权行为。对未经许可擅自使用“山钢”“山东钢铁”作为名称字号的57家市场主体果断采取法律措施，共发送律师函46份，向市场监督部门举报100余件次。截至2022年底，有43家侵权单位完成名称变更或被吊销《营业执照》，占比为75.44%。全面梳理境内外注册商标情况，完善商标档案，及时做好续展工作，督促各单位规范使用集团公司现有注册商标，扎实做好注册商标保护工作。

【公司律师管理】 截至2022年底，山钢集团公司律师事务部共有公司律师41人。全年办理公司律师申请事项8人，为4名公司律师办理注销手续。组织公司律师参加继续教育200余人次，按规定组织年度考核，完成41名公司律师工作证年度考核备案。及时为公司律师办案出具出庭函、调查函140余份，为公司律师发挥专业职能作用提供了平台和支持。

【党建工作】 以学习贯彻习近平新时代中国特色社会主义思想和党的二十大精神为主线，以“学习创新争先锋，建功献礼二十大”活动为载体，扎实抓好党建工作，较好地发挥了党建工作政治引领、把关定向、凝心聚力三大作用，不断提升党建工作水平。坚持问题导向，针对上年度党建考核存在的问题，进行专题研究，制定方案，将7个方面的问题分解为25个子项，落实措施，逐项整改，并将整改方案反馈到集团公司党群部门，加强督促整改。加强党的组织建设，按规定程序完成党总支及济南支部的换届选举工作。加强政治理论学习，严格落实“第一议题”制度，坚持用习近平新时代中国特色社会主义思想武装头脑、指导实践，全年共组织党总支理论中心组学习12次，组织党课17次。按照“一支部一品牌”要求，制定《关于开展支部品牌创建工作的实施意见》，扎实组织开展支部品牌创建活动。深入开展联合共建活动，中心党总支先后与山铝法务部党支部、山东省司法厅青年理论学习小组联合开展党建活动，深度交流，互学互鉴。加强阵地建设，投资近万元购置投影仪等电教设备。加大党务骨干培训力度，全年支部书记、委员、党员骨干参加培训31人次。2022年，法律中心获评五星级党支部1个，集团公司党建工作创新案例1个，优秀共产党员1人，优秀党务工作者1人，研究成果《党建引领法务改革的探索与实践》获集团公司2022年党建思想政治工作优秀研究成果二等奖。

（撰稿：宋　哲　审稿：马先红）

人力资源服务中心工作

【综述】 人力资源服务中心是集团公司直属机构，业务上接受人力资源部指导，主要职能为：集团人力资源管理系统的维护、使用及信息统计等，离休人员管理服务、离退人员统筹外费用或年金管理发放，承接总部、直属机构及相关公司社保、年金等业务，集团人才招聘平台的管理、维护和使用，人才引进、招聘等具体业务的执行，全集团内部人力资源市场的建设和运行，执行集团培训计划，承办培训课题的实施和管理，职称评审、管理，职业技能鉴定等。截至2022年底，共有职工15人。其中，高级工程师1人，高级经济师1人，高级政工师1人，高级会计师1人；研究生1人，本科4人，专科4人，中专1人。设总经理1人，副总经理2人。

【冶金公司存续业务】 全面完成冶金公司退休人员社会化管理移交工作，集中移交退休人员档案258份，转接党员组织关系157人。加强冶金公司房屋租赁业务管理，组织续签2022年度26份房屋租赁合同；对2家拖欠房租的租户，通过诉讼终止租赁合同、收回租赁房屋，拖欠房租由历下区法院强制执行中。接续开展冶金系统91项科技成果技术评价、175项科技进步奖评审；继续履行对山东工业职业学院的行业管理职责；继续履行冶金公司对破产、特困企业离休人员的“两费”及20世纪60年代精简下放人员生活补助等申报发放工作职能，确保各项工作的平稳接续和离退休人员的稳定。全面完成冶金公司托管关系移交山东国惠工作，对冶金公司资产债务进行全面梳理、清查，对实物资产进行盘点、核实，形成了《山东省冶金工业总公司关于资产负债清查有关事项的报告》《山东省冶金工业总公司房产清查情况报告及实物资产清单》，并组织了冶金公司总经理办公会审查；对移交山东国惠的冶金公司实物资产、财务账目、档案资料、保留业务进行全面整理，与山东国惠进行了全面交流与对接。

【职称评审员工培训】 组织冶金系统工程技术、政工系列中级职称的评审和工程技术系列9个专业高级职称的申报工作；配合人力资源部和各单位完成2022年度员工招聘和员工培训计划。

【社保年金】 完成集团公司总部285名职工的社保申报交纳和10名退休人员退休审核、公示、退休金、年金核算等业务。完成2022年度破产企业及特困企业离休待遇差137.58万元和困难企业补贴35.78万元的划拨工作，对54名20世纪60年代精简下放人员进行生存认证，并发放补贴41.94万元。

【老干部管理】 认真落实老干部管理服务要求，坚持离休干部“一对一”亲情服务工作机制，定期联系走访离休老干部，解决实际困难，做好人文关怀；及时与老干部进行双向沟通交流，向老干部通报企业发展、生产经营、重大事项等情况，听取老干部意见建议，营造和谐氛围，凝聚发展合力；开展元旦、春节、“七一”探望慰问离休干部、厅级老领导及生活困难老党员、老干部，表达企业关心，送去组织温暖。按照中共山东省委老干部局要求，为8名困难企业离休干部及离休干部遗属申报特殊困难专项救助工作。

【自身建设】 针对人服中心新部门、新业务对职工队伍提出的新要求、新挑战，在全体职工中开展“大学习、大培训、大提升”管理工程，通过集中学习、专题培训、专家讲座、业务实操“传帮带”等形式，强化专业理论学习和业务培训，提升全员履职能力。根据人服中心职能定位和业务要求，组建4个业务室，明确职能业务分工和业务室负责人。

【党建工作】 选举产生人服中心党支部委员会，明确支委分工和工作职责。党支部认真落实全面从严治党和抓基层党建责任，以党建统领人服中心整体工作，把全面从严治党与中心工作同谋划、同部署、同推进。党支部通过每月制定支部学习、工作计划，把政治理论学习、党性锻炼实践、党员干部组织生活、党风廉政建设、支部基础建设融入日常工作。严格落实“三会一课”“主题党日”“第一议题”制度，全年组织13次支委会、15次支部党员大会和党员集体学习，开展了12次主题党日活动、5 次党课教育。通过廉政建设主题党日，组织到山东省廉政馆进行警示教育。及时通报山钢集团出现的违规违纪案例，开展岗位廉洁风险自查，进一步增强党员干部遵守党规党纪、廉洁自律的自觉性。坚持以星级党支部创建为抓手，通过与集团公司宣传部结对共建、学习借鉴枣矿集团支部特色品牌创建经验和做法，开展星级支部和特色品牌创建工作，明确了“忠诚+服务”创建主题和“忠诚永恒、服务无限”品牌理念，进一步提升了党支部规范化建设水平。

（撰稿：胡　军　审稿：张永护）

山钢年鉴 2023

特载
专论专文
大事记
概况
机构与人事
战略合作与交流
专业管理
☆ 党群工作
山钢股份
权属单位
统计资料
荣誉
附录

山钢集团
SD STEEL

党群工作

山钢集团
SD STEEL

山钢文化

核心理念

山钢核心价值观：共创、共进、共赢

综　述

【概况】 集团公司党委隶属山东省国资委党委管理，实行常委制，截至2022年底，党委常委5人，其中党委书记1人、党委副书记1人。实行“双向进入、交叉任职”的领导体制，集团公司董事长兼任党委书记，总经理兼任党委副书记；党委常委中有2人按照法定程序进入董事会。集团公司党委设有办公室（与人民武装部、保卫部合署办公）、组织部（与人力资源部合署办公）、宣传部（与企业文化部合署办公）、工会/团委、纪委（实行常委制，其中书记1人、副书记1人、纪委委员14人、纪委常委6人，与省监委驻山钢集团监察专员办公室合署办公）等党群机构；下设12个二级单位党委（凡设党委均设纪委）、4个直属党总支，其中山钢股份党委、山钢矿业党委、山钢国贸党委、山钢地产党委、山钢金控党委、山信软件党委、机关党委、银山公安局党委、山钢财务党总支、法律顾问中心党总支、审计中心党总支、新闻传媒中心党总支等党组织关系隶属于集团公司党委；莱钢集团党委隶属于济南市委；山东耐材党委隶属于淄博市委；淄博张钢党委隶属于淄博市国资委党委；山东工业职业学院党委隶属于淄博市高校工委。二级单位党组织班子配备齐全，多数权属公司实现党组织书记、董事长一肩挑，并配备1名专职副书记。截至2022年底，全集团共有578个党组织，党员11674人。集团公司第一届工会委员会委员有33人，其中主席1人、副主席1人；集团公司第一届工会女职工委员会委员有9人，其中主任1人；集团公司第一届团委委员有9人，其中书记1人、副书记3人。

【党的建设】 坚持和加强党的全面领导，把增活力、提质效、优治理、塑优势、实现国有资产保值增值作为全面从严治党的出发点和落脚点，以高质量党建工作引领保障企业高质量发展。党委常委带队开展党建工作责任制督导检查，带头落实双重组织生活制度。严格落实“第一议题”学习制度，实现全集团各级党组织全覆盖，集团和各单位两级中心组学习研讨150多次，形成交流成果、调研成果90多篇。与山东财欣开展中心组“结对旁听”，互学互鉴、对标提升。举办3期党的十九届六中全会专题学习班，完成“县处级以上党员干部轮训一遍”任务。组织开展“学习创新争先锋，建功献礼二十大”主题实践活动，580个党组织和1.2万名党员立足疫情防控、安全生产、改革发展一线争先锋、当表率。深入学习贯彻习近平总书记关于国企改革发展和党的建设的重要论述，组织集中培训110场次。认真做好山东省第十二次党代会精神宣讲宣传工作，党委常委带头到党建工作联系点讲专题党课。深入实施党建五大工程，巩固深化党支部规范化建设和过硬党支部创建成果，全面推行党支部评星定级管理，四星级及以上党支部377个，占比75.24%，无二星级及以下党支部。高质量完成基层党建重点任务，排查治理和规范党务工作事项外包、安排非党员从事党务工作等问题，6项问题全部整改到位。

【领导班子和干部队伍建设】 认真落实新时期好干部标准，坚持将党管干部原则与健全市场化选人用人机制有机结合，立足集团公司长远发展选干部、配班子，全年共调整集团公司党委管理的干部职务53人次，其中1人提拔任职。高质量推进干部教育培训工作，先后与山东大学、浙江大学、中国石油大学、新加坡国立大学等知名高校建立常态化合作，举办多形式的专家讲堂、研修班，让前沿研究成果为干部赋能；坚持在实践中锻炼干部，完成12位年轻干部赴中国宝武实训工作；常态化推进管理人员挂职锻炼，积极选派4位优秀干部参加驻村帮扶工作。立足抓好后继有人根本大计，认真谋划健全年轻干部工作机制，制定并严格落实《大力发现培养选拔优秀年轻干部的实施办法》，年内结合部分权属公司经理层换届工作，补充选聘40岁以下中层副职2名。对集团公司党委管理的11个权属单位领导班子、106名干部进行了年度考核，对2名认定为“末位”的干部执行了岗位调整，同时严格督导权属各级公司按照干部管理权限，落实管理人员末位调整的有关规定；对12家权属单位开展了干部选拔任用“一报告两评议”，逐一进行了问题反馈。认真组织开展领导干部个人有关事项报告年度填报和抽查核实工作，年度随机抽查核实比对一致率保持100%。受理和查办反映权属公司选人用人问题线索10件。

【宣传思想工作】 巩固拓展党史学习教育成果，制定党史学习教育常态化长效化实施方案。分层次开展读书班、培训班，组建各级宣讲团开展集中宣讲190多场，全媒体集中宣传党的二十大精神，实现教育培训和宣传宣讲全覆盖。在“中国梦·新时代·跟党走·强起来”百姓宣讲活动中，创新开展理论宣讲，全面推广用好“学习强国”学习宣传平台，学员总数达22000多人。编写《亮剑出击只为赢》系列形势任务教育材料，广泛深入开展“决战四季度坚决打赢生存保卫战”专题形势任务教育，统一思想行动，凝聚攻坚力量。组织开展“中国梦·新时代·新征程·新山钢”百姓宣讲活动，5件作品参加省属企业宣讲比赛全部获奖。坚持内聚力量、外塑形象，坚持内外宣统筹、全媒体传播，深入开展“学习创新争先锋，建功献礼二十大”“学习宣传党的二十大精神”“锚定高质量、奋起开新局”等一系列重大主题宣传，统一思想、凝聚力量。坚持“舆论引导先声夺人、阵地建设先人一步”，构建集团上下贯通、内外联通的报纸、网络、移动端全媒体传播体系，“一报、一微、一端、两视、两网、N媒”的全媒体得到更大拓展，有力提升了新闻舆论的传播力、引导力、影响力、公信力。

【精神文明建设】 扎实开展群众性精神文明创建活动，积极参与新时代美德山东公益宣传征集展示及“千媒万屏”户外公益广告宣传活动，弘扬主流精神、传播文明理念。深入开展志愿服务关爱行动，打造“五为”文明实践志愿服务品牌。加强社会公德、职业道德、家庭美德、个人品德建设，深入宣传各类先进典型，唱响主旋律、弘扬正能量。扎实开展文明单位创建，1个单位新增为省属企业文明单位，7个单位新增为山钢集团文明单位，全集团拥有全国、省级、省属企业和山钢集团文明单位占独立经营单位总数的60%以上。

【统战和意识形态工作】 积极推动统战工作的科学化、规范化、制度化建设，坚持融入中心抓统战，充分调动统战成员干事创业的积极性、主动性。广泛发动党员干部职工参加全省民族宗教理论政策法规知识学习竞赛活动，山钢集团荣获全省竞赛活动优秀组织奖。在无党派人士、党外知识分子中开展“喜迎二十大　同心跟党走”主题教育活动，组织统战成员深入学习贯彻党的二十大精神、省第十二次党代会精神。加强民主党派、无党派代表人士和党外知识分子队伍建设，有序开展无党派代表人士政治面貌认定工作。把“抓实意识形态工作”列入党委工作要点，并作为党委书记抓党建突破项目，实施意识形态工作创新提升行动，集团党委常委会会议专题研究意识形态工作2次，意识形态和宣传思想工作领导小组会议研究3次。印发《深入抓实意识形态工作的实施方案》《抓实意识形态工作考核评估指标》，建立实施“提示单”制度。集团公司党委组织领导，党办、纪检、组织、宣传、巡察等各部门密切协作，宣传部协调落实，把意识形态督导纳入二十大安保维稳检查，纳入专项巡察，列入《问责工作办法（试行）》、列入民主生活会对照检查内容；开展落实意识形态工作责任制年度考核。建立《网络舆情案例库》，开展舆情会商研判4次。全集团意识形态领域保持稳定，未发生较大级及以上舆情事件。

【纪律检查工作】 按照党中央“疫情要防住、经济要稳住、发展要安全”的决策部署和时任中共山东省委书记李干杰到山钢集团检查指导时提出的统筹抓好疫情防控和生产经营要求，推进政治监督具体化精准化常态化。对宣传贯彻党的二十大精神、扎实做好疫情防控工作、国企改革三年行动计划、新旧动能转换、“六大存量攻坚”等情况开展监督检查。开展“攻坚二季度，决胜上半年”、决战四季度工作会议精神落实情况监督，保障国有资产保值增值。紧盯权力集中、资金密集、资源富集的部门和领域，深化“室企地”联合办案工作机制，查办了多个重点领域，贯穿党的十八大前后，甚至十九大后仍不收敛不收手，靠企吃企、啃食国有资产、损害职工群众利益的严重违纪违法案件。全年有21人因涉嫌违法犯罪被移送地方监委采取留置措施立案调查，全集团共处置问题线索260件，立案55件；给予党纪处分61人次，政务处分48人次；组织处理157人次，有22人被开除党籍，其中11人被解除劳动合同。根据煤焦领域案件暴露出的突出问题，组织开展廉洁风险点排查，建立廉洁风险防控清单、履职行为负面清单，制定防范措施，加强源头治理。各级纪委运用“四种形态”批评教育帮助和处理177人，其中运用第一种形态110人，占62.15%。制发《问责工作办法》，通过完善问责情形，严格问责程序，精准有效指导问责。锲而不舍纠“四风”树新风，全年共查处违反中央八项规定精神问题41件，党纪处分33人次，行政处分16人次，组织处理17人次。

【群团工作】 深入落实山东省总工会关于创建职工生活幸福型企业的部署要求，初步形成《打造“幸福和谐新山钢”创新版指导意见》，打造“幸福和谐新山钢”升级版取得进展；推荐1个单位为山东省创建职工生活幸福型企业培育单位，命名新一批山钢集团“幸福和谐企业”；持续深化“服务职工办实事”，工会服务更加广泛、精准、便捷、多元，职工群众生活品质不断提升。全员创新深入推进，斩获省职工创新创效竞赛决赛特等奖1项、三等奖2项，山钢全员创新工作在山东省首届黄河流域生态保护和高质量发展产业工人创新交流大会上全面展示，并荣获优秀组织单位称号；开展加强新时代高技能人才队伍建设专题送奖活动，给予基层单位100万元专项经费支持；联合国网山东等企业组建职工创新工作室联盟2个；全年评审各级全员创新成果20余万项，年人均完成全员创新改善3.2项，再创历史新高。山钢股份莱芜分公司特钢事业部石荣民团队荣获山东省职工创新创效竞赛决赛特等奖，获奖励100万元。围绕攻坚决胜、打赢生存保卫战，组织开展专题劳动竞赛、主题劳动竞赛等，山钢集团荣获全国“安康杯”竞赛活动优胜单位称号。在全省大企业中第一家建立全国机械冶金建材行业/山东冶金/山钢集团工匠学院，1个单位荣获全国工人先锋号，3人分别荣获全国五一劳动奖章、全国质量工匠、齐鲁工匠。有效运行职工六条保障普惠线，补充医疗安康线实质性推进，印发企业补充医疗保险指导意见，“齐鲁工惠·幸福山钢”APP有效运行。做好职工大病救助、特困慰问、金秋助学、送温暖等工作，全年互助互济保障累计救助161人次、109.48万元，二次救助特困职工8人、22.99万元，组织职工慈善捐款30万元，送温暖工程基金捐助20万元，申请送温暖基金救助大病职工51.56万元，慰问职工160余人，发放慰问品近10万元。举办喜迎党的二十大新媒体原创作品大赛、劳动我最美短视频大赛、民主管理短视频大赛、庆“三八”女职工短视频大赛，开展职工书画摄影作品征集、书香三八读书活动等；参加省总、省国资委相关活动并取得好成绩，斩获全省第八届职工运动会团体总分第八名、男女拔河项目双金牌；集团工会荣获全省喜迎党的二十大主题活动暨女职工建功立业“双十佳”发布仪式优秀组织单位、全国书香三八活动特别组织奖、山东省第一届“书香伴我行”女职工阅读活动特别组织奖等，“书香莱钢”故事写入全国“书香三八”活动用书，并走进山东工会“云播平台”直播间。组织参加第十八届山东省青年职业技能竞赛暨创新创效专项赛决赛，2个项目进入山东省青年创新创效专项赛决赛双双获得铜奖，其中1个项目入围全国第十七届“振兴杯”青年创新创效大赛获得优胜奖。深化“青年文明号”“青年安全生产示范岗”创建活动，6个青年集体荣获山东省青年文明号。

【老干部工作】 多措并举落实老干部政治待遇和生活待遇。组织开展2022年度离休干部及遗属特殊困难专项救助工作，为14名离休干部和遗属申报专项救助金73000元；积极开展“光荣在党50年”申报审核和纪念章发放工作；严格落实上级文件精神，严把标准和范围，做好离休干部离休费和增发补贴落实工作。强化学习引导，组织退休省管干部参加退休省管干部研习班，组织离退休党支部书记参加省属企业党支部书记轮训班。组织离退休干部参加“法治相伴 美好银龄”普法宣传教育活动，收听收看活动启动仪式等相关视频直播。健全完善离休干部“一对一”结对帮扶机制，持续开展离休干部亲情关怀活动。完成2022年度老干部统计工作，摸清离退休干部底数。

【关工委工作】 创新工作思路，做真做实关心下一代工作。不断建立健全基层组织机构，集团公司上下联动的三级组织架构已基本形成。组织召开2022年度关工委工作会议，下发《关于做好集团公司关心下一代工作的通知》。督导各单位党组织将关工委工作纳入党建工作责任制考核，做到与企业党建工作同部署、同督促、同检查。创新工作载体，依托“五老”队伍，注重抓点带面、示范引领，通过开展专题讲座、创新沙龙、政策宣传等活动，推进关心下一代工作更好发展。

（撰稿：孙亚宁　审稿：李学玉）

党委综合事务管理工作

【综述】 党委办公室是集团公司党委综合事务管理部门，与集团公司办公室、人民武装部、保卫部合署办公，主要职能为：审核、起草和制发以集团公司党委（党委办公室）名义发布的各类文件和领导讲话、会议报告等综合类文稿，承办和管理上级党组织及其有关部门和集团公司各单位党组织来文来电；负责集团公司党委有关会议的筹备、会议记录、纪要整理等工作，负责集团公司党委领导公务活动的组织安排、集团公司党委重大活动的组织筹备和重大接待活动的组织协调；组织实施并督促检查集团公司各单位党组织对集团公司党委有关管理制度、公文、会议决定事项及领导要求的贯彻落实；负责集团公司党委部署的调查研究工作，集团公司党委机要保密和印信管理工作，党委保密委员会、密码工作领导小组、外事工作领导小组的日常工作；做好信访和稳定工作，处理信访日常事务。

【文秘调研】 起草集团公司党委组织召开的党史学习教育总结会议、山东省第十二次党代会精神宣讲报告会、七一专题党课等材料；起草或审核把关集团公司党委上报上级部门以及党委领导参加公司外部会议材料等。做好集团公司党委理论学习中心组集体学习、党委常委会等重要会议的记录和纪要。做好集团公司党委领导调研相关协调工作和党委文件审核工作。

【信访稳定】 以习近平新时代中国特色社会主义思想为指导，深入学习贯彻习近平总书记关于加强和改进人民信访工作的重要思想，全面落实中共山东省委、省政府和省国资委党委关于信访工作部署要求，坚定拥护"两个确立"，坚决做到"两个维护"，以全面抓好党的二十大维稳安保工作为主线，扎实推进"治重化积"专项治理和信访稳定风险隐患大排查大化解工作，突出信访问题源头预防和有效处置，确保了在北京冬奥会、全国两会和党的二十大期间和谐稳定。全年集团公司总部共办理职工群众来访、来信、来电及网上信访信息系统转送信访事项31件80人次，提升了信访办理质效和案件结服率，推动信访事项案结事了。自2020年10月开展重复信访专项治理工作以来，国家信访局和省信访局合计交办36件重复信访事项，截至2022年11月已全部办结，办结率100%。扎实做好《信访工作条例》学习，邀请山东能源枣矿集团信访专家结合案例对《信访工作条例》进行解读宣贯，集团公司党委分管领导、各权属企业党委分管领导和信访部门工作人员45人参加，提升了广大信访干部业务素质和技能。

【机要保密工作】 印发集团公司保密委2022年工作要点，对年度保密工作进行安排部署。加强保密宣传教育工作，坚持将保密工作纳入党委理论中心组学习内容。认真落实《信息公开保密审查管理办法》，严格做好外网信息发布前的保密审查，全年审核在集团公司外网拟发布信息210次。夯实基础管理，做好涉密载体日常管理，严格按照有关要求制发涉密文件。对2020年至2022年3000余份机要文件进行整理登记，做好清退销毁准备，对2020年、2021年149份机要文件进行造册归档。将保密经费纳入集团公司年度预算。认真做好涉密人员管理，完成了集团公司涉密人员数据统计，组织涉密人员进行保密教育线上培训。组织保密工作和网络安全培训，集团党委副书记作开班动员并讲保密专题党课，邀请上级主管部门专家授课，参培人员保密意识、保密技能得到提升。加强计算机网络保密管理，在集团公司总部推进部署网络版检查工具，组织开展自查。组织开展微信专项整顿行动。参加山东省国家保密局保密重点工作座谈会，介绍集团公司保密工作开展情况。落实专用网络信息系统保密管理制度，多次组织开展专用网络检查，提出整改意见建议。推进保密自查自评工作，对2021年度保密自查自评工作专项督查情况进行通报，书面反馈各单位发现的问题，督促限期整改。

（撰稿：孙亚宁　张海明
审稿：李学玉）

组织工作

【综述】 党委组织部与人力资源部、机关党委合署办公。主要职能为：负责集团公司党组织建设和党员管理，领导班子建设和干部管理，老干部管理与服务，人员编制管理，承担机关党委日常工作。截至2022年底，共有职工14人。其中，教授级高级政工师1人，高级经济师4人，高级政工师7人，政工师1人，工程师1人；研究生学历7人（其中2人具有硕士学位），大学学历6人（其中2人具有硕士学位）。

【党的建设】 扎实开展“学习创新争先锋，建功献礼二十大”主题实践活动，全集团580个党组织和近12000名党员立足疫情防控、安全生产、改革发展一线争先锋、当表率，凝聚力、战斗力持续增强。按照中央部署和山东省委要求，扎实做好党的二十大和省第十二次党代会代表推选工作。结合工作实际，研究制定党的二十大精神学习宣传贯彻方案，购买发放学习资料14000余册，筹备党的二十大精神专题学习暨集中轮训。深入学习贯彻习近平总书记关于国企改革发展和党的建设的重要论述，制定学习计划，组织集中培训110场次，并采用专题讲座、在线学习等多种方式，推动学习宣传贯彻工作，确保统一思想、学以致用、上下贯通、全面覆盖。巩固深化党支部规范化建设和过硬党支部创建成果，全面推行党支部评星定级管理，四星级及以上党支部377个，占比75.24%，无二星级及以下党支部。

【领导班子和干部队伍建设】 认真落实新时期好干部标准，坚持将党管干部原则与健全市场化选人用人机制有机结合，立足山钢集团长远发展选干部、配班子，全年共调整集团公司党委管理的干部职务53人次，其中1人提拔任职。高质量推进干部教育培训工作，针对干部在现代企业治理、战略思维等方面的能力短板，先后与山东大学、浙江大学、中国石油大学、新加坡国立大学等知名高校建立常态化合作，举办多形式的专家讲堂、主体班次、研修班，让前沿研究成果为干部赋能；坚持在实践中锻炼干部，完成12位年轻干部赴中国宝武实训工作；常态化推进管理人员挂职锻炼，选派4位优秀干部参加驻村帮扶工作。立足抓好后继有人根本大计，认真谋划健全年轻干部工作机制，制定并严格落实《大力发现培养选拔优秀年轻干部的实施办法》，年内结合部分权属公司经理层换届工作，补充选聘40岁以下中层副职2名。对集团公司党委管理的11个权属单位领导班子、106名干部进行了年度考核，严格执行集团公司党委《领导班子及领导人员综合考核评价办法》《领导人员末位调整实施办法（试行）》规定，对2名认定为“末位”的干部执行了岗位调整，同时严格督导权属各级公司按照干部管理权限，落实管理人员末位调整的有关规定；对12家权属单位开展了干部选拔任用“一报告两评议”，逐一进行了问题反馈。认真组织开展领导干部个人有关事项报告年度填报和抽查核实工作，年度随机抽查核实比对一致率保持100%。受理和查办反映权属公司选人用人问题线索10件。

【干部人事制度改革】 严格落实集团公司《进一步深化三项制度改革攻坚方案（2021—2022）》，完成三年行动任务目标。经理层成员任期制和契约化管理实现全覆盖，并在8家权属单位推行了职业经理人制度；开展经理层任期制和契约化管理“回头看”，认真查摆文书规范、履约质量方面存在的突出问题，并认真督促整改；

落实山东省国资委外部董事占多数要求，31户建立董事会的各级子企业全部实现外部董事占多数。扎实推进各级管理机构、管理人员优化精简，截至2022年末，全集团管理人员总和占比2.72%，远优于省国资委要求的8%目标；进一步健全和落实管理人员能上能下机制，大力推行人员公开选聘竞聘，严格落实末位调整、不胜任退出制度规定，年内调整退出各级管理人员63人，占比达到10.54%。

（撰稿：张　岳　张怀鹏
审稿：李勇实　阎文龙）

意识形态和宣传思想工作

【综述】 党委宣传部与企业文化部合署办公，主要职能为：负责策划、组织意识形态和宣传思想工作，承担集团公司意识形态和宣传思想领导小组日常工作；负责舆论宣传工作，统筹管理、联系协调内、外新闻媒体，组织开展舆情应对工作；负责加强和改进思想政治工作，做好职工形势任务教育和干部职工理论学习工作，承担集团公司党建思想政治工作研究会日常工作；负责精神文明建设，组织开展群众性精神文明创建活动和道德教育实践活动，承担集团公司精神文明建设委员会日常工作；负责统一战线工作，全面贯彻党的统一战线方针政策，发挥民主党派、无党派人士和党外知识分子参政议政和民主监督作用；负责职责范围内的规章制度制定、落实情况的考核监督工作。截至2022年底，共有职工4人。其中，教授级高级政工师2人，高级政工师2人；研究生2人，大学本科2人。

【理论武装】 集团公司党委召开一届四次全委会，审议通过《深入学习宣传贯彻党的二十大精神全面推动高质量发展的实施意见》；制定印发《关于深入学习宣传贯彻党的二十大精神的实施方案》《关于做好党的二十大精神宣讲工作的通知》，分层次开展读书班、培训班，组建各级宣讲团开展集中宣讲190多场，全媒体集中宣传党的二十大精神，实现教育培训和宣传宣讲全覆盖。深入学习贯彻习近平新时代中国特色社会主义思想，严格落实“第一议题”学习制度，实现全集团各级党组织全覆盖；集团和各单位两级中心组学习研讨150多次，形成交流成果、调研成果90多篇；与山东财欣开展中心组“结对旁听”，互学互鉴、对标提升。在“中国梦·新时代·跟党走·强起来”百姓宣讲活动中，创新开展理论宣讲。全面推广用好“学习强国”学习宣传平台，学员总数达22000多人，日均参与度、人均积分保持省属企业前列，平台发稿数位居首位，扩大理论学习覆盖面。巩固拓展党史学习教育成果，制定党史学习教育常态化长效化实施方案。

【意识形态工作】 把“抓实意识形态工作”列入党委工作要点、作为党委书记抓党建突破项目，实施意识形态工作创新提升行动，集团党委常委会会议专题研究意识形态工作2次，意识形态和宣传思想工作领导小组会议研究3次。在部署推进制度建设、队伍建设、督导检查等方面取得新突破，印发《深入抓实意识形态工作的实施方案》《抓实意识形态工作考核评估指标》，建立实施“提示单”制度；邀请中共山东省委宣传部意识形态工作处负责人为集团公司党委理论学习中心组辅导讲座，邀请省委宣传部、省委统战部、省委网信办、省委党校专家为集团宣传骨干培训；集团公司党委组织领导，党办、纪检、组织、宣传、巡察等各部门密切协作，宣传部协调落实，把意识形态督导纳入党的二十大安保维稳检查，纳入专项巡察，列入《问责工作办法（试行）》、列入民主生活会对照检查内容；开展落实意识形态工作责任制年度考核；建立《网络舆情案例库》，开展舆情会商研判4次。全集团意识形态领域保持稳定，未发生较大级及以上舆情事件。

【宣传教育】 编写《亮剑出击只为赢》系列形势任务教育材料，深入开展“决战四季度坚决打赢生存保卫战”专题形势任务教育，统一思想行动，凝聚攻坚力量。宣传部牵头组织，联合工会/团委、新闻传媒中心在全集团开展了“打赢生存保卫战”职工思想状况专题调研，设计、发放并收回有效调查问卷3148份，分片区召开职工访谈会5场次，访谈职工70余人。完成山东省国资委省管企业政研会安排的青年员工思想状况调研课题报告和2022年山钢集团思想政治工作开展情况报告。组织开展“中国梦·新时代·新征程·新山钢”百姓宣讲活动，举办宣讲比赛，优秀作品视频在媒体进行传播，5件作品参加省属企业宣讲比赛全部获奖，其中故事类一等奖1个、三等奖1个，曲艺类一等奖1个，理论类二等奖1个，视频类二等奖1个，1件作品获全省百姓宣讲大赛一等奖。

【舆论引导】 坚持内聚力量、外塑形象，坚持内外宣统筹、全媒体传播，深入开展“学习创新争先锋，建功献礼二十大”“学习宣传党的二十大精神”“锚定高质量、奋起开新局”等一系列重大主题宣传，统一思想、凝聚力量；外宣稿件频频登上《人民日报》、“学习强国”、新华网、人民网、《大众日报》、山东电视台等权威媒体，进一步扩大了山钢品牌的影响力和美誉度。坚持正能量要有大流量，坚持“舆论引导先声夺人、阵地建设先人一步”，保持内容定力、用好技术手段，构建集团上下贯通、内外联通的报纸、网络、移动端全媒体传播体系，集团公司“一报、一微、一端、两视、两网、N媒”的全媒体得到更大拓展，有力提升了新闻舆论的传播力、引导力、影响力、公信力。在2022年山东省省属企业意识形态和宣传思想工作会议上，山钢集团党委作了全媒体建设运用管理的典型发言。

【精神文明建设】 深入践行社会主义核心价值观，制定印发集团公司2022年度精神文明创建计划，统筹部署开展各项工作。扎实开展群众性精神文明创建活动，积极参与新时代美德山东公益宣传征集展示及“千媒万屏”户外公益广告宣传活动，弘扬主流精神、传播文明理念；深入开展志愿服务关爱行动，打造“五为”文明实践志愿服务品牌；加强社会公德、职业道德、家庭美德、个人品德建设，深入宣传各类先进典型，唱响主旋律、弘扬正能量；扎实开展文明单位创建，1个单位新增为省属企业文明单位，7个单位新增为山钢集团文明单位，全集团拥有全国、省级、省属企业和山钢集团文明单位占独立经营单位总数的60%以上。

【党建政研会】 印发《集团公司政研会2022年党建思想政治工作课题研究和推荐评选优秀政研会干部的通知》，制定33项重点研究课题，对研究方向原则、方法步骤及成果评奖、政研会干部推荐评优等工作作出具体安排部署。共征集各单位推荐的58件政研成果，组织11名专家评委进行评审，共产生一等奖10件、二等奖20件、三等奖28件，评选出优秀政研会干部22名。山钢推荐的政研论文获中国冶金政研会一等奖2篇，二等奖6篇，三等奖6篇，获奖数量和等级在全国冶金行业名列前茅。1篇获省属企业政研成果一等奖。

（撰稿：王利峰　徐大天
审稿：张兰润）

统一战线工作

【综述】 山钢集团党委宣传部具体负责集团公司统一战线工作，在集团公司党委领导下开展工作。主要职能为：贯彻落实党对统一战线工作的理论方针政策和决策部署，负责发现、联系和培养党外代表人士及党外后备干部队伍建设工作，联系民主党派，牵头协调无党派人士工作，支持民主党派和无党派人士履行职责、发挥作用，统筹协调民族宗教工作，在统一战线工作中落实意识形态工作责任制，负责开展统一战线宣传工作等。截至2022年底，全集团共有专兼职统战干部42人，统战成员969人（其中党外知识分子按大学学历统计）。

【组织领导】 成立统一战线工作领导小组，明确领导小组和领导小组办公室职责。将统战工作纳入意识形态工作责任制、党建责任制检查考核、党委巡察重点内容，贯穿到领导班子和领导干部考核的全过程，纳入党委书记履行全面从严治党责任和抓基层党建工作述职评议内容。建立党委领导班子成员与党外代表人士联系交友制度，每名常委联系2名党外代表人士。3月1日，山钢集团党委常委会召开第144次会议，学习习近平总书记关于意识形态工作的重要论述，传达省委统战部和省国资委党委《关于加强新时代省属企业统一战线工作的意见》，听取统战部门统战工作情况汇报，研究部署下一步工作思路。为集团公司党政领导及基层专兼职统战干部购买《中国共产党统一战线工作条例》单行本，为党外代表人士购买爱国主义学习丛书，统筹用好统战工作经费。

【宣传教育】 严格落实“第一议题”和党委理论学习中心组学习制度，及时跟进学习习近平总书记关于统一战线工作的重要论述。各级党委领导班子成员集体学习了习近平同党外人士共迎新春座谈会精神、习近平总书记关于统一战线意识形态工作的重要论述、习近平关于爱国统一战线的重要论述、省委民族工作会议暨全省宗教工作会议精神等。8月26日，山钢集团举行党委理论学习中心组集体学习会议，特邀民主党派成员列席旁听，现场进行互动交流，共商企业发展大计，发挥其参政议政、民主监督的作用。根据省国资委党委工作安排，组织各单位认真学习宣传贯彻省委民族工作会议暨全省宗教工作会议精神。6月至8月底，广泛发动党员干部职工参加全省民族宗教理论政策法规知识学习竞赛活动，提升广大党员干部职工对民族宗教理论政策法规知识的知晓度，山钢集团荣获全省竞赛活动优秀组织奖。在无党派人士、党外知识分子中开展“喜迎二十大 同心跟党走”主题教育活动，组织统战成员深入学习贯彻党的二十大精神、省第十二次党代会精神。

【作用发挥】 在统战成员中同步开展“攻坚二季度，决胜上半年”劳动竞赛和“决战四季度，打赢生存保卫战”形势任务教育，深入推进全员平凡创新工程，开展“学习创新争先锋，建功献礼二十大”主题实践活动。设立省级博士后创新实践基地，依托“先进钢焊接工程技术研究中心”“特厚板工程技术研究中心”等省级科技创新平台，加强创新资源集聚，推动更多科技创新成果落地。由全国劳动模范、无党派人士胡淑娥领衔的劳模创新工作室，紧紧围绕产品研发，聚合众智、持续创新，开发公司级技术创新课题22项、集团公司重大研发计划1项、省军民融合项目1项、省级研发平台建设2个、省级人才工程建设任务2项。持续开展“金点子”合理化建议征集活动，支持引导民主党派和无党派人士聚焦增强企业改革发展创新力和竞争力建言献策。山东省和济南市政协委员、九三学社社员赵培林博士积极提建议、谋发展，围绕绿色发展、科技创新建言献策，履行参政议政职责，带领团队研发的超高强海洋工程用钢板顺利通过中国船级社认证。

【队伍建设】 加强民主党派、无党派代表人士和党外知识分子队伍建设，有序开展无党派代表人士政治面貌认定工作。截至2022年底，全集团共有民主党派成员52人，其中民革1人、民盟17人、民建5人、民进2人、农工党2人、致公党2人、九三学社23人；党外干部5人（其中1人同为中共党员）；无党派人士10人，其中2人为省级无党派代表人士人选数据库推荐人选；大学学历及以上的党外知识分子546人；少数民族职工254人，其中科级及以上的少数民族干部26人；职工中信伊斯兰教、基督教、佛教、天主教等35人，党员中没有信教人员；侨眷2人；出国留学人员1人，归国留学人员69人，其中2人担任济南市欧美同学会（济南市留学人员联谊会）第三届理事会理事。集团公司的全国、省级、市级人大代表中，有党外人士2人；全国、省级、市级政协委员中，有党外人士12人。

（撰稿：王利峰　审稿：张兰润）

纪检监察工作

【综述】 中共山东钢铁集团有限公司纪律检查委员会，在中共山东省纪律检查委员会、中共山东钢铁集团有限公司委员会的领导下开展工作，是集团公司党内监督的专责机关，设有综合部、案件管理室、第一纪检监察室、第二纪检监察室、案件审理室等5个内设机构。主要职责：协助党委推进全面从严治党、加强党风廉政建设和反腐败工作，一体推进“不敢腐、不能腐、不想腐”；履行监督第一职责，确保党的路线方针政策和重大决策部署在集团公司落到实处；加大对党委管理人员的监督执纪力度，始终保持惩治腐败的高压态势；依纪开展问责或提出问责建议；指导、检查、督促各级纪检层层落实监督责任；加强对纪检监察干部的日常教育、管理和监督。截至2022年底，共有管理人员17人。

【政治监督】 深入学习运用“一台账、两清单、双责任、双问责”监督机制，持续推进政治监督活页建设。按照党中央“疫情要防住、经济要稳住、发展要安全”的决策部署和时任中共山东省委书记李干杰到山钢集团检查指导时提出的统筹抓好疫情防控和生产经营要求，推进政治监督具体化精准化常态化。对宣传贯彻党的二十大精神、扎实做好疫情防控工作、国企改革三年行动计划、新旧动能转换、“六大存量攻坚”等情况开展监督检查。督促抓好黄河流域生态保护和高质量发展重大战略在山钢集团的落实落地。开展“攻坚二季度，决胜上半年”“决战四季度工作会议”精神落实情况监督，保障国有资产保值增值。

【反腐败工作】 紧盯权力集中、资金密集、资源富集的部门和领域，深化“室企地”联合办案工作机制，查办了多个重点领域，贯穿党的十八大前后，甚至十九大后仍不收敛不收手，靠企吃企、啃食国有资产、损害职工群众利益的严重违纪违法案件。全年有21人因涉嫌违法犯罪被移送地方监委采取留置措施立案调查，全集团共处置问题线索260件，立案55件。给予党纪处分61人次、政务处分48人次，组织处理

157人次，有22人被开除党籍（其中11人被解除劳动合同）。严肃查处了煤焦采购领域宋尊国、王林涛、张森修、李明富、李健伟等，检化验领域王刚仁，设备采购领域的吕智勇、傅守滨，工程建设领域于亦军，营销领域庄虔栋、冯钰，铁前系统张明，历史遗留问题领域董杰吉、刘新波、毕海等人严重违纪涉嫌职务违法犯罪问题。

【以案促改】 向山钢股份党委提出规范钢材销售物流运输管理、进一步强化采购领域廉洁风险防控的纪检监察建议，推动物资采购、物流运输等领域制度建设，完善权力运行监督制约机制。督导营销领域采取修订完善制度、轮岗交流等措施，煤焦采购领域通过调整案发单位领导班子、加强信息化建设、强化管理监督，企业综合竞争力不断增强。根据煤焦领域案件暴露出的突出问题，组织开展廉洁风险点排查，建立廉洁风险防控清单、履职行为负面清单，制定防范措施，加强源头治理。用活案件资源，拍摄警示教育片《念错生意经 走错人生路》，通报党的十九大以来查处的严重违纪违法典型问题。开展“扣好廉洁从业第一粒扣子”专题廉洁教育，820余名青年干部接受教育。发放《党员干部廉洁自律提示卡》《廉洁从业提示卡》，优化山钢廉洁教育基地建设，打造“清廉山钢”廉洁文化品牌。

【协助责任】 协助党委制发《关于进一步加强党风廉政建设和反腐败工作的二十条措施分工方案》《贯彻落实〈中共中央关于加强“一把手”和领导班子监督的意见〉的若干措施》《落实全面从严治党主体责任2022年度任务安排》等文件，压实各级党组织全面从严治党主体责任，推动解决贯彻落实重大决策部署不坚决、履行职责使命不到位、推进重大改革和重点工作不扎实等突出问题。

【专项监督】 对违规建豪宅、违规发放津贴福利、欠薪讨薪等腐败问题进行专项监督。专题部署推进欠薪讨薪问题监督，实现讨薪信访积案全面清零；组织开展职工投资关联企业情况专项排查治理，防止关联交易、利益输送，靠钢吃钢、靠企吃企；结合企业实际，自主开展“攻坚二季度，决胜上半年”“落实决战四季度工作会议精神”专项监督、职工投资关联企业情况专项排查治理等，共发现突出问题47项。

【日常监督】 印发《关于加强和规范资产减值准备财务核销事项相关责任追究工作的通知》，督促各单位进一步规范工作程序，积极稳妥做好责任追究工作。印发《关于进一步做好鼓励、敦促违纪违法人员主动交代问题有关工作的通知》，先后有27人主动向组织交代或说明问题。各级纪委运用“四种形态”批评教育帮助和处理177人，其中运用第一种形态110人，占62.15%。制发《问责工作办法》，通过完善问责情形，严格问责程序，精准有效指导问责。督导山钢股份莱芜分公司对特钢事业部进厂废钢掺杂诈骗问题进行追责问责，共处理处分25人，对莱芜分公司采购部、特钢事业部党委等4个党组织、单位进行通报批评，责令作出深刻检查。制发《纪检监察建议书》31份，回复党风廉政意见1458人次，提出否定性意见1人次，补充完善集团党委管理领导干部廉洁档案139份。

【“四风”纠治】 制发《关于进一步加强作风建设的实施方案》《关于落实“严真细实快”要求扎实做好当前疫情防控工作的通知》，细化关于监督落实中央八项规定精神锲而不舍纠“四风”树新风工作方案，聚焦作风简单粗暴漠视侵害职工群众利益、违规发放津补贴、借培训名义搞公款旅游、“酒杯中的奢靡之风”四类突出问题，开展靶向纠治。紧盯管理质效、深化改革、疫情防控、安全环保、资金安全、采购营销、选人用人等七个方面“四风”问题和腐败易发多发领域，落实杜绝违规请吃吃请、酒驾醉驾要求，开展专项监督。加强节日期间作风建设监督检查，紧盯“四风”新表现、新动向开展明察暗访、专项检查。全年共查处违反中央八项规定精神问题41件，党纪处分33人次，行政处分16人次，组织处理17人次。

【自身建设】 组织纪检监察业务全员培训，持续开展“室主任上讲堂”、送课到基层。优化在线学习系统，坚持两周一考、以考促学。选派业务骨干参与“室企地”联合办案，以案代训，提升纪检监察干部规范化法治化正规化水平。充实纪检监察队伍力量，补充调整纪检监察人才库人员84名，选聘新一届特约监督员39名。建立问题线索集体研判机制，健全监督检查审查调查措施备案管理，从严管理监督干部，推进监督执纪执法工作依规依纪依法高质量开展。年内，1人荣获“全国纪检监察系统先进工作者”荣誉称号，1人荣获“山东省五一劳动奖章”荣誉称号。

（撰稿：梁玉超　审稿：刘烈涛）

巡察工作

【综述】 集团公司党委巡察工作领导小组向集团公司党委负责并报告工作，负责贯彻中央、省委有关决策部署精神和集团公司党委有关巡察工作的决议、决定；负责对巡察工作的组织领导、任务安排，听取巡察情况汇报、研究巡察成果运用等工作。巡察工作领导小组下设办公室（简称巡察办），作为其日常办事机构，与集团公司审计部合署办公。巡察办负责提出巡察工作计划和建议；处理巡察工作日常事务，承担与巡察工作相关的政策研究、制度建设等工作；组织对巡察工作人员的培训；配合做好巡察组人员的评价、监督和管理；落实巡察问题整改和成果运用的统筹督促责任。根据工作需要，设立若干巡察组，在巡察工作领导小组领导下承担巡察任务。巡察组实行组长负责制，副组长协助组长工作，由巡察工作领导小组根据巡察任务确定，一次一授权。截至2022年底，巡察办共有专职管理人员3人。其中，高级专业技术职务2人，中级1人；研究生1人，大学本科2人。

【巡察组织】 集团公司党委坚决贯彻落实中央和省委关于巡视巡察的决策部署，持续推进巡察工作向纵深发展。截至2022年底，集团公司党委实现3次常规巡察全覆盖，开展了3轮包括“阳光购销”“五位一体”“财务及实物资产管理”“资金管理”等内容的专项巡察。2022年，集团公司党委派出1个巡察组，下设2个专业组，从加强履行管党治党政治责任、强化关键领域权力运行、扎实做好“后半篇”文章三个方面开展监督检查，对莱钢集团、山钢地产、山钢矿业、山东耐材4家单位党委开展专项巡察。落实巡察上下联动要求，同时对4家单位参加巡察的人员进行了专题培训，4家单位先行开展内部专项巡察，形成了日常的沟通、协调和调度机制，充分发挥协同优势，做到“同题共答”。专项巡察由集团公司党委常委、纪委书记、监察专员赵文友任巡察组组长，巡察办副主任贾元奎任副组长，集团公司工会副主席刘松林、山钢股份日照公司党委委员纪委书记曹庆良分别担任专业组组长。

【巡察整改】 提高整改规范化水平，制定下发《关于加强巡察整改和成果运用的实施意见》，压实整改责任，抓实关键环节，强化监督督促，完善保障措施。压实被巡察单位党组织的巡察整改政治责任，强化被巡察单位党组织巡察整改“主体责任”，党委书记认真履行“第一责任人”责任，增强“整改不落实就是对党不忠诚”的意识。将巡察问题整改纳入党委书记、纪委书记的年度述职内容。对巡察问题整改情况及时与集团公司专业职能部门沟通，明确整改措施，确保整改效果。各单位纪委和组织部门充分发挥巡察整改的监督责任，加大对典型问题的问责力度，以问责倒逼整改的落实落地。充分发挥专业职能部门的督促和指导作用，巡察办对巡察发现的问题进行分类梳理移交给专业职能部门，各专业职能部门加强顶层设计，结合本专业的业务开展进行系统治理。2022 年巡察反馈存量问题整改完成率 93.9%，即知即改问题完成率 100%，压减进度完成了攻坚计划。

【巡察成效】 紧盯职责落实，推动集团公司党委重要工作部署落实落地，进一步规范权力运行机制，压缩权力任性空间，堵塞管理漏洞。充分发挥“中枢”“串联”作用，坚持集团公司党委决策部署到哪里，巡察就跟进到哪里，权力集中在哪里，巡察就聚焦到哪里。协同纪检、审计等主责监督力量，突出信息沟通机制，用好已有的监督成果。融合专业主管部门的业务监督力量，借助专业部门熟悉本领域业务的优势，精准高效查出制约机制体制层面的深层次问题，规范权力运行机制，助于专业主管部门借势借力解决问题，形成监督常态。2022 年资金管理专项巡察反馈制度制定与执行、融资管理、投资管理、担保管理、风险防控等方面的问题 31 项；对莱钢集团、山钢地产、山钢矿业、山东耐材 4 家单位党委开展的专项巡察，验证了 4 家单位上轮反馈问题 238 项，其中 183 项问题整改到位，55 项问题未完全整改到位，巡察新发现问题 73 项，移交问题线索 18 个，通过上轮巡察巡察问题整改，新建、修订制度 142 项，废止制度 38 项，纪律处分 1 人次，组织处理 56 人次，督促收回风险资金、逾期款项 7.26 亿元。

【队伍建设】 坚持把巡察作为锻炼培养干部的重要平台，加强巡察人才库建设，及时补充更新巡察人才库。全年先后抽调精干人员 30 余人参加专项巡察，将巡察进驻前培训作为开展好巡察工作的一项重要措施，同时加强对二级单位巡察人员的培训。巡察期间成立临时党支部，组织开展政治理论、党规党纪和巡察业务学习。经过集中培训、巡察历练，抽调人员的政治素质、能力水平不断提升。加强对巡察人员的教育、管理和监督，每轮巡察结束，对抽调人员出具《鉴定意见》，对巡察期间的表现给予综合评价。

（撰稿：徐　毅　审稿：安　燕）

机关党群工作

【综述】 集团公司机关党委与党委组织部、人力资源部合署办公，具体负责集团公司机关的党建工作。2022 年 1 月，成立中共山东钢铁集团有限公司人力资源服务中心支部委员会，隶属机关党委管理。截至 2022 年底，机关党委下设 15 个党支部，党员 158 人。

【党建工作】 机关党委以习近平新时代中国特色社会主义思想为指导，深化“11344”党建工作体系，全年研究党建工作 17 次，通过述职评议激发党组织书记、委员全面履职发挥“头雁”效应，通过全面规范充分激发党支部发挥主体作用，引导党支部建设从“围绕发展抓党建”到“融入发展抓党建”，指导党支部建设与业务工作“六融合六同步”。响应集团“决胜四季度、打赢生存保卫战”的号召，在全体机关职工中开展“打赢保卫战，我们多贡献”实践活动，实施“四个一”措施，收到良好成效。打造党建品牌增强工作实效，机关各级党组织严格落实“第一议题”制度，举办习近平总书记关于国有企业改革发展和党的建设重要论述专题培训，强化党的创新理论在基层党建工作中的指导作用。打造机关党建“红色赋能，聚力创效”品牌，深化党建融入治理创效、改革攻坚、队伍建设工作，助推机关管理效能提升，指导各支部将部门职责融入支部理念，培育出宣传部党支部的“红·领·带”品牌等一批富有特色、引领性强的机关党建工作品牌。全面规范推进党建赋能，以问题为导向，以创建过硬党支部、党支部评星定级为抓手，落实“全面履职、全面规范、全面提升”机关党建工作标准化规范化工作要求，评选五星级党支部6个、四星级党支部8个。实施“年度党建要点+月度党建计划”模式，统一规范支部台账、党员记录标准，明晰换届选举等党建业务流程化、材料规范化，严格规范“三会一课”等基本制度，全面提升主题党日质量。集团党委常委带头严格落实双重组织生活制度、带头讲党课、带头深入基层调研，以上率下、以身作则，党委常委所在支部率先成为过硬党支部、五星级党支部。凝心铸魂夯实思想基础，认真落实党员学习教育培训规划，先后举办全员保密知识、安全生产等多项在线学习，组织专家现场辅导解疑释惑，观看《我的父亲焦裕禄》等主旋律电影，到党性教育基地开展现场教学，推进党史学习教育常态化长效化。严格落实意识形态工作责任制，在集团意识形态和宣传思想工作培训中作典型交流发言。推动“我来讲党课”在总部机关形成制度。加强对群团工作指导，抓实统一战线工作、离退休党员工作，机关职工队伍保持整体稳定，未发现非法宗教传播和邪教势力渗透情况。坚持开展“发现榜样”“两优一先”活动，全年推荐2名全国钢铁行业党员先锋，评选机关优秀共产党员20名、优秀党务工作者12名，评选“机关最美奋斗者”15名。拍摄短视频开展百姓宣讲，弘扬奋斗精神。牵头组织、联合驻总部7家党组织共同开展“双报到”工作，组建志愿者骨干队伍，开展走访慰问、疫情防控等活动6次，帮助社区解难题、办实事。

【党风廉政建设】 在总部机关党员干部中开展“知敬畏、存戒惧、守底线”系列廉洁警示教育活动，设立机关作风监督意见箱，严格落实党风廉政建设责任制，开展纠治“四风”持续治理。弘扬“严真细实快”作风，强化机关党组织“走在前、作表率”的使命感，增强党员“全面对标提升、工作全面跃升”的责任感。支持纪委开展工作，配合集团公司纪委开展监督、执纪、问责。针对民主生活会查摆的问题，机关党委列清单、定措施、明责任、限时限，引导机关部室落实管理职能，推动整改落实见效，营造清风正气，从严落实党风廉政建设和反腐败工作。

【群团工作】 机关党委加强对群团工作的领导，定期听取机关群团工作汇报。组织开展机关工会委员补选工作。机关工会建立防疫基金，积极开展疫情防控工作，为机关职工发放口罩、药品等防疫物资近2.7万元。坚持节日走访慰问、困难救助、丧事抚慰、住院探望、生日送祝福等制度，持续推进民主管理，加强职工权益维护。开展第五届“幸福山钢健康行”健步走等活动，丰富了机关职工业余文化生活。持续推进职工之家建设，职工之家已成为机关职工自主学习充电的优质服务平台。在机关女职工中开展第五届“书香三八·魅力女工”“书香秀”读书活动，31件作品先后荣获集团及以上级别奖项，机关女职委荣获集团公司“书香三八”活动优秀组织单位、女职工工作先进集体等荣誉称号。制作《致敬最美的她》《你好，孙姐》视频片，大力宣传机关先进人物事迹。强化机关青年思想引领，对党的二十大和建团100周年大会精神进行集体学习研讨。积极开展青年先模人物评选，1人获“山钢十大杰出青年”，并有3个集体和个人获集团公司“两红两优”表彰。开展“希望小屋”儿童关爱项目，组织总部机关青年职工捐款6300元。组织总部机关青年和职工开展“喜迎二十大，热血献青春”无偿献血活动，共献血12800毫升。

（撰稿：李　霞　审稿：李勇实）

新闻传媒中心工作

【综述】 新闻传媒中心负责山钢集团新闻宣传和舆情监控工作，职能定位是：坚持党管宣传、舆论先行，围绕山钢集团改革发展大局，传播好声音，凝聚正能量，推进媒体融合发展，建立全媒体传播体系，拓展媒体经营业务，建立起党管宣传与媒体市场化运行相统一的新闻宣传新机制。主要职能为：负责山钢集团内部新闻宣传，系统策划组织对外宣传；做好日常舆情信息收集整理和应对引导；汇总整理并实时发布时政、经济类新闻信息。新闻传媒中心设立综合管理部、全媒体记者部、编辑部、新媒体部、信息舆情部、市场运营部6个部室。截至2022年底，共有职工38人。其中，在岗36人，内退2人，本科及以上学历37人，中级及以上职称32人。

【新闻宣传】 坚持“阵地控制先人一步，舆论引导先声夺人”，深入宣贯党的十九届六中全会精神，开展“学习创新争先锋　建功献礼二十大”大型主题宣传，开设“深入学习贯彻党的二十大精神”专栏；深入宣传贯彻集团公司重要会议精神和重大决策部署，围绕集团公司发展方略和重点工作，策划开展了系列主题宣传活动，全年组织编发上百篇重点稿件和专题新闻，其中贯彻年度工作会议精神系列评论5篇、职代会精神系列解读8篇、半年会精神系列解读4篇、硬核产品看山钢系列报道11篇、山钢科创型企业巡礼系列报道7篇、喜迎二十大“新时代　新跨越”系列报道7篇、国企改革三年行动“回头看”系列报道7篇。打造了“锚定高质量　奋起开新局”“全面对标　系统提升”“强党建根魂 固钢铁堡垒”“清风山钢”“共建幸福和谐新山钢”“最美山钢人”等一系列精品栏目。不断完善“一报一微一端两视两网N媒”的全媒体传播体系，牢牢占据主流思想舆论高地。2022年，出版《山东钢铁报》97期，编发稿件3800多篇。播发山钢电视新闻96期，时长1100多分钟。在社会主流媒体刊发外宣稿件800多篇次；在“学习强国”山东学习平台发稿50多条，在省属企业中保持领先。微信公众号编发稿件1484篇，同比增加13.4%，阅读量达到233万人次，粉丝量达到5.78万人，较同比增长13.1%，“厚道山钢”连续五年被评为全国企业电视融媒体十大有影响力微信公众号。APP共编发新闻稿件5287篇，阅读量达到78.7万人次，评论量3.28万，用户下载量6.4万人，同比增长110%。创作短视频作品500余件，山钢集团官方抖音号发布388件，粉丝数量达到4.2万人，同比分别增长77%、37%和68%。精心摄制电视专题片，全年完成《绿色蝶变》《创新，一起向未来》《筑梦山钢》等各类专题片、MV等十几部。山钢新媒体平台用户总量达到16.38万人，全媒体传播体系总发稿量23000篇次，总阅读量3000万人次，分别是三年前的2.8倍、2倍和3.2倍。在省属企业意识形态和宣传思想工作会议上，山钢集团党委作了《挺进互联网主战场、壮大新媒体主阵地，为企业高质量发展营造良好思想舆论生态》的典型发言。

【信息舆情】 高度关注意识形态、职工心态、舆情动态，建立网上舆情工作提示单制度，全天候、全网络进行舆情监控，坚持“第一时间发现、第一时间报告、第一时间研判、第一时间处置”，最大限度降低舆情风险，为领导决策提供及时、准确、高质量的信息服务，网络舆情保持了总体稳定。监测网络敏感信息量3000余条、上报反馈处置信息量200余条，对二级单位及时预警提示百余条。编写上报《信息参考》50期、《舆情信息》48期、《舆情专报》1期，将37件舆情案例整理入库。

【团队建设】 把团队建设视为发展之基、动力之源，着力打造“政治强、纪律严，观念新、素质高，风气正、形象好，有活力、有作为”的卓越团队。积极开展群团活动，组织工间操、迎冬奥健步走、“勇挑重担、做新时代泰山‘挑山工’”拓展训练等健康向上的集体活动，增强凝聚力、向心力。重视职工素质提升和人才培养，确定2022年为“对标竞优年”，各部门通过对标找差，瞄准对标竞优的目标，开展对标学习、创新提升。成立7个采访小分队，建立6个导师带徒专业学习小组，完善好新闻评选、作品分享等制度，实施“全员素质登高”工程，开展“啄木鸟”行动，强化团队、个人素质提升。大力倡导“守正道、善创新、勇担当、争一流”的责任文化，在“打赢生存保卫战担当传媒责任”五个一活动中，广大职工积极出谋献策，提出“金点子”50条，完成党建与管理创新课题7项，在岗的36名党员均撰写了“我的责任”承诺书。深化内部改革，完善激励机制，完善落实总经理奖励基金，每月奖励亮点事项，营造“重学习、看才能；重实干、看绩效；重团结、看协作；重作风、看形象”的环境氛围。全年20多人次获得全国企业电视优秀记者/融媒体工作者、中国冶金报社优秀站长/通讯员、全国“书香三八”个人奖等荣誉称号。有4人完成研究生学业，4人通过了职称晋级。100多件作品获得山东好新闻奖、全国企业电视作品特别奖等奖项。

【党建工作】 新闻传媒中心党总支隶属山钢集团党委，下设2个党支部。截至2022年底，有党员38名。两级党组织认真履行全面从严治党主体责任、党组织书记第一责任人责任和班子成员“一岗双责”，党总支全年两次专题研究全面从严治党工作、两次专题研究意识形态工作；严格落实党建工作责任制和《中国共产党国有企业基层组织工作条例（试行）》，按照组织程序圆满完成党总支换届选举工作。坚持“第一议题”制度，通过理论学习中心组、三会一课、知识答题，以及借助“学习强国”学习平台、“灯塔-党建在线”网络平台等方式，深入学习贯彻党的十九届六中全会精神、二十大精神，坚持不懈用习近平新时代中国特色社会主义思想凝心铸魂、指导实践。组织观看《跨过鸭绿江》《千里归途》，参观泰安革命展览馆和烈士陵园，组织覆盖全员的党员讲“微党课”、过政治生日等主题党日活动，落实“不忘初心、牢记使命”主题教育及党史学习教育常态化长效化，全年举办各种形式党课30余次，5个党建思想政治工作研究成果在全国冶金系统和山钢集团获奖。扎实开展“学习创新争先锋、建功献礼二十大”主题实践活动，新冠疫情严重时期，广大党员充分发挥先锋模范作用，日夜驻守岗位，逆行而上采访，远程编发新闻，保障了各项业务的正常运行，为疫情防控和生产经营“双胜利”作出了传媒贡献。不断完善党员量化积分及星级党员评选办法，对10名年度“明星党员”进行表彰奖励。强化支部规范化建设，积极打造党建特色品牌。实施《打造党建品牌，全面对标竞优，争当企业媒体标杆》书记突破项目，两个支部根据所承担的职责不同，通过全体党员积极酝酿，形成了“铁肩·妙手”和“金手指”党建品牌，经过一年的实施，党建品牌效应逐步显现。开展特色党建活动，一支部每月开展党员读书分享活动，交流思想收获；二支部坚持“两元钱爱心工程”，共计捐款18205.1元，帮扶6名贫困学生、患重病人员，彰显了社会责任。

（撰稿：刘志飞　李洪江
审稿：周传勇）

工会工作

【综述】 山东钢铁集团有限公司工会（以下简称山钢集团工会）主要职能为：负责职工政治思想引领、产业工人队伍建设改革、组织建设、民主管理、生产保护、权益保障、宣教文体、工会法律监督、职工教育、职工文化建设、女职工工作及慈善工作站等工作。截至2022年底，共有职工6人。其中，教授级高级政工师1人，高级经济师1人，高级政工师2人，政工师2人；研究生5人。山钢集团工会下属基层工会12个，会员3.1万人。

【思想政治引领】 坚持党的领导，始终将工会组织置于党的全面领导之下，定期向党委常委会专题汇报工会工作，全面落实集团党委对工会工作部署要求，确保工会工作正确政治方向，团结引领广大职工坚定不移听党话、跟党走。强化理论武装，以学习宣传贯彻党的二十大精神为主线，全面落实山钢集团《职工思想政治引领行动方案》，结合疫情防控实际开展多种形式的政治理论学习、形势任务教育和宣传宣讲活动，推动学习宣贯党的二十大精神进车间、进班组、到岗位。弘扬“三种精神”，广泛开展“中国梦·劳动美——喜迎二十大　建功新时代”主题教育活动，组织工会干部参观“三种精神”基地，持续学习宣传劳模工匠先进事迹。举办喜迎党的二十大新媒体原创作品大赛、劳动我最美短视频大赛、民主管理短视频大赛、庆“三八”女职工短视频大赛，开展职工书画摄影作品征集、“书香三八”读书活动等；参加省总、省国资委相关活动并取得好成绩，斩获全省第八届职工运动会团体总分第八名、男女拔河项目双金牌，集团工会荣获全省喜迎党的二十大主题活动暨女职工建功立业“双十佳”发布仪式优秀组织单位、全国“书香三八”活动特别组织奖、山东省第一届“书香伴我行”女职工阅读活动特别组织奖等，“书香莱钢”故事写入全国“书香三八”活动用书，并走进山东工会“云播平台”直播间。

【产改工作】 全员创新深入推进，山钢股份在山东省职工创新创效竞赛中获得特等奖1项、三等奖2项；山钢全员创新工作在山东省首届黄河流域生态保护和高质量发展产业工人创新交流大会上全面展示，并荣获“优秀组织单位”称号；开展加强新时代高技能人才队伍建设专题送奖活动，给予基层单位100万元专项经费支持；联合国网山东等企业组建职工创新工作室联盟2个；全年评审各级全员创新成果20余万项，年人均完成全员创新改善3.2项。围绕攻坚决胜、打赢生存保卫战，组织开展专题劳动竞赛、主题劳动竞赛等，集团公司主要领导带队开展竞赛督导，进一步激发职工的积极性和创造性，山钢集团荣获全国“安康杯”竞赛活动优胜单位，1个单位荣获全国工人先锋号，3人分别荣获全国五一劳动奖章、全国质量工匠、齐鲁工匠。在全省大企业中第一家建立全国机械冶金建材行业/山东冶金/山钢集团工匠学院。积极组织动员广大职工在“疫情要防住、经济要稳住、发展要安全”中发挥主力军作用，深入落实疫情防控关爱措施，各级工会组织下拨防疫专项资金600余万元，为职工发放口罩150万个，防寒马甲、军大衣1400件，方便面、火腿肠2000箱，苹果、橙子5万斤。山钢集团产改工作经验编入《全国机械冶金建材系统产业工人队伍建设改革示范单位优秀案例》，并在全总《推进产业工人队伍建设改革协调小组专报》刊发，山钢集团荣获“全国机械冶金建材系统产业工人队伍建设改革示范单位”等荣誉。

【维权服务】 组织召开集团一届四次职代会，成立山钢集团工会劳动法律监督委员会。开展女职工“维权行动月”活动，全年举办女职工讲座、普法宣传活动329场次，线上线下开展“法在身边”普法宣传到基层，与风险合规部联合开展“宪法宣传日、宣传周、宣传月”职工书画展。省总工会职工信访12351网上服务平台维护及时有效，职工服务精准贴心。有效运行职工六条保障普惠线，补充医疗安康线实质性推进，印发企业补充医疗保险指导意见；“齐鲁工惠·幸福山钢”APP有效运行，组织春节职工惠购活动优惠20余万元，发放援疆农副产品300余万元；为13名大病职工提供重疾绿通服务；安排职工疗休养4批次、328人；做好职工大病救助、特困慰问、金秋助学、送温暖等工作，全年互助互济保障累计救助161人次、109.48万元，二次救助特困职工8人、22.99万元，参加山东省“慈心一日捐”活动，委托山钢财务公司捐款30万元，送温暖工程基金捐助20万元，申请送温暖基金救助大病职工51.56万元，慰问职工160余人，发放慰问品近10万元；持续开展“情系一线、夏送清凉”慰问活动；开展心理辅导、热线咨询、讲座送课等职工心理健康活动；建设“工会妈妈小屋”，为女职工购买济南市女职工团体特种疾病互助保障，全集团122个用人单位开展女职工“两癌”筛查；组建“山钢巾帼志愿者”服务队108个，开展巾帼志愿活动464次。深入落实省总工会关于创建职工生活幸福型企业的部署要求，初步形成《打造“幸福和谐新山钢”创新版指导意见》，打造“幸福和谐新山钢”升级版取得进展；推荐1个单位为山东省创建职工生活幸福型企业培育单位，命名新一批山钢集团“幸福和谐企业”；持续深化“服务职工办实事”，工会服务更加广泛、精准、便捷、多元，职工群众生活品质不断提升。

【自身建设】 工会系统各项工作聚焦聚力争上游，按照“事争一流、唯旗是夺”要求，对标对表中国宝武对标接轨找差距促提升，制定各类指标56项，实现全年纵向达标率90%，横向达标率70%，集团工会先后在全省工会工作会议和全省工会信访维稳暨职工志愿服务工作会议上作典型发言交流。各级工会组织强化自身建设，夯实基础创新发展，坚持定期向党委汇报工作，坚定落实党委部署要求。深化“双争”活动，选树职工信赖的职工之家5个、职工信赖的娘家人5名，工会工作先进单位5个，规范建家，推广经验，工作品牌不断强化。开展“严真细实快”活动，坚持把严肃严格、求真较真、细致细究、务实扎实、高效快捷的要求贯穿工会工作全过程、各方面。不断深化工会干部培训工作，线上全省工会干部教育培训系统和线下群团干部培训班相结合，强化工会干部队伍建设，提升工会干部素质能力。

（撰稿：孙 霞 审稿：刘松林）

共青团工作

【综述】 山钢集团团委与集团工会合署办公，主要职责是：做好共青团组织建设，抓好青年思想政治引领和形势任务教育工作，开展青春建功工作，做好青年成长成才、青年维权和服务青年各项工作。截至2022年底，山钢集团共有共青团员2097人，35岁以下青年7454人，山钢集团团委机关设专职团委书记1人。2022年，山钢集团共青团工作在全省共青团工作评价中获得“优秀”等级。

【思想政治引领】 组织广大青年集体收看党的二十大开幕会盛况和庆祝中国共产主义青年团成立100周年大会实况，并认真学习宣传贯彻党的二十大精神和习近平总书记在庆祝中国共产主义青年团成立100周年大会上的重要讲话精神。通过座谈会、视频会的形式，对党的二十大和建团100周年大会精神进行了集体学习。山钢股份、莱钢集团、山钢矿业、山钢国贸、山钢金控、山信软件等单位团组织分别通过交流研讨、学习培训、主题团课等方式，掀起学习宣传贯彻热潮。莱钢团委组织开展学习习近平总书记重要讲话精神暨青年骨干培训班，第一时间组建青年讲师团开展党的二十大精神宣讲工作。山信软件团委在迎接建团100周年期间，开展“五个一”系列活动，有效引导团员青年骨干坚定不移听党话、跟党走。积极开展各类青年形势任务教育，集团公司团委通过青春山钢微信公众号发布形势任务教育材料6期，开展各单位基层宣讲活动近300场，覆盖青年4000余人次。同时，山钢集团团委下发《关于加强青年理论学习的意见》，进一步强化青年思想引领和理论武装，丰富完善青年理论学习形式载体。2022年，全集团共组建青年理论学习小组129个，开展学习500余次，播发青年大学习材料22期。

【青年岗位建功】 推进岗位建功竞赛活动，指导各级团组织开展“攻坚克难我当先，转型发展谱新篇”青春立功竞赛、青年精益管理项目、青年技术比武、青春创业小微团队等青年岗位建功活动，山钢股份莱芜分公司团委立项100个青年改善项目，动员广大青年在企业高质量发展中积极作为、贡献力量。围绕集团公司“决战四季度，打赢生存保卫战”部署要求，积极组织集团公司十大杰出青年、青年岗位能手标兵开展青年攻关活动，有效发挥青年骨干带动作用，引领广大青年职工真正领指标、扛担子。大力开展青年科技创新工作，组织参加第十八届山东省青年职业技能竞赛暨创新创效专项赛决赛，2个项目进入决赛并获得铜奖，其中1个项目入围全国第十七届“振兴杯”青年创新创效大赛并获得优胜奖。深化“青年文明号”“青年安全生产示范岗”创建活动，6个青年集体荣获山东省青年文明号。推进“青年安全生产示范岗”创建，2个集体获全国青年安全生产示范岗荣誉称号。开展集团公司青年安全专业化培训，组织468名青工参加青年注册安全工程师公益培训。下发《新时代山钢青年倡议书》，呼吁广大职工争当新时代山钢有志青年、有为青年、活力青年、最美青年。组织评选第五届“山钢十大杰出青年”，表彰“山钢十大杰出青年”10人，“山钢青年岗位标兵”10人；表彰集团公司五四红旗团委（青工委）24个，五四红旗团支部56个，青春担当好团队10个，新时代向上向善好青年30人，优秀团干部、团员200人。组织拍摄“魅力山钢，青春力量”专题宣传片，大力宣传先进青年事迹。年内，有1个团支部荣获全国五四红旗团支部、1个团委荣获山东省五四红旗团委、2名青年荣获山东省青年创新榜样荣誉称号、1名青年荣获山东省青年五四奖章、5个集体和个人受到省国资委团委表彰，另有31个集体和个人获全国钢铁行业共青团荣誉称号。

【服务青年成长】 做好青年人才培养工作，继续开展“青苗人才”“青年三百人才”“双十人才”培养工程，新确认培养对象100余人。推进导师带徒等工作，各级团组织积极组织技术有特长、管理有专长的老职工与青年职工结对，深入开展传、帮、带活动，激发青年职工立足岗位学技能、钻业务的热情，帮助青年职工成长。持续扮靓志愿服务品牌，开展“希望小屋”儿童关爱项目，按照团省委要求组织开展“希望小屋”募捐活动，累计捐款13.11万元。围绕抗击疫情、尊老敬老、社区服务组织开展各类学雷锋志愿服务活动，全年开展各类志愿服务60余场次。组织集团公司“喜迎二十大，热血献青春”无偿献血活动，其中，山东耐材团委组织开展“热血有我、共筑青春”无偿献血，78名职工无偿献血26800毫升。开展服务青年系列活动，针对青年关心的婚恋问题，与山东重工、山东机场等单位开展网上婚恋服务活动，山钢股份莱芜分公司团委启动青年网上交友平台，为230余名青年职工牵线搭桥；山信软件继续设立红娘奖，全年发放奖励5000元；日照公司举办首届青年集体婚礼。莱钢集团开展“青春向党”小课堂系列宣讲和青年业务交流分享活动，引导基层团组织开展富有青春朝气的文体联谊活动，丰富青年业余生活，塑造青年阳光心态。

【组织建设】 以团委“规范化建设”和团支部“评星定级”为抓手，着力提升基层团组织的政治功能和组织力，实现团组织应建尽建，确保团的组织和工作全覆盖。起草《关于进一步加强党建带团建工作实施方案》，筹备组建各级青年工作委员会，为全面提升党的青年工作和共青团工作水平，搭建强有力的制度支撑。强化干部队伍建设，组织开展集团公司群团干部培训班，邀请山东省团校党委书记卯金涛作专题报告。做好团组织、团干部精简整顿工作，精简整顿团支部6个。按照组织程序，对日照公司团委书记人选进行了批复，并与新任命的团干部进行了谈话。规范团的日常组织生活，充分借助智慧团建工作平台，加强团员日常管理，推进从严治团，规范基层团组织“三会两制一课”制度的落实执行，提高组织生活质量，夯实团的基层基础建设。整合团的工作力量，结合工作实际，下发《关于进一步做好青春山钢微信公众号运营工作的通知》，对团的宣传工作实施轮值制度。

（撰稿：张海鹰　崔中晔
审稿：刘松林）

特载
专论专文
大事记
概况
机构与人事
战略合作与交流
专业管理
党群工作
☆ 山钢股份
权属单位
统计资料
荣誉
附录

山钢集团
SD STEEL

山钢股份

山钢集团
SD STEEL

山钢文化

核心理念

山钢经营宗旨：

精品赢得市场，诚信创造未来

公司简况

山东钢铁股份有限公司是山钢集团实际控制并参与管理的上市公司。2009年，山钢集团拉开钢铁主业资产重组序幕，酝酿钢铁主业整体上市。至2011年12月30日，山钢集团对旗下两家钢铁上市公司的整合方案得到中国证券监督管理委员会批准，莱芜钢铁股份有限公司以换股方式并入济南钢铁股份有限公司；2012年2月27日，济南钢铁股份有限公司作为存续上市公司，更名为山东钢铁股份有限公司（以下简称“山钢股份”），同时设立济南、莱芜两个分公司，分别负责济南、莱芜区域生产经营。重组完成初期，为充分发挥原有集团管理的优势，减少重组对公司生产运营的影响，济南分公司和莱芜分公司分别由济钢集团有限公司和莱芜钢铁集团有限公司运营管理。2014年开始，山钢股份运营管理逐步强化，配套改革举措频繁出台。2014年7月，山钢股份加强对钢铁产业管控，济南分公司和莱芜分公司分别从济钢集团、莱钢集团分离，实现独立运营。2015年7月，山钢股份控股山钢集团日照有限公司。2016年8月，山钢股份全面启动总部机关“三定”及全员竞岗工作，总部机关与集团公司机关不再合署办公；同月，山东省政府正式批准《济钢产能调整和山钢转型发展工作总体方案》，济南分公司产线进入停产准备阶段。2017年5月，在济南分公司即将全面停产背景下，为进一步深化改革、实施扁平化管理，根据集团公司意见，山钢股份对总部各部室作出调整，并决定与莱芜分公司相应业务部室/直属机构复合设置，除董事会办公室/监事会办公室/证券部留在济南办公以外，其余部室办公地点均在钢城区；同年6月29日，济南分公司全线停产工作正式启动，到7月8日，各主体工序全部实现安全、环保停产；当年底，日照公司一期一步工程主体建设项目，以及动力能源、节能环保等公辅配套设施全面竣工并全线热试成功。2019年4月，日照公司一期工程实现全线贯通，累计完成工程量投资419.67亿元。2019年9月，山钢集团对山钢股份党委班子作出调整，随后，山钢股份组建了新的董事会和经理层，进一步理顺钢铁主业管理体制，完成日照公司、山钢研究院管理关系划转和注册地变更，翻开了山钢股份一体化运营的新篇章，山钢股份核心钢铁生产区集中到了济南钢城和日照岚山两地。2020年3月4日，山钢股份实施公司总部组织机构优化调整与人员配置，除公司办公室/党委办公室以外，总部各部门与山钢股份莱芜分公司不再合署办公。

截至2022年底，纳入山钢股份的主要管理单位有莱芜分公司（含银山型钢公司）、日照公司、营销总公司、山钢研究院、山东冶金机械厂。山钢股份钢铁产能2140万吨，其中莱芜分公司1290万吨、日照公司850万吨。拥有从焦化、原料、烧结、球团、炼铁、炼钢到轧钢完整的生产工艺系统，整体装备水平较高，特别是新建成的日照基地和莱芜分公司新旧动能转换区域，整体工艺装备基本达到国内先进水平。其中，5100立方米高炉、3800立方米高炉、3200立方米高炉、210吨转炉生产系统、4300毫米宽厚板生产线、2050毫米热连轧生产线、2030毫米冷连轧生产线、大型特钢棒材生产线、H型钢生产线、特钢100吨电炉生产线等工艺装备已达到国内领先水平。钢材品种涵盖高端装备、海洋工程、轨道交通、白色家电、石化装备、工程机械六大系列，是全国乃至国际著名的宽厚板、板带、H型钢、优特钢和高端建筑用钢生产基地，产品远销英国、德国、日本、韩国等几十个国家和地区。

近年来，山钢股份牢牢把握山东省《先进钢铁制造产业基地发展规划》、加快建设新旧动能转换综合试验区，以及《黄河流域生态保护和高质量发展规划》等重大历史机遇，大力推进一体化运营，集中精力做强做优做大钢铁产业，坚定不移向着“绿色钢铁、智慧制造、高端高效”的目标深度转型，向着跻身全国钢铁强企前列的目标迈出了坚实步伐，企业保持了安全稳定高质量发展的良好态势。公司所属主体单位曾获国家有关部委、行业协会授予的“国家环境友好型企业”“全国绿化模范单位”“全国信息化与工业化融合促进节能减排试点示范企业”“全国资源综合利用十佳企业”“中国钢铁工业清洁生产环境友好企业”和“绿色工厂”等称号，钢铁主业全部工序均达到超低排放标准，环境绩效走在全国钢铁行业前列。

（撰稿：杨　鑫　刘　敏
审稿：景　凯）

2022年工作综述

【经营指标】 全年累计生产生铁1246.71万吨、粗钢1555.48万吨和商品坯材1620.18万吨，同比分别增长5.05%、5.24%和9.75%；实现营业收入1022.89亿元，同比下降7.72%；归属上市公司股东净利润5.55亿元，同比下降54.8%。截至2022年底，资产总额690.11亿元（不含托管单位）。

【生产运行】 大力实施预测式经营，强化政策研究与市场分析，及时调整生产经营策略，探索构建最佳资源配置和生产组织模型，整体运营水平大幅提升。在一季度史上最大幅度限产政策影响下，粗钢产量仍较上年增加77.38万吨。

【降本增效】 “决战四季度、打赢生存保卫战”连战连捷，净利润等指标超额完成基础目标，吨钢可比成本降低率保持在15%以上，有效缓解了市场下滑造成的经营压力。全年吨钢可比成本降低304.7元，降低率8.17%，其中莱芜基地吨钢降本295.5元、日照基地吨钢降本316.5元，创历史最高水平。

【对标提升】 吨铁成本低于行业平均76.83元，较上年进步84.04元，重塑了生铁成本行业领先优势；吨材利润高于行业平均28.57元，较上年进步42.21元。积极融入宝武全工序对标提升劳动竞赛，四季度共有26项竞赛指标进入宝武系前30%行列，占比46%。

【产品研发销售】 推行QCDVS用户定制服务体系，组建六大产销研一体化团队，重点产品销售占比33.1%，较上年提升7个百分点；近地化销售率达到76.29%；内销产品结构增效66.7元/吨。大力实施科研项目“揭榜挂帅”，稀土钢项目以“优秀”等级通过省科技厅验收，高端极地低温钢等品种钢开发取得突破；全年累计研发投入31.47亿元（不含托管单位），占营业收入比例3.08%。日照公司通过高新技术企业认定。

【绿色低碳】 持续巩固提升环境绩效，莱芜基地银山型钢公司成功创A，日照基地继续保持A级；钢铁产业全工序达到超低排放标准，环境绩效走在全国钢铁行业前列。日照基地管线钢产品荣获国家级绿色产品认证，成为山钢首个经工业和信息化部认证的绿色产品。节能降耗水平显著提升，莱芜基地吨钢综合能耗同比降低36千克标准煤；日照基地同比降低31.5千克标准煤。

【智慧制造】 “数智钢铁”建设全面提速，无人化项目陆续展开，日照公司冷轧原料库、成品库无人行车项目先后落地实施，钢铁主业“四个一律”指数达31.89，较年初提升12.01%。山信软件智能远程运维平台基本建成，填补了冶金行业自动化信息化领域智能远程运维技术空白。该平台已在莱芜基地投运，在日照基地有序推进。

【改革攻坚】 国企改革三年行动高质量收官，三项制度改革持续深化，在岗职工整体优化率超额完成年度目标，年人均钢产量1013吨。营销体系变革向深层次拓展，营销价值创造能力不断增强。全年实现政策创效15.6亿元；冶金机械厂同比大幅减亏；与中国宝武协同效益4.5亿元以上。

【风险防控】 科学精准抓好疫情防控，两基地先后采取自主管控措施，最大限度降低了疫情对生产经营的影响。严格落实国务院安全生产“十五条硬措施”和山东省“八抓20条”创新举措，深入开展安全生产专项整治“百日清零行动”，安全生产总体平稳。全面推进风险管理嵌入业务流程，动态管控、有效化解重大风险，风险防控能力大幅增强。上市公司治理更加规范，董事会决策事项有效落实，现代企业制度示范工程建设成效显著，公司荣获上交所2021~2022年度信息披露“A”级评价。

【党的建设】 认真学习贯彻党的二十大精神，迅速掀起学习宣贯热潮。扎实推进“五心四化”党建工作品牌建设，突出抓好党支部评星定级，四星级及以上党支部比例达67.65%，走在了集团公司前列。深化党风廉政建设和反腐败斗争，集中查处了一批损害企业利益的违纪违法案件，两个生态建设取得新进步。深入开展重点领域专项巡察与治理，巡察监督、问题整改成效凸显。强化作风建设专项整治，“高”的意识和“严细实快”的钢铁作风加快塑成。产业工人队伍建设改革持续深化，全员岗位创新深入实施，人均完成创新改善8.6项，1项成果荣获全省职工创新创效竞赛省级决赛特等奖。幸福和谐企业建设扎实推进，职工尽责护家专项行动、青年主题实践活动、巾帼勇担当专项活动成效明显，普惠服务与精准帮扶同向发力，职工归属感、幸福感、获得感明显增强。信访稳定、武装保卫、统一战线、档案保密等工作在开拓进取中实现了新提升。

（撰稿：刘　敏　宿　昊
审稿：景　凯）

2022年山钢股份公司大事记

1月

1日 莱芜分公司召开“对标找差距，精益增效益”工作会议。山钢股份及莱芜分公司领导王向东、吕铭等出席会议。

5日 莱芜分公司召开第四届职工代表大会第一次会议，回顾总结2021年工作，分析面临的形势任务，明确2022年工作思路、目标、重点和措施。

6日 莱芜分公司2022年安全生产工作会议在办公楼召开。山钢股份及莱芜分公司领导吕铭、于文波出席会议，并为2021年度安全生产先进单位颁奖。

8日 莱芜分公司板带厂举行“5G+”智慧无人库区项目正式运行启动仪式。山钢股份及莱芜分公司领导王向东、于文波等出席活动。

12日 经过72小时并网试运行，莱芜分公司新旧动能转换1号3800立方米高炉关键配套项目——陶家岭 1 号 TRT 发电机组正式投入运行，开始向新建高炉区域输出连续可靠的电力能源供应。

13 日　山东省国资委党委委员、副主任、一级巡视员邵泽武一行到山钢股份调研。山钢集团及山钢股份领导陶登奎、王向东、吕铭等陪同调研。

14 日　山钢股份 2022 年安全环保工作会议在办公楼召开。山钢股份领导王向东、吕铭等出席会议。

● 山东高速材料技术开发集团有限公司党委书记、董事长冯美军一行到访。山钢股份领导王向东在办公楼与客人座谈。

18 日　山东省总工会党组成员、副主席、机关党委书记李业文一行到莱钢走访慰问全国劳模、莱钢老领导姜开文和困难职工，为其送上新春祝福和温暖。山钢集团及山钢股份领导苏斌、王向东、卢彤书等分别陪同。

● 山钢股份 2021 年度全员岗位创新表彰大会在炼铁厂召开，山东省总工会二级巡视员、省冶金工会主席刁维强出席，并为山钢股份颁发 2021 年省冶金行业全员创新企业奖牌。山钢集团、山钢股份领导苏斌、王向东、卢彤书、吕铭等出席，为获奖单位和个人颁奖。

20 日　山钢股份 2022 年度营销工作会议在办公楼召开。山钢股份、莱芜分公司及营销总公司领导王向东、吕铭、周铭、郭伟达、刘晓军在主会场出席会议，日照公司领导孙卫华、蒋学健在分会场参加会议。

26 日　莱芜分公司新旧动能转换项目一期工程投产达产总结表彰会在炼铁厂召开。钢城区委副书记、代区长程学锋，山钢集团及山钢股份领导罗登武、王向东、吕铭、高凤娟等出席会议，为受表彰的单位和个人颁奖。

● 莱芜分公司党委 2021 年度政治工作暨先进表彰会议在办公楼召开。山钢股份及莱芜分公司领导王向东、吕铭等出席会议，为获奖单位和个人颁奖。

27 日　2022 年莱芜分公司精益项目启动暨首期中高层培训会在办公楼召开。山钢股份及莱芜分公司领导吕铭、于文波等出席会议。

● 钢城区法院党组书记、院长张信林一行到访。山钢股份领导吕铭在办公楼与客人座谈。

28 日　山钢股份党委党史学习教育专题民主生活会在办公楼召开。山钢集团党委副书记、总经理陶登奎带领督导组一行出席会议。

● 鲁银投资集团股份有限公司党委书记、董事长杨耀东一行到访。山钢股份领导王向东在办公楼与客人座谈。

● 山钢股份党委（扩大）会议暨 2021 年度党组织书记履行全面从严治党责任和抓基层党建工作述职评议会议在办公楼召开。山钢股份领导王向东、吕铭等出席会议。

30 日　山钢股份、莱芜分公司新春茶话会在办公楼举行。山钢股份及莱芜分公司领导王向东、吕铭等出席会议。

本月　日照公司被评为国家级绿色工厂，日照公司管线钢产品被评为国家绿色产品。

2 月

7 日　莱芜分公司党委党史学习教育专题民主生活会在办公楼召开。山钢股份及莱芜分公司领导王向东、吕铭等出席会议。

10 日　钢城区人民政府、莱芜分公司、济南能源集团战略合作签约仪式在钢都大厦举行，山钢股份领导王向东出席签约仪式。

16日 烟台鲁宝钢管公司党委书记、执行董事郑坚敏一行到访。山钢股份领导王向东在办公楼与客人座谈。

● 山东省煤炭机械工业协会会长赵增玉一行到访。山钢股份领导王向东在办公楼与客人座谈。

17日 山钢股份2022年党风廉政建设暨作风建设动员会在办公楼召开。山钢股份领导王向东、吕铭等出席会议。

22日 徐州工程机械集团联合体、徐州大长实工程机械有限公司董事长庄文田一行到访。山钢股份及营销总公司领导王向东、郭伟达在办公楼与客人座谈。

23日 山东省国资委党委委员、副主任、一级巡视员邵泽武一行到莱芜分公司板带厂开展驻点检查工作。山钢集团及山钢股份领导罗登武、王向东陪同检查。

本月 日照公司《新一代钢铁智慧制造工厂》项目成功入选2021年省属企业数字化转型试点示范项目，标志着公司数字化转型取得突破。

● 莱芜分公司特钢事业部生产的合金结构钢42CrMoA成功获评2021年度山东优质品牌产品。

3月

2日 山东省国资委党委组织与统战工作处处长、一级调研员陆清梓一行到山钢股份调研。山钢股份领导王向东、赵智珠陪同调研。

4日 山钢股份庆“三八”暨第二届“书香品鉴”启动大会在办公楼举行。山钢股份领导王向东、高凤娟等出席，为受表彰的先进集体和个人颁奖。

5日 莱钢区域广大青年志愿者走进社区开展“学雷锋”社区集中便民志愿服务活动，为广大职工家属和社区群众送去优质的便民服务。山钢股份及莱芜分公司领导王向东、齐登业等到各活动现场了解活动开展情况，看望慰问志愿者。

7日 莱芜分公司庆“三八”表彰会暨第九届“书香三八”读书活动启动仪式在办公楼举行。山钢股份及莱芜分公司领导王向东、齐登业出席，为受表彰的先进集体和个人颁奖。

9日 山钢股份与山西焦煤线上交流座谈会召开。山钢股份领导王向东出席会议并讲话。

10日 济南市应急管理局党委书记、局长刘动率队到莱芜分公司开展安全生产调研。山钢集团及山钢股份领导王向东、吕铭、王培文在办公楼与客人座谈。

13日 山钢集团首套燃煤气双超发电机组——莱芜分公司新旧动能转换2×70兆瓦富余煤气资源综合利用发电项目1号机组成功并网发电。

22日 中共山东省委书记李干杰到山钢股份莱芜分公司调研疫情防控和生产经营工作。山钢股份领导王向东陪同调研。

31日 国网莱芜供电公司党委副书记、总经理焦敏一行到访。山钢股份领导吕铭在办公楼与客人座谈。

本月 日照公司“屈服强度不小于480MPa级超细晶特厚钢及其制备方法”荣获日照市发明专利奖一等奖。

● 3.0毫米超薄规格高寒地区高速公路护栏用Q420MD高强度热轧钢带在莱芜分公司板带厂宽带生产线一次试制成功。

4月

20日 山东省应急管理厅第三驻点小组进驻莱芜分公司开展为期三个月驻点安全监督工作。山钢股份领导王向东、吕铭在办公楼与驻点组座谈。

22日 山钢股份传达贯彻山钢集团科技创新、商业计划书管理推进暨一季度工作会议精神专题会议在办公楼召开。山钢股份领导王向东、吕铭等出席会议。日照公司、营销总公司、山钢研究院、冶金机械厂在分会场同步收看视频会议。

25日至26日 莱芜分公司工会组织开展疫情防控物资送现场活动。山钢股份及莱芜分公司领导王向东、齐登业、景凯分别到各单位将疫情防控物资及生活物资送到职工手中，为其送去了组织的关怀与温暖。

26日 济南市工信局党组书记、局长汲佩德一行在钢城区委副书记、区长程学锋陪同下到莱芜分公司调研。山钢股份领导王向东在办公楼与客人座谈。

28日 山钢股份揭榜定帅项目评审会在山钢研究院召开。山钢股份领导王向东出席会议并讲话。

本月 日照公司100~200毫米厚压力容器用Q345R钢板顺利通过中国特种设备检测研究院技术评价认证。

● 莱芜分公司品质保证部型钢区域的铁钢渣快速分析系统完成验收正式投用，实现了该区域铁水、钢水、渣样成分的智能化检验，标志着莱芜分公司实验室由传统的人工模式向自动化、信息化、集成化的智能模式转变。

● 莱芜分公司型钢厂“低温结构用热轧H型钢”被冠名为“金杯特优产品”。

5月

1日 山钢股份领导王向东、吕铭等到生产一线慰问节日坚守岗位的干部职工。

● 钢城区委书记郅颂，区委常委、办公室主任史秀卫，区委常委、副区长高宇一行到莱芜分公司调研。山钢股份领导王向东在办公楼与郅颂一行座谈。

11日 济南市人大常委会副主任黄贵利带领执法检查第五小组在钢城区委书记郅颂陪同下，到莱芜分公司检查《环境保护法》贯彻实施情况。山钢股份及莱芜分公司领导王向东、景凯陪同检查。

12日 莱芜分公司庆祝中国共产主义青年团成立100周年暨“青年三百人才工程”推进会在办公楼召开。山钢股份领导王向东出席会议并为受表彰的先进集体和个人颁奖。

● 中燃科技有限公司常务副总经理马秀娟一行到访。山钢股份领导王向东在办公楼与客人座谈。

17日 山钢集团党委书记、董事长侯军带领督导检查组到山钢股份开展2021年度履行全面从严治党主体责任暨党建工作责任制检查。山钢股份领导王向东、吕铭陪同检查并汇报相关工作。

● 山钢集团党委书记、董事长侯军，安全总监王培文到山钢股份莱芜分公司炼铁厂开展安全包保责任制检查。山钢股份领导王向东、吕铭陪同检查。

21日 济南市委副书记、市长于海田一行到莱芜分公司调研，钢城区委书记郅颂，区委副书记、区长程学锋，公司党政领导王向东、景凯陪同调研。

24日 济南市钢铁产品产销衔接专题会议在钢城区召开。济南市工业和信息化局党组书记、局长汲佩德，钢城区委副书记、区长程学锋，山钢股份领导王向东出席会议。

● 山钢股份“建团100周年·我与山钢共青春”主题团日活动在公司青年之家举行。山钢股份领导王向东、高凤娟，莱钢老领导赵茂祥出席活动。

25日 山钢股份与山推股份战略合作签字仪式暨莱芜分公司与山推履带底盘分公司共建工程机械用钢研发与应用研究所成立仪式在山推股份举行。山钢股份领导王向东与山推股份党委书记、总经理张民共同为工程机械用钢研发与应用研究所揭牌，并签署战略协议书。

26日 共青团山东省委组织部部长彭莉、省委组织部组织三处四级调研员公浩伟一行到莱芜分公司开展党建带团建专题调研。山钢股份及莱芜分公司领导王向东、齐登业在办公楼与彭莉一行座谈。

27日 山钢集团党委常委、董事陈向阳，工会主席李长青一行到莱芜分公司开展安全检查。山钢股份领导王向东、吕铭陪同调研。

6月

1日 随着莱芜分公司新旧动能转换项目2号10万立方米转炉煤气柜正式投运，煤气柜EPC总承包工程的三座煤气柜已全部投入运行。

2日 山钢股份赴宝武实训成果汇报共享会议在办公楼召开。山钢股份领导王向东、高凤娟等出席会议。

3日 省“四进”工作队钢城支队到山钢股份调研。山钢股份领导王向东在办公楼与工作队座谈。

9日 山东耐材党委书记、董事长车连房一行到访。山钢股份领导王向东、吕铭在办公楼与客人座谈。

10日 日照公司承担的山东省重点研发计划重大创新工程《超高强韧汽车用钢关键制造技术及产业化应用》项目，顺利通过山东省科技厅绩效考核评审专家组验收，评价结果为优秀。

• 马钢集团党委常委、马钢股份副总经理伏明一行到山钢股份开展对标交流。山钢股份领导王向东、吕铭在办公楼与客人座谈。

14日 在山东省第八届职工运动会开幕式举行的拔河比赛决赛中，山钢股份拔河队包揽男女项目冠军。山钢股份领导王向东、高凤娟在比赛现场给予拔河队员鼓励与支持。

15日 山钢集团党委副书记、总经理陶登奎，党委常委罗登武，工会主席李长青一行到莱芜分公司开展“攻坚二季度 决胜上半年”工作督导。山钢股份领导王向东、吕铭陪同。

16日 欢迎职工拔河队参加山东省第八届职工运动会载誉归来总结座谈会在办公楼召开。山钢股份领导王向东、高凤娟出席会议。

17日 中冶赛迪集团公司副总经理廖祥荣一行到访。山钢股份领导王向东、吕铭在办公楼与客人座谈。

20日 山钢股份领导王向东出席在济南市召开的山钢建筑用钢市场推介会议。

21日 山钢股份领导王向东、尉可超、金立山、赵智珠、于忠念到钢城区民兵训练基地看望慰问莱芜分公司集训基干民兵，与大家共同接受国防教育并进行训练运动。

• 中国船舶集团青岛北海造船有限公司副总经理张成舜到访。山钢股份及营销总公司领导王向东、郭伟达在办公楼与客人座谈。

22日 郑州煤矿机械集团股份公司副总经理周荣一行到访。山钢股份及营销总公司领导王向东、吕铭、郭伟达在办公楼与客人座谈。

28日 山钢集团党委副书记、总经理陶登奎率队到钢城区看望“加强农村基层党组织建设工作队”钢城区总队队员。山钢股份领导王向东、“加强农村基层党组织建设工作队”钢城区总队队长陈肖鸿，钢城区委常委、组织部部长范晓琨参加活动。

• 山钢集团党委副书记、总经理陶登奎到党建工作联系点——莱芜分公司焦化厂炼焦三车间讲了题为《只争朝夕 思危思进 坚定不移在“走在前 开新局”中创新跃升 贡献山钢力量》的专题党课。

山钢股份及莱芜分公司领导王向东、齐登业、姜世远参加。

29日 山钢股份“五心四化”党建品牌创建推进暨星级党支部命名会议在办公楼召开。山钢股份领导王向东、吕铭、高凤娟等分别在主会场和分会场出席会议。

● 莱芜分公司庆“七一”暨“两优一先”表彰大会在办公楼召开。山钢股份领导王向东、吕铭等出席会议，并为受表彰的先进集体和优秀个人颁奖。

本月 由莱芜分公司型钢厂与技术中心联合设计开发的规格为175SXB-1履带钢新产品，在小型轧钢生产线试轧成功并具备批量生产条件，进一步丰富了山钢履带钢产品规格的覆盖面，提高了山钢履带钢产品的市场竞争能力。

7月

5日 中冶赛迪集团有限公司党委副书记、总经理肖鹏一行到访。山钢股份及莱芜分公司领导王向东、吕铭、于文波在办公楼与客人座谈。

6日 宝武清洁能源有限公司总裁魏炜一行到访。山钢股份领导王向东、吕铭、周铭在办公楼与客人座谈。

7日 中国钢铁工业协会副秘书长，冶金工业出版社党委书记、社长苏长永一行到访。山钢股份领导王向东、周铭在办公楼与苏长永一行座谈。

● 山钢集团党委常委、纪委书记、省监委驻山钢集团监察专员赵文友到山钢研究院开展联系服务专家人才工作，山钢股份领导吕铭陪同。

8日 “新一代高效连铸技术发展思考”学术报告会暨山钢股份首席专家授牌仪式在办公楼举行。山钢股份及莱芜分公司领导王向东、程鼎出席会议。东北大学冶金学院教授朱苗勇为与会人员作题为《新一代高效连铸技术发展思考》的学术报告。

19日 冶金工业信息标准研究院党委书记、院长张龙强一行到访。山钢股份领导王向东在办公楼与客人座谈。

20日 山钢股份与青岛北船线上交流座谈会以视频会议形式召开。山钢股份党委副书记、总经理吕铭，青岛北船副总经理谷克超出席会议。

21日 山钢股份廉洁警示教育大会暨廉洁从业专题党课在办公楼举行。山钢股份领导王向东、吕铭等出席会议。

● 山东省应急管理厅安全生产监察专员张革成率领安全诊断专家组到莱芜分公司开展钢铁企业安全生产督导检查。山钢股份及莱芜分公司领导吕铭、苗仲元陪同。

25日 山钢股份召开会议，传达贯彻山钢集团2022年半年工作会议精神。山钢股份领导王向东、吕铭等出席会议。

26日 宝武财务公司党委副书记、副董事长王明东一行到访。山钢股份领导王向东、尉可超、周铭陪同。

27日 济南市人大常委会主任韩金峰一行在钢城区委书记郅颂陪同下到莱芜分公司调研。山钢股份领导吕铭陪同调研。

● 集团公司党委书记、董事长侯军参加联系点日照公司冷轧厂酸轧作业区党支部“安全生产，党员先行”主题党日，讲授了题为《砥砺奋进走在前、勇立潮头开新局，为推动集团公司高质量发展贡献力量》的专题党课。

● 山东产权交易中心总经理孙学鹏一行到访。山钢股份及莱芜分公司领导吕铭、于文波等在办公楼与客人座谈。

28日 欧冶云商总裁、党委副书记金文海一行到访。山钢股份领导王向东、吕铭、周铭在办公楼与客人座谈。

29日 中国金属学会专家委员会主任王天义一行到访。山钢股份领导吕铭在办公楼与客人座谈。

● 中华全国总工会基层工作部副部长汤洪伟，山东省总工会党组成员副主席、机关党委书记李业文一行到日照公司调研，并在日照公司开展山东省“十佳职工信赖的娘家人”送奖上门活动。

30日 山钢股份营销改革动员大会在营销总公司召开。山钢股份领导王向东、吕铭、周铭出席会议。

8月

3日 莱芜分公司2022年度全员创新改善现场推进会在炼铁厂召开。山东省冶金工会副主席肖敬慧、三级主任科员刘洋，山钢股份领导王向东、吕铭出席会议，为受表彰的先进集体和个人颁奖。

8日 昆明钢铁控股公司党委常委、副总经理，武钢集团昆明钢铁股份公司党委副书记、总经理王存璘一行到访。山钢股份领导王向东、吕铭、周铭在办公楼与客人座谈。

15日 国家市场监督管理总局标准技术管理司处长曹一丁，冶金工业信息标准研究院院长助理、标准所所长戴强一行到山钢股份调研。山钢股份及莱芜分公司领导王向东、程鼎陪同调研。

17日 莱芜分公司大监督体系建设推进暨纪检工作会议在办公楼召开。山钢股份及莱芜分公司领导王向东、吕铭、齐登业等出席。

18日 东阿县委副书记、县长田学超一行到访。山钢股份领导王向东、高凤娟在办公楼与客人座谈。

23日 中冶南方工程技术公司党委副书记、总经理刘一鸣一行到访。山钢股份领导王向东在办公楼与客人座谈。

25日 山钢集团向山钢股份反馈财务管理、资产经营质量及2021年度绩效评价审计会在办公楼召开。山钢集团党委常委、总审计师王鸿飞反馈审计情况。山钢股份领导王向东、吕铭参加会议。

26日 山钢股份党委书记、董事长，莱芜分公司党委书记王向东，营销总公司党委书记、总经理郭伟达，日照公司副总经理蒋学健，莱芜分公司党委委员、党委办公室/公司办公室主任景凯一行到山西焦煤日照配煤基地走访调研。

29日 山钢股份第七届董事会第十六次会议在办公楼召开。山钢股份党委书记、董事长王向东，董事陈肖鸿，独立董事徐进梧、汪晋宽、王爱国、刘冰、马建春分别以现场和视频方式出席会议，董事苗刚、孙日东以通信方式参加会议。

30日 山钢集团党委副书记、总经理陶登奎带队到山钢股份调研。山钢股份领导王向东、高凤娟在办公楼参加座谈。

31日 钢之家董事长吴文章一行到访。山钢股份及营销总公司领导王向东、郭伟达在办公楼与客人座谈。

● 日照公司召开疏港铁路山钢专用线“大干100天”攻坚劳动竞赛现场推进会，确保项目按期投运。

本月 上海证券交易所公布2021～2022年度沪市上市公司信息披露工作评价结果。山东钢铁股份有限公司（600022）荣获“A”级评价。

9月

1日 莱芜分公司2022年“质量月”活动启动仪式在办公楼举行。山钢股份领导王向东、吕铭等出席会议。

● 中国工商银行莱芜分行党委书记余程辉一行到访。山钢股份领导王向东、尉可超在办公楼与客人座谈。

● 山东证监局监管一处处长孙晋一行到访。山钢股份领导王向东、金立山在办公楼与客人座谈。

• 莱芜分公司第十届职工文化体育节“板带杯”篮球赛在职工文体中心炼铁馆落下帷幕。山钢股份及莱芜分公司领导王向东、齐登业出席闭幕式，并为获奖单位颁奖。

2日 莱芜分公司电气创新工作室联盟成立暨创新工作室调研座谈会在能源动力厂举行。山钢股份及莱芜分公司领导王向东、齐登业出席会议。

8日 中国矿产资源集团有限公司总经理、党组副书记郭斌一行到访。山钢集团党委副书记、总经理陶登奎，山钢股份领导王向东、吕铭参加座谈。

14日 山钢集团党委常委、纪委书记、监察专员赵文友到山钢股份开展全面从严治党、党风廉政建设和反腐败工作调研。山钢股份领导王向东、吕铭、高凤娟、赵智珠在办公楼参加座谈。

15日 莱芜分公司“5G智慧冶金——型钢智能料场项目”参加在郑州举办的全国第五届“绽放杯”5G应用征集大赛智慧能源专题赛，获得应用征集大赛一等奖。

16日 宝武资源有限公司高级副总裁朱学滨一行到访。山钢股份领导王向东、吕铭、周铭在办公楼与客人座谈。

19日 宝武水务科技有限公司党委书记、董事长严华一行到访。山钢股份及莱芜分公司领导王向东、吕铭、刘晓军在办公楼与客人座谈。

21日 山钢股份新旧动能转换系统优化升级改造项目专项审计进点会在办公楼召开。山钢集团党委常委、总审计师、审计领导小组组长王鸿飞，山钢股份及莱芜分公司领导吕铭、于文波出席会议。

• 新旧动能转换财经媒体山钢行座谈交流会在办公楼召开，《中国证券报》《上海证券报》《证券时报》《证券日报》等财经媒体记者走进山钢股份，山钢股份领导王向东、吕铭、金立山参加座谈。

•“传承优良作风　不负青春韶华”青年作风建设主题教育活动在办公楼举行。山钢股份领导王向东主持会议并讲话，莱钢老领导、关工委常务副主任田克宁作专题讲座。

22日 山钢股份深化作风建设推进会在办公楼召开。山钢股份及莱芜分公司领导王向东、吕铭、高凤娟、赵智珠、齐登业、姜世远、景凯出席会议。

24日 由山东钢铁股份有限公司、中国科学院金属研究所共同承担的2018年山东省重大科技创新工程项目“高端制造装备用高品质稀土特殊钢关键技术研究及产业化”综合绩效评价会在山钢股份召开。山东省科技厅高新处处长张志丹、高新处干部邱立杰，山东省国资委规划发展处主任科员公永超，山钢股份领导王向东等出席会议。

27日 共青团山钢股份莱芜分公司第三次代表大会在办公楼召开。共青团山东省委副书记盛夏，团省委青年发展部负责人梁川受邀出席会议，山钢股份领导王向东、吕铭出席会议。

28日 全国机械冶金建材行业/山东冶金/山钢集团工匠学院揭牌仪式在山钢党校/莱钢培训中心举行。中国机械冶金建材工会分党组书记、主席陈杰平，中国机械冶金建材工会钢铁工作部部长王欣，山东省总工会二级巡视员、省冶金工会主席刁维强，省冶金工会副主席肖敬慧，山钢集团党委副书记、总经理陶登奎，山钢集团党委副书记、董事苏斌，王向东参加揭牌仪式。

• 工匠学院“第一课”开讲。中国机械冶金建材工会分党组书记、主席陈杰平在山钢股份莱芜分公司作产业工人队伍建设改革主旨宣讲。山东省总工会二级巡视员、省冶金工会主席刁维强，山钢股份领导王向东、高凤娟参加。

29日 山东省环保发展集团有限公司与山钢股份莱芜分公司战略合作签约仪式在钢都大厦举行。山东省环保发展集团有限公司党委副书记、董事、副总经理曾繁领，山钢股份领导王向东出席签约仪式。

10月

10日 山东省国资委二级巡视员张志波率省国资委第五检查组到莱芜分公司棒材厂、特钢事业部督导检查安全生产、疫情防控等工作。山钢集团党委常委、董事陈向阳，山钢股份领导吕铭陪同检查。

• 山东省港口集团党委常委、副总经理马德亮一行到访。山钢股份及莱芜分公司领导吕铭、刘晓军在办公楼与客人座谈。

18日至19日 中共山东省委政研室（改革办）社会文化处处长何茂重一行到莱芜分公司调研。山钢股份及莱芜分公司领导王向东、于义波在办公楼与何茂重一行座谈。

25日 山钢股份传达贯彻山钢集团三季度工作会议精神暨打赢生存保卫战调度会议在办公楼召开。山钢股份领导王向东、吕铭出席会议。

28日 山钢股份“决战四季度，打赢生存保卫战”科技创新专题工作会在办公楼召开。山钢股份及莱芜分公司领导王向东、程鼎出席会议。

11月

1日 上海宝钢节能环保技术公司总经理褚桂林一行到访。山钢股份及莱芜分公司领导吕铭、刘晓军在办公楼与客人座谈。

3日 国网莱芜供电公司党委副书记、总经理焦敏一行到访。山钢股份领导吕铭在办公楼与客人座谈。

• 山钢股份党委书记、董事长王向东带队到上海振华重工（集团）有限公司走访，与上海振华重工（集团）有限公司党委副书记、总裁欧辉生及有关人员进行座谈交流。

4日 山钢股份与宝武资源有限公司战略合作框架协议签约仪式在上海举行。山钢股份领导王向东、周铭，宝武资源有限公司党委书记、董事长施兵，党委常委、高级副总裁朱学滨出席签约仪式。

5日 山钢股份党委书记、董事长王向东带队到福然德股份公司走访，分别与福然德股份公司董事长崔建华、总经理崔建兵及有关人员进行了座谈交流。

6日 受山钢集团党委书记、董事长侯军委托，山钢股份党委书记、董事长王向东出席在国家会展中心（上海）举行的中欧企业家大会并致辞。

9日 上海市宝山区人民政府副区长翟磊一行到访。山钢股份领导王向东、周铭在办公楼与客人座谈。

10日 山钢股份莱芜分公司2022年劳模创新工作室建设推进会暨先进“班、组、岗、法、星”命名表彰会在办公楼召开。山东省总工会二级巡视员、省冶金工会主席刁维强，山钢股份领导王向东出席会议，分别为受表彰的先进集体和个人颁奖。

11日 山钢股份莱芜分公司获得全国钢标准化技术委员会授予的“2021年度标准化优秀组织奖”荣誉称号，主持制定的GB/T 34199《电气化铁路接触网支柱用热轧H型钢》获得“技术标准优秀奖”。

15日 莱芜分公司热轧带肋钢筋产品顺利通过了冶金产品“MC”认证审核。

16日 山钢集团工会在山钢股份召开全员创新暨劳动竞赛工作推进会，山钢股份领导王向东、高凤娟出席活动。

17日 山东产权交易中心党委书记、董事长王东凯一行到访。山钢股份及莱芜分公司领导王向东、于文波在办公楼与客人座谈。

23日 为积极应对新冠疫情严峻形势，日照公司创新实施新冠肺炎疫情防控自主管控，全力保障职工生命健康和生产稳定顺行。

24日 中共济南市委常委、副市长孙斌一行到莱芜分公司调研。钢城区委书记郅颂，山钢股份党委书记、董事长，莱芜分公司党委书记王向东，钢城区委常委、办公室主任史秀卫，钢城区委常委、副区长高宇，莱芜分公司党委委员、党委办公室/公司办公室主任景凯在办公楼汇报工作。

● 山钢股份2022年重点经济研究课题专题汇报会在山钢研究院召开。山钢股份领导王向东出席会议。

本月 日照公司成功试制冷轧低合金高强钢HC500LA并实现首单交付，其成分、性能、尺寸等指标均满足用户和国家标准要求，实现冷轧低合金高强钢260兆帕~500兆帕全系列产品的研发。

● 317单齿履带钢通过多轮严谨、周密的中试与工业化试验，在山钢股份莱芜分公司异型线试制成功，实现了国内最大规格单齿履带钢的热轧工艺突破，改变了我国该产品长期依赖进口的局面。

12月

6日 山钢股份党的二十大精神学习读书班在办公楼开班。山钢股份领导王向东、吕铭等参加学习。

9日 中国钢铁工业协会在线组织专家召开由山东钢铁股份有限公司、东北大学、莱芜钢铁集团银山型钢有限公司等单位完成的“极寒海洋腐蚀环境下高强韧H型钢关键技术研究及产业化”科技成果评价会。评价委员会认为，该成果整体技术达到了国际先进水平，其中超薄异型坯单点非对称全保护浇注技术达到国际领先水平。

16日 山东钢铁首次荣获2022年度上市公司董办优秀实践案例奖。

16日、20日 山钢股份党委在办公楼以“现场+视频”形式召开党的二十大精神宣讲报告会。山钢股份领导王向东、吕铭分别作党的二十大精神宣讲报告。

29日 日照岚山疏港铁路通车仪式举行，标志着日照岚山疏港铁路正式开通运营。中国铁路济南局集团有限公司总调度长刘洪青，日照市委常委、副市长贾刚，日照公司副总经理杨金光出席通车仪式。

（注：● 与上面日期相同）

（撰稿：刘 敏 审稿：景 凯）

机构与人事

中共山东钢铁股份有限公司委员会

委　员 王向东　吕　铭　高凤娟　赵智珠

书　记 王向东

副书记 吕　铭　高凤娟

山东钢铁股份有限公司董事会

董　　事 王向东　徐金梧　汪晋宽　王爱国　刘　冰　马建春

苗　刚　陈肖鸿　孙日东

董　事　长　王向东

董事会秘书　金立山

山东钢铁股份有限公司监事会

监　　事　高凤娟　罗文军　徐　峰

李东祥　高淑军

监事会主席　高凤娟

山东钢铁股份有限公司经理层

总　经　理　吕　铭

副 总 经 理　尉可超　张润生

周　铭（挂职）

财务负责人　尉可超

安 全 总 监　于忠念（4月2日任）

中共山东钢铁股份有限公司纪律检查委员会

委　员　赵智珠　姜广忠　高洪亮

卢建刚　董思慧

书　记　赵智珠

副书记　姜广忠

山钢股份总部各部门

董事会办公室/监事会办公室/证券部

董事会办公室/监事会办公室

副主任　郭允义

证券部

副经理　郭允义

党委办公室/办公室/保卫部

党委办公室/办公室

主　任　景　凯

副主任　郭晓鲲

保卫部

经　理　景　凯

副经理（兼）　张永青（6月24日止）

柴　磊（6月24日任）

蔺增军（6月24日任，8月24日止）

财务部/资金结算中心

财务部

经　理　董永峰

副经理　景　菊

资金结算中心

主　任　董永峰

副主任　景　菊

党委组织部/人力资源部/机关党委

党委组织部

部　　长　徐西刚

副 部 长　耿　亮

人力资源部

经　　理　徐西刚

副 经 理　耿　亮

机关党委

党委委员　庞瑞年（1月29日止）

徐西刚（1月29日任）

王　毅　张成德　卢建刚

景　菊

党委书记　庞瑞年（1月29日止）

徐西刚（1月29日任）
纪委书记　卢建刚

规划科技部

经　理　张　军
副经理　顾大庆

运营管控部/运营评价中心

运营管控部
经　理　孔凡强
副经理　李金怀
运营评价中心
主　任　孔凡强
副主任　李金怀

安全环保部

经　理　徐锡坤
副经理　朱圣华

风险合规部/风险管控中心

风险合规部
经　理　朱　慧
副经理　刘武修
风险管控中心
主　任　朱　慧
副主任　刘武修　薛存海　王宝明

宣传部/统战部/企业文化部

宣传部/统战部
部　长　刘玉良
副部长　张成德
企业文化部
经　理　刘玉良
副经理　张成德

纪委/巡察工作领导小组办公室

纪委
书　　记　赵智珠
副 书 记　姜广忠
综合室主任　卢建刚
执纪监督室主任　董思慧
巡察工作领导小组办公室
主　任　高洪亮

工会/团委/武装部

工会
主　　席　高凤娟
副 主 席　齐登业　孙永和　高淑军
　　　　　季立飞
工作部长　王　毅
团委
书　　记　季立飞
副书记（兼）　李　锐
　　　　　姜立峰（10月27日止）
工作部长　王　毅
武装部
工作部长　王　毅

山钢股份管理单位

山东钢铁股份有限公司莱芜分公司

党委委员　王向东　吕　铭　赵智珠
　　　　　齐登业　姜世远　景　凯
党委书记　王向东
党委副书记　吕　铭　齐登业
纪委书记　赵智珠
工会主席　齐登业

总 经 理　吕　铭

副总经理　于文波

吕智勇（12月7日止）

刘晓军　程　鼎（挂职）

安全总监　苗仲元

总法律顾问　王培文（2月12日止）

吕智勇（2月12日任，12月2日止）

山东钢铁集团日照有限公司

党委委员　张润生

孙永和（12月7日止）

刘洪波（12月7日任）

曹庆良　姚建平

张永青（4月8日任）

党委书记　张润生

党委副书记　孙永和（12月7日止）

刘洪波（12月7日任）

纪委书记　曹庆良

工会主席　孙永和（12月7日止）

刘洪波（12月7日任）

董　　事　吕　铭　罗文军　金立山

孙永和（12月7日止）

董 事 长　吕　铭

监　　事　朱丽娟

总 经 理　张润生

副总经理　孙卫华　杨金光　蒋学健

总经理助理　谢英秀（挂职）

安全总监　刘宜伟

总法律顾问　张润生

财务负责人　李东祥（4月26日止）

山东钢铁股份有限公司营销总公司

党委委员　郭伟达　王清刚　高传华

吕富强

张宇东（1月29日任）

党委书记　郭伟达

党委副书记　高传华

张宇东（1月29日任）

纪委书记　吕富强

工会主席　高传华

总 经 理　郭伟达

常务副总经理　高传华

副总经理　李士安　王振海

侯光合（11月2日任）

郑国防

山东钢铁集团有限公司研究院

院　　长　王向东

常务副院长　王中学

副 院 长　孙卫华

何　毅（6月24日止）

党总支书记　王中学

党总支副书记　徐继山

山东冶金机械厂有限公司

党委委员　杜富仁　宋　存　王旭东

李建文（8月24日任）

党委书记　杜富仁

党委副书记　王旭东

李建文（8月24日任）

纪委书记　王旭东

工会主席　王旭东

执行董事　杜富仁

总 经 理　杜富仁（8月24日止）

副总经理　宋　存

李建文（8月24日任）

财务总监　周传玲

安全总监　胡　昆

总工程师　胡　昆

（撰稿：于　涛　高　敏

审稿：耿　亮）

专业管理

综合管理

【综述】 山东钢铁股份有限公司办公室/党委办公室合署办公，与山东钢铁股份有限公司莱芜分公司办公室/党委办公室和莱芜钢铁集团公司银山型钢公司办公室/党委办公室复合设置，主要负责公司党委、经理层日常事务管理，综合事务管理、会务管理，文秘管理、信息调研，重要工作的督查督办，信访管理、企地协调管理，接待管理、外事管理，机要、保密、公文印信、档案史志管理，以及莱芜分公司和银山型钢公司综合管理相关工作。截至2022年底，在岗职工23人。其中，编制在山东钢铁股份有限公司2人，在山东钢铁股份有限公司莱芜分公司21人；具有高级专业技术职业资格12人，中级6人，初级2人。

【综合服务】 围绕办公室综合事务重点工作，依规高效，快速有序做好公司会议活动、公务出行、请销假等业务。圆满完成公司职代会、年度表彰大会、月度运营绩效评价会、党委会、总经理办公会、庆“七一”表彰大会、公司领导慰问一线职工等重要会议活动组织，协调各专业部门各类会议活动。全年共协调召开各类会议1000余次，办理公务用车调度使用3600余次，办理请销假手续840余次，公司各综合会议/专业会议、公务出行以及请销假等业务，均得到及时有效办理。结合企业改革按发展需求和疫情防控要求，建立无纸化视频会议系统，公司远程视频会议质量大幅提升，会议效率、效果得到进一步改善。

【疫情防控】 坚决贯彻落实各级政府及集团公司和股份公司新冠肺炎疫情防控要求，快速响应、科学规范、有效应对骤然严峻的疫情形势，扎实做好常态化疫情防控工作，有力保障了公司疫情防控处置和生产经营工作稳定有序。制定下发《新冠肺炎疫情分区分级管控应急预案》《常态化疫情防控和处置工作领导小组（指挥部）组成人员及工作职责》，完善公司疫情指挥体系和应急响应体系；有序组织重点岗位人员等4类人群核酸检测，累计检测31.5万人次；印发《疫情防控督导检查工作方案》，先后开展“四不两直”督导检查30余次；扎实做好流调溯源，及时管控1400余人次。强化疫情战时应急响应，制定《关于莱芜片区新冠肺炎疫情防控自主管控的通知》《关于莱芜片区自主管控安全轮岗的通知》，公司实施自主管控运行，累计组织职工安全轮岗2.8万余人次；成立13个自主管控工作组，协调解决各类问题200余项；成立疫情防控政策研究工作专班，结合疫情防控政策变化开展学习研讨10余次，制定了《关于进一步优化调整自主管控运行方式的通知》，及时对公司疫情防控工作进行了优化调整。4月13日，时任中共山东省委书记李干杰到莱芜分公司调研，对公司疫情防控工作给予肯定。

【文秘信息调研】 充分发挥以文辅政职能作用，认真研究和准确把握公司改革发展形势，准确领会领导意图、贴近领导思路，不断提高文稿写作水平，更好服务公司决策、推动各项工作开展。全年撰写、修改、整理领导讲话、致辞、汇报材料、署名文章、公文等各类文稿500余篇280余万字；做好会议记录纪要整理工作，为公司各项工作有序推进提供依据，全年累计整理会议记录188篇、纪要154篇；深入开展调查研究，牵头形成2022年专题调研工作方案，扎实推进各级调研活动，督促各部门各单位及时报送调研计划，形成调研报告，为领导科学决策提供参考依据；全年累计向中钢协、山钢等上级单位报送综合信息600余期，整理上报股份公司党委月度情况12期，综合信息工作排名始终处于山钢前列，为展示企业形象、辅助科学决策、深化改革发展等营造良好环境。

【督查督办】 修订完善督查督办管理办法和复命管理规定，重点围绕山钢集团、山钢股份及莱芜分公司党政重要会议确定事项和领导关注的热点难点开展工作，持续强化责任分解、过程管控、跟踪督办等措施，督促工作落实，提高决策执行力，建立起重点事项全覆盖、立体式闭环督办格局。全年累计印发督查督办通知38期，立项分解责任事项519项，印发督办通报41期，公司各项决策部署均有效落地。扎实做好巡视巡察反馈问题整改情况的督导落实，强化巡察整改过程管控，加强协调配合，确保各类问题整改到位。

【公文印鉴管理】 认真落实《清新文风会风五项规定》《印章和介绍信管理办法》，严格按照发文计划要求，把牢发文关口，压减文件数量，提高文件质量和流转效率，全年办理各类收文5700余件，发文900余件；坚持用印原则，强化印信把关责任，守牢规范用印关口，累计规范用印信31000余份，刻制启用新印章17枚，移交旧印章21枚。组织开展公文写作与能力提升培训，全面提高公司公文规范化、标准化水平和文员履职能力。

【接待与外事管理】 严格贯彻落实中央八项规定精神、山钢正风肃纪“十条禁令”及公司党风廉政建设等系列要求，持续加强接待工作管理，优化工作流程、完善台账资料，严格接待标准，严控费用支出，先后完成了省、市主要领导调研以及宝武集团、中国矿产资源集团领导来访等各类重要接待活动安排，累计完成各类参观、调研等接待活动260余次，厂区参观调研活动1100余人次，较好展示了企业良好形象。认真做好外事管理工作，深入贯彻因公出国从严管理要求，全面落实省外办、山钢集团有关部署安排，不断强化外事管理工作的原则性和纪律性。根据疫情防控工作要求，严格控制公司出访任务，全年未安排出访团组出国访问。

【企地关系协调】 坚持“融入区域、融入政府、融合发展”，强化信息互通机制，构建“高层战略协商、中层对口联系、基层全面融通”新格局，为企业高质量发展提供融洽的企地关系、打造良好的外部环境。全年组织企地双方高层召开项目建设协调会议4次，办理地方政府来函12件，现场落实60余次，妥善处理突发事项13余件次。

【信访稳定】 紧紧围绕“五个不发生”和做到“三个到位”的信访工作目标，建章立制、畅通渠道，加强信息预警和应急处置，超前化解矛盾纠纷，全年公司共受理职工群众来信来访149件次，承办12345政务热线及劳动监察方面的信仿事项1091件，办结率达到100%，未发生影响稳定的重大群体信访案件。认真贯彻落实上级安保维稳精神，将全国两会、党的二十大、冬奥会等重大活动的信访稳定作为首要政治任务，严格管控、快速反应处理突发事件，维护了公司稳定大局。

【后勤物业】 紧紧围绕和谐企业创建，实施公司总部餐厅运营及环境改善提升，完成总部餐厅、物业、通勤班车及办公楼租赁招标，优化技术中心区域通勤班车运营，持续做好“三室一堂一所一位”整治提升工作。2022年7月29日，完成莱芜分公司公辅资产及后勤物业管理，卫生防疫、抗震救灾管理，计划生育管理，环境绿化管理及各生产单位厂区外公共道路管理等职责调整，配置定员7人。制定下发分公司《公辅后勤资产管理办法》《厂区现场环境管理办法》，强化日常督导检查，公辅后勤环境逐步提升，同时为打赢疫情防控和生产经营保卫战贡献了力量。

【保密工作】 认真落实上级保密工作部署，坚持以管理制度化、规范化为主线，以集团公司自查自评专项督查反馈问题整改为抓手，着力抓好制度建设、宣传教育、涉密载体及商业秘密管理等工作，坚决保护各类秘密信息安全，为公司极致运营、攻坚突破提供有力保障。全年无失泄密事件发生。

【档案史志管理】 认真落实集团公司档案管理制度，明确专职党委副书记分管档案工作，公司办公室作为档案工作主管部门，配备专责档案人员，对各单位工作开展进行监督，并做好总部档案资料的收集、整理、保管、利用及业务指导工作；按要求完成《山钢年鉴》供稿任务；加强与莱钢档案馆共同协调，做好各类档案归档工作；组织开展档案业务检查，及时发现管理漏洞，督促问题整改，推动档案保密管理工作不断上水平。

（撰稿：刘　敏　宿　昊
审稿：景　凯）

证券事务管理

【综述】 董事会办公室/监事会办公室/证券部是山钢股份证券事务主管部门。主要职责是：负责修订、完善公司章程，董事会、监事会工作制度、管理办法、议事规则，完善公司法人治理结构；负责处理股东大会、董事会、监事会、董事会各专门委员会的日常事务及相关业务培训；负责股东大会、董事会、监事会、董事会各专门委员会的会议组织、材料审核、记录、纪要，监督落实会议决议、决定；负责与董事、监事、高级管理人员的联系，并在其履职或检查时提供相关服务；负责组织编制公司定期报告、临时报告，以及董事会、监事会工作报告的起草；负责投资者关系管理和信息披露，与证券监管、交易、中介等机构的联系、沟通及相关事务处理；负责股权事务管理及公司股权激励的策划和实施；负责组织协调资本市场融资和企业兼并重组等工作；负责投融资计划、资本运营计划及项目方案的拟订或审核，牵头组织方案实施推进有关工作；负责董事会、监事会、证券事务的公文、档案和印信管理等。截至2022年底，董事会办公室/监事会办公室/证券部共有职工3人，其中具有高级专业技术职务3人、研究生1人、大学本科2人。公司荣获中国上市公司协会授予的“2022年度上市公司董办优秀实践案例”。

【公司治理】 全年组织修订、制定《公司章程》《董事会专门委员会工作细则》《山东钢铁股份有限公司董事、监事及高级管理人员所持公司股份及其变动管理办法》《山东钢铁股份有限公司独立董事年报工作制度》《山东钢铁股份有限公司内幕信息知情人登记备案管理制度》《董事会授权管理办法》《总经理向董事会报告工作制度》《经理层成员业绩考核办法》《经理层成员薪酬管理办法》《对外担保管理制度》《对外捐赠管理制度》《负债管理制度》《投资者关系管理办法》等13项制度。推进ESG治理，制定《董事会战略规划与ESG委员会工作细则》，搭建了由董事会、董事会战略规划与ESG委员会、ESG推进工作组织机构三个层级构成的ESG治理架构。与办公室共同组织规范了总经理办公会、党委会、董事会、股东大会研究决策程序；全年组织召开公司“三会”及各专门委员会27次，组织编审议案等材料88项；加强子公司规范管理，实现了信息公开全覆盖。

【信息披露管理】 严格按照证监会、上交所新规完成2021年年度报告及2022年度一季报、中报、三季报等定期报告编制；连续两年按ESG治理标准编制、披露社会责任报告，并于2022年披露ESG报告，综合得分位居钢铁行业上市公司前列；严格信息披露审核程序，及时回复监管部门、上市公司协会等机构调研咨询，按期披露股东大会、董事会、监事会决议事项；全年披露各类公告信息83项，做到了及时、准确、完整、无差错。公司荣获上交所2021~2022年度信息披露A级评价。

【投资者关系管理】 修订完善《投资者关系管理办法》，强化交流平台建设，全年召开业绩说明会3次，受理投资者来访来电245人次，通过“上证e互动”平台累计答复投资者提出问题117项；加强与媒体交流，开展“财经媒体走进上市公司”等活动，推进形象展示和价值传播；实施高比例分红政策，2021年度公司分红金额超过上年归母净利润的50%。

【股权投资和资本运营】 严格把好对外担保和关联交易关口，及时监控关联交易安全边际；协调并组织参加控（参）股子公司股东会23家（次）；督促日照公司等9家出资企业合计分红17.06亿元；研究启动并经董事会审议通过了向山信软件股份有限公司实施非货币性增资事项，解决债务支付的历史遗留问题；调整优化北科大股权转让后冶金生态公司董事会人员结构；制定实施公司《企业法人压减、参股企业瘦身工作计划》并加强督导推进，全年完成16家子分公司注销，其中控参股企业9家，回收资金2.08亿元，完成公司法人压减3年计划的61.5%；15项产权登记历史遗留问题全面解决。

（撰稿：吴　昊　审稿：郭允义）

改革发展工作

【综述】 公司改革发展领导小组及其下设办公室具体负责公司的发展改革工作。改革发展领导小组由王向东任组长，吕铭、高凤娟任副组长，成员有：赵智珠、尉可超、张润生、金立山。领导小组下设办公室，设在董事会办公室。改革发展领导小组主要职责是：深入贯彻落实党中央、国务院、省委省政府、省国资委以及山钢集团公司关于深化改革的各项决策部署；研究公司改革重大原则、总体方案、制度体系；研究协调解决公司在深化改革和加快发展过程中前瞻性的、重大的、较长期的、关键的、顶层设计的深层次问题；指导、推动、督促公司有关改革政策措施的组织落实。改革发展领导小组办公室主要职责是：组织贯彻落实改革发展领导小组的工作部署，梳理公司重大改革事项，组织拟定公司改革发展方案；组织设计“六个体系”（以党建引领为核心的政治保障体系；以本质化运营水平提升为核心的“五位一体”协同体系；以塑造比较优势为核心的市场化绩效管理体系；以保障公司规范化、一体化运营为核心的制度体系；以先进钢铁、绿色智能制造为核心的转型升级体系；以聚合资源、构建钢铁产业生态圈为核心的融合发展体系）；落实“三个率先”（率先形成鲜明的改革导向，率先落实集团公司各项改革部署，率先在以改革促进发展上取得实效）的工作要求，分解细化责任，明确任务分工，确定时间表、线路图，快速推进公司改革发展方案落地；负责公司改革发展重要事项落实督办；向改革发展领导小组汇报改革推进情况。

【管理运行机制】 根据山东钢铁集团有限公司《关于转发〈关于加强国企改革三年

行动工作台账管理有关事项的通知〉的通知》，公司组织对 2021 年 2 月份印发的《山东钢铁股份有限公司深化改革行动实施方案（2021~2022 年）》进行了优化完善，形成了包含 22 大项改革任务、48 项具体工作举措的改革任务体系。为进一步解决制约公司效率、效益、质量提升的深层次问题。5 月 24 日，印发《山东钢铁股份有限公司 2022 年重点改革事项攻坚工作方案》，纳入公司深化改革工作一体推进。

【督导与考核】 坚持改革推进日常联络制度和推进绩效季度评价通报制度，每季度组织召开改革领导小组办公室会议，总结前期工作，就重点、难点改革事项进行协调，会后及时通报改革推进情况；对重大事项，提议召开改革领导小组会议研究解决。完善考核机制。在 2022 年度总部各部门年度目标责任制考核中赋予改革事项 10%的权重，加强对深化改革工作的考核。

【重点举措及成效】 截至 2022 年 12 月底，《深化改革行动实施方案（2021 ~ 2022 年）》涉及的 4 大领域、22 项改革任务、48 项重点改革举措已全部完成；《现代企业制度建设（2021 ~ 2022 年）综合改革提升方案》21 项改革任务全面完成并持续巩固提升；公司《2022 年重点改革事项攻坚工作方案》全面落实并取得突出成效，国企改革三年行动全面收官。坚持党的领导、加强党的建设，建立党委和行政领导实行“双向进入、交叉任职”的领导体制，进一步厘清各治理主体的职责权限，制定实施《落实董事会职权事项实施方案》，并相应修改《公司章程》，有力保障了董事会职权的有效落实。推动国有资本布局优化结构调整，按照“突出沿海、优化内陆、精品与规模并重”的发展战略，实施日照钢铁精品基地沿海布局、莱芜分公司新旧动能转换系统优化升级改造等重大工程项目，日照钢铁精品基地技术经济水平和盈利能力跻身行业前列。梳理制定法人压减、企业瘦身工作计划，2022 年注销完成法人单位 8 家，参股企业 1 家，全面完成 2022 年度法人压减和参股企业退出计划。强化国有企业科技创新，健全完善科技创新体系，积极承担国家及省部级研发课题。2022 年研发投入达到 40.90 亿元，2020 ~ 2022 年均增长率 20.20%；2022 年研发费用达 30.44 亿元，2020 ~ 2022 年均增长率 55.92%。高新技术企业创建取得突破，日照公司 2022 年 12 月 12 日通过高新技术企业认定。健全市场化机制，全面推进完成经理层成员任期制和契约化管理；建立三项制度改革效能评估机制，“三能”常态化机制有效落地。深化国企改革专项工程，进一步完善公司治理结构，规范决策程序，强化制度刚性，构建权责清晰、各司其职、协调运转、有效制衡的公司治理体系。

【钢铁产业生态圈建设】 制定印发《安全高效钢铁产业生态圈建设领导机构和运行组织体系》，成立公司钢铁产业生态圈建设委员会，组建推进专业工作组和办公室，紧紧围绕搭台、展链开展工作，重点推进产销研一体化管控平台、智慧商务平台、采购供应平台、智慧物流平台等 7 个平台的建设和大宗原燃料供应链、产品销售服务链、物流运输链等 7 个业务链的优化拓展，各专业工作组分别制定工作方案，委员会办公室建立工作推进台账，定期督导和通报。按照“对内高度业务协同、对外稳妥推进资本投资+战略合作”的建圈模式，公司内部协同高效运行，对外业务链建设成效明显，效益实现大幅提升。“五位一体”协同机制框架体系进一步完善并有效运行；大宗原燃料采购全部上线山钢招采平台，辅料和备件采购逐步线上欧贝易购；推进构建智慧营销系统，启动欧冶云商交流和线上销售；强化供应商战略联盟，参股山西焦煤集团日照配煤基地；多元化开展与产品销售客户的交流，战略客户合作联盟不断拓展；金融和人才保障机制不断优化，保障公司生产经营稳定高效运行。

（撰稿：吴　昊　审稿：郭允义）

财务管理

【综述】 财务部与资金结算中心合署办公。财务部主要职责：负责建立健全财务管理和会计核算体系，制定完善财务管理和会计核算制度；公司会计报表编制及经营绩效财务分析；公司年度全面预算方案编制及调整，各管理单位的年度预算方案备案；会计信息管理，资金管理，资产管理，税务管理，关联交易管理；财务报告管理与财务信息披露；年度利润分配方案的策划与实施；销售收款政策的制定和管理；公司总部、直属机构财务管理、会计核算和会计档案管理。资金结算中心主要职责：负责公司总部、营销总公司、研究院工资发放和核算、经费管理；采购、销售结算管理，应收账款管理；资金预算，资金结算管理；筹、融资资金运作；公司及管理单位板材、型钢、特钢、钢带、建材等产品的销售结算业务；公司及各管理单位的国内大宗原燃料采购结算业务（与山钢国贸公司大宗原燃料采购结算对接）；区域销售公司财务管理，区域销售公司财务运行状况监管等。截至2022年底，山钢股份财务部/资金结算中心在册职工50人，其中在岗45人、离岗休养5人。

【主要指标】 2022年山钢股份公司实现营业收入1022.89亿元，同比减少85.61亿元，降幅7.72%；利润总额15.06亿元，同比减少25.27亿元，降幅62.66%；2022年末资产总额690.11亿元，负债总额371.98亿元，所有者权益总额318.13亿元，资产负债率53.90%。

【预算管理】 强化预算引领，促进公司绩效持续改善。坚持“优化提升、进中求优”工作总基调，持续优化提升“预算编制与分解、执行与控制、分析与评价”三位一体的预算管理体系，充分发挥预算引领作用。及时将预算指标分解到各单位，并督导各单位做好预算指标的分解和落实工作；加强动态管控，积极督导各公司以年度预算为纲，结合市场变化，按月分解制定预算指标，持续提升预算管理的科学性、时效性，促进公司经营绩效持续改善；以每月运营绩效评价会、周工作例会为平台，不断深化经营结果分析评价，科学引领各生产单位抓机遇、提产量、调结构、降成本、增效益。

【会计核算】 强化会计基础管理，着力提升财务管理水平。加强制度建设，制定下发《负债管理制度》《对外捐赠管理制度》《外派财务人员管理办法》等制度文件，保障财务各项工作依法合规、有序开展，为公司财务管理工作提供制度保障。严格按照上市公司信息披露指引，规范编制季报、半年报、年报，准确披露财报相关信息，2022年公司荣获上交所年度信息披露A级评价。按照“项目规范、格式统一、数据准确、及时高效”的原则，进一步夯实会计核算、报表编制、会计档案管理等各项会计基础工作，完成2012年至2019年股份公司会计档案归档；梳理优化报表填报流程，下达两次报表提速通知文件，明确各单位报表填报时间，全力提质提速，股份公司会计决算报表合并由每月10日提至5日。

【成本管理】 强化全面对标找差，持续打造成本比较优势。按照2022年“全面对标、系统提升”行动部署要求，聚焦成本、利润、效率等核心经营指标，紧盯吨钢利润核心指标，组织开展与行业平均、永锋、马钢、湛江等对标工作，找准指标差距，开展专题攻关，着力推进管理、技术、工艺优化创新，促进各项指标持续突破和提升，2022年可比产品成本降低率创近年来最高水平。

【资金管理】 强化资金精细化管理，持续提升资金使用效率和效益。以资金“安全、高效”为目标，按照“提效率、降规模、优结构、降费用”的工作思路，充分发挥宝武的协同优势，持续强化资金管理，不断提升资金使用效率和效益。结合市场经营形势和宝武重组的有利时机，加大与金融机构沟通协调力度，降低存量资金占用，降低票据保证金金额及比例，提高资金使用效率。密切跟踪金融市场变化，合理平衡调度资金，加强融资结构重塑，持续降低财务费用，2022年财务费用同比降低40%。强化资金预测式管理，根据经营绩效情况，预判经营性资金来源，牢固树立“资金为王”的管理理念，强化经营性现金流管控，按照轻重缓急合理安排工程投资强度和进度，大力压减非生产性支出，为生产经营提供有力的权益资金保障。积极拓展储备融资资源，优化中长期债务结构，有效防范短期流动性风险。2022年末，短期借款规模较年初降低25.44亿元，长期借款比例较年初增加15%以上。

【费用管理】 严格费用预算管控，强化费用结算审核，有效降低各项费用支出。严格预算管控，从严从紧控制各项费用支出。按照实事求是、从严从紧的原则，反复测算，编制形成总部机关、山钢研究院、营销总公司费用预算，同时为积极应对下半年严峻市场形势，将总部及各单位费用预算在年度预算基础上进行压减调整两次。强化费用管控，持续发挥财务监督职能，严把采购、销售结算审核关，为公司“当好家，理好财”，严防结算风险。严格按照制度规定，规范费用支出标准，优化报销审批流程，强化费用管控，有效降低各项费用支出。

【财税政策应用】 强化财税政策研究利用，全力获取政策红利。充分解读山东省《2022年“稳中求进”高质量发展政策清单》，积极收集、认真研究、充分用好用足各类政策，确保政策红利应享尽享。全年公司实现财税政策直接创效4.05亿元。

【决战四季度】 坚持“目标倒逼、模型控制、细化纠偏、激长克短”的工作方法，深入推进“决战四季度、打赢生存保卫战”，制定分解四季度任务目标，建立日调度、周评价、月总结的工作机制，持续优化改善举措，深挖潜力，提质增效，按照集团公司任务目标口径，在消化市场减利因素11.21亿元的情况下，全面完成各项任务目标。其中，实现净利润-1423万元，超基础目标7277万元，存货占用超额完成目标2.3亿元，应收票据超额完成目标1.9亿元。

（撰稿：王燕美　审稿：董永峰）

人力资源管理

【综述】 山钢股份人力资源部与党委组织部、机关党委合署办公，主要负责专业人才管理、机构编制与定员管理、人力资源开发与配置、职工培训与技能鉴定、职工薪酬与社会保险管理、人事档案管理等工作。截至2022年底，在岗职工4人，均为大学及以上文化程度，其中具有高级专业技术职务资格3人、中级专业技术职务资格1人。

【人力资源优化】 以打造极高效率和极低成本为核心，着力推动组织机构变革、岗位管理优化、人员分流安置、智慧制造提升、员工素质提升等实现新突破，持续提升劳动人事效率。深入开展对标提升行动，瞄准世界一流企业中国宝武，分层分类加强全面对标管理，构建起股份公司“争先进位”、生产基地“补短缩差”、工艺产线“挖潜提效”的格局。推进星火计划，选派管理人员到宝武实训，以实训人员为纽带，全面对接协调，推动厂、工序、班组“结亲”，促进指标互通、技术互通、管理互通，建立持续改进与提升的对标长效机制。着力畅通员工能进能出渠道，完善员工离岗退出政策，加强劳动合同管理，推进员工离岗休养、特殊工种退休和解除劳动合同等措施落实。充分发挥人力资源储备中心作用，经过培训后向新增业务合适岗位转移。积极开辟员工转移安置途径，充分利用协力岗位和外委业务资源，在保留劳动关系的前提下，将岗位富余人员派到外部单位工作，实现三方共享共赢的用工模式；对生产、检维修、生活后勤等外委用工，按照应收尽收、应整尽整的原则，积极推进业务回归，回归业务岗位以员工进行替代。股份公司在岗员工由年初的22636人优化至20359人，优化2277人，整体优化率为10.06%。钢铁主业人均产钢量达到1156吨/(人·年)，较上年度提升30.18%。

【培训管理】 统筹整合培训资源，搭建线上学习平台，推进落实多元化培训体系建设，在日照公司精品大讲堂基础上，通过账号扩容和功能拓展，搭建股份公司学习平台，建立集“教、学、管、交流”为一体的服务模式，通过人、岗、知识智能匹配，做到千人千面的个性化学习，满足各层次员工的学习与发展要求。自6月份平台上线运行至年底，共计登录学习18959人，登录覆盖率达到87.6%，登录人员人均学时达46学时，人均分达3055分，为更好满足职工多元化培训需求创造了良好条件。深化一专多能培训，培育复合型技能人才队伍。立足于满足“大岗位、大工种”作业要求，强化“一专多能”复合型人才培养。莱芜基地制定下发《操作人员“一专多能”实施办法》《职业技能等级评价管理办法》，分两期组织“一专多能”培训2174人。日照基地鼓励员工在精通本岗位专业技能的基础上，学习掌握密切相关的操作技能，健全完善激励机制，进一步激发员工岗位技能学习积极性、主动性，515名员工通过一专多能审核，职工整体素质不断提升。

【人才队伍建设】 深入推进实施人才优先发展和人才强企战略，着力打造人才集聚高地，加快以人才优势厚植创新优势、产业优势和发展优势，全面培育提升核心竞争力，为公司实现“强”起来提供支撑保障。聚焦人才所急所需，遵循“三个靠前”原则，瞄准国内“双一流”和传统冶金院校，实施“特定区域+限定专业”的差异化标准，共招聘本科及以上毕业生55人，其中硕士研究生22人、本科33人，“双一流”重点院校毕业生比例达到20%。加强高端人才引进培养，制定博士、硕士等高端人才引进优惠政策，以市场化手段选聘高端人才，柔性引进东北大学朱苗勇教授担任山钢股份首席专家，利用山钢股份博士后工作站，引进1名博士后入站，为加快生产工艺优化及产品质量提升提供强力支撑。创新人才培养机制，实施青年人才培养“推青计划”，计划从2022年至2025年，通过逐年选拔培养，在管理、技术、技能序列培养1000名左右能够在生产经营、改革发展中发挥骨干作用的青年人才队伍。截至2022年底，山钢股份共有新世纪百千万人才工程国家级入选人员1人，享受国务院颁发政府特殊津贴人员5人，全国技术能手10人，钢铁行业技术能手35人，“杰出工程师青年奖”1人，泰山产业领军人才4人，山东省有突出贡献中青年专家8人，齐鲁首席技师15人，山东省有突出贡献技师10人，齐鲁大工匠1人，山东省冶金（有色）行业首席技师66人。已通过认定的济南市高层次人才51人，其中C类人才2人，D类人才10人，E类人才39人。搭建起1个国家认定企业技术中心、10个省级技术中心、4个省级工程技术研究中心、2个省级实验室、3个国家认可质检中心、3个院士工作站、4个博士后科研工作站和26个劳模创新工作室等平台。

（撰稿：高　敏　审稿：耿　亮）

规划投资及科技创新管理

【综述】 规划科技部是山钢股份规划、投资及科技创新的主管部门。主要职责是：负责宏观经济、有关政策、产业发展动态研究，企业核心竞争力等改革与发展重大课题研究；负责公司发展战略及规划的研究、拟订与管理，固定资产投资项目管理，对管理单位发展规划指导、管理及执行监督；负责承担公司战略规划委员会、科技创新委员会、专家委员会的日常工作事务；负责科技创新体系建设，科技创新规划、年度科技创新计划的组织制定与实施；负责重大科技专项项目管理，重大科技创新项目备案管理，专利、技术秘密等登记及转让管理，科技成果、科技奖励的组织评审；负责对外技术合作、科技创新管理工作；负责各管理单位的科技资源整合、协同创新管理；负责发展战略规划、科技规划职责范围内规章制度制定、落实情况的监督考核；负责与政府、行业及上级主管发展规划、科技创新、技术合作归口管理机构的工作协调、对接等。截至2022年底，规划科技部共有职工3人，其中专业技术职务正高级工程师1人，高级工程师2人。

【规划治理】 统筹推进公司战略规划相关工作。在集团公司对股份公司规划提级管理的情况下，积极配合集团公司做好钢铁主业中长期规划相关专项的编制工作。多方协同，推动日照公司购置闽源钢铁120万吨生铁、190万吨粗钢产能指标事宜，在工信厅通过产能置换公示、公告，并于3月底完成产能指标交易。同时，结合公司总体产能布局情况，系统谋划莱芜分公司新旧动能转换项目优化调整及日照二期项目建设相关事宜。与省市主管部门沟通，全力争取公司2022年度粗钢及焦炭产量指标；莱芜分公司2022年新增焦炭产量指标4万吨，总量达到327万吨；粗钢产量指标方面，通过多措并举，内协外联，加压推进，在年初省下达的产量指标基础上，增获省统筹产量指标34万吨，无偿获取使用山东闽源钢铁产量指标12.3万吨、日照钢铁控股产量指标4万吨，共计增加公司产量指标50.3万吨，公司全年粗钢产量指标达到2023.3万吨，有力支撑了公司生产经营目标的实现。

【固定资产投资管理】 聚力攻坚，有序推进新旧动能转换项目建设及中期调整。通过充分辨识内外部环境因素影响，客观评价莱芜分公司新旧动能转换项目执行情况，公司启动对该项目的中期调整，先后经股份公司总经理办公会、党委会、董事会战略规划委员会和第七届董事会第十五次会议审议通过，并于2022年7月29日下达该项目立项实施调整计划（山钢股份规科字〔2022〕12号），完成了新旧动能转换项目中期调整事宜。截至2022年底，2×480平方米烧结机工程、1号3800立方米高炉工程、陶家岭区2×120吨转炉连铸工程已建成投产并达产达效，经济技术指标达到行业先进水平。重点推进特钢区100

吨转炉连铸工程及配套公辅系统建设，全年完成投资80000万元，自开始建设以来累计完成投资818994万元。严控投资，强化年度计划的刚性约束。组织编制公司2022年度固定资产投资计划，总投资500899万元，其中莱芜分公司（含银山型钢公司）年度投资计划367199万元，日照公司年度计划投资99700万元。进入7月份，公司内外部环境发生较大变化，根据集团公司“有保有压”的原则组织对年度计划进行了中期调整，调整后2022年度计划投资总额为402840万元（净压减投资98059万元），其中莱芜分公司（含银山型钢公司）计划投资295469万元，日照公司计划投资73371万元，股份直投计划投资34000万元（预留额度）。全年累计完成投资293001万元，年度计划完成率72.73%，剔除暂缓实施项目（38717万元）影响，年度计划完成率80%，投资规模受控。规范立项，组织重大项目立项审查。先后对银山型钢公司3200立方米高炉技术改造、400平方米烧结机技术改造、板带厂1500毫米宽带加热炉烟气脱硫除尘改造、炼铁厂高炉集控中心建设、日照公司炼钢厂1号连铸机结晶器电磁搅拌项目、中厚板厂岗位集中管控项目（一步）、日照公司年产8万吨冷压块项目、日照公司智慧水务中心建设、莱芜分公司焦化厂集控中心建设等12个重点项目前期材料的完整性、项目实施的必要性和方案的可行性等进行了审查，按要求提报总经理办公会研究（5000万元以上的项目还提交了党委会研究），并及时将公司研究意见反馈项目实施单位。对集团公司特别监管的信息化及智能制造项目，及时协调专业主管部门对技术方案进行初审，并报送集团公司进行专业审查。强化管控，开展项目实施情况摸底与检查。组织对2020年以来已立项实施项目的完成情况进行了全面摸底，梳理完成山钢股份各单位立项实施项目明细表。推广项目推进月例会制度，莱芜分公司和日照公司定期召开项目推进例会，由子分公司分管领导参会，全面掌握项目实施的全过程，对项目实施过程中的困难及时进行协调解决，对于严重超工期的项目，对项目实施与管理单位进行了考核。通过项目月例会制度，各单位对项目的管控更加规范有效。9月份，根据集团公司投资与资本运营部要求，对莱芜分公司和日照公司2021年投资项目的执行情况进行了现场检查，督导各单位规范做好的固定资产投资项目管理。

【科技创新管理】 统筹谋划，积极推进高新技术企业创建工作。日照公司成立工作专班，按要求完成高新技术企业申报材料的梳理与编制工作，并通过岚山区科技局正式上报申报材料；同时积极与日照市区两级政府多次沟通对接，积极争取地方政府支持，达成《加快日照钢铁精品基地项目建设补充协议书》，经股份公司总经理办公会、党委会审议通过后签订，确保了日照公司申报高新技术企业顺利通过审核。2022年11月17日，日照公司顺利通过高新技术企业税务核查；12月12日，日照公司通过高新技术企业认定的信息在国家高新技术企业管理工作网进行备案公示。日照公司通过高新技术企业认定，经测算可实现落袋效益1.69亿元。深化提升，提高研发投入和研发费用占比。全年在研项目614项，累计完成验收308项，累计完成研发投入40.90亿元（占比4.17%），研发费用30.44亿元（占比3.11%）。研发投入的提升，为公司创建高新技术企业和申报各类重大科技专项、人才工程项目提供了有力支撑。突出重点，推进重大专项实施。召开山东省重大科技创新工程项目“高端制造装备用高品质稀土特殊钢关键技术研究及产业化”预验收评审会议，对项目实施情况进行总结，并根据专家意见对项目材料进行补充完善。9月24日，稀土钢项目以综合评价“优秀”的成绩通过山东省科技厅验收。统筹策划协调征集省重大专项指南建议（两批）15项，并按要求报钢城区科技局。积极承接与申报国家级重点课题和青年科学家项目，“基于钢铝协同的非石灰拜耳法赤泥增值冶金技术及工程示范”“抗疲劳高止裂非均质组织风电用钢研究”两项目获科技部立项批复。注重质量，发挥科技创新项目年度计划导向作用。召开科技创新委员会研究审议2022年度科技创新项目计划，围绕主业定位和发展方向，以关键共性前沿技术、生产技术薄弱环节、高附加重点产品开发为重点，统筹市场和现场需求进行项目选题研究，强化科技创新对效益提升的保障作用。9月15日，下达《关于编制2023年度科技创新计划的通知》，启动2023年度科技创新计划编制工作。揭榜攻关，公司“揭榜挂帅”项目稳步推进。重点聚焦国家、行业、山东省及公司自身发展重大需求，以“卡脖子”和重大共性关键技术突破、重大创新产品研发和重大创新成果转化示范，攻克产线亟须解决的核心技术难题，研发“山钢特色”优势产品，按照“高端产品研发、高效工艺研究（绿色低碳、智能制造、提质降本等）”两个方向，于4月22日发文征集公司2022年度科技创新“揭榜挂帅”项目指南建议（第一批），共征集项目指南建议33个，高端产品研发8个，高效工艺研究25个。经综合评审，14个项目通过“揭榜挂帅”评审答辩并获公司立项实施。精心组织，高效推进项目的立项与验收工作。先后组织五次科技创新委员会，累计审查科技创新项目35个，立项实施32个。组织科技创新项目验收会3次，对山钢研究院牵头完成的4个项目进行了验收。同时，组织召开经济课题专题研讨会4次，先后对21个课题进行了专题研讨，并下达立项实施计划；组织经济课题结题验收会议2次，验收课题8个。协同策划，科技奖励成果丰硕。2022年先后获第四届山东省专利奖二等奖1项（一种厚规格和窄硬度区间耐磨钢板及其制备方法）、三等奖1项（一种低成本正火轧制热轧H型钢及其制备方法）；获中国钢铁工业协会、中国金属学会冶金科学技术奖一等奖2项（“基于机器视觉的宽厚板轮廓及板形CPS智能制造技术研发与应用”“大板坯-轧钢界面高效化绿色化关键技术开发与集成应用”）、二等奖1项（“V-N微合金高强韧中厚板绿色制造关键技术及应用”）；获山东省科技进步奖二等奖1项（“大型机械装备用高强度中厚钢板”）。“大型机械装备用高强度中厚钢板”项目获2022年中国钢铁工业协会产品开发市场开拓奖。

（撰稿：陈豪卫　审稿：张　军）

运营管控管理

【综述】 运营管控部与运营评价中心合署办公。运营管控部主要负责运营管理制度及管控体系的建设与完善；拟订公司年度经营目标，组织落实、监管、评价、反馈；公司年度生产经营计划的编制与管理；项目后评价；生产运营资源的协调管理，生产经营的综合统计、绩效分析、评价与考核；管理单位年度经营计划执行情况的监督与管控；营销工作的评价与考核，组织策划营销精益管理改进工作方案；信息化体系建设及网络安全管理；运营改善、精益管理等。运营评价中心为公司直属机构，在运营管控部的管理和指导下开展工作，具体承接公司“五位一体”协同体系推进管理，开展营销、供应、招标采购、物流评价，投资项目后评价、公司发展质量评价，经营计划执行情况监督、管控等工作业务。截至2022年底，在岗职工9人，其中管理5级、6级各1人，管理7级、8级7人。

【极致提产】 一季度积极应对环保限产与政策控产等不利因素影响，分阶段建立最优生产组织模型，实现精准控产；二季度开展“攻坚二季度、决胜上半年”活动，产销紧密配合，开足马力生产，生产铁455万吨、钢532万吨、材510万吨，环比一季度分别增加43万吨、85万吨、83万吨；三季度结合市场形势变化，深化预测式经营。各产线根据市场情况、效益情况，及时优化调整，效益较好的莱芜基地厚板、型钢、转炉优钢订单打满、极致提产，日照基地厚板做到极致生产；四季度面对严峻的市场形势，争取钢产量指标，按最大能力组织生产，生产钢564万吨，发挥极限产量水平。全年累计生产钢2023万吨，超年度计划50万吨。

【运营攻坚】 贯彻落实《关于成立“决战四季度，打赢生存保卫战”指挥部的通知》及相关部署，明确责任分工，按照日调度、周评价、月总结的工作机制，与财务部联动，分工合作，由财务部调度分析各管理单位经营指标完成情况，运营管控部调度钢产量完成情况、深度挖潜遇到的矛盾和问题，以及总部各部门指标任务推进情况。与两基地运营、生产部门及营销有关部门就产量完成情况、打赢生存保卫战遇到的问题及需要协调的事项建立日调度机制，每天与两基地及营销有关部门电话调度沟通，对重大问题及时预警。对总部各部门指标，制定调度表，开展周完成情况评价。围绕四季度公司决策部署，指挥部办公室协同有关部门、单位策划工作推进机制，统筹各方进入决战决胜状态，多方发力、协同一致、基地兜底，高质量推进工作，主要指标达到预期目标。

【产销研一体化】 将产品经营和用户服务与“五位一体”商业模式进一步深化融合，持续深化“五位一体”商业模式创新。组织特钢、厚板、热轧、汽车钢、家电钢及冷轧、型钢六个产销研一体化团队，按季度召开产销研一体化工作组推进会，聚焦产品经营和用户服务，实施全员绩效表单管理，压实终端市场开发责任。全年开发终端用户139家，建立重点工程市场开发专题推进机制；中标山东荣成核电、招商局东明环保、裕龙岛、劲海化工等重点工程项目37项，销售钢材超过31.03万吨；累计制定QCDVS服务方案用户48家，累计走访55次，收集用户反馈的主要问题159项，制定针对性改进措施共计190项，48家QCDVS用户实现销售量213.09万吨，比上年同期销量增长27.97万吨，整体超任务目标量9.55万吨。

【商业计划书】 借鉴学习先进理念，全面导入商业计划书管理模式。理顺管理逻辑，商业计划管理注重与战略规划的衔接，按照从远期到近期的逻辑，以战略回顾—战略调整—战略举措—行动计划—财务预算的顺序思考商业计划。行动计划以战略规划为纲实施分解，财务预算是行动计划执行的结果和保障条件。绩效评价导向注重比较优势。商业计划倡导“超越自我、跑赢大盘”，促进公司关注行业发展和竞争态势，强化对标找差，锻长补短。明晰战略体系，公司党政领导组织各管理部门，系统分析，多次研讨，明晰公司的战略体系，成为公司未来发展的总纲领。统一管理语言，围绕未来3年主要经营目标，确定7项战略性任务、9项ROE改善性项目及14项专业职能重点工作任务（对应34项重点管控指标）。月度调度推进，季度形成管理报告，扎实推进各项工作落地。

【对标提升】 系统策划研究，探索融入宝武对标体系。全面融入宝武系全工序对标提升专项劳动竞赛，确立6大竞赛项目、21条参赛产线、56项竞赛指标，与宝武系各基地开展同工序横向对标，定期揭晓竞赛排名，营造“比学赶超、争创佳绩”的竞赛氛围，进一步拓展各工序关键经济技术指标提升空间。融入宝武内部“赛马”平台，与宝武系7家一级子公司和旗下8家主要基地“赛马”，确立利润总额、吨钢利润、净资产收益率、销售利润率、生铁成本等10条核心指标比拼“赛道”。全面、系统推进对标找差，对标成效进步明显，比较优势提升。在扎实推进“跟谁比、比什么”的基础上，强化“怎么比”，以缩差补差和解决问题为根本出发点，通过举措实施促进改善提升。集团公司总体监控指标进步率、达标率逐月提升，纵向进步率100%，横向达标率98%。

【绩效考核】 以人为本，效益为先，以公司效益最大化、职工利益最大化为核心，争取公司工资总额最优化。更新完善2022年公司及各管理单位契约化/目标责任制考核办法，加强考核引领作用。完善公司考核体系，对两基地购销协同办法进行优化，印发2022年度对标找差推进目标、董事长治理管控配档表，系统优化考核方案，助力公司打赢生存保卫战。加强检查，防微杜渐，对各管理单位开展单专项奖检查，梳理股份总部及各管理单位专家咨询费、评审费，并向公司提出相关建议。完成2021年年度薪酬考核工作。按时完成月度绩效考核工作，及时发放集团公司核准或有明确制度的各类奖励费用。

【协同创效】 积极推进宝武协同，以协同项目带动，深化全方位协同，全年实现协同效益4.55亿元。持续对标中国宝武先进营销理念及做法，与宝钢股份交流市场研判、价格体系、用户服务，与马钢开展H型钢协同定价，充分利用与宝钢股份北方公司联合调研省内市场成果，实现深度合作。

【统计分析】 编制、上报和发布产品产量、进出口、综合经营指标、固定资产投资等生产经营各类定期报表，完成对国家、市、区统计局，中钢协、省、市经信委、省冶金总公司、山钢等有关部门及企业内部各类季度、月度、旬报表，完成2021年钢铁工业统计年报编制工作，与山东省、济南市及中钢协等主管部门单位对接沟通，确保统计工作顺利开展。

【政策研究利用】 坚持目标导向、动态增补原则，提高政策创效“真金白银”效益，充分研究利用免交港口建设费、国家研发费用加计扣除所得税优惠、自然资源利用所得税优惠、留抵退税等优惠政策，全年累计创效15.63亿元（其中直接增利7.98亿元、增加现金流及职工个人补贴7.65亿元），超年度计划8.63亿元，超年度目标6.63亿元。

【阳光购销】 积极参与山东省国资委国有企业采购监督管理办法制定，针对具体业务提出修改意见。督促莱芜分公司自有采购平台与山钢集团采购平台实现数据互联互通，并对互联后数据进行核对查验。加强信息沟通，获取采购信息匹配数据，并将问题数据反馈至相关单位，查询原因，及时更正。组织制定股份公司《阳光采购管理办法》。

【项目后评价】 完成2021年后评价计划，与各管理单位沟通对接，强化调度及过程督导，持续推进项目后评价。就项目前期研究决策、建设过程、实施后效果、评价结论等进行沟通交流与优化完善，完成莱芜分公司《焦化厂煤场筒仓一期建设项目》等4个计划内项目后评价报告；与管理单位落实项目进展，本着利于后评价工作开展并确保评价内容具有一定的代表性、真实性及完整性原则，编制2022年项目后评价计划，确定16个后评价项目。

【信息化与智能制造】 引入中国宝武智慧制造架构体系，持续提升智慧制造水平。深入调研信息化现状，对标找差、筹划提升。策划组织到重钢、马钢对标学习，加快推进信息化现状调研、提升路径目标谋划，做好填平补齐及信息平台建设承接准备。全面导入智慧制造管理体系，开展指数测评，明确原点，锚定年提升率10%的“目标靶点”，以产线需求和价值创造为导向，结合年度投资计划，层层分解、压实责任，完成指数提升方案策划。分类施策、全面推进项目建设，落实年度重点工作和目标任务。结合集团公司重大改革进程，按照“云—边—端”架构体系分类施策，全面推进公司智慧制造项目建设。着重推进“端部”智慧制造项目，截至2022年底，“四个一律”指数31.89，较年初值28.47提升3.42，提升率12.01%，完成全年提升率达到10%的目标；全年新增机器人56台套，总计在线运行117台套。

（撰稿：冯　丽　审稿：孔凡强）

安全环保管理

【综述】 安全环保部主要负责公司安全生产和节能环保管理，健全完善安全生产、职业卫生、环境保护、节能减排等方面规章制度；负责安全生产、职业卫生、环境保护、节能减排工作的监督、检查和考核；负责风险分级管控与隐患排查治理体系建设和安全生产应急管理；组织开展安全技术、环境保护工作的教育培训；负责安全生产事故的调查处理。截至2022年底，共有职工3人，均为中共党员，其中经理1人、副经理1人、业务主任1人，研究生学历2人、大学学历1人。

【指标完成情况】 坚持人民至上、守正创新、问题导向、系统观念，紧紧围绕年初安全环保责任书确定的目标任务，狠抓全员履职尽责，合力共筑安全防线，全年总体保持安全生产平稳态势。莱芜、日照两基地钢铁主业全部工序均达到超低排放标准，均成为国家级绿色工厂、中国钢铁工业清洁生产环境友好企业和绿色发展标杆企业，绿色低碳发展绩效步入全国钢铁企业前列，为打赢生存保卫战提供坚实保障。

【夯实全员安全责任】 牢固树立安全发展理念，严格落实国务院安全生产“十五条硬措施”和“八抓20条”创新举措，紧紧围绕“防风险、保安全、迎二十大”主线，抓好“六个必须”，扎实开展安全生产专项整治三年行动，强化包保制领导责任和全员责任双清单履职，深入推进安全生产双重预防机制。以提升两基地管理水平为总抓手，开展跨区域协作一体化安全管理；依托全员改善活动开展群众性安全创新，激发全员主动性安全管理；深入推进安全生产集中攻坚，组织全员开展隐患排查治理，打牢基础夯实基层，筑牢安全生产防线。

【重大事故隐患清零】 全力抓好安全生产专项整治三年行动收官之战，坚持从源头上防范化解重大安全风险，深入排查“钢八条”和“粉六条”重大事故隐患，强化从技术、机理上进行安全管控。按照应急管理部、山东省应急管理厅、省国资委及集团公司关于“百日清零行动”要求，制定下发《关于开展安全生产专项整治“百日清零行动”的通知》，明确重点整治事项“清零”节点目标。督促莱芜分公司落实整改5部冶金吊重大事故隐患。组织各单位深入分析近期同行业发生的典型事故教训，强化事故类比隐患排查治理，针对马钢、包钢、广东华业铸造厂等事故教训，组织开展环保设施和动火、高处等危险作业隐患排查整治。组织两基地实行危险化学品重大危险源包保责任制，定期开展重大危险源安全评价。

【精准检查刚性管理】 对隐患和问题敢抓敢管、铁腕治理，对违规行为敢于动真碰硬，依规严惩，实时通报，以钉钉子精神强化制度的刚性和权威。按照山东省政府安委会《关于开展安全生产大检查工作的通知》要求，公司领导分别带队对莱芜分公司一二级风险点进行包保制专项检查，重点对风险点管控、安全责任履职、双重预防体系运行、建设工程及检修项目等进行了“溯源式”检查。对两基地组织开展安全生产督导检查和重大隐患检查，提升“第一责任人”安全管理能力，强化各级“三管三必须”责任意识。制定下发《关于组织全员安全检查深入治理事故隐患的通知》，以落实全员安全生产责任为核心，开展全员全过程全周期安全检查。全年共组织班组以上各类检查208824次，整改问题189250项。

【全员安全素质提升】 按照山东省政府安委会关于安全生产“大学习、大培训、大考试”专项行动和开展全员定向安全生产大培训工作要求，分类实行覆盖全员的精准通识安全教育培训。组织全公司通过山东学习强安、全员定向大培训平台、专题培训、班组活动等线上线下培训方式，开展“八抓20条”、安全生产创新举措三十讲、法律法规和规章制度等培训学习。日照公司坚持每周编发一期《安全周历》，在班组实施“微培训”事故案例警示教育，全年共计65549人次参加培训。其中安全管理人员898人、特殊工种培训取证2602人、特种设备作业人员培训取证1209人。组建竞赛队伍代表集团公司参加第一届山东省应急管理普法知识竞赛活动，荣获竞赛二等奖，山钢股份获得本次竞赛活动优秀组织奖。两基地深化安全文化体系建设，以“零伤害、零事故”为核心理念，分别制定了“六大安全理念”，提升职工安全价值标准。

【应急体系建设】 提升应急指挥机构的协调组织能力，完善生产安全事故应急预案体系。强化应急预案编制、评审、评估，以年度应急预案演练计划为纲领，提升急救援队伍保障能力，提升应急物资储备能力，提高应急状态下的要素高效协同配置能力。全年公司各级共组织应急演练10909次，参加演练44161人次，全面提升监测预警、指挥决策、救援实战能力。安全生产月期间，莱芜分公司联合济南市钢城区组织开展高炉炉缸烧穿事故应急演练。

【科技强安智能管控】 推广应用安全生产“四新”技术，提升智能化风险防控和信息化安全管理能力。深入开展安全生产“云端”管控，推进“机械化换人、自动化减人、智能化无人”，不断提升安全生产科技保障能力。环友化工能源公司和天元气体公司已完成危险化学品安全生产风险监测预警系统建设，完善了双体系、特殊作业、人员定位、智能监控和全要素管理等“五大信息化系统”，莱芜分公司炼铁厂、棒材厂等单位建立隐患排查治理信息系统。日照公司投资3.1亿元实施的27项智能制造项目，已完成21项；2座30万立方米高炉煤气柜实施安全仪表系统（SIS）改造；6座煤气柜重点指标信息参数与省冶金煤气在线监测预警系统联网，实施远程监测。

【职工健康权益保护】 开展职业危害因素治理，改善作业环境。莱芜分公司投资1300多万元实施焦化厂焦炉推焦装煤除尘系统一期升级改造、特钢事业部新区废坯切割位新建除尘器等19个粉尘治理项目；投资1000万元实施了焦化厂焦油装车尾气收集治理改造、能源动力厂型钢区域噪声治理等噪声危害治理项目。日照公司投资4000余万元，实施中厚板厂炉卷轧机除尘改造、热轧厂新增R2粗轧机除尘及精轧机除尘改造、焦化厂蒸氨塔脱酸改造、炼钢厂除尘改造、炼铁厂原料堆场道路整治、原料煤棚增加抑尘设施、渣处理场升级改造等项目。大力宣传普及职业病防治知识，提升职工职业病防治意识和防护技能。全年公司共组织完成职业健康监护查体13560人，查体率100%，发现职业禁忌证127人，无新发职业病人，保障职工职业安全健康。

【推进统一协作管理】 深刻吸取钢铁行业和省内外事故教训，深入推进相关方“四个统一”安全管理工作，规范相关方管理机制，严格把好“三个关口”，完善相关方管控措施，强化区域协同化作业管理。紧盯节假日、岁末年初等重要节点和特殊时段，开展常态化“四个统一”检查督导，督促相关方落实主体责任，确保在安全生产管理、体系、标准、文化等方面与公司保持一致，消除相关方各类事故隐患。

【精准定位靶向发力】 按照“做到极致，走向前列”的总体要求，强化环保红线意识和底线思维，以最严格的环保法律法规为准则，全年未发生重大环境污染事故，环保行政处罚为零，获得山东省企业环境信用评价“双绿标”。持续加大环保治理投入，夯实环保基础管理，全力提升环保绩效，莱芜分公司焦化厂、日照公司保持环保绩效A级企业、银山型钢公司取得环保绩效A级企业，莱芜分公司保持环保绩效B级企业，基本实现2022年初确定的工作目标。

【绿色钢厂评价】 制定下发《绿色城市钢厂评价指标体系推进方案》，对照中国宝武集团“绿色化指数”体系评价标准和考核要素，建立完善碳排放管理、碳资产管理体系，落实“提气、降碳、强生态，增水、固土、防风险”各项措施，巩固提升环保绩效，打造钢铁企业绿色发展新生态环境。莱芜分公司、日照公司绿色化指数自评得分达75分和80.5分。

【污水防治】 莱芜、日照两基地完成SO_2、NO_x、颗粒物年排放总量和排放强度实现商业计划书目标。吨钢综合能耗均达到奋斗目标，莱芜分公司为530.82千克/吨，主要工序能耗指标接近宝武马钢、韶钢同等水平；日照公司为518.03千克/吨，主要工序能耗指标接近宝钢湛江同等水平。吨钢水耗持续降低，莱芜分公司2.68吨/吨，日照公司2.02吨/吨。煤气回收实现新突破，焦炉煤气放散率均实现零放散。莱芜分公司高炉煤气放散率0.08%，转炉煤气回收量达0.74吉焦/吨。日照公司高炉煤气放散率0.66%；转炉煤气回收量达0.8吉焦/吨。两基地均实现废水零排放，莱芜分公司焦化废水消纳量保持在110米^3/时以上，实现消纳平衡；实施型钢污水处理厂产水专线引入型钢区水处理系统、3200立方米高炉冲渣系统配加浓盐水等改造项目，基本实现型钢区废水消纳平衡。焦化厂区雨污分流已完成。日照公司焦化生产废水内部回用率超过70%，冷轧含酸废水内部回用率达到70%。日照公司荣获国家2022年重点用水钢铁企业水效领跑者和山东省节水标杆企业等荣誉。两基地固废危废分别采用委托处置、自利用依规有序处置。其中，日照公司固废全部实现循环利用，杜绝大宗固体废弃物现场堆存风险，获得山东省资源综合利用先进单位和环境保护诚信企业。

【监督监测】 围绕“创A、保A、建A”目标，制定下发《关于深入开展环保隐患综合治理工作的通知》，组织各单位深入开展环保隐患综合治理，建立起以污染源在线监测为基础，生产单位自监常态化、环保督查促提升的环保监管模式。主要围绕无组织排放管控、治理设施运行维护、在线运维规范化、DCS系统运行、清洁生产运输、危废固废处置、废水收集治理、BOO/BOT项目运营等方面，特别是特殊时段、重污染天气减排措施执行情况开展督查。以严密的监督和数字化监测，强化各级环境保护风险意识，坚守达标排放政策红线，坚决杜绝突发环境污染事件和环境保护负面社会影响，全面提升环境保护管理水平。

【精准环保】 坚持“经济性环保”理念，下发《关于加强挖潜增效工作的通知》，在确保全面稳定达标的基础上，重点围绕除尘、脱硫脱硝等设备设施，精准控制环保运行成本，优化环保设施工艺参数，降低动力能源和物料消耗。同步加大对BOO/BOT单位协调力度，控制运维费用支出。持续加大环保投入，莱芜分公司投资35164万元，完成32项环保项目；投资4170万元，完成11项能源项目。日照公司投资8007万元，完成19项节能项目；2021年申报的1600万元大气污染防治资金已划拨到位。日照公司大宗物料全部采用国六及新能源汽车运输，电动重载货车达到300辆左右，增加成品码头船运量和提高管带机运输量，清洁运输比例达到80%以上。

【能源一体运营】 强化两基地协同管理，一体化提升能源管理水平，持续减排节能增效。两基地从工艺、技术和管理等多方面优化节能措施，挖掘煤气利用价值最大化，调整蒸汽、发电及水电等各环节管控机制，吨钢综合能耗持续降低，提升能源增效水平。莱芜分公司全面对标日照分公司，开展降低工序能耗、降低动力消耗成本等对标工作，完成92项，增效11575万元。日照公司实施计划、调度、优化三级协同，开展以控制参数为核心的能源监察，建立126个重点用能岗位、3000余个参数的督查标准数据库，建立自查标准依据；制定不同规格、钢种单位产品电耗模型，极致降低电耗。

【绿化美化厂区环境】 全面对标学习宝钢集团“三治四化”环境治理措施，制定下发《关于开展“三治四化”工作的通知》，开展现场洁化、绿化、美化、文化等“四化”建设，保持了清洁生产一级标准，两基地均获得山东省清洁生产先进单位。日照公司投资约1.3亿元，绿化面积约210万平方米，建设松虎湾沙滩公园绿化美化海岸线长1.8公里，栽种各类乔灌木40余种，地被、草坪28000平方米。莱芜分公司制定型钢区域景观提升设计方案，组织对文化墙、主要干道、重要参观出入口区域等进行整治。

【探索双碳途径】 组织两基地、山钢研究院等单位全面学习和贯彻《国务院关于加快建立健全绿色低碳循环发展经济体系的指导意见》等低碳政策，研究《中国宝武碳中和行动方案》《宝钢股份2021年气候行动报告》等应用措施，积极参加中国钢协、宝钢股份、易碳数科等组织的低碳类培训，提升顶层管理双碳意识和能力。组织开展LCA评价工作，编制光伏发电可研报告，筹划绿电采购和钢铁产品环境声明基础数据等各项准备。

（撰稿：于利国　审稿：徐锡坤）

风险管理

【综述】 风险合规部与风险管控中心合署办公，主要职责为：负责全面风险管理、内部控制管理，对发展战略规划、对外投资、固定资产投资、融资、重大资产处置及债务重组、重大关联交易、生产经营计划、生产经营活动重大事项进行风险评估，出具风险评估报告，跟踪落实风险控制措施；负责审计管理，对公司发展规划、经济责任、财务收支、管理效能、对外投资、工程项目、内部控制、风险管理等业务进行审计，负责审计发现问题的督促整改落实；负责合同管理、债权清收管理、破产债权申报及债务清偿等法律事务管理，对公司投资、融资、担保、租赁、资产转让、招投标等重要经济活动提出法律意见，负责工商事务、知识产权、诉讼纠纷管理等业务衔接。风险管控中心在风险合规部的管理和指导下开展风险管理日常工作，负责做好股份公司总部、莱芜分公司、日照公司、营销总公司及其他托（代）管单位的全面风险管理、审计管理、法律事务管理等具体工作业务。截至2022年底，风险合规部/风险管控中心在册职工16人，其中正高级会计师1人、高级会计师2人、高级工程师2人、高级经济师3人。

【全面风险管理】 梳理公司风险管理以及内部控制流程，进一步完善公司全面风险管理制度体系；积极参与公司日常经营管理活动，注重源头和过程风险管控，将风险管理融入日常经营管理和业务活动中，以重大决策、重大风险和重要管理及业务流程为重点，梳理存在的风险点和缺陷，实现风险管理工作与日常经营管理有机融合；不断加强以风险管理为导向的内控体系建设，以风险评价及重大风险防控等手段，进行流程梳理和优化；建立重大风险预警及应急处置机制，实现对重大风险的动态管理和有效管控；对风险管理的有效性进行测试和评估，加强监督和改进；积极推进公司全面风险管理信息系统建设，培育和塑造良好的风险管理文化，增强员工风险管理意识，不断增强风险防控能力，促进建立系统、规范、高效的风险管理机制，确保公司持续、健康、稳定发展。组织完成公司2022年度风险评估工作，针对辨识出的各类风险，分别制定了风险管理策略及解决方案，编制完成《2022年度全面风险评估报告》《2022年度风险内控合规法务管理体系工作报告》。各单位按照公司《全面风险管理办法》的要求，对重大风险管控目标完成情况，管理策略和解决方案的有效性进行系统分析和改进，确保重大风险应对方案落实到位、管控有效。2022年公司各项重大风险均处于可控状态。

【审计管理】 进一步加强年度绩效审计、经济责任制审计等工作，针对公司重点管理领域和关键环节积极开展相关专项审计，不断加大配合力度，加强专业监督检查，梳理流程、完善制度、规范行为，建立健全规范管理、提升效益的长效机制；高度重视审计整改工作，健全和完善审计整改台账，加大督办和考核力度，通过督促责任单位分析原因、制定措施、限期整改，积极堵塞管理漏洞，确保审计发现的问题整改到位。组织配合开展股份公司2021年度经营绩效审计，对公司年度经营结果进行核准，为组织考核提供了支撑；对股份公司总部部门负责人、各管理单位经理层及中层管理人员年度契约化指标完成情况进行审计，详细核实各项指标完成情况，验证了契约化实施效果，为考核兑现提供准确依据，有效调动各单位挖潜增效的积极性。按照上市公司监管和信息披露要求，积极开展内部控制审计评价工作，对关键内控流程进行测试、梳理和完善，从制度设计和制度执行两个方面查找缺陷并组织整改，编制内部控制自评价报告，保证内部控制的有效性和规范化。

【法律事务管理】 深入推进合同精益化管理，优化合同管理机制，完善合同管理制度，规范合同管理流程，实现山钢股份与两生产基地合同一体化管理；完善授权管理机制，组织梳理常规合同授权情况，分析相关业务管理流程，优化调整授权级别和授权范围，办理山东钢铁股份有限公司、莱芜分公司、银山型钢公司、日照公司的常规合同授权及特殊事项授权；组织完善标准合同文本，全面梳理公司常规经营业务合同，规范工程项目、采购、销售、修理修缮、物流服务等20多类常规经营业务合同文本，形成示范性标准合同文本，明确各类合同文本的适用范围和禁止事项，建立合同文本持续规范长效机制；严格合同审查、会签，出具合同审查意见书，实现合同风险源头把控；加强法律风险防控管理，防范和降低法律风险。加强工商事务管理，保障公司依法合规经营。深化纠纷案件管理，健全完善纠纷处理管理机制。加强纠纷案件管理，组织纠纷案件研讨和证据收集，办理案件授权手续，全过程参与案件处理，针对案件处理过程中存在的问题，组织法律风险评估，出具管理建议；办理协助执行、协助调查案件，组织办理破产债权申报、债务清偿等。加强债权清收管理，全年共完成非正常债权压减2494.38万元，累计完成5243.58万元，超额完成集团公司下达的任务目标。

（撰稿：周振峰　审稿：刘武修）

企业文化管理

【综述】 企业文化部是山钢股份公司主管企业文化建设的职能部门，与党委宣传部、统战部合署办公。主要职责是：加强山钢文化宣贯，深化文化融合，加强企业文化管理，组织企业文化教育培训，加强品牌形象宣传，提升企业品牌形象。

【企业文化】 加强企业文化管理，对全公司企业文化建设进行部署并抓好落实。深化山钢文化宣贯，深入学习宣传山钢文化体系，推动山钢文化落地。以山钢文化为统领，深化文化融合实践，持续培育具有股份特色和钢铁特质的现代企业文化。持续加强作风建设，开展作风建设工作调研，组织作风建设满意度调查，召开股份公司深化作风建设推进会，系统总结近年来深化钢铁作风锤炼情况，研究部署下一步工作。

（撰稿：王玉军　审稿：刘玉良）

党群工作

概　述

【基本情况】 截至2022年底，山钢股份公司党委下设5个二级单位党委、1个直属党总支，分别为山钢股份莱芜分公司党委、山钢集团日照公司党委、山钢股份营销总公司党委、山东冶金机械厂党委、公司机关党委、山钢集团研究院党总支。全公司共有28个基层党委，7个党总支，303个党支部，党员总数8517人。党群机构设党委办公室、组织部、宣传部、统战部、纪委、巡察工作领导小组办公室、工会、团委、武装部、机关党委10个部室，其中党委办公室和公司办公室，组织部、机关党委和人力资源部，宣传部、统战部和企业文化部，纪委和巡察工作领导小组办公室，工会、团委和武装部分别合署办公。另外，党委办公室与莱芜分公司/银山型钢公司党委办公室复合设置。

【学习贯彻党的二十大精神】 深入开展学习贯彻落实党的二十大精神系列活动，扎实开展“学习创新争先锋，建功献礼二十大”主题实践活动和“党建引领克时艰，担当奉献我先行”主题实践活动，开展我来讲党课748场，讲党课608人次，听党课18501人次，拍摄上报“我和我的支部”优秀微视频80部，选树各方面典型榜样497人，大力营造崇尚先进、学习先进、争当先进、赶超先进的浓厚氛围；举办党支部书记、党务骨干培训班，培训各级党组织书记、党务骨干300多名；广泛开展党员责任区、先锋岗、突击队、课题认领、难题攻关等党性实践活动，建立先锋岗、责任区1427个，党员突击队365支，开展志愿服务893次，党员践诺承诺7342项，解决技术难题7486项，党支部战斗堡垒作用、党员先锋模范作用充分发挥。

【党建工作】 持续深化党建品牌建设，评选表彰公司首批31篇党建品牌创建优秀典型案例，召开公司“五心四化”党建品牌创建成果共享工作推进会，“五心四化”党建品牌被山东省国资委评为“党建工作百佳典型案例”，进一步扩大了党建品牌影响力和辐射面；公司各级党委建立党建工作品牌29个，党支部建立党建工作品牌288个，凝聚起大抓党建品牌创建的强大合力。抓牢抓实党支部规范化建设和过硬党支部建设巩固提升，全面推行党支部评星定级管理，87个党支部被评为五星级党支部，118个党支部被评为四星级党支部，58个党支部被评为三星级党支部，四星级及以上比例达到67.65%，超额完成年度目标；督导各级党组织强化开展对党忠诚教育、落实结对共建活动、抓牢党员教育培训、组织党组织换届专项排查、开展党费工作自查、组织党员信教排查、规范“灯塔-党建在线”平台等系列工作，全面提升党建工作规范化水平；各级党组织使用党费、党组织活动经费161万元用于疫情防控工作，直接参与疫情防控志愿服务党员5743人次；实施党组织书记抓基层党建突破项目，发现和解决各级党建重点难点问题300多项；严格落实党建工作责任制，组织实施日常考核、年度检查和述职评议，下发考核通报；完成上级党建责任制检查，年度考核得分位列全集团第一名。

【干部队伍建设】 严格遵循党管干部原则，不断加强干部队伍建设，为推动公司高质量发展提供坚强干部队伍保障。开展经理层任期制和契约化管理“回头看”，健全完善相关制度和契约化材料，签订岗位聘用补充协议，按流程完成公司及10家企业经理层换届和契约化工作。全面推进公司干部一体化管理，制定下发《关于进一步加强干部选拔任用领导把关有关事项的通知》，对中层干部选拔任用进行统一领导把关；大力发现培养选拔优秀年轻干部，制定下发《大力发现培养选拔优秀年轻干部的十条措施》。深化推动营销体系改革，指导开展营销全员竞岗，在全集团范围内组织公开选拔，配备管理6级人员21名。大力实施重点岗位人员轮岗和关键岗位人员交流工作，建立并落实常态化管理机制，全公司共轮岗交流重点岗位人员94人，关键岗位人员262人，持续加强人员流动，防范岗位廉洁风险。严格落实干部考核评价机制，认真执行年度“一报告、两评议”制度，对5个管理单位，49名干部进行了考核，充分发挥考核的激励鞭策作用。开展年度选人用人专项检查，下发检查通报，扎实推进内部自查、现场检查、问题反馈，选人用人工作更加精准、科学、规范。

【党风廉政建设】 制定下发《关于进一步加强党风廉政建设和反腐败工作二十条措施的落实方案》《党支部、党支部书记及纪检委员落实党风廉政建设责任清单（试行）》，压实党风廉政建设责任；配合地方监委和上级纪委查办吕智勇、宋尊国、傅守滨、张明等严重违纪违法案件；整治群众身边“微腐败”，查处3件漠视侵害职工利益问题；下发《关于加强廉洁文化建设的若干措施》，制定17项措施具体推进；分级分类开展警示教育，党委书记王向东对公司6级以上干部作廉洁从业专题党课，并集体观看身边违纪违法案例警示教育片；开展2次年轻干部专题廉洁警示教育。为全公司1200余名管理8级及以上党员干部配发《清廉锦囊》《廉洁提示卡》。开展“清风常伴、廉洁齐家”家庭助廉主题系列活动，举办廉洁文化作品展、开展廉洁主题趣味活动等，营造廉洁氛围。对照“十破十立”任务目标，开展“三查三改”作风建设专项整治（查政治站位，改思想观念；查措施落实，改方式方法；查实际效果，改工作导向）；出台《关于进一步加强外出学习、考察等活动纪律要求的通知》，严明学习考察“十个严禁”纪律要求；严格落实集团公司《纠“四风”树新风工作方案》，紧盯“四类重点”“七个方面”常态化纠治“四风”；大力纠治形式主义官僚主义，严查履职尽责慵懒散漫、打折变通等问题，通报7起不担当不作为典型案例；整治享乐奢靡问题，查处违反中央八项规定精神问题52件，处理处分60名党员干部，对5起违反与管理服务对象亲清交往有关规定典型问题、9起酒驾醉驾违纪违法案例通报曝光；开展党员领导干部违规收受礼品礼金专项整治。

【思想政治工作】 严格落实“第一议题”学习制度和党委中心组学习制度，深入学习贯彻习近平新时代中国特色社会主义思想，及时跟进学习习近平总书记重要讲话和重要指示批示精神；巩固拓展党史学习教育成果，建立常态化工作机制，健全完善“我为群众办实事”长效机制，引导广大党员更加坚定自觉地牢记初心使命、开创发展新局；严格落实意识形态工作责任制，及时研判意识形态领域情况，安排部署、推进意识形态工作，全力做好全国两会、新冠肺炎疫情等重点时段的舆情管控，确保了企业和谐稳定；深入开展教育宣讲工作，组织参与“中国梦·新时代·新征程·新山钢”百姓宣讲活动，多项作品获优异成绩。加强精神文明建设，深入培育和践行社会主义核心价值观，开展各种形式的群众性文明建设活动，凝聚了讲文明、讲道德的强大正能量；强化思想政治工作，密切关注职工思想动态，紧盯形势变化，把握公司工作重点，快速跟进形势任务教育并做好答疑解惑。贯彻落实《中共中央关于坚持和完善中国共产党领导的多党合作和政治协商制度的意见》《山东省民族工作条例》等制度条例，发挥统一战线优势，调动一切积极因素，促进企业和谐发展。

【群团工作】 产业工人队伍建设改革工作纳入公司改革的整体布局，公司产业工人队伍建设改革工作经验在全国推进产业工人队伍建设改革协调小组专报推广。大力弘扬“三种精神”，开展股份公司工匠及优秀班组长评选活动，评选股份大工匠1名，股份工匠9名，优秀班组长100名，2名职工获评“齐鲁工匠”，举办2期劳模、工匠、优秀班组长专题研修班。配合集团公司工会做好全国机械冶金建材行业工匠学院揭牌活动，工匠学院实训基地落户莱芜分公司能源动力厂电气创新工作室。落实《关于进一步加强党建带团建工作的若干措施》，健全完善基层团组织规范化建设制度体系；以开展青年“双争”活动为抓手，深化青年岗位创新，不断提升广大青年立足岗位创新创效的能力和水平；组织开展疫情防控专项志愿服务活动，举办6期防护知识和技能培训，开展全员核酸检测100余轮次、重点门岗疫情防控50余场次，参与青年6000余人次。幸福和谐企业建设扎实推进，职工尽责护家专项行动、青年主题实践活动、巾帼勇担当专项活动成效明显，普惠服务与精准帮扶同向发力，职工归属感、幸福感、获得感明显增强。信访稳定、武装保卫、统一战线、档案保密等工作在开拓进取中实现了新提升。

（撰稿：杨　鑫　审稿：景　凯）

党委办公室综合管理工作

【综述】 党委办公室是山东钢铁股份有限公司党委的综合办事部门，与公司办公室合署办公。承担信访民调、机要保密及党委日常事务服务协调工作，主要包括组织筹备党委综合性会议活动，起草党委文件和综合文字材料，审核把关党群各部门以党委名义起草的文件、文字材料和以党委主要负责人名义撰写的讲话、文章等，收发、承办中共中央、山东省委、济南市委、山钢集团党委及公司党委的各类文件，组织协调党委系统开展调查研究工作，搜集、整理党群系统信息。

【综合事务】 牵头组织公司年度表彰大会、党委会、庆“七一”表彰大会、公司领导走访慰问活动安排等重要会议活动，并按要求完成相关文稿起草、重要会议记录纪要等工作。积极配合山钢集团党委巡察，完成了巡察组接待联络等系列任务。围绕党建思想政治工作重点开展调查研究，为公司党委决策提供有效参考。专项督办公司党委重要会议决定事项，跟踪督办领导批办交办事项。

【信访工作】 畅通信访渠道，加强信息预警和应急处置，超前化解矛盾纠纷，维护公司稳定大局，全年未发生影响稳定的重大群体信访案件。认真贯彻落实上级安保维稳精神，将全国两会、党的二十大、冬奥会等重大活动的信访稳定作为首要政治任务，严格管控、快速反应处突，维护了公司稳定大局。

【保密工作】 开展计算机终端涉密自查，对174名关键岗位人员办公电脑进行检测，及时消除失泄密隐患，提高广大干部职工办公电脑涉密防范意识；全面开展咨询服务等九个方面保密管理排查，重点强化保密要害部位检查，规范了涉密打印机及各类办公耗材管理；按要求组织微信泄密专项整顿行动，在全公司范围内开展专项排查和集中整治；将保密警示教育纳入党委理论学习中心组学习，为保密岗位人员发放学习书籍，邀请中共山东省委保密办法规宣传处副处长李占强进行现场授课，促进定密责任人和涉密人员素质能力提升；深化全员保密“两识”教育，认真开展保密宣传月活动，推进线上教育培训工作，全公司1156人参与了国家保密局线上培训并取证。

（撰稿：宿　昊　审稿：景　凯）

纪检巡察工作

【综述】 山钢股份纪委与巡察工作领导小组办公室合署办公，在集团公司纪委和股份公司党委领导下开展工作，履行监督专责与协助职责，内设综合室、执纪监督室。纪委主要职责为：协助公司党委推进全面从严治党、党风廉政建设和反腐败工作；对党的路线方针政策和决策部署落实情况开展政治监督；一体推进不敢腐、不能腐、不想腐，按照干部管理权限受理党员干部的检举、控告，依规依纪开展纪律审查并追责问责；围绕企业改革发展中心任务开展日常监督；强化正风肃纪；加强对纪检干部的教育、管理和监督；指导、检查、督促各单位纪委开展工作。巡察办主要职责：协助公司党委制定巡察工作计划；组织、协调、推进、管理巡察工作；向公司党委巡察工作领导小组报告巡察情况；巡察反馈和移交；推进巡察政策研究、制度建设；对巡察工作人员进行培训、考核、管理和监督；统筹督促巡察整改；加强巡察成果运用。截至2022年底，纪委/巡察办共有职工6人。其中，高级职称6人，研究生4人、大学本科2人。

【政治监督】 聚焦“国之大者”，围绕黄河流域生态保护和高质量发展、新冠肺炎疫情防控、国企改革三年行动计划、安全生产、环保“保A创A建A”、新旧动能转换、“决战四季度”等重大决策部署开展政治监督，保障贯彻落实。聚焦“一把手”和领导班子等“关键少数”，综合运用党内谈话、会议监督、“一把手”述责述廉、政治生态分析研判等多种方式强化监督，公司各级纪委列席总经理办公会等会议208次，完善廉洁档案1586人次，回复党风廉政意见528人次。协助党委制定下发《关于进一步加强党风廉政建设和反腐败工作二十条措施的落实方案》《党支部、党支部书记及纪检委员落实党风廉政建设责任清单（试行）》，压实党风廉政建设责任。

【日常监督】 落实集团公司、股份公司“决战四季度、打赢生存保卫战”决策部署，开展履职创效专项监督行动，设立5项专项监督创效维度，坚持日调度、周评价、月总结，实现监督创效约2823万元。对独家供应等情况开展“破独行动”，对排查出的418项独家供应情况督促分析研判、研究整改。开展职工投资关联企业排查治理、违规发放津贴补贴福利专项整治工作，强化公司资产减值准备财务核销追责问责，把监督成果转化为企业治理效能。

【执纪问责】 积极配合地方监委和上级纪委查办吕智勇、宋尊国、傅守滨、张明等严重违纪违法案件，配合对12人采取留置措施，严肃查处30余名随案移交的涉案人员，对已被司法机关作出刑事判决的13人指名道姓通报曝光。坚持惩前毖后，治病救人，21人受政策感召主动向组织交代问题，4人受到从轻减轻处理。整治群众身边“微腐败”，查处3件漠视侵害职工利益问题。对莱芜分公司特钢事业部废钢掺杂使假诈骗案17名干部职工从严问责。各级纪委受理处置信访举报和问题线索148件，立案44件，批评教育帮助和处理175人、222人次。监督执纪“四种形态”占比46.4%、32.4%、3.6%、17.6%。

【以案促改】 深化标本兼治，开展物流运输、原燃料采购及检化验等领域突出问题专项治理，开展煤焦领域廉洁风险排查、机动设备领域存在突出问题自查自纠，防控廉洁风险；对产成品发货、废钢切粒等共性问题制发纪律检查建议，督促整改落实。强化制约监督，制定下发《关于建立“两建议两提示一报告”工作机制通知》，推动压实监督责任，公司各级监督主体累计发出纪律检查建议16项、监督检查建议67项、廉洁风险提示19项、管理改进提示106项，向所在单位党委报告廉情分析10项。开展大监督体系建设专题调研，推进大监督体系建设。

【廉洁文化建设】 协助党委制定下发《关于加强廉洁文化建设的若干措施》，制定17项措施具体推进。分级分类开展警示教育，公司党委书记王向东对公司6级以上干部作廉洁从业专题党课，并集体观看身边违纪违法案例警示教育片；开展2次年轻干部专题廉洁警示教育。为全公司1200余名管理8级及以上党员干部配发《清廉锦囊》《廉洁提示卡》。联合工会开展“清风常伴、廉洁齐家”家庭助廉主题系列活动，举办廉洁文化作品展、开展廉洁主题趣味活动等，营造廉洁氛围。

【巡察工作】 协助党委制定下发《2022年巡察工作计划》，聚焦管党治党责任落实、关键领域权力运行，以内部交叉方式开展专项巡察，累计反馈问题91项，对其中50项落实追责问责；对莱芜、日照两基地原燃料进厂和产成品出厂检化验等关键环节开展专项巡察，揭示问题32项，反馈立行立改问题2项。强化巡察反馈问题整改督导，持续推进7项巡察整改效益提升。

【正风肃纪】 对照股份公司党委“十破十立”任务目标，开展“三查三改”作风建设专项整治（查政治站位，改思想观念；查措施落实，改方式方法；查实际效果，改工作导向）。出台《关于进一步加强外出学习、考察等活动纪律要求的通知》，严明学习考察“十个严禁”纪律要求。严格落实集团公司《纠“四风”树新风工作方案》，紧盯“四类重点”“七个方面”常态化纠治“四风”。大力纠治形式主义官僚主义，严查履职尽责慵懒散漫、打折变通等问题，通报7起不担当不作为典型案例。整治享乐奢靡问题，查处违反中央八项规定精神问题52件，处理处分60名党员干部，对5起违反与管理服务对象亲清交往有关规定典型问题、9起酒驾醉驾违纪违法案例通报曝光。开展党员领导干部违规收受礼品礼金专项整治。

【队伍建设】 深学细悟习近平新时代中国特色社会主义思想，认真研读党的二十大报告，扎实推进党史学习教育，锻造对党绝对忠诚的政治品格。开展《中国共产党纪律检查委员会工作条例》专题学习，为85名专兼职纪检干部发放《中国共产党章程》等党内法规汇编，组织各级纪检干部集体参加钢协纪检监察干部培训班、集团公司纪检监察业务培训班，提升理论素养。选派12人次参与地方纪委监委“室地企”联合办案和集团纪委案件审查调查，选派2人参与省委巡视，提高实战能力。修订下发《纪检工作考核方案》，通过日常考核、现场验证、座谈交流等多个维度开展综合考评，提高工作绩效。累计实施纪检干部跨单位跨专业交流60人次，提升队伍活力。

（撰稿：常　骁
审稿：姜广忠　高洪亮）

组织管理工作

【综述】 党委组织部是公司党建工作的职能管理部门，与人力资源部、机关党委合署办公，主要负责领导班子建设与干部队伍建设、党的基层组织建设、党员队伍建设、干部人事档案管理等工作。

【组织工作】 截至2022年底，山钢股份党委下设5个二级单位党委、1个直属党总支，分别为山钢股份莱芜分公司党委、山钢集团日照公司党委、山钢股份营销总公司党委、山东冶金机械厂党委、公司机关党委、山钢集团研究院党总支。全公司共有28个基层党委，7个党总支，303个党支部，党员总数8517人。公司各级党组织坚持以习近平新时代中国特色社会主义思想为指导，深入学习贯彻党的二十大精神，以党的政治建设为统领，牢牢把握新时代党的建设总要求，持续推动全面从严治党向纵深发展，不断深化“五心四化”党建品牌创建，着力在融入中心、作出特色、提升质效上狠下功夫，形成了以高质量党建引领高质量发展的良好格局。

【学习贯彻党的二十大精神】 完成党的二十大、省十二大代表候选人推荐和省国资委党代表会议代表推选工作。深入开展学习贯彻落实党的二十大精神系列活动，在各级党组织和广大党员中扎实开展“学习创新争先锋，建功献礼二十大”主题实践活动和“党建引领克时艰，担当奉献我先行”主题实践活动，开展我来讲党课748

场，讲党课608人次，听党课18501人次。拍摄上报“我和我的支部”优秀微视频80部，选树各方面典型“榜样”497人，大力营造崇尚先进、学习先进、争当先进、赶超先进的浓厚氛围。举办党支部书记、党务骨干培训班，培训各级党组织书记、党务骨干300多名。广泛开展党员责任区、先锋岗、突击队、课题认领、难题攻关等党性实践活动，建立先锋岗、责任区1427个，党员突击队365支，开展志愿服务893次，党员承诺践诺7342项，解决技术难题7486项，党支部战斗堡垒作用、党员先锋模范作用充分发挥。

【党建品牌建设】 坚持以新时代党的创新理论为指导，推进党建工作机制创新、方法创新，打造出具有股份公司特色的“五心四化”党建工作品牌，推进党建工作科学化、系统化、智慧化、常态化，以高质量党建引领高质量发展。持续深化“五心四化”党建品牌建设，深入一线广泛开展党建品牌工作调研，创新开展“五心四化”党建品牌创建优秀案例征集，评选表彰公司首批31篇优秀典型案例，召开公司“五心四化”党建品牌创建成果共享工作推进会，厘清品牌建设思路，丰富品牌建设内涵，大力选树先进典型，促进经验交流共享。公司“五心四化”党建品牌被山东省国资委评为“党建工作百佳典型案例”，进一步扩大了党建品牌影响力和辐射面。公司各级党委建立党建工作品牌29个，党支部建立党建工作品牌288个，凝聚起大抓党建品牌创建的强大合力。

【基层党组织和党员队伍建设】 聚焦基层党组织建设，深化党支部规范化建设和过硬党支部建设巩固提升，全面推行党支部评星定级管理，87个党支部被评为五星级党支部、118个党支部被评为四星级党支部，四星级及以上比例到达67.65%，完成集团公司要求的60%的目标。推进落实年度基层党建重点任务，督导各级党组织强化开展对党忠诚教育、落实结对共建活动、抓牢党员教育培训、组织党组织换届专项排查、开展党费工作自查、组织党员信教排查、规范“灯塔-党建在线”平台等工作，全面提升党建工作规范化水平。全年共换届基层党委8个、党总支5个，党支部174个；发展党员55名；开展“双报到”活动137次，参与党员人数1461人次，解决问题167个；按要求划拨集团公司党委下拨用于疫情防控专项党费35.06万元，各级党组织使用党费、党组织活动经费161万元用于疫情防控工作，直接参与疫情防控志愿服务党员5743人次；实施党组织书记抓基层党建突破项目，发现和解决各级党建重点难点问题300多项；严格落实党建工作责任制，组织实施日常考核、年度检查和述职评议，下发考核通报。完成上级党建责任制检查，年度考核得分位列全集团第一名。

【领导班子和干部队伍建设】 认真落实全面从严治党要求，严格遵循党管干部原则，紧紧围绕公司生产经营建设和改革发展大局，持续加强干部队伍建设，为推动公司高质量发展提供坚强干部队伍保障。深化经理层任期制和契约化管理，开展经理层任期制和契约化管理“回头看”，健全完善相关制度和契约化材料，签订岗位聘用补充协议，按流程完成公司及10家企业经理层换届和契约化工作，完成迎接国务院国资委、省国资委三年改革行动检查抽查。全面推进公司干部一体化管理，制定下发《关于进一步加强干部选拔任用领导把关有关事项的通知》，对中层干部选拔任用进行统一领导把关，在3个重点环节统一请示报告、把关审核，着重在改革发展、攻坚克难中精准识别和发现干部。大力发现培养选拔优秀年轻干部，制定下发《大力发现培养选拔优秀年轻干部的十条措施》。优化管理单位班子结构，通过公开竞岗、公开选聘方式，配强营销总公司党委副书记，冶金机械厂副总经理。强化中层干部梯队建设，指导莱芜分公司、日照公司开展部分管理5、6级岗位人员竞争上岗工作，选拔任用12名中层干部，干部队伍结构更加合理。推动营销体系改革，指导开展营销全员竞岗，在全集团范围内组织公开选拔，配备管理6级人员21人。实施重点岗位人员轮岗和关键岗位人员交流工作，建立并落实常态化管理机制，全公司共轮岗交流重点岗位人员94人，关键岗位人员262人，持续加强人员流动，防范岗位廉洁风险。严格落实干部考核评价机制，认真执行年度“一报告、两评议”制度，对5个管理单位，49名干部进行考核，充分发挥考核的激励鞭策作用。组织完成各层级后备人员推荐工作，择优推荐集团公司表现优秀人员54人。开展年度选人用人专项检查，下发检查通报，扎实推进内部自查、现场检查、问题反馈，不断提升选人用人规范化、精准化、科学化水平。

（撰稿：于 涛 高 敏
审稿：耿 亮）

宣传思想工作

【综述】 宣传部是山钢股份公司党委主管的意识形态领域的职能部门。与党委统战部、企业文化部合署办公。主要职责是：负责党的路线方针政策宣传教育、对内对外新闻宣传、党委中心组学习、政治理论教育、学习型党组织建设、形势任务教育、思想政治工作、精神文明建设、网络文化建设和管理工作。截至2022年底，党委宣传部在册职工3人，其中高级政工师2人、高级经济师1人。

【理论武装工作】 深入学习宣传贯彻党的二十大精神，加强组织领导，在全公司迅速兴起学习宣传贯彻热潮。严格落实“第一议题”学习制度和党委中心组学习制度，深入学习贯彻习近平新时代中国特色社会主义思想，及时跟进学习习近平总书记重要讲话和重要指示批示精神。全年开展“第一议题”学习24次，中心组集体学习12次。巩固拓展党史学习教育成果，建立党史学习常态化工作机制，健全完善“我为群众办实事”长效机制，引导广大党员更加坚定自觉地牢记初心使命、开创发展新局。

【意识形态工作】 严格落实《意识形态工作责任制实施细则》《意识形态领域风险防控预案》《网络舆情管控处置实施办法》等制度要求，通过党委会、中心组学习等方式，及时学习贯彻上级文件精神，分析研判意识形态领域情况，研究、部署、推进意识形态工作，及时上报意识形态工作半年报告。加强舆情管控和职工思想引导，从严从实抓好阵地管理，注重加强网络舆情管控。全面重点做好全国两会、新冠肺炎疫情等重点时段的舆情管控，确保了企业和谐稳定。

【教育宣讲工作】 抓好理论宣讲工作，深入开展“中国梦·新时代·新征程·新山钢”百姓宣讲活动，公司19件宣讲作品参加山钢宣讲比赛，获得一等奖8个、二等奖10个；3件作品参加山东省国资委比赛获得一等奖2个、二等奖1个；1件作品参加山东省百姓宣讲比赛获得三等奖，2名职工被聘为省委讲师团百姓宣讲员。

【精神文明建设】 深入培育和践行社会主义核心价值观，开展各种形式的群众性文明建设活动，凝聚讲文明、讲道德的强大正能量。公司1家单位顺利通过“全国文明单位”复查、9家单位顺利通过“省级文明单位”复查，全国和全省文明单位数量位于山钢集团前列。

【思想政治工作】 强化思想政治工作，密切关注职工思想动态，及时跟进做好解疑释惑，统一思想认识。积极做好集团公司、股份公司重要会议精神学习贯彻工作，紧盯形势变化，把握公司工作重点，快速跟进形势任务教育。加强思想政治工作研究，公司创新实施“五心四化”党建品牌获中国冶金政研会优秀成果一等奖、山东省省属企业党建工作百佳案例。

【新闻宣传工作】 加强新闻宣传管理，严格落实《公司新闻宣传工作管理规定》，加大审核把关力度，严格遵守上市公司信息披露相关规定和集团公司新闻宣传工作有关要求，规范开展新闻宣传工作。股份公司在山钢宣传工作排名中始终保持在第一位。公司生产经营、绿色发展等亮点工作，被人民数字网、新华网、《大众日报》《中国冶金报》等媒体报道。

（撰稿：王玉军　审稿：刘玉良）

统一战线工作

【综述】 统战部是山钢股份公司党委主管统一战线的职能部门，与党委宣传部、企业文化部合署办公。其主要职责是：负责全公司统战、侨务、对台、民族、宗教等工作。贯彻执行党的统一战线政策，协调统一战线内部各方面的关系，发挥统一战线优势，调动一切积极因素，促进企业和谐发展。公司统一战线成员包括党外知识分子、民主党派成员、归侨侨眷和港澳台眷属、少数民族职工、信教群众，驻山钢股份公司的省、市、区政协委员和党外人士代表。

【党外知识分子及民主党派工作】 坚持党外知识分子联络员制度，加强与党外知识分子联络员的经常性联系，全面调查统计公司党外代表人士情况。贯彻落实《中共中央关于坚持和完善中国共产党领导的多党合作和政治协商制度的意见》，支持民主党派成员参政议政，进一步推进多党合作事业。

【民族宗教及社科联等工作】 贯彻执行党的民族宗教政策，落实《山东省民族工作条例》，加强对信教人员的宗教政策教育，引导信教职工依法展开宗教活动。社科联工作，及时参加有关培训，上报年度工作总结。政协工作，组织政协委员参加政协会议，支持其反映社情民意，组织市区两级政协委员就企业与地方发展进行专题研究、献计献策，一些有价值的建议和提案，受到各级政府及有关部门的重视并采用。

（撰稿：王玉军　审稿：刘玉良）

工会工作

【综述】 山钢股份工会共有下属二级单位工会6个，分别是莱芜分公司工会、日照公司工会、营销总公司工会、研究院工会、冶金机械厂工会、山钢股份机关工会；共有三级工会21个。截至2022年底，全公司共有会员2.44万人。股份工会全面贯彻落实公司党委和集团公司工会工作部署，以打造党政满意、职工认可的“职工之家”为愿景，以促进职工与企业共同发展为使命，以深入实施“思想铸魂、建功赋能、和谐共赢、幸福护航、巾帼聚力、强基固本”六项工程为抓手，不断提升工会组织服务大局贡献度和服务职工满意度，取得了良好成效。

【职工思想引领】 把迎接党的二十大、学习宣传贯彻党的二十大精神作为贯穿全年的工作主线，面向广大职工开展“中国梦·劳动美——喜迎二十大 建功新时代”群众性主题宣传教育活动，举办“永远跟党走”职工摄影展播、我和国旗合个影、“巾帼岗位展风采，我与企业共成长”等系列活动，其中宣讲活动开展230余场次、覆盖职工12000余人次。广泛开展职工尽责护家专项行动，引导职工尽心、尽力、尽责，爱家、护家、守家。

【全员岗位创新】 全员岗位创新活动持续推进，职工人均完成全员创新改善8.6项。召开全员岗位创新总结表彰大会，启动全员创新周系列活动，表彰各类优秀项目成果263项、创客先锋10人。3项成果荣获2022年全省职工创新创效竞赛省级决赛优秀成果，其中特等奖1项、三等奖2项，获得奖励110万元。开展全员整治“跑冒滴漏”专项创新改善行动，职工累计完成专项创新改善项目4.7万项。建设股份公司学习创新平台，推动莱芜分公司全员改善平台和日照公司精品大讲堂网上学习平台整合，实现资源共享。积极推进跨单位、跨专业、跨区域的创新工作室联盟创建工作，打造6个具有示范引领作用的创新联盟。公司全员岗位创新工作荣获山钢集团管理创新成果一等奖，集团公司工会到公司送奖100万元。

【产业工人队伍建设改革】 制定2022年产改十项重点工作清单，产改工作纳入公司改革的整体布局。大力弘扬“三种精神”，开展股份公司工匠及优秀班组长评选活动，评选股份大工匠1名，股份工匠9名，优秀班组长100名，2名职工获评“齐鲁工匠”；举办2期劳模、工匠、优秀班组长专题研修班。配合集团公司工会做好全国机械冶金建材行业工匠学院揭牌活动，工匠学院实训基地落户莱芜分公司能源动力厂电气创新工作室。深化职工劳动和技能竞赛，制定《劳动和技能竞赛管理办法》，开展“全面对标、精益增效”主题劳动竞赛并持续深化，半年内36项指标进入宝武系前30%。公司产改工作经验在全国推进产业工人队伍建设改革协调小组专报推广。

【幸福和谐企业建设】 深入推进“我为群众办实事”实践活动，持续监督实施“三室一堂一所一位”设施改善提升行动，日照公司9座改扩建职工浴室全部投入使用。深化精准帮扶普惠服务，全年救助困难职工193人，争取上级救助金113.94万元。全力以赴抗疫保产，各级工会组织下拨防疫专项资金共计400余万元。加强厂务公开民主管理工作，持续推进职代会提案落实办理和优秀提案表彰工作，做到条条有回音、有督办、有落实。职工文化生活丰富多彩，莱芜分公司职工文化体育节、日照公司“极致杯”文体赛事、营销总公司“四季如歌”活动深受职工欢迎和喜爱。代表集团公司参加山东省第八届职工运动会，职工拔河队包揽男女项目冠亚军。

【女职工工作】 搭建女职工能力提升平台，举办公司首届会计专业技术比武和女职工化验工、行车工专业技术比武，女职工技术技能素质得到检验与提升；开展“巾帼金点子”合理化建议征集活动，累计征集1845条。组织开展第二届“书香品鉴”和首届“玫瑰书香”主题读书系列活动，女职工参与读书活动累计3万人次，股份工会荣获全国第十届“书香三八”读书活动优秀组织奖，4名个人和27件作品受到表彰。公司工会女职委与公司纪委联合举办“清风常伴 廉洁齐家”家庭助廉活动，助推廉洁之风守护幸福家庭；持续开展维权月、“两癌”筛查、“特别的爱给特别的你”、巾帼志愿服务、心理疏导等活动，深入推进“妈妈小屋”建设，有效维护女职工合法权益。

（撰稿：黄训建 审稿：高淑军）

共青团工作

【综述】 山钢股份团委下设二级团委4个，三级团委21个，青工委2个。截至2022年底，全公司共有共青团员1500余名，35岁以下青年3600余名。山钢股份团委以迎接和学习宣传贯彻党的二十大为主线，结合庆祝建团100周年，发挥共青团桥梁纽带、聚合资源、工作协同、制度供给、创新引领、改革带动的功能作用，以“工作有载体、青年有活力”为导向，打造“推青计划”工作品牌，深化青年思想引领、青年岗位创新、青年健康成长、基层团建强基等重点工作，持续提升共青团的引领力、组织力、服务力和大局贡献度，取得了良好成效。

【青年思想引领】 以开展“青年讲师团”活动为切入，深化青年思想教育，提升引领力。成立股份公司青年讲师团，深入基层一线开展青年面对面、互动式宣讲交流活动5次。组织开展“建团百年，我与山钢共青春”主题团日活动。组建青年理论学习小组67个，通过读原著、学原文、悟原理，促进青年在工作学习中不断成长。组织“打赢生存保卫战青年怎么干”集中宣讲379场次，举办“锤炼作风当表率　决胜生存保卫战”青年宣讲比赛。

【青年建功活动】 以开展青年“双争”活动为抓手，深化青年岗位创新，持续开展优秀青年科技创新项目评选工作，评选表彰优秀青年科技创新项目48项，一等奖、二等奖、三等奖分别奖励1万元、0.6万元、0.4万元，不断提升广大青年立足岗位创新创效的能力和水平。开展“攻坚决战我建功　打赢生存保卫战”主题实践活动，立项实施“降本增效我有招”青年“小妙招”3500余项。组织开展疫情防控专项志愿服务活动，举办6期防护知识和技能培训，开展全员核酸检测100余轮次、重点门岗疫情防控50余场次，参与青年6000余人次，组织分餐送餐、核酸检测、物资运送等志愿服务500余场次，全力保障职工健康安全和公司生产稳定顺行。

【青年成长发展】 以“推青计划”为牵动，打造青年人才培养工作品牌，公司党委制定下发《关于实施青年人才培养“推青计划”的意见》，完成股份公司第一批50名公司一级青年人才梯队人员选拔工作。持续关注解决青年婚恋交友难题，加强青年婚恋观教育引导。关心团员青年工作生活，举办“留企青年迎新春”“青春和谐送温暖”“青春活力棒材杯”七人制足球赛、青年交友联谊等活动，提升了青年企业归属感。

【团的自身建设】 以打造“样板团支部”为推动，深化基层团组织规范化建设，提升组织力。落实《关于进一步加强党建带团建工作的若干措施》，健全完善基层团组织规范化建设制度体系。推进“网上共青团”建设，扎实做好“学社衔接”“党史学习教育”“团员教育评议”等工作，完成率和信息准确率均达到100%。优化升级公司青年之家，打造功能齐全、特色鲜明的青年活动阵地。莱芜分公司型钢厂异型轧钢车间团支部荣获全国五四红旗团支部，莱芜分公司团委荣获山东省五四红旗团委。

（撰稿：黄训建　审稿：李　锐）

股东大会、董事会、监事会会议内容简介

【2021年年度股东大会】 4月20日，山钢股份2021年度股东大会在济南市高新区舜

华路2000号舜泰广场4号楼山钢办公楼302-3会议室召开。出席本次会议的股东及股东代理人共40人，代表股份5724792927股，占公司总股本的53.5085%。出席会议的董事有王向东、苗刚、孙日东。会议由公司董事会召集，董事长王向东主持，审议通过了《2021年度董事会工作报告》《2021年度监事会工作报告》《2021年度独立董事述职报告》《关于公司2021年年度报告及摘要的议案》《关于公司2021年度固定资产投资完成情况及2022年度固定资产投资计划的议案》《关于公司2021年度财务决算及2022年度财务预算的议案》《关于公司2021年度利润分配的议案》《关于公司2021年度公积金转增股本的议案》《关于公司2021年度日常关联交易协议执行情况及2022年度日常关联交易计划的议案》《关于续聘会计师事务所的议案》《关于2022年度公司董事、监事及高级管理人员年度薪酬的议案》。

【2022年第一次临时股东大会】 11月3日，山钢股份2022年第一次临时股东大会在济南市钢城区府前大街99号公司办公楼704会议室召开。出席本次会议的股东及股东代理人共26人，代表股份5902704562股，占公司总股本的55.1714%。出席会议的董事有徐金梧、汪晋宽、王爱国、刘冰、马建春、陈肖鸿。会议由公司董事会召集，各位董事推举陈肖鸿主持会议，审议通过了《关于调整公司回购专用证券账户股份用途并注销的议案》《关于拟减少公司注册资本暨修订〈公司章程〉的议案》。

【第七届董事会第十次会议】 3月21日，山钢股份第七届董事会第十次会议在济南市高新区舜华路2000号舜泰广场4号楼403会议室以现场和通信相结合的方式召开。出席会议的董事有王向东、王国栋、徐金梧、胡元木、刘冰、马建春、陈肖鸿、孙日东，董事苗刚因公务未能出席现场会议，书面委托董事孙日东代为行使表决权。会议由公司董事长王向东主持，审议通过了《2021年度董事会工作报告》《2021年度总经理工作报告》《2021年度独立董事述职报告》《关于公司2021年年度报告及摘要的议案》《关于公司2022年度生产经营计划的议案》《关于公司2021年度固定资产投资完成情况及2022年度固定资产投资计划的议案》《关于公司2021年度财务决算及2022年度财务预算的议案》《关于公司2021年度利润分配的议案》《关于公司2021年度公积金转增股本的议案》《关于公司2021年度日常关联交易协议执行情况及2022年度日常关联交易计划的议案》《关于山东钢铁股份有限公司在山东钢铁集团财务有限公司存贷款风险应急处置预案的议案》《山东钢铁股份有限公司关于山东钢铁集团财务有限公司风险评估报告的议案》《关于公司计提在建工程减值准备的议案》《关于公司2021年度内部控制评价报告的议案》《关于会计师事务所从事2021年度公司审计工作的总结报告的议案》《关于续聘会计师事务所的议案》《关于公司2021年度社会责任报告的议案》《关于2022年度公司董事、监事及高级管理人员年度薪酬的议案》《关于2022年度董事会经费预算计划的议案》《关于召开2021年度股东大会的议案》。

【第七届董事会第十一次会议】 4月2日，山钢股份第七届董事会第十一次会议以通信方式召开。出席会议的董事有王向东、徐金梧、汪晋宽、王爱国、刘冰、马建春、苗刚、孙日东、陈肖鸿。会议由公司董事长王向东主持，审议通过了《关于聘任安全总监的议案》。

【第七届董事会第十二次会议】 4月20日，山钢股份第七届董事会第十二次会议以通信方式召开。出席会议的董事有王向东、徐金梧、汪晋宽、王爱国、刘冰、马建春、苗刚、孙日东、陈肖鸿。会议由董事长王向东主持，会议听取了总经理2022年第一季度工作汇报，审议通过了《关于公司2022年第一季度报告的议案》《关于公司应收款项财务核销的议案》。

【第七届董事会第十三次会议】 6月6日，山钢股份第七届董事会第十三次会议以通信方式召开。出席会议的董事有王向东、徐金梧、汪晋宽、王爱国、刘冰、马建春、苗刚、孙日东、陈肖鸿。会议由公司董事长王向东主持，审议通过了《关于注销合资子公司山东钢铁集团聊城加工配送有限公司的议案》《关于修订〈董事会专门委员会工作细则〉的议案》《关于修订〈山东钢铁股份有限公司董事、监事及高级管理人员所持公司股份及其变动管理办法〉的议案》《关于修订〈山东钢铁股份有限公司独立董事年报工作制度〉的议案》《关于修订〈山东钢铁股份有限公司内幕信息知情人登记备案管理制度〉的议案》。

【第七届董事会第十四次会议】 6月29日，山钢股份第七届董事会第十四次会议以通信方式召开。出席会议的董事有王向东、徐金梧、汪晋宽、王爱国、刘冰、马建春、苗刚、孙日东、陈肖鸿。会议由公司董事长王向东主持，审议通过了《关于制定〈山东钢铁股份有限公司董事会授权管理办法〉的议案》《关于制定〈山东钢铁股份有限公司总经理向董事会报告工作制度〉的议案》《关于制定〈山东钢铁股份有限公司经理层成员薪酬管理办法〉的议案》《关于制定〈山东钢铁股份有限公司经理层成员业绩考核办法〉的议案》《关于制定〈山东钢铁股份有限公司对外捐赠管理制度〉的议案》《关于制定〈山东钢铁股份有限公司负债管理制度〉的议案》《关于制定〈山东钢铁股份有限公司工资总额管理与考核办法〉的议案》《山东钢铁股份有限公司落实董事会职权事项实施方案》《关于注销莱芜铁路运输分公司的议案》《关于控股股东山东钢铁集团有限公司向公司提供借款的议案》《关于设立山东钢铁股份有限公司华东销售分公司的议案》。

【第七届董事会第十五次会议】 7月19日，山钢股份第七届董事会第十五次会议在济南市钢城区公司总部704会议室召开。出席会议的董事有王向东、徐金梧、汪晋宽、王爱国、刘冰、马建春、苗刚、孙日东、陈肖鸿。会议由公司董事长王向东主持，会议审议通过了《关于修订〈公司章程〉的议案》《关于山东钢铁股份有限公司莱芜分公司新旧动能转换系统优化升级改造项目中期调整的议案》。

【第七届董事会第十六次会议】 8月29日，山钢股份第七届董事会第十六次会议在济南市钢城区府前大街99号公司办公楼704会议室以现场和视频通信方式召开。出席会议的董事有王向东、徐金梧、汪晋宽、王爱国、刘冰、马建春、苗刚、孙日东、陈肖鸿。会议由公司董事长王向东主持，审议通过了《关于公司2022年半年度报告及摘要的议案》《山东钢铁股份有限公司关于山东钢铁集团财务有限公司2022年半年度风险持续评估报告的议案》《关于修订〈山东钢铁股份有限公司投资者关系管理办法〉的议案》《关于2021年度公司高级管理人员年度薪酬的议案》。

【第七届董事会第十七次会议】 10月13日，山钢股份第七届董事会第十七次会议以通信方式召开。出席会议的董事有王向东、徐金梧、汪晋宽、王爱国、刘冰、马建春、苗刚、孙日东、陈肖鸿。会议由公司董事长王向东主持，审议通过了《关于调整公司回购专用证券账户股份用途并注销的议案》《关于拟减少公司注册资本暨修订〈公司章程〉的议案》《关于召开2022年第一次临时股东大会的议案》。

【第七届董事会第十八次会议】 10月28日，山钢股份第七届董事会第十八次会议以通信方式召开。出席会议的董事有王向东、徐金梧、汪晋宽、王爱国、刘冰、马建春、苗刚、孙日东、陈肖鸿。会议由公司董事长王向东主持，会议听取2022年三季度总经理工作报告，审议通过了《关于公司2022年第三季度报告的议案》。

【第七届董事会第十九次会议】 12月29日，山钢股份第七届董事会第十九次会议以通信方式召开。出席会议的董事有王向东、徐金梧、汪晋宽、王爱国、刘冰、马建春、苗刚、孙日东、陈肖鸿。会议由公司董事长王向东主持，审议通过了《关于公司ESG治理架构建设的议案》《关于修订〈山东钢铁股份有限公司战略规划与ESG委员会工作细则〉的议案》《关于修订〈山东钢铁股份有限公司工资总额管理与考核办法〉的议案》《关于会计估计变更及更正2022年第三季度报告的议案》《关于公司资产减值准备财务核销的议案》《关于向山信软件股份有限公司实施非货币性增资的议案》《关于日照岚山疏港铁路有限公司增资及山东钢铁集团日照有限公司放弃优先认缴权的议案》。

【第七届监事会第七次会议】 3月21日，山钢股份第七届监事会第七次会议济南市舜泰广场4号楼403会议室以现场和通信相结合的方式召开。出席会议的监事有高凤娟、罗文军、徐峰、李东祥、高淑军。会议由公司监事会主席高凤娟主持，审议通过了《2021年度监事会工作报告》《关于公司2021年年度报告及摘要的议案》《关于公司2021年度财务决算及2022年度财务预算的议案》《关于公司2021年度利润分配的议案》《关于公司2021年度公积金转增股本的议案》《关于2022年度公司董事、监事及高管人员年度薪酬的议案》《关于公司2021年度日常关联交易协议执行情况及2022年度日常关联交易计划的议案》《关于公司计提在建工程减值准备的议案》《关于公司2021年度社会责任报告的议案》。

【第七届监事会第八次会议】 4月27日，山钢股份第七届监事会以通信方式召开。出席会议的监事有高凤娟、罗文军、徐峰、李东祥、高淑军。公司监事会主席高凤娟主持会议，审议通过了《关于公司2022年第一季度报告的议案》《关于公司应收款项财务核销的议案》。

【第七届监事会第九次会议】 7月19日，山钢股份第七届监事会第九次会议以通信方式召开。出席会议的监事有高凤娟、罗文军、徐峰、李东祥、高淑军。会议由监事会主席高凤娟主持，审议通过了《关于修订〈监事会议事规则〉的议案》。

【第七届监事会第十次会议】 8月29日，山钢股份第七届监事会第十次会议以通信方式召开。出席会议的监事有高凤娟、罗文军、徐峰、李东祥、高淑军。会议由监事会主席高凤娟主持，审议通过了《关于公司2022年半年度报告的议案》。

【第七届监事会第十一次会议】 10月28日，山钢股份第七届监事会第十一次会议以通信方式召开。出席会议的监事有高凤娟、罗文军、徐峰、李东祥、高淑军。会议由监事会主席高凤娟主持，审议通过了《关于公司2022年三季度报告的议案》。

【第七届监事会第十二次会议】 12月29日，山钢股份第七届监事会第十二次会议以通信方式召开。出席会议的监事有高凤娟、罗文军、徐峰、李东祥、高淑军。会议由监事会主席高凤娟主持，审议通过了《关于会计估计变更及更正2022年第三季度报告的议案》《关于公司资产减值准备财务核销的议案》。

（撰稿：吴　昊　审稿：郭允义）

山钢股份 2022 年度合并利润表

编制单位：山东钢铁股份有限公司　　　　　　　　　　　　　　（单位：人民币元）

项　目	2022 年度	2021 年度
一、营业总收入	102289420015.55	110850917703.23
其中：营业收入	102289420015.55	110850917703.23
利息收入	0.00	0.00
已赚保费	0.00	0.00
手续费及佣金收入	0.00	0.00
二、营业总成本	101129296460.82	107303776627.28
其中：营业成本	96603706129.24	101420191958.13
利息支出	0.00	0.00
手续费及佣金支出	0.00	0.00
退保金	0.00	0.00
赔付支出净额	0.00	0.00
提取保险责任准备金净额	0.00	0.00
保单红利支出	0.00	0.00
分保费用	0.00	0.00
税金及附加	364159976.07	315699931.37
销售费用	267148239.83	374324056.36
管理费用	1380359318.75	2558706786.51
研发费用	2097033170.07	1997571010.01
财务费用	416889626.86	637282884.90
其中：利息费用	536322774.85	613349723.37
利息收入	120019904.23	103708041.53
汇兑净损失（净收益以“-”号填列）	-19065397.71	-7287498.38
其他	0.00	0.00
加：其他收益（损失以“-”号填列）	214678188.18	467525556.00
投资收益	108333249.96	95744579.26
其中：对联营企业和合营企业的投资收益	111833270.14	132580249.03
以摊余成本计量的金融资产终止确认收益	-5238167.43	-36467425.58
汇兑收益	0.00	0.00
净敞口套期收益	0.00	0.00

续表

项　目	2022 年度	2021 年度
公允价值变动收益	0.00	0.00
信用减值损失	4926001.85	-2425221.44
资产减值损失	-126249213.24	-230554195.92
资产处置收益	899115.29	0.00
三、营业利润（亏损以“-”号填列）	1362710896.77	3877431793.85
加：营业外收入	164502042.67	195608742.61
其中：政府补助	0.00	0.00
减：营业外支出	20980887.22	39467819.86
四、利润总额（亏损总额以“-”号填列）	1506232052.22	4033572716.60
减：所得税费用	88767257.13	1071939271.40
五、净利润（净亏损以“-”号填列）	1417464795.09	2961633445.20
（一）按所有权归属分类：		
归属于母公司所有者的净利润	555153248.20	1228178024.51
少数股东损益	862311546.89	1733455420.69
（二）按经营持续性分类：		
持续经营净利润	1417464795.09	2961633445.20
终止经营净利润	0.00	0.00
六、其他综合收益的税后净额	-2175776.94	545504.93
归属于母公司所有者的其他综合收益的税后净额	-2175776.94	545504.93
（一）不能重分类进损益的其他综合收益	-2175776.94	545504.93
1. 重新计量设定受益计划变动额	0.00	0.00
2. 权益法下不能转损益的其他综合收益	0.00	0.00
3. 其他权益工具投资公允价值变动	-2175776.94	545504.93
4. 企业自身信用风险公允价值变动	0.00	0.00
5. 其他	0.00	0.00
（二）将重分类进损益的其他综合收益	0.00	0.00
1. 权益法下可转损益的其他综合收益	0.00	0.00
2. 其他债权投资公允价值变动	0.00	0.00
3. 可供出售金融资产公允价值变动损益	0.00	0.00
4. 金融资产重分类计入其他综合收益的金额	0.00	0.00
5. 持有至到期投资重分类为可供出售金融资产损益	0.00	0.00
6. 其他债权投资信用减值准备	0.00	0.00
7. 现金流量套期储备（现金流量套期损益的有效部分）	0.00	0.00

续表

项　目	2022 年度	2021 年度
8. 外币财务报表折算差额	0.00	0.00
9. 其他	0.00	0.00
归属于少数股东的其他综合收益的税后净额	0.00	0.00
七、综合收益总额	1415289018.15	2962178950.13
归属于母公司所有者的综合收益总额	552977471.26	1228723529.44
归属于少数股东的综合收益总额	862311546.89	1733455420.69
八、每股收益		
基本每股收益	0.052	0.115
稀释每股收益	0.052	0.115

（撰稿：王燕美　审稿：董永峰）

山钢股份 2022 年度部分制度文件目录

文件编号	标　题
山钢股份党字〔2022〕17 号	关于印发《工匠管理办法（试行）》的通知
山钢股份党字〔2022〕45 号	中共山东钢铁股份有限公司委员会关于修订《中共山东钢铁股份有限公司委员会关于印发前置研究讨论事项清单》的通知
山钢股份党字〔2022〕50 号	中共山东钢铁股份有限公司委员会关于印发《大力发现培养选拔优秀年轻干部的十条措施》的通知
山钢股份党字〔2022〕56 号	中共山东钢铁股份有限公司委员会关于修订印发“三重一大”事项清单的通知
山钢股份运营字〔2022〕11 号	山东钢铁股份有限公司关于印发股份公司部门职工薪酬管理办法的通知
山钢股份运营字〔2022〕21 号	山东钢铁股份有限公司关于印发《山东钢铁股份有限公司经理层成员薪酬管理办法》的通知
山钢股份运营字〔2022〕22 号	山东钢铁股份有限公司关于印发《山东钢铁股份有限公司经理层成员业绩考核办法》的通知
山钢股份运营字〔2022〕24 号	山东钢铁股份有限公司关于印发《决战四季度专项考核办法》的通知
山钢股份财字〔2022〕4 号	山东钢铁股份有限公司关于印发《对外捐赠管理制度》的通知

续表

文件编号	标　题
山钢股份财字〔2022〕5号	山东钢铁股份有限公司关于印发《负债管理制度》的通知
山钢股份证字〔2022〕3号	山东钢铁股份有限公司关于印发《董事会决议跟踪落实及后评估制度》的通知
山钢股份证字〔2022〕6号	山东钢铁股份有限公司关于印发《山东钢铁股份有限公司投资者关系管理办法》的通知
山钢股份证字〔2022〕8号	山东钢铁股份有限公司关于印发《公司章程》的通知
山钢股份办字〔2022〕9号	山东钢铁股份有限公司关于修订印发《总经理办公会议事清单》的通知
山钢股份营销字〔2022〕6号	关于印发山钢股份钢铁产品国内销售价格管理办法的通知
山钢股份规科字〔2022〕21号	山东钢铁股份有限公司关于印发《科技创新项目固定资产投资管理规定》的通知
山钢股份规科字〔2022〕23号	山东钢铁股份有限公司关于印发《科技创新项目管理办法》的通知
山钢股份工会字〔2022〕1号	山东钢铁股份有限公司关于印发《劳动和技能竞赛管理办法》的通知

（撰稿：侯丽娜　审稿：景　凯）

山东钢铁股份有限公司莱芜分公司

【概况】 山东钢铁股份有限公司莱芜分公司（以下简称莱芜分公司）地处济南市钢城区，前身为莱芜钢铁股份有限公司。2011年12月30日，经中国证券监督管理委员会批准，济南钢铁股份有限公司换股吸收合并莱芜钢铁股份有限公司，并于2012年2月27日更名为山东钢铁股份有限公司，下设莱芜分公司和济南分公司，莱芜分公司由山钢集团旗下莱芜钢铁集团有限公司代管。2014年7月，山钢集团对其钢铁板块管理关系进行调整，莱芜分公司实现独立运营，莱钢集团所属银山型钢有限公司、莱芜钢铁新疆有限公司由莱芜分公司代管。2017年5月19日，按照省委省政府和济南市关于济钢产能调整和山钢转型发展要求，山钢股份关停济南分公司产线，将总部机关与莱芜分公司机关进行合署。2019年9月，山钢集团党委对山钢股份党委班子作出调整，随后山钢股份组建新的董事会和经理层，钢铁主业管理体制进一步理顺。同时，山钢股份注册地变更到了钢城区，以此为标志，山钢集团钢铁主业发展布局的重心也放在了钢城区，翻开了山钢股份规范化一体化运营的新篇章。2020年3月，莱芜分公司机关与山钢股份公司总部分开，相关管理定位及职能设置也相应调整。截至2022年底，莱芜分公司（包括托管的银山型钢有限公司等单位）

拥有总资产458亿元，在岗职工1.42万人，具备年产1290万吨钢的生产能力，拥有3800立方米高炉、3200立方米高炉、100吨电炉、120吨转炉及大型H型钢、4300毫米宽厚板轧线等国际先进、国内一流的工艺装备，15条专业化轧材生产线；下辖炼铁、炼钢等7个主体生产单位，以及能源动力厂和物流运输部2个辅助生产单位，是目前省内唯一一家年产千万吨钢以上的大型国有企业和获得“厚道鲁商”荣誉称号的钢铁企业。主要产品覆盖型钢、板带、优特钢、棒材四大系列，广泛应用于港珠澳大桥、亚马尔液化天然气项目等国内外重大工程和埃克森-美孚、壳牌等知名企业，销往70多个国家和地区。

【生产经营】 全年生产铁1011万吨、钢1130万吨、材1102万吨，在一季度遭遇史上最大幅度限产的情况下，钢和材产量仍分别较上年增加3.37万吨、10.34万吨；全年内部挖潜增效35亿元，有力抵御了市场下滑对生产经营造成的冲击。

【运行管理】 动态调整生产经营策略，限产期间降成本、提产期间增效益、满产期间求极致。按照“稳定为本、降本为要、产量兼顾、效益优先”原则，优先保证高效产线满负荷生产。特别是四季度全线保持满负荷生产状态，全年累计打破日产纪录173次、月产纪录63次，保证了年度产量任务目标的完成。采购供应、物流运输保障有力。动力能源调配平衡有序，全年自发电量28.96亿千瓦·时，吨铁发电量同比提升30%，自发电比例较上年提升12个百分点。设备管理不断加强，主线设备故障停机率同比降低13%。疫情防控常抓不懈，安全生产形势总体平稳。

【对标提升】 深化全方位全流程对标提升，223项指标进步率达72.2%，其中137项指标刷新历史纪录；吨铁成本低于行业平均77.1元，较上年进步95.4元，重塑了生铁成本行业领先优势；9个方面指标进入宝武系前30%行列，其中3200立方米高炉低碳低耗进步幅度、3800立方米高炉高炉经济运行能力等方面排名宝武系内第一。

【精益运营】 坚持极致思维和高目标引领，持续强化精益管理，深挖降本增效潜力。全年实施精益项目80项，实现落袋效益32.1亿元；开展两轮“现场观察改善周”活动，形成改善措施470项；完成“院中院”、固废资源、BOO/BOT合同、能源挖潜等专题诊断，减损增效1.7亿元；岗位作业标准化有序推进，精益理念和工具方法逐步深入、固化落地。大力压减各类外委，全年累计压减费用4.7亿元。

【提质增效】 扎实推进产品经营和用户服务，产品质量档次和创效水平大幅提升。产销研衔接更加紧密，组建特钢、型钢等产销研一体化团队，重点产品销售占比24.3%，增长4.29个百分点。累计开发超重单齿履带钢、高强风电钢板等新产品53项，新产品比例22.5%，一批特色优势产品打入国内高端市场。全面推行QCDVS用户定制服务，整单交付率达到88.91%，第三方客户满意度87.25分（79~89分为比较满意）；内销产品结构增效61元/吨，吨材利润比行业平均较上年进步56.4元。产品质量稳定性持续提升，不良质量成本损失较上年降低0.44元/吨材，订单保障能力显著增强。认证创奖工作进展顺利，低温结构用热轧H型钢获评中钢协“金杯特优产品”。

【动能转换】 统筹推进装备升级、布局优化、智能制造与绿色发展，加速提速重点项目建设。新旧动能转换项目时序优化，两座70兆瓦超高温超高压发电机组建成投运，特钢100吨转炉热试成功并具备生产条件，特钢连铸及配套小棒成片开发方案获山东省政府批复。智能制造水平加快提升，智能检测、机器人等先进技术推广应用，职工现场作业环境不断改善；3800立方米高炉、型钢区转炉汽化除尘等集控项目顺利完成，减少现场操作室11个，焦化工序、特钢转炉连铸区域集控中心建设压茬推进；“四个一律”指数达到30.75，较年初提升11.86%。

【绿色发展】 持续巩固提升环境绩效，银山型钢公司成功创A，焦化A级、莱芜分公司B级通过山东省生态环境厅复核。全年环保投资3.24亿元，高炉热风炉脱硫等一批环保项目建成投用；重点环保设施有效运行，吨钢二氧化硫、氮氧化物、颗粒物排放量分别同比降低27.6%、29.1%、22.8%，区域环境质量明显改善。废水治理取得突破，型钢区基本实现废水零排放。节能降耗水平显著提升，吨钢综合能耗530.8千克标准煤，同比降低36千克标准煤，创历史最好水平。资源能源综合利用效益大幅提高，全年能源系统增效4.34亿元。环保信用连续三年“双绿标”，保持了企业良好形象。

【改革创新】 国企改革三年行动顺利完成，改革举措不断固化提升。持续优化组织机构，完成设备检维修体制改革及新动区保卫系统专业化整合；探索实施非冶金吊行车、物业浴室、精整修磨、BOO/BOT项目共享用工，劳务外委用工彻底清退，人事效率提升取得突破，全年在岗职工整体优化率10.73%。加快推进与宝武业务协同，充分利用宝武管理优势、技术优势、平台优势，实现上网采购率53%，降低采购成本3760万元。加强政策识别与运用，全年实现政策创效7.02亿元。

【和谐企业建设】 认真学习贯彻党的二十大精神，迅速掀起学习宣贯热潮。全面推行党支部评星定级管理，四星级及以上党支部比例达75%，继续走在山钢前列。深入推进大监督体系建设，配合上级和地方监委严肃查处一批损害企业利益的违纪违法案件，“两个生态”建设取得标志性成果。启动作风建设三年行动，“高”的意识和“严细实快”钢铁作风加快塑成。产业工人队伍建设改革纵深推进，“青年三百人才工程”持续深化，全员创新改善深入实施，人均完成创新改善10项，1项成果荣获全省职工创新创效竞赛省级决赛特等奖。女工、武装、信访、保密等工作扎实开展，治安保卫、平安建设绩效突出。代管、托管业务有序开展，企地融合发展开创新局。

（注：数据含代管银山型钢公司）

（撰稿：杨　鑫　刘　敏
审稿：景　凯）

山东钢铁集团日照有限公司

【概况】 截至2022年底，山东钢铁集团日照有限公司在册职工5694人（含退养124人），其中管理、技术人员1132人，具有正高级专业技术职务23人、副高级专业技术职务552人、中级及以下专业技术职务613人，高级技师284人、技师592人、高级工886人，本科及以上学历1588人，中共党员1638人，共青团员1042人，女职工496人。公司下设党委办公室/董事会办公室/办公室/武装部、运营管理部、财务部、投资预算部等11个职能部室，生产部、设备管理部、市场部、科技质量中心/钢铁研究院等5个执行部门，焦化厂、炼铁厂、炼钢厂、冷轧厂、热轧厂、中厚板厂、能源动力厂等7个生产单元。

【生产经营】 坚持以市场为导向，分阶段实施“极致提产”“低负荷经济运行”“稳定高效低成本”生产组织模式。坚持“守牢底线、夯实基础、突破瓶颈、系统谋划、稳中求进、极致提产”工作思路，按照“守底线，抓好安全环保；拓市场，全面跑赢大盘；强精益，极致提质降本；提优势，坚守不亏底线”工作总要求，每月谋划落实十项重点工作，建立转炉经济铁耗模型，3座转炉应对2座高炉、热轧双加热炉生产，实现低成本经济运行。落实“三要三硬三保”工作要求，成立“决战四季度、打赢生存保卫战”指挥部，聚焦“高炉稳产高产、转炉极致提产、轧钢极致增效、界面高效协同”，全员参与、全面覆盖、全力攻关，极致提产降本增效，生存保卫战捷报频传。全年生产铁796.64万吨、钢893.07万吨、商品坯材841.65万吨，实现销售收入422.39亿元、报表口径利润总额19.41亿元，净利润17.17亿元。

【安全管理】 坚决贯彻习近平总书记关于安全生产重要指示批示精神，深入学习《安全生产法》《山东省安全生产条例》，严格落实安全生产“十五条硬措施”“八抓20条”创新举措，推进安全生产“三严三落实”，抓实班组安全标准化建设，强化相关方“四个统一”管理，安全生产责任落实到“最后一公里”。深入开展重大隐患“百日清零行动”、安全生产诊断、作业行为观察、“强意识、提技能、查隐患、反三违、遏事故、守底线”专项整治，累计整改问题隐患40744项。全面推行检修作业工前会制度，强化非常规作业安全管控，安全生产基础不断夯实。

【环境保护】 坚持绿色低碳发展，投资1.7亿元，实施18项重点环保提升项目。现场环境持续改善，环保绩效A级企业通过复审。吨钢综合能耗518千克/吨，比年度计划降低8.5千克/吨，同比降低19.5千克/吨；月度发电量6次刷新历史纪录。管线钢产品荣获国家级绿色产品认证，成为集团公司首个经工业和信息化部认证的绿色产品。深入推进AAA级工业旅游景区创建，打造特色厂区景观，实施沿海管线美化工程，打造炼铁脱硫脱硝文化长廊。公司被评为山东省资源综合利用先进单位、山东省节水标杆企业、环境保护诚信企业。

【质量管理】 深化“全员参与，全流程管理，全因素控制”质量一贯管理，完善全流程管控模式，强化质量门把关监控、关键过程控制参数监管，深度推进质量模块建设，全面提升质量水平和质量竞争力，涵养形成质量管理新生态。综合改判率1.39%，同比降低0.29个百分点；万元质量异议损失0.69元，同比降低0.89元。公司被评为2022年山东省质量标杆企业。

【设备管理】 坚持完善设备管理体系，夯实设备管理基础，推进设备管理标准化，设备运行绩效持续改善。全年平均设备故障影响生产时间3520分钟/月，比计划降低31.2%；设备功能精度完好率98.89%，比计划提高3.89个百分点；设备维修费累计完成106.85元/吨钢，比计划降低35.65元/吨钢，降幅25.02%。推进信息技术和钢铁生产深度融合，实施22个智能制造项目；供电集控中心、煤气集控中心建设完成，“四个一律”指数由30.85%提升至34.41%。

【精益管理】 以“创新引领，模式构建，绿色健康，数智精益”为主题，组织开展第三期精益运营诊断，统筹抓实18个公司级项目、51个厂部级项目，全年挖潜增效近20亿元，为降本增效提供了核心支撑。公司党政领导带队坚持精益走线，开展现场打造“回头看”、现场管理标杆作业区复查，现场管理水平进一步提升。全年岗位创新自主改善项目21988项，人均3.94项。

【对标提升】 研究构建六大类别、33项指标对标找差体系，行业进位赶超步伐加快。建立倒逼机制，强化过程管理，“全面对标、系统提升”行动总体监控10项指标进步率100%，对标提升专项得分100分。公司契约化指标综合分位值80.43，超额完成60分位年度目标；吨钢净利润在全国23家上市钢企中排名第六，处于73.91分位；净资产收益率在23家上市钢企中排名第三，处于86.96分位。吨钢利润在纳入中钢协对标的93家钢企中排名17，处于82.4分位；ROE排名第八，处于91.2分位。

【关键指标】 全面融入宝武对标找差体系，聚焦全工序关键经济技术指标，与宝武系各基地开展同工序横向对标。全年累计吨钢利润216.04元，比湛江钢铁高77元，同比进步213元；净资产收益率8.25%，比湛江钢铁高3.1个百分点，同比进步0.07个百分点。炼铁两座5100立方米高炉经济运行能力、炼钢转炉入炉铁水温度、热轧单位变动成本下降率、炉卷和厚板热装率/热装温度进步率等指标进入宝武系前30%。

【改革攻坚】 系统推进管理变革和流程再造，进一步提升运营管理效能。全年优化一级机构1个、二级机构31个、业务经理层定员172人。创新实施共享用工管理，于8月底提前完成人事效率提升年度任务目标，全年优化在岗职工480人，优化率8.45%，人均钢产量达到1716吨的行业先进水平。创新高端人才培养机制，聘任18位中层管理人员为公司资深首席师、首席师。创新实施“十破十立”干部作风评价，干部干事创业积极性、主动性、能动性显著增强。

【产业协同】 坚持钢铁主业一体化规范化运营，深化“五位一体”协同运行，产品盈利水平和市场竞争力不断提升。BS协同支撑项目实现效益4385.22万元。深化“产销研”一体化机制，全年开发新产品263个，新产品推广69.4万吨，独有领先重点产品比达到44.7%，品种结构优化增效69.97元/吨，增效总额5.66亿元。高强度工程机械用钢市场占有率国内第一，高强耐磨钢等产品应用于700吨液压挖掘机等国家重点项目，9Ni钢为中石化等企业批量供货，汽车外板成功供货中国重汽等车企。

【科技创新】 完善科技创新体系，自主创新、核心技术研发、职工创新全面发力。在研技术创新项目118项，全年研发投入17.15亿元，研发投入占比4.06%。推进研发体系建设，成立产品研究所、产品设计室，加快技术研发实力向市场竞争优势转变。加强科研平台建设，推进13项重大科技创新项目研发，持续打造创新高地。深挖创新资源，激发创新潜能，以“揭榜”形式，开展重大关键技术攻关，有效解决生产技术瓶颈问题，科技创新水平不断提升。

【党的建设】 深入实施“党建领航”工程，扎实推进党建品牌建设，为高质量发展提供了坚实政治保障。深入推进党支部评星定级，四星级以上党支部比例达到70.42%。持续深化“四学四做”主题实践活动，涵养运营管理新生态，奠定了高质量发展的共同思想基础。坚持正确舆论导向，建好宣传阵地，传播党政声音，凝聚攻坚力量，干事创业氛围更加浓厚。

【党风廉政建设】 深化“清风护航”工程，加强新时代廉洁文化建设。筑牢中央八项规定精神堤坝，深化“严真细实快”钢铁作风锤炼。监督执纪问责综合发力，一体推进“不敢腐、不能腐、不想腐”。深入开展营销、物流运输等领域突出问题专项整治，权力运行更加规范高效。夯实大监督体系，形成大监督合力，全年开展监督检查5491次，发现问题10469项，修订完善制度531项。严守政治纪律和政治规矩，全力支持配合党委巡察工作，深入推进巡察反馈问题整改落实，高标准做好巡察工作“后半篇文章”。加强钢廉文化建设，不断营造风清气正良好政治生态。

【幸福和谐企业建设】 深化“和谐助航”工程，从严从实从细落实工作措施，党的二十大安保维稳工作实现“六个不发生”“三个不出事”的总体目标。严格落实接访下访、领导包案责任制，畅通职工诉求收集、处理、反馈渠道，登记受理信访事项113件，办结率100%，答复满意率95%。夯实意识形态主体责任，高度关注网络舆情，积极解决人员机构调整、疫情防控等工作中出现的热点问题，全力维护改革发展稳定大局。坚持全心全意依靠职工办企业方针不动摇，加强厂务公开民主管理，进一步和谐劳动关系，职工民主权利得到有效保障。广泛开展各类竞赛，实施人才培育工程，开展安全型、创新型、自主积极主动型“三型”职工队伍创建，激发职工投身工作实践的积极性、主动性、创造性；持续推进“我为群众办实事”实践活动，重点事项完成率100%；蓬勃开展职工文体娱乐活动，团队素质和凝聚力进一步提升。统战、女工、团委、档案机要、武装保卫、后勤保障、企地协调、相关方管理等工作全面加强，公司发展环境更加优越。公司获评2022年度山钢集团文明单位、省属企业文明单位。

【重点任务】 坚持高位推动，强化组织保障，全力以赴推动重点工作落实。参与各方通力配合，公司正式获批国家级高新技术企业。公司内部铁路专用线于12月29日正式开通运营。固定资产投资高效可控，全年投资计划完成率98.81%。码头土地、海域转让工作按计划进行，时间节点受控。科学评估监控风险动态，扎实做好审计整改落实工作，风险管控体系更趋完备。

【疫情防控】 贯彻落实习近平总书记疫情防控重要指示，精准高效推进疫情防控各项工作，持续开展全员核酸检测，因时因势优化调整疫情防控举措，果断实施疫情防控自主管控，累计投入540万元购置各类疫情防控物资，全力保障职工身心健康和生产经营稳定顺行。

（撰稿：李　林　审稿：张润生）

山东钢铁股份有限公司营销总公司

【概况】 山东钢铁股份有限公司营销总公司主要负责山钢整体营销战略制定与实施，总体策划和实施营销协同和管理，山钢股份公司国内钢铁产成品销售和大宗原燃料物资采购业务，整合区域营销资源和开展贸易经营，以及推进钢材加工配送业务等。2022年8月9日，根据中共山东钢铁股份有限公司营销总公司委员会关于印发《营销总公司2022年编制定员优化方案》的通知要求，原有机构全部撤销，优化设置新的机构。截至2022年底，人员总数548人，内设机构22个，包括：营销管理部，采购管理部，党委办公室/办公室，组织部/党群工作部/人力资源部，纪委/巡察工作领导小组办公室，用户服务部，合同计划一部，合同计划二部，厚板销售部，型钢销售部，特钢销售部，冷热轧销售部，建材销售部，煤焦采购部，炉料采购部，鲁东销售公司，鲁中销售公司，鲁西销售公司，华东销售公司，华南销售公司，华北销售公司，贝斯山钢（山东）钢板有限公司。

【营销改革】 坚持“大部室”集成，以扁平高效运行架构为目标，组织机构数量由26个压减至22个，15家区域销售公司完成注销整合。全面推行岗位管理，搭建管理、业务技术双序列发展通道，完成全员竞争上岗，47 名新职工入职营销，营销队伍年龄结构、知识结构、专业结构大幅优化。全面深化岗位绩效考核模式，健全完善契约化/目标责任制考核，深化“底薪+提成”，做实做细岗位绩效表单考核，职工自主创效动力有效激发。推进“品种主责、区域主销”，销售业务、用户服务聚集区域，业务流程实现再造。

【营销管理】 积极融入宝武体系，打破固有界限，建立管理、品种、区域一体化目标管理体系，以对标促提升的作用显著增强。系统梳理价格策略、资源优化、采购计划、合同规范、供应商管理等关键业务流程，修订完善制度 30 余项，制度供给能力不断提升。探索建立市场运行复盘机制，系统分析营销策略执行效果，前置化市场分析研判能力不断提升。实施价格精益管控，完善销售、采购价格管理机制，优化品种加价规则，规范采购定价模式，价格管控风险有效防范。规范协议销售管理，完善用户分级评价体系和供应商评价机制，不断优化客户结构。梳理采购合同条款，严格计划管理，建立量、价、成本、效益跟踪监控体系，采购规范化管理持续加强。ERP 在线合同上线，区域业财一体化系统如期投用，自主设计研发价格测算审核信息系统，信息化建设能力大幅增强。

【国内采购业务】 全年采购大宗原燃料 2048 万吨，炼焦煤长协兑现率 94%，炼焦煤采购价格与行业对标改善 123 元/吨。建立“日监控、周调度、月闭合”目标推进机制，对照细化分解措施，超前预判市场形势，及时发现纠正短板，紧盯指标推动落实。大力拓宽采购渠道，联合开展供应商考察，甄选高性价比资源，全年开发新资源渠道 51 家。探索地方优质供户长协合作模式，与国家能源、宝武资源等建立战略合作，积极推动低成本进口煤品种试用，稳固有效的供应链初步建立。

【国内销售业务】 全年累计销售钢材（坯）1865 万吨（内销），实现销售收入 908 亿元；产品结构持续优化，重点产品比例 33.1%，全年实现内销产品吨材结构增效 65.5 元/吨；钢材省内销售比例 76.3%。通过柔性制造组织、缩短检验周期、优化仓储发运、技术上门服务等方式，多家战略用户合作量大幅攀升，北海造船实现船板独家供货。借力宝武协同，汽车钢成功打入吉利，9Ni 和高强风电钢实现协同接单。现货产品全面上线欧冶平台，引入新客户 412 家，竞拍溢价收益 2400 万元。加快推进产品认证，长城、奇瑞、中兴、格力等 29 个牌号认证顺利入围，南高齿、天能重工等二方认证实现突破。洞察商机，打通盘螺加工渠道，成功填补产品空白，全年销售盘螺 25 万吨，创效 1413 万元。

【党群工作】 学习宣贯党的二十大精神，常态化开展党史学习教育，构建以党建引领为核心的政治保障体系。优化调整基层党支部设置，选优配强支部班子，建设坚强战斗堡垒。强化党建基础管理，健全党的建设工作会议机制，常态化开展季度党建工作检查。聚焦营销一线，贴近基层讲好营销故事，传递正能量、展示新形象。加强意识形态工作，巩固壮大主流舆论，凝聚改革共识。唱响“四季如歌”文体品牌，搭建文化活动平台，凝聚干部职工团结奋进力量。建立“1+4×2”培训体系，举办用户服务专题讲座，组织新入职职工培训，铁军能力提升体系逐步建立。坚持以人为本，深入基层解决驻外职工生活难题，职工获得感、归属感、幸福感不断提升。搭建青年创新创效平台，开展青年改善项目攻关，组织青年志愿者服务活动，展现营销青年青春风采。

【作风建设】 加强日常规范化管理，规范请销假制度，实施线上考勤，常态化开展“四不两直”检查，全年下发通报、批评书等80余份，处理处分49人次。坚持以案促改、以案促治，扎实开展物流仓储和采购领域突出问题专项治理，严肃查处违规发放驻外补贴等问题，配套出台相关管理制度。常态化推进“五个一”廉洁教育，精心制作廉洁警示视频，以身边事教育身边人，开展家庭助廉活动，家企联手筑牢廉洁防线，到区域一线设立廉洁影像播放站，廉洁教育触角延伸到总公司每一个角落。

【区域销售公司概况】 深化区域主销工作，区域销售公司整合注销工作持续推进，2022年累计完成山钢广东经贸有限公司、莱芜钢铁集团四川经贸有限公司、东营山钢经贸有限公司、山钢徐州经贸有限公司等14家公司注销程序；浙江山钢经贸有限公司、上海济钢经贸有限公司、莱钢上海经贸有限公司等3家公司注销工作持续推进，山东钢铁集团聊城加工配送有限公司启动注销程序。全年累计销售钢材522.8万吨，实现利润总额3334.44万元。（以上数据均不含贝斯山钢（山东）钢板有限公司）

【山东钢铁股份有限公司济南销售分公司】 人员总数18人。全年销售钢材109.99万吨，较上年同比增长90%，营业收入50.44亿元，实现净利润1057.48万元。济南销售分公司深耕区域市场，与兖矿、山推、中国重汽、时风等形成紧密合作关系，订货量大幅度提升；终端客户开发持续深入，山能、中车、山东聚宁、和乐门业、济钢型材实现稳定合作，山钢产品市场份额不断提高。

【莱芜山钢利达物流有限公司】 人员总数2人。全年销售钢材4.38万吨，较上年同比下降82.98%，营业收入15148.97万元，实现利润总额53.81万元，净利润51.79万元。公司计划进入清算注销程序。

【山钢青岛经贸有限公司】 人员总数9人。全年销售钢材105.19万吨，较上年同比增长31.97%，营业收入49.17亿元，实现利润总额141.54万元，净利润103.44万元，所有者权益1341.35万元。公司致力于两端一重用户开发，全年新开山东鸿日汽车、山东核电设备、海恩智锯、青岛海隆机械、威海石岛重工等终端用户25家。积极推进商业模式创新，联合阳森供应链为终端用户鸿日汽车开展加工配送服务，完成青岛北船、青岛东方铁塔、青岛天能重工、烟台中集来福士、大金重工等15家用户QCDVS服务方案的制定与完善，运用“五位一体”协同机制，不断规范巩固重点用户服务质量，提高了用户满意度，维护了渠道的稳定。

【淄博山钢经贸有限公司】 人员总数7人。全年销售钢材67.42万吨，较上年同比增长70%，高效产品20.23万吨。营业收入28.02亿元，实现净利润4.27万元。公司致力于终端市场开拓，与山东矿机集团股份有限公司、山东宝华耐磨钢有限公司、淄博格尔齿轮有限公司、贝特尔控股集团有限公司、山东颐杰鸿丰能源装备有限公司、山东联创重工有限公司等客户建立了稳固的业务关系，积极开发板材、特钢、镀锌、冷轧卷等产品市场，高效产品销售量稳步提升，凭借优质的产品和优良的服务，在区域市场建立起良好的形象。

【山东钢铁股份有限公司南京销售分公司】 人员总数16人，其中外聘3人。全年销售钢材130.39万吨，营业收入58.54亿元，利润总额562.86万元。公司大力开发江浙沪为主华东区域造船、工程机械、汽车用钢市场，先后与江苏新时代造船、中国交通物资、上海济联、南京普斯供应链、无锡市城康等用户建立稳定的业务关系，业务领域和用户层次不断提升，深耕华东区域市场，提高山钢产品市场份额。

【山东钢铁股份有限公司北京销售分公司】 人员总数9人。全年销售钢材61.33万吨，较上年同比增长19.96%，营业收入30.99亿元，实现净利润1275.57万元。持续深耕煤矿机械高强钢产品市场，2022年与郑煤机的合作量10.67万吨，创历史新高。攻坚央企终端用户群，先后中标中海油青洲六海上风电项目，中石化东营原油库搬迁项目、连云港原油储罐项目，中石油伊拉克ROO鲁迈拉老油区项目，中铁山桥深中通道项目、常泰长江大桥项目，中铁钢结构苏州江陵路改造项目，中交二公局石家庄滹沱河大桥项目等，与“三桶油”、中铁、中交系合作关系日益紧密。

【安徽山钢商贸有限公司】 人员总数5人，其中外聘2人。全年销售钢材44.1万吨，营业收入20.91亿元，实现利润总额332.23万元，净利润290.89万元。结合山钢产品在华南区域的品种定位，中厚板产品以桥梁、风电为主要方向，瞄准区域重点工程项目订单；冷热轧产品以汽车、家电用钢为主要方向，重点关注区域内美的集团、奇瑞汽车等龙头企业；型钢产品服务好区域内重点工程机械、叉车行业，重点关注区域内钢结构龙头企业的各类需求；优钢产品紧盯区域终端客户和高效产品，重点开发汽车齿轮钢、风电用钢、模具钢市场。全面深耕区域市场，嵌入供应链，在整个供应链中形成影响力，规避市场风险，获取稳定收益。

【贝斯山钢（山东）钢板有限公司】 人员总数29人。全年销售钢板5.92万吨，营业收入4.17亿元，实现利润总额3075.42万元，净利润2304.77万元。公司紧紧围绕“打造高强耐磨钢世界顶级品牌”的战略目标，坚持“品牌、质量、服务”并举的措施，深度挖潜老客户，抓住机遇调结构，大力开拓国内外市场，与张煤机、徐州巴特、徐工集团、布兰肯等战略客户深入合作，新开发了山东金谷、焦作科瑞森、Schlam等国内外直供用户18家，实现了较好的经营绩效，超额完成董事会确定的三档目标。

（撰稿：商启亮　董　良
审稿：郭伟达）

山东钢铁集团有限公司研究院

【概况】 山东钢铁集团有限公司研究院（以下简称山钢研究院）是山钢集团和山钢股份战略经济研究和战略技术研发机构，是“一院多中心”研发体系的核心和枢纽。主要职能是：负责战略研究、经济研究、产业研究、商业模式研究、信息政策研究；前沿战略技术、关键共性技术研究；产业界面技术、产业绿色智能制造工艺技术研究；战略性产品研发；新材料新技术研发；客户应用技术开发等。对各产业公司研发机构实行业务指导，组织研发业务协同。截至2022年底，全院在岗职工64人。其中，男职工55人，女职工9人，中共党员53人，民主党派1人，无党派人士1人；博士研究生11人，硕士研究生17人，拥有硕士及以上学位以上共42人；正高级专业技术职务15人，副高级专业技术职务45人。7人被认定为济南市D类高层次人才，53人被认定为E类高层次人才。建院以来，先后有4人被评为山钢集团首席专家，1人入选中国科协青年人才托举工程，1人入选泉城“5150”引才倍增计划创新人才，1人入选山东省重点产业链尖端技术人才、1人被评为济南市优秀科技工作者。2022年1人获评泰山产业创新领军人才，1人获得山钢集团科技创新突出贡献奖，1 人入选济南市“海右名家”创新人才工程，1 人获得 2022 年度“齐鲁巾帼科技创新之星”荣誉称号。

【科研管理】 以《山钢股份公司科技创新体系深化变革方案》为指导，基于统一化管理、专业化整合、一体化运营的总体思路，按照“聚合赋能、统一研发、协同高效”的模式，牵头起草《山钢股份公司科技创新体系深化变革实施方案》，科技创新体系变革迈出关键一步。探索重大科研项目立项和组织管理新方式，制定实施《山钢研究院重大研究项目“揭榜挂帅”试点方案》，在集团公司范围内率先试点。全年下发立项实施计划 35 项，验收 5 项，截至 2022 年底，在研项目 40 项。完成科技成果鉴定 9 项，其中 3 项国际领先，6 项国际先进。获得山东省科技进步二等奖 1 项，中钢协冶金科学技术奖一等奖 1 项，山东省冶金科技进步奖 6 项，山钢集团科学技术奖 4 项。2022 年累计申请专利 62 件，其中发明 59 件；授权专利 17 件，其中发明 13 件；完成软件著作 7 项，完成软件著作权登记 4 项。

【对外合作】 集聚行业领军人才资源，聘任东北大学朱苗勇教授为山钢股份首席专家；智慧炼钢创新工作室联盟成立运行，成为山钢集团第一个创新工作室联盟。山钢股份与国家超算济南中心共建先进钢铁材料数字化研发中心正式签约并揭牌；配合地方政府深入推进与中国钢研科技集团合作；与山东省冶金科学研究院、山东先进材料联合研究院密切协作，启动国家新材料测试评价平台区域中心申报；山钢股份国家企业技术中心以良好等级通过复审，山钢集团院士工作站顺利续签，协同两基地研发部门运行更加高效。签订对外技术服务合同/协议 21 项，标的额 480.2 万元；聚焦政策利用增效，获取山东省轴承智能制造创新创业共同体、国家重点研发计划专项资金支持 190 万元（年度内拨付 80 万元）。

【技术研发】 聚焦制约生产流程效能提升、质量稳定、成本改善等重大技术瓶颈开展技术攻关，重点推进实施《提高钢水洁净度关键控制技术研究》《高性能耐磨钢铁材料关键技术研发及产业化》《高端板带材热轧板形质量控制研究》等近 20 项研发课题。《Q355B 型钢极低铌微合金化关键技术研究与应用》项目实现吨钢降本 25 元以上；《LF 精炼过程控制模型开发及数字化集成应用》项目在日照公司全面上线运行，实现月度降本增效 70 余万元。以高品质稀土轴承钢省重大专项为依托，借势山钢—临清轴承产业研究院、山东省轴承智能制造创新创业共同体等创新平台推动轴承钢高端化品牌化，轴承国产化替代、轴承滚动体开发、轴承现场装机对比工业试验取得重大进步。加快推进《异形连铸坯质量在线检测与预报系统开发应用》《钢铁流程副产大鳞片石墨的深度开发关键技术研究》《高炉炼铁过程数字化仿真系统开发与应用》等研发项目，推动生产效率提升、深化产业链协同。适应未来研发发展趋势，着力强化数字化研发平台和能力建设，与国家超算中心济南中心合作共建“先进钢铁材料数字化研发中心”2022 年 7 月正式成立，以此为基础打造具有先进可靠算力的“先进钢铁材料数字化研发云平台”，云平台正式上线并面向股份公司技术人员开放，实现数字化研发软件集成高效利用、多用户远程在线使用的“集中管控分布研发”的应用效果，夯实研发数字化转型基础。重大科技成果取得历史性突破，《基于机器视觉的宽厚板轮廓及板形 CPS 智能制造技术研发与应用》荣获 2022 年中钢协冶金科学技术奖一等奖，是山钢集团自 2011 年以来以第一完成单位获得的行业最高等级科技成果；《高品质轴承钢洁净化生产平台关键技术研发及推广应用》荣获

2022 年度山东省科技进步二等奖，是山钢研究院成立以来第一次荣获的政府科技奖项，也是 2022 年度山钢集团唯一荣获的政府科技奖项。省重大科技专项《高端制造装备用高品质稀土特殊钢关键技术研究及产业化》以优秀等级通过省科技厅组织的综合绩效评价，项目“整体技术达到国际领先水平”；《特殊钢夹杂物表征与控制技术平台关键技术研究与应用》《基于机器视觉的中厚板智能剪切系统开发与应用》获山东省冶金科技进步奖一等奖。与中南大学等联合成功申报国家循环经济重点专项“铝土矿拜耳法溶出赤泥源头减量技术及大规模示范”，是研究院第一次承担国家重大专项课题。《低成本中性负碳建筑材料制造者》项目获 2022 年第一届全国博士后创新创业大赛优胜奖，《先进钢铁材料数字化平台开发与应用》项目荣获 2022 年中国山东博士后创新创业大赛优秀奖，并成功进入山东省数据应用创新创业大赛复赛。山东省自然科学基金面上项目《氧气高炉关键问题的数值模拟研究》顺利通过中期检查。《转炉多元耦合数字孪生高效冶炼关键技术开发与应用》通过中国金属学会组织的专家评价，《基于工业互联网的钢铁流程协同制造系统关键技术研发与应用》通过中国钢铁工业协会组织的专家评价。《高端制造装备用高品质稀土特殊钢关键技术研究及产业化》《基于 HPF 法焦炉煤气脱硫节能环保及资源化利用技术研究与应用》等 8 项成果通过山东省冶金工业总公司组织的鉴定，其中 3 项达到国际领先水平，5 项达到国际先进水平。牵头研制的《钢板轮廓在线检测系统技术要求》钢铁行业标准通过工业和信息化部立项审批；参与《金属材料高应变速率高温压缩试验方法》国标制定。发明专利申请与授权数量、科技论文发表数量和层次同比较大幅度提升。

【经济研究】 2022 年立项经济研究课题 26 项，其中山钢集团公司课题 2 项、山钢股份公司课题 21 项、山钢研究院课题 3 项。成功立项省重点研发计划（软科学）重大项目《基于双碳目标的山东省现代钢铁产业发展研究》，实现经济课题省重点研发计划立项的零突破。承担开展山钢钢铁制造业中长期战略规划系统研究，完成《山钢钢铁制造业中长期战略规划基础性研究》《山钢集团钢铁制造业中长期目标市场研究》等课题，按产品类别分别编制钢铁制造业中长期战略规划。聚焦钢铁行业发展变化，围绕公司生产运营、改革发展中急需解决的重大问题，策划开展 17 项涉及创新性概念、首发式问题或系统性问题的重大研究课题，《基于绿色高效冶金流程的日照二期一步工艺方案技术优选研究》《山钢“黄河钢”战略研究》《“双控”模式下的能源管控模型研究》等 10 项课题取得阶段性重要研究成果。围绕公司“打赢生存保卫战”，突出市场研判、运营改善、行业技术发展信息等研究，针对俄乌冲突下钢铁行业发展趋势、黄河流域高质量发展和生态保护战略、国家铁矿石资源管控政策、山东钢铁产业链链长机制等行业区域重大事件和生产经营重点难点开展专题研究，形成的《部分钢企降本增效实践与效果汇编》《对全球产业链加速重构的研判以及对钢铁行业的影响分析和相关建议》《董事长简报》等一系列研究成果为公司运营改善、科技创新提供了有力信息支撑和决策支持。全年完成研究专报 7 篇，编发《董事长简报》43 期、《一周行业纵览》48 期、《钢企信息动态》46 期、《钢铁业新技术与新产品》3 期，定期推送《钢铁经济研究》等 11 种权威信息资料。17 项经济课题结题，8 项课题获山钢集团 2022 年经济研究成果奖，其中《山钢集团钢铁制造业中长期目标市场研究》获特殊贡献奖一等奖，实现特殊贡献奖一等奖的零突破。

继续强化信息资源集中统管，优化订购结构，优化完成18家网站、数据库订购，降低费用18.49万元，降费率14%。

【党建工作】 以党支部评星定级工作为总抓手，继续深化巩固过硬党支部建设，持续创新强化党建工作。科技管理党支部被评定为集团公司五星级党支部，技术研发、经济研究2个党支部被评定为四星级党支部。强化党员学习教育，与山钢党校联合组织开展党员与党务工作者全员集中培训。强化制度建设与党性实际活动，制定实施《党支部考核管理办法（试行）》《研究院党总支委员基层党建工作联系点制度》，组织开展党员承诺践诺、党员先锋岗、示范岗等活动，促进党建工作与科研工作深度融合。以强化“五项赋能”新理念，提升“四五三能”新素质为核心，着力加强作风能力建设，持续锻造“严真细实快深”研究院钢铁作风，团队的凝聚力、战斗力明显增强。深化幸福和谐企业建设，创新开展群众性文体活动。积极参加公司喜迎党的二十大系列活动，荣获集团公司新时代新征程主题群众性宣讲比赛故事类一等奖。细化实施“职工送温暖工程”，职工的获得感、幸福感进一步增强。全面加强人才队伍建设，内部招聘硕士以上高层次人才10人，16名职工岗位晋升。宣传工作不断深化，反映山钢集团科技创新突出贡献奖获得者周平及其团队科技创新先进事迹为代表的一批稿件被人民网、《中国冶金报》、大众网等知名媒体刊发和转载。

（撰稿：李希海
审稿：王中学　徐继山）

莱芜铁路运输分公司

【概况】 莱芜铁路运输分公司于2014年4月9日挂牌成立，隶属于山东钢铁股份有限公司，由莱芜分公司代管。主要承担莱芜分公司、银山型钢公司进厂原燃材料和厂内成品、半成品的运输及外发任务。莱芜铁路运输分公司业务与原莱芜分公司运输部相同，2021年11月17日，莱芜分公司成立物流运输部，将生产管理部的内部倒运管理职能、原物流中心除水渣和火渣销售外其他职能、运输部全部业务、棒材厂和型钢厂及银山型钢板带厂仓储发货业务划归物流运输部，莱芜铁路运输分公司职责变更为：负责港口进口原燃料、出口材港口仓存、集港、发运管理，原燃料进厂、内部倒运管理，产成品入库、储存、发货管理，物流资源、费用、信息等各类物流活动的计划、运力组织、管理、调度、协调和营运；负责进厂原燃料、外发产品和工序间、仓储间成品、半成品的铁路运输等。莱芜铁路运输分公司于2022年10月19日注销。

【生产经营】 坚持“令行禁止、使命必达”的工作标准，动态优化运用机车数量和岗位人员，较好地完成了物流降费、铁水调送、产成品库存控制、清洁运输比例提升、提水提温等重点任务。全年进口矿运输1266.97万吨，其中铁路运输1264.71万吨，铁路运输比例达99.82%，创历年最高水平。产成品发运1071.27万吨，其中铁路外发156.57万吨。铁路日均到达778车，卸车776车，外发75车，卸车工作创出了单日到达1233车、卸车1232车、外排1281车的三项历史新纪录；日均铁水外调102罐，铁水罐一罐到底直上率达到68%，周转率完成3.5次/天，铁水温度平均为1330℃，较2021年提高29℃。在降低物流费用方面，做好资源协同，取消型钢、厚板装车外委，利用中型场地装运异型材、厚板场地装运门架槽钢，型钢移库外存量降低50%；部分取消宽带外委仓储，将电车倒运改为火车、部分宽厚板电车联运改为汽车直发，减少倒运费671.47万元；推行“内部公转铁”，做到了冷轧带卷和产品移库全铁运。创造条件实现了集装箱焦炭厂内直卸，共完成集装箱自卸15076箱，节省外委费用1257.33万元；运用欧冶招标平台进行月度招标，建立灵活机动价格调整机制，累计降费2127.45万元；引进“中储智运”“中铁兖州陆港”“物泊56平台”，全年无车平台完成运输4.31万吨，吨材运费较欧冶招标降低5.58元；加大合同降费力度，按照或取消、或减量的原则逐份梳理合同，认定降费金额1516万元；坚持“自己能干的绝不外委”，对水暖管网、计算机、视频监控、起重机、翻车机全部自行维修，同比外委修费用降幅达到62.57%。改善内燃机车运行状况，油耗同比降低27.5%。合并办公区域实施“抱团取暖”，减少供暖面积1000多平方米，节省水电暖费用5万余元。在物流创效方面，主动承接钢坯切割，履带钢、门架槽钢精整修磨，全年共完成履带钢精修4.29万吨，门架槽钢精修2.52万吨，H型钢精修454.27吨，短定尺锯切1864.67吨，切割钢坯11441.38吨，创效约429.01万元。在压减产成品库存方面，坚持产成品入出库日分析，提高仓储发货效率，建立24小时动态服务机制、五大品种客户线上时时沟通交流平台、承运单位日运输绩效评价制度，克服市场震荡、重大节庆日管控、疫情防控、环保限制、道路严查等多重不利因素影响，打出了“每日调单清零”和“每天出库大于入库”两条铁律，确保实现了“破六见五”的最高水平，连续受到公司表扬。

（撰稿：王沛永　审稿：翟大强）

全资和控股子公司

莱芜钢铁冶金生态工程技术有限公司

【概况】 莱芜钢铁冶金生态工程技术有限公司成立于2008年10月，注册资本1000万元，山东钢铁股份有限公司持股比例51%，山东省冶金设计院股份有限公司持股比例39%，山钢金控控股（深圳）有限公司持股比例10%。公司主营转底炉直接还原工程及冶金新技术工程的研究、设计、设备供应、施工及总承包，技术咨询、服务，铁合金、煤炭、炉料的批发零售等，同时经营脱硅剂、新型复合脱氧剂、煅煤增碳剂，提供轧机精度检测服务。截至2022年底，公司职工总数8人，其中，硕士3人、本科学历3人、大专学历2人。设1个职能部门，2个专业项目板块。

【生产经营】 公司围绕山钢股份钢铁主业降本增效，深入推进新工艺、新技术、新材料、新设备的技术应用推广，突出贴近现场、贴近市场，加强研发与创新工作，在炼钢、轧制生产工艺流程中为现场提供技术服务，致力于新型辅料在炼钢工艺流程的技术成果转换应用。截至2022年底，公司累计获得授权专利37项，其中发明专利15项，实用新型专利22项。

（撰稿：刘运丽　审稿：张思勋）

山东莱钢环友化工能源有限公司

【概况】 山东莱钢环友化工能源有限公司

于2006年7月成立，注册资本3亿元，为山东钢铁股份有限公司的全资子公司，由莱芜分公司代管。机关科室与莱芜分公司焦化厂机关复合设置，设有化产精制车间。截至2022年底，公司共有职工67人。其中，管理人员3人，技术人员5人，生产操作人员59人；硕士研究生2人，本科学历16人，专科学历30人；高级工程师2人，高级政工师1人，工程师1人，助理工程师2人；高级技师2人，技师3人，助理技师8人，46人具有中高级以上技能等级。

【生产经营】 聚焦降本增效，持续提升创效能力。以降低导热油热负荷为主，先后完成预蒸馏进料换热器、稳定塔进料换热器改造，降低导热油循环量7.5%。借助现场观察、全员改善等平台，开展“短平快省”的工艺技术改造6项，首次完成DCS全系统的安全改造以及主反催化剂更换等检修项目。自主创新使用爆破吹扫，稳定煤气供应，确保生产稳定，为效益提升奠定坚实基础。保持原料把关高压态势，重点落实一车一检制度，全年实现原料不合格入厂率为零。拓展营销渠道，粗苯实现网上招标采购，主要化产品售价成为全省化产品价格“风向标”。以化产品利润最大化为目标，运用“库存波段营销”模式实现营销增利。全年加工轻粗苯8.248万吨，生产纯苯6.1万吨、甲苯1.087万吨、二甲苯3500吨、非芳烃2220吨、C8+490吨，实现销售收入5.54亿元，同比增长19.53%，利润总额256.08万元。

【专业管理】 紧跟政策导向，实现全流程系统化合规性配置。坚持以人为本的安全发展理念，全年组织修订、完善、融合各项管理制度36项。开展专项检查146次，检查登记问题项263项，完成整改258项。强化基础培训和应急演练的常态化组织，全年开展专题培训16次，全员安全培训考试6次。组织综合应急演练1次，专项应急演练3次，现场处置方案演练33次。建立相关方单位一企一档工作机制，加大“反三违”检查考核力度，全年考核相关方7次，黑名单积分30分，现场纠正相关方不符合项49项，考核岗位“三违”行为43人次。推进信息化智能化技术应用，增设智慧安全一体化平台，实现人员定位、双体建设、危险作业等五大系统的线上运行。以指标改进和流程改善为主，纯苯加氢油、釜液、甲苯总硫持续稳定在1 ppm以内。以精准点检为基础，全面落实设备点检定修制、提升设备日常运行数据管理和设备管理绩效，完成导热油炉风机、加氢进料泵等设备的升级改造。完善环保设备运行点检、维修维护台账，做好危废仓库、停产检修现场的环保管理。落实全装置泄漏检测、隐患跟踪治理制度，完成装车尾气负压收集改造与年度LDAR泄漏检测与修复等工作，持续减少污染物排放，环保成效不断提升。

（撰稿：王守栋　马学照
审稿：刘建迅）

莱芜天元气体有限公司

【概况】 莱芜天元气体有限公司于2002年10月29日注册，11月8日挂牌成立。主营工业用氧气、氮气、氩气、液氧、液氮、液氩、粗氪氙、粗氖氦及瓶装气体和医用液氧、气氧等产品。主要为山钢股份莱芜分公司的冶炼生产提供产品服务，同时面向社会经营销售气体产品。共有7套制氧机组，1套氧氮液化装置；1套40000米^3/时制氧机组；4套22000米^3/时制氧机组；1套60000米^3/时制氧机组。2021年12月天元公司进行机构调整，下设综合管理室、生产技术室、机动设备室、安全环保室等

4个职能部门，分别与莱芜分公司能源动力厂相应职能部门复合设置；设制氧车间（原天元运行车间、天元检修车间、天元充装车间合并）。截至2022年底，共有职工176人。其中，有高级专业技术职称的11人，中级职称3人；工人高级技师9人，技师32人，助理技师17人（含一专多能人员）；本科以上学历65人，专科学历64人，中专及高中学历的41人；退养17人。

【主要经济技术指标】 全年累计生产氧气8.23亿立方米、外供氧气7.97亿立方米、氮气6.07亿立方米、氩气81.15万立方米，分别完成年度计划的103.64%、101.56%、90.58%和67.62%；外销气体利润完成5104.36万元，完成公司计划的100.09%。全年氧气放散率、制氧综合电耗、制氧综合水耗、供氧压力、氧气纯度等指标，均保持历史较好水平。

【设备管理】 全面关注热线设备检修动态，主动协调上级设备管理部门，优化完善检修工作计划，利用热线停产检修时机，组织制氧机年修、定修，处理安全隐患。以设备点检系统为依托，强化设备管理规范化、标准化、制度化。针对润滑油系统存在的“跑冒滴漏”难题，先后完成对膨胀机、空压机、氧压机等油系统安全隐患治理，共消除漏点208项。针对特殊季节特点，完成夏季“四防”项目40多项和冬季“四防”50多项，确保了制氧设备安全稳定运行。自主维修完成七氧空压机系统、氧压机系统、氮压机系统的大修，节约外委费约98万元。先后组织完成六万制氧机大修、七号制氧机大修等项目，累计消除设备缺陷533项。结合“四个一律”，完成充装安全合规性改造、电气综合自动化系统移位改造、六万医用氧建设、罐区电气防爆改造等4个技改技措项目，设备管理信息化、智能化水平不断提高，相关岗位人员得到进一步优化，同时降低了职工劳动强度和作业风险。

【安全环保】 按照年初安全环保工作的总体部署和安全会议精神，制定年度安全工作计划，层层签订《安全生产绩效考核责任书》《环境保护目标责任书》，每名职工填写“四不伤害防护卡”及“安全保证书”。筹划落实冬季、夏季“四防”相关工作及各项安全保障措施。针对季节性大规模清扫、系统性检修和高炉配套设备检修工作，全力做好安全施工方案的制定和落实。持续规范作业管理程序，强化现场安全检查和相关方的安全监管。开展双重预防体系年度评估工作，形成风险分级管控清单。及时提报特种作业人员复审和新取证培训计划，及时组织职工参加电工、电气焊、煤气作业等特种作业复审、取证培训班，确保了持证上岗率100%。广泛开展《职业病防治法》宣传周、“安全生产月”“节能环保宣传月”活动，采取多种形式学习有关法律法规，编发安全环保专刊，征集安全环保改善案例，营造了浓厚的安全环保文化氛围。

【市场销售及综合管理】 深入市场调研，紧盯市场液体销售动态，加强与兄弟单位的沟通联系，科学运作价格委员会定价机制，抓住市场机遇，及时调整液体产品销售价格。严格贯彻执行《产品销售管理规定》，严抓产品销售各个环节，严把产品质量关，通过发放客户满意度测评表，及时征求客户建议与意见，确保销售过程中产品质量、计量、货款回收和服务等环节的优质高效运行，打造气体精品品牌，提升市场关注度，挖掘市场潜能，取得了较好的效益。以稳产保供服务冶炼生产为中心，以构建劳动和谐关系为抓手，扎实开展主题系列活动、劳动竞赛、构建和谐企业建设以及“坚定走向前列，我们怎么办”大讨论等活动，公司向心力、凝聚力进一步增强。围绕公司全年生产经营目标，立足本职岗位和工作实际，发挥党员的政治核心和先锋模范作用，在稳产保供、设备管道抢修、年修、定修连续作业的急难险重任务以及技术创新等关键工作中发挥了表率作用，为公司各项任务目标的实现作出积极贡献。加强平安建设，强化施工现场和门卫管理，不断完善人防、物防、技防措施，发挥视频实时监控优势，重点抓好节假日、中夜班及午休等特殊时段的安全保卫工作。组织现场管理、消防安全、平安建设专项检查，强化厂区现场管理和平安建设；广泛开展职工文体娱乐活动，陶冶职工思想情操，营造安全文明、和谐有序的工作环境。

（撰稿：侯文娟　审稿：李传瑾）

受托管理单位

莱芜钢铁集团银山型钢有限公司

【概况】　莱芜钢铁集团银山型钢有限公司（简称型钢公司）成立于2003年12月26日，为莱芜钢铁集团有限公司的全资子公司。2011年4月，莱芜钢铁集团有限公司与济南钢铁股份有限公司签署《莱芜钢铁集团银山型钢有限公司股权托管协议》，型钢公司交由济南钢铁股份有限公司托管。2012年2月27日，济南钢铁股份有限公司更名为山东钢铁股份有限公司，托管协议由山东钢铁股份有限公司继续履行。2012年6月，型钢公司以股权信托方式向山东省国际信托有限公司融资30亿元，莱芜钢铁集团有限公司和山东省国际信托有限公司分别占实收资本的70%和30%。融资完成后，型钢公司由独资公司变更为有限责任公司。2014年7月，山钢集团实施钢铁业务整合，型钢公司由山东钢铁股份有限公司莱芜分公司代管。2017年8月，山钢股份公司党委研究决定，组建型钢公司党委、纪委，型钢公司党建工作得到强化，治理结构更趋合理，运营管理更加规范。2021年12月，资产由莱钢集团划转到山钢集团，成为山钢集团的全资子公司。截至2022年底，资产总额208.75亿元。

【机构设置】　型钢公司下设炼铁厂、炼钢厂、板带厂、物流运输部、能源动力厂，分别与莱芜分公司相应生产单位复合设置。职能部门、直属机构分别设党委办公室/办公室、组织部/人力资源部/机关党委、运营管理部/招标中心、财务部、生产管理部、安全生产部、环保能源部、设备管理部/计控计量部、技术中心、品质保证部、采购部、宣传部/企业文化部/工会/团委、纪委、保卫部，分别与莱芜分公司相应机构复合设置。

【主要装备】　型钢公司拥有2座265平方米烧结机、1座400平方米烧结机、1座120万吨回转窑氧化球团、2座1880立方米高炉、1座3200立方米高炉，4座120吨顶底复吹转炉、4座LF精炼炉、2座RH精炼炉、3台板坯连铸机、1台异型坯连铸机、1条620毫米窄带生产线（已停产）、1条1500毫米中宽带生产线、1条4300毫米宽厚板生产线、1条1500毫米冷带生产线等，具备年产1010万吨烧结矿、120万吨氧化球团、640万吨铁、560万吨钢、100万吨窄带（已停产）、200万吨中宽带、180万吨宽厚板、40万吨冷轧薄板生产能力。

【主要指标】　全年生产烧结矿691.1万吨，比上年减少242.9万吨，同比下降26%；球团矿93.8万吨，同比增加5.2万吨，同比增长5.87%；生铁561万吨，比上年减少 105.6 万吨，同比下降 15.84%；钢 467.9 万吨，比上年减少 27 万吨，同比下降 5.45%；商品坯材 323.8 万吨，比上年减少 96.3 万吨，同比下降 22.93%。实现营业收入 262.80 亿元，同比减少 74.16 亿元；实现利润总额-11.09 亿元，同比下降 15.08 亿元。

（撰稿：刘　敏　审稿：景　凯）

山东冶金机械厂有限公司

【概况】 山东冶金机械厂有限公司始建于 1953 年，地址位于淄博市张店区南定镇新村路 1 号。厂区占地面积 37 万平方米，固定资产 2 亿元，拥有各种生产设备 600 余台套，其中大型设备 150 多台，主要从事冶金设备的加工制作及安装工作，机械产品年生产能力可达 2 万吨以上。2020 年 4 月由山东钢铁股份有限公司进行托管。截至 2022 年底，公司下设机加工事业部、压容事业部、工程事业部 3 个主要生产单位，共有在职职工 300 余人。

【生产经营】 按照山钢股份党委提出的“保稳定，求生存，谋转型”工作总要求，增强“高”的意识，锤炼“严细实快”的工作作风，统筹推进安全生产、减亏增效、全面稳定等方面工作，减亏工作取得较大成效，实现了企业保稳定、求生存基本目标。全年产量 7107 吨，利润-1134.80 万元，同比减亏 1157.50 万元。

【安全环保】 认真落实安全生产“八抓 20 条”创新举措，聚焦教育培训、制度完善、苗头隐患排查等安全生产重点工作，不断加强源头治理、系统治理、综合治理，全力确保生产经营安全稳定。开展气瓶安全、吊装作业安全、安全帽专项检查等各类综合、专项检查 11 次，查处各类隐患 125 项，制定专项整改计划，完成隐患整改。加强环保设施运行维护管理及环境监测工作，环保设施等同生产设施管理，进一步健全环保设施操作维护制度，环保设施同步有效运行率 100%、污染物 100%达标排放，实现安全环保“七个零”目标。

【降本增效】 借助山钢股份内部协同政策和内外部市场资源，充分发挥优势和特色，在巩固和稳定现有机械主业的基础上，立足内部市场挖潜力，不断拓宽内部协同渠道。依托山钢股份开展内部贸易，钢材、煤炭贸易，从无到有、逐步增量，全年实现贸易额 27400 万元（不含税），同比增加 107%。开展“大整理、大整顿、大清扫”提升现场管理活动，处理废电机、废钢、铁屑等，共计增收约 775 万元，极大弥补企业现金流。

【疫情防控】 全力做好疫情防控工作，按照山钢股份及地方政府要求，积极响应、迅速行动，全面加强常态化疫情防控，确保生产经营正常运行。12 月份国家新十条颁布后，进一步优化疫情防控措施，优化调整疫情处置流程，要求职工及时上报个人健康情况，落实居家隔离政策，保护职工安全健康，坚决守牢底线，确保生产经营平稳顺行。

【党群工作】 深入学习践行习近平新时代中国特色社会主义思想，认真宣贯党的二十大精神。坚持把突出思想引领与战胜企业当前诸多困难紧密结合起来，开展特色主题活动，弘扬时代主旋律，激发广大党员爱党、爱国、爱企、爱岗的热情，激励广大党员在企业扭亏攻坚中献力量、作贡献。大力开展形势任务教育，利用各种会议传达山钢集团及山钢股份会议精神，阐明企业形势，鼓舞干部职工团结奋斗，努力扭亏为盈。编辑《企业简讯》，报道企业最新消息，表扬企业先进人物事迹，传播企业正能量。加强网络舆情管控，听取职工意见，及时回复解释相关问题，做好职工思想工作。巩固拓展党史学习教育成果，继续推动党史学习教育常态化长效化；推进利用“灯塔-党建在线”平台，实时更新党建工作；组织开展评选“四优党员”“四德模范”“岗位之星”，组织参与“奉献爱心、无偿献血”，43名职工踊跃参加。发挥先进人物的示范引领作用，激发广大职工争先创优的内在动力。认真开展“三查三改”作风建设专项整治活动，紧紧围绕决战四季度措施落实、重点领域和关键环节、锤炼“严细实快”钢铁作风进行强化监督，监督创效50余万元。做好群团工作，建设“和谐幸福山冶”。工会认真履职，以全员岗位创新、巾帼岗位建功、精准帮扶普惠服务、疫情防控、工会自身建设为重点工作，努力提升工会组织服务企业贡献度和服务职工满意度，发挥好企业与职工之间的桥梁纽带作用。充分发挥共青团生力军和突击队作用，“喜迎党的二十大，永远跟党走，奋进新征程”主题教育实践活动、“传承优良作风，不负青春韶华”青年作风建设主题教育活动、“打赢生存保卫战青年怎么干”集中宣讲活动、“降本增效我有招”青年岗位建功活动等取得显著成效。

（撰稿：董　晓　审稿：杜富仁）

山钢年鉴 2023

特载

专论专文

大事记

概况

机构与人事

战略合作与交流

专业管理

党群工作

山钢股份

☆ 权属单位

统计资料

荣誉

附录

山钢集团
SD STEEL

权属单位

山钢集团
SD STEEL

山钢文化

核心理念

山钢精神：信恒如山，创新超越

莱芜钢铁集团有限公司

【概况】 莱芜钢铁集团有限公司（以下简称莱钢集团）始建于1970年，是山钢集团权属单位，注册资本513254.59万元，共有出资企业29家，其中全资子公司4家、控股及改制公司14家、参股公司11家，涉及钢铁生产、物流运输、节能环保、水泥微粉、钢材深加工、文化培训等众多业务。2022年，按照合并报表口径，实现营业收入478.07亿元，利润总额33.06亿元，归属母公司净利润23.85亿元。

【运营质效】 为了山钢发展大局，推动100余项涉及联合重组的重点事项落实落地。推动实现永锋、鲁碧、泰东等8家改制公司权益法核算，增加净资产24.73亿元；推动持有建设公司部分债权挂牌转让，增加归母净资产2.68亿元；推动BS项目重组后续资金运作及税收筹划，科学控制成本费用，增加归母净利润。贯彻落实山钢决策部署，在全公司范围内迅速开展“决战四季度、决胜保全年”攻坚战，全力推动5个专项措施、33条配档任务高效落实。各业务板块有效应对市场变化，积极拓展业务，强化精益管理，经营绩效保持稳中有进、进中向好。参股企业准确及时调整生产和运营模式，保持了持续健康发展。锚链、监理业务强化内部管理，紧跟市场节拍，提升经营绩效。培训业务线上线下联动，全年举办各类培训班453期、培训20315人次，全国机械冶金建材行业/山东冶金/山钢集团工匠学院顺利挂牌。文化服务业务挖掘资源潜力，拓展安保业务，实现区域协同。

【存量处置盘活】 坚持压存量、提质量，统筹推进历史遗留问题化解，资产质量和效能稳步提升。在建设公司存量资产处置方面，坚持以资金回收为主线，以盘活创效为目的，通过计划倒逼、动态调度、排名通报、精准激励等措施，推动存量处置高效开展。累计回收资金6.23亿元，完成率115%；纠纷案件结案50起，青岛九龙、潍坊亿兴等“十大案件”结案7起，避免损失4652万元；处置固定资产12603.56万元，完成率101.54%；总分包结算完成809项，完成率184.7%；处置股权7.3亿元。在六大存量攻坚方面，过程中抓指标落实，抓进度控制，抓科学统筹，推动了压减任务的全面实施。审计问题、巡察问题压减分别为41项和109项，全部完成计划；担保压减186.11亿元，完成率138.28%；资产减值核销压减、非正常债权压减、应收款压减完成率为122%、101.1%和78.07%。在资产质量攻关方面，聚焦存量资产，规范处置流程，落实处置措施，资产管理水平得到有效提升。编制母公司所属348宗土地资产及1654项固定资产明细，分类制定处置方案，加快处置进程。梳理消化历史遗留问题固定资产1101.23万元；处置公有住房、锚链公司混改剥离资产，收回交易款383.21万元；完成公辅资产转让，收回资金1.75亿元。压减应收款1.38亿元；压减非正常“两金”7.84亿元，超目标2.77亿元。

【精益管控】 在费用管控方面，通过融资规模压减、结构优化、费用总额承包、亏损企业治理，增强了止血造血功能。加大资金管理，积极筹集资金879亿元，有效支撑了公司近500亿元存量融资（含莱钢建设）；压减融资规模186.06亿元，降低了融资成本。综合运用贷款市场利率（LPR），科学运用金融机构授信资源和品种，全年考核口径降低财务费用4.3亿元。统筹亏损治理、四季度攻坚和融资能力保障，夯实治亏成果，年度亏损额、亏损面两项指标均完成计划。在科技效能方面，围绕制约生产效率、效能提升的瓶颈因素，深入开展科技立项攻关，累计研发投入9.11亿元，同比提升48.59%、占比2.41%。公开转让专利58项，品牌价值得到延续。锚链公司获国家级高新技术企业、省级“专精特新”中小企业称号。政策研究落袋效益1585.72万元；为454户小微企业及个体工商户减免租金315.68万元。在山钢内部采购钢材11.79亿元，承揽监理业务831万元，协同度分别为80.5%和43%。树立极致思维，聚焦关键要素、核心指标，对标找差、系统改善、全面提升。母公司层面12项指标均完成；产业单位层面净资产收益率、人均创效额、总资产利润率、存货周转率等8项指标好于年化指标。在股权管理方面，发挥股东作用，规范出资企业股权管理，引导参股企业紧贴市场脉搏，优化生产组织，保持了出资企业持续健康发展，集团年获分红超4亿元。进一步充实董监高队伍，建立动态调度机制，实施产权管理质量治理，审核出资企业董事会、股东会议案219项，培训外派董事、监事、参股单位董秘32人次，提升了履职能力。

【深化改革】 党建入章、混改落地、契约化落实等5大项43项改革任务基本完成，有效激发了企业的内部活力。持续推进治理结构改革，健全完善公司治理体系，完善治理管控体系、法人内部治理机制、法人层级管控体制，科学调整莱钢集团（法人联合体）成员单位，坚持放权、激励、监督多措并举，集团管控更加高效，基层活力更加充沛。构建“月度跟踪、季度通报、年度总结”的督导推进机制，董事长责任制中15类、128项管控事项圆满完成，在山钢考核中名列前茅。持续推进股权结构改革，建立和完善退出机制，持续优化股权结构，适时调整优化低效无效股权。完成新疆公司、莱钢新材料公司注销及淄博钢构公司破产立案；东莞钢构、建筑设计公司股权处置取得良好成效，信莱粉末公司、绿建国际公司破产工作稳步实施；适时转让中泰证券、中联钢股权，收回转让款98.03亿元。持续推进人事效能改革，妥善做好职工安置、社会化职能移交、人员调配、内部退养、劳动合同解除等各项工作，最大限度维护职工切身利益。指导制定信莱粉末、建筑设计公司职工安置方案，获得职代会高票通过；顺利完成莱钢医院、公积金中心1403人移交工作。坚持业绩导向、结果导向，薪酬与考核结果紧密挂钩、同向联动；纵深推进契约化管理，发展动能充分激发。持续推进产业创新发展，坚持以园区愿景目标为引领，充分发挥园区建设专班的协调、联系、服务职能，深入开展学习调研、系统谋划、研究探讨、生存能力分析，“1+1”产业链初具雏形。克服投资受限、疫情反复、基础薄弱等困难，推动智慧仓储物流港快速落地运营，累计入库钢材1.17万吨、吞吐量1.82万吨，实现钢贸业务向仓储服务转型。高端制造产业园研究稳步实施，与高等院校、属地政府建立政企校多方合作机制，推动铁基新材料成型项目工艺路线、短流程绿色铸造基地规划完成初步方案。

【安全稳定】 牢固树立安全发展观，依托安全环保“两单一表”，持续推进安全环保管理标准化，深入开展安全生产专项整治三年行动和“百日清零行动”，全员学习落实安全生产“十五条措施”和“八抓20条”创新举措，对全部84个风险点进行精准管控、分级管控，公司领导包保督导重点风险，累计排查整改隐患540项，实现了安全生产“六为零”的目标。以重大事项专项风险评估为着力点，围绕股权处置、资产盘活、税收筹划、改革深化等，全面辨识、系统分析、精准防控，出具专项风险评估报告12份、非正常债权减值核销审核意见11份，确保重点项目依法合规实施。从严从紧强化疫情防控，层层压实责任，完善工作方案、应急预案，严格场所码、验码制度，严控人员聚集，管控重点人员5700多人次；从细从实备足应急物资，强化自主管控，全力减少输入风险，开展全员核酸检测54轮次，增强了疫情防控的科学性、针对性、有效性。抓实党的二十大前后安保维稳工作，制定工作方案和应急预案，坚持值班制度，细致摸排不稳定因素，严格应急处突措施，保持莱钢区域平安稳定。认真学习宣传《信访工作条例》，制发宣传册500册。坚持领导接访、带案下访、包案处访，确保信访工作抓早、抓细、抓实。密切关注意识形态、舆情动态、职工心态，强化疏导引导，回应职工关切。

【党建工作】 开展喜迎党的二十大主题活动，组织学习党的二十大精神。落实第一议题制度，加强中心组理论学习，创新“一月一专题”学习模式，及时跟进党的创新理论，确保中央和上级党委重大决策部署落实落地。强化党委前置研究，把关定向120多项改革发展重大事项。积极开展星级党支部创建，创建案例获得省属企业党建工作百佳案例，9个党支部被评为山钢五星级党支部，27个党支部制定并实施党员量化积分管理办法。强化意识形态工作责任制落实，守牢思想舆论主阵地，唱响转型发展主旋律。深化主题系列活动，持续开展形势任务教育。

【党风廉政建设】 深化“四责协同”，加强日常监督和廉洁警示教育，“三不”一体化不断巩固拓展。加强对转型发展推进情况的监督，推动集团公司高质量发展。加强对选人用人情况的监督，严格落实“凡提四必”要求，严把干部任用廉洁关，逢提必考必谈6人次。加强对权力运行情况的监督，重点关注招标采购、资产核销、存量资产处置等环节，全年出具非正常债权减值核销审核意见11份，涉及金额3664.11万元，责任追究20人次，其中组织处理17人次、党纪处分3人次、行政处分3人次。加强对机关管理质效提升情况的监督，开展“聚焦五个转变　加强作风建设”活动，机关17名管理6级以上干部进行了反思发言，通过查摆、反思工作中出现的问题，明确工作方向，确保干部队伍作风实现根本性转变。

【和谐建设】 深化民主管理，推进平凡创新，持续推进“四季服务”，慰问职工1027人次、帮扶资金283.5万元。企地协作进一步深化，联合办园、携手融合为莱钢改革转型发展赢得了主动、赢得了空间。企地文化共建、环境共享富有成效，钢城区总工会职工（农民工）培训学校在莱钢培训中心挂牌，承接的泉城书房、钢城区图书馆正式运营。加强同上级部门、山钢股份及莱芜分公司的联系交流，寻求互利共赢，实现联动发展。

（撰稿：吴茂贵　赵早德

审稿：李洪建）

山东工业职业学院

【概况】 截至2022年底，山东工业职业学院（以下简称学院）占地面积98.86万平方米；建筑面积23.184万平方米，其中教学行政用房面积12.31万平方米；图书馆藏书92.0913万册；校内外实践场所建筑面积16.88万平方米，建有国内先进水平的数控操作实训室、电工基础实验室、电子技术实验室、现代控制系统实验室、耐火材料实训室、综合实训室、汽车驾驶与训练等182个实验、实训教学场所；教学仪器设备总值累计23025.98万元，固定资产总值64880万元；有国家级骨干专业3个，中央财政支持重点建设专业2个，国家级现代学徒制试点专业3个，山东省企校共建紧缺工科专业2个，中高衔接三二连读专业7个，专本贯通“3+2”培养专业1个，省级示范专业1个，省级重点特色专业6个，省级优质高职院校重点建设专业群5个，省级品牌专业群2个，省级高水平专业群3个，省级现代学徒制试点专业2个；参建国家级专业教学资源库子项目课程9门，参建省级专业教学资源库子项目课程2门，主持教育部行指委企业生产实示教学案例库1个，全国钢铁企业网络知识竞赛资源库1个、竞赛平台1个；国家级在线精品课程1门，省级精品课程18门，省级精品资源共享课17门，省级在线精品课程11门，省级社区教育优秀课程资源10门，省级成人高等教育（继续教育）数字化课程40门；国家级现代学徒制试点单位；国家级生产性实训基地2个，国家级创新协同中心1个，国家级“双师型”教师培养培训基地1个，省级实训基地2个；国家级教师教学创新团队1个，省级教师教学创新团队3个，省级教学团队6个，省级黄大年式教学团队2个，省级技艺技能传承创新平台5个，省级协同创新中心5个，省级名师工作室2个；省级教学名师6人，省级青年技能名师3人。在校生总数15297人，其中高职生13807人、中职生1490人；教职工441人，其中高级职称126人（正高级25人）、中级职称134人。

【领导班子和干部队伍建设】 坚持和完善党委领导下的校长负责制，进一步健全和完善党委统一领导、党政分工合作、协调运行的工作机制。健全完善党委会、院长办公会议事规则，严格执行“三重一大”决策制度，不断完善现代大学治理体系。严格落实“三会一课”制度，严肃党内政治生活。坚持党管干部原则，严格落实干部选拔管理规定，举办有针对性的干部读书班、培训班，积极选派干部挂职锻炼，分别选派干部驻村扶贫，到政府锻炼、到企业挂职，为干部成长搭建实践平台。2022年，选拔副处级干部1名、正科级干部2名。选派1名干部驻村担任“第一书记”，1名干部赴市教育局“以干代训”。抓好党员教育，推进“灯塔-党建在线”“学习强国”等综合管理、学习平台的使用，实现党员网络教育全覆盖。加大对预备党员和入党积极分子的培养力度，全年共发展党员94名，其中教职工党员6名。强化监督管理，规范权力运行，重点加强对选人用人、招标采购、资产管理、重大资金使用等领域或环节的深挖细查，坚决堵塞各种漏洞。加强日常监督管理，认真执行领导干部述职述廉、提醒谈话、诫勉谈话、函询谈话制度。干部队伍的理论水平、道德修养和依法履职的能力得到进一步加强。

【师资队伍建设】 围绕实施“名师”引领培育工程，先后选派教师近700人次参加国家、省级培训、企业实践等项目，培育国家职业教育教师教学创新团队1个、省级3个，国家“万人计划”教学名师1人，通过省职教青年技能名师培养考核3人，入选省青年技能名师1人。鼓励教职工在职提升学历，先后有6人次出国提升学历。加强人才引进、培育、激励、服务保障工作。2022年招聘博士研究生1名、硕士研究生21名。柔性引进首席技师、省技术能手45名，师资队伍结构和整体水平显著提升。

【课程思政】 全面推进“大思政课”建设，持续提升育人成效。1门思政课获选省精品在线开放课程，3人获评省优秀思政课教师、高校优秀辅导员、网络教育名师，2人获省思政课教学比赛二等奖，2个团队分获首届省高校大学生讲思政课公开课二、三等奖。1项课程思政成果获省教学成果奖一等奖。

【高质量办学】 学院在山东省政府高地建设专项督导汇报会上作典型汇报，获督导组专家高度评价。入选工业和信息化部首批产教融合专业合作建设试点单位、省乡村振兴示范性职业院校、省中华经典诵吟特色学校。获省职业教育教学成果特等奖2项，一等奖3项，二等奖3项。学院连续三年荣获全省高职院校办学质量考核A等次，稳居全省高职院校第一梯队。

【国际交流与合作】 学院借助“一带一路”倡议和自身源优势，推动职业教育“走出去”。与石河子工程职业学院联合申报的《援疆背景下职业院校人才培养模式创新与实践》获兵团教学成果奖，并推荐参评国家级。此外，学院还获“中文+职业技能”丝路华语系列教材建设单位，获批教育部“汉语桥”线上团组交流资助项目，两名教师获得“国际中文教师”证书。设立巴基斯坦海外实习实训基地和刚果（金）职业教育基地，应邀在中巴职业技术教育合作发展研讨会作典型经验交流，主持开发的坦桑尼亚2个工程师岗位职业标准正式纳入坦桑尼亚国家职业教育体系。

【三教改革】 入选全国高职院校资源建设优势学校60强。入选工业和信息化部首批产教融合专业合作建设试点单位，教师评价体系建设案例获评山东省教育综合改革优秀案例，4个案例入选教育部全国产教融合校企合作典型案例。获全国职业院校教学能力比赛三等奖1项，省教学竞赛特等奖1项、一等奖2项、二等奖7项、三等奖5项、优秀奖3项。《机械制造工艺》等4部教材获批省首批“十四五”职业教育省级规划教材，《数控编程与加工》课程获国家级在线精品课程，《冷轧生产技术》等11门课程获省级在线精品课程。13个专业首批参加省级专业发展水平考核，3个专业全省第一，4个专业全省第二，12个专业位居全省前五名。

【科研服务】 教师学术成果在第十八届淄博市自然科学学术成果等级认定中获一等奖2项、二等奖2项、三等奖1项。获批省高等学校科技成果转化和技术转移基地1个、省高等学校新技术研发中心2个。国家级课题立项2项、市厅级以上课题立项45项、院级课题立项41项、横向课题立项19项，授权发明专利38项，位列全国高职院校发明专利授权数量排行榜第62位，中国高等职业院校全国产教融合发展活力排行榜第69位、中国高等职业院校科技创新活力排行榜第97位。

【产教融合】 立足学校特色优势，主动融入地方经济、融入产业发展，深化校地合作，重点在乡村振兴、文化传承、人才培养、科教融汇等方面发力。先后为多区县组织开展“乡村幼儿教师素质提升”等专题培训12场次，受益群众过千人。开展高标准农田测绘、大数据分析等技术服务，积极为乡村振兴作出贡献。建设20门社区教育优秀课程，12门课程资源获评山东省社区教育优秀课程资源，3门课程入选教育部第三批“智慧助老”优质课程资源，8门课程获教育部社区课程“能者为师”特色课程推介立项。2个项目获批山东省“终身学习品牌”。学历继续教育在校生数持续大幅增长。

【课赛融通综合育人】 以技能大赛为抓手，以赛促教、以赛促学，促进学生职业技能水平提升。2022年，学院在“一带一路”暨金砖国家技能发展与技术创新大赛中获三等奖1项，在中国—东盟教育交流周物联网技术大赛国际邀请赛中获二等奖1项，在先后组织参加的38项全省职业院校技能大赛中获省级奖项13项，连续2年承办复杂部件数控多轴联动加工技术赛项比赛。持续推进1+X证书制度试点工作，2022年备案教育部34个1+X证书试点，毕业生职业资格、职业技能等级证书取证4537人次，综合取证率达98.35%。

【专业建设】 立足区域产业集群和经济生态圈建设，不断优化专业布局，主动适应山东省"十强"现代优势产业集群和钢铁产业高质量发展，形成了"优势专业引领、骨干专业支撑、特色专业带动"的专业组群发展架构。新增财税大数据应用、工业互联网应用、通信系统运行管理等新兴领域专业，专业与区域产业匹配度持续提升，实现了人才供给与产业发展需求的有效对接。2022年山东省高等职业院校专业发展水平考核结果中，学院3个专业位列全省第一名，4个专业位列全省第二名，学院首次参评的13个专业中共计12个专业位列全省前5名，专业发展水平稳居全省前列。

【招生就业】 积极构建网络和线上招生为主体的招生方式，通过春季单招、综合评价招生等形式，2022年共录取新生5625人。在不断提高毕业生就业质量的同时，保障困难学生稳定就业，拓展优秀毕业生就业。通过实施"线上+线下"双向发力，疫情下就业岗位只增不减，先后组织空中招聘20余场，线下宣讲会32场、招聘会6场，累计提供就业岗位18300余个。2022届毕业生4613人，毕业生就业率达98.18%。

【党建和党风廉政建设】 学院党委高度重视党建和党风廉政工作，按照新时代党的建设总要求，坚持以政治建设为统领，统筹推进党的政治建设、思想建设、组织建设、作风建设、纪律建设。坚持和加强党对意识形态工作的全面领导，层层压实意识形态工作责任，并纳入党建工作责任制和年度工作目标考评，建立"党委领导、党政同体、多元联动、分工负责"的意识形态安全工作机制，确保意识形态领域安全。全面落实党建工作责任制，发挥党建考核"指挥棒"作用，将党建考核与部门业绩考核深度融合，强化书记责任意识，推动形成管党治党整体合力；规范做好党组织换届选举工作，优化党组织设置，完成了2022年度机电党总支和下属支部的换届选举工作，根据工作需要，撤销了宣传统战部党支部，优化调整后，形成了8个党总支、29个党支部的组织架构。持续深化"三不"体系建设，加强制度机制建设。推进大监督体系建设，增强监督合力，规范权力运行。严格落实党风廉政建设责任制，落实"一岗双责"，层层压实廉政责任，形成齐抓共管的廉政格局。强化监督管理，加大对党员干部的教育监督力度，坚持开展形式多样、切实有效的警示教育。建立内部巡察制度，开展学校内部审计，对发现问题定期调度、督查整改，努力营造风清气正的政治生态，推动全面从严治党向纵深发展。

【德育工作】 坚持育人为本、德育为先的根本原则，创新学生管理工作模式。学院坚持把培养全面发展的人才作为根本目标，不断创新育人方式。依托"到梦空间"管理系统，实施"第二课堂成绩单"制度，有效推进第二课堂与第一课堂互动互补、互相促进，打造了立德树人新模式。通过开展红色文化、爱国主义、传统文化、工匠文化、"和谐校园　温馨公寓""学习二十大　秋叶绽芳华"创意设计大赛等系列主题教育活动，引导学生文明修身、向上向善。不断加强学生管理队伍建设，积极探索新时代辅导员班主任队伍建设的新机制、新途径、新方法。通过开展线上理论研究能力培训和线下团队合作能力培训相结合的方式，提升辅导员的综合能力；持续落实辅导员进公寓制度，充分发挥辅导员全过程育人作用。通过多维度的筛查评估，保证全院学生心理危机工作的全覆盖，组织开展新生心理测查、“525”大学生心理健康节、新生心理委员培训、大学生朋辈心理技能大赛、“和谐人际，快乐成长”团体心理技能比赛、曼陀罗绘画分析经验交流会等心理健康教育系列活动。充分发挥学校资助体系的育人功能，做好国家、山东省等各级各类奖助学金的评审工作，全年共发放各类奖助学金941.13万元。

（撰稿：毛瑞萍　审稿：李志波）

山东钢铁集团矿业有限公司

【概况】　截至2022年底，山东钢铁集团矿业有限公司（以下简称山钢矿业）在册职工2756人，年末资产总额61.88亿元，负债总额27.52亿元，所有者权益34.36亿元。主要经营范围包括：选矿，矿物洗选加工，金属矿石销售，以自有资金从事投资活动，工程管理服务，生产线管理服务，对外承包工程，工程和技术研究和实验发展，技术服务、技术开发、技术咨询、技术交流、技术转让、技术推广，金属材料销售，非金属矿及制品销售，矿山机械制造，矿山机械销售，机械零件、零部件加工，机械零件、零部件销售，新型建筑材料制造（不含危化品），建筑材料销售，矿产资源（非煤矿山）开采，建设工程设计，道路货物运输（不含危险货物），货物进出口。

【生产经营】　山钢矿业以强化商业计划书落地落实为目标，聚焦效率和效益，统筹疫情防控和生产运营，积极应对挑战，防范各种风险，生产经营保持稳定顺行。彭集项目推进、存量资源保护性开发、专业化整合三项战略性任务按计划推进；6项ROE改善项目中，4项完成目标进度，1项接近目标进度；投资计划、财务管理、安全环保、公司治理、人力资源、能源管理、信息化、法务管理、风险管控等专业职能管控全部完成重点工作任务阶段目标。对生产计划实施过程进行动态管理和评价，以“日保周、周保月、月保季、季保年”科学编排原矿生产计划，原矿产量逆势超产；倒排工期克服不利因素影响，历时2个月顺利完成金召矿业主井改造工程；以保原矿供应为重点，在主井改造后期，科学调配矿石提升运输与零星工程施工，做到统筹兼顾；全面、全力推进选矿工序精细化管理，在精粉产量同比下降的情况下，实现生产效率和加工成本的逆势改善。全力决战四季度，总部各部门下沉到生产单元，服务生产单元；生产单元每周通报攻坚四季度举措落实情况；安排工程技术人员靠在生产现场，积极协助、指导生产单元，及时提出改进意见建议，在矿石质量降低的情况下，就如何通过生产工艺调整提升效率进行深入研究；紧盯北金召矿床扩界工作，努力提高矿石产量；探索钴精粉、光伏发电等开源项目，努力提升企业效益，较好完成集团公司奋斗目标及自我加压挑战目标。全年累计生产原矿142万吨，铁精粉105万吨，铜金属906吨，球团矿57万吨，分别完成年度计划的109%、87%、181%、64%。实现营业收入141661万元，实现利润总额54278万元，实现净利润43936万元，实现归母净利润35041万元，分别完成年度预算目标的66%、108%、106%、134%。

【深化改革】　制定《山钢矿业深化改革行动实施方案（2020—2022年）工作台账》，截至12月底，涉及山钢矿业5个改革领域的22项任务措施全部完成。借助中介机构，有序推进岗位管理体系建设。研究确定《上市公司组织架构及部门职能方案》，拟定《上市公司岗位设置、编制和职级方案（初稿）》。以组织战略为引导，将商业计划书与个人 KPI 有机结合，将劳动效率提升、人员优化等改革重点工作转化为人均净利润、人均营业收入、人均铁精粉产量、人均自产原矿产量等考核指标，形成年度和任期目标。制定《山东钢铁集团矿业有限公司人事效率提升方案》。积极推进六大攻坚战，紧盯重点款项，严格落实压减责任，至12月末，资产减值准备累计核销1853万元，占任务目标的84%，2年内应收款项累计压减1192万元，占任务目标的89%，均超额完成压减80%的任务目标。通过提质增效、压减两金占用、降低有息负债等方式降低杠杆水平，12月底资产负债率为44.48%，完成集团公司制定的资产负债率管控目标。充分利用票据低利率贴现窗口期，贴现票据6843万元，资金收益率提高0.85%，资金利息收入同比提高1455万元。加大历史遗留问题的处理力度，非正常债权累计压减6810万元，实现清收创效2287万元。金岭铁矿优化压减供暖面积10700平方米，供暖费降低70万元。

【彭集项目】 彭集项目稳步推进。3月25日，取得新勘查许可证。6月2日，取得采矿许可证，有效期15年（自2022年6月2日至2037年6月2日）。6月，完成初步设计招标。8月，项目获得山东省发改委立项赋码。10月，东平县政法委完成彭集项目社会稳定风险评估备案。11月，形成项目初步设计征求意见稿。12月，完成节地报告评审，同时地勘单位派驻人员并调配钻机入场施工。

【对标找差】 以精细化管理作为全面对标工作的总抓手，按照超越自我，跑赢大盘，追求卓越的提升理念开展对标找差，围绕“三高一低一化”系统，细化分解对标路径，深度分析对标指标差异，逐步建立标准化、定额化的标准成本管控体系。坚持“极致思维”，从工序管理、供材管理双重发力，通过技术革新、设备改良有效降低工序消耗；通过阳光采购提供性价比高的生产供材，从源头削减成本；优化内部市场化运行机制，加强内部考核，杜绝浪费，提高修旧利废水平。在主要产品产量同比出现较大降幅的前提下，集团考核8项指标中6项实现同比提升，5项完成目标。

【科技创新】 以“技术含量要高、生产过程要智能、产品和产线要有效益”为指导思想，加大技术创新力度，推进智慧矿山建设。多举措推进科技化信息化矿山建设步伐，开展集中操作和远程监控改造。强化研发预算执行，2022年按照集团公司考核口径，研发投入9311万元，占营业收入3.5%，同比增长3816万元，增幅69%；研发费用5299万元，占营业收入1.99%，同比增长900万元，增幅20%。积极与高校和科研院所沟通、交流，重点开展选矿厂二段磨改造、钴硫精矿品质提升、超级铁精粉生产工艺研究等项目的科技攻关，提高产品附加值。

【安全环保】 强化安全环保主体责任落实，聚焦现场隐患排查治理，不断夯实安全基层基础，扎实开展安全环保活动和督导工作，实现安全环保“七为零”目标。修订完善《安全生产责任制》等安全环保管理制度，层层签订安全环保目标责任书，逐级明确目标任务，压实安全环保责任。年初制定安全环保教育培训计划，建立全员安全档案。牢牢盯紧可能发生事故的重要领域和部位，严抓细管，强化系统风险管控，落实专项安全措施。投资1100万元，对铁鹰公司实施有组织排放、无组织排放、清洁运输三个方面的改造。

【干部人才】 按照集团公司党委职业经理

人制度有关规定，规范选聘上市公司总经理1人、副总经理2人，其中40岁左右2人。研究制定《总研究员管理办法（试行）》《首席师管理办法（试行）》，聘任山钢矿业首席资深经济师1人。按照山钢矿业《领导人员末位调整实施办法（试行）》（山钢矿业党字〔2021〕23号）等有关规定，对山钢矿业、金岭铁矿考核末位的2人进行岗位调整，调整比例近3%。开展2022年毕业生招聘，招收地质、机械工程、自动化等专业毕业生8人，其中硕士研究生4人。

【风险防控】 全年公司召开董事会会议17次，审议通过议案25项；对2021年度集团公司董事会授权、决策事项，以及山钢矿业董事会机构、制度、董事会决议执行等情况进行核查评价。进一步规范开展信息公开。认真梳理公司重要业务风险事项，全面排查风险隐患，确定重大风险，并制定相应风险控制措施。完成山钢矿业风险合规管理绩效自评；下发《关于加强制度学习、规范制度执行的通知》，组织开展制度学习。组织开展非正常债权压减，采取有力举措，推进解决问题。组织开展经济责任审计、绩效审计等内部审计工作，推进审计问题整改。

【党群工作】 深化“我为群众办实事”活动，党史学习教育成果持续巩固拓展。严格落实“第一议题”学习制度，深入开展党的二十大精神学习。抓紧抓实基层支部建设，推进支部评星定级管理及融支部建设，所属28个党支部全部达到四星及以上党支部，其中8个党支部被集团命名为五星级党支部。严格落实意识形态责任制，党委会专题研究意识形态工作，开展意识形态和宣传思想工作专题培训，将意识形态工作贯穿改革发展全过程。支持群团组织开展工作，大力推进产业工人队伍建设改革，不断巩固和丰富“幸福和谐企业”内涵。在金岭铁矿、莱芜矿业、鲁南矿业联合开展会计、安全管理、采矿设计、选矿、球团、电动铲运机司机六个专业、工种的“深化对标，全面跃升”技术比武活动，有效促进技能提升和指标改进。

【纪律检查】 抓牢抓实政治监督，建立政治监督工作台账，对党委主体责任、党委委员“一岗双责”落实情况开展监督检查。持续推动大监督体系建设，逐步实现以党内监督为主导，各类监督有机贯通的大监督格局，促进公司管理提升。对“聚焦四类重点、紧盯七个方面”“攻坚二季度，决胜上半年”“四季度攻坚”等重点工作开展专项监督检查，全力保障公司生产经营指标顺利完成。编发《清风矿业》工作简报，推进廉洁文化建设。做实巡察“后半篇文章”，监督检查集团公司党委第三轮巡察反馈问题整改情况和公司党委财务管理专项巡察反馈问题整改情况。制定《开展内部专项巡察工作方案》，统筹推进济南区域、淄博区域内部专项巡察。扎实推进集团公司党委第四轮巡察问题整改。山钢矿业纪委获得山钢集团纪检工作先进集体称号。

（撰稿：王　哲　审稿：刘长进）

山东耐火材料集团有限公司

【概况】 截至2022年底，山东耐火材料集团有限公司（以下简称山东耐材）在册职工1694人，其中专业技术人员323人。山东耐材占地113.85万平方米，总资产19.10亿元。主要产品有耐火原料、钢铁及非钢建设用耐材、钢铁生产消耗用耐材和非钢用耐材四大类，包括优质焦宝石、莫来石料，铝硅系耐火制品、含碳制品、不定型材料、特耐制品等，产品种类齐全，除用于钢铁企业炼铁、炼钢工程建设及生产消耗外，还广泛应用于焦化、水泥、有色金属冶炼、碳素、石灰、铸造、危废化工等高温行业。年耐火原材料产能40万吨，其中耐火制品30万吨，耐火原料10万吨。

【生产经营】 面对严峻复杂的内外部形势和艰巨繁重的改革发展任务，山东耐材认真落实山钢集团决策部署，以全面加强党的建设为统领，以商业计划书为行动指南，以“超跑追领”为动力，对内强力攻坚、巩固发展根基，对外稳健经营、加快转型升级，踔厉奋发、创新实干，生产经营实现新突破。2022年，营业收入突破10亿元，同比提高12.06%；全员劳动生产率突破60万元，同比提高18.53%；实现耐火材料总产量28.77万吨，同比提高2.48%；实现利润总额3953万元；职工收入连续四年保持增长。

【深化改革】 认真落实集团公司各项部署，克服新冠疫情封控、冬奥停产、冬季限产、原燃料涨价、运价波动等不利影响，集中精力抢效益、抢时间、抢机遇、抢进度，系统提升精益管理，深化公司整体协同，集中力量提产增效。借鉴永锋集团一体化管理一体化运营经验，按照“一体化管理一体化运营”模式，在7月份实施特耐板块业务整合试点的基础上，11月18日，实施了山东耐材耐火制品板块业务深度整合。有条不紊推进考核制度、人员管理、效能提升等一体化管理工作，有效促进了生产管理的快速融合，提前化解了经营风险，最大程度维护了职工利益。主动对标，学习借鉴永锋集团先进管理理念、方法和工具，深入推进精益管理、精益运营。先后两次组织各层级人员到山钢集团永峰临港和永锋集团本部对标学习。9月30日，制定印发《关于全面对标学习永锋经验深化精益管理精益运营的指导意见》，以提高效率效能效益为目标，以培训赋能、岗位创新、精益大项目等8项工作为主线，着力提升山东耐材精益管理精益运营水平。各子分公司认真落实公司部署，结合实际制定精益管理精益运营的具体实施方案，制定重点任务推进配档表，并扎实推进。拓宽融资渠道，强化资金协同，华坪容大和贵州外贸多年诉讼积案执行工作取得重大突破，共收回货款1726万元。

【安全环保】 深入开展“大学习、大培训、大考试”“安全生产百日攻坚”等专项行动，全年共组织培训49场，培训6954人次，确保了各项安全措施落实落地，安全生产形势实现持续稳定。王铝分公司成功入围山东省应急厅落实“八抓20条”典型非煤矿山标杆企业进行培树，采矿机电维修班荣获山东省“安康杯”竞赛优胜班组。全年完成节能环保项目18项，完成投资1400.15万元。在疫情封控管理期间，一手抓生产经营，一手抓疫情防控，合理优化缺员情况下的生产组织，合理安排任务分工，进一步优化生产组织及疫情防控应急预案，做好各类物资储备，确保了极端条件下生产经营的稳定顺行，把疫情对生产经营的影响降到最低。

【市场营销】 积极做好国内市场开拓，与重点战略客户深入开展商务技术交流，巩固和深化双方的战略合作关系。充分发挥在传统耐材市场的行业优势，持续深耕干熄焦、焦炉、高炉市场，牢牢把握住每一份订单，累计签订干熄焦合同额达1.73亿元，市占比达50%以上。持续拓展新兴型市场，氧化铝空心球产品逐步建立市场优势，签订10万吨负极材料项目艾奇逊石墨化炉合同，订货吨量达25000吨。稳定原料市场基本盘，采取相对灵活的营销措施，在重点拓展地销市场基础上，克服疫情、价格等不利因素的影响，积极培育河南、江浙等耐火材料基地市场。利用质量和品牌优势，进一步巩固和拓展高端产品、铸造砂市场。高度关注内部市场，山钢内部市场取得新突破，成功中标莱钢3200立方米高炉铁沟项目和日照公司球团三大机项目，并顺利实施完成。国贸公司努力克服俄乌冲突、疫情防控对出口的不利影响，发挥市场、品牌优势，加强与客户线上交流，积极巩固、拓展市场，出口产品全年完成销售收入1.7亿元，同比提高6.3%。8月17日，日铁工程公司、中日联公司向山东耐材送来了《感谢状》，并进一步达成合作意向。

【科技创新】 不断加大科技创新投入力度，全年累计研发费用3872.40万元，占比3.86%；累计研发投入4636.56万元，占比4.62%，完成山钢下达的研发费用占比3.85%、研发投入占比4.61%的目标。高炉用抗侵蚀莫来石砖、高强致密高导热硅砖等7项产品荣获2022年山东省优质品牌称号。截至2022年底，山东耐材拥有山东省名牌产品9个，山东省优质品牌产品9个。《热风炉用低蠕变高热震粘土砖的研制与应用》《热风炉陶瓷燃烧器用莫来石堇青石复合砖的研制与应用》两项科技创新成果荣获2022年度山东省冶金科技进步奖一等奖。全年共累计实现技术降本1433.75万元，完成设备自动化、智能化升级改造投资1488.56万元。积极开展知识产权工作，全年获得授权实用新型专利5项，软件著作权5项。至年底，山东耐材共拥有有效专利37项，其中发明专利7项、实用新型专利30项、软件著作权9项。年内山东耐材获得中国耐火材料行业协会企业信用AAA级企业称号，中国质量协会2022年全国市场质量信用AA（用户满意）级企业称号；鲁耐窑业获得山东省技术创新示范企业称号，并入围2022年度山东省高端品牌培育企业制造业类企业和工业和信息化部第四批专精特新“小巨人”企业。

【党建工作】 坚持以习近平新时代中国特色社会主义思想为指导，不断增强“四个意识”，坚定“四个自信”，做到“两个维护”，坚决捍卫“两个确立”，认真贯彻落实习近平新时代中国特色社会主义思想和党的十九大、二十大精神。聚焦“全面从严”，深入推进作风建设，加大对职工群众身边腐败和作风问题的整治工作。围绕公车管理、公务接待、节日值守等情况开展交叉督导检查8次。制定《关于进一步加强党风廉政建设和反腐败工作的二十条措施分工方案》，明确20项重点事项，53条具体工作措施，公司上下呈现出风清气正的良好氛围。扎实推进内部巡察和山钢集团巡察整改工作。按照山钢党委落实巡察上下联动工作要求，围绕履行管党治党政治责任、关键领域权力运行等领域对4个子分公司开展内部专项巡察，通过巡察发现问题76项，对基层党组织提出意见建议13条，移交问题线索12条。结合山钢集团巡察反馈意见的整改落实，制定针对加强党的建设和企业管理措施14条，建立修订完善制度20个、废止8个。山钢巡察反馈问题分解为55项，已全部完成整改。认真组织参加山钢集团“攻坚二季度，决胜上半年”专题劳动竞赛，山东耐材获得专题劳动竞赛优胜单位称号，鲁耐窑业、王铝分公司获得优秀组织单位称号。深入推进全员平凡创新工程，全年公司15个创新工作室完成结题20个项目。1个职工工作室被命名为山钢集团创新工作室，1名职工获“淄博工匠”称号、1名职工获“淄博市劳动模范”称号、4名职工被评为山钢集团全员创新卓越职工，4个班组被评为山钢集团全员平凡创新型班组，鲁耐窑业被评为省冶金行业全员创新企业。

（撰稿：李乃亮　王敬兰
审稿：王佑宝）

山东钢铁集团淄博张钢有限公司

【概况】 截至2022年底，山东钢铁集团淄博张钢有限公司（以下简称淄博张钢）下设办公室/党委办公室、组织人事部、纪委/巡察办、群工部、财务部、运营管理部/安全环保部、风险管控部7个职能部室，下属淄博泰成冶金建设有限公司、淄博张钢物业管理有限公司、湖田石矿3个单位。资产总额10.87亿元，在册职工22人。

【公司运营】 淄博张钢于2022年1月7日停止生产经营。全年实现营业总收入1228.97万元，利润总额-9592.18万元，净利润-9568.69万元，归母净利润-9568.69万元；安全环保实现“七为零”目标。

【改革攻坚】 深入贯彻落实《山东钢铁集团有限公司深化改革三年行动实施方案》，推进困难企业处置。2021年12月19日启动职工分流安置工作后，按照集团公司部署，淄博张钢坚持依法合规、以人为本的原则，强化组织领导，实行领导挂包措施，下沉基层，直面职工提出的各类问题，协调各方资源，及时解决职工诉求，化解各类矛盾和问题，分流安置工作按照节点要求平稳有序推进。截至2022年底，共分流安置职工331人，其中47名职工通过双向选择走上新的工作岗位，有284名职工协商解除劳动合同。稳妥处理多起历史遗留劳动争议问题，积极为群众办实事，用心用力解决湖田石矿历史欠薪等一批职工群众关注的热点问题，协助251名解除合同人员办理失业保险，协助103名职工办理退休手续，圆满完成人员分流安置阶段性任务目标，职工队伍整体保持稳定。

【资产处置】 公司成立资产处置工作组，统筹各方面资源，聚力攻坚。制定实施《淄博张钢后续处置工作方案》，完成了实物资产盘点，资产做到标识、分区、封存；完成了债权债务全面梳理工作，并健全了电子台账。按照合规合法要求，制定实施《实物资产处置管理办法》，建立从资产评估到资产处置的全过程管控体系，确保资产处置公开透明，在“阳光”下运行。在集团公司审核备案的基础上，通过山东产权交易中心挂牌拍卖，4个资产包合计拍卖底价总额约620万元。湖田石矿土地处置和众钢热电资产处置在集团公司相关部门的指导下有序推进落实。

【债权清理】 深度落实“六大存量攻坚战”，积极推进应收账款清理。汇集财务、经营、法律等各方面人员，强化日常调度，压实责任，分类清收，采取上门催收、发律师函、诉讼等手段，综合运用转账、抵账、查封资产等措施，加大外部清欠力度，共清回欠款1120万元，非正常债权压减813万元。

【风险防控】 积极应对各类诉讼案件。面对停产后骤增的经济纠纷、劳务纠纷、历史遗留问题等重大风险，积极协调整合律师团队，针对案情具体分析，收集证据，积极应对，有效化解了山东信达1.5亿元和淄博钢城建材4163万元诉讼索赔等案件，最大限度地规避各类诉讼风险，有力维护了公司合法权益。推进“僵尸”企业出清。2022年12月22日，淄博市张店区人民法院裁定淄博张钢制铁铸管有限公司终结破产程序；12月29日，完成工商注销。

【党建工作】 截至2022年底，公司党委下属2个基层党组织（机关党支部和离休党支部），在职党员17人。坚持“三重一大”事项集体研究，先后召开21次党委会，研究处理职工分流安置、资产处置、风险防控等重点工作。落实全面从严治党主体责任、第一责任人责任、“一岗双责”责任，拧紧责任链条。夯实党建基层基础，结合实际，调整完善党组织管理架构，撤销原有基层党组织，设立机关党支部和离休党支部，在职党员全部纳入机关党支部统一管理。严格落实“三会一课”、主题党日、民主评议等党内组织制度。组织开展党的二十大精神和省第十二次党代会精神宣贯。开展“庆七一”系列活动，举办“我来讲党课”，组织公司中高层管理人员参观廉政教育基地，强化党性锤炼。加强管理人员业绩考核与薪酬管理，制定实施中层管理人员月度考核与工资管理办法，压茬推进重点工作事项落实。参加上级党组织开展的党组织书记、党务骨干等线上线下专题培训8期、15人次，提升了管理人员政治素质和履职能力。成立专班扎实推进离职党员组织关系转接，完成党员转接300人，离职党员组织关系转接工作全面完成。

【思想工作】 加强理论武装，认真落实党委理论学习中心组学习制度和“第一议题”学习制度。把学习贯彻习近平新时代中国特色社会主义思想作为首要政治任务，深入领会精神实质，统一思想，形成合力，指导推动改革实践。强化舆论引导，在职工分流安置期间，各级领导深入基层广泛宣传动员，畅通渠道，全方位收集职工意见建议，倾听群众呼声，公司班子和律师团队及时研究，坚持正面引导、答疑释惑，为职工分流安置奠定了良好的群众基础。落实好党的二十大期间及改革进程中的安保维稳，及时分析研判舆情，制定维稳清单和化解策略，直面问题，有效应对，牢牢掌握意识形态主导权，有力地保障了职工队伍稳定。

【廉政建设】 坚持从严监督执纪，营造风清气正的政治生态。紧盯“三重一大”集体决策、职工分流安置、资产清查处置、安保维稳等重要工作，及时跟进开展监督。紧盯巡视巡察、审计问题，强化监督落实，整改率与上年同比分别提升16%和38%。坚持不懈纠治“四风”，深入开展“违规发放津贴补贴、福利”专项整治，针对形式主义和官僚主义问题纠治情况开展全面自查，配档推动整改。深入开展领导干部在农村违规建豪宅、职工投资关联企业等排查治理，持续强化廉洁风险防控，切实筑牢拒腐防变思想防线。一体推进“不敢腐、不能腐、不想腐”，支持纪委执纪问责，对资产核销监督发现的问题线索深挖细查，追缴历史欠款10万元，受理办结信访举报6件次，妥善处理历史遗留问题。

【和谐企业】 关心服务职工，保障职工权益。在分流安置期间，制定困难职工救助标准，向上级组织申请救助资金，共救助30名困难职工，发放救助金101000元。先后举办“喜迎党的二十大 良好家风进万家”书法摄影展、套圈、跳绳、踢毽子等趣味活动、乒乓球比赛等文体活动，丰富活跃了职工文化生活。组织工会会员参加济南市互助保障项目，落实会员普惠福利，发放春节、中秋节福利物资，增强了职工的幸福感获得感。

（撰稿：耿佃标　审稿：王兴强）

山东钢铁集团永锋淄博有限公司

【概况】 山东钢铁集团永锋淄博有限公司（以下简称公司）位于淄博市桓台县经济开发区石化路9号，占地1860余亩，属淄博市工业50强企业，主要设备为1350立方米高炉1座，100吨转炉2座，100万吨高强度棒材生产线1条，60万吨高速线材生产线2条及相应脱硫、发电等配套设施。主要产品以建材（棒材、钢筋、线材）为主，同时具备焊线钢、钢绞线用钢、冷镦钢等品种钢生产能力。2021年4月底，为响应国家和省政府新旧动能转换政策，公司进行了产能转移停产，妥善分流安置职工2058人。

【资产处置】 2022年，公司以依法合规、精细管理、控制风险、高效处置为工作思路，紧紧围绕资产处置效益最大化的目标，统一思想，扎实推进资产处置工作。加强组织领导、优化资产分包，盘活可利旧资产，实现集团效益最大化。在梳理闲置资产优化资产分包过程中，临港、兖矿、安阳汇鑫等平台各单位专业人员先后50多批300余人次到公司现场进行盘点，公司积极配合协同各单位查找核对可用物资、备件等365项5839台套，盘活收回资金1000多万元，提升了公司资产的净值效益，使资产处置工作效益最大化。精打细算、精挑细选，高效完成电缆拆除、增值处理工作。为了保证公司供电线路的安全，防止不用电缆被盗，在资产处置前进行了拆除，共计拆除电缆约1150吨，并利用闲置场地、厂房资源对电缆进一步深加工，将出铜率较高的高、低压电缆进行铜皮分离加工，共分类出售1087.02吨，回收资金总额5366.97万元，为公司净资产增值近581万元。清家底、捞浮财，对处置资产打包区域现场进行摸排，盘点出存有的废钢、钢渣近3500吨，及时在资产处置前进行处理，避免这部分不在处置资产范围内物资在资产交割时被买家连同设备一起无偿清理掉。协同集团资源中心、供销平台外卖废钢3406.56吨，回收资金639.66万元。组织留守小组成员和第三方评估机构对处置资产打包区域现场进行多轮次全方位盘点评估，对评估范围的资产准确清查，正确体现国有资产价值量；配合集团投资与资本运营部专业人员到现场进行评估方案审核及修订，严格按照资产处置评估项目公示要求进行公示，在集团完成了资产评估项目登记备案。扎实开展资产处组织项目挂牌公示，精心筹划意向方现场踏勘看货。组织山东产权交易中心对公司5个资产包标段，按照国有资产处置流程要求进行网上公示，利用公示期精心筹划，创新现场踏勘看货组织形式，录制突出设备型号先进、设备使用年限短、设备使用效率高的音频讲解稿，精心设计踏勘看货路线，以突出优质资产价值为核心，让意向方在踏勘看货时更清晰直观地了解优质资产信息，增强购买合作意向，先后共组织了32家意向方120多人次进行现场踏勘看货，满足了意向方的需求。创新工作方式，突出处置资产真实价值优势，提高资产处置交易资金收回效率。组织山东产权交易中心、现场处置施工管理方、留守成员收集济钢、莱钢的资产处置案例资料进行对标学习，就济钢、莱钢资产处置过程中的设备标识情况、现场交割时账物方面产生的争议问题、标的款付款进度及风险管控情况进行分析辨识。通过对比以往的传统交易模式，在交割重要环节创新工作方式，与产权交易中心在现场管理方面进行了深度合作，打破了以往产权交易中心只负责挂牌、不对设备进行标识不利于实拍方了解真实价格以提高竞价的局限性，对特种设备和价值大于10万元以上的1700多项设备进行了挂牌标识，并形成清单作为挂牌公示、合同附件，既清晰地体现出优质的资产真实价值优势、增强受让方竞标意向，又能避免交割时账物产生的争议。与产权交易中心配合对交易合同中标的款付款方式进行创新，将标的款打款时间从原来的现场拆除完成后再付款，前置到与受让方签订合同起5个工作日内办理交割手续后，由产权交易中心将总交易款提前支付，缩短了标的款的付款周期。公司按照有效处置原则，合理划分无效资产与存量资产，通过资产处置腾出有效空间，为后续淄博片区产业园发展打好基础。借助外力，与专业资产处置公司积极开展合作，按照国有资产处置流程，对资产评估机构的招标、资产处置方案制定、资产挂牌材料制作、挂牌项目推介等拟处置资产事项进行全过程管控，优化完善了资产处置方案，完成了国有资产处置方案审批备案工作，在产权中心完成了轧钢、烧结、备件3个资产包的挂牌竞拍工作，及时收回资产处置款1.8059亿元，确保国有资产处置效益最大化。

【人力资源】 公司承接了符合条件的近2000名解除合同职工办理特殊工种从业经历备案及退休手续办理，以及172名党员组织关系转接工作。通过与淄博市人社局和地方各级党委积极沟通协调，捋顺了解除合同职工办理特殊工种退休手续和党员关系转接工作流程。

【企地协调】 产能转移停产后，永锋淄博公司步入转型发展期，在强化产业项目策划实施，加快推进短平快项目落地的同时，将永锋集团贸易业务板块部分业务转移到永锋淄博公司，开展了钢材贸易业务，并快速形成有效产出，全年实现贸易收入80.22亿元，完成80亿元的贸易指标，促进了地方经济发展。

【后续发展规划】 资产处置工作完成后，在全面调研和分析区域产业发展条件的基础上，重新定位园区的产业发展方向和头部企业导入策略，制定新的产业园区产业总体规划和产业更新战略，并提供招商引资服务和概念规划设计，抓住市场机遇，激活存量资产，优化产业结构，帮助园区实现新的发展。

（撰稿：孟祥龙　审稿：魏　风）

山东钢铁集团财务有限公司

【概况】 截至2022年底，山东钢铁集团财务有限公司（以下简称公司）下设风险、资产负债、审计、信贷审查、投资审查委员会。公司设立10个职能部门。从业人员52人。其中，高级管理人员4人，部门经理6人，副经理9人，高级主管9人，业务主管24人；研究生22人，大学本科29人，专科1人；高级职称19人，中级职称20人，初级职称4人；注册会计师2人，注册税务师1人，资产评估师1人，律师执业、职业资格2人；中共党员40人。

【经营情况】 全年实现营业收入5.26亿元，完成任务目标3.73亿元的141%；利润总额4.90亿元；账面净利润3.81亿元，完成任务目标3.06亿元的124.51%。公司资产总额147.12亿元，负债总额106.72亿元，所有者权益40.40亿元。各项存款余额105.47亿元，各项信贷资产余额106.47亿元。贷款损失准备金余额2.66亿元，贷款拨备率2.50%。一般风险准备金率1.50%，资本充足率28.80%，流动性比例48.98%，全口径资金归集度56.82%，较年初提高17.49个百分点，不良资产率和不良贷款率均为零，各项指标符合监管规定，实现“三无两安全”目标。

【服务实体】 秉持“依托山钢，服务企业”的宗旨，密切关注成员企业业务需求，按照差别化信贷政策，为成员企业提供更多全方位、定制化的金融服务产品，助推集团公司实现高质量发展。

【信贷业务】 持续创新金融产品，全力满足成员企业融资需求，充分发挥财务公司金融服务平台作用，开展自营贷款、委托贷款、银团贷款、贴现、承兑、担保和代开信用证等信贷业务，2022 年累计为成员企业提供表内外信贷业务 223.88 亿元，信贷业务余额 106.47 亿元，服务领域和服务范围进一步延伸，金融服务能力持续提升。

【保险代理】 发挥集团规模优势，有效转移经营风险，全年累计为成员企业代理投保资产 602.94 亿元，受集团成员企业变化的影响，较年初 645.75 亿元减少 42.81 亿元，降幅为 6.63%；保额 891.94 亿元，较年初 979.91 亿元减少 87.97 亿元，降幅为 8.98%；应交保费 1681.37 万元，代理费收入 294.02 万元，净收入 176.41 万元，赔付率 100%，结案率 100%。

【投资业务】 根据集团需求，积极协调外部资金，有效利用自有资金，协助集团一级市场发债融资，尽力保证债券发行，力争包销额度，提升集团债券市场形象，有效降低债券发行利率及融资成本，助力集团资金链安全并实现高额投资收益。截至 2022 年 12 月，持有债券余额 6.4 亿元，全年实现投资收益 1.64 亿元。有序开展债券注册、发行工作，截至 2022 年末，取得债券注册批复共计 210 亿元，发行债券 190 亿元，归还债券 397 亿元，净归还债券 207 亿元。通过发行权益融资 20 亿元以及出售公司永续债券 5 亿元，完成全年集团公司资产负债率不超过 85% 的工作目标。全国首单 10 亿元“转型”债券成功落地。

【国际业务】 有序推进国际业务，收回美元贷款 1000 万美元，存款 1200 万美元，收益率 5%。

【票据业务】 大力推广公司票据，为成员企业承兑电票 35.36 亿元，规模超出上年度 24.38%。降低保证金至 10%，免收手续费等为成员企业节约资金成本近 1433 万元。

【资金管理】 加强制度建设，下发《山东钢铁集团有限公司资金管理办法》，强化资金统一管理、集团整体资金统筹平衡、科学调配资金资源，保障资金链安全。加强银行账户管理，开展银行账户清理专项工作，以账户集中减少外部银行资金沉淀，截至 2022 年 12 月末，成员企业累计撤销银行账户 408 个。加强与银行交流合作，实现融资利率破 3 见 2 新突破，全年累计办理境内低于 3% 借款 47 亿元，新增续借融资平均成本 3.24%，间接降低了有息负债规模。大力降低保证金规模，集团各单位保证金等不可动用资金规模比年初减少 50 余亿元。科学制定收付款政策，收款折现率从略高于市场价格到比市场价格高 1 个百分点，现汇收款比例从原 50% 左右提高到 85% 以上。加强权益融资管理，截至 2022 年末，权益融资累计增加 87.85 亿元，累计偿还 72.08 亿元，比年初增加 15.77 亿元，集团合并报表权益融资余额 187.13 亿元。

【结算管理】 2022 年度商业计划书任务指标为全年应完成结算笔数 75000 笔，实际完成结算金额 9737.72 亿元，结算笔数 79806 笔，完成率 106.41%。根据集团偿还到期债务和生产经营需要，加强资金头寸管理，合理调整付款节奏，通盘考虑融资资源，保障了资金链安全和生产经营稳定。

【业务创新】 不断探索金融创新，首次办理公司绿色信贷 2.80 亿元，比年初指标任务超额完成 2.50 亿元，及时为成员企业绿色低碳发展提供低成本融资支持。办理再贴现 2.70 亿元，超指标完成目标任务 1.70 亿元，创收 87.75 万元。经协调莱钢国贸、日照国贸、青岛物流、日照公司、银山型钢、山钢股份莱芜分公司等公司，与青岛海关沟通，出具新模式关税保函 1.30 亿元，为成员企业节约融资成本约 1000 万元/年。办理跨境双向人民币资金池业务 54.34 亿元，比上年度 22.02 亿元超出 32.32 亿元，是上年度办理业务量的 2.47

倍，为成员企业提供境内外资金划转便捷高效的渠道，同时节约大量资金成本。创7×24小时结算服务，面对突发状况，做到“机宕，人不宕”，切实履行“服务一流”的宗旨。

【风险管理和内部控制】 严格落实“风险防控一流”“商业计划书”总要求，持续深入做好监管部门要求的“内控合规管理建设年”有关工作，部署监管部门“规范建设巩固年”活动，纵深推进公司合规文化建设，落实人行济南营管部反洗钱和恐怖融资推进会精神，扎实开展洗钱和恐怖融资风险自评估工作。按照2022年监管会议纪要要求，以制度为基础，不断强化风险管理与公司纪检联动，扎牢制度笼子，营造公司不敢违规、不想违规、不能违规的氛围。严格把控信贷审批的关键环节，完善业务审批流程，规范成员企业客户信用等级评定及授信等各项业务，从源头上把控风险。全年组织召开信贷审查委员会会议7次，完成信贷业务、投资业务、同业业务审批共计92笔。按照年度审计计划，对营业部等部门2021年度的业务办理、岗位设置、内控管理及银行业市场乱象整治等方面开展客观独立的稽核审计，并形成了审计报告，发现审计问题9项，提出内控合规和风险防范相关审计建议34项。进一步扩展审计增值功能和审计服务职能，发挥风险防范和内控合规的第三道防线作用。

【三项制度改革】 落实集团决策部署，持续深化三项制度改革，科学完善绩效考核办法，调整员工绩效比例，加大业务部门考核力度，树立“岗位靠竞争，收入靠贡献”意识。按照“上下联动”原则，优化公司经理层契约化管理。优化薪酬管理体系，按照工资总额决定机制构建差异化薪酬分配体系，实现按岗定薪、薪随岗变，上下联动、利险共担的刚性化管理。强化公司治理，规范三会一层和党总支议事清单和程序，落实各项授权制度，严格执行经理层契约化管理，治理体系更趋规范完善。加强职工知识技能培训，整合线下线上、内部外部各类培训资源开设“五彩讲堂”，提升了干部职工队伍综合素质和业务能力。强化业务交流，选派人员开展实训。

【对标提升】 制定落实公司《“全面对标、系统提升”行动实施方案》，结合公司重点工作，将相应指标落实到各部门，纳入部门业绩考核，确保指标完成。学习借鉴中国宝武“对标找差”先进理念，明确对标对象，建立对标体系指标，确定对标提升目标，结合公司重点工作，纳入绩效考核。全年公司“全面对标、系统提升”总体监控指标完成率均超过100%，在集团8家考核单位中名列第一。

【信息化建设】 做好网络安全保障工作，从安全责任制、网络安全和数据安全管理制度、网络安全事件应急预案和应急演练、外包管理、系统安全检测等管理措施方面开展自查。服从集团公司统一指挥协调，信息机房实行7×24小时值班制度、双人在岗。做好信息系统及设备应急处置预案，建立外包服务商的快速联络响应机制，确保人员、技术支持能够及时到位。强化运维保障能力，完成各类信息系统、数据库、服务器、网络设备日常巡检，处理各类系统问题，及时排除故障，提高工作效率，切实保障公司信息系统可靠稳定运行。积极服务成员企业，办理开通VPN、开户、岗位权限分配、网银证书更新、网银更换、账户问题处理等业务，仅网银业务累计360余件。加强应急处置保障，针对山钢集团参加省国资委组织的网络安全攻防演习，对公司的系统、终端、网络进行了加固，演习中公司一分未失，出色地完成了演习任务。

【党群工作】 充分发挥党总支领导作用，

坚持“第一议题”逢会必学。通过三会一课、主题党日等组织生活，做好党的二十大精神解读和学习宣贯。加强党的组织建设，召开年度领导班子民主生活会、支部组织生活会和民主评议党员工作。公司党总支书记与各支部书记签订党建工作责任书。持续发挥“三个四”大监督大防控体系作用，努力形成不敢腐、不能腐、不想腐格局，确保廉洁风险可防可控。全力打造“幸福和谐企业”，组织职工疗休养工作及互助互济保障费缴纳、节日福利发放等工作。开展公司成立十周年宣传教育系列活动，凝聚思想共识。落实全心全意依靠职工办企业方针，共建共享幸福和谐企业。定期组织健康查体，丰富职工文体活动。举办“五彩”讲堂，开展职工合理化建议、青年座谈会、平凡创新等活动。多次组织爱心助学等社会公益活动，向社会捐款30万元，彰显国企社会责任担当。公司先后荣获济南市金融机构统计工作先进单位二等奖、济南市公安局三星级平安单位、集团公司五四红旗团支部、集团公司青春担当好团队、新闻宣传工作先进单位等荣誉，继续保持省属企业文明单位称号，一个党支部命名为集团公司五星级党支部，众多个人荣获集团及以上荣誉。

（撰稿：赵党党　审稿：张　瑾）

山东钢铁集团国际贸易有限公司

【概况】 截至2022年底，山东钢铁集团国际贸易有限公司（以下简称山钢国贸）资产总额49.76亿元，净资产14.67亿元。共有在册职工170人。其中，在岗职工155人，内退职工15人；大学本科及以上学历148人，其中研究生学历30人；中级及以上职称113人，其中高级职称36人。设置综合部、党群部、纪委、财务部、管理部、风险控制部等6个管理部门，营销中心1个业务部门，下辖山东莱钢国际贸易有限公司、山东钢铁集团日照国际贸易有限公司、济钢集团国际贸易有限责任公司、山钢国贸（青岛）物流有限公司、埃尔顿发展有限公司、齐鲁钢铁有限公司等6家全资子公司，是省属企业文明单位和集团公司首批“幸福和谐”企业。2022年8月，贸易部更名为营销中心。

【经营业绩】 全年实现营业收入523.84亿元，利润总额1.9亿元；净利润1.63亿元，净资产收益率11.99%，同比提高2.39个百分点；资产负债率70.52%，同比降低8.71个百分点。经营铁矿石5987.64万吨，其中，主业采购2408.13万吨，同比降低0.26%；社会贸易3579.51万吨，同比增长57.89%。出口钢材70.88万吨，同比增长10.46%，完成年度出口计划131.26%，其中，主业出口63.64万吨（莱芜分公司31.24万吨，日照公司32.4万吨），三方贸易7.24万吨。“决战四季度、打赢生存保卫战”取得胜利，矿石成本、出口增效完成基础目标，净利润、两金占用、货币资金管控完成奋斗目标。商业计划书全面落地，经营指标、战略任务、ROE改善项目全面完成。

【服务主业】 矿石采购坚持“低库存保平、结构优化争赢”，处理富余长协资源，灵活调整期现货采购，不断优化矿料结构，优化创新定价模式，保证了主业生产需求，全年矿石采购成本比普氏指数（Fe62%）平均低5.03美元/干吨。钢材出口坚持高端高效、量效兼顾，抓住上半年市场机遇，抢抓出口产品订单，超额完成全年计划。在管线钢、压力容器钢、酸洗冷轧卷等高端产品出口方面实现突破，项目订单不断增加，加大型钢、钢板等重点产品出口力度，全年为主业出口增效 1.43 亿元，实现量效双增。强化服务职能，发挥内部服务和外部协调优势，在保障原料进口、产品出口与社会贸易等方面发挥了积极作用。积极化解不可抗力以及政策对出口的影响，加强内外协同，协调港口、海关等部门单位，及时解决因疫情影响造成的进口等泊、出口租船困难等问题。提高船货衔接效率，统筹协调船/货代单据交接、尾款改单，保证了主业低库存下生产用料安全和出口船货衔接。发挥山钢集团品牌优势，大力降低租船成本，在竞争最为激烈的日韩、东南亚等航线的租船成本形成山钢优势。

【贸易经营】 市场分析机制初见成效。完善市场研判体系，建立两周一次例会机制。建立大数据库，初步形成黑色产业链的价格、成本、利润、库存、基差等分析框架模型，以货币和金融等领先指标为要素的前瞻性周期分析模型。加强对市场相关数据的分析，及时对业务操作提供指导与支持，有效防范潜在风险，助力公司稳健经营。定期开展实地调研、电话调研，参加期货公司、咨询公司以及知名投研机构等组织的线上线下活动、闭门会议等，定期组织与咨询机构、期货公司的培训交流活动，邀请知名专家进行现场授课，不断提升市场研判能力。贸易模式创新取得突破。按照融入主业供应链、强化协同创效工作要求，深入挖掘主业产业链需求，围绕钢铁主业大力开展贸易，取得显著成效。与 Vale 签订 45 万吨小长协，在为主业提供资源保障的同时，通过贸易创效 1000 万元以上。与营销总公司紧密配合，在钢材自营和代理业务方面积累了经验；与宝武资源加强协同合作，成功打通 SOTC+欧贝易购渠道，向宝武集团的韶钢、武钢、马钢、梅山基地等供应铁矿石港口现货 34.5 万吨；钢材买断出口业务取得突破，成功中标阿联酋国家级工程压力容器板出口订单 2.2 万吨，第三方出口拼单累计 1.38 万吨；主业保供煤炭业务取得新进展，成功嵌入战略合作伙伴和主业供应链，逐步形成了稳定的渠道和利润点。

【管理改革】 全面完成国企改革三年行动目标任务。公司治理体系持续优化，三会一层运行机制得到改善，在公司治理中全面加强党的领导、全面加强董事会建设、落实董事会职权、保障经理层依法行权履职、健全市场化机制等改革措施落地。持续深化三项制度改革，建立了管理和技术业务双序列职工发展通道和基于岗位管理的宽带薪酬，持续优化薪酬分配机制，有效激发了职工的工作积极性、主动性和创造性。落实领导人员末位调整制度，全年末位调整 1 人次。实施“青年人才双十计划”，选拔管理序列、技术业务序列培养人选共 22 人，在管理空缺岗位优先选拔年轻干部，人才梯队建设更趋完善。财务管理转型成效明显。积极推进财务管理转型升级，加强业财融合，财务引领业务作用明显增强。加强业务过程监控，大幅降低两金占用；统筹境内外资金调度，优先保障高效业务资金需求，为增强盈利能力提供了有效支撑；加强资金管理，提高资金效率效益，全年利用资金创效 2000 余万元。境内外协同联动，不断拓展融资渠道，优化授信结构，降低融资成本，全年新增授信 30 亿元，全部为信用额度，大幅降低担保费支出；强化主业融资保障，全年为主业融资 13.81 亿美元，加权平均融资成本 3.08%，促进主业降本增效；坚持“稳健+积极”汇率管控策略，通过择机锁汇、出口对冲、加大人民币融资等手段，大幅缩小风险敞口，有效降低汇率风险。风险管理体系持续完善。抓好基础性风险管理，建立以客户管理为源头的风险防控体系，完善《客户分类暂行管理办法》，优化升级客户关系管理，针对A、B、C三类客户分别制定管理措施和客户准入授权，全面提升风险管理水平。建立业务风险预警机制，对业务风险及时预警提示。加强业务过程风险控制，定期组织库存盘点，确保货物安全。强化风险化解，完成三家公司账务核销工作，进一步压实公司资产质量。全年实现新增风险为零的目标。

【党群工作】 坚持以习近平新时代中国特色社会主义思想为指导，认真学习贯彻党的二十大精神，坚持党要管党、全面从严治党，发挥党组织领导核心和政治核心作用，把政治优势转化为经营优势和市场竞争优势，党建引领作用不断增强。以党支部评星定级为抓手，提升基层党建质量，四星级及以上支部评定比例达70%。支部共建活动成效显著，党群纪检支部和境外特别支部共建做法在“学习强国”平台上推广。扎实推进文明单位创建，顺利通过省属企业文明单位复审。幸福和谐企业建设扎实推进，组织主题劳动竞赛、庆“七一”云相聚等系列活动，展现了职工风采；做好新《工会法》宣贯、互助金缴纳、女职工专项体检、救助基金申请等工作，保障了职工合法权益。

【党风廉政建设】 将党风廉政建设与经营业务同部署、同落实，逐级签订党风廉政建设责任书、廉洁从业承诺书。推进大监督体系建设，将全面从严治党主体责任、监督责任落实纳入党委年度月度工作要点；强化党风廉政建设和反腐败工作，开展基层党组织现场述责述廉、党风廉政建设责任制情况检查考核，落实《违规经营投资责任追究实施细则》。狠抓党风廉政建设和反腐败工作，实现廉洁风险辨识、廉洁档案、廉洁谈话、廉洁教育、岗位监督廉洁防控“五个全覆盖”；实施特约监督员管理，大监督体系不断完善。内外巡察整改一体推进，整改率分别为100%、93%。强化监督执纪，开展打赢生存保卫战等4方面正风肃纪专项监督整治，聚焦职工投资关联企业、煤焦领域廉洁风险开展排查治理，干部职工政治意识、纪律意识、规矩意识、制度意识、程序意识显著提升。

（撰稿：王　涛　石东华　杨玉晶
审稿：王兴强）

山东钢铁集团房地产有限公司

【概况】 截至2022年底，山东钢铁集团房地产有限公司（以下简称山钢地产）机关职能部门13个，分公司7个，出资公司34个（其中全资、控股公司30个，参股公司4个），另有托管公司1个。具有房地产开发国家一级资质，经营范围包括房地产开发、物业管理及相关业务咨询服务、建筑材料、建筑构配件销售。

【经营情况】 2022年房屋销售面积24.16万平方米，房屋销售回收资金25.42亿元，物业管理、商业管理等回收资金1.82亿元，共回收资金27.24亿元。资金收入合计57.32亿元，营业收入35.92亿元，完成考核利润总额3976.67万元。资产总额190.89亿元，净资产27.76亿元。

【规划发展】 根据山钢集团相关要求，积极推进“两非”产业清理退出及资产压减，制定《资产及法人压减专项方案》《两非企业分类及处置清单》《法人压减计划表》《参股企业瘦身计划表》。以轻资产经营为转型发展导向，优先推进物业管理及商业运营做强做优。开展产业政策和产业导入研究，培育产业园区开发运营核心竞争力。

【深化改革】 发挥党委会把方向、管大局、保落实的领导作用，进一步规范公司治理，规范股东会、董事会管理。建立董事会授权管理制度，明确董事会授权事项清单。三项制度改革持续推进，中国特色现代企业制度体系不断完善；全面验收《山钢地产深化改革三年行动实施方案》落实情况，总结改革成效。

【产权管理】 严格规范产权登记，加强对外投资管理，强化合资合作项目的过程管控和员工项目跟投日常管理工作。向山东信莱物业管理有限公司增加注册资本金，完成产权变更登记。办理济南鲍德房地产开发有限公司、济南明东房地产开发有限公司产权变更登记。完善公司资产管理制度，修订《固定资产管理办法》，制定《投资性房地产管理办法》。

【财务管理】 以年度商业计划书和全面预算为统领，系统平衡各项资源，统筹推进各项工作。积极应对金融政策变化，创新融资模式，拓宽融资渠道，全年实现融资收入17.43亿元。制定应收款项压减工作管理制度，实现应收款项压减8.06亿元。制定亏损企业治理方案并稳步推进，保质保量完成亏损企业治理目标。积极跟进并合理应用财税政策，实现资产优化质量提升，全年实现资产优化效益1.46亿元。

【设计管理】 全年完成建筑设计面积约41.35万平方米，景观设计面积约14.96万平方米；形成设计成果6个，二次设计32项。实施“四个100%”，推动设计管理提质增效，全年设计计划关键节点按时达成率100%，设计成果审批上线率100%，内部评审一次通过率100%，批复响应率100%。以“关键指标提升”为核心，积极开展成本前策和设计方案优选，通过优化功能设置和技术方案，实现建造成本减少约2145.45万元，项目销售货值增加约1200万元。编制《钢结构住宅常用工程做法与建筑构造》，标准化的建筑构造做法为钢框架+支撑结构体系居住项目提供了设计依据和技术指导。

【计划运营管理】 按照“操盘”逻辑实施项目管控，项目运营水平显著提升。实现A类关键节点达成率100%，全年交付8个项目（含合作项目），共计85.46万平方米，交付数量创山钢地产历史纪录。2022年计划入市的锦绣里、泓明府项目，均提前达到预售条件。实施项目系统推演，优化运营逻辑，助力提升项目经营绩效。

【招标采购管理】 持续深化招标采购专业对标找差，以“大成本”理念强化采购成本控制。阳光采购平台稳定顺行，有力保证采购业务实施。加强供应商管理，提高供应商质量和数量。推进战略采购管理，强化采购全过程管控，全年节约采购成本2778.32万元，与控制价相比降低4.49%。

【成本管理】 实施“大成本”管理，锚定关键领域和重点环节进行成本攻坚，在土增税筹划、设计优化、建造成本管控、现金流管控等方面取得成效，完成项目全周期测算模型2.0深化研究及应用。全年招标采购控制价审减率4.03%，项目结算审核审减率6.06%，成本降低率2.19%。

【销售管理】 在市场全面下行、疫情不断反复的背景下，实现销售突破。济南锦悦华府、鸿悦华府、锦绣华府项目针对剩余滞销房源销售，实现住宅快速清盘。济南新天地广场项目销售签约金额6000万元，产权车位于8月份实现整体转让出售，当期销售签约合同额任务完成103%，回款任务完成184%。滨州熙悦府项目业绩稳居区域前三。

【招商管理】 强化商业管理，完成公司商业资源全面梳理盘点，建立公司商业资源明细台账。完善管理平台，在管商业项目全面上线云资管系统，实现公司商业经营信息化管理。推进商业招商，完成青岛悦和花街项目商业主题业态定位及租金价格论证，并全面启动招商工作。上海和润生活广场克服新冠疫情冲击，于7月全面启动恢复招商工作，年内招商签约Costa咖啡、中国黄金等20余家品牌商家，并于12月23日如期开业，开业率超80%。

【安全质量管理】 深入落实安全环保主体责任，完成安全法律条文汇编，完善安全环保管理制度17项，编制安全周历36期。持续强化全员安全素质，开展各类安全教育培训54场，参培人员1800余人次。全年整治各类隐患1582项，组织开展安全生产月等专项活动，开展各类应急演练52场。强化工程管理，完善《严禁类问题清单》，细化管理标准。深化"两学两看"活动，全年共组织2次外聘专家内训，6次内部人员分享，115次"两学两看"，夯实管理基础。加强过程管控，坚持季度巡查制度，规范落实管理动作，推动工程质量提升。

【物业管理及商业运营】 通过"管理+服务+经营"的一体运作模式，探索开辟物业管理规模化、多元化、资本化、创新化、科技化的发展路径。酒店、超市等自持商业运营实现新突破。酒店利用自身区位优势，以大客户营销为工作重点，团队承接能力与运营经验大幅提升。梳理山钢地产内部资源，筹备新开酒店超市项目，增加在营门店数量。

【干部人才管理】 持续推进山钢地产契约化管理常态化，积极探索职业经理人制度落实落地，完成山西莱钢绿建置业公司职业经理人选聘试点。坚持干部队伍年轻化导向，严格履行选人用人程序，全年共提拔任用管理人员26人，末位调整领导人员2人，调整管理人员74人次。持续开展机构精简和人员优化工作，全年在岗职工优化107人，在岗职工优化率近14%。坚持以培养专业化综合型人才队伍为目标，有针对性地开展各类培训工作，共组织中青年干部培训班2期，内部培训3次，外部培训8次，累计培训429人次。同时协调组织开展线上教育培训活动，开通线上视频课程64门，营造了浓厚的学习氛围。积极组织动员干部职工加入内部培训讲师队伍，新聘任内部培训讲师10人，开发内部课程10项。

【综合管理】 加强网络、机房及信息系统运维管理，完善信息系统数据的备份、应急演练及数据恢复工作，及时更换服务器故障硬件，确保网络、系统平稳运行。配合集团公司做好护网专项行动，以实际行动践行重大活动期间网络安全保障工作。持续推进软件正版化工作，推进腾讯iOA杀毒软件、WPS办公软件等应用工作，基本实现全员覆盖。打通传统视频会议瓶颈，实现传统视频会议与腾讯等网络视频会议有机协同，为适应常态化疫情防控及居家办公创造有利条件。

【绩效考核】 坚持由"关键绩效指标+考察类指标+一票否决项"构成的绩效指标体系，更加突出销售合同额、销售回款、人均效能等经营效益效率指标，落实公司经营目标；将子分公司考核与专业管理工作质效进行挂钩，将部门考核与公司整体经营质效进行挂钩，促进专业协同，传递考核压力，充分发挥绩效考核导向与激励作用。

【审计管理】 准确鉴定各项经营绩效指标，坚持把采购和销售等重点环节、资金和成本等重点领域、出纳等重点岗位等进行重点审计，保持绩效审计全覆盖；持续开展任期经济责任审计，子分公司主要负责人离任审计率保持100%；加强合作项目专项审计，重点揭示合作项目在合作协议履行、项目公司治理、关联交易、资金管理、股东权益等方面存在的问题，提出合理建议，提早化解合作风险；重视审计成果运用，加强未完成整改项目督导，确保整改实效。

【风险防控】 深化“一全多专”风控新机制，做实做细全面风险管理，编制《风险管理配档表》，按月调度，及时跟进和调整防控策略，与审计监督结合，将风险化解在萌芽阶段；审核合同713份；对外投资、合作、担保、融资等重大经营决策事项法律审核率达到100%，出具法律意见书及书面意见14份，出具专项风险评估报告16份，审核、颁发授权委托书47份。

【纪检工作】 不断夯实党风廉政建设两个责任，督促各党支部及各级班子成员落实落细党风廉政建设主体责任和“一岗双责”责任。做细专项监督，重点开展关于监督落实纠“四风”树新风工作、“违规发放津贴补贴、福利”专项整治和整治领导干部在农村违规建豪宅问题，持续加强对“阳光采购”、安全生产和疫情防控工作的监督检查，推动各项工作取得实效。做实日常监督，深入开展党风廉政建设工作调研和检查，每月编发《立廉》期刊，强化重要节日专题警示教育，引导党员干部筑牢崇廉拒腐防线。

【党建工作】 制定印发《落实全面从严治党主体责任和抓基层党建工作重点任务安排》，严格落实全面从严治党主体责任，以国有企业党的建设工作会议精神贯彻落实情况“回头看”为契机，结合年度履行全面从严治党责任暨党建工作责任制检查，对标检视、查缺补漏、改进提升。通过支部自评、党委审核、集团复核，4个党支部被评为五星级党支部，7个党支部被评为四星级党支部。强化党员队伍建设，全年接收预备党员5人，预备党员转正19人。举办2022年度党支部书记、党务工作人员培训班，进一步提高了党务工作者业务能力。常态化、长效化开展党史学习教育工作。

【群团工作】 坚持职工代表大会制度，民主管理日趋完善。加强工会服务功能，落实补充医疗保险保障体系，职工权益保障和维权服务不断强化。深入推进劳动竞赛、“平凡创新”工程、合理化建议、技术革新等工作，产业工人队伍改革逐步落地。三家单位被山钢集团命名为“幸福和谐企业”。多项平凡创新成果受到山钢集团表彰，山钢地产获得山钢集团女职工工作优秀单位称号，山钢地产工会获得山钢集团职工信赖的职工之家荣誉称号，山钢地产团委获得全国钢铁行业五四红旗团委、山钢集团五四红旗团委荣誉称号，两个团支部获得山钢集团先进团支部荣誉称号，3名青年职工获得山钢集团2022年度优秀青年工作者等荣誉称号。

（撰稿：冀　晋　赵增翼
审稿：王文学）

山钢金融控股（深圳）有限公司

【概况】 截至2022年底，山钢金融控股（深圳）有限公司（以下简称山钢金控）下辖山钢国际融资租赁（山东）有限公司（以下简称山钢租赁）、山钢金控资产管理（深圳）有限公司（以下简称金控资管）、山东融鑫投资股份有限公司（以下简称山东融鑫）、舜泰商业保理（上海）有限公司（以下简称舜泰保理）、山钢供应链管理（深圳）有限公司（以下简称供应链公司）、山钢（亚洲）控股有限公司（以下简称山钢亚洲）、山钢国际信恒有限公司、烟台钢铁企业集团公司8户全资公司；有山钢金控融资租赁（深圳）有限公司（以下简称金控租赁）、济南市钢城小额贷款股份有限公司（以下简称钢城小贷）、山钢金控（青岛）国际贸易有限公司（以下简称金控国贸）、山钢瀚信基金管理（深圳）有限公司（以下简称瀚信基金）4户控股公司；有泰山财险、山东海洋、济南机场、欧冶金诚、山信软件、齐商银行等22户参股公司。在册职工185人。其中，研究生及以上学历74人，占比40%；大学本科学历111人，占比60%；高级职称32人，占比17.3%，其中正高级职称2人；注册会计师7人、国际注册会计师2人、执业律师及法律从业资格13人、CFA一级2人、注册资产评估师1人、人力资源管理师1人、基金从业资格60人、证券从业资格58人、期货/保险/小贷/银行/保理等从业资格共计21人。

【战略规划】 坚持投融联动平台、产融协同平台、资产管理平台、资本运营平台、国际发展平台、价值创新平台六个企业定位，坚定实业金融、普惠金融、绿色金融、科技金融、法治金融、创新金融六大金融愿景，坚守依托产业金融建大平台、精心服务山钢做大资管、放眼金融市场获全牌照、发展金融产业有全功能四大企业使命，创新推进供应链金融、融资租赁、资产管理、股权投资、国际投资五大商业模式，坚决落实思维开放化、竞争市场化、运营专业化、管控规范化、系统生态化、治理法治化、服务数智化、资产证券化、发展国际化、品牌高端化十化资本战略，向着中国钢铁行业产业金融引领者目标奋进。

【改革创新】 完成财务管理体制改革，各权属子公司财务全部独立，业财融合更深，融资成本下降明显；深化人事体制改革，率先完成新一届职业经理人选聘，并持续推进职业经理人模式在三级权属公司实施；优化分配机制改革，探索建立科学、合理并覆盖全员的全要素差异化薪酬绩效考核管理体系，更加突出市场化，分配结果更好兼顾公平、效率；业务模式创新亮点纷呈，1号“仓E融”挂牌，首笔“车易租”落地，智能资产交易平台加速；创新设计场景金融业务，沿海绿色金融项目落地，业务结构创新调整更趋合理；管理创新不断突破，绩效考核、风险管控两项管理创新成果获中钢协一等奖。

【经营业绩】 全年实现营业收入314.58亿元，实现考核利润总额5.01亿元，考核净利润3.31亿元，考核归母净利润2.92亿元，预算完成率分别为134.43%、119.47%、105.34%、109.35%，考核净资产收益率10.53%。截至2022年底，资产总额258.02亿元，负债总额148.52亿元，所有者权益109.50亿元。

【普惠金融】 供应链及科技金融事业部由供应链公司、舜泰保理、科技金融部组建而成。供应链公司落地首笔“山钢仓E融”货物动态质押业务，舜信平台完成舜信系统区块链服务切换，平台累计交易规模达123.5亿元；全年累计融资10.07亿元，新增授信批复3.9亿元。舜泰保理立足拓宽融资渠道及业务客户，创利水平稳居钢铁行业同类保理公司前列，连续3年被上海市地方金融监管机构评为A类保理公司；资产存量10.34亿元，年度累计投放业务规模超18亿元，较上年增长16.3%。科技金融部强化金融科技应用，提升业务管控数字化、智能化水平，依托大数据、人工智能等前沿技术，实现动态监控交易标的市场价格、客观分析交易对手运营情况、科学管理业务额度；实现线上委托代收、数据大屏、保理商转出、保理产品收费等功能，完成可视化展厅建设，实现全方位汇集分析业务数据，同时配套移动端，加强实时把控业务动态。钢城小贷首年实行职业经理人，全年发放贷款26.19亿元，实现营业收入6549万元、利润总额5637万元；取得行业分类评级I级，获得山东省地方金融企业绩效评价“优秀（AAA）”等级证书；场景金融业务取得规模性发展，全年发放贷款9.43亿元；为方舱医院承建企业发放贷款2000万元，以实际行动彰显国企责任担当。

【融资租赁】 金控租赁持续扎根钢铁产业链，服务山钢产业生态圈，全年实现营业收入2.02亿元、考核净利润7682.38万元、净资产收益率10.75%。首笔“山钢车易租”公务用车租赁业务成功落地，并成为“金融+服务”的典范业务。该业务聚焦专业特长、发挥系统优势，整合协同资源、拓展社会市场，提升服务质量、满足用户需求，厚植产业实力、塑造品牌形象，是继“山钢E选车”员工购车服务后的新里程碑。融资业务持续提高自身造血能力，降低造血成本，实现融资多元化，以融促投、投融结合，借款新增8.62亿元，较上年减少15.70%，新增外部融资成本控制在年化5%以下。山钢租赁以聚焦主责主业，创造金融价值为目标，成功列入山东省地方金融监管局监管名单，全年投放业务32笔，实现营业收入1.67亿元、考核净利润7510.39万元、净资产收益率10.79%；组成融资租赁联合体，向莱钢永锋钢铁投放2.5亿元，成为落实山钢金控“十化”战略、服务山钢钢铁产业生态圈示范项目；持续巩固绿色租赁特色优势，“零碳”核能供暖项目成功落地；资金精准高效提升，实现9490万元无担保融资落地，开创无担保融资元年。

【资产管理】 金控资管在不良资产盘活、“僵尸”企业处置、短期债权类投资、资产交易平台等方面取得新突破。深耕不良，跨省进行资产处置实现阶段性突破；摸底调查持有股权，积极推进股权转让工作，签订山航股权转让协议；优化经营，短期应急业务落地，制定短期资金匹配服务，解决客户燃眉之急，同时提高收益取得双赢；数智赋能，以科技助力资产处置，探索交易平台建设，寻找新盈利增长点，积极开展资产拍卖交易平台调研交流，推进公司转型发展。山东融鑫深化职业经理人改革，有效激发经理层成员活力，解决企业发展瓶颈，提升运营质量；积极融入钢铁生态圈，大力发展产业金融，通过信托计划投资下游冷轧及镀铬项目，拓展钢铁产业链；重获股票打新资格，市值利用多样化，全年共中新股8只，有效利用股票市值。瀚信基金明确经营目标、重点项目，遵照行业政策，规范经营，严格管理存续基金业务，保障工作目标实现。烟台分公司统筹做好精减下放、新中国成立前老工人、遗属、劳模等各类人员信息核查、费用发放等工作；科学应对各类信访诉求，实现重点信访事项三级信访终结；全面梳理烟钢历史遗存应收款项，持续进行烟威区域业务市场前端调研工作，全方位强化烟钢大厦运营管理与维护。

【海外平台】 山钢亚洲深耕主业产业链业务，全年完成营业收入230.65亿元；灵活置换贷款结构，提升跨境融资质量，年末融资规模9.49亿元，全年降低融资利息费用750万元；积极做好境外资产管理工作，完成5亿美元外债还本付息；在港言商言政，主动担当，提升驻外公司形象，作为中企协山东分会会长单位，积极组织参加爱国爱港活动；协助做好山钢国际信恒有限公司、山钢国际投资有限公司代管工作。金控国贸发挥混改优势，做深做精钢铁供应链细分市场业务，创新“实体+贸易”业务模式，打造日照、莱芜产业链深加工基地；提升钢铁主业服务质量，扩大钢铁主业直采直供业务品种和规模；强化境内境外联动，持续扩大境内外平台资源协同优势；全年实现营业收入15.64亿元、考核净利润1003万元，完成考核指标111.44%，净资产收益率13.99%。

【制度体系】 公司治理方面修订完善各项议事规则，明确议事范围及程序，党委会前置研究与董事会、经理层行使权力有效衔接，充分发挥党委把方向、管大局、促落实的重要作用，形成权责对等、运转协调、有效制衡的决策执行监督机制；财务管理方面与业务单位形成责任明确、相互制约机制，制定资金管理办法、大额资金分级授权支付及重要财务事项联签办法，规范公司大额资金使用和支付，提高资金使用安全；投资管理方面严格规范重要岗位和关键人员在授权、审批、执行、报告等方面的职责权限和审批程序，堵塞管理漏洞，形成长效机制。制定《投资项目备案管理办法》，对债权类投资业务进行备案，实施集中统一监管。

【风控体系】 坚持将风控作为业务发展先决条件，着力深化以“OTN”理念为核心的全面风险管理体系，坚守不出损失底线，落实法治资本建设，持续巩固三道防线风险管理职能，以《全面风险管理大纲》为基础，建立深度融入业务、嵌入流程，覆盖客户准入、尽职调查、风险审查、投后管理、展期管理、考核评价、反商业贿赂、档案管理、法律救济等全生命周期“1+*N*”的制度体系，总结形成风险管理制度汇编，做到事前预防、未雨绸缪，事中控制、过程管控，事后救济、避损维权；切实发挥法律监督护航、内控合规和价值创造作用，以硬核法治力促卓越经营力。

【纪检监察】 履行协助职责，扛牢监督专责；制定《政治监督实施办法》，建立政治监督工作台账，营造良好政治生态；做细日常监督，创新融入业务，与合作方深入开展廉洁共建，全面签订《廉洁展业承诺书》；抓牢巡察监督，督查督办山钢集团党委巡察问题整改，制定党委巡察“回头看”工作方案；制定《关于进一步加强作风建设的实施意见》，开展专项整治工作，严肃追责问责，严格正风肃纪。

【审计工作】 开展年度内部绩效审计，最大限度发挥审计工作的价值创造效能；对混改企业金控国贸开展专项审计，提出7类13项问题，提升混改企业内控管理质量；大力推进审计发现问题整改，全年完成7项审计发现问题整改工作，完成存量攻坚战审计发现问题22项。

【董事会工作】 董事会共有成员5人，其中外部董事3人，职工董事1人。董事会下设战略发展委员会、风险控制管理委员会、审计委员会、薪酬委员会、提名委员会。全面贯彻落实公司战略要求，坚持治理法制化，以公司章程为行为准则，严格规范党组织、股东、董事会、经理层、监事等治理主体的权责行为和行权方式，强化权利责任对等，确保职责明确、运行规范、机制完善。

【党群工作】 高质量履行全面从严治党责任暨党建工作责任制，年度考核成绩较上年大幅度提升；落实第一议题制度，学习贯彻习近平新时代中国特色社会主义思想走深走实；组织党员干部参观孟良崮战役纪念馆，党史学习教育实现制度化、常态化；组织全体党员集中轮训，人均28课时；评选“三牛”奖、党内先进、季度创新创效标兵和管理服务明星等，建功立业主题实践效果突出；充分发挥党委政治核心和领导核心作用，全年召开党委会41次，研究268项重大事项；文明单位创建成果显著，保持“山东省文明单位”称号，文明单位保有率稳居前列；扎实改进宣传思想工作，全年在国家级、省级媒体发稿20余篇，微信订阅号全年发布135期262篇推文；组织“喜迎二十大奋进新征程”青年才艺表演、春节猜灯谜等活动，提振团队士气，丰富职工的文化生活；召开一届一次职代会，民主管理形式得到规范；开展帮包村扶农助困和春节前帮扶慰问活动，组织13名志愿者到第一书记帮包村开展志愿服务活动；强化青年志愿服务，组织团员青年开展“助老扶老”“防金融诈骗”等志愿服务活动。

（撰稿：王启明　李晓丹
审稿：黄振辉）

山信软件股份有限公司

【概况】 山信软件股份有限公司（以下简称山信软件）注册资本18861.14万元人民币，经营范围包括：信息系统集成，物联网技术服务，自动化系统、信息化系统、工业电视监控系统的设计、集成、安装、调试，运行维护服务，软件开发与销售，互联网信息服务，互联网数据服务，计算机硬件及外围设备销售及租赁，信息处理和存储支持服务，信息技术咨询服务，仪器仪表、工业机器人制造与销售。山信软件设党委办公室/综合管理部/党群部、财务部、党委组织部/人力资源部、运营管理部/发展规划部、纪委、安全环保部6个职能管理部门，营销本部、信息化事业部、网络事业部、商务中心4个事业部（中心），济南自动化分公司、莱芜自动化分公司、日照自动化分公司、大数据分公司4个分公司，莱芜钢铁集团电子有限公司1个权属法人公司，其中莱芜自动化分公司与莱芜钢铁集团电子有限公司复合设置。截至2022年底，共有职工1183人。其中，高级及以上职称491人，中级职称99人，初级职称164人；硕士研究生及以上学历156人，大学本科697人。山信软件党委设有3个二级党委、2个党总支、1个直属党支部，共有党员491人。

【生产经营】 全年累计实现销售收入7.18亿元，预算完成率100.5%，实现净利润4450.64万元，预算完成率106%，确保了职工收入的整体稳定；足额缴纳了企业年金。较好地完成了公司二届一次职代会和商业计划书确定的预算目标。

【运维保障】 自动化信息化系统可靠性分析工作成效明显，提炼项目40余项，消除一批影响生产的根源故障。智能远程运维平台基本建成，填补了冶金行业自动化信息化领域智能远程运维技术空白，推动了设备管理从以人为核心向以数据为核心的模式转变；该平台已在莱芜片区投运，日照片区正有序部署。运维管理更加精益，加强与股份公司一体化运维、建立运维例会机制、强化监督检查、健全运维制度等“一揽子”举措的落实，夯实了基础，提升了质量。网络防线加固筑牢，全力确保党的二十大、冬奥会、全国两会等特殊时期的网络安全；积极做好“国企网安”和软件正版化等工作。全年故障时间同比下降38%，实现了自动化、信息化系统和云平台的稳健运行。

【智慧山钢建设】 以智慧制造指数提升率不低于10%为目标，加强对接交流，发力“云-边-端”建设，大力度推进“数智山钢”建设。在“云”层，先后推进实施了炼钢生产排程系统、数字孪生实验室建设项目、LF炉项目、质量监控分析系统等一批重点项目，提升了钢铁主业智慧水平。在“边”层，已建成三大集控中心，正在积极推进山钢股份莱芜分公司特钢冶炼工序集控中心、日照公司厚板厂集控一期项目、智慧水务集控项目等建设，山信软件已具备了自主设计、建设钢铁全流程集控中心的能力。在“端”层，工业机器人应用实现“量”“能”突破，全年建成机器人41台套，机器视觉21台套，累计建成工业机器人81台套、机器视觉68台套，业务涵盖焊标、加渣、取样、测温、贴标等10个种类14个项目，山信软件具备了钢铁行业工业机器人产品的研发和实施能力。无人化项目陆续展开，莱钢银山型钢公司公司板带厂无人行车项目，日照钢铁精品基地冷轧原料库、成品库无人行车项目先后落地实施，提升了区域无人化/少人化指数。

【科技创新】 秉持科技为先的发展思路，打造差异化竞争优势，培育可持续发展的内生动力。差异化竞争优势持续巩固，按照差异化发展路径，实施科研项目38项，发布新产品9件，授权专利42件（其中发明专利10件），待评价的科技成果15件，认定软件产品15件、计算机软著21件。品牌影响力进一步提升，“安全管控大数据平台解决方案”被评为省级“三优两重”项目，“转炉炼钢柔性控制系统研发与应用”获得省自动化学会科学技术奖一等奖，“工业企业产线工序生产大数据分析平台应用”等两个项目被评为省级大数据创新应用优秀解决方案，山信软件及其子公司双双入选省软件和信息技术服务业综合竞争力百强企业，其中山信软件位列25位。产学研合作取得实质性突破，持续推进“山东大学-山信软件智能制造实验室”建设，合作实施研发课题2项，其中“人工智能在钢板号识别系统中的应用研究”取得阶段性成果，已在日照公司库房项目上推广应用。

【市场营销】 按照“内部市场应签尽签，外部客户深度挖潜”的策略，切实加强主动营销，市场呈现量效齐增、多点突破态势。济南自动化分公司全年签订市场合同72项，合同额约7000万元，同比大幅增长。莱芜自动化分公司/电子公司持续做好老客户挖潜和新客户开发，陆续与广西某钢铁公司、徐州某钢铁集团签单创效，其中广西某钢铁公司三电集成项目合同额约5000万元，折桂年度第一大单。日照自动化分公司充分发挥属地优势，合同额在2021年全面跃升的基础上，2022年再增加31%。大数据分公司积极做好工业大数据、安全大数据等解决方案的售前交流，新签合同数量和合同额度大幅增加。营销本部、信息化事业部等单位合力攻坚，成功签单河北某钢铁集团MES系统及配套硬件设施项目，合同额超过2200万元，成为山信软件外部市场额度最大、全流程的MES项目。网络事业部加大核心产品在非钢行业的输出力度，陆续中标山东省国投、省应急厅、山东健康等智慧会议项目，引领客户向数智化转型。全年山信软件项目收入同比增长12%，其中外部收入占比提高了5个百分点，合同毛利率提高了3个百分点。

【人才培养】 牢固树立“人才是第一资源”的理念，多措并举选拔培养人才。立足自主培养，以“双创”团队建设为人才工作的突破点，培养选拔10名优秀项目（产品）经理，10个优秀项目团队；扎实推进“创新沙龙”等各类培训，累计开展约4000课时、6000人次，全员业务素养大幅提升。完成人才队伍建设和人事效率提升三年规划。做好导师带徒，为6名优秀毕业生量身选择导师，加快成才步伐。注重联合培养。与山东大学联合开展工程硕士培养，第一批10余名优秀职工已参加授课。选派9名技术骨干参加宝信软件工业机器人技术基础及“宝罗”应用等宝武培训计划，为后续工作开展做好铺垫。组织37名职工报名参加2022年山东省大数据工程专业职称考试培训。加大青年人才培养，深化“百人人才”计划，在产品研发、项目建设和运维保障中选拔青年人才，15名职工增选为山信软件“青年之星”。着眼山信软件长远发展，制定大力发现培养选拔优秀年轻干部的指导意见，健全人才培养选拔机制。

【管理提升】 聚焦“效率、效能、效益”指标，积极推动各项管理工作提质增效。

全面导入商业计划书管理模式，聚焦4项战略性任务和5项ROE改善项目，强化督导推进，关键指标全部完成。扎实推进对标对表，7项对标指标完成4项，进步5项；对标学习宝信项目过程管理体系，编发A类文件36个、B类16个，率先在信息化项目推动实施，同时加强宣贯和培训，为项目标准化、规范化实施奠定基础。调整部分管理部门和业务单元，完成招采整合，划转日照片区铁前运维业务等，管理更加规范高效。建立健全“三层营销体系”，统一日照区域销售界面，新签合同额同比增加52%。聚焦项目管理“四个维度”，分析偏差原因，制定纠偏措施，项目订单关闭率由上年的76%提高到94.7%，收回长期应收账款2753万元。三年改革攻坚，三年压茬推进，5大类28项改革举措全面完成。坚持“应招尽招”，阳光采购上线率100%、直供比98.9%，中间商占比2.2%。制定山信软件竞争力培育指导意见，找准数智化转型和差异化发展路径，定位山信软件及经营单元发力方向，发展思路进一步明确。

【安全生产】 落实安全生产主体责任，逐级签订安全生产目标责任书217份。以“作业标准提升”为工作主轴，加力推进作业标准修订完善、教育培训、落实执行和监督检查等工作，固化成果，发布作业标准2800余项，作业标准得到有效落实，职工“我要安全”意识和“我会安全”技能进一步增强。严格落实风险管控，加强一二级风险点治理，全面开展“百日清零”活动，排查整治各类问题423项，辨识风险1371项，各类风险管控到位，双体系有效运行。聚焦一线管理，强化安全本质化提升，累计实施安全本质化提升项目120余项，现场作业环境持续改善。坚持安全生产量化考核，用好安全生产“百万大奖”，激励职工查隐患、防风险，累计整改问题1140余项。强化教育培训，全年共组织199名安全管理人员参加培训，组织各种安全培训568场，参加5223人次。面对疫情多点散发局面，严格执行属地疫情防控政策，加强“两码”查验，坚持外出请假报备，常态化做好疫情防控，保障人身安全。

【党群工作】 充分发挥党组织把方向、管大局、保落实作用，党建工作持续加强。组织开展各类党内培训，提升专业素养，夯实了党建根基。扎实推进党支部评星定级，8个党支部被集团党委命名为五星级，13个党支部被山信软件党委命名为四星级。开展党的二十大主题实践活动，营造了良好的政治氛围。聚焦中心工作，加强新闻宣传报道，全年在山钢网站刊登稿件约480篇，外部新闻媒体刊登稿件约340篇，稿件数量质量均实现新的突破。专题研究意识形态工作2次，有效防范了敏感舆情事件。纪检工作持续深入，积极履行监督首责，开展专项监督5项，涵养了清风正气。落实党内谈话机制，主动约谈二级单位主要负责人32人次。完成山信软件党委年内第二轮内部巡察，调阅资料100余份，发现问题38项。开展送温暖活动，帮助26对青年安家山信软件，把对职工的关心关爱落到实处。信息化事业部莱芜分部获“全国工人先锋号”荣誉称号，日照自动化分公司获山钢集团文明单位称号。

（撰稿：赵成文　审稿：张元福）

山钢集团
SD STEEL

统计资料

特载
专论专文
大事记
概况
机构与人事
战略合作与交流
专业管理
党群工作
山钢股份
权属单位
☆ 统计资料
荣誉
附录

山钢集团
SD STEEL

山钢文化

核心理念

山钢使命：

为客户提供满意的产品和服务

集团公司 2022 年主要生产经营指标完成情况表

指　标　名　称	单位	2022 年	2021 年	同比增减/%
一、主要财务指标				
营业收入	亿元	1826.68	2665.19	-31.46
利税	亿元	60.73	246.31	-75.34
其中：利润	亿元	4.63	148.61	-96.89
净利润	亿元	-2.47	108.33	-102.28
资产总额	亿元	1820.85	2616.29	-30.40
其中：流动资产	亿元	728.29	1297.51	-43.87
非流动资产	亿元	1092.55	1318.78	-17.15
负债	亿元	1540.48	2164.02	-28.81
其中：流动负债	亿元	1171.64	1644.44	-28.75
非流动负债	亿元	368.84	519.58	-29.01
所有者权益	亿元	280.37	452.27	-38.01
其中：归属母公司权益	亿元	109.12	134.75	-19.02
二、主要生产指标				
工业总产值	亿元	1518.29	1614.54	-5.96
其中：新产品产值	亿元	617.47	576.56	7.10
工业销售产值	亿元	1511.91	1617.22	-6.51
三、主要产品产量				
粗钢	吨	29422814	28249785	4.15
生铁	吨	25661733	26589853	3.49
钢材	吨	29244448	28564317	2.38
焦炭	吨	6169163	6129577	0.65
铁矿石成品矿	吨	2874830	2997671	-4.10
耐材制品	吨	170946	188209	-9.17
四、出口指标				
出口创汇	万美元	54061	54476	-0.76
出口钢材	吨	630244	742852	-15.16
其中：棒材	吨	14250	142313	-89.99
钢筋	吨	0	27099	-100.00
型材	吨	245030	127316	92.46
中厚板	吨	174402	12181	1331.75
中厚宽钢带、热轧薄宽钢带	吨	105848	260912	-59.43
冷轧薄宽钢带	吨	64241	111306	-42.28
涂镀板（带）	吨	23190	52214	-55.59
五、固定资产投资指标				
投资完成额	万元	413321	1347164	-69.32
其中：建筑工程	万元	117987	339822	-65.28
安装工程	万元	47788	79182	-39.65
设备购置	万元	243714	781605	-68.82
其他费用	万元	3832	146555	-97.39

（撰稿：郑　丽　周林琳　审稿：孙日东　李　强）

集团公司 2022 年钢材品种结构构成表

（单位：万吨）

钢材品种	集团合计					山钢股份（莱分+银山+日照）			莱钢集团（永锋+烟管）			永锋淄博		
	2022 年		2021 年		同比增减 /%	2022 年	2021 年	同比增减 /%	2022 年	2021 年	同比增减 /%	2022 年	2021 年	同比增减 /%
	产量	品种占比 /%	产量	品种占比 /%										
大型型钢	154.70	5.29	189.44	6.63	-18.34	154.70	189.44	-18.34						
中小型型钢	44.79	1.53	50.59	1.77	-11.46	44.79	50.59	-11.46						
棒材	133.77	4.57	155.94	5.46	-14.22	133.77	155.94	-14.22						
钢筋	1164.47	39.82	1015.98	35.57	14.62	378.31	248.83	52.04	786.16	724.27	8.54	0	42.88	-100.00
线材	243.32	8.32	208.42	7.30	16.74				243.32	171.47	41.90	0	36.95	-100.00
特厚板	50.12	1.71	34.14	1.20	46.80	50.12	34.14	46.80						
厚钢板	256.27	8.76	227.06	7.95	12.87	256.27	227.06	12.87						
中板	216.91	7.42	192.98	6.76	12.40	216.91	192.98	12.40						
中厚宽钢带	359.19	12.28	368.22	12.89	-2.45	359.19	368.22	-2.45						
热轧薄宽钢带	15.01	0.51	52.91	1.85	-71.63	15.01	52.91	-71.63						
冷轧薄宽钢带	222.04	7.59	237.55	8.32	-6.53	222.04	237.55	-6.53						
热轧窄钢带	0.00	0.00	60.13	2.11	-100.00	0.00	60.13	-100.00						
镀层板	45.90	1.57	45.95	1.61	-0.10	45.90	45.95	-0.10						
无缝钢管	17.96	0.61	17.11	0.60	4.95				17.96	17.11	4.95			
成品钢材合计	2924.44		2856.43		2.38	1877.01	1863.75	0.71	1047.43	912.85	14.74	0	79.83	-100.00
商品坯	66.95		32.66		105.00	66.95	32.66	105.00						
商品坯材总计	2991.40		2889.09		3.54	1943.96	1896.41	2.51	1047.43	912.85	14.74	0	79.83	-100.00

（撰稿：郑　丽　胡　玉　审稿：孙日东）

集团公司 2022 年主要技术经济指标完成情况表

主要质量指标			主要消耗指标			主要效能指标		
指标名称	单位	指标值	指标名称	单位	指标值	指标名称	单位	指标值
一、转炉锭坯合格率	%	99.99	一、转炉钢铁料消耗	kg/t	1064.93	一、转炉日历利用系数	t/(t·d)	33.83
其中：山钢股份	%	99.98	其中：山钢股份	kg/t	1061.83	其中：山钢股份	t/(t·d)	29.52
电炉锭坯合格率	%	99.99	转炉炼钢工序能耗	kgce/t	-25.03	转炉炉衬寿命	炉	7110.00
其中：山钢股份	%	99.99	其中：山钢股份	kgce/t	-24.21	其中：山钢股份	炉	7110.00
二、生铁合格率	%	100	二、高炉综合焦比	kg/t	483.21	转炉氧枪寿命	炉	179.02
其中：山钢股份	%	100	其中：山钢股份	kg/t	481.34	其中：山钢股份	炉	191.14
生铁一级品率	%	87.07	入炉焦比	kg/t	334.17	二、高炉有效容积利用系数	t/(m³·d)	2.61
其中：山钢股份	%	86.38	其中：山钢股份	kg/t	328.19	其中：山钢股份	t/(m³·d)	2.44
三、钢材合格率	%	99.29	炼铁工序能耗	kgce/t	370.09	人造块矿使用率	%	91.91

续表

主要质量指标			主要消耗指标			主要效能指标		
指标名称	单位	指标值	指标名称	单位	指标值	指标名称	单位	指标值
其中：山钢股份	%	98.97	其中：山钢股份	kgce/t	372.82	其中：山钢股份	%	84.39
四、烧结矿合格率	%	98.36	三、钢材综合成材率	%	98.40	入炉矿品位	%	57.11
其中：山钢股份	%	99.15	其中：山钢股份	%	96.59	其中：山钢股份	%	57.11
五、球团矿合格率	%	99.67	热轧综合成材率	%	98.59	喷煤比	kg/t	164.90
其中：山钢股份	%	100	其中：山钢股份	%	96.62	其中：山钢股份	kg/t	158.90
山钢矿业	%	100	轧钢工序能耗	kgce/t	50.34	三、轧机日历作业率	%	64.41
六、冶金焦合格率	%	100	其中：山钢股份	kgce/t	55.06	其中：山钢股份	%	61.30
其中：山钢股份	%	100						
七、耐材制品合格率	%	94.44						
其中：山东耐材	%	94.44						

（撰稿：郑　丽　胡　玉　审稿：孙日东）

2022 年全国钢铁企业主要产品产量排序表（前 10 名）

（单位：万吨）

钢				铁				材			
位次	企业	2022 年	2021 年	位次	企业	2022 年	2021 年	位次	企业	2022 年	2021 年
1	宝武	13183.48	13056.20	1	宝武	11696.94	11296.40	1	宝武	12704.09	12239.43
2	鞍钢	5564.90	5565.33	2	鞍钢	5357.24	5266.22	2	鞍钢	5228.47	5225.38
3	沙钢	4145.39	4422.97	3	建龙	3416.29	3320.00	3	沙钢	3890.54	4244.22
4	河钢	3950.45	4009.84	4	河钢	3365.15	3221.91	4	河钢	3673.26	3634.62
5	建龙	3579.42	3591.17	5	沙钢	3286.87	3427.44	5	首钢	3305.62	3441.77
6	首钢	3381.66	3543.20	6	首钢	3183.62	3195.29	6	建龙	3212.60	3152.01
7	**山钢**	**2942.28**	**2824.98**	**7**	**山钢**	**2566.17**	**2658.99**	**7**	**山钢**	**2924.44**	**2856.43**
8	湖钢	2642.50	2621.06	8	湖钢	2170.94	2147.97	8	湖钢	2656.68	2557.15
9	德龙	2023.77	2083.54	9	德龙	1672.96	1660.12	9	德龙	2079.00	2173.50
10	方大	1970.41	1998.54	10	柳钢	1642.09	1842.40	10	方大	2012.67	2003.94

注：数据来源于中国钢铁工业协会。

2022 年世界钢铁企业粗钢产量排名表（前 20 名）

（单位：百万吨）

钢铁公司	总部所在地	粗钢产量		产量排名	
		2022 年	2021 年	2022 年	2021 年
中国宝武钢铁集团①	中国	131.84	130.56	1	1
安赛乐米塔尔②	卢森堡	68.89	79.26	2	2
鞍钢集团③	中国	55.65	55.65	3	3
日本制铁株式会社④	日本	44.37	49.46	4	4
沙钢集团	中国	41.45	44.23	5	5
河钢集团	中国	41	41.64	6	7
浦项制铁控股	韩国	38.64	42.96	7	6
建龙集团	中国	36.56	36.71	8	8
首钢集团	中国	33.82	35.43	9	9
塔塔钢铁	印度	30.18	30.59	10	10
山钢集团	**中国**	**29.42**	**28.25**	**11**	**11**
德龙集团	中国	27.9	27.82	12	12

续表

钢铁公司	总部所在地	粗钢产量		产量排名	
		2022 年	2021 年	2022 年	2021 年
湖南钢铁集团⑤	中国	26.43	26.21	13	14
JFE 钢铁株式会社	日本	26.2	26.85	14	13
京德勒西南钢铁公司	印度	23.38	18.59	15	19
纽柯钢铁公司	美国	20.6	23.13⑧	16	15
方大集团	中国	19.7	19.98	17	16
现代制铁	韩国	18.77	19.64	18	17
柳钢集团	中国	18.21	18.83	19	18
伊朗矿业开发与革新组织⑥	伊朗	18.00⑦	16.70⑦	20	23

注：数据来源于国际钢协。

①包括新余钢铁产量。

②包括安赛乐米塔尔-日本制铁印度合资公司60%的产量（前身为艾萨钢铁公司）。

③包括本钢集团产量。

④包括日本制铁不锈钢、三洋特钢、奥沃克集团的产量，以及安赛乐米塔尔-日本制铁印度合资公司40%的产量和米纳斯吉拉斯钢铁公司31.4%的产量。

⑤前身为华菱钢铁集团。

⑥包括穆巴拉克钢铁公司、伊斯法罕钢铁公司、胡齐斯坦钢铁以及伊朗钢铁公司的合并产量。

⑦为预估值。

⑧为修正值。

2001~2022 年全国铁、钢、材历年产量表

（单位：万吨）

年份	2001	2002	2003	2004	2005	2006	2007	2008
生铁	15554	17085	21367	26831	34375	41245	47652	47824
粗钢	15163	18237	22234	28291	35324	41915	48929	50306
钢材	16068	19252	24108	31976	37771	46893	56561	60460
年份	2009	2010	2011	2012	2013	2014	2015	2016
生铁	55283	59733	64051	66354	71150	71375	69141	70227
粗钢	57218	63723	68528	72388	81314	82231	80383	80761
钢材	69405	80277	88620	95578	108201	112513	103468	104813
年份	2017	2018	2019	2020	2021	2022		
生铁	71362	77988	80849	88898	86857	86383		
粗钢	87074	92904	99542	106477	103524	101796		
钢材	104642	113287	120457	132489	133667	134034		

注：数据来源于国家统计局。

集团公司2022年职工队伍基本情况统计表

单位名称	年末职工人数	管理和专业技术人员情况				生产服务岗位人员情况					离退休人员情况		
		总数	其中：技术职称情况			总数	其中：技能等级情况				总数	其中	
			高级职称	中级职称	初级职称		高级技师	技师	高级工	中级工		离休人员	退休人员
合　计	32469	7115	3115	1859	0	20404	815	2499	8945	4142	25573	119	25454
1. 集团总部	270	267	157	72	14	3	0	0	0	0	0	0	0
2. 山东钢铁股份有限公司	24615	4076	2065	975	425	16283	756	2245	7598	3458	12926	72	12854
3. 莱芜钢铁集团有限公司	810	437	115	126	156	127	5	7	36	68	4523	16	4507
4. 山钢集团矿业公司	2756	348	112	125	75	2203	11	106	758	352	3556	17	3539
5. 山信软件股份有限公司	1184	751	462	134	75	382	24	54	128	49	55	0	55
6. 山东耐火材料有限公司	1694	297	35	123	115	1275	19	87	425	215	4427	14	4413
7. 山东钢铁集团房地产有限公司	710	536	79	152	75	131	0	0	0	0	74	0	74
8. 山东钢铁集团国际贸易有限公司	170	155	37	88	8	0	0	0	0	0	8	0	8
9. 山钢集团资本控股（深圳）有限公司	185	180	32	46	0	0	0	0	0	0	3	0	3
10. 山东钢铁集团财务有限公司	52	52	17	16	7	0	0	0	0	0	1	0	1
11. 山钢集团淄博张钢有限公司	23	16	4	2	0	0	0	0	0	0	0	0	0

注：1. 年末职工人数含内退人员，不含参股、改制、合并报表单位人数；
2. 不含山东工业职业学院。

（撰稿：张传友　魏　鹏　审稿：李　林）

集团公司2022年专业技术人才基本情况统计表

项目	合计	女	少数民族	中共党员	博士	硕士	学历：研究生	学历：大学本科	学历：大学专科	学历：中专	学历：高中及以下	年龄：35岁及以下	年龄：36~40岁	年龄：41~45岁	年龄：46~50岁	年龄：51~54岁	年龄：55岁及以上	专业技术职称：高级	专业技术职称：高级：正高级	专业技术职称：中级	专业技术职称：初级
总计	6358	1477	75	4040	31	731	750	4874	568	131	35	1415	1520	1101	1163	869	290	3115	94	1837	1023
其中：1. 在管理岗位工作的	1786	260	7	1476	15	250	297	1233	186	60	10	190	430	343	355	315	153	895	47	459	204
2. 具有职业资格的	3704	764	56	2722	28	344	467	3050	173	13	1	727	928	676	780	514	79	2220	70	1096	531
专业技术职称：高级职称	2914	638	32	2309	28	394	405	2449	51	5	4	56	749	732	676	543	158				
其中：正高级职称	94	10		83	19	27	40	50	3	1			4	12	24	27	27				
中级职称	1837	466	29	1108	3	229	233	1291	280	31	2	469	512	254	327	192	83				
初级职称	1023	266	11	367		19	22	818	124	51	8	621	153	66	79	71	33				
未聘任专业技术职称	584	107	3	256		89	90	316	113	44	21	269	106	49	81	63	16				
专业类别：工程技术人员	4619	810	57	2990	29	511	521	3612	332	95	59	1035	1190	824	795	600	175	2590	84	1165	729
卫生技术人员	84	54		24		1	1	38	31	14		3	7	14	30	17	13	31	1	37	15
教学人员	34	14		15	1		3	21	8		2	15		3	6	7	3	8	1	12	7
经济专业人员	1055	282	14	669	1	137	151	738	143	16	7	175	214	178	221	204	63	319	2	434	128
会计人员	398	225	4	186		51	42	305	46	4	1	129	73	55	71	46	24	96	4	136	97
统计专业人员	24	15		17				18	4	2		2	2	3	7	4	6	3		16	5
审计专业人员	23	18		18		6	6	17				7	2	5	4	4	1	13	1	7	1
翻译专业人员	2	1		1		2	2					1				1		1			1
图书资料专业人员	3	2		1				1	2						2	1		1		1	1
档案专业人员	10	9		8				10				1	1	2	3	3		4		4	1
新闻专业人员	101	31		91		18	18	81	2			30	25	12	17	13	4	49	1	21	28
播音主持专业人员	5	4		1				5				4	1								2

（撰稿：张传友　魏　鹏　审稿：李　林）

集团公司 2022 年获国家专利情况统计表

序号	专利类型	专利名称	发明人	申请日	授权公告日	专利号	专利权人
1	实用新型	一种可重复利用的氧枪防坠落装置	杨希杰 高志滨 张 伟	2021-08-04	2022-01-04	202121806394. 1	山东钢铁股份有限公司
2	实用新型	一种应急供水装置	曲文超	2021-08-10	2022-01-04	202121863569. 2	山东钢铁股份有限公司
3	发明	一种解决超宽板坯连铸机粘结报警后坯壳脱不开的方法	赵登报 胡勤东 王学新 张 波 王玉民 高龙永 温维新 刘 拓 张立标 陈 耀 牛向利 黄延朋 郭卫国 马 越	2020-09-15	2022-01-04	2020109644442	山东钢铁集团日照有限公司
4	实用新型	用于钢包清理的全自动无扇除尘装置	付常伟 高卫星 杜金科 李 萍 李四军 邹春峰 胡 滨 石红燕 董 雷 王 博	2021-05-10	2022-01-11	202120984508. 5	山东钢铁股份有限公司
5	实用新型	一种大型曲轴角度测量工具	李彦初 石祥庆 杨 平 张志远	2021-06-22	2022-01-11	202121385149. 8	山东钢铁股份有限公司
6	实用新型	一种高炉煤气余压透平发电装置	赵玉国 刘 坤 吕德玉 王营营 苏 峰 邵长琚 王馨薇	2021-06-11	2022-01-11	202121317391. 1	山东钢铁股份有限公司
7	实用新型	一种钢板淬火水幕遮挡装置	高海军 冯文义 谭维钰 魏军广 刘军刚 邢长怀	2021-09-30	2022-01-11	202122400168. X	莱芜钢铁集团银山型钢有限公司
8	实用新型	一种转底炉驱动小齿轮	孙永波 孙吉才 孙 浩	2021-08-24	2022-01-11	202121993945. X	莱芜钢铁冶金生态工程技术有限公司
9	实用新型	一种模块式链条更换装置	李普强 姜 丽 李雪涛 林雅琴 孙 波 赵 峥 李山峰 李绪东	2021-09-26	2022-01-14	202122337144. 4	山东钢铁股份有限公司
10	实用新型	一种电机水冷装置	毕永谦 吕双庆 任永亮 吕 游 丁 娟 毕泽坤	2021-06-18	2022-01-14	202121368081. 2	莱芜钢铁集团银山型钢有限公司
11	实用新型	一种高压水系统的简易油水分离装置	杨 平 李彦初 卢正臻 吴 琦 李永峰	2021-10-11	2022-01-18	202122443948. 2	山东钢铁股份有限公司

续表

序号	专利类型	专利名称	发明人	申请日	授权公告日	专利号	专利权人
12	实用新型	地质工程用泥土取样装置	邵明国	2021-03-22	2022-01-18	202120580509. 3	山东金岭矿业股份有限公司
13	实用新型	应用于二步矿房回采的掘进刀	徐祥熙　吴会明	2021-03-22	2022-01-21	202120590664. 3	山东金岭矿业股份有限公司
14	实用新型	一种高炉喷雾冷却装置	王　红　周文胜　陈新峰　苏　毅　刘文奇　李成锋	2021-07-30	2022-01-21	202121762981. 5	山信软件股份有限公司
15	实用新型	一种电炉上料卸料小车自动定位系统	李明亮　王云彪　范者峰　赵　斌　卞新亮　张浩健　卫　宏　韩妍妍　侣焕玲　楼　纬　刘维洲　韩　雪	2020-08-18	2022-01-21	202021722670. 1	山信软件股份有限公司
16	实用新型	一种磁尺安装拆卸夹具	李成锋　周文胜　史红燕　刘文奇　苏　毅	2021-07-30	2022-01-21	202121762938. 9	山信软件股份有限公司
17	实用新型	一种冷轧带钢穿带导板台	何永清　黄立国　王　飞　孙志鹏　孟　帅　高　冲　吕震宇　刘　旭	2021-07-30	2022-01-21	202121760820. 2	山信软件股份有限公司
18	实用新型	热钢坯定位装置	钱延杰　王云彪　尹国伟　刘青凤	2020-06-08	2022-01-21	202021049463. 4	山信软件股份有限公司
19	实用新型	一种位置检测装置及系统	张元华　方茂峰　尚晓光　邱　芳　李海滨　刘　珍　弥春霞　吕　霞　张　丽　张　瑾	2021-07-30	2022-01-21	202121760811. 3	山信软件股份有限公司
20	实用新型	一种冷轧带钢清洗装置	李　坤　宋晓云　黄公娟　高文晖　王卫芳	2021-07-20	2022-01-21	202121650201. 8	山信软件股份有限公司
21	实用新型	一种新型悬臂辊辊头固定结构	孙吉才　孙永波　张笃增	2021-05-31	2022-01-25	202121185081. 9	莱芜钢铁冶金生态工程技术有限公司
22	实用新型	一种拆装方便的行车检修用临时大车车挡	孙永波　孙吉才　李瑞峰　吕登宏	2021-08-06	2022-01-25	202121829174. 0	莱芜钢铁冶金生态工程技术有限公司
23	实用新型	一种短应力线轧机压下螺母固定结构	孙吉才	2021-08-16	2022-01-25	202121906963. X	莱芜钢铁冶金生态工程技术有限公司

续表

序号	专利类型	专利名称	发明人	申请日	授权公告日	专利号	专利权人
24	发明	一种预防氧化铁皮生成的退火炉快速点炉升温的方法	查　凯　姚长新　程　威　胡华东　王　栋　郭　峰　韩　冬　宇　凡　沈兆灿	2020-12-07	2022-01-25	2020114274322	山东钢铁集团日照有限公司
25	实用新型	一种焦化用车轨道清理装置	孙思同　张　涛　韩　昊　陈　超　李胜欣　赵坤喜　高希迎　孙元成	2021-10-11	2022-01-28	202122432968. X	山东钢铁股份有限公司
26	实用新型	一种焦化厂用罐体货物转运平台	吕文静　莫瑞磊　栗　豹　卓庆丁　戴孝佩　韩永吉　张洪涛　马春雷　王志国	2021-10-11	2022-01-28	202122443950. X	山东钢铁股份有限公司
27	发明	一种系泊链焊档压延方法	张振考　刘洪涛　朱清雨　张蓬勃　张忠奎　贾中晔　王昌荣	2020-12-08	2022-01-28	202011420239. 6	莱芜钢铁集团淄博锚链有限公司
28	实用新型	一种可移动除尘装置	杨普庆　于亮涛　谭学样　王尖锐　郭　达　王玉春　张昭平	2021-10-11	2022-02-01	202122446317. 6	山东钢铁股份有限公司
29	发明	一种高耐蚀易焊接热压零部件的制备方法	刘培星　郝　亮　侯晓英　高兴昌　金光宇　殷继丽　曹光明　任　东　展英姿　孙卫华　汤化胜	2020-09-09	2022-02-01	2020109381288	山东钢铁集团日照有限公司
30	发明	一种新型配料室料仓卸料口密封装置及开启装置	樊增彬　刘传振　赵修华	2019-12-30	2022-02-01	2019113898970	山东钢铁集团日照有限公司
31	实用新型	热轧履带钢入口滚动导卫装置	孙晓庆　霍喜伟　纪进立　李　承　刘　军　尚国明　李同敬　任　伟　刘　杰　何　鑫　石荣浩	2021-08-11	2022-02-11	202121875760. 9	山东钢铁股份有限公司
32	实用新型	用于轧制双齿履带钢的轧辊组件和轧机	孙晓庆　霍喜伟　纪进立　李同敬　尚国明　李　承　任　伟　刘昀嘉　刘　军	2021-08-25	2022-02-11	202122021467. 2	山东钢铁股份有限公司
33	实用新型	一种宽翼缘H型钢轧制装置	孔令坤　尚国明　刘昀嘉　陈　辉　王德彪　姜　丽	2021-09-23	2022-02-11	202122304282. 2	山东钢铁股份有限公司
34	实用新型	一种万向接轴套筒衬板更换装置	张　戈　董洪壮　曾　晖　陈万福　袁宇皓　王念欣　栗吉益　李雪涛	2021-07-01	2022-02-11	2021215036887	山东钢铁股份有限公司
35	发明	一种解决不规则坯料导电加热温度不均匀的方法	刘培星	2019-11-05	2022-02-11	2019110689723	山东钢铁集团日照有限公司

续表

序号	专利类型	专利名称	发明人	申请日	授权公告日	专利号	专利权人
36	发明	一种防止冷轧处理线退火炉内断带的控制方法	张忠厚 王相锋 杨增荣 徐卫国 何立军 林建民 纪召红 陈 涛 王雪卫	2020-04-16	2022-02-11	2020103008941	山东钢铁集团日照有限公司
37	发明	一种焦炉煤气制 LNG 装置中 TSA 塔的再生方法	杨 鹏 朱圣华 张 满 孙业新 张 帆 许保明 赵秀秀 蒋家良 张守强 栾树龙 倪维龙	2020-09-02	2022-02-18	2020109073126	山东钢铁集团日照有限公司
38	实用新型	一种安装往复泵内置密封件的手动工具	杨 平 卢正臻 李彦初 李永峰 杨佃平 张晓红	2021-10-11	2022-02-22	202122443949. 7	山东钢铁股份有限公司
39	发明	大型曲臂卸料环冷机在线适应性改造优化方法	高志强 李传收 牛福成 马振军 逯 红 王晓峰 滕 野 陈书峰 张德千 王 鹏 李洪生 张进坤 程 猛 于运海	2020-04-21	2022-02-22	2020103176646	山东钢铁集团日照有限公司
40	实用新型	可升降除鳞装置	张 印 高 丽 曲辉祥 安百光 武 剑 吕宜震 景 伟 吴 琦 张 猛 利先平	2021-09-08	2022-02-25	202122166967. 5	山东钢铁股份有限公司
41	发明	一种集成式抑尘装置	张 戈 曾 晖 袁宇皓 陈万福 李雪涛 董洪壮 王念欣 栾吉益	2020-05-07	2022-03-03	2020103751756	山东钢铁股份有限公司
42	实用新型	一种可控温自定位棒材热轧运输辊道	王宗斌 梁 娜 陈 良 李浩秋 许京铭 尹崇丽 马丙涛 石军强 王 允 郭 磊 李 毅	2021-03-31	2022-03-04	202120657261. 6	山东钢铁股份有限公司
43	实用新型	一种轧机支撑辊升降控制装置	韩宪伟 莫瑞强 杨 阳 陈 路 李 达 王泽鑫	2021-01-22	2022-03-04	202120191618. 6	山信软件股份有限公司
44	发明	一种通讯控制方法及系统	包敦武 李 侠 张 健	2019-06-24	2022-03-04	201910548209. 4	山信软件股份有限公司
45	发明	一种连铸高合金模具钢圆坯的快速热送装置及热送方法	李丰功 刘茂文 刘 利 陈 良 吴明洋 马丙涛 闻小德 刘超群 刘 鹏 刁 峰 刘 兵 时振明 尹崇丽	2019-05-24	2022-03-08	201910438656. 4	山东钢铁股份有限公司

续表

序号	专利类型	专利名称	发明人	申请日	授权公告日	专利号	专利权人
46	发明	一种耐疲劳耐腐蚀锻压用圆钢及其制备方法	李月 刘品 韩蕾蕾 欧阳峥容 马传庆 李金浩 郑桂芸 张利平 张海霞	2021-01-19	2022-03-08	202110068761.0	山东钢铁股份有限公司
47	发明	一种F45MnVS钢材连续正火热处理方法	王允	2021-04-15	2022-03-08	202110406029.X	山东钢铁股份有限公司
48	实用新型	一种快速检漏装置	宫文垒 肖晨 回全平 陶金	2021-08-10	2022-03-08	202121863652.X	山东钢铁股份有限公司
49	实用新型	一种用于喷号机的气流隔离装置	刘化佳	2021-10-28	2022-03-08	202122616238.5	山东钢铁股份有限公司
50	发明	一种用于防止稀土钢连铸水口堵塞的方法	许荣昌 韩杰 何毅 陈良 刘成宝 王毅 孙宗辉 刘志刚 邵正伟	2020-08-27	2022-03-08	2020108798369	山东钢铁股份有限公司
51	发明	一种10~60 mm厚度规格高强度高韧性叉车用钢及其制备	李艳 王中学 麻衡 霍孝新 倪凯 李文强 张长宏 王腾飞 陈爱娇 何康 刘俊宝	2021-06-29	2022-03-08	202110727852.0	莱芜钢铁集团银山型钢有限公司
52	发明	一种减少超宽板坯连铸机铸坯弓形缺陷的方法	张波 张永青 杜金玉 赵登报 王玉民 赵孝伦 吴纲 武冠军 杨得福 路小文 牛向利 贵延鹏 郭卫国 马越	2020-10-30	2022-03-08	2020111848518	山东钢铁集团日照有限公司
53	发明	齿轮轴上齿轮中心线与键槽中心线的测量装置和测量方法	朱小波 杨立昌 王安凤 刘孝义 吴玉军 李念龙 崔希新	2016-12-15	2022-03-08	201611161941.9	莱芜钢铁集团有限公司
54	实用新型	一种接近开关的安装装置	刘丽英 孙凯 张树鹏 吴鹏 李坤 王卫芳	2021-10-29	2022-03-08	202122640571.X	山信软件股份有限公司
55	发明	一种中高硅铁水的转炉冶炼方法	刘忠建 高志滨 郭伟达 李强笃 王忠刚	2019-07-10	2022-03-11	201910618065.5	山东钢铁股份有限公司
56	发明	一种管带扭转监测方法	李建云 刘智伟 耿斐 吕同军 杜彧 魏泽华	2020-02-17	2022-03-11	202010096043.X	山东钢铁股份有限公司

续表

序号	专利类型	专利名称	发明人	申请日	授权公告日	专利号	专利权人
57	发明	一种小方坯连铸机定径浇注工艺开浇自动起步的方法	郭　达　任科社　石树坤　朱　立　刘志猛	2020-04-10	2022-03-11	202010280624. 9	山东钢铁股份有限公司
58	发明	一种适用于含钛热轧宽钢带钢种的生产方法	刘洪银　李广艳　王　利　张庆峰　亓伟伟	2021-03-23	2022-03-11	202110310324. 5	山东钢铁股份有限公司
59	发明	一种适用于 SPHC 低碳系列钢种的浅处理工艺	刘俊宝　宁　伟　王　强　尚　游　李少帅	2021-03-25	2022-03-11	202110320887. 2	山东钢铁股份有限公司
60	发明	一种避免螺旋埋弧焊钢管焊缝出现气孔缺陷的方法	刘洪银　李　婕　亓伟伟　王　利　孙建卫　刘莱萌　刘旭东　姜　丽　何明生	2021-10-15	2022-03-11	202111205526. X	山东钢铁股份有限公司
61	实用新型	一种热轧棒材组合式运输辊道调整平衡装置	王宗斌　亓海燕　陈　良　马丙涛　梁　娜　李　毅　郭　磊　闫　晗	2021-06-21	2022-03-11	202121379738. 5	山东钢铁股份有限公司
62	实用新型	一种柔性化方坯自动移料装置	王宗斌　亓海燕　袁本明　陈　良　李　毅　梁　娜　闫　晗　李玉华	2021-06-25	2022-03-11	202121435389. 4	山东钢铁股份有限公司
63	实用新型	一种防松装置	陈延霞　朱磊磊	2021-08-10	2022-03-11	202121863570. 5	山东钢铁股份有限公司
64	实用新型	一种连铸坯射钉试验用射钉枪固定支架	刘　兵　叶飞来　赵冠夫　戈文英　梁　娜　况兴宇	2021-09-03	2022-03-11	202122130065. 6	山东钢铁股份有限公司
65	实用新型	一种连铸扇形段内弧侧残余冷却水引流装置	赵冠夫　戈文英　李玉华　刘　兵　梁　娜　任　琪　陈菲菲	2021-09-10	2022-03-11	202122198163. 3	山东钢铁股份有限公司
66	实用新型	一种连铸中间包烘包尾气余热利用装置	杨志杰　付常伟	2021-10-12	2022-03-11	202122458737. 6	山东钢铁股份有限公司
67	实用新型	棒材定尺挡板机构	卢正臻	2021-10-27	2022-03-11	202122588412. X	山东钢铁股份有限公司
68	发明	一种降低转炉炉底高度的方法	刘忠建　宁　伟　高志滨　卢　波　赵立峰　公　斌　张　丽	2020-02-10	2022-03-11	202010084584. 0	莱芜钢铁集团银山型钢有限公司

续表

序号	专利类型	专利名称	发明人	申请日	授权公告日	专利号	专利权人
69	发明	一种转炉高效涮炉的方法	刘忠建 宁 伟 高志滨 卢 波 赵立峰 公 斌 张 丽	2020-02-14	2022-03-11	202010092789. 3	莱芜钢铁集团银山型钢有限公司
70	发明	一种 LF 精炼钢包微孔陶瓷棒透气上水口座砖及其吹氩控制方法	武光君 郭伟达 朱 建 宁 伟 王金洪 陈永生 武玉利	2020-07-25	2022-03-11	202010726676. 4	莱芜钢铁集团银山型钢有限公司
71	实用新型	一种用于钢包透气上水口座砖的吹氩系统	武光君 杜 鹏	2021-06-24	2022-03-11	202121420599. 6	莱芜钢铁集团银山型钢有限公司
72	发明	钢包自动吹氩对接装置和钢包氩气对接及钢包吹氩方法	孙永喜 王永强 张 庆 于 辉 李新来 吴会翔 王 威 魏丕峰 王 升	2020-07-06	2022-03-15	202010638540. 8	山东钢铁股份有限公司
73	发明	一种耐时效的冷轧连续退火钢带及其制造方法	康华伟 尹翠兰 侯晓英 王 鹏 丁明凯 孙 冰 何召东 冯 帆 张 磊 亢业峰 梁 亚 王 乐	2020-11-09	2022-03-15	2020112376393	山东钢铁集团日照有限公司
74	发明	一种易切削连杆用钢及其制造方法	梁 娜 王建军 修 冬 赵 燕 李 猛 戈文英 刘 兵 李 飞 杨密平	2020-02-11	2022-03-18	202010086206. 6	山东钢铁股份有限公司
75	实用新型	一种磁尺的拆卸装置	李 坤 张 帅 孙 凯 张 瑾 张树鹏 吴 鹏 刁君成	2021-10-29	2022-03-18	202122624938. 9	山信软件股份有限公司
76	实用新型	一种新型编码器检测装置	李 达 张建坤 陈 路 李银生 莫瑞强 王泽鑫 矣 明 杨 阳 苏 伟 王成和	2021-10-22	2022-03-18	202122546977. 1	山信软件股份有限公司
77	实用新型	一种用于三辊开坯机上的人工翻钢吊具	石军强 石欣钰 陈 良 李浩秋 尹崇丽 王 允 三宗斌 狄云锋 李 飞	2021-11-22	2022-03-22	202122865953. 2	山东钢铁股份有限公司
78	发明	一种极地海洋工程用钢板及其制备方法	麻 衡 王中学 曹 阳 王腾飞 杜传治 李 涛 于全成 宁 伟 陈爱娇	2020-08-17	2022-03-22	202010826396. 0	莱芜钢铁集团银山型钢有限公司
79	发明	一种冷轧机轧制里程的计算方法	翟 诺 陈铁军 亓 霞 张 凯 张 帅 孙 凯 赵剑波 李 源 鲁统令 刁君成 王卫芳	2021-01-15	2022-03-22	202110056974. 1	山信软件股份有限公司

续表

序号	专利类型	专利名称	发明人	申请日	授权公告日	专利号	专利权人
80	发明	一种TRT静叶可调机构定位方法	纪田宇 秦军强 王学娜 黄 伟 李 波 段伦刚 王 波 郭 标	2019-10-09	2022-03-25	201910952530.9	莱芜钢铁集团有限公司
81	发明	一种间隔压矿的高炉布料方法	杨 雷 高文圣 马振军 张吉刚 弭希雨 张 辉 江承伟 张守良	2020-11-18	2022-03-25	2020112899521	山东钢铁集团日照有限公司
82	发明	一种TRT静叶可调机构定位方法	纪田宇 秦军强 王学娜 黄 伟 李 波 段伦刚 王 波 郭 标	2019-10-09	2022-03-25	201910952530.9	莱芜钢铁集团有限公司
83	发明	一种数字式变压器瓦斯继电保护方法	房新亮 曹西忠	2020-08-31	2022-03-29	2020108930555	山东钢铁集团日照有限公司
84	实用新型	一种双电源闭锁控制电路	李传东 赵伟帆 李永晨 崔军峰 李传红 和发波	2021-09-18	2022-04-01	202122278147.5	山东钢铁股份有限公司
85	发明	一种高铁水比条件下电炉冶炼低钛钢的方法	孙宗辉 许荣昌 刘茂文 陈 良 田 超 韩 杰 刘成宝 王 毅 刘志刚 邵正伟	2020-09-30	2022-04-01	2020110546756	山东钢铁股份有限公司
86	发明	一种提高Q&P800钢性能的方法	侯晓英 孙卫华 孙 帅 王 硕 段 磊 任 东 曹光明 金光宇 郝 亮 殷继丽	2020-04-17	2022-04-01	2020103039598	山东钢铁集团日照有限公司
87	发明	一种极限宽薄深冲镀锌钢板的板形控制方法	王 乐 陈晓潇 胡华东 宇 凡 何召东 查 凯 金光宇 丁明凯 郝 亮 冯 帆 殷继丽 展英姿	2021-01-14	2022-04-01	2021100486787	山东钢铁集团日照有限公司
88	发明	一种基于属性关系积的质量数据属性约简方法	焦吉成 孙卫华 汤化胜 崔 健 曹金生 李率民 王 猛 王宁国 魏宏雪	2020-09-24	2022-04-01	2020110126711	山东钢铁集团日照有限公司
89	实用新型	冷床集中润滑系统	卢正臻	2021-09-26	2022-04-05	202122343013.7	山东钢铁股份有限公司
90	实用新型	一种变压器胶囊式油枕的油气管路及其注油系统	赵伟帆 李传东 赵兴永 李传红 吴 建 朱 根	2021-10-28	2022-04-05	202122609485.2	山东钢铁股份有限公司
91	实用新型	一种新型热轧圆钢冷床保温罩装置	王 允 孙荣安 石军强 李浩秋 刘超群 李修峰 范佳文 尹崇丽	2021-11-10	2022-04-05	202122740525.7	山东钢铁股份有限公司

续表

序号	专利类型	专利名称	发明人	申请日	授权公告日	专利号	专利权人
92	发明	一种用于去除稀土钢液中夹杂物的过滤装置及过滤方法	许荣昌 韩杰 何毅 刘成宝 王毅 孙宗辉 田超 陈良 刘茂文 刘志刚 邵正伟	2020-09-30	2022-04-05	2020110594181	山东钢铁股份有限公司
93	发明	一种连续退火炉带钢宽度拉窄量控制方法和系统	郭峰 郭慧 蒋超友	2020-06-04	2022-04-08	202010499183.1	山东钢铁股份有限公司
94	发明	一种低合金高强度大规格棒材的热轧控冷方法	王宗斌 李浩秋 马丙涛 陈良 修冬 王允 石军强	2020-07-10	2022-04-08	202010662869.8	山东钢铁股份有限公司
95	实用新型	可调整支架	杜守虎 李磊 吴启军 包伟 朱亚洲 孙光泽 王子颖 段伦飞 邓晓鹏	2021-10-25	2022-04-08	202122562858.5	山东钢铁股份有限公司
96	实用新型	一种热模拟试验机夹具	沈彬彬 郑艳 王庆炜	2021-12-01	2022-04-08	202122998919.2	山东钢铁股份有限公司
97	发明	一种 Mo-V 协同作用的抗拉强度 1000 MPa 易焊接钢板及其生产方法	麻衡 王中学 何康 杜传治 霍孝新 王月香 于全成 李艳	2021-06-23	2022-04-08	202110700254.4	莱芜钢铁集团银山型钢有限公司
98	实用新型	一种双边剪氧化铁皮清除装置	刘化佳	2021-10-28	2022-04-12	202122609316.9	山东钢铁股份有限公司
99	实用新型	一种热轧厚板线双边剪设备安装工装	王光瑞 刘纯玉 亓斌 吕石君 运洪良 邹元甲 燕全明 田成文 田超 黄涛 卢少仆 武永进 陈哲	2021-12-06	2022-04-12	202123037583.X	山东钢铁股份有限公司
100	发明	一种零延伸率拉矫改善镀锌板 C 翘板形的控制方法	马昊 查凯 吕明鹏 王伟 宗鹏霄 张延涛 胡华东 马波 李代鹏	2020-11-18	2022-04-12	202011289956X	山东钢铁集团日照有限公司
101	发明	单机架炉卷轧机薄规格卷轧钢板甩尾控制方法	蔡茗宇 刘朋 王振华 杨勇 刘德红 李复磊 陈洪川 李东岳 李天恒	2020-12-28	2022-04-12	2020115753860	山东钢铁集团日照有限公司
102	实用新型	一种转鼓剪防撞检测装置	刘圳 王勇 徐发奇 姜巍 王飞 李冠旻 姜斌 战立凯 张艺聪 费林雁 尚传磊 朱士春 焦志敏	2020-09-02	2022-04-12	202021897980.7	山信软件股份有限公司

续表

序号	专利类型	专利名称	发明人	申请日	授权公告日	专利号	专利权人
103	实用新型	钢丝绳卡件装置	程　昊　武　涛　姜　丽　尚铁军	2021-10-21	2022-04-15	202122535719. 3	山东钢铁股份有限公司
104	实用新型	简易棒材定尺挡板	卢正臻	2021-10-27	2022-04-15	202122588444. X	山东钢铁股份有限公司
105	实用新型	一种多功能制动器	杜守虎　李　磊　王晔霞　朱亚洲　吕同举　张　媛　张　玮　陈龙飞　高　军　胡乃宝	2021-12-16	2022-04-15	202123155707. 4	山东钢铁股份有限公司
106	发明	一种淬火冷却自动控制方法	李　涛　于全成　刘军刚　冯文义　麻　衡　谭维钰　魏军广　张长宏　秦　港　刘　青　王　猛　李　强　高海军　邢长怀　张　梅	2021-04-02	2022-04-15	202110363789. 7	莱芜钢铁集团银山型钢有限公司
107	发明	一种 1. 2 GPa 级 TRIP 钢及其微观组织的调控方法	侯晓英　孙卫华　任　东　曹光明　金光宇　郝　亮　刘培星　展英姿　殷继丽	2020-12-03	2022-04-15	2020114153629	山东钢铁集团日照有限公司
108	发明	一种激光焊机焊接 QP980 及以上超高强钢焊接方法	王　硕　段　磊　苟　毅　袁婷婷　王鹏飞　刘　正　张一鸣　楚雅杰	2020-09-23	2022-04-15	2020110053829	山东钢铁集团日照有限公司
109	发明	一种铁包自动加揭盖装置及其实施方法	陈　民　施汉生	2021-03-19	2022-04-15	2021103053212	山东钢铁集团日照有限公司
110	实用新型	一种接近开关挡块	翟　诺　赵　琳　王卫芳　张　帅　张　凯　赵剑波　鲁统令　李　强	2020-06-18	2022-04-15	202021131250. 6	山信软件股份有限公司
111	实用新型	一种窑炉烟气脱硝用冷却器	王　锴　朱训强　靖相佳	2021-11-23	2022-04-19	202122879020. 9	山东耐火材料集团有限公司
112	实用新型	一种钢包底吹氩自动对接装置	刘洪银　李俊玉　刘亚军　王　利　张庆峰　亓伟伟　邹春峰　胡增跃	2021-08-18	2022-04-19	202121935407. 5	山东钢铁股份有限公司
113	实用新型	一种油箱加热装置	张　印　彭国胜　王元春　杨兆银　刘　斌　安百光　武　剑	2021-12-22	2022-04-19	202123238275. 3	山东钢铁股份有限公司
114	实用新型	一种柱销联轴器找正表架	唐守跃　李栓运	2021-12-28	2022-04-19	202123319887. 5	山东钢铁股份有限公司

续表

序号	专利类型	专利名称	发明人	申请日	授权公告日	专利号	专利权人
115	发明	一种焦炉开闭弹簧罩的主工具、副工具及其开闭方法	贾伟 三鲁锋 姬长侠 刘强 刘海涛 明波 孙业新 梁青峰 陈永强 李义超 焦庆亮 张庆增 石川	2020-09-04	2022-04-19	2020109188346	山东钢铁集团日照有限公司
116	发明	一种低成本高强度矩形钢管的生产方法	董丙成 刘洪银 高翠萍 王利 韩文习 张冠锋	2020-08-07	2022-04-22	202010786283. 2	山东钢铁股份有限公司
117	发明	一种中型卡车前桥用钢及其生产方法	刘兵 刘运丽 刘鹏 赵冠夫 戈文英 梁娜 况兴宇 王升	2021-04-27	2022-04-22	202110460105. 5	山东钢铁股份有限公司
118	发明	一种用于连铸钢包回转台底吹氩的软吹方法及控制装置	武光君 王中学 武文健 武玉利	2020-07-25	2022-04-22	202010726677. 9	莱芜钢铁集团银山型钢有限公司
119	发明	一种基于音频化渣的转炉动态底吹方法	尚游 宁伟 张海波 刘俊宝 王强 李少帅 高志滨 刘忠建	2021-03-11	2022-04-22	202110265539. X	莱芜钢铁集团银山型钢有限公司
120	发明	一种冷轧极限宽薄深冲钢的板形控制方法	王乐 陈晓潇 高兴昌 许铭 张冲冲 刘琳 徐军 朱信成 闫超 丁紫正 曹光明 任东	2021-01-14	2022-04-22	2021100480206	山东钢铁集团日照有限公司
121	实用新型	焦化粗苯加氢设备的真空尾气管道防堵消烟装置	王成 王鑫 张希隆 李文 徐强 冯文臣 郭东岳 杨忠华 郝德冰 邹怡明 雷振	2021-11-08	2022-04-26	202122710260. 6	山东钢铁股份有限公司
122	发明	一种调节主工具、调节副工具和调节方法	王鲁锋 姬长侠 许明 刘海涛 焦庆亮 明波 陈永强 张庆增 陈伟超 张超 李义超 余志彦 石川	2020-09-04	2022-04-26	2020109188331	山东钢铁集团日照有限公司
123	发明	一种废钢熔清的判断方法、装置和系统	王军 亓鹏飞 张彤 魏洪云 毕研然 邢敏 陈勇	2018-10-12	2022-04-26	201811187183. 7	莱芜钢铁集团电子有限公司
124	发明	一种提高转炉终点钢水锰元素的方法	任科社 张昭平 杨普庆	2020-05-22	2022-04-29	202010444052. 3	山东钢铁股份有限公司

续表

序号	专利类型	专利名称	发明人	申请日	授权公告日	专利号	专利权人
125	发明	一种能避免圆形钢管制管过程中出现卷管不圆缺陷的方法	刘洪银　孙建卫　王　利　张庆峰　亓伟伟　王孝科　郝　帅	2021-05-10	2022-04-29	202110507572. 9	山东钢铁股份有限公司
126	实用新型	一种铁路道轨清料器	王伟刚　毕振强　樊振普　刘文宇	2021-10-26	2022-04-29	202122583559. X	山东钢铁股份有限公司
127	发明	钢包透气上水口座砖吹氩进气管路的漏气检测及吹氩流量修正方法	武光君　王中学　武文健	2021-07-12	2022-04-29	202110785232. 2	莱芜钢铁集团银山型钢有限公司
128	实用新型	双齿履带钢的校核尺	孙晓庆　李　承　刘　军　纪进立　霍喜伟　宋玉卿　李同敬　任　伟　刘　杰　何　鑫	2021-08-25	2022-05-03	202122017374. 2	山东钢铁股份有限公司
129	实用新型	一种减速机拆卸工装	李文涛　郑春宇　包　刚　李传鹏　高　朋　李　昊　耿大利	2021-11-16	2022-05-03	202122807072. 5	山东钢铁股份有限公司
130	实用新型	一种合金钢棒材冷床用移动式保温装置	石军强　石欣钰　陈　良　李浩秋　尹崇丽　王　允　王宗斌　狄云锋　李　飞	2021-12-09	2022-05-03	202123078830. 0	山东钢铁股份有限公司
131	实用新型	一种低压电动机转子抽装工具	杨　超　贾瑞林	2021-12-16	2022-05-03	202123155414. 6	山东钢铁股份有限公司
132	实用新型	一种控冷水箱前辊道升降装置	石军强　石欣钰　陈　良　李浩秋　尹崇丽　王　允　王宗斌　狄云锋　李　飞	2021-12-20	2022-05-03	202123206927. 5	山东钢铁股份有限公司
133	实用新型	一种回转窑余热利用装置	张　炯　张　英　梁　栋　李建云　张　毅　周小辉	2021-12-30	2022-05-03	202123365495. 2	山东钢铁股份有限公司
134	实用新型	一种回转窑用可调节燃烧器	张　炯　张　英　梁　栋　李建云　张　毅　周小辉	2021-12-30	2022-05-03	202123365494. 8	山东钢铁股份有限公司
135	发明	一种高强韧且心部冶金质量良好的微合金化中厚板及其制备方法	麻　衡　杜林秀　高秀华　吴红艳　王中学　霍孝新　高彩茹　陈爱娇　宁　伟	2021-02-22	2022-05-03	202110197286. 7	莱芜钢铁集团银山型钢有限公司、东北大学
136	实用新型	一种高耐蚀热压零部件的制备装置	陈　钢　刘培星　郝　亮　金光宇　初冠南　侯晓英　汤化胜　孙卫华	2021-09-16	2022-05-03	2021222472151	山东钢铁集团日照有限公司

续表

序号	专利类型	专利名称	发明人	申请日	授权公告日	专利号	专利权人
137	发明	一种钢包底吹整体式模块化导向机构	曹先锋 王俊岳	2020-09-09	2022-05-03	2020109380942	山东钢铁集团日照有限公司
138	发明	一种热水器水箱外板用经济型冷轧钢板的生产方法	王乐 陈晓潇 李洪翠 胡华东 高兴昌 孙明双 朱信成 张冲冲 李柏君 王硕 王鹏飞	2020-09-07	2022-05-03	2020109273620	山东钢铁集团日照有限公司
139	发明	制备金属复合板的设备及其制备方法	孔令坤 霍喜伟 纪进立 赵新华 宋玉卿 王刚	2015-09-14	2022-05-06	201710114751. X	山东钢铁股份有限公司
140	实用新型	一种轧钢加热炉和轧钢系统	王宗斌 陈良 闫晗 叶飞来 尹崇丽 梁娜 马丙涛 李毅 郭磊 孙相中	2022-01-05	2022-05-06	202220023833. X	山东钢铁股份有限公司
141	发明	一种多属性连续性工业生产数据的整合方法	孙卫华 焦吉成 孙风晓 曹金生 崔健 李率民 王猛 王宁国 魏宏雪	2020-09-11	2022-05-10	2020109501913	山东钢铁集团日照有限公司
142	实用新型	一种可调节卡料取异物装置	江荐	2021-11-29	2022-05-13	202122947037. 3	山东钢铁股份有限公司
143	实用新型	一种定尺装置和棒材切割设备	王宗斌 闫晗 马丙涛 尹崇丽 李毅 郭磊 孙相中	2022-01-05	2022-05-13	202220034366. 0	山东钢铁股份有限公司
144	实用新型	一种高炉自动上料装置	杨增晖 綦金龙	2022-01-05	2022-05-13	202220005721. 1	山东钢铁股份有限公司
145	实用新型	一种高炉气密箱的长寿命中心喉管	卜祥伦 邹磊明 冯磊 蔡金龙	2022-01-06	2022-05-13	202220021367. 1	山东钢铁股份有限公司
146	发明	一种转炉炉口封堵方法	赵立明 山峰 王蕾 李刚 赵立峰 陈亮 李红花 蔺蓬超 赵超	2020-11-17	2022-05-17	202011285491. 0	山东钢铁股份有限公司
147	发明	一种极地用钢的超高磷铁水低成本冶炼方法	麻衡 何康 王中学 王腾飞 邹稳蓬 杜传治 陈爱娇 张佩 宁伟 霍孝新	2021-05-20	2022-05-17	202110553104. 5	莱芜钢铁集团银山型钢有限公司
148	发明	一种低碳抗疲劳风电用钢板及制备方法	何金珊 刘世豹 武会宾 王西涛 麻衡 王中学 王月香	2021-10-14	2022-05-17	202111200081. 6	北京科技大学、莱芜钢铁集团银山型钢有限公司

续表

序号	专利类型	专利名称	发明人	申请日	授权公告日	专利号	专利权人
149	发明	一种高炉炉料平铺调整气流分布的方法	杨　雷	2020-11-18	2022-05-17	2020112918664	山东钢铁集团日照有限公司
150	发明	一种 590 MPa 级增强成型性热镀锌双相钢的生产方法	田祥省　胡华东　徐国军　刘培星　侯晓英　任　东　曹光明　雷　凯　张　康　查　凯　董立华	2021-03-17	2022-05-17	2021102833537	山东钢铁集团日照有限公司
151	发明	一种屈服强度 580 MPa 级以上热镀锌钢带的制造方法	康华伟　侯晓英　胡华东　尹翠兰　张　磊　王　鹏　亢业峰　刘培星　梁　亚　王　乐　王　兴　宇　凡	2019-12-25	2022-05-17	2019113546882	山东钢铁集团日照有限公司
152	实用新型	一种钛白粉回转窑窑衬用耐火砖砖型结构	王明刚　高　蕊　刘永振　王佑宝　蔡国庆　李志杰　闫　涛　姜鸿峰　张志豪	2022-01-18	2022-05-24	202220112578. 6	山东耐材集团鲁耐窑业有限公司
153	实用新型	一种十一辊陶瓷辊体	张进坤　廉　波　郑志强　陈书峰　任建伟　高志强　张德千　张作程　陈继涛　李洪生　穆固天	2022-01-21	2022-05-31	2022201972049	山东钢铁集团日照有限公司
154	实用新型	板材双边剪压板装置及板材双边剪	曹少华　田遵超　李　涛　陈业龙　刘持波	2021-12-07	2022-06-03	202123053428. 7	莱芜钢铁集团银山型钢有限公司
155	发明	一种 250 MPa 级高强无间隙原子钢的生产方法	尹翠兰　康华伟　冯　帆　高兴昌　梁　亚　王　兴　孙　帅　许　铭	2020-09-10	2022-06-03	2020109474507	山东钢铁集团日照有限公司
156	实用新型	一种棒线冷床上卸钢系统故障监测装置	张　印　高　丽　曲辉祥　安百光　景　伟　吴　琦　燕中旺　芦　阳　孙勇军　张健健	2021-02-10	2022-06-07	202220274308. 5	山东钢铁股份有限公司
157	实用新型	悬挂式销轴更换装置	王红凡　李雪涛　董士平　任艳霞　赵　峥　尹建强　孔　峰　李山峰	2022-01-10	2022-06-07	202220054927. 3	山东钢铁股份有限公司
158	实用新型	电气故障自诊断系统	刘建军　刘建迅　王宗涛　王　伟　王心贵	2021-08-06	2022-06-10	202121838852. X	山东钢铁股份有限公司
159	实用新型	一种直流电源供电电路	李传东　赵伟帆　赵兴永　徐　昭　徐　亮　梁　鹏　李传红	2021-11-25	2022-06-10	202122918506. 9	山东钢铁股份有限公司

续表

序号	专利类型	专利名称	发明人	申请日	授权公告日	专利号	专利权人
160	实用新型	步进冷床落料收集装置	王　威	2021-12-10	2022-06-10	202123111060. 5	山东钢铁股份有限公司
161	实用新型	一种位置检测装置	董　杰	2021-12-01	2022-06-10	202122991661. 3	莱芜钢铁集团银山型钢有限公司
162	发明	一种闭环伺服控制的电磁铁防屈曲失稳装置	陈海龙　丁　中　李柏君　陈潇晓　谢京全　张英杰　刘晓美　刘培星　王国强	2020-10-28	2022-06-10	2020111677232	山东钢铁集团日照有限公司
163	发明	一种低成本打包带用冷轧钢带原料的生产方法	王　鹏　张　磊　程文华　袁婷婷　孔亚娜　冯　帆　何召东　展英姿	2021-07-23	2022-06-10	202110836153X	山东钢铁集团日照有限公司
164	实用新型	一种节能环保型矿用钻击锤一体式开凿设备	师黄伟　齐　清　王加磊	2022-02-09	2022-06-14	202220261970. 7	山东耐火材料集团有限公司
165	发明	一种适用于板坯连铸机的异钢种混浇方法	李广艳　张海波　王　利　张庆峰　刘洪银　亓伟伟　孙建卫	2021-03-02	2022-06-14	202110249387. 4	山东钢铁股份有限公司
166	发明	一种炼焦除尘灰压块及其制备方法	孙永波	2020-11-23	2022-06-14	202011322212. 3	莱芜钢铁冶金生态工程技术有限公司
167	实用新型	一种低压双电源切换电路	孙维龙　王成龙	2022-02-10	2022-06-14	2022202698643	山东钢铁集团日照有限公司
168	实用新型	具有安全防护功能的锯片吊具	宁占龙	2022-01-04	2022-06-17	202220004102. 0	山东钢铁股份有限公司
169	实用新型	一种悬挂式链轮更换装置	吴钦国　李雪涛　李发宏　孔　峰　尹建强　李山峰　李绪东	2022-01-11	2022-06-17	202220061934. 6	山东钢铁股份有限公司
170	实用新型	一种H型钢轧机导卫预顶紧装置	刘　波　杨　栋　张园华　田志灿　尚国明　孙鹏鹏　刘昀嘉　田　京　田云飞　丁志强　方金林　杨洪勇	2022-01-25	2022-06-17	202220204425. 4	山东钢铁股份有限公司
171	发明	一种设备状态监测信息的无线传输方法	王京先　田敬刚　毕衍涛　孙延海　刘义学　单修迎	2020-08-25	2022-06-17	2020108602160	山东钢铁集团日照有限公司

续表

序号	专利类型	专利名称	发明人	申请日	授权公告日	专利号	专利权人
172	实用新型	一种主备扩容调度通信系统	吕晓茜 邱 雪 李晓彤 展雪洁 张 凯 张钰琪 张佳林	2022-03-11	2022-06-17	202220523283. 8	山信软件股份有限公司
173	实用新型	一种热电偶引出装置	李 坤 张 帅 宋希光 张树鹏 张 凯 孙 凯 赵剑波 陈铁军	2022-03-01	2022-06-17	202220425935. 4	山信软件股份有限公司
174	实用新型	一种冷轧飞剪抱闸位置检测系统	李 宁 高 冲 邱立民 邢 健 段元云 李 鑫 李 斌 陈令杰 李 婷	2022-03-01	2022-06-21	202220429931. 3	山信软件股份有限公司
175	实用新型	一种明渠流量监测装置	李春雷 靖长续	2022-03-01	2022-06-21	202220425965. 5	山信软件股份有限公司
176	实用新型	一种管道浮力流量计	李 坤 王瑞华 张学庆 高 源 黄公娟 曹 建	2022-03-01	2022-06-21	202220425559. 9	山信软件股份有限公司
177	发明	一种混浇钢种及用于异形坯异钢种稳定混浇的生产方法	韩蕾蕾 邹春锋 杜传治 李四军 李 萍 胡 滨 石红燕 杜金科 付常伟	2020-09-09	2022-06-28	202010942369. X	山东钢铁股份有限公司
178	发明	一种全量铁水的转炉冶炼方法	刘忠建 王 键 高 山 王忠刚 宁 伟 陈永生 刘文凭 公 斌 尚 游 刘俊宝 李洋洋 候光达	2021-07-20	2022-06-28	202110818759. 0	山东钢铁股份有限公司
179	发明	一种在 LF 精炼中对钢水进行脱氧、脱硫的方法及装置	袁淑君 赵新华 闫志华 张 鹏	2021-07-27	2022-06-28	202110852163. 2	山东钢铁股份有限公司
180	实用新型	一种铁水取样防抖装置	郝树虹 胡 滨 周 昊 李 萍 姜 丽 杜金科 杜 鹏 张百庆 范 斌	2021-11-30	2022-06-28	202122970426. 8	山东钢铁股份有限公司
181	实用新型	一种转炉炉底结构	李雪峰 李俊玉 刘亚军 刘忠建 刘春伟 刘洪银 孙庆亮	2021-12-23	2022-06-28	202123275052. 4	山东钢铁股份有限公司
182	实用新型	一种热轧履带钢在线热矫装置	孙晓庆 刘昀嘉 孙鹏鹏 霍喜伟 纪进立 宋玉卿 任 伟 刘 军 朱庆华 王德彪	2022-01-06	2022-06-28	202220024684. 9	山东钢铁股份有限公司
183	实用新型	一种大棒冷床上钢装置	石军强 石欣钰 陈 良 李浩秋 尹崇丽 王 允 王宗斌 李 飞 狄云锋	2022-02-10	2022-06-28	202220274355. X	山东钢铁股份有限公司

续表

序号	专利类型	专利名称	发明人	申请日	授权公告日	专利号	专利权人
184	发明	一种提高钢包底吹透气砖吹通率的装置及应用方法	武光君　朱　建　武文健　王金龙	2020-07-25	2022-06-28	202010726675. X	莱芜钢铁集团银山型钢有限公司
185	发明	一种镀锌板热压应力硬化管状零部件的制备方法	刘培星　郝　亮　侯晓英　陈　钢　金光宇　殷继丽　曹光明　任　东　展英姿　高兴昌　胡华东　孙卫华　汤化胜	2021-01-15	2022-06-28	2021100528845	山东钢铁集团日照有限公司
186	实用新型	一种加热炉上料钢坯坯重分析系统	张　瑶　吴　鹏　王跃军　孟维芬　吕　斌　黄公娟　袁小康	2020-08-18	2022-06-28	202021722665. 0	山信软件股份有限公司
187	实用新型	一种炉门位置检测装置	张　丽　刘　珍　王瑞华　方茂峰　聂孟灿　胡　猛　张元华　杜升华　尚晓光　李　伟	2022-03-11	2022-06-28	202220525146. 8	山信软件股份有限公司
188	实用新型	一种热轧叉车横梁型钢的矫直辊	孙晓庆　霍喜伟　纪进立　宋玉卿　尚国明　张园华　雷　刚　刘昀嘉　王德彪　朱庆华	2021-06-23	2022-07-01	202121403976. 5	山东钢铁股份有限公司
189	实用新型	便携式模块化吊装工具	潘子越　李雪涛　梁玉萍　林雅琴　孙　波　赵　峥　李山峰	2021-06-28	2022-07-01	202121462448. 7	山东钢铁股份有限公司
190	实用新型	一种轧边辊插入式固定导卫	杨　栋　田志灿　丁志强　刘　波　田　京　田云飞　杨洪勇	2022-01-25	2022-07-01	202220204453. 6	山东钢铁股份有限公司
191	发明	一种激光焊机剪刃的安装调整装置及方法	王　硕　楚雅杰　孙　超　邓冬梅　段　磊　王鹏飞　刘　正　张一鸣	2020-09-23	2022-07-01	2020110053833	山东钢铁集团日照有限公司
192	发明	一种控制转炉干法除尘泄爆的方法	孙争取　聂永青　王学新　刘　丽　佟圣刚　温福新　王　兴　赵登报　韩震超　代　平　李成龙　宫衍涛　冯凡园	2021-08-23	2022-07-01	2021109670600	山东钢铁集团日照有限公司
193	发明	一种卸卷小车定位方法	孙振勇　王　飞　吕震宇　刘　旭　黄立国　孙志鹏　吴电峰　孟　帅　高　冲	2021-07-20	2022-07-01	202110819208. 6	山信软件股份有限公司
194	实用新型	一种热轧棒材在线定尺分段装置	王宗斌　王子帆　尹崇丽　闫　晗　孙相中　李浩秋　吴兆华　郭　磊　李玉华	2022-03-09	2022-07-05	202220518434. 0	山东钢铁股份有限公司

续表

序号	专利类型	专利名称	发明人	申请日	授权公告日	专利号	专利权人
195	发明	一种12Cr2Mo1R特厚加氢反应器钢板生产方法	邵正伟　何　毅　刘成宝　王　毅　韩　杰　孙宗辉　刘志刚　许荣昌	2021-01-14	2022-07-05	2021100497495	山东钢铁股份有限公司
196	发明	一种制备稀土轴承钢的形变热处理方法	邵正伟　许荣昌　刘成宝　何　毅　王　毅　孙宗辉　韩　杰　吴明洋　刘志刚　孙根领　田　超	2020-09-30	2022-07-05	2020110546559	山东钢铁股份有限公司
197	实用新型	一种光电检测元件防护装置	魏成勇　何志国　郑　虹　王跃军　张树鹏　王　峰　何琳琦　张　凡　李　伟	2022-03-02	2022-07-05	202220434772.6	山信软件股份有限公司
198	发明	一种板坯连铸机及其板坯中间包快速堵流装置	公　斌　赵立峰　王忠刚　卢　波　张海波　张　丽　高志滨　薛　志	2019-09-23	2022-07-08	201910901375.8	山东钢铁股份有限公司
199	实用新型	水浸箱装置	闻小德	2022-01-05	2022-07-08	202220017606.6	山东钢铁股份有限公司
200	实用新型	料仓满仓报警装置	胡延森　杨默涵　秦书财　张　波	2022-02-09	2022-07-08	202220267334.5	山东钢铁股份有限公司
201	发明	一种起重机钢丝绳的更换方法	王　宇　王光成　宋西民　姜志强　陈振兴　宋晓云	2020-06-16	2022-07-12	202010547682.3	山东钢铁股份有限公司
202	发明	一种热轧宽带钢生产工艺的设计方法	李广艳　张海波　王　利　张庆峰　刘洪银　亓伟伟　孙建卫	2021-03-08	2022-07-12	202110249627.0	山东钢铁股份有限公司
203	发明	一种屈服强度420 MPa级热轧耐低温H型钢及其制备方法	赵培林　刘洪银	2021-07-20	2022-07-12	202110818559.5	山东钢铁股份有限公司
204	发明	一种Q550D高强钢板及其制备方法	周　昊　李　萍　刘俊宝　仵金炜　李四军　胡　滨　邹春锋　付常伟　杜金科　石红燕	2021-07-30	2022-07-12	202110872941.4	山东钢铁股份有限公司
205	实用新型	用于连铸坯火焰切割的自吸式除尘装置	付常伟　高卫星　杜金科　李　萍　李四军　邹春峰　胡　滨　董　雷　王　博	2021-05-10	2022-07-12	202120984611.X	山东钢铁股份有限公司
206	实用新型	一种35kV充气进线开关柜用电流互感器	张　宁　李传东　赵兴永　卢占庆　李传红	2021-11-08	2022-07-12	202122713236.8	山东钢铁股份有限公司

续表

序号	专利类型	专利名称	发明人	申请日	授权公告日	专利号	专利权人
207	实用新型	一种用于轧钢厂的多用液压机械缓冲装置	朱永新	2021-12-28	2022-07-12	202123319759.0	山东钢铁股份有限公司
208	实用新型	折叠式皮带机	张庆慧 武 涛 尚铁军 刘锡芸 程 昊	2022-01-05	2022-07-12	202220016707.1	山东钢铁股份有限公司
209	实用新型	高炉开口机小车行走链条用链接板	王玉元	2022-01-05	2022-07-12	202220017253.X	山东钢铁股份有限公司
210	实用新型	密闭水系统安全阀自动试验装置	孙瑞瑞 曲文超	2022-02-09	2022-07-12	202220267378.8	山东钢铁股份有限公司
211	实用新型	斗轮装置	程 昊 武 涛 姜 丽 尚铁军 杨 玲	2022-02-09	2022-07-12	202220263769.2	山东钢铁股份有限公司
212	实用新型	一种用于热轧平整机步进梁位置检测装置	张建坤 王泽鑫 李恩伟 杨 阳 谢 冬 苏本义 王成和 王庆勇	2021-10-22	2022-07-15	202122546860.3	山信软件股份有限公司
213	发明	一种环冷台车密封装置	曾 晖 张 戈 牛福成 陈书峰 亓福川 栾吉益 陈万福 董洪壮 王念欣 袁宇皓 李雪涛 王智超 付廷强	2021-02-24	2022-07-19	2021102058524	山东钢铁股份有限公司
214	实用新型	一种抗氢致延迟开裂的油浴成形装置	郝 亮 陈 钢 曹光明 刘培星 殷继丽 金光宇	2022-04-12	2022-07-19	2022208411204	山东钢铁集团日照有限公司
215	发明	一种钢包引流砂二次灌装的工艺	刘玉喜 宁知常 李国柱 苗振鲁 潘玉军	2021-01-15	2022-07-19	2021100518025	山东钢铁集团日照有限公司
216	实用新型	崎岖岩面用钻机固定装置	郭 建	2022-01-10	2022-07-19	202220041991.8	山东金岭矿业股份有限公司
217	实用新型	井下钻机钻杆固定装置	张兴旺	2022-01-10	2022-07-19	202220042205.6	山东金岭矿业股份有限公司
218	实用新型	地质勘探用取样装置	冯 鹏	2022-01-13	2022-07-19	202220080800.9	山东金岭矿业股份有限公司

续表

序号	专利类型	专利名称	发明人	申请日	授权公告日	专利号	专利权人
219	实用新型	岩面钻机用钻口安全装置	傅骁斐	2022-01-14	2022-07-19	202220104780.4	山东金岭矿业股份有限公司
220	实用新型	采矿用清洁除尘装置	徐祥熙	2022-01-17	2022-07-19	202220116984.X	山东金岭矿业股份有限公司
221	实用新型	采矿用给矿机	向　永	2022-01-18	2022-07-19	202220132488.3	山东金岭矿业股份有限公司
222	实用新型	矿用多功能通风装置	赵玉亮	2022-01-19	2022-07-19	202220135840.9	山东金岭矿业股份有限公司
223	实用新型	矿井巷道支护用打锚杆孔装置	魏　超	2022-01-25	2022-07-19	202220191060.6	山东金岭矿业股份有限公司
224	实用新型	矿山开采用的测温钻头钻杆机构	石先进	2022-01-26	2022-07-19	202220214021.3	山东金岭矿业股份有限公司
225	实用新型	具有金属探测功能的选矿装置	吴　鹏　马金宝	2022-03-10	2022-07-19	202220518973.4	山东金岭矿业股份有限公司
226	实用新型	凿岩机打孔深度测量装置	许　晨　吴会明	2022-02-28	2022-07-19	202220405518.3	山东金岭矿业股份有限公司
227	实用新型	一种旋转编码器的零位调整装置	李　坤　宋　健　宋晓云　于　骏　张树鹏　刘丽英　李传静　陈铁军	2022-03-11	2022-07-19	202220525123.7	山信软件股份有限公司
228	实用新型	一种环冷机密封水槽在线清淤输送装置	王庆远　熊　伟　李志强	2022-04-24	2022-07-22	202220952340.4	山东钢铁股份有限公司
229	发明	碱性条件下铁精粉脱硫的组合药剂及采用其对磁黄铁矿脱硫的方法	韩西鹏　陈永伟　李金梁　张　伟　邢汉明　王　涛　王乃强　刘呈增　王　超	2020-12-28	2022-07-22	202011579211.7	山东金岭矿业股份有限公司
230	发明	一种海上风电法兰用钢及制备方法	袁淑君　赵新华　闫志华　张　鹏	2021-09-23	2022-07-26	202111114011.9	山东钢铁股份有限公司

续表

序号	专利类型	专利名称	发明人	申请日	授权公告日	专利号	专利权人
231	实用新型	一种用于轧机导卫的横向固定装置	王 允 李修峰 刘超群 范佳文 李浩秋 尹崇丽	2021-12-20	2022-07-26	202123208394.4	山东钢铁股份有限公司
232	实用新型	一种圆钢用的振动式整理装置	石军强 石欣钰 张 庆 林 敏 李浩秋 尹崇丽 许 锌 张文韬 王 允 王宗斌 狄云锋	2022-04-29	2022-07-26	202221023912.7	山东钢铁股份有限公司
233	实用新型	轧钢生产线及其适用于轧机前方的坯料定位输送装置	王宗斌 王子帆 尹崇丽 孙相中 闫 晗 吴兆华 李 毅 李玉华	2022-02-10	2022-07-29	202220271970.5	山东钢铁股份有限公司
234	实用新型	一种钢包清理接渣装置	马传庆 张 佩 张海霞 范 斌 王海州 魏晨阳 李金浩 戈文英 李 月 郑桂云 赵冠夫 梁 娜 刘金玲 张利平 刘 兵	2022-04-28	2022-07-29	202221001672.0	山东钢铁股份有限公司
235	实用新型	一种冶金业液压缸防护装置	王 威	2022-04-29	2022-07-29	202221015360.5	山东钢铁股份有限公司
236	实用新型	一种多功能盘车工具	赵景泉 杜守虎 李 磊	2022-04-29	2022-07-29	202221015580.8	山东钢铁股份有限公司
237	发明	一种高炉顶压的控制方法	赵玉国 李传瑾 王营营 张 继 魏传波 袁 瑾 刘 坤 刘菁华	2021-06-11	2022-08-02	202110656846.0	山东钢铁股份有限公司
238	实用新型	一种热轧棒材在线可调式齐尾装置	王宗斌 高 健 林 敏 韩 政 李 毅 李浩秋 王 允 陈树振	2022-04-15	2022-08-02	202220869263.6	山东钢铁股份有限公司
239	实用新型	一种钢渣热焖蒸汽喷淋消除装置	张乐辰 李朝阳 王中学 董 强 曾 晖 李梅广 许荣昌 何 毅	2022-04-01	2022-08-02	202220747670X	山东钢铁股份有限公司
240	发明	一种高压水除鳞集管喷嘴角度校验工具及校验方法	王化胜 李仲伟 欧安阳 孙 鸣 刘 明 凤成龙 胡小江 赵爱军	2020-09-01	2022-08-02	2020109024384	山东钢铁集团日照有限公司
241	发明	一种闭环伺服控制的高压吹气防屈曲失稳装置	陈海龙 丁 中 李柏君 陈潇晓 谢京全 张英杰 刘晓美 刘培星 王国强	2020-10-28	2022-08-02	2020111676259	山东钢铁集团日照有限公司

续表

序号	专利类型	专利名称	发明人	申请日	授权公告日	专利号	专利权人
242	实用新型	一种加热炉用热送连铸圆坯提升上料装置	石军强 袁本明 石欣钰 陈 良 林 敏 李浩秋 尹崇丽 刘超群 郭 磊 王 允 王宗斌 李 飞	2022-04-29	2022-08-05	202221014106. 3	山东钢铁股份有限公司
243	发明	一种高炉风口表面耐高温陶瓷材料及其制备方法和应用	王长宝 邹仲平 苏荣茂 亓福川 陈相成 王延平 张 英	2021-01-20	2022-08-09	202110074005. 9	山东钢铁股份有限公司
244	发明	一种转炉底吹透气砖优化方法	王学新 温福新 张永青 毕永杰 佟圣刚 王 兴 王鹏飞	2021-08-30	2022-08-09	2021110033266	山东钢铁集团日照有限公司
245	实用新型	一种防止 EAF 出钢口观察孔溢渣的装置	王耀炎 高 健 姚晓锋 张 庆 李新来 吴会翔	2022-04-29	2022-08-12	202221023189. 2	山东钢铁股份有限公司
246	实用新型	一种地质灾害预警装置	师黄伟 齐 清 赵 飞	2022-02-09	2022-08-16	202220261609. 4	山东耐火材料集团有限公司
247	实用新型	一种粉状材料筛分及收集装置	周艳丽 王宗斌 陈晓丽 王海州 王永强 杨密平 吴兆华 叶飞来 赵立胜 尹崇丽 范 斌 李 飞 李庆军	2022-04-28	2022-08-16	202221002061. 8	山东钢铁股份有限公司
248	实用新型	一种皮带机配重防跑偏装置	王雪朋 赵善阳 王在丰	2022-01-21	2022-08-16	2022201665981	山东钢铁集团日照有限公司
249	发明	一种控制宽厚钢板边部折叠的方法	张英杰 田 川 李柏君 陈海龙 陈晓潇 谢京全 刘晓美	2021-01-14	2022-08-16	2021100480047	山东钢铁集团日照有限公司
250	发明	一种多功能切焊一体机	朱永恒 王 凯 魏寒晨	2020-06-29	2022-08-16	202010605754. 5	莱芜钢铁集团有限公司
251	实用新型	一种推焦车推焦杆铆钉铆接装置	戴孝佩 孙振华 杨 强 鞠 玲 吕文静 栗 豹 李 忠 孙 健 王 强 类维华 徐连庆	2022-05-26	2022-08-23	202221279181. 2	山东钢铁股份有限公司
252	发明	一种高压断路器的故障检测方法及装置	谭永彦 刘静怡 陶务纯 尹崇丽 闫 寒 吕欣乐 焦 健	2019-12-24	2022-08-26	201911349933. 0	山东钢铁股份有限公司

续表

序号	专利类型	专利名称	发明人	申请日	授权公告日	专利号	专利权人
253	实用新型	焊接保护气体简易汇流排装置	倪士军 吴玉军 刘学猛 运洪良 马 武 张廷水	2021-12-09	2022-08-26	202123085130. 4	山东钢铁股份有限公司
254	发明	一种高碳当量高合金特厚钢板的制造方法	孙京波 质兰聚 成小龙 刘熙章 史成斌 闫顺璞 施广好 朱子杨	2020-09-07	2022-08-26	2020109277161	山东钢铁集团日照有限公司
255	实用新型	一种活套模拟棒支撑装置及活套检测器标定装置	魏成勇 郑 虹 于成龙 宋希光 张树鹏 张 凡 张毅鹏 张华凯 曹 建	2022-03-01	2022-08-30	202220425964. 0	山信软件股份有限公司
256	发明	一种连铸中间包环形气幕挡墙及其安装方法	武光君	2017-07-14	2022-09-02	201710575311. 4	山东钢铁股份有限公司
257	发明	一种屈服强度 350 MPa 级深冲钢及其生产工艺	刘洪银 王 利 李俊玉 刘旭东 刘亚军 孙建卫 刘莱萌 张庆峰 亓伟伟 王成林	2021-08-13	2022-09-02	202110931596. 7	山东钢铁股份有限公司
258	实用新型	一种圆管带式输送机及其保护装置	刘 晨 蒋淑艳 李贤涛 宋永敏 钱 乾 张 刚 李 龙	2022-06-09	2022-09-02	202221438284. 9	山东钢铁股份有限公司
259	实用新型	一种自脱卸卡扣装置	魏鹏飞 李振刚 李 明 马永波 王 玥 潘 成 杨 娇	2022-06-21	2022-09-02	202221551118. X	莱芜钢铁集团电子有限公司
260	发明	一种铸坯凝固末端精准预测方法	吕 铭 刘洪银 张 佩 王中学 王 金	2022-06-27	2022-09-06	202210735076. 3	山东钢铁股份有限公司
261	实用新型	一种拉矫机出钢口除尘装置	刘晓明 李 鑫 利光浩 刘苏源 邓君堂 王 杰	2022-06-15	2022-09-09	202221498138. 5	山信软件股份有限公司
262	发明	一种高洁净度凸轮轴用钢及其轧制方法	梁 娜 王中学 张 佩 陈 良 王宗斌 林 敏 李浩秋 戈文英 况兴宇 赵冠夫 叶飞来	2021-04-01	2022-09-13	202110355585. 9	山东钢铁股份有限公司
263	发明	一种屈服强度 355 MPa 级冷轧低合金钢带及其制备方法	郝 帅 李玉功 孙建卫 刘曌娲 殷 磊 刘洪银 王 利 陈永生 杨 旭 孙雪娇 王孝科	2021-04-08	2022-09-13	202110377723. 3	山东钢铁股份有限公司

续表

序号	专利类型	专利名称	发明人	申请日	授权公告日	专利号	专利权人
264	发明	一种非调质无表面裂纹棒材及其制备方法	张海霞　梁建国　韩蕾蕾　修　冬　马传庆　郑桂芸　李金浩　张利平	2021-06-21	2022-09-13	202110685184. X	山东钢铁股份有限公司
265	发明	一种高氮齿轮钢及其制备方法	梁　娜　张　佩　陈　良　王宗斌　林　敏　赵冠夫　叶飞来　李浩秋　刘　兵　李金举	2021-10-19	2022-09-13	202111215547. X	山东钢铁股份有限公司
266	实用新型	一种提升式链轮更换装置	吴钦国　李雪涛　李发宏　李山峰　赵　峥　孔　峰　李绪东	2022-01-11	2022-09-13	202220063057. 6	山东钢铁股份有限公司
267	实用新型	一种淬火油槽	蒋子煜　王　威　孙相忠	2022-06-28	2022-09-13	202221631547. 8	山东钢铁股份有限公司
268	实用新型	一种烧结机台车带式侧密封装置	张　戈　曾　晖　衣冠玉　邹仲平　李雪涛	2022-04-20	2022-09-13	202220924845X	山东钢铁股份有限公司
269	发明	一种钢管焊接辅助装置	曾　晖　杨富廷　李梅广　董洪壮　张　戈　栾吉益　陈万福　王念欣　袁宇皓	2021-03-17	2022-09-13	2021102854317	山东钢铁股份有限公司
270	发明	一种高炉出铁口用铁屑清扫装置	张　戈　杨富廷　董洪壮　李梅广　曾　晖　陈万福　王念欣　栾吉益　袁宇皓	2021-03-17	2022-09-13	2021102855292	山东钢铁股份有限公司
271	发明	一种基于数字孪生的带钢热轧板形控制方法	董　强　李朝阳　张乐辰　何　毅　文　雄	2021-04-27	2022-09-13	2021104587490	山东钢铁股份有限公司
272	实用新型	一种多位行程控制装置	陈　勇　任　莹　户传雷　张　磊　房　军	2022-05-30	2022-09-13	202221316772. 2	莱芜钢铁集团银山型钢有限公司
273	实用新型	一种信息系统的录入装置	展雪洁　张　凯　李晓彤　李　超　庄光兵　张佳林　张钰琪	2022-06-15	2022-09-13	202221502308. 2	山信软件股份有限公司
274	实用新型	一种轧机接轴支撑位置检测装置	杨　阳　李　慧　王泽鑫　张建坤　董银娟　李　达　谢　冬　朱　明	2022-06-15	2022-09-13	202221508080. 8	山信软件股份有限公司
275	实用新型	一种直读光谱分析仪自动清理装置	陈向峰　展　杰　郭增升　徐加鑫　魏鹏飞　曹永芹　崔丽敏　王卫芳	2022-05-13	2022-09-13	202221141432. 0	莱芜钢铁集团电子有限公司

续表

序号	专利类型	专利名称	发明人	申请日	授权公告日	专利号	专利权人
276	发明	一种棒材锯切组合模型	张　峰　魏洪云　刘　浩　张　炎　侯学刚　王　亮　毕研然　刘　轩　张广岭	2021-05-17	2022-09-13	202110531611.9	莱芜钢铁集团电子有限公司
277	发明	棒材轧线精确定位的装置及控制方法	郑　虹　于成龙　张克鹏　张毅鹏　何琳琦　张华凯　王雨晴　刘　伟　陶　玲　黄　鑫	2021-05-17	2022-09-13	202110531613.8	莱芜钢铁集团电子有限公司
278	实用新型	一种扇形段喷枪及其内喷嘴拆卸工具	吕成斌　陈学明　于俊才　亓　强　修东利　李圣斌	2022-05-26	2022-09-20	202221279129.7	山东钢铁股份有限公司
279	实用新型	一种新型烧结环冷机支撑辊	李志强　王庆远　熊　伟	2022-06-28	2022-09-20	202221626816.1	山东钢铁股份有限公司
280	发明	一种降低 RH 单联工艺低碳铝镇静钢 Al_2O_3 夹杂的方法	贾崇雪　胡华东　张英杰　陈　辉　梁　亚　杨贵玲　单修迎　王南辉　夏继年　李相前　郭朝海　于　爽　柳彩枫　李海峰	2020-12-14	2022-09-20	2020114698137	山东钢铁集团日照有限公司
281	实用新型	一种金属板定尺自动剪切装置	郭冬梅　杨　锋　尹国伟　訾敬鑫　施　坪　张　健　石海军	2021-10-22	2022-09-20	202122549976.2	山信软件股份有限公司
282	实用新型	一种运输链道岔前带钢卷车辆检测装置	王泽鑫　张建坤　杨　阳　李　达　谢　冬　朱　明　李恩伟　王成和　李兴旺	2022-06-16	2022-09-20	202221518534.X	山信软件股份有限公司
283	发明	一种钢铁厂有害尘泥的烧结方法	周小辉　周　林　任　军　罗茂春　张　英　付　强　刘德峰	2021-03-16	2022-09-23	202110282568.7	山东钢铁股份有限公司
284	实用新型	一种转炉耳轴用分体式旋转接头	高　明　侯风岭　陈长青　张　行	2022-04-24	2022-09-23	202220952229.5	山东钢铁股份有限公司
285	实用新型	一种用于 RH 炉的水汽隔离装置	邹春锋　𬋖蕾蕾　李四军　李　萍　湖　滨　杜金科　石红燕　付常伟	2022-06-02	2022-09-23	202221381731.1	山东钢铁股份有限公司
286	实用新型	一种辊环冷却水嘴	王宗斌　赵立胜　林　春　李晓龙　张文韬　范佳文　陈树振	2022-06-08	2022-09-23	202221420434.3	山东钢铁股份有限公司
287	实用新型	一种减速机齿轮装置	陈延霞	2022-06-10	2022-09-23	202221455268.0	莱芜钢铁集团银山型钢有限公司

续表

序号	专利类型	专利名称	发明人	申请日	授权公告日	专利号	专利权人
288	实用新型	一种惰辊及其防水轴承座	宣虎威 张 欣 侯 刚 仵金炜 王新龙 吕 游 李新东 李子高 梁志刚	2022-06-22	2022-09-23	202221588332. 2	莱芜钢铁集团银山型钢有限公司
289	实用新型	便携式矿石采样装置	张兴旺	2022-01-21	2022-09-23	202220176644. 6	山东金岭矿业股份有限公司
290	实用新型	铁矿石磁选装置	向晨光	2022-01-25	2022-09-23	202220190998. 6	山东金岭矿业股份有限公司
291	实用新型	一种地质灾害监测挡护装置	张兴旺	2022-01-27	2022-09-23	202220233233. 6	山东金岭矿业股份有限公司
292	实用新型	带有矿石筛选功能的转运推车	石先进	2022-01-28	2022-09-23	202220240495. 5	山东金岭矿业股份有限公司
293	实用新型	采矿机械用减震底座	赵玉亮	2022-01-19	2022-09-27	202220135901. 1	山东金岭矿业股份有限公司
294	实用新型	地质勘探用取样土壤存放箱	邢元猛	2022-01-14	2022-09-27	202220094828. 8	山东金岭矿业股份有限公司
295	实用新型	便于卸料的采矿运输推车	赵玉亮	2022-01-21	2022-09-27	202220164078. 7	山东金岭矿业股份有限公司
296	实用新型	一种矿石粉碎装置	石先进	2022-01-27	2022-09-27	202220231773. 0	山东金岭矿业股份有限公司
297	实用新型	选矿用矿石清洗装置	向晨光	2022-01-30	2022-09-27	202220260243. 9	山东金岭矿业股份有限公司
298	实用新型	一种胶充系统过滤装置	吴会明 董 莹 许 晨 孟 俊 崔力维	2022-02-25	2022-09-27	202220388555. 8	山东金岭矿业股份有限公司
299	实用新型	块装式可移动皮带机	李克鹏 王 兵 李金梁 韩西鹏	2022-02-25	2022-09-27	202220402161. 3	山东金岭矿业股份有限公司

续表

序号	专利类型	专利名称	发明人	申请日	授权公告日	专利号	专利权人
300	发明	一种脱硫喷枪	刘洪银 郝 帅 孙建卫 王孝科 路 峰 袁鹏举 亓伟伟 王奉县	2017-05-12	2022-10-04	201710338638. X	山东钢铁股份有限公司
301	实用新型	一种轴类零件密封件安装装置	李彦初 杨 平 吴 琦 隋松华 岳 华	2022-06-29	2022-10-04	202221636438. 5	山东钢铁股份有限公司
302	发明	一种屈服强度 800 MPa 级高强度中厚板及其制备方法	何 康 王中学 麻 衡 张 佩 霍孝新 王月香 于全成 尹训强 陈爱娇	2021-07-26	2022-10-04	202110844355. 9	莱芜钢铁集团银山型钢有限公司
303	实用新型	一种 MULPIC 边部遮蔽限位装置	毕永谦 王 鹏 任永亮 吕 游 刘 青 王 猛 吕英峰 李子高 李树萍 庄舒涵	2022-04-29	2022-10-04	202221022061. 4	莱芜钢铁集团银山型钢有限公司
304	发明	一种 6~8 mm 薄规格 Q345qE 高性能桥梁钢板及其制造方法	陈爱娇 霍孝新 麻 衡 于全成 张长宏 尹训强 陈永生 何 康 刘 超	2021-07-16	2022-10-08	202110806814. 4	莱芜钢铁集团银山型钢有限公司
305	发明	一种齐头挡板装置	杨兆银 秦立丽 张 凯 陈会芬 安佰花	2017-06-22	2022-10-11	201710479422. 5	山东钢铁股份有限公司
306	实用新型	重型链条更换装置	马淑歆 李雪涛 梁玉萍 林雅琴 孙 波 赵 峥 李山峰	2021-06-29	2022-10-11	202121459060. 1	山东钢铁股份有限公司
307	实用新型	一种连轧机组在线拆装更换装置	王宗斌 王子帆 张文韬 范佳文 陈树振 赵立胜	2022-06-29	2022-10-14	202221656209. X	山东钢铁股份有限公司
308	实用新型	一种用于立井井壁淋水治理的引流装置	赵 飞 邱 飞 刘庆程 唐龙晖 王加磊 王依龙 刘 叶 李宗宝	2022-05-25	2022-10-21	202221271221. 9	山东耐火材料集团有限公司
309	实用新型	一种提高烧结成品率的烧结机	任 军 罗茂春 张 炯 张 毅 张 英 周 林 梁 栋 周小辉 庞师艳	2022-07-22	2022-10-21	202221889280. 2	山东钢铁股份有限公司
310	实用新型	一种提高烧结速度的烧结机	周小辉 梁 栋 张 英 高 振 樊延兴 张 毅 周 林 张 炯	2022-07-22	2022-10-21	202221888995. 6	山东钢铁股份有限公司
311	发明	一种屈服强度不小于 550 MPa 的高性能桥梁钢及其制备方法和应用	李灿明 佥 璐 周兰聚 胡淑娥 袁 蓉 徐国军 毕永杰 胡晓英 杨 波 丛 林 栾兆亮 孙毓磊 张 康 张 楠 刘 飞	2021-11-16	2022-10-25	202111355787X	山东钢铁集团日照有限公司

续表

序号	专利类型	专利名称	发明人	申请日	授权公告日	专利号	专利权人
312	发明	一种屈服强度不小于500 MPa高性能桥梁钢及其制备方法和应用	李灿明 程文华 金 璐 周兰聚 胡淑娥 袁 蓉 徐国军 毕永杰 胡晓英 丛 林 李鹏芸 孙毓磊 张 康 张英杰 李 峰	2021-10-22	2022-10-25	2021112361320	山东钢铁集团日照有限公司
313	发明	一种特厚海工钢及其制备方法	杨建勋 李国宝 王 军 郑 飞 王润港 王淑华 刘 琳 李东岳	2021-11-10	2022-10-25	2021113294431	山东钢铁集团日照有限公司
314	发明	一种低屈强比高韧性钢及其制备方法	李灿明 金 璐 胡淑娥 王 军 毕永杰 胡晓英 杨 波 袁 蓉 李 峰 丛 林 李鹏芸 刘 坤 侯东华	2021-11-12	2022-10-25	2021113429335	山东钢铁集团日照有限公司
315	发明	一种抗拉强度1300 MPa级厚规格超高强钢板及其制造方法	刘 坤 侯东华 胡淑娥 丛 林 孙风晓 胡晓英 栾彩霞 高龙永 王振华 焦广亮 程文华 牛宏波	2021-11-15	2022-10-25	2021113507118	山东钢铁集团日照有限公司
316	发明	一种低屈强比高强度中厚钢板及其短流程制造方法	侯东华 胡淑娥 刘 坤 丛 林 周兰聚 焦广亮 胡晓英 乔 松 董苗翠 李灿明 张 波 毕永杰	2021-11-16	2022-10-25	2021113558232	山东钢铁集团日照有限公司
317	发明	大厚度高强韧高热输入焊接用原油储罐钢板及其制备方法	成小龙 郝燕森 周兰聚 孙京波 刘熙章 乔 松 史成斌 韩启彪 车金锋	2022-02-18	2022-10-25	2022101509530	山东钢铁集团日照有限公司
318	发明	一种抗拉强度1300 MPa级薄规格超高强钢板及其制造方法	侯东华 胡淑娥 刘 坤 丛 林 周兰聚 王振华 金 璐 董苗翠 赵登报 杨 波 牛宏波 焦广亮	2021-11-15	2022-10-25	2021113507141	山东钢铁集团日照有限公司
319	发明	一种基于转炉炼钢的实时炉次号生成方法及系统	刘 干 侯兴蓉 刘 宇 陆会鑫 孟 伟 李 克 陈贤辉 倪志国 王丽娟 齐 凯 祝 义 吴秀程 魏 翔 蔡 森 康凤梅 李 伟	2021-10-22	2022-10-25	202111230602. 2	山信软件股份有限公司
320	发明	适用于120 t顶底复吹转炉的钢种冶炼成本控制方法	刘洪银 亓伟伟 孙建卫 吴 僧 王圣章 王 利 郝 帅 王孝科 杜金科	2021-09-14	2022-10-28	202111076047. 2	山东钢铁股份有限公司

续表

序号	专利类型	专利名称	发明人	申请日	授权公告日	专利号	专利权人
321	实用新型	一种热轧圆钢缓冲齐头装置	王　允　高　健　丁宏宇　范佳文　尹崇丽　吴兆华　刘超群　李浩秋　李修峰	2022-04-29	2022-10-28	202221021851.0	山东钢铁股份有限公司
322	实用新型	一种炼钢用双轨车辆的清渣装置	胡　滨　郗树虹　李　萍　周　昊　张　伟　郝　帅　付常伟　杜金科　石红燕　邹春锋	2022-07-29	2022-10-28	202221976996.6	山东钢铁股份有限公司
323	发明	一种弹簧调节式环冷机台车密封装置	张　戈　曾　晖　牛福成　陈书峰　亓福川　栾吉益　陈万福　董洪壮　王念欣　袁宇皓　李雪涛　王智超　付廷强	2021-02-24	2022-10-28	2021102064544	山东钢铁股份有限公司
324	实用新型	一种轧钢用移动式电气保护罩	闫　晗	2022-06-01	2022-11-01	202221351958.1	山东钢铁股份有限公司
325	发明	一种热镀锌带钢出锌锅后振动抑制装置及抑制方法	王京先　毕衍涛　单修迎　史伟峰　王　乐　唐爱文　刘晓美	2020-09-07	2022-11-01	2020109262397	山东钢铁集团日照有限公司
326	发明	一种基于弹性分段标准化算法的模型迁移方法及系统	黄少文　周　平　孙兰香　张学民　王　键　刘文凭　何　毅　高　山　倪培亮　李长新　李　洋　刘俊宝	2022-08-16	2022-11-04	2022109778910	山东钢铁股份有限公司
327	实用新型	热风炉拱顶用组合砖及用该组合砖制造的热风炉拱顶	陈　晓　王者来　李纯明　张　平　刘爱平　张媛媛　灵吉玉	2022-06-14	2022-11-08	202221489514.4	山东耐火材料集团有限公司
328	发明	高炉热风风温监控方法和装置	张红启　张　锐　曹　育　徐春玲　李　琳　于俊勇	2017-08-11	2022-11-08	201710684100.4	山东钢铁股份有限公司
329	实用新型	一种钢包倾倒装置	张海霞　梁建国　杨　波　李广艳	2022-05-13	2022-11-08	202221145654.X	山东钢铁股份有限公司
330	实用新型	铁水包加盖装置	付常伟　高卫星　高天阳　李　萍　王　博　李四军　杜金科　董　雷　魏晨阳　王海州　郝　帅　邹春锋　胡　滨　石红燕	2022-05-07	2022-11-08	202221093741.5	山东钢铁股份有限公司
331	发明	一种计算高炉休风期间产生渣铁量的方法	卢保军　马振军　王雪朋　弭希雨　王玉莲　杨　雷　张作程　邢英亮	2021-08-03	2022-11-08	2021108860665	山东钢铁集团日照有限公司

续表

序号	专利类型	专利名称	发明人	申请日	授权公告日	专利号	专利权人
332	实用新型	一种冶金化验室样品传输调整装置	陈向峰 杜 伟 展 杰 徐加鑫 曹永芹 马永波 郭增升 崔丽敏 许文菊 李 伟	2022-04-21	2022-11-11	202220927119. 3	莱芜钢铁集团电子有限公司
333	发明	一种钢中夹杂物无损提取的装置及方法	刘春伟 王中学 武玉利 崔 振 郝晓倩 高立福 董丙成 武光君 方金林 刘艳林	2020-06-29	2022-11-15	202010610646. 7	山东钢铁股份有限公司
334	发明	一种替代正火热处理45钢的非调质钢及其应用	戈文英 赵冠夫 刘 兵	2021-11-23	2022-11-15	202111396800. 6	山东钢铁股份有限公司
335	实用新型	一种测量斜率及型钢腿厚的装置	张园华 刘昀嘉 李 晨 田 伟 尚国明 常 骁 任 伟 刘 波 马振宏	2022-07-29	2022-11-15	202222000936. 7	山东钢铁股份有限公司
336	实用新型	一种型钢腿厚测量装置	张园华 刘昀嘉 李 晨 田 伟 尚国明 常 骁 任 伟 刘 波 马振宏 王竹青	2022-07-29	2022-11-15	202222000905. 1	山东钢铁股份有限公司
337	实用新型	一种轧机用油料去除装置	吴 群 孙 乾 魏兵兵 纪瑞东 勾新勇 陈 超 刘德峰 刘唐伟 韩鑫德 鞠 琪	2022-08-05	2022-11-15	202222064198. 2	山东钢铁股份有限公司
338	发明	一种提高转炉炼钢前期脱磷效果的控制方法	尚 游 高志滨 宁 伟 刘俊宝 张海波 李少帅	2020-05-09	2022-11-15	202010388590. 5	莱芜钢铁集团银山型钢有限公司
339	发明	一种LF精炼过程钢水脱磷的方法	王腾飞 麻 衡 任继银	2021-08-17	2022-11-15	202110943119. 2	莱芜钢铁集团银山型钢有限公司
340	实用新型	一种KR搅拌桨桨叶损耗量测量装置	邹春锋 韩蕾蕾 李 萍 李四军 付常伟	2022-06-20	2022-11-15	202221546468. 7	山东钢铁股份有限公司、莱芜钢铁集团银山型钢有限公司
341	发明	一种高炉开炉前气密性试验方法	苟 毅 魏开庆 马振军 王雪朋 赵善阳 杨 雷 弭希雨 张作程 王在丰 邢英亮 张 辉 卢保军 付廷强 范 旭 殷忠力 江承伟	2020-12-21	2022-11-15	2020115158085	山东钢铁集团日照有限公司
342	发明	一种轧机液压系统漏油防着火装置及方法	王京先 毕衍涛 徐淑涛 单修迎 王 杰	2020-09-22	2022-11-15	2020109986581	山东钢铁集团日照有限公司

续表

序号	专利类型	专利名称	发明人	申请日	授权公告日	专利号	专利权人
343	发明	一种转炉异常炉况控制方法及系统	张学民 周平 李长新 王成镇 杨恒 黄少文 霍宪刚 宁伟	2022-03-25	2022-11-18	2022103000845	山东钢铁股份有限公司
344	实用新型	一种用于摘挂矿车销的装置	唐龙晖 赵飞 邱飞 刘庆程 王加磊 武立兵 李宗宝	2022-06-02	2022-11-22	202221370402. 7	山东耐火材料集团有限公司
345	发明	一种利用高炉渣处理焦化废水的装置及方法	刘洪银 郝帅 孙建卫 杨波 王孝科 路峰 袁鹏举 亓伟伟 王奉县	2017-04-12	2022-11-22	201710236014. 7	山东钢铁股份有限公司
346	发明	一种生产复合连铸坯的设备及方法	刘洪银 郝帅 孙建卫 王孝科 路峰 袁鹏举 亓伟伟 王奉县	2017-06-07	2022-11-22	201710421872. 9	山东钢铁股份有限公司
347	发明	一种卷筒油路装置及其控制方法	苏万成 王光成 高峰 张章 李玉功 魏洪涛	2020-09-29	2022-11-22	202011050026. 9	山东钢铁股份有限公司
348	实用新型	一种布袋除尘器用U形布袋	张戈 曾晖 谈贵峰 张明 王志刚 姬广刚 邗士建 周生华 李旭东	2022-06-24	2022-11-22	2022216108622	山东钢铁股份有限公司
349	实用新型	一种异型坯连铸用保护渣加入装置	付常伟 高天阳 李萍 李四军 董雷 杜金科 王博 郝帅 邹春锋 胡滨 石红燕	2022-05-07	2022-11-22	202221075450. 3	莱芜钢铁集团银山型钢有限公司
350	实用新型	一种连铸中间包测温系统用压缩空气除湿装置	付常伟 高天阳 董雷 公斌 李萍 李四军 杜金科 王博 郝帅 邹春锋 胡滨 石红燕	2022-05-07	2022-11-22	202221075461. 1	莱芜钢铁集团银山型钢有限公司
351	发明	一种经济型低温连续退火冷轧高强钢带及其生产方法	康华伟 孙卫华 汤化胜 李洪翠 尹翠兰 侯晓英 隶磊 王鹏 孙冰 丁明凯 何召东 冯帆	2021-08-02	2022-11-22	2021108807540	山东钢铁集团日照有限公司
352	发明	一种通过机组起停车消除机组硌印的方法	孙帅 王汝飞 王洋 王锦波 杨增荣 江波 刘成群 李晓 许铭 王永新 刘新宇	2021-08-23	2022-11-22	202110967048X	山东钢铁集团日照有限公司

续表

序号	专利类型	专利名称	发明人	申请日	授权公告日	专利号	专利权人
353	实用新型	一种钢板切割装置	王光瑞 刘纯玉 亓斌 吕石君 运洪良 邹元甲 苏全明 田成文 田超 黄涛 卢少仆 武永进 陈哲	2021-08-31	2022-11-25	202122079518. 7	山东钢铁股份有限公司
354	发明	标牌整理装置和方法	陈向峰 邹淑峰 李好兵 董京帅 方光深 刘爱强	2021-05-17	2022-11-25	202110531598. 7	莱芜钢铁集团电子有限公司
355	发明	烧结终点一致性控制系统和方法	刘建华 周西涛 谷林波 方光深 吕慎涛 王卫芳	2021-05-12	2022-11-25	202110515292. 2	莱芜钢铁集团电子有限公司
356	实用新型	一种机车风压设备拆装输送架	王波 刘强 张仪川 田强	2022-06-28	2022-11-29	202221631541. 0	山东钢铁股份有限公司
357	实用新型	一种机车轴箱轴承组合滚柱导向工具	唐述俊 王波 衣泳宇 周超 朱平	2022-06-21	2022-11-29	202221550501. 3	山东钢铁股份有限公司
358	实用新型	一种干熄焦旋转密封阀卡阻异物取出装置	刘元杰 李志坤 戴孝佩 韩永吉 高希迎 张兴佐 吴大强 王如思 张希隆 续卫兵 李伟 卓庆丁	2022-09-15	2022-11-29	202222440458. 1	山东钢铁股份有限公司
359	实用新型	一种控制三级往复式压缩机负荷衰减的装置	王成 张希隆 杨忠华 李文 徐强 邹怡明 雷振 孙钦贵 郑文锋	2022-09-15	2022-11-29	202222440455. 8	山东钢铁股份有限公司
360	发明	一种两跨双步进梁全自动上卷的方法	徐卫国 林建民 江波 王栋 段磊 刘希国	2020-12-29	2022-11-29	2020115974914	山东钢铁集团日照有限公司
361	发明	一种转炉炼钢倒渣方法	王丽娟 王学恩 康风梅 蔡森 陆会鑫 邢敏 李克 王丛丛 薛汝明 刘星雨 陈贤辉 王振 祝义 吴秀程 齐凯 曹建	2021-10-22	2022-12-02	202111230606. 0	山信软件股份有限公司
362	发明	一种高强韧超低温耐冲击油管头锻件毛坯及其制造方法	李金浩 韩蕾蕾 李成浩 欧阳峥容 刘珊珊 郑桂芸 张海霞 马传庆 张利平 李月	2021-03-15	2022-12-06	202110274878. 4	山东钢铁股份有限公司

续表

序号	专利类型	专利名称	发明人	申请日	授权公告日	专利号	专利权人
363	实用新型	一种高炉风口小套拆卸工具	王骏驰 宫文垒 邹磊明 孙瑞瑞	2022-09-19	2022-12-06	202222470305.1	山东钢铁股份有限公司
364	实用新型	一种非对称浇注用保护渣加入装置	付常伟 高天阳 李萍 董雷 李四军 王博 杜金科 郝帅 邹春锋 胡滨 石红燕	2022-05-07	2022-12-06	202221074506.3	莱芜钢铁集团银山型钢有限公司
365	发明	一种大压缩比轴承钢的热轧方法	王宗斌 袁本明 刘茂文 马丙涛 陈良 郭磊 李毅 孙荣安 杨朱恒 孙宏志	2020-12-18	2022-12-09	202011503266.X	山东钢铁股份有限公司
366	发明	一种耐腐蚀大线能量焊接海洋工程用高强度钢板及其制备方法	麻衡 张庆普 王中学 王腾飞 王月香 何康 陈爱娇 李艳 于全成	2021-12-02	2022-12-09	202111462807.3	莱芜钢铁集团银山型钢有限公司、山东钢铁股份有限公司
367	发明	一种屈服强度 960 MPa 级高强钢板及其制造方法	侯东华 刘坤 丛林 胡淑娥 汤化胜 胡晓英 乔松 金璐 丁中 刘建伟 徐宝杰 张广川 徐国军	2021-11-24	2022-12-09	2021114090107	山东钢铁集团日照有限公司
368	发明	一种屈服强度 890 MPa 级高强钢板及其制造方法	侯东华 刘坤 丛林 胡淑娥 乔松 胡晓英 王振华 高龙永 金璐 李复磊 张波 蔡连东	2021-11-24	2022-12-09	2021114090287	山东钢铁集团日照有限公司
369	发明	一种超高强度耐磨钢板及其制造方法	侯东华 乔松 胡淑娥 刘坤 金璐 栾彩霞 丛林 毕永杰 程文华	2022-02-25	2022-12-09	2022101817495	山东钢铁集团日照有限公司
370	发明	一种屈服强度≥390 MPa 结构用钢板及制备方法	金璐 李灿明 周兰聚 胡淑娥 孙毓磊 侯东华 张康 徐国军 毕永杰 胡晓英 刘坤 丛林 张楠	2021-11-16	2022-12-09	2021113584858	山东钢铁集团日照有限公司
371	发明	一种高强度抗低温冲击含磷高强钢带的生产方法	冯帆 尹翠兰 张磊 王鹏 李柏君	2021-11-10	2022-12-09	2021113294499	山东钢铁集团日照有限公司
372	发明	一种非调质钢棒材及其制备方法	王宗斌 叶飞来 尹崇丽 闫晗 梁娜 马丙涛 刘兵 李毅 郭磊	2022-01-11	2022-12-13	202210025929.4	山东钢铁股份有限公司

续表

序号	专利类型	专利名称	发明人	申请日	授权公告日	专利号	专利权人
373	实用新型	一种用于扇形段翼缘辊的拆卸工装	吕成斌 陈学明 于俊才 李圣斌 王安胜 颜景勇	2022-06-28	2022-12-13	202221630232. 1	山东钢铁股份有限公司
374	实用新型	一种钢轨夹持移动装置	刘元杰 戴孝佩 杨 强 罗玉辉 李健伟 郑晓明 鞠 玲 李纪青 刘海波 单小威 孙 健 李京顺 李 忠	2022-09-14	2022-12-13	202222423503. 2	山东钢铁股份有限公司
375	实用新型	一种皮带回程自动清洗循环利用装置	李延优 刘 晨 钱 乾 张 鹏 蒋淑艳	2022-09-15	2022-12-13	202222442608. 2	山东钢铁股份有限公司
376	实用新型	一种用于电气屏蔽高压套管的装置	王 超	2022-09-15	2022-12-13	202222440744. 8	山东钢铁股份有限公司
377	实用新型	一种便于拆装的螺栓	王骏驰 王金刚 徐志强 卢宝松 宫文垒 王玉元	2022-09-20	2022-12-13	202222495263. 7	山东钢铁股份有限公司
378	实用新型	一种联轴器液力耦合器拆卸专用装置	王如思 韩永吉 张维杰 李志坤 高希迎 戴孝佩 狄明三 张 鹏	2022-09-22	2022-12-13	202222512400. 3	山东钢铁股份有限公司
379	实用新型	大型十字螺栓拆装工具	杨 超	2022-07-07	2022-12-16	202221731376. 6	山东钢铁股份有限公司
380	实用新型	一种短应力线轧机拉杆系的通盖结构	孙永波 孙吉才 吕海洋	2021-08-06	2022-12-16	202121829201. 4	莱芜钢铁冶金生态工程技术有限公司
381	实用新型	碟簧自动补偿式免磨损轧辊轴套	李永峰 时英杰	2022-08-10	2022-12-20	202222092679. 4	山东钢铁股份有限公司
382	实用新型	可调模块化键板与滑块的轧辊轴套	李永峰 杨风滨 刘 彬 朱 奎 李仁壮	2022-08-10	2022-12-20	202222092716. 1	山东钢铁股份有限公司
383	实用新型	滑动螺旋同步径向调整轧辊轴套	李永峰 杨风滨 刘 彬 李仁壮 朱 奎	2022-08-10	2022-12-20	202222104157. 1	山东钢铁股份有限公司

续表

序号	专利类型	专利名称	发明人	申请日	授权公告日	专利号	专利权人
384	实用新型	火力发电设备维修用起吊装置	秦军强　纪田宇　李　波　黄　伟	2022-08-19	2022-12-20	202222187210. 9	山东钢铁股份有限公司
385	实用新型	一种异型坯中包上水口烘烤减噪装置	胡　滨　石　磊　陈永生　马志海　李　萍　周　昊	2022-08-30	2022-12-20	202222280664. 0	山东钢铁股份有限公司
386	实用新型	一种非标鼓形齿式联轴器	田遵建　董　杰	2022-06-29	2022-12-20	202221641701. X	莱芜钢铁集团银山型钢有限公司
387	发明	一种含铁矿粉复合配料系统及方法	徐春玲　张红启　李秀海	2017-05-16	2022-12-23	201710343168. 6	山东钢铁股份有限公司
388	实用新型	一种煤气检测装置	郭　慧　田敬刚　郭　峰　蒋超友　亓　磊　朱　琳　林卫全　李　洋	2022-08-03	2022-12-23	202222038551. X	山东钢铁股份有限公司
389	实用新型	一种气流阻磨式上料耐磨弯管	高志滨　侯风岭　杜　鹏　李　宪　陈长青	2022-09-01	2022-12-23	202222324986. 0	山东钢铁股份有限公司
390	实用新型	一种耐磨下料溜槽	杜守虎　李洋洋　王伟奇　朱亚洲　朱天奇　王晔霞　丁洪周　包　伟　吕同举　高　军　毛　兵	2022-09-06	2022-12-23	202222368691. 3	山东钢铁股份有限公司
391	实用新型	一种用于吹氩位的抑尘装置	王　强	2022-09-21	2022-12-23	202222510433. 4	山东钢铁股份有限公司
392	实用新型	一种废钢导流装置	王　键　陈显著　任科社　杜　松　刘　磊　薛　志　郑永军　冷　冰　王尖锐　李春晓	2022-09-21	2022-12-23	202222518620. 7	山东钢铁股份有限公司
393	实用新型	一种电极防止脱丝的结构	王　强　任科社　于亮涛	2022-09-29	2022-12-23	202222602203. 0	山东钢铁股份有限公司

续表

序号	专利类型	专利名称	发明人	申请日	授权公告日	专利号	专利权人
394	实用新型	一种干熄焦烟气脱硫装料装置	张大威　刘　晨　张　刚　蒋淑艳	2022-09-15	2022-12-27	202222442698. 5	山东钢铁股份有限公司
395	实用新型	一种轧机插板与推拉缸连接装置	董宝家　安佰花　宁　勇　李恒勇　黄成航	2022-10-17	2022-12-27	202222719029. 8	山东钢铁股份有限公司
396	实用新型	一种轧机用高强度高刚度精准定位装置	王宗斌　张　庆　范佳文　李浩秋　王　允　石军强	2022-10-17	2022-12-27	202222718980. 1	山东钢铁股份有限公司
397	发明	一种经济型耐海水冲蚀钢板及其制造方法	胡淑娥　吴开明　杨建勋　胡　锋　韩启彪　侯东华　李灿明　郑　飞　刘　坤　李成龙　李复磊	2022-08-24	2022-12-27	2022110164549	山东钢铁集团日照有限公司
398	发明	一种 LF 精炼水冷炉盖模块化装置及其组合安装方法	陈　民　施汉生	2021-04-29	2022-12-27	2021104711106	山东钢铁集团日照有限公司
399	实用新型	一种绕组取放旋转支架	杨　超	2022-10-21	2022-12-30	202222774311. 6	山东钢铁股份有限公司

（撰稿：谢　晖　审稿：李丰功）

山钢集团
SD STEEL

荣誉

特载
专论专文
大事记
概况
机构与人事
战略合作与交流
专业管理
党群工作
山钢股份
权属单位
统计资料
☆ 荣誉
附录

山钢集团
SD STEEL

山钢文化

核心理念

山钢愿景：

打造具有国际竞争力的钢铁强企

集团公司2022年获全国荣誉的先进单位（以获奖时间排序）

获得荣誉单位	荣誉称号	授予单位	授予时间
山东钢铁股份有限公司	金质量·优秀党建奖	上海证券报	2022-01
山东钢铁股份有限公司莱芜分公司环保能源部	中国钢铁工业环境保护统计工作先进集体	中国钢铁工业协会	2022-01
山东钢铁集团日照有限公司	环境保护诚信企业	中国环境报社有限公司	2022-01
山东工业职业学院	高职高专院校资源建设优势学校60强	中国高职高专教育司	2022-02
山东钢铁集团有限公司	2021年度财务指标快报工作先进单位	中国钢铁工业协会	2022-03
山东钢铁股份有限公司莱芜分公司特钢事业部中棒车间轧钢生产班	2022年度全国青年安全生产示范岗	共青团中央办公厅、应急管理部办公厅	2022-03
山东钢铁股份有限公司莱芜分公司型钢厂异型轧钢车间团支部	全国五四红旗团支部	共青团中央	2022-04
山信软件信息化事业部莱芜分部	工人先锋号	中华全国总工会	2022-04
山东钢铁集团房地产有限公司团委	全国钢铁行业五四红旗团委	全国钢铁行业共青团工作指导和推进委员会	2022-05
山东钢铁股份有限公司莱芜分公司炼钢厂	全国机冶建材工会经济工作先进单位	全国机冶建材职工技术协会	2022-06
山东钢铁股份有限公司莱芜分公司能源动力厂	全国机冶建材工会经济工作先进单位	全国机冶建材职工技术协会	2022-06
山东钢铁集团日照有限公司	2020—2021年度全国“安康杯”竞赛优胜单位	中华全国总工会、应急管理部、国家卫生健康委员会	2022-07
山东金岭铁矿有限公司	2020—2021年度全国“安康杯”竞赛优胜单位	中华全国总工会、应急管理部、国家卫生健康委员会	2022-07

获得荣誉单位	荣誉称号	授予单位	授予时间
莱芜钢铁集团银山型钢有限公司板带厂热轧车间卷取一班	2020—2021年度全国“安康杯”竞赛优胜班组	中华全国总工会、应急管理部、国家卫生健康委员会	2022-07
山东钢铁股份有限公司	2021—2022年度信息披露“A”级评价	上海证券交易所	2022-08
山东耐材集团鲁耐窑业有限公司	第四批专精特新“小巨人”企业	中华人民共和国工业和信息化部	2022-08
山东钢铁股份有限公司莱芜分公司3号120 t转炉	全国重点大型耗能钢铁生产设备节能降耗对标竞赛2021年度“创先炉”	中国机械冶金建材工会全国委员会、中国钢铁工业协会	2022-08
莱芜钢铁集团银山型钢有限公司400 m^2烧结机	全国重点大型耗能钢铁生产设备节能降耗对标竞赛2021年度400 m^2及以上烧结机组“创先炉”	中国机械冶金建材工会全国委员会、中国钢铁工业协会	2022-08
莱芜钢铁集团银山型钢有限公司3200 m^3高炉	全国重点大型耗能钢铁生产设备节能降耗对标竞赛2021年度3000 m^3（含）~4000 m^3高炉组“创先炉”	中国机械冶金建材工会全国委员会、中国钢铁工业协会	2022-08
山东钢铁股份有限公司莱芜分公司1号480 m^2烧结机	全国重点大型耗能钢铁生产设备节能降耗对标竞赛2021年度400 m^2及以上烧结机组“优胜炉”	中国机械冶金建材工会全国委员会、中国钢铁工业协会	2022-08
山东钢铁集团日照有限公司2号5100 m^3高炉	全国产业工会重点大型耗能钢铁生产设备节能降耗对标竞赛4000 m^3及以上高炉“优胜炉”	中国机械冶金建材工会全国委员会、中国钢铁工业协会	2022-08
山东钢铁集团日照有限公司3号210 t转炉	全国产业工会重点大型耗能钢铁生产设备节能降耗对标竞赛200 t及以上转炉“创先炉”	中国机械冶金建材工会全国委员会、中国钢铁工业协会	2022-08
山东工业职业学院	第一批产教融合专业合作建设试点单位	工业和信息化部人才交流中心	2022-09
山东耐火材料集团有限公司	企业信用等级AAA级企业	中国耐火材料行业协会	2022-10
山东钢铁集团房地产有限公司	2022年全国智慧企业建设创新案例	中国企业联合会/中国企业家协会	2022-11

获得荣誉单位	荣誉称号	授予单位	授予时间
山钢集团日照有限公司焦化厂煤制气技师工作室	第十七届“振兴杯”全国青年职业技能大赛（职工组）——“中核杯”创新创效竞赛技术革新类优胜奖	第十七届“振兴杯”全国青年职业技能大赛组委会秘书处	2022-11
山东钢铁股份有限公司工会委员会	第十届“书香三八”读书活动优秀组织奖	红旗出版社、“书香三八”读书活动组委会	2022-11
山东钢铁股份有限公司莱芜分公司工会	第十届“书香三八”读书活动优秀组织奖	红旗出版社、“书香三八”读书活动组委会	2022-11
山东钢铁股份有限公司莱芜分公司炼铁厂	第十届“书香三八”读书活动表演阅读一等奖（歌舞《一路书香》）	红旗出版社、“书香三八”读书活动组委会	2022-11
山东钢铁股份有限公司莱芜分公司型钢厂	第十届“书香三八”读书活动表演阅读三等奖（诵读《相信未来》）	红旗出版社、“书香三八”读书活动组委会	2022-11
山东钢铁股份有限公司莱芜分公司型钢厂	第十届“书香三八”读书活动表演阅读三等奖（诵读《做最好的自己》）	红旗出版社、“书香三八”读书活动组委会	2022-11
山东钢铁股份有限公司莱芜分公司焦化厂	第十届“书香三八”读书活动表演阅读优秀奖（微视频《是你告诉我》）	红旗出版社、“书香三八”读书活动组委会	2022-11
山东钢铁集团日照有限公司炼铁厂	第十届“书香三八”读书活动表演阅读优秀奖（诵读《月之名篇》）	红旗出版社、“书香三八”读书活动组委会	2022-11
山东钢铁股份有限公司莱芜分公司型钢厂	第十届“书香三八”读书活动表演阅读优秀奖（朗诵《最是书香能致远》）	红旗出版社、“书香三八”读书活动组委会	2022-11
山东钢铁股份有限公司	上市公司优秀董办奖	中国上市公司协会	2022-12
山东钢铁股份有限公司莱芜分公司棒材厂	全国文明单位	中央精神文明建设指导委员会	2022-12
山东钢铁集团有限公司	2022 年度信息工作先进单位	中国钢铁工业协会	2022-12
山东钢铁股份有限公司	2022 年度信息工作先进单位	中国钢铁工业协会	2022-12
山东钢铁股份有限公司	2021 年度营销统计信息工作先进单位	中国钢铁工业协会	2022-12

获得荣誉单位	荣誉称号	授予单位	授予时间
山东钢铁集团有限公司	2021年度财务决算年报工作先进企业	中国钢铁工业协会	2022-12
莱芜钢铁集团有限公司	2021年度财务决算年报工作先进企业	中国钢铁工业协会	2022-12
山东耐火材料集团有限公司	质量信用等级AA级企业	中国质量协会	2022-12
山东钢铁股份有限公司莱芜分公司	2022年度钢铁企业“对标挖潜”报送工作先进单位	中国钢铁协会财务资产部	2022-12
山东钢铁股份有限公司莱芜分公司	2022年度设备管理标准化标杆单位	中国设备管理协会	2022-12
山东钢铁股份有限公司莱芜分公司棒材厂中小型车间轧钢班	安全管理标准化示范班组	中国安全生产协会	2022-12

集团公司2022年获省级荣誉的先进单位（以获奖时间排序）

获得荣誉单位	荣誉称号	授予单位	授予时间
山东钢铁股份有限公司莱芜分公司保卫部	全省单位内部治安保卫成绩突出集体	山东省公安厅	2022-01
山东钢铁股份有限公司莱芜分公司炼铁厂烧结车间主控室	2021年度山东省青年安全生产示范岗	共青团山东省委办公室	2022-01
山东钢铁股份有限公司莱芜分公司型钢厂	山东省“安康杯”竞赛优胜单位	山东省总工会、山东省应急管理厅、山东省卫生健康委员会	2022-03
山东钢铁集团日照有限公司冷轧厂	山东省“安康杯”竞赛优秀组织单位	山东省总工会、山东省应急管理厅、山东省卫生健康委员会	2022-03
山东耐材集团有限公司王铝分公司采矿分矿机电维修班	山东省“安康杯”竞赛优胜班组	山东省总工会、山东省应急管理厅、山东省卫生健康委员会	2022-03
山东钢铁集团有限公司办公室	2021年度省属国资国企系统信息工作表现突出集体	山东省国资委	2022-03

获得荣誉单位	荣誉称号	授予单位	授予时间
山东工业职业学院	2021年度山东省高等职业院校办学质量年度考核A等	山东省教育厅	2022-03
山东钢铁股份有限公司莱芜分公司炼钢厂	2021年度山东省文明单位	山东省精神文明建设委员会	2022-03
山东钢铁股份有限公司莱芜分公司棒材厂	2021年度山东省文明单位	山东省精神文明建设委员会	2022-03
山东钢铁股份有限公司莱芜分公司运输部	2021年度山东省文明单位	山东省精神文明建设委员会	2022-03
山东钢铁股份有限公司莱芜分公司品质保证部	2021年度山东省文明单位	山东省精神文明建设委员会	2022-03
莱芜钢铁集团银山型钢有限公司炼铁厂	2021年度山东省文明单位	山东省精神文明建设委员会	2022-03
山东钢铁股份有限公司莱芜分公司能源动力厂	2021年度山东省文明单位	山东省精神文明建设委员会	2022-03
莱芜钢铁集团银山型钢有限公司板带厂	2021年度山东省文明单位	山东省精神文明建设委员会	2022-03
山东钢铁股份有限公司莱芜分公司焦化厂	2021年度山东省文明单位	山东省精神文明建设委员会	2022-03
山信软件股份有限公司莱芜自动化分公司	2021年度山东省文明单位	山东省精神文明建设委员会	2022-03
莱芜钢铁集团有限公司培训中心	2021年度山东省文明单位	山东省精神文明建设委员会	2022-03
山东钢铁股份有限公司莱芜分公司炼铁厂	2021年度山东省文明单位	山东省精神文明建设委员会	2022-03
山东钢铁股份有限公司莱芜分公司	2021年度山东省文明单位	山东省精神文明建设委员会	2022-03
莱芜钢铁集团银山型钢有限公司宽厚板事业部	2021年度山东省文明单位	山东省精神文明建设委员会	2022-03
山东耐材集团有限公司王铝分公司	2021年度山东省文明单位	山东省精神文明建设委员会	2022-03
山东工业职业学院	2021年度山东省文明单位	山东省精神文明建设委员会	2022-03

获得荣誉单位	荣誉称号	授予单位	授予时间
山东济钢环保新材料有限公司	2021年度山东省文明单位	山东省精神文明建设委员会	2022-03
山钢金融控股（深圳）有限公司	2021年度山东省文明单位	山东省精神文明建设委员会	2022-03
山东信莱物业管理有限公司华阳慧谷管理处	2021年度山东省文明社区	山东省精神文明建设委员会	2022-03
山东钢铁股份有限公司莱芜分公司团委	山东省五四红旗团委	共青团山东省委	2022-04
山东钢铁股份有限公司莱芜分公司炼铁厂	工人先锋号	山东省总工会	2022-04
山东耐材集团鲁耐窑业有限公司	山东省技术创新示范企业	山东省工业和信息化厅	2022-06
山东钢铁股份有限公司	第一届山东省应急管理普法知识竞赛优秀组织奖	中共山东省委宣传部、山东省应急管理厅、山东省司法厅、山东省总工会、共青团山东省委、山东省妇女联合会	2022-07
山东钢铁股份有限公司莱芜分公司	第一届山东省应急管理普法知识竞赛优秀组织奖	中共山东省委宣传部、山东省应急管理厅、山东省司法厅、山东省总工会、共青团山东省委、山东省妇女联合会	2022-07
山东钢铁集团日照有限公司	第一届山东省应急管理普法知识竞赛优秀组织奖	中共山东省委宣传部、山东省应急管理厅、山东省司法厅、山东省总工会、共青团山东省委、山东省妇女联合会	2022-07
山东钢铁集团日照有限公司	山东省高端品牌培育企业	山东省市场监督管理局	2022-07
山东耐材集团鲁耐窑业有限公司	山东省高端品牌培育企业	山东省市场监督管理局	2022-07
山东钢铁集团日照有限公司	山东省质量标杆企业	山东省工业和信息化厅	2022-07
山东工业职业学院	山东省绿色学校	山东省教育厅、山东省发展和改革委员会	2022-08

获得荣誉单位	荣誉称号	授予单位	授予时间
山东工业职业学院	山东省乡村振兴示范性职业院校	山东省教育厅	2022-08
山东工业职业学院人工智能公共实训基地	2022 年山东省新旧动能转换公共实训基地	山东省工业和信息化厅	2022-08
山东工业职业学院工商管理学院学生工作党支部	第二批山东党建工作样板支部培训创建单位	中共山东省委教育工委	2022-08
莱芜钢铁集团银山型钢有限公司板带厂精整车间质量检查班	山东省女职工建功立业标兵岗	山东省总工会	2022-08
山钢集团日照有限公司热轧厂赵世龙工匠创新工作室	2022 年度山东省劳模和工匠人才创新工作室	山东省总工会办公室	2022-08
山东钢铁股份有限公司莱芜分公司特钢事业部于辉劳模创新工作室	2022 年度山东省劳模和工匠人才创新工作室	山东省总工会办公室	2022-08
山钢集团日照有限公司焦化厂煤制气技师工作室	第十八届山东省青年职业技能竞赛创新创效专项赛铜奖	共青团山东省委、山东省人力资源和社会保障厅	2022-08
山东钢铁股份有限公司职工拔河队	全省第八届职工运动会拔河比赛女子 540 公斤级冠军	山东省总工会	2022-08
山东钢铁股份有限公司职工拔河队	全省第八届职工运动会拔河比赛男子 640 公斤级冠军	山东省总工会	2022-08
山东工业职业学院	山东省中华经典诵吟特色学校	山东省教育厅	2022-10
山东工业职业学院	“同心防溺水”安全宣传教育活动优秀组织单位	山东省教育厅	2022-11
山东耐材集团鲁耐窑业有限公司	第三届山东省冶金行业全员创新企业	山东省冶金工会	2022-11
山东钢铁集团有限公司	全省财政企业财务信息工作表现突出单位	山东省财政厅	2022-12
山东钢铁股份有限公司莱芜分公司	山东省设协系统企业设备管理优秀单位	山东省设备管理协会	2022-12
山东钢铁股份有限公司莱芜分公司	2022 年度山东省设协系统企业设备管理四星单位	山东省设备管理协会	2022-12
莱芜钢铁集团银山型钢有限公司板带厂	山东省设协系统企业设备管理先进单位	山东省设备管理协会	2022-12

获得荣誉单位	荣誉称号	授予单位	授予时间
山东耐火材料集团有限公司	厂务公开民主管理工作先进单位	山东省厂务公开民主管理工作办公室	2022-12
山东王村铝土矿有限公司	非煤矿山标杆企业	山东省应急管理厅	2022-12
山东钢铁股份有限公司莱芜分公司品质保证部	山东省文明单位	山东省精神文明建设委员会	2022-12
山东钢铁股份有限公司莱芜分公司运输部	山东省文明单位	山东省精神文明建设委员会	2022-12
山东钢铁股份有限公司莱芜分公司炼钢厂	山东省文明单位	山东省精神文明建设委员会	2022-12
山东钢铁股份有限公司莱芜分公司炼铁厂	山东省文明单位	山东省精神文明建设委员会	2022-12
山东钢铁股份有限公司莱芜分公司焦化厂	山东省文明单位	山东省精神文明建设委员会	2022-12
山东钢铁股份有限公司莱芜分公司棒材厂	山东省文明单位	山东省精神文明建设委员会	2022-12
山东钢铁股份有限公司莱芜分公司能源动力厂	山东省文明单位	山东省精神文明建设委员会	2022-12
莱芜钢铁集团银山型钢有限公司板带厂	山东省文明单位	山东省精神文明建设委员会	2022-12
山东钢铁股份有限公司莱芜分公司检修事业部	2022 年度山东省属企业文明单位	山东省省属企业精神文明建设委员会	2022-12
山信软件股份有限公司	2022 年度山东省属企业文明单位	山东省省属企业精神文明建设委员会	2022-12
山东钢铁集团国际贸易有限公司	2022 年度山东省属企业文明单位	山东省省属企业精神文明建设委员会	2022-12
山东钢铁集团财务有限公司	2022 年度山东省属企业文明单位	山东省省属企业精神文明建设委员会	2022-12
山东钢铁集团房地产有限公司	2022 年度山东省属企业文明单位	山东省省属企业精神文明建设委员会	2022-12
山东金岭铁矿有限公司	2022 年度山东省属企业文明单位	山东省省属企业精神文明建设委员会	2022-12

获得荣誉单位	荣誉称号	授予单位	授予时间
山钢供应链管理（深圳）有限公司	2022 年度山东省属企业文明单位	山东省省属企业精神文明建设委员会	2022-12
山东钢铁集团矿业有限公司	2022 年度山东省属企业文明单位	山东省省属企业精神文明建设委员会	2022-12
山钢（亚洲）控股有限公司	2022 年度山东省属企业文明单位	山东省省属企业精神文明建设委员会	2022-12
山东省银山公安局	2022 年度山东省属企业文明单位	山东省省属企业精神文明建设委员会	2022-12
山东钢铁股份有限公司莱芜分公司特钢事业部	2022 年度山东省属企业文明单位	山东省省属企业精神文明建设委员会	2022-12
山东钢铁集团日照有限公司	2022 年度山东省属企业文明单位	山东省省属企业精神文明建设委员会	2022-12
山东钢铁股份有限公司莱芜分公司特钢事业部 100 吨连铸车间	山东省职工创新创效竞赛特等奖	山东省总工会	2022-12
山东钢铁集团日照有限公司	山东省资源综合利用先进单位	山东省人民政府	2022-12
山东钢铁集团日照有限公司	高新技术企业	山东省科学技术厅、山东省财政厅、国家税务总局山东省税务局	2022-12

集团公司 2022 年获全国荣誉的先进个人（以获奖时间排序）

姓　名	所在单位	荣誉称号	授予单位	授予时间
黄珊珊	山东钢铁股份有限公司莱芜分公司环保能源部	中国钢铁工业环境保护统计工作先进个人	中国钢铁工业协会	2022-01
周林琳	山东钢铁集团有限公司财务部	2021 年度财务指标快报工作优秀个人	中国钢铁工业协会	2022-03
赵世龙	山东钢铁集团日照有限公司热轧厂	全国五一劳动奖章	中华全国总工会	2022-04
杨　雷	山东钢铁集团日照有限公司炼铁厂	“最闪耀的星”提名	中国冶金报社、全国钢铁行业共青团工作指导和推进委员会	2022-05

姓名	所在单位	荣誉称号	授予单位	授予时间
张健健	山东钢铁股份有限公司莱芜分公司棒材厂	全国机械冶金建材行业岗位能手	全国机冶建材职工技术协会	2022-06
王耀炎	山东钢铁股份有限公司莱芜分公司特钢事业部	全国机械冶金建材行业岗位能手	全国机冶建材职工技术协会	2022-06
杨　强	山东钢铁股份有限公司莱芜分公司焦化厂	全国机械冶金建材行业岗位能手	全国机冶建材职工技术协会	2022-06
王国庆	山东钢铁股份有限公司莱芜分公司炼铁厂	全国机械冶金建材行业岗位能手	全国机冶建材职工技术协会	2022-06
司乔磊	山东钢铁股份有限公司莱芜分公司保卫部	2022年钢铁行业“党员先锋”	中国冶金报社、中国冶金职工思想政治工作研究会	2022-07
杨　雷	山东钢铁集团日照有限公司炼铁厂	2022年钢铁行业“党员先锋”	中国冶金报社、中国冶金职工思想政治工作研究会	2022-07
刘文凭	山东钢铁股份有限公司莱芜分公司炼钢厂	全国“书香三八”线上共读优秀分享人	全国“书香三八”组委会	2022-07
吕　杰	山东钢铁股份有限公司莱芜分公司型钢厂	全国“书香三八”线上共读优秀主持人	全国“书香三八”组委会	2022-07
杨　玲	山东钢铁股份有限公司莱芜分公司炼铁厂	全国“书香三八”线上共读最佳学员	全国“书香三八”组委会	2022-07
朱　静	山东钢铁股份有限公司莱芜分公司型钢厂	全国“书香三八”线上共读最佳学员	全国“书香三八”组委会	2022-07
尚莲凤	山东钢铁股份有限公司莱芜分公司型钢厂	全国“书香三八”线上共读最佳学员	全国“书香三八”组委会	2022-07
田　红	山东钢铁股份有限公司莱芜分公司炼铁厂	全国“书香三八”线上共读优秀学员	全国“书香三八”组委会	2022-07

姓　名	所在单位	荣誉称号	授予单位	授予时间
吕雅冉	山东钢铁股份有限公司莱芜分公司炼铁厂	全国“书香三八”线上共读优秀学员	全国“书香三八”组委会	2022-07
刘天红	山东钢铁股份有限公司莱芜分公司炼铁厂	全国“书香三八”线上共读优秀学员	全国“书香三八”组委会	2022-07
隋莉莉	山东钢铁股份有限公司莱芜分公司炼铁厂	全国“书香三八”线上共读优秀学员	全国“书香三八”组委会	2022-07
刘　婷	山东钢铁股份有限公司莱芜分公司型钢厂	全国“书香三八”线上共读优秀学员	全国“书香三八”组委会	2022-07
刘　玲	山东钢铁股份有限公司莱芜分公司型钢厂	全国“书香三八”线上共读优秀学员	全国“书香三八”组委会	2022-07
秦立彬	山东钢铁集团日照有限公司	全国纪检监察系统先进工作者	中共中央纪委、国家监察委员会、人力资源和社会保障部	2022-09
赵　斌	山东耐火材料集团有限公司	钢铁行业统计工作先进个人	中国钢铁工业协会	2022-10
杨　玲	山东钢铁股份有限公司莱芜分公司炼铁厂	第十届“书香三八”读书活动优秀领读人	红旗出版社、“书香三八”读书活动组委会	2022-11
刘　婷	山东钢铁股份有限公司莱芜分公司型钢厂	第十届“书香三八”读书活动一封家书一等奖	红旗出版社、“书香三八”读书活动组委会	2022-11
陈　宏	山东钢铁集团日照有限公司能源动力厂	第十届“书香三八”读书活动一封家书三等奖	红旗出版社、“书香三八”读书活动组委会	2022-11
黄　燕	山东钢铁集团日照有限公司炼铁厂	第十届“书香三八”读书活动一封家书优秀奖	红旗出版社、“书香三八”读书活动组委会	2022-11
苗　婷	山东钢铁集团日照有限公司焦化厂	第十届“书香三八”读书活动一封家书优秀奖	红旗出版社、“书香三八”读书活动组委会	2022-11
潘珊珊	山东钢铁股份有限公司莱芜分公司炼铁厂	第十届“书香三八”读书活动一封家书优秀奖	红旗出版社、“书香三八”读书活动组委会	2022-11

姓　名	所在单位	荣誉称号	授予单位	授予时间
王　蕾	山东钢铁股份有限公司莱芜分公司型钢厂	第十届“书香三八”读书活动表演阅读三等奖	红旗出版社、“书香三八”读书活动组委会	2022-11
尚莲凤	山东钢铁股份有限公司莱芜分公司型钢厂	第十届“书香三八”读书活动征文作品优秀奖	红旗出版社、“书香三八”读书活动组委会	2022-11
沈小敏	山东钢铁股份有限公司莱芜分公司焦化厂	第十届“书香三八”读书活动征文作品优秀奖	红旗出版社、“书香三八”读书活动组委会	2022-11
王　迪	山东钢铁股份有限公司莱芜分公司焦化厂	第十届“书香三八”读书活动征文作品优秀奖	红旗出版社、“书香三八”读书活动组委会	2022-11
宋晓洁	莱芜钢铁集团银山型钢有限公司板带厂	第十届“书香三八”读书活动征文作品优秀奖	红旗出版社、“书香三八”读书活动组委会	2022-11
朱晓园	山东钢铁股份有限公司莱芜分公司设备管理部	第十届“书香三八”读书活动征文作品优秀奖	红旗出版社、“书香三八”读书活动组委会	2022-11
傅雅丽	山东钢铁股份有限公司莱芜分公司焦化厂	第十届“书香三八”读书活动书画阅读优秀奖	红旗出版社、“书香三八”读书活动组委会	2022-11
亓　霞	莱芜钢铁集团银山型钢有限公司板带厂	第十届“书香三八”读书活动书画阅读优秀奖	红旗出版社、“书香三八”读书活动组委会	2022-11
王建婷	山东钢铁股份有限公司莱芜分公司焦化厂	第十届“书香三八”读书活动摄影阅读二等奖	红旗出版社、“书香三八”读书活动组委会	2022-11
李学玉	山钢集团公司党委办公室/办公室	2022年度优秀钢铁信息员	中国钢铁工业协会	2022-12
陈　振	山钢集团公司党委办公室/办公室	2022年度优秀钢铁信息员	中国钢铁工业协会	2022-12
孙亚宁	山钢集团公司党委办公室/办公室	2022年度优秀钢铁信息员	中国钢铁工业协会	2022-12
高　勇	山钢集团公司运营管理部	2022年度优秀钢铁信息员	中国钢铁工业协会	2022-12

姓 名	所在单位	荣誉称号	授予单位	授予时间
胡 玉	山钢集团公司运营管理部	2022 年度优秀钢铁信息员	中国钢铁工业协会	2022-12
李金传	山东钢铁股份有限公司运营管控	2022 年度优秀钢铁信息员	中国钢铁工业协会	2022-12
张金良	山东钢铁股份有限公司公司办公室/党委办公室	2022 年度优秀钢铁信息员	中国钢铁工业协会	2022-12
王增强	山东钢铁股份有限公司营销总公司	2022 年度优秀钢铁信息员	中国钢铁工业协会	2022-12
吴 楠	山东钢铁股份有限公司营销总公司	2022 年度优秀钢铁信息员	中国钢铁工业协会	2022-12
袁鹏举	山钢研究院信息研究所	2022 年度优秀钢铁信息员	中国钢铁工业协会	2022-12
王乃强	山东钢铁股份有限公司莱芜分公司炼钢厂办公室	2022 年度优秀钢铁信息员	中国钢铁工业协会	2022-12
李 林	山东钢铁集团日照有限公司办公室	2022 年度优秀钢铁信息员	中国钢铁工业协会	2022-12
栾雪娜	山东钢铁集团日照有限公司运营管理部	2022 年度优秀钢铁信息员	中国钢铁工业协会	2022-12
栾雪娜	山东钢铁集团日照有限公司运营管理部	2021 年度优秀营销统计信息员	中国钢铁工业协会	2022-12
冯 丽	山东钢铁股份有限公司运营管控部	2021 年度优秀营销统计信息员	中国钢铁工业协会	2022-12
孙丽琴	山东钢铁股份有限公司莱芜分公司运营管理部	2021 年度优秀营销统计信息员	中国钢铁工业协会	2022-12
王增强	山东钢铁股份有限公司营销总公司	2021 年度优秀营销统计信息员	中国钢铁工业协会	2022-12
吴 楠	山东钢铁股份有限公司营销总公司	2021 年度优秀营销统计信息员	中国钢铁工业协会	2022-12

姓　名	所在单位	荣誉称号	授予单位	授予时间
许从文	山东钢铁股份有限公司莱芜分公司财务部	2022年度钢铁企业“对标挖潜”报送工作优秀信息员	中国钢铁工业协会财务资产部	2022-12
王万松	莱芜钢铁集团银山型钢有限公司板带厂	中国质量工匠	中国质量协会	2022-12

集团公司2022年获省级荣誉的先进个人（以获奖时间排序）

姓　名	所在单位	荣誉称号	授予单位	授予时间
刘兰雪	山东钢铁集团有限公司审计中心	2021年度全省内部审计工作先进工作者	山东省内部审计师协会	2022-01
王振光	山东工业职业学院	山东省职业教育青年技能名师	山东省教育厅	2022-01
赵云伟	山东工业职业学院	山东省职业教育青年技能名师	山东省教育厅	2022-01
满海宁	山东工业职业学院	首届全省学校思政课教学设计大赛特等奖	山东省教育厅	2022-01
黄银霞	山东工业职业学院	首届全省学校思政课教学设计大赛二等奖	山东省教育厅	2022-01
赵沛柳	山东工业职业学院	山东省“七五”普法依法治理工作先进个人	中共山东省委全面依法治省委员会办公室	2022-01
高美生	山东钢铁股份有限公司莱芜分公司保卫部	全省单位内部治安保卫成绩突出个人	山东省公安厅	2022-01
吕宜波	山东钢铁股份有限公司莱芜分公司保卫部	全省单位内部治安保卫成绩突出个人	山东省公安厅	2022-01
黄振辉	山钢金融控股（深圳）有限公司	齐鲁金融之星	山东省政府办公厅	2022-03
何　毅	山东钢铁集团有限公司研究院	山东省重点产业链尖端技术人才（第一批）	山东省政府办公厅	2022-03

姓 名	所在单位	荣誉称号	授予单位	授予时间
李敬强	山东工业职业学院	2021年度全省校园安全工作先进个人	山东省教育厅、山东省公安厅	2022-03
孙亚宁	山东钢铁集团有限公司办公室	2021年度省属国资国企系统信息工作表现突出个人	山东省国资委	2022-03
朱丽娟	山东钢铁集团日照有限公司宣传部	山东省女职工建功立业标兵	山东省总工会	2022-03
刘文凭	山东钢铁股份有限公司莱芜分公司炼钢厂	山东省五一劳动奖章	山东省总工会	2022-04
杨 雷	山东钢铁集团日照有限公司炼铁厂	山东青年创新榜样	共青团山东省委、山东省青年联合会	2022-04
霍喜伟	山东钢铁股份有限公司莱芜分公司技术中心	山东青年创新榜样	共青团山东省委、山东省青年联合会	2022-04
张 弘	山东钢铁股份有限公司莱芜分公司型钢厂	山东省青年志愿服务先进个人	共青团山东省委	2022-04
梁庆龙	山东钢铁集团日照有限公司炼铁厂	山东省属企业优秀共青团员	共青团山东省国资委委员会	2022-04
胡淑娥	山东钢铁股份有限公司	第三届“山东冶金最美职工”	山东省冶金工会委员会	2022-05
刘 杰	山东钢铁股份有限公司莱芜分公司保卫部	全省公安机关北京冬奥会冬残奥会安保维稳工作成绩突出辅警	山东省公安厅	2022-05
田 斌	山东钢铁股份有限公司莱芜分公司炼钢厂	第一届山东省应急管理普法知识竞赛二等奖	中共山东省委宣传部、山东省应急管理厅、山东省司法厅、山东省总工会、共青团山东省委、山东省妇女联合会	2022-07
丁元超	山东钢铁股份有限公司莱芜分公司型钢厂	第一届山东省应急管理普法知识竞赛二等奖	中共山东省委宣传部、山东省应急管理厅、山东省司法厅、山东省总工会、共青团山东省委、山东省妇女联合会	2022-07

姓　名	所在单位	荣誉称号	授予单位	授予时间
王　倩	山东钢铁股份有限公司莱芜分公司能源动力厂	第一届山东省应急管理普法知识竞赛二等奖	中共山东省委宣传部、山东省应急管理厅、山东省司法厅、山东省总工会、共青团山东省委、山东省妇女联合会	2022-07
李子高	莱芜钢铁集团银山型钢有限公司板带厂	第五届“齐鲁工匠”	山东省总工会办公室	2022-08
张学龙	山东钢铁集团日照有限公司炼钢厂	第五届“齐鲁工匠”	山东省总工会办公室	2022-08
董　颖	山东工业职业学院	山东省第九届高校青年教师教学比赛一等奖	山东省教育厅	2022-08
丁艳梅	山东工业职业学院	山东省第九届高校青年教师教学比赛优秀奖	山东省教育厅	2022-08
岳　易	山东工业职业学院	山东省第九届高校青年教师教学比赛优秀奖	山东省教育厅	2022-08
周　萍	山东工业职业学院	山东省第九届高校青年教师教学比赛优秀奖	山东省教育厅	2022-08
郭玉娇	山东工业职业学院	第二届全省学校思想政治理论课教学比赛高职高专概论组二等奖	山东省教育厅	2022-09
刘风霄	山东工业职业学院	第二届全省学校思想政治理论课教学比赛高职高专基础组二等奖	山东省教育厅	2022-09
曲　泉	山东钢铁股份有限公司莱芜分公司炼铁厂	山东省冶金行业“中国梦·劳动美——喜迎二十大　建功新时代”职工宣讲比赛一等奖	山东省冶金工会委员会	2022-09
张友亮	山东钢铁股份有限公司莱芜分公司炼钢厂	山东省冶金行业“中国梦·劳动美——喜迎二十大　建功新时代”职工宣讲比赛二等奖	山东省冶金工会委员会	2022-09
周　平	山东钢铁股份有限公司	齐鲁巾帼科技创新之星	山东省妇女联合会、山东省科学技术厅、山东省科学技术协会	2022-10

姓名	所在单位	荣誉称号	授予单位	授予时间
郭金亮	山东工业职业学院	2022年鲁台集成电路应用创新技能比赛（山东赛区）一等奖	山东省教育厅、中共山东省委台港澳工作办公室	2022-10
孙红亮	山东工业职业学院	2022年鲁台集成电路应用创新技能比赛（山东赛区）一等奖	山东省教育厅、中共山东省委台港澳工作办公室	2022-10
韩晓东	山东工业职业学院	2022年鲁台集成电路应用创新技能比赛（山东赛区）二等奖	山东省教育厅、中共山东省委台港澳工作办公室	2022-10
孙红亮	山东工业职业学院	2022年鲁台集成电路应用创新技能比赛（山东赛区）二等奖	山东省教育厅、中共山东省委台港澳工作办公室	2022-10
王中学	山东钢铁股份有限公司	泰山产业领军人才	中共山东省委人才工作领导小组	2022-11
杨　雷	山东钢铁集团日照有限公司炼铁厂	泰山产业领军人才	中共山东省委人才工作领导小组	2022-11
李子高	莱芜钢铁集团银山型钢有限公司板带厂	泰山产业技能领军人才	中共山东省委人才工作领导小组	2022-11
宁　伟	山东钢铁股份有限公司莱芜分公司炼钢厂	2022年度山东省新时代岗位建功劳动竞赛标兵	山东省总工会	2022-12
谢新云	山东钢铁集团日照有限公司工程管理部	2022年度山东省新时代岗位建功劳动竞赛标兵	山东省总工会	2022-12
李开勇	山东钢铁集团日照有限公司设备管理部	2022年度山东省新时代岗位建功劳动竞赛标兵	山东省总工会	2022-12
王太兴	山东钢铁集团日照有限公司设备管理部	2022年度山东省新时代岗位建功劳动竞赛标兵	山东省总工会	2022-12
张兆柱	山东钢铁集团日照有限公司炼钢厂	2022年度山东省新时代岗位建功劳动竞赛标兵	山东省总工会	2022-12
赵善阳	山东钢铁集团日照有限公司炼铁厂	2022年度山东省新时代岗位建功劳动竞赛标兵	山东省总工会	2022-12

姓名	所在单位	荣誉称号	授予单位	授予时间
孙运甫	山东耐材集团有限公司王铝分公司	2022年度山东省新时代岗位建功劳动竞赛标兵	山东省总工会	2022-12
石　平	山东耐材集团鲁耐窑业有限公司	2022年度山东省新时代岗位建功劳动竞赛标兵	山东省总工会	2022-12
李忠武	山东耐材集团鲁耐窑业有限公司	2022年度山东省新时代岗位建功劳动竞赛标兵	山东省总工会	2022-12
王　龙	山东耐材集团有限公司王耐分公司	2022年度山东省新时代岗位建功劳动竞赛标兵	山东省总工会	2022-12
王　珩	山东钢铁集团日照有限公司设备管理部	2022年山东省两化融合先进个人	山东省信息化与工业化融合促进中心	2022-12
张　蕾	山东工业职业学院	首届全省高校网络教育名师	山东省教育厅	2022-12
裴　娟	山东工业职业学院	2022年度山东高校优秀辅导员	中共山东省委教育工委	2022-12
崔永超	山东钢铁股份有限公司莱芜分公司保卫部	2022年度全省反邪教协会系统先进个人	山东省反邪教协会	2022-12
刘诗勇	山东钢铁股份有限公司莱芜分公司保卫部	2022年度全省反邪教协会系统先进个人	山东省反邪教协会	2022-12

集团公司2022年表彰的各类先进集体

2021年安全生产工作先进单位

（山钢安字〔2022〕1号　2022年1月6日）

一、公司级

山东钢铁股份有限公司
山东钢铁股份有限公司莱芜分公司
山东钢铁集团日照有限公司
济钢集团有限公司
莱芜钢铁集团有限公司
山东钢铁集团矿业有限公司
山东钢铁集团房地产有限公司
山信软件股份有限公司
山东耐火材料集团有限公司

二、厂级

山东钢铁股份有限公司莱芜分公司焦化厂
莱芜钢铁集团银山型钢有限公司板带厂
山东钢铁股份有限公司莱芜分公司安全生产部
山东钢铁集团日照有限公司炼铁厂
山东钢铁集团日照有限公司冷轧厂
山东钢铁集团日照有限公司热轧厂
山东钢铁股份有限公司安全环保部
济南萨博特种汽车有限公司
济南鲍德炉料有限公司
山东济钢环保新材料有限公司
青岛信莱粉末冶金有限公司
山东金召矿业有限公司
山东金岭铁矿有限公司选矿厂
山东耐材集团鲁耐窑业有限公司
山信软件股份有限公司济南自动化分公司

三、车间级

山东钢铁股份有限公司莱芜分公司焦化厂运焦车间
山东钢铁股份有限公司莱芜分公司炼铁厂烧结车间
山东钢铁股份有限公司莱芜分公司炼钢厂运转一车间
山东钢铁股份有限公司莱芜分公司特钢事业部中棒车间
山东钢铁股份有限公司莱芜分公司能源动力厂型钢燃气车间
莱芜钢铁集团银山型钢有限公司板带厂运行车间
山东钢铁股份有限公司莱芜分公司型钢厂异型轧钢车间
山东钢铁股份有限公司莱芜分公司棒材厂第二轧钢车间
山东钢铁股份有限公司莱芜分公司物流运输部车务二段
山东钢铁股份有限公司莱芜分公司设备检修部轧材检修作业区
山东钢铁集团日照有限公司焦化厂煤气净化作业区
山东钢铁集团日照有限公司炼铁厂第二高炉作业区
山东钢铁集团日照有限公司炼铁厂球团作业区
山东钢铁集团日照有限公司炼钢厂第一维检作业区

山东钢铁集团日照有限公司中厚板厂热处理作业区
山东钢铁集团日照有限公司冷轧厂镀锌作业区
山东钢铁集团日照有限公司热轧厂热轧作业区
山东钢铁集团日照有限公司能源动力厂发电作业区
山东冶金机械厂有限公司工程事业部
山东冶金机械厂有限公司生产管理部
济钢国际物流有限公司保税业务部
山东济钢保安服务有限公司站务一车间
济钢城市矿产科技有限公司日照金属资源综合利用项目部
山东济钢文化旅游产业发展有限公司安全保卫部
济南鲁新新型建材股份有限公司安全生产部
莱钢集团淄博锚链有限公司制造部
莱芜钢铁集团有限公司莱钢党校/培训中心技能安全培训部
山东金召矿业有限公司采矿车间
山东金岭铁矿有限公司侯庄矿直属工段
淄博铁鹰钢铁有限公司球团车间
山东金岭铁矿有限公司选矿厂选矿工段
山东金召矿业有限公司金鼎项目部采矿工段
山东耐材集团鲁耐窑业有限公司特耐分厂
山东耐火材料集团有限公司王铝分公司采矿分矿
山东耐材集团王耐分公司机械动力分厂
山东耐材集团王耐分公司硅砖分厂
山东耐材集团王耐分公司安全环保处
淄博泰成冶金建设有限公司
山信软件股份有限公司济南自动化分公司传动控制事业部
山信软件股份有限公司莱芜自动化分公司日照铁前运维事业部
山信软件股份有限公司莱芜自动化分公司银轧运维事业部
山信软件股份有限公司日照自动化分公司冷轧智能运维中心
山东钢铁集团房地产有限公司黄岛分公司
山东钢铁集团房地产有限公司济南分公司
山东钢铁集团房地产有限公司滨州康宏房地产公司
山东钢铁集团房地产有限公司上海分公司

2021年环境保护工作先进单位

（山钢安字〔2022〕1号　2022年1月6日）

一、公司级

山东钢铁股份有限公司
山东钢铁股份有限公司莱芜分公司
山东钢铁集团日照有限公司
济钢集团有限公司
莱芜钢铁集团有限公司
山东钢铁集团矿业有限公司
山东钢铁集团淄博张钢有限公司
山东耐火材料集团有限公司

二、厂级

山东钢铁股份有限公司莱芜分公司特钢事业部
山东钢铁股份有限公司莱芜分公司炼钢厂
山东钢铁集团日照有限公司炼钢厂
山东钢铁集团日照有限公司环境保护部
山东省冶金科学研究院有限公司
莱钢集团淄博锚链有限公司
淄博铁鹰钢铁有限公司

山东耐火材料集团有限公司王铝分公司
山信软件股份有限公司莱芜自动化分公司
山东信莱物业管理有限公司

2021年度新增山钢集团文明单位

（山钢文明委〔2022〕1号　2022年1月19日）

山东钢铁集团日照有限公司
山东信莱物业管理有限公司
山信软件股份有限公司
莱芜钢铁集团淄博锚链有限公司
山钢金控（青岛）国际贸易有限公司

2021年度复查合格山钢集团文明单位

（山钢文明委〔2022〕1号　2022年1月19日）

莱芜钢铁集团银山型钢有限公司宽厚板事业部
山东省银山公安局/山东钢铁股份有限公司莱芜分公司保卫部（原莱芜钢铁集团有限公司保卫部）
山东钢铁股份有限公司莱芜分公司特钢事业部
山东钢铁股份有限公司莱芜分公司型钢厂
山东钢铁集团日照有限公司焦化厂（原山东钢铁集团日照有限公司焦化部）
山东钢铁集团日照有限公司热轧厂（原山东钢铁集团日照有限公司热轧部）
山东钢铁集团有限公司研究院
莱芜钢铁集团有限公司
山东钢铁集团矿业有限公司
山东金岭铁矿有限公司
山东金召矿业有限公司
山东金岭矿业股份有限公司侯庄矿
山东金岭矿业股份有限公司选矿厂
淄博铁鹰钢铁有限公司
山东金岭矿业股份有限公司机械动力部
山东金岭矿业股份有限公司营销部
山东工业职业学院
山东钢铁集团房地产有限公司
济南鲍德房地产开发有限公司
滨州市莱钢建设置业有限公司
青岛山钢和润商业管理有限公司
山东钢铁集团房地产有限公司黄岛分公司
山东钢铁集团房地产有限公司济南分公司
山西莱钢绿建置业有限公司
山东钢铁集团房地产有限公司上海分公司
温州莱建置业管理有限公司
山东钢铁集团国际贸易有限公司
山钢金融控股（深圳）有限公司
山钢金控资产管理（深圳）有限公司
舜泰商业保理（上海）有限公司
山钢（亚洲）控股有限公司（原济钢香港控股有限公司）
山钢国际融资租赁（山东）有限公司（原济钢国际融资租赁有限公司）
山钢供应链管理（深圳）有限公司（原山钢金控互联网金融服务（深圳）有限公司）
山东钢铁集团财务有限公司
山信软件济南自动化分公司
山信软件莱芜自动化分公司/莱钢电子公司
山信软件信息化事业部
山东耐材集团鲁耐窑业有限公司
山东耐材集团王铝分公司
淄博东方星城置业有限公司

山钢集团重点工程项目建设优胜集体

（山钢劳竞字〔2022〕1号　2022年1月26日）

山钢股份莱芜分公司炼铁厂
山钢股份莱芜分公司炼钢厂
山钢股份莱芜分公司新旧动能转换项目工程指挥部
山钢股份莱芜分公司能源动力厂
山钢股份莱芜分公司焦化厂
山钢股份莱芜分公司特钢事业部
山东省冶金设计院股份有限公司
中冶赛迪工程技术股份有限公司
山东鲁冶项目管理公司
莱芜钢铁集团电子有限公司
中国重型机械研究院股份有限公司
山钢股份莱芜分公司运营管理部
山钢股份莱芜分公司生产管理部
山钢股份莱芜分公司设备管理部
山钢股份莱芜分公司安全生产部
山钢股份莱芜分公司环保能源部
山钢股份莱芜分公司财务部
山钢股份莱芜分公司采购部
山钢股份莱芜分公司办公室/党委办公室
山钢股份莱芜分公司工会

山东钢铁集团有限公司幸福和谐企业

（山钢党字〔2022〕12号　2022年2月26日）

山钢股份莱芜分公司炼铁厂
山钢股份莱芜分公司运输部
山钢股份莱芜分公司能源动力厂
山钢股份莱芜分公司型钢厂
莱钢银山型钢宽厚板事业部
山信软件股份有限公司
山钢金融控股（深圳）有限公司
山东耐火材料集团有限公司王铝分公司
山东钢铁集团有限公司研究院
山东钢铁集团房地产有限公司黄岛分公司

2021年度山钢集团新闻宣传工作先进集体

（山钢宣字〔2022〕2号　2022年3月22日）

山钢股份党委宣传部
山钢股份莱芜分公司党委宣传部
日照公司党委宣传部
山钢矿业金岭铁矿政工处
山钢国贸党群部
莱钢集团党委党群工作部
山信软件党群部
山钢金控党群部
山钢地产宣传文化部
山工职院宣传统战部
山钢财务党群工作部
山东耐材党委组织部
机关党委
山钢集团新闻传媒中心全媒体记者部
山钢集团新闻传媒中心新媒体部

山钢集团全员平凡创新示范单位

（山钢党字〔2022〕26号 2022年4月28日）

山钢股份莱芜分公司棒材厂
山钢股份莱芜分公司特钢事业部
山东钢铁集团日照有限公司热轧厂
山东钢铁集团日照有限公司冷轧厂
莱钢集团淄博锚链有限公司
山钢矿业山东金岭矿业股份有限公司

山钢集团全员平凡创新型班组（团队）

（山钢党字〔2022〕26号 2022年4月28日）

山钢股份莱芜分公司板带厂轧钢车间轧钢大班
山钢股份莱芜分公司焦化厂炼焦四车间推拦焦班
山钢股份莱芜分公司炼铁厂球团车间球团焙烧班
山钢股份莱芜分公司炼铁厂烧结三车间主控班
山钢股份莱芜分公司能源动力厂型钢除盐水班
山钢股份莱芜分公司炼钢厂连铸二车间1号机生产甲班
山钢股份莱芜分公司物流运输部车辆段修配班
山钢股份莱芜分公司型钢厂小型轧钢车间轧钢大班
山钢集团日照公司热轧厂热轧作业区轧钢班
山钢集团日照公司能源动力厂供电作业区铁前操作班
山钢集团日照公司焦化厂煤制气技师工作室团队
山钢集团日照公司厚板热轧作业区4300产线热轧技术创新团队
山钢集团日照公司炼钢厂李海峰技师工作室
山钢股份营销总公司营销改善部
山钢股份淄博冶金机械厂机加工事业部技术攻关组
莱钢集团淄博锚链有限公司生产制造部
莱钢集团淄博锚链有限公司生产制造部制链一班
山钢矿业金岭矿业地测质计部地质科创新型班组
山钢矿业金岭矿业选矿厂技术科创新型班组
山钢矿业生产技术部创新型团队
山东耐材王铝分公司采矿分矿机电维修班
山东耐材鲁耐窑业有限公司粘土高铝分厂烧成班
山东耐材王耐分公司硅砖分厂机压一班
山钢财务资金管理创新团队
山钢国贸营销中心/贸易部鞠新凯团队
山钢地产房地产项目全周期测算管控应用模型研究团队山钢金控舜泰商业保理（上海）有限公司业务部
山信软件莱芜自动化分公司特钢运维事业部100吨电炉组
山信软件日照自动化分公司热轧智能运维中心热轧维检站

2021 年度信息工作先进单位

（山钢办字〔2022〕7 号　2022 年 5 月 20 日）

山东钢铁股份有限公司
莱芜钢铁集团有限公司
山东钢铁集团矿业有限公司
山钢金融控股（深圳）有限公司
山东钢铁集团国际贸易有限公司
山东钢铁集团财务有限公司
山东耐火材料集团有限公司
山信软件股份有限公司
山东钢铁集团房地产有限公司
山钢集团公司党委办公室/公司办公室
山钢集团公司工会/团委
山钢集团公司风险合规部

山钢集团 2021 年度五星级党支部

（山钢党字〔2022〕46 号　2022 年 6 月 30 日）

中共莱芜钢铁集团银山型钢有限公司板带厂带钢车间支部委员会
中共山东钢铁股份有限公司莱芜分公司炼钢厂生产技术室支部委员会
中共山东钢铁股份有限公司营销总公司贝斯山钢（山东）钢板有限公司支部委员会
中共山东钢铁股份有限公司莱芜分公司特钢事业部 100 吨运行车间支部委员会
中共山东冶金机械厂有限公司技术质量支部委员会
中共山东钢铁股份有限公司莱芜分公司棒材厂第二轧钢支部委员会
中共莱芜钢铁集团银山型钢有限公司板带厂冷轧运行车间支部委员会
中共山东钢铁集团日照有限公司冷轧厂酸轧支部委员会
中共莱芜钢铁集团银山型钢有限公司板带厂轧钢车间支部委员会
中共莱芜钢铁集团银山型钢有限公司板带厂精整车间支部委员会
中共山东钢铁股份有限公司莱芜分公司炼铁厂高炉五车间支部委员会
中共山东钢铁股份有限公司莱芜分公司保卫部第七支部委员会
中共山东钢铁股份有限公司莱芜分公司型钢厂检修车间支部委员会
中共莱芜钢铁集团银山型钢有限公司板带厂热处理车间支部委员会
中共山东钢铁股份有限公司莱芜分公司炼钢厂行车一车间支部委员会
中共山东钢铁集团日照有限公司冷轧厂镀锌支部委员会
中共莱芜钢铁集团银山型钢有限公司板带厂运行车间支部委员会
中共山东钢铁集团日照有限公司能源动力厂动力作业区支部委员会
中共山东钢铁股份有限公司莱芜分公司炼钢厂炼钢二车间支部委员会
中共山东钢铁股份有限公司莱芜分公司新旧动能转换项目工程指挥部第一支部委员会
中共山东钢铁集团日照有限公司党委组织部/人力资源部支部委员会
中共山东钢铁股份有限公司莱芜分公司炼铁厂原料二车间支部委员会
中共山东钢铁股份有限公司莱芜分公司型钢厂生产保障车间支部委员会
中共山东钢铁集团日照有限公司炼钢厂维检作业区支部委员会

中共莱芜钢铁集团银山型钢有限公司板带厂热轧车间支部委员会
中共山东钢铁股份有限公司莱芜分公司棒材厂中小型车间支部委员会
中共山东钢铁集团有限公司研究院科技管理支部委员会
中共山东钢铁股份有限公司莱芜分公司型钢厂中型轧钢车间支部委员会
中共山东钢铁股份有限公司莱芜分公司焦化厂动力车间支部委员会
中共山东钢铁集团日照有限公司党委宣传部/企业文化部支部委员会
中共山东钢铁股份有限公司莱芜分公司棒材厂生产运行车间支部委员会
中共山东钢铁股份有限公司莱芜分公司能源动力厂供电车间支部委员会
中共山东钢铁股份有限公司莱芜分公司炼铁厂烧结三车间第一支部委员会
中共山东钢铁集团日照有限公司热轧厂机关支部委员会
中共莱芜钢铁集团银山型钢有限公司炼铁厂运行一车间支部委员会
中共山东钢铁股份有限公司莱芜分公司保卫部第九支部委员会
中共山东钢铁股份有限公司莱芜分公司特钢事业部储运车间支部委员会
中共山东钢铁股份有限公司莱芜分公司能源动力厂型钢热电车间支部委员会
中共山东钢铁集团日照有限公司炼铁厂机关支部委员会
中共山东钢铁股份有限公司莱芜分公司纪委支部委员会
中共山东钢铁股份有限公司莱芜分公司保卫部第十支部委员会
中共山东钢铁股份有限公司营销总公司管理第一支部委员会
中共莱芜钢铁集团银山型钢有限公司炼铁厂烧结一车间支部委员会
中共山东钢铁集团日照有限公司炼铁厂第二高炉作业区支部委员会
中共山东钢铁股份有限公司莱芜分公司炼铁厂烧结三车间第二支部委员会
中共山东钢铁集团日照有限公司热轧厂热轧精整作业区支部委员会
中共山东钢铁股份有限公司莱芜分公司能源动力厂燃气车间支部委员会
中共山东钢铁股份有限公司莱芜分公司焦化厂炼焦三车间支部委员会
中共山东钢铁集团日照有限公司焦化厂LNG作业区支部委员会
中共山东钢铁股份有限公司莱芜分公司品质保证部原料检查站支部委员会
中共莱芜钢铁集团银山型钢有限公司炼铁厂高炉二车间支部委员会
中共莱芜钢铁集团银山型钢有限公司炼铁厂高炉三车间支部委员会
中共山东钢铁集团日照有限公司能源动力厂供电作业区支部委员会
中共山东钢铁股份有限公司莱芜分公司品质保证部机关支部委员会
中共山东钢铁集团日照有限公司炼铁厂维检作业区支部委员会
中共山东钢铁集团日照有限公司科技质量中心板材检测支部委员会
中共莱芜钢铁集团银山型钢有限公司炼铁厂维修一车间第一支部委员会
中共山东钢铁股份有限公司莱芜分公司物流运输部机务段第二支部委员会
中共山东钢铁集团日照有限公司纪委支部委员会
中共山东钢铁股份有限公司莱芜分公司型钢厂大型轧钢车间支部委员会
中共山东钢铁股份有限公司莱芜分公司炼铁厂供料二车间支部委员会
中共山东钢铁股份有限公司莱芜分公司型钢厂机关第二支部委员会
中共山东钢铁股份有限公司莱芜分公司焦化厂回收车间第二支部委员会

中共山东钢铁集团日照有限公司炼钢厂行车作业区支部委员会
中共山东钢铁股份有限公司莱芜分公司能源动力厂电气车间支部委员会
中共山东钢铁股份有限公司莱芜分公司组织部支部委员会
中共山东钢铁股份有限公司莱芜分公司特钢事业部100吨连铸车间支部委员会
中共山东钢铁股份有限公司莱芜分公司棒材厂小型车间支部委员会
中共山东钢铁股份有限公司莱芜分公司物流运输部车务二段第一支部委员会
中共山东钢铁集团日照有限公司冷轧厂机关支部委员会
中共山东钢铁集团日照有限公司办公室/武装部支部委员会
中共山东钢铁股份有限公司莱芜分公司特钢事业部50吨电炉车间第二支部委员会
中共山东钢铁股份有限公司莱芜分公司品质保证部化学实验室支部委员会
中共山东钢铁股份有限公司莱芜分公司物流运输部维修段支部委员会
中共山东钢铁股份有限公司莱芜分公司炼铁厂喷煤二车间支部委员会
中共山东钢铁股份有限公司莱芜分公司炼钢厂运转二车间支部委员会
中共山东钢铁集团日照有限公司中厚板厂生产保障作业区支部委员会
中共山东钢铁集团日照有限公司炼钢厂连铸作业区支部委员会
中共山东钢铁股份有限公司莱芜分公司炼钢厂精炼车间支部委员会
中共山东钢铁股份有限公司山东莱钢环友化工能源有限公司化产精制车间支部委员会
中共山东钢铁股份有限公司莱芜分公司特钢事业部100吨电炉车间支部委员会
中共山东钢铁股份有限公司莱芜分公司能源动力厂电修车间支部委员会
中共山东钢铁集团日照有限公司中厚板厂厚板精整作业区支部委员会
中共山东钢铁股份有限公司莱芜分公司财务部第三支部委员会
中共山东钢铁集团日照有限公司中厚板厂第一维检作业区支部委员会
中共山东钢铁集团日照有限公司科技质量中心研发支部委员会
中共山东钢铁股份有限公司莱芜分公司物流运输部车辆段支部委员会
中共莱钢集团有限公司培训中心综合管理支部委员会
中共莱钢集团有限公司培训中心党建技术支部委员会
中共莱钢集团有限公司组织部支部委员会
中共莱钢集团有限公司办公室支部委员会
中共莱钢集团有限公司公益事业部支部委员会
中共莱钢集团淄博锚链有限公司生产制造部支部委员会
中共莱钢集团有限公司济南大酒店支部委员会
中共青岛信莱伟业经贸有限公司支部委员会
中共莱钢集团淄博锚链有限公司市场营销部支部委员会
中共淄博铁鹰球团制造有限公司支部委员会
中共山东金岭矿业有限公司第二支部委员会
中共山东金岭矿业股份有限公司营销部支部委员会
中共山东金岭矿业股份有限公司机械动力部支部委员会
中共山东金召矿业有限公司运输支部委员会
中共山东金岭矿业股份有限公司选矿厂选矿支部委员会
中共山东金岭铁矿有限公司机关第一支部

委员会
中共山东金岭矿业股份有限公司运输部支部委员会
中共山东金岭矿业股份有限公司后勤保障部支部委员会
中共山钢国贸山东莱钢国际贸易有限公司莱钢支部委员会
中共山钢国贸日照国际贸易有限公司第二支部委员会
中共山东钢铁集团国际贸易有限公司贸易部支部委员会
中共山东钢铁集团国际贸易有限公司党群纪检支部委员会
中共山东钢铁集团房地产有限公司济南分公司支部委员会
中共山东钢铁集团房地产有限公司黄岛分公司支部委员会
中共济南鲍德房地产开发有限公司支部委员会
中共山东钢铁集团房地产有限公司上海分公司支部委员会
中共山东钢铁集团财务有限公司第四支部委员会
中共山钢金融控股（深圳）有限公司机关支部委员会
中共山钢金融控股（深圳）有限公司融资租赁支部委员会
中共山钢金融控股（深圳）有限公司普惠金融支部委员会
中共山东耐材集团鲁耐窑业有限公司莫来石分厂支部委员会
中共山东耐材集团鲁耐窑业有限公司粘土高铝分厂支部委员会
中共山东耐材王铝分公司采矿支部委员会
中共山东耐材王铝分公司原料支部委员会
中共山东耐材王耐分公司硅砖分厂支部委员会
中共山信软件股份有限公司济南自动化分公司信息支部委员会
中共山信软件股份有限公司莱芜自动化分公司特钢运维事业部支部委员会
中共山信软件股份有限公司莱芜自动化分公司银轧运维事业部支部委员会
中共山信软件股份有限公司莱芜自动化分公司铁区运维事业部支部委员会
中共山信软件股份有限公司莱芜自动化分公司钢区运维事业部支部委员会
中共山信软件股份有限公司日照自动化分公司炼钢智能运维中心支部委员会
中共山信软件股份有限公司日照自动化分公司热轧智能运维中心支部委员会
中共山信软件股份有限公司信息化事业部第一支部委员会
中共山东工业职业学院宣传统战部支部委员会
中共山东工业职业学院学生工作处支部委员会
中共山东工业职业学院纪委办公室支部委员会
中共山东工业职业学院教务处支部委员会
中共山东工业职业学院冶金与汽车工程学院冶金成型教师支部委员会
中共山东工业职业学院机电工程学院学生工作支部委员会
中共山东工业职业学院电气工程学院学生工作支部委员会
中共山东工业职业学院建筑与信息工程学院建筑教师支部委员会
中共山东工业职业学院工商管理学院教师支部委员会
中共山东工业职业学院基础教育与艺术学院文化课教师支部委员会
中共山东省银山公安局第七支部委员会
中共山东省银山公安局第九支部委员会
中共山东省银山公安局第十支部委员会
中共山东钢铁集团有限公司宣传部支部委员会
中共山东钢铁集团有限公司纪委支部委

员会

中共山东钢铁集团有限公司运营管理部支部委员会

中共山东钢铁集团有限公司办公室支部委员会

中共山东钢铁集团有限公司组织部人力资源部支部委员会

中共山东钢铁集团有限公司财务部支部委员会

中共山东钢铁集团有限公司法律顾问中心济南支部委员会

中共山东钢铁集团有限公司审计中心第一支部委员会

中共山东钢铁集团有限公司新闻传媒中心第一支部委员会

“攻坚二季度，决胜上半年”专题劳动竞赛优胜单位

（山钢劳竞字〔2022〕3号　2022年7月21日）

山东钢铁股份有限公司

莱芜钢铁集团有限公司

山东钢铁集团矿业有限公司

山东钢铁集团国际贸易有限公司

山钢金融控股（深圳）有限公司

山东耐火材料集团有限公司

“攻坚二季度，决胜上半年”专题劳动竞赛优秀组织单位

（山钢劳竞字〔2022〕3号　2022年7月21日）

山东钢铁集团有限公司运营管理部

山东钢铁集团有限公司财务部

山东钢铁股份有限公司运营管控部

山东钢铁股份有限公司莱芜分公司

山东钢铁集团日照有限公司

山东钢铁股份有限公司莱芜分公司炼钢厂

山东钢铁股份有限公司莱芜分公司板带厂

山东钢铁集团日照有限公司炼钢厂

莱钢集团淄博锚链有限公司

山东金岭矿业股份有限公司选矿厂

山东金召矿业有限公司

山东金岭矿业股份有限公司营销部

山东钢铁集团日照国际贸易有限公司

埃尔顿发展有限公司

山钢供应链管理（深圳）有限公司

山钢（亚洲）控股有限公司

山东耐材集团鲁耐窑业有限公司

山东耐材集团有限公司王铝分公司

山钢集团“中国梦·新时代·新征程·新山钢”百姓宣讲比赛优秀组织奖

（山钢党办字〔2022〕10号　2022年8月15日）

山东钢铁股份有限公司

莱钢集团有限公司

山东钢铁集团矿业有限公司

山东钢铁集团国际贸易有限公司

山东钢铁集团房地产有限公司

山东耐材集团有限公司

山信软件股份有限公司

集团公司2022年表彰的各类先进个人

2021年度安全生产工作先进个人

（山钢安字〔2022〕1号　2022年1月6日）

于利国　张　强　段元宁　李长新　刘建迅　李贤涛　乔汉东　贺方亮　张爱军
马　波　邢志刚　倪培亮　王　宝　马丙涛　张　庆　赵燕鹏　时元田　李庆华
孙宁涛　乔廷刚　徐永波　孙圣刚　房国华　翟大强　刘东华　董士名　张　勇
王　凯　张俊福　李玉林　苏润宁　张　宁　刘　杰　李强笃　李金木　刘新玉
许茂新　曲华辰　王　洋　韩金伟　田远锋　刘　磊　佟圣刚　张广鑫　宋光鑫
董　祥　白　生　李　滨　孟祥瑞　田敬刚　徐令喜　赵德起　李大鹏　刘　刚
王　凯　徐田龙　王　静　王茂周　范贵国　肖　旭　孙金博　滕军杰　郭庆鹏
徐永全　代美新　尹鲁生　刘洪涛　樊章新　薛建委　刘　军　赵子平　孟凡强
孟凡禄　靖绪同　张兆林　蒋　强　孙志强　宗　波　刘尚杰　王美忠　王文健
张　伟　温志毅　齐恩明　朱总儒　耿福臣　张作金　林永新　郑春晓　尚晓燕
徐广忠　孟治强　黄永森　刘运广　王忠义　荆宝岑　齐　清　赵　飞　孙　强
胡　森　徐兴旺　胡正波　张红龙　孙良男　冯　慧　李永新　梁洪磊　孙建平
翟绪武　张常胜　孙　明　陈兴华　王鹏飞　张翰森　赵　斌　乔卫国　陈新峰
张弘弢　李冬俊　马世雷　王　勇　李维富　车玉平　党　勇　吴　健　王文为
李玉红　刘胜玉　王立波　马　骏　孙贝贝　李　森　孙　霞　张传友　邹方敏
袁乃收　韩怀平　李　霞

2021年度环境保护工作先进个人

（山钢安字〔2022〕1号　2022年1月6日）

朱圣华　陈豪卫　邢士建　张海港　刘元杰　吕德玉　王汝波　谈群峰　苗增军
刘化军　谷　春　宋西民　关义利　王　雷　刘春燕　魏光平　董建斌　杜宪伟
刘　喆　梅庆峰　张吉刚　王光福　杨洪波　陈建磊　丁　昊　朱　琳　刘义学
董雪飞　闫顺璞　董　晓　冯会昌　杨成召　耿成鹏　梁　峰　董德明　刘　亮
李传友　王宣会　马　骏　李文之　孟现胜　赵　峰　周学军　边洪光　荣敦文
边洪波　李蓬修　孙光超　韩文涛　聂　磊　南建林　王　伟　张研忠　赵鹏飞
师黄伟　解革章　项树梁　卿玉国　王峰圃　李照峰　史　越　王　雷　赵思强
亓爱峰　孟　帅　李　震　袁浩翔　苗进立　赵玉潮　刘建新　于　奇　奚道鑫
宋雷明　王业贵　高　敏　马家泰　胡　玉　宋国栋　王传斌　杨富廷　孙建军
林七女　陈力军　曾　晖　栾吉益　李希海　王　蕾

山钢集团重点工程项目建设先进个人

（山钢劳竞字〔2022〕1号　2022年1月26日）

潘　林　化玉荣　刘　勇　于　海　孙家荣　史伟涛　王　峰　包　伟　田　波
王建峰　咸光勇　刘洪德　王庆会　李加祥　马　健　张克柱　毕京涛　亓玉亭
尹　庆　鉴曙光　孙万领　庞怀江　王成铭　张永生　孟凡亮　张爱军　赵洪雨
王学龙　吴启瑞　武　玉　杨洪军　李　波　张均宾　李秀海　田玉国　王　龙
徐文海　丁洪周　朱　立　季仁海　马洪林　赵　涛　王尖锐　贾从杰　赵松林
张　建　惠泽洲　宋照川　薛开建　于铭杰　韩玉庆　季　诚　焦子吉　张　雷
莫建春　许　宇　孟　雷　赵　敏　吕浩儒　韩永刚　亓新华　曲新华　胡宝连
葛海斌　赵志东　刘春燕　杨洪磊　赵志国　刘　磊　张会菊　潘爱东　荀金豹
徐强强　朱　可　吴有雷

2021年度山钢集团新闻宣传工作先进个人

（山钢宣字〔2022〕2号　2022年3月22日）

王玉军　栾长河　杨位钦　毕海涛　肖海莲　丁书洪　张　波　郭　阳　张　胜
宫　宇　周海力　张玉廷　陈　宇　颜永健　韦　晶　任玉琪　鲁　攀　沈桂权
王　爽　杜　慧　王福文　李　霞　李　志　宋　哲　刘　芳　崔瑞辉　王天宁
焦　洁　李婷婷

2021年度山钢集团科学技术奖科技进步突出贡献奖获得者

（山钢科字〔2022〕3号　2022年4月15日）

周　平

2021年度信息工作先进个人

（山钢办字〔2022〕7号　2022年5月20日）

李金传　刘　敏　宿　昊　李　林　商启亮　杨　恒　赵呈德　柴新硕　贺明峰
李晓玲　鲁　攀　盛亚楠　曹智红　陈　峰　沈桂权　李乃亮　赵成文　张　勇
李迎雪　耿佃标　孙亚宁　金连华　吴玉峰　马家泰　任晓华　李　梁　马丽萍
鉴　康　奚道鑫　于　奇　董绪林　谢　晖　韩怀平　赵长义　陈清文

“攻坚二季度，决胜上半年”专题劳动竞赛先进个人

（山钢劳竞字〔2022〕3号　2022年7月21日）

王　鑫　李　飞　于亮涛　王耀炎　蒋海涛　尹训强　李　健　魏传波　马刚跃
徐强强　贯跃文　王　兴　许　明　张维国　陈书峰　王展龙　徐令喜　彭传峰

孔凡强　黄训建　王远华　程　斌　靖绪同　崔　勇　乔俊国　赵　勇　张　金
张洪光　段崇学　吴　健　于彦飞　马　振　李忠武　王洪雷　崔文波　王加亮
陈　振　崔中晔　王洪利　鉴　康

2022年党建思想政治工作研究会优秀干部

（山钢政研字〔2022〕2号　2022年8月16日）

王玉军　张　蕾　张庆祥　李希海　王旭东　时　旭　段丽莉　王友军　陈为强
岳远龙　曹智红　邱　峰　沈桂权　李　珂　王金海　巩茂娟　陈　宇　张　序
王立波　徐　伟　韩典平　王天宁

集团公司2022年获省级以上管理创新成果

成果类型	成果名称	完成人	获奖等级	授予部门	授予时间	获奖单位
山东省企业管理现代化创新成果	建立即时响应、敏捷服务的精益营销体系研究	郭伟达、尹虎、衣海花、高传华、刘建路、于家慧、李建平	二等奖	山东省企业管理现代化创新成果评审委员会	2022-09-30	山东钢铁股份有限公司
山东省企业管理现代化创新成果	钢铁产业金融企业实现精细化全面风险管理体系的构建与实施	黄振辉、张新福、王磊、吴浩、郭京峰、卢珊、吴克刚	二等奖	山东省企业管理现代化创新成果评审委员会	2022-09-30	山钢金融控股(深圳)有限公司
山东省企业管理现代化创新成果	基于三项制度改革深化的国有企业市场化绩效薪酬分配体系创新	黄振辉、王磊、王启明、李玉红、李晓丹、李宁、谢伟峰	二等奖	山东省企业管理现代化创新成果评审委员会	2022-09-30	山钢金融控股(深圳)有限公司
山东省企业管理现代化创新成果	新专业监管下的转型发展之路探究	辛帅、崔馨月、陈基源、姜娟、朱宏、郭峰、王晓鲁	三等奖	山东省企业管理现代化创新成果评审委员会	2022-09-30	山钢金融控股(深圳)有限公司
冶金企业管理现代化创新成果	以“OTN(1到9)理念”为基准的全面风险管理体系的构建与实施	黄振辉、乔立海、王磊、李学玉、张新福、吴浩、郭京峰、卢珊、刘胜玉、吴克刚、袁媛、徐超、岳蕾、刘彦君、程方圆	一等奖	中国钢铁工业协会	2022-12-31	山钢金融控股(深圳)有限公司
冶金企业管理现代化创新成果	基于全要素绩效价值评价的差异化薪酬体系建设	黄振辉、乔立海、李学玉、王磊、王其成、张岳、时鹏刚、王启明、李玉红、李宁、李晓丹、谢伟峰、奚道鑫	一等奖	中国钢铁工业协会	2022-12-31	山钢金融控股(深圳)有限公司

续表

成果类型	成果名称	完成人	获奖等级	授予部门	授予时间	获奖单位
冶金企业管理现代化创新成果	国有资本投资公司改建过程中投资管理创新与实践	王其成、李强、奚道鑫、鉴康、吕永刚、苏爱军、王春鹏、杨栋、田霞、李筱	二等奖	中国钢铁工业协会	2022-12-31	山东钢铁集团有限公司
冶金企业管理现代化创新成果	料场智能化管理系统的构建与实施	张明、刘汉海、赵兴永、卢宝松、王丰巧、杨继刚、许海峰、张子元、穆南村、李南	二等奖	中国钢铁工业协会	2022-12-31	山东钢铁股份有限公司
冶金企业管理现代化创新成果	以效益为牵引的“穿透式”业务协同管理体系的构建与实施	孙日东、范鹍、罗剑、张金鹏、王春鹏	三等奖	中国钢铁工业协会	2022-12-31	山东钢铁集团有限公司
冶金企业管理现代化创新成果	新时代国有企业深化改革背景下职工分流安置的探索与实践	刘秀元、来现民、李林、阎文龙、张传友	三等奖	中国钢铁工业协会	2022-12-31	山东钢铁集团有限公司
冶金企业管理现代化创新成果	两统筹理念下绩效审计协同其他审计的路径研究与创新实践	王鸿飞、刘兰雪、韩典平、单燕斐、鞠伟	三等奖	中国钢铁工业协会	2022-12-31	山东钢铁集团有限公司
冶金企业管理现代化创新成果	全面对标找差体系的系统构建和落地实践	王向东、吕铭、孔凡强、李金怀、李金传	三等奖	中国钢铁工业协会	2022-12-31	山东钢铁股份有限公司
冶金企业管理现代化创新成果	标准成本数据管控模型的创建与实施	孙正旭、尚超、丁玉栋、解莹琦、郭倩	三等奖	中国钢铁工业协会	2022-12-31	山东钢铁股份有限公司
冶金企业管理现代化创新成果	以劳产率提升为目标的人力资源优化配置研究与实践	姜世远、刘楚、王义欣、尚敬强、徐延岭	三等奖	中国钢铁工业协会	2022-12-31	山东钢铁股份有限公司
冶金企业管理现代化创新成果	建立即时响应、敏捷服务的精益营销体系研究	郭伟达、高传华、尹虎、董良、衣海花	三等奖	中国钢铁工业协会	2022-12-31	山东钢铁股份有限公司

续表

成果类型	成果名称	完成人	获奖等级	授予部门	授予时间	获奖单位
冶金企业管理现代化创新成果	全员平凡创新自主改善的推进实施	张润生、毕衍涛、孙延海、秦炳荣、庞志忠	三等奖	中国钢铁工业协会	2022-12-31	山东钢铁集团日照有限公司
冶金企业管理现代化创新成果	基于“标准化+”的质量双零目标管理模式构建与应用	张润生、王学新、胡勤东、刘建伟、高龙永	三等奖	中国钢铁工业协会	2022-12-31	山东钢铁集团日照有限公司
冶金企业管理现代化创新成果	基于精益管理下“1+4+N”预算管理模式的应用与研究	张润生、李东祥、赵忠山、胡明龙、崔春燕	三等奖	中国钢铁工业协会	2022-12-31	山东钢铁集团日照有限公司
冶金企业管理现代化创新成果	“标准化+”赋能钢铁企业智慧运维提质增效	张元福、司鹏、陈民、邓君堂、颜炳正	三等奖	中国钢铁工业协会	2022-12-31	山信软件股份有限公司
冶金企业管理现代化创新成果	基于智能规则引擎的供应链资产交易服务平台	侯世杰、苏晓明、刘士豪、李晓宁、刘梦琪	三等奖	中国钢铁工业协会	2022-12-31	山钢金融控股（深圳）有限公司

（撰稿：牛玉波　审稿：李丰功）

集团公司2022年获省级以上科技创新成果

成果类型	成果名称	完成人	获奖等级	授予部门	授予时间	获奖单位
山东省专利奖	一种厚规格和窄硬度区间耐磨钢板及其制备方法	麻衡、马光亭、周平、王飞、刘云峰、魏承志、张利平、张婷、赵健、王月香	二等奖	山东省人民政府	2022-05-28	莱芜钢铁集团银山型钢有限公司
山东省专利奖	一种低成本正火轧制热轧H型钢及其制备方法	杜传治、方金林、武玉利、赵培林、李超、郭秀辉	三等奖	山东省人民政府	2022-05-28	山东钢铁股份有限公司
山东省科学技术进步奖	高品质轴承钢洁净化生产平台关键技术研发及推广应用	许荣昌、刘成宝、张新房、王毅、陈良、孙宗辉、韩杰、邵正伟、刘春伟、何毅	二等奖	山东省人民政府	2022-12-13	山东钢铁股份有限公司、北京科技大学
湖北省科学技术进步奖	热轧抑尘体质绿色制造关键技术及其装备研制与应用	赵刚、熊雯、汪朝晖、蔡海滨、向晓东、张俊、卢艳、陈维栋、赵玉潮、江都	二等奖	湖北省人民政府	2022-06-25	武汉科技大学、武汉钢铁有限公司、山东钢铁集团有限公司
湖北省科学技术进步奖	7.63 m焦炉耐火材料关键技术改进与应用	徐国涛、王佑宝、杨帆、王希波、张洪雷、王文学、崔会明	三等奖	湖北省人民政府	2022-06-25	武汉钢铁有限公司、山东耐材集团鲁耐窑业有限公司
冶金科学技术奖	基于机器视觉的厚板轮廓及板形CPS智能制造技术研发与应用	李旭、周平、李涛、丁敬国、李庆华、曹剑钊、于全成、黄少文、张田、杨恒、单传东、亓晓涛、彭文、田遵超、霍宪刚	一等奖	中国钢铁工业协会、中国金属学会	2022-08-02	山东钢铁股份有限公司、东北大学、莱芜钢铁集团银山型钢有限公司、沈阳建筑大学

续表

成果类型	成果名称	完成人	获奖等级	授予部门	授予时间	获奖单位
冶金科学技术奖	大板坯连铸-轧钢界面高效化、绿色化关键技术开发与集成应用	张慧、干勇、邓建军、陈斌、王明林、韩健、白晋钢、王键、赵长亮、朱坦华、范军、席常锁、宁伟、乔焕山、赵文博	一等奖	中国钢铁工业协会、中国金属学会	2022-08-02	钢铁研究总院有限公司、首钢集团有限公司、邯郸钢铁集团有限责任公司、山西太钢不锈钢股份有限公司、莱芜钢铁集团银山型钢有限公司、首钢京唐钢铁联合有限责任公司、中达连铸技术国家工程研究中心有限责任公司
冶金科学技术奖	V-N微合金高强韧中厚板绿色制造关键技术及应用	杜林秀、麻衡、高秀华、王中学、吴红艳、霍孝新、高彩茹、徐凯、王月香、顾大庆	二等奖	中国钢铁工业协会、中国金属学会	2022-08-02	莱芜钢铁集团银山型钢有限公司、东北大学、兖矿东华重工有限公司
冶金科学技术奖	7.63 m焦炉耐火材料关键技术改进与应用	徐国涛、王明刚、盛军波、史成龙、冯强	三等奖	中国钢铁工业协会、中国金属学会	2022-08-02	武汉钢铁有限公司、山东耐材集团鲁耐窑业有限公司

（撰稿：谢　晖　审稿：李丰功）

集团公司 2022 年获省级以上教学成果奖

成果类型	成果名称	主持人	获奖等级	授予单位	授予时间
省级教学成果奖（职业教育类）	服务钢铁产业的“多元赋能、五融四通”新型产业工匠人才培养创新与实践	马光亭	特等奖	山东省教育厅	2022-08
省级教学成果奖（职业教育类）	双主体、三平台、四融通——高职装备制造类专业综合实践教学体系的构建与实施	孔凡杰	特等奖	山东省教育厅	2022-08
省级教学成果奖（职业教育类）	高职“五全三双六平台”教师教学创新团队建设模式创新与实践	牛同训	一等奖	山东省教育厅	2022-08
省级教学成果奖（职业教育类）	双模块融通、三协同四推进课程思政“工院模式”构建与实践	朱玉茹	一等奖	山东省教育厅	2022-08
省级教学成果奖（职业教育类）	“六中心、一平台”绿色钢铁智能生产虚拟仿真实训的研究与实践	王庆春	一等奖	山东省教育厅	2022-08
省级教学成果奖（职业教育类）	高职院校“四全四融”专创融合人才培养体系的创新与实践	赵红军	二等奖	山东省教育厅	2022-08
省级教学成果奖（职业教育类）	“三阶段三进入三延伸”计算机应用专业软件测试人才培养模式的创新与实践	巩建学	二等奖	山东省教育厅	2022-08
省级教学成果奖（职业教育类）	职业院校“四个新型”智慧教学体系的构建与实践	彭丽英	二等奖	山东省教育厅	2022-08

（撰稿：毛瑞萍　审稿：李志波）

集团公司2022年表彰的各类优秀成果

2021年集团公司经济研究成果奖获奖名单

（山钢战略字〔2022〕1号　2022年1月7日）

序号	成果名称	课题负责人	课题组成员	奖项
1	山钢集团创建高科技企业研究	袁鹏举	李希海、李建磊、宋国栋、谢晖、徐丽丽、王璀民、马学刚、刘平	特殊贡献奖二等奖
2	山钢产业管理基础性研究	高元军	李梅广、张广军、王传斌、王刚、张红燕、刘强、李超、董慧、袁鹏举、吴德发、罗剑、王全才	特殊贡献奖三等奖
3	山钢集团构建安全高效钢铁产业生态圈的研究	滕国兴	刘强、吴德发、李希海、刘平、张跻国、马丛丛	贡献奖一等奖
4	山钢集团钢铁制造业“十四五”规划研究	袁鹏举	王传斌、徐丽丽、马学刚、王璀民、刘平、李建磊、李希海、史强	贡献奖一等奖
5	山钢集团低碳发展技术路径研究	高元军	董慧、曾晖、宋国栋、王传斌、赵玉潮、栾吉益、刘平、陈万福、谢晖、李纯明、刘建新、李梅广、刘强、李超、张红燕、王全才	贡献奖一等奖
6	山钢集团产业园区业“十四五”规划研究	张红燕	高元军、王传斌、王其成、陈剑、马骏、李青、王全才、李梅广、董慧、刘强、李超	贡献奖二等奖
7	山钢集团资源环境业“十四五”规划研究	张广军	王传斌、滕国兴、王刚、张跻国、吴德发、刘平、管山吉、刘欣、马丛丛	贡献奖二等奖
8	新视角下山钢集团非主业资产“十四五”规划研究	李梅广	高元军、王传斌、王德志、王刚、张红燕、刘强、刘平、李超、董慧、王全才	贡献奖二等奖

2020年度山东钢铁集团有限公司管理创新成果获奖名单

（山钢字科〔2022〕2号　2022年4月15日）

成果编号	成果名称	完成单位	创造人员	等级
202001	以本质化运营水平提升为目标的“五位一体”协同机制研究与构建	山东钢铁股份有限公司	王向东、吕铭、孔凡强、李金怀、尹虎、李金传、李娜、于学文、冯丽、盛芹世、杜欣、亓健锋	一等奖

续表

成果编号	成果名称	完成单位	创造人员	等级
202002	基于高质量发展目标的系统对标提升管理实践	山东钢铁股份有限公司莱芜分公司	王培文、李家波、孔凡强、高相南、王春刚、赵晨光、李娜、史能波、石树坤、勾新勇、陈超、徐勤庆	一等奖
202003	基于系统、精益、创新、极致管理模式下成本降低的实践与应用	山东钢铁集团日照有限公司	张润生、李东祥、赵忠山、胡明龙、崔春燕、林森、相恒伦、王玉、杨国权、韩建涛、刘波、林春丽	一等奖
202004	以提升本质化运营水平为目标的精益管理系统深化推进	山东钢铁集团日照有限公司	吕铭、张润生、蒋学健、毕衍涛、赵洪荣、秦炳荣、孙艳红、庞志忠、吴尚坤、吕安明、李波、孙超	一等奖
202005	“1244”管理思路创新与实践	山东钢铁集团日照有限公司	张永青、王学新、高峰、赵友虎、张亮、刘卓智、温福新、马淑娟、张兴伟、东青	一等奖
202006	全面实行“效率变革”加速推进济钢优质高效转型发展	济钢集团有限公司	薄涛、苗刚、王文涛、徐西刚、季宏杰、何柳萌、周晶、孙蕾	一等奖
202007	推动“放权到位、激励到位、监督到位”改革的探索与实践	山东钢铁集团有限公司	侯军、陶登奎、李学玉、李波涛、陈振、孙亚宁	一等奖
202008	绿色循环低碳引领企业高质量发展的实践	山东钢铁集团有限公司	王志强、杨富廷、赵玉潮、李普庆、聂延忠、孙建军、朱圣华、张省军、刘建新、韩怀平、陈力军、周亮文	一等奖
202009	国有企业建立职业经理人制度的研究和探索	山东钢铁集团有限公司	刘秀元、来现民、黄振辉、张岳、马家泰、王启明、陈克松	一等奖
202010	集约型一体化企业年金制度的构建与优化	山东钢铁集团有限公司	刘秀元、来现民、李林、孙淑辉、李小权	一等奖
202011	以推动山钢集团高质量发展为目标的上下联动延伸巡察监督的探索与实施	山东钢铁集团有限公司	赵文友、贾元奎、安燕、徐毅、王勇、陈磊、张强	一等奖
202012	依托院士工作站的科技合作协同机制创新实践	山东钢铁集团有限公司研究院	田超、楚世豪、宋国栋、王中学、张军、徐继山、马兴云、顾大庆、谢晖、李栋	二等奖
202013	基于过程方法的BOO/BOT项目风险管理探索与实践	山东钢铁股份有限公司	朱慧、刘武修、张会菊、楚良、赵祥峰	二等奖
202014	以五位一体协同为核心的商业模式探索与实践	山东钢铁股份有限公司营销总公司	郭伟达、尹虎、高传华、刘庆祯、李士安、宋尊国、于家慧、衣海花、刘建路、刘杨	二等奖
202015	产销研一体化高效运行样板构建	山东钢铁股份有限公司莱芜分公司	郑国防、魏光兵、张亚凯、徐成军、蒋海涛、李彦军	二等奖
202016	型钢产品MECE成本系统的构建与应用	山东钢铁股份有限公司莱芜分公司	郑国防、魏光兵、徐成军、张亚凯、白光胜、李彦军	二等奖

续表

成果编号	成果名称	完成单位	创造人员	等级
202017	精益思维在焦化吨煤降本中的应用	山东钢铁集团日照有限公司	刘成雷、许明、纪同森、林金良、郑雯、张宁国、马纯迎、吴宝国、常庆明、孙连波、刘海涛、焦庆亮	二等奖
202018	以产品质量全面提升为核心的精益质量管控体系构建与实施	山东钢铁集团日照有限公司	孙风晓、李洪翠、潘振华、徐宝杰、姜广林、胡华东、王小璞、陈传磊、杨金福、于振宇、马淑梅、徐庆磊	二等奖
202019	以信息化系统架构体系重构实现企业运营效率和管控效率不断提升	济钢集团有限公司	高翔、徐守亮、李勇、杨超、苏春越、张良刚、韩文殿、李凯、郑香增、王真	二等奖
202020	以供应链金融业务协同为基础的事业部制的运营探索	山钢金融控股（深圳）有限公司	侯世杰、王治、王京伟、赵文娟、郭程、刘梦琪、黄嘉润、苏晓明、朱立波、唐海玉、于彦飞	二等奖
202021	基于金融创新的钢铁企业不良资产处置的探索与实践	山钢金融控股（深圳）有限公司	黄振辉、王其成、乔立海、王来星、陈剑、冯德生、郑斌、潘小丽、吴浩、武晗、宋磊宏、李青	二等奖
202022	以“三同步”为核心的项目管理体系建立与实施	山信软件股份有限公司	张元福、胥爱国、段方民、杜军、张婕、申敏、赵成文	二等奖
202023	具有山钢特色的“3+6+3”董事会立体管控模型构建	山东钢铁集团有限公司	侯军、付博、李学玉、陈茂文、于奇	二等奖
202024	山钢集团总部经费管理数智化提升	山东钢铁集团有限公司	李强、张颖、苗雯雯	二等奖
202025	大型钢铁企业高质量发展过程中“双招双引”的创新实践	山东钢铁集团有限公司	王其成、来现民、李林、苏爱军、奚道鑫、张传友、韩晰宇、魏鹏、李筱、李 青、马骏、刘翔宇	二等奖
202026	企业内部审计模拟市场化运营的实践与研究	山东钢铁集团有限公司	鞠健、单燕斐、刘兰雪、潘铣、崔颖川、韩典平、李志、董雅娟、杜文超、高凌宇、杨明辉	二等奖
202027	创建环保绩效A级确保B级工作模式的探索与创新	山东钢铁股份有限公司莱芜分公司	李普庆、孙建军、王须革、张纯龙、卢静、黄珊珊、周昊、董建斌、田国福、宋西民、杜庆平、刘斌	三等奖
202028	智能化烧结创新与实践	山东钢铁股份有限公司莱芜分公司	刘汉海、李京业、杨继刚、杨默涵、秦书财、罗宗尧、毛松梅	三等奖
202029	以相关方需求和期望为引领的业绩目标体系的构建与实施	山东钢铁股份有限公司莱芜分公司	关中华、王建、杨风滨、杜勇、宗鑫、于仁红	三等奖
202030	以周成本为基础的精细化管理体系构建	山东钢铁股份有限公司莱芜分公司	孙正旭、尚超、张倩、王伟、丁玉栋、高景麟、刘燕、张洋、李超	三等奖

续表

成果编号	成果名称	完成单位	创造人员	等级
202031	筒仓投运后确保自产焦质量持续稳定	山东钢铁股份有限公司莱芜分公司	姜世远、刘建迅、刘元杰、葛东、李国军、王卫东、李明富、丁敏、张倩	三等奖
202032	探索建立以自主维护为核心的第一道全员设备管理防线	山东钢铁股份有限公司莱芜分公司	傅守滨、张宁、李冉、马琳、马文龙、胡方亮	三等奖
202033	以提升核心竞争力为导向的信用管理机制设计与实施	山东钢铁股份有限公司莱芜分公司	孙建军、关义利、张凯、苏润宁、刘斌	三等奖
202034	以实现结构增效为目标的订单效益测算系统开发与实践	山东钢铁股份有限公司营销总公司	高传华、陈辉、赵山绩、张爱民、衣海花、尹虎、王增强、张晶波	三等奖
202035	以打造运营管理新生态为主要内容的竞争力提升实践	山东钢铁集团日照有限公司	吕铭、景凯、张永青、李效生、李林	三等奖
202036	提升采购核算精益化管理的探索与实践	山东钢铁集团日照有限公司	李东祥、赵忠山、胡明龙、刘波、王德忠、韩晶、孙卫芳	三等奖
202037	以精益管理为核心的产能提升优化与实践	山东钢铁集团日照有限公司	李永亮、乔松、杨勇、赵令玉、陈俊杰、王振华、李福平、刘德宏、董绪勇、张宁、王杰	三等奖
202038	钢材产品的物流体系优化及实施	山东钢铁集团日照有限公司	于忠念、侯光合、李真明、姚学磊、程刚、秦玉玺、刘承山、陈诚、张国梁、张太省、杨振	三等奖
202039	构建融合共赢的相关方管理	山东钢铁集团日照有限公司	姚建平、郭传奇、林保国、李璞、李亘、王军、所平原	三等奖
202040	基于激发中层管理人员干事创业活力的契约化延伸改革实践	山东钢铁集团日照有限公司	姚建平、张智超、李强、王小璞、顾永涛、秦虹、侯广潇	三等奖
202041	以激发内生动力助推高质量发展的研究	济钢集团有限公司	苗刚、徐守亮、王同彦、张家峰、李善磊、郑丽、孟贤锋、杜荧荧、张超、时义祥、杨成召	三等奖
202042	激活体制改革创新，增强集团公司发展竞争力和创新力	济钢集团有限公司	刘学燕、鲁宏洲、孙凤雷、施京萍、张洪宝、张少杰、马宝来、王东升、王广海、苗苗	三等奖
202043	以资金创效为核心的投融资管理体系构建与实施	济钢集团有限公司	曹孟博、李健、宋锋、苗苗、郭经纬、岳涵、寇振茜、王玉全、孙浩、张颖、李晓礼、马成	三等奖

续表

成果编号	成果名称	完成单位	创造人员	等级
202044	聚焦平凡创新构建职工价值创造体系	济钢集团有限公司	王景洲、黄善兵、张玉华、王京巨、王爱华、杨春雨	三等奖
202045	五位一体管理新模式建立实践	山东济钢环保新材料有限公司	王明勤、靳玉启、杨勇、姜言明、张国强、刘圣海、杨传举、刘行、鹿传兵、马国梁、郝思生	三等奖
202046	基于动力变革催生发展潜能的实践	莱芜钢铁集团有限公司	李洪建、王晓冰、赵呈德、陈雪、柴新硕	三等奖
202047	监理事务标准化管理	莱芜钢铁集团有限公司	傅新建、王启金、王占辉、于发洋、孙殿鲁、李德平、徐静、李夫禄、刘云生	三等奖
202048	助力企业混合所有制改革高质量推进的党建引领实践	莱芜钢铁集团有限公司	张晓燕、鉴继祥、段丽莉、马龙、隋泳	三等奖
202049	多层次差异化激励机制的构建与实施	山东钢铁集团矿业有限公司	刘长进、马金宝、周晓婷、张本磊、国林、王哲、孙雷	三等奖
202050	旨在提升矿山企业核心竞争力的科技创新管理	山东钢铁集团矿业有限公司	刘圣刚、董峻岭、张作金、文雪虎、杨绍令、王孝虎、房启家、李胜、张兴旺	三等奖
202051	以提质增效为目标的全流程“紧盯”管理	山东金岭铁矿有限公司	郭辉、薛磊	三等奖
202052	“智慧地产”数字化管控平台的构建及应用	山东钢铁集团房地产有限公司	王剑、潘嵩、高玉金、鞠欣、石春蕾、顾雁辉	三等奖
202053	基于无线物联网技术的智慧办公研究及应用	山东钢铁集团房地产有限公司	王剑、张兰勋、徐军、赵兴哲、程凯	三等奖
202054	探索实践“三融合”营销模式的管理创新	山东钢铁集团国际贸易有限公司	李强笃、赵树俭、张钢、邢磊、王涛、台俊利、顾志国、李英、刘珊珊、王苹	三等奖
202055	优化提升风险防控体系建设	山东钢铁集团国际贸易有限公司	李强笃、张钢、李杰、张克伟、孔德越、王传峰	三等奖
202056	以产融协同发展为目标的差异化融资实践	山钢金融控股（深圳）有限公司	黄振辉、乔立海、潘小丽、时鹏刚、修艳君、张琪、张潇文、谢文萍	三等奖
202057	基于数智化赋能的金融业务综合管控平台的研究与开发	山钢金融控股（深圳）有限公司	黄振辉、乔立海、王磊、侯世杰、苏晓明、王烁、张旭、姚元、赵文娟、苗进立	三等奖
202058	基于精益运营的高质量创新型产业集群构建	莱芜钢铁集团电子有限公司	杨锦华、邢建厂、王瑞华、杜伟、亓爱峰、宋希光	三等奖
202059	精益管理在生产班组的融合推进	山东耐材集团鲁耐窑业有限公司	史成龙、宗雷、徐广忠、李志杰、韩文佳、张志豪	三等奖

续表

成果编号	成果名称	完成单位	创造人员	等级
202060	创新班组管控模式促绩效提升	山东耐材集团鲁耐窑业有限公司	魏磊、高配亮、翟永、庞启玉、王海强、韩钰	三等奖
202061	关于山钢集团主业管理体系创新的实践与探索	山东钢铁集团有限公司	邱现金、王传斌、王刚、奚道鑫、张广军	三等奖
202062	混合所有制改革实施路径研究与应用	山东钢铁集团有限公司	付博、王其成、陈剑、王景艳、王德志、吴玉峰、张海鹰、沈立军、张传友、于晓飞	三等奖
202063	国有企业阳光购销管理体系的构建与实施	山东钢铁集团有限公司	孙日东、罗剑、高勇、徐华	三等奖
202064	推广“绩效+”审计模式，服务企业高质量发展	山东钢铁集团有限公司	贾元奎、刘兰雪、沈立军、董绪林、李琦	三等奖
202065	以“2454”厂务公开工作模式构建为核心的集团化国有资本投资公司民主管理体系创新与实践	山东钢铁集团有限公司	卢彤书、刘松林、张海鹰、金连华、崔中晔、孙霞	三等奖
202066	构建与实施助推集团高质量发展的全媒体传播体系	山东钢铁集团有限公司	周传勇、张庆斌、董鹏、乔廷祥、房超、吕娟	三等奖

2021年度山钢集团科学技术奖获奖项目

（山钢科字〔2022〕3号　2022年4月15日）

科技进步奖

序号	项目名称	完成单位	主要完成人	等级
1	大中型转炉精品钢高效精准冶炼技术集成与创新	山东钢铁集团日照有限公司	吕铭、王学新、温福新、张永青、佟圣刚、胡勤东、孙争取、代平、赵登报、王兴、毕永杰、马强	特等奖
2	高性能桥梁钢核心技术开发及推广应用	山东钢铁集团日照有限公司	孙卫华、李灿明、周兰聚、胡淑娥、金璐、李复磊、毕永杰、刘熙章、牛宏波、胡晓英、刘坤	特等奖
3	1880 mm镀锌机组高效稳产控制技术开发与应用	山东钢铁集团日照有限公司	张润生、陈庆军、徐卫国、查凯、宇凡、刘闯、马昊、程威、董立华、韩冬、高凯、吕明鹏、孟艾、孙鹏、刘罡	一等奖
4	基于机器视觉的中厚板智能剪切系统开发与应用	莱芜钢铁集团银山型钢有限公司、山东钢铁集团有限公司研究院	李涛、周平、李涛（c）、李庆华、亓晓涛、于全成、黄少文、田遵超、杨恒、袁小康、赵亮、霍宪刚	一等奖

续表

序号	项目名称	完成单位	主要完成人	等级
5	宽厚板钢轧界面绿色生产关键技术研发与应用	莱芜钢铁集团银山型钢有限公司	王培文、麻衡、王中学、李涛、何康、于全成、霍孝新、陈爱娇、李艳、杜传治、张长宏、王月香、王腾飞、范婷婷、王建军	一等奖
6	超薄异型坯非平衡布流技术和非对称冷却技术研究与开发	莱芜钢铁集团银山型钢有限公司	王向东、王中学、李四军、王键、张佩、高山、付常伟、宁伟、李萍、王忠刚、杜金科、杜传治、陈永生、单兆光、韩蕾蕾	一等奖
7	干熄焦关键部位长寿耐材的开发与应用	山东耐材集团鲁耐窑业有限公司	蔡国庆、车连房、王佑宝、李文亮、王文学、秦建涛、高配亮、翟红军、常雅楠、吴凤乔、王明刚、刘静、魏磊、王红艳、付卫	一等奖
8	特大型高炉高效稳定运行技术研究与应用	山东钢铁集团日照有限公司	蒋学健、王雪朋、魏开庆、马振军、李春路、王连昌、牛福成、李真明、赵善阳、弭希雨、张吉刚、杨雷、苟毅、张作程、张辉	一等奖
9	高品质轴承钢洁净化生产平台关键技术研究及推广应用	山东钢铁集团有限公司研究院	王向东、李丰功、许荣昌、袁本明、刘成宝、刘茂文、王毅、陈良、何毅、林敏、孙宗辉、韩杰	二等奖
10	100 t电炉短流程高效生产工艺技术集成创新与优化	山东钢铁股份有限公司莱芜分公司	李丰功、孙永喜、勾新勇、杨振国、徐锡坤、王宝、王永强、尹崇丽、张秀荣、石荣山、于辉、种法国	二等奖
11	大热输入焊接用调质高强度储油罐钢板的研发与应用	山东钢铁集团日照有限公司	孙卫华、成小龙、周兰聚、乔松、孙京波、韩启彪、王振华、车金锋、孔雅、宋振华、房振业、史成斌	二等奖
12	7.2 m焦炉单产提升及低碳炼焦技术的研究与应用	山东钢铁集团日照有限公司	蒋学健、刘成雷、许明、王介浩、焦庆亮、纪同森、张宁国、刘海涛、张帆、李义超、汪娟、常庆明	二等奖
13	面向重点客户的高端家电板系列产品开发与推广	山东钢铁集团日照有限公司	王乐、胡华东、李洪翠、陈晓潇、高兴昌、王鹏、梁亚、张冲冲、朱信成、刘丽、王硕、亢业峰	二等奖
14	铁水全流程智能管控系统的研制与开发	山东钢铁集团日照有限公司	刘杰、杨金光、范鹍、于海忠、牛春波、殷世宏、侯伟、徐守新、温晓明、王晓蕾、李健、张震	二等奖
15	汽车用冷轧超深冲DC06产品开发与应用	山东钢铁集团日照有限公司	高兴昌、王乐、陈晓潇、张磊、贾崇雪、胡华东、郭小春、梁亚、王京先、王国强、朱信成、张冲冲	二等奖
16	4.3 m宽厚板产线异地搬迁装备工艺提升集成研究与应用	山东钢铁集团日照有限公司	李永亮、宋国栋、乔松、王振华、李复磊、臧传宝、侯东华、王杰、李东岳、杜海涛、李福平、刘德红	二等奖
17	基于能力预测的营销管理系统的研制和应用	山信软件股份有限公司、山东钢铁股份有限公司营销总公司	张元福、高传华、陈秀超、寇传乾、谷芳春、陈辉、张爱民、唐国红、郭宣辰、张凤武、赵文林、闫宗明	二等奖
18	化工危废用抗侵蚀耐材的开发及应用	山东耐材集团鲁耐窑业有限公司	史成龙、王佑宝、车连房、刘玉瑛、刘岩、王成杰、李鹏、孙伟、王希波、杨怀林	三等奖

续表

序号	项目名称	完成单位	主要完成人	等级
19	特殊钢夹杂物表征与控制技术平台关键技术研究与应用	山东钢铁集团有限公司研究院	许荣昌、袁本明、孙宗辉、刘春伟、刘成宝、王毅、董丙成、邵正伟、韩杰、林敏	三等奖
20	冶金粉尘高效抑制成套装备技术研究与应用	山东钢铁集团有限公司研究院	曾晖、张戈、董洪壮、李雪涛、陈万福、袁宇皓、陶务纯、王念欣、栾吉益、王英军	三等奖
21	连铸中间包吹氩冶金关键技术开发及应用	莱芜钢铁集团银山型钢有限公司	武光君、张佩、王忠刚、王金洪、石磊、许从文、张海波、高立福、武玉利、刘春伟	三等奖
22	高等级热处理钢板关键装备技术研发与产业化应用	莱芜钢铁集团银山型钢有限公司	张长宏、李庆华、单传东、冯文义、麻衡、刘军刚、秦港、尹训强、徐强、魏军广	三等奖
23	矩形连铸坯夹杂物控制技术研究与应用	山东钢铁股份有限公司莱芜分公司	王键、王玉春、郭达、刘文凭、张昭平、赵圣功、郭峰、魏义胜、王尖锐	三等奖
24	高炉精准布料技术的研究与应用	莱芜钢铁集团银山型钢有限公司	刘汉海、王云术、宫文垒、白相君、刘文杰、郭东、汤登军、周生华、朱明琦、王尚东	三等奖
25	转炉智能化控制技术研究与应用	山东钢铁股份有限公司莱芜分公司	任科社、张昭平、于亮涛、郭达、薛志、王玉春、刘文凭、杨普庆、谭学样、王尖锐	三等奖
26	薄规格（≤16 mm）高强度调质钢板关键技术研究	莱芜钢铁集团银山型钢有限公司	冯文义、刘军刚、魏军广、谭维钰、高海军、邢长怀、李强、刘青、李海明、张梅	三等奖
27	莱钢 3200 m^3 高炉高产低耗技术的研究与应用	莱芜钢铁集团银山型钢有限公司	刘汉海、王云术、安进博、杨继刚、刘文杰、宫文垒、白相君、汤登军	三等奖
28	双相高强钢炼钢工艺技术的研究与应用（DP590、DP780 等）	山东钢铁集团日照有限公司	张润生、胡勤东、王学新、赵登报、马强、高峰、李洪翠、侯晓英、袁婷婷、高龙永	三等奖
29	基于超快速冷却的 2050 mm热连轧轧后冷却系统工艺研究应用	山东钢铁集团日照有限公司	孟祥瑞、孙丽荣、李贺、王克柱、文雄、万佳峰、刘杨、夏继年、班晓阳、李相前	三等奖
30	以薄、宽、硬产品为特色的炉卷产线核心技术创新集成研究与应用	山东钢铁集团日照有限公司	杨公本、李永亮、吴晓光、刘德红、王杰、苏伟、梁会印、焦广亮、吴涛、刘宽宏	三等奖
31	基于白车身轻量化和定制化生产的冷轧双相钢关键技术研究及应用	山东钢铁集团日照有限公司	侯晓英、任东、曹光明、郝亮、金光宇、刘培星、展英姿、殷继丽、陈钢、刘万春	三等奖
32	精品优特钢全连轧生产线自动控制技术的研究	莱芜钢铁集团电子有限公司	柳希泉、杨锦华、乔卫国、高爱军、裴常明、张峰、吴学志、马世雷、刘浩、刘春敏	三等奖
33	板坯连铸机自动化控制系统的研究与应用	山信软件股份有限公司	邢建厂、蔡森、王丽娟、李冬俊、孟伟、高雷雷、倪志国、陈铁军、李洋洋、田斌	三等奖

专利奖

序号	专利名称	专利号	专利权人	发明人	等级
1	用于海洋天然气开采平台结构的热轧H型钢及其生产方法	ZL201310483029.5	山东钢铁股份有限公司	袁鹏举、李超、邓存善、石磊、方金林、杨栋、郭秀辉、赵传东、于铭杰、李同敬	一等奖
2	一种大型机械真空系统无旁通控制方法	ZL201910256147.X	山东钢铁集团日照有限公司	施汉生、陈民、田敬刚、杨士岭、吴孔明、朱嗣勇、栾兆华、傅大伟、齐滨、范宏伟	一等奖
3	高炉用抗侵蚀莫来石砖及其制备方法	ZL201310655250.4	山东耐材集团鲁耐窑业有限公司	刘伟、蔡国庆、李文亮、王希波、秦建涛、翟勇、付卫、李慧雯、翟红军、王红艳	二等奖
4	一种基于工业互联网的在线轨道称无人化计量系统及方法	ZL201910829479.2	山东钢铁集团有限公司	王成镇、杨恒、范鹍、周平、田坤、常亮、毕英明、张学民	二等奖
5	一种用于矿井环境服役的Q690耐蚀钢及其制备方法	ZL201911133285.5	山东钢铁股份有限公司	麻衡、武会宾、王中学、霍孝新、陈爱娇、于全成、何康、王腾飞	二等奖
6	一种耐低温低合金结构钢及其制造方法	ZL201410186331.9	山东钢铁股份有限公司	戈文英、翟正龙、于学文、邵明海、袁淑君	三等奖
7	一种极低磷钢的转炉炼钢方法	ZL201810051550.4	山东钢铁集团日照有限公司	贾崇雪、胡晓英、李国宝、单修迎、王南辉、刘晓美、曹金生、郭朝海、李相前、刘飞、于爽	三等奖
8	一种提高酸溶硼含量的宽板坯生产方法	ZL201811259277.0	山东钢铁集团日照有限公司	胡晓英、胡淑娥、王南辉、侯东华、韩启彪、贾崇雪、成小龙、李灿明、孙京波、刘熙章、孔雅	三等奖
9	一种RH真空槽长寿命的控制的方法	ZL201910256325.9	山东钢铁集团日照有限公司	赵珉、李长新、刘建伟、周平、张学民、黄少文、刘晓美、王学新、胡勤东、杨晓清、吴计雨、呼彦平、时庆利、刘荣营	三等奖

山钢集团“中国梦·新时代·新征程·新山钢”百姓宣讲比赛获奖作品

（山钢党办字〔2022〕10号　2022年8月15日）

一、理论类作品

一等奖

《新时代新征程》　山东耐材鲁耐窑业　赵　慧　王晓晴　公方浩　姜彦泽

《悟思想伟力　让梦想开花》　山钢股份莱芜分公司焦化厂　陈立朋

二等奖

《铸就中国梦想　建设魅力山钢》　山东耐材王耐分公司　孟宝金　张炳玲

《从“六十熊”到“五十凶”》　山钢国贸日照国贸进口部　程晓丹

《不忘初心跟党走　砥砺奋进新征程》　山钢股份莱芜分公司型钢厂　谭明林

《弘扬伟大抗疫精神　汲取前进力量》　山钢股份营销总公司销售管理部　李　晗

二、故事类作品

一等奖

《打赢生存保卫战，我们众志成城》　日照公司党委宣传部　石　妍

《奏响新时代“智慧炼钢”交响乐》　山钢股份莱芜分公司炼钢厂　尹承刚

《瓦力漂洋过海记》　山钢国贸党群部　韦　晶

《秉承匠心筑梦科技山钢》　山钢研究院钢铁共性技术研究所　黄少文

《说说有“心”的山钢人》　莱钢集团新闻/文化服务中心　孙心缘

二等奖

《接力棒》　日照公司炼钢厂　王　菲

《从“小钳工”到“大工匠”》　山钢股份莱芜分公司焦化厂　刘　东

《12天的坚守》　山钢矿业金岭铁矿政工处　王　静

《倾献教学情　助力新山钢》　莱钢集团培训中心党建领导力培训部　孙昕玥

《传承山钢精神　发扬红色物业》　山钢地产信莱物业钢城新苑项目部　张　路

三等奖

《勇毅笃行铸精品　匠心筑梦树丰碑》　山信软件莱芜自动化分公司　张　睿

《心怀大爱　逆风前行》　山信软件济南自动化分公司　齐振海

《我的抗疫故事》　山东耐材王铝分公司　曹晶晶

《做新时代的追梦人》　莱钢集团淄博锚链　刘田雨

《他们在默默前行中将山钢品牌托起》　山钢股份营销总公司型钢销售部　李　振

《没有阳光也灿烂》　山钢矿业金岭铁矿金召矿业　王新太

三、曲艺类作品

一等奖

《回望百年　青春向党》　日照公司　崔梦瑶　李金旭　孟祥瑞　王　缤　胡　群

王文娟　曲孟轲　王　菲

《嘀嗒发运》　日照公司　孟祥瑞　李金旭　王　菲　王　缤　王文娟　曲孟轲　胡　群

《巾帼好党员　绽放新时代》　山钢股份莱芜分公司能源动力厂　韩传峰　栾庆海

二等奖

《忆往昔　心怀党恩　逐新梦　铁军建功》

山钢股份营销总公司　刘　莹　刘玉琪　吴　楠　李　振　李　晗　丁　磊

《筑梦山钢》　山钢矿业金岭铁矿　战　芬　段良娣　向莎莎　姚　远

李　敏　向玲燕　姜华修　王庆利

《今非昔比》　山钢股份莱芜分公司特钢事业部　宋洪猛　苏斌芳

《魅力山钢铸辉煌》　莱钢集团新闻/文化服务中心　张志辉　潘亚宁　张璇　张　宇

《中国梦　我们的梦》　山东耐材王铝分公司　张　雪

四、视频类作品

一等奖

《超越》　山钢股份营销总公司　周　琳　朱宏政

《你好，孙姐》　山钢集团公司机关党委　孙　霞

《阵地》　莱钢集团培训中心　陈　刚

《山海情》　山钢地产黄岛分公司　李　毅

《致敬最美的她》　山钢集团公司机关党委　徐　晨　刘　晨　张　序　张　颖

二等奖

《堡垒》　莱钢集团培训中心　陈　刚

《破解“水密码”，再圆“冠军梦”》　山钢股份莱芜分公司炼铁厂　姜智文　李　欣

《绽放在钢板上的“玫瑰”》　山钢股份莱芜分公司板带厂　王丽娜

《同心战“疫”　每一个山钢人都了不起》　日照公司能源动力厂　高钰颖

《坚守　战役有我》　山钢矿业金岭铁矿　耿嘉鑫　周海力　张玉廷　吴　磊

王　静　李皓月　吴海庆　战　芬

《一线职工的“大情怀”》　日照公司党委宣传部　孙运利　朱圣熙　郑凯金

三等奖

《长大后我就成了你》　山钢矿业金岭铁矿铁鹰公司　王媛媛

《老牛亦解韶光贵，不待扬鞭自奋蹄》　山信国贸物流公司　黄学迁

《披荆斩棘勇向前　勠力同心攀高峰》　山信软件莱芜自动化分公司　张　凯

《一起看海鸥》　山钢地产黄岛分公司　韦统涛

《踏上新征程、追梦国贸人》　山钢国贸日照国贸进口部　贾英英

《助力新时代、筑梦新山钢》　山信软件日照自动化分公司　张建坤　王泽鑫　孙月营

王艳辉　姜　斌

《乘时代之风，聚星火之光》　山信软件莱芜自动化分公司　李晓青

优秀奖

《走在新时代、站在新起点、踏上新征程、共筑新山信》

山信软件日照自动化分公司　刘晓润　段元云

《疫情突然来袭，山钢高效应对》 山钢财务风险管理部 霍晓飞
《奋进新征程 建功新时代》 山信软件莱芜自动化分公司 侯兴蓉
《让青春在战“疫”中绽放美丽》 山钢矿业金岭铁矿营销部 于小丽
《建功新时代 绘就新蓝图》 山信软件莱芜自动化分公司 王炜煜
《听我说谢谢你》 山钢财务综合管理部 于晓飞
《防疫手指舞》 山钢财务营业部 李 琳
《念奴娇·致逆行者》 山钢财务资金管理部 刘小敏
《乘风破浪的山钢》 法律顾问中心综合部 王业贵

2022年党建思想政治工作优秀研究成果

（政研字〔2022〕2号 2022年8月16日）

一等奖

1. 探索实施思想政治引领工程推动企业思想政治工作守正创新发展
山钢股份 王向东 齐登业 刘振海
2. 党建赋能 聚力创效——推动充分发挥机关党组织作用的探索与实践
机关党委 李勇实 李 霞
3. “一网情深惠职工”品牌塑造与创新发展 山钢股份 齐登业 高淑军 李 锐
4. “两个融合”在新时代企业文化建设中的作用研究
山钢股份 苏加庆 王 键 韩圣鹏
5. 聚焦“十破十立”锤炼钢铁作风 山钢股份 张润生 张荣海 常 亮
6. 国有企业壮大新媒体主阵地工作的研究 新闻传媒中心 房 超
7. 智慧党建 数字赋能——发挥企业网络大学在加强和改进党建工作中阵地作用的思考与实践 山钢股份 姚建平 董 良 鞠洪建
8. 面对面心贴心实打实，服务发展在行动持续推进党史学习教育取得新成效
山信软件 张元福 丁光伟 孟凡平 杜 慧
9. 山钢集团高举伟大旗帜奋进高质量发展的探索与实践
机关党委 孙亚宁 党 浅 张 序
10. 聚焦四个服务 夯实四个基础 提升新时代国有企业思想政治工作水平
山钢股份 孙永和 杨位钦 赵思远

二等奖

1. 国有企业党建引领保障作用的实践与探索
山钢矿业 付 博 封常福 杜文华 岳远龙
2. 运用融媒体创新国有企业宣传思想工作的探索与思考
新闻传媒中心 董 鹏 陈春霞 路敦全
3. 严把严控“六个关口” 提升发展党员工作质量
机关党委 李勇实 田德科 张怀鹏 李 霞
4. “5S 党建智联社区”的创新与实践 山钢股份 魏国营
5. 以“动车组”文化为引领 构筑全动力思想政治工作新优势
山钢股份 翟大强 荣 沛 尚和丽

6. 建设新型主流媒体为企业高质量发展提供强大舆论支持　新闻传媒中心　李盛熙
7. 充分发挥国有企业党委领导作用和党支部战斗堡垒作用研究
山钢股份　王学新　辛乐众　张　亮
8. 企业改革转型发展中的思想政治工作的探索与实践　莱钢集团　王友军　刘青霞
9. 强化监督落实　精准高效护航　助推公司大监督体系建设取得实效
山钢股份　林保国　秦　虹　所平原
10. “三位一体”大监督体系建设探索实践　山钢国贸　李强笃　张海鹰　李宪华
11. 十个党建引领　赋能增值促融合　山钢金控　黄振辉　李　珂　鲁　攀
12. 以实施“青年三百人才工程”为牵动构建一体化青年人才培育工作模式
山钢股份　李　锐　李　晨　刘旭隆
13. 做好国有企业意识形态工作的实践与思考　山钢矿业　耿嘉鑫　陈为强　肖　娜
14. 充分发挥思想政治工作在推动企业高质量发展中的作用研究
山信软件莱芜自动化分公司党委
15. 加强党史学习教育，不断巩固拓展党史学习教育成果研究
山钢地产　谷玉霞　孙海涛　袁　航
16. 党建引领法务改革的探索与实践　法律顾问中心　马先红　苏　伟　徐　伟
17. 厚植党建基础　强化政治引领　充分发挥机关思想政治工作在推进企业高质量发展中的作用　莱钢集团　张晓燕　隋　泳　马　龙　段丽莉
18. 大思政视域下高校继续教育思政育人“一体三融”体系构建研究
山工职院　郭玉娇　刘　文　张　峰
19. 以人为本　善作善成　推动驻外企业工作全面跃升
山钢国贸　张海鹰　韦　晶　王　涛
20. 强化政治责任　突出审计监督　更好服务高质量发展　审计中心　刘兰雪　韩典平

三等奖

1. 凝练新理念塑造新思维引领科技创新突破发展　山钢股份　李希海　王中学　徐继山
2. 新时代思想政治工作面临的形势和任务研究　山钢股份　张永青　李　林　宋　晨
3. 高职院校师德师风建设调查研究　山工职院　李　莹　金奎文　刘　文
4. 坚持问题导向创新实施“四步走”工作法不断提高职工思想政治工作实效
山钢股份　张宇东　张向东　周　琳
5. 常态化疫情防控下高校学生焦虑水平及其影响因素研究　山工职院　宗琳琳
6. 充分发挥思想政治工作在推动企业高质量发展中的作用研究
莱钢集团　陈　亮　何春蕾
7. “三严三实”开出组织生活会新成效　山钢金控　李　珂　时鹏刚　邢祥君
8. 国有企业推动政治监督具体化常态化探索与实践　山钢矿业　刘　强　卢国栋
9. 建设幸福和谐新锚链的探索与研究　莱钢集团　刘洪涛　刘洪江　王远华
10. 国企基层党建工作模式的探索实践与研究　山钢国贸　曹明春
11. 激发联合党支部战斗堡垒作用的实践与探索　山钢金控　李玉杰　王伟平　王启明
12. 关于新形势下国有企业党建品牌建设的几点思考　山钢矿业　赵　帅
13. 凝心聚力笃行致远深化营销特色大监督体系的贯通协同
山钢股份　郭伟达　吕富强　黄振林

14. 充分发挥思想政治工作在推动企业高质量发展中的作用研究　机关党委　张　序
15. 如何做好新形势下的信访稳定工作　山东耐材　王海强
16. 实施机关党建提升工程　为企业发展提供政治保障　山钢地产　邱　峰　赵兴哲
17. 疫情背景下马克思的择业观对青年大学生的重要启示
山工职院　魏静静　张　红　王　莹
18. 加强党史学习教育，不断巩固拓展党史学习教育成果研究　山信软件　苑　路
19. 铸造党建品牌　建强过硬堡垒　山钢财务　沈桂权　徐欣昕　刘小敏
20. 充分发挥先进典型引领示范作用的研究与探索　山钢矿业　杨　博
21. 加强国有企业党风廉政建设工作走在高质量发展前列的探索和研究
莱钢集团　张志强　张　楠
22. 加强意识形态工作筑牢思想政治工作防线推动国有房地产企业实现高质量发展研究
山钢地产　颜永健　赵增翼　程　凯
23. 以“五心”党建品牌引领公司高质量发展　山钢财务　王　爽
24. 如何有效开展财经类课程思政的思考　山工职院　刘稳章　韩玉珍
25. 企业文化与高效团队的融合发展研究　山东耐材　孟爱美
26. 党支部发挥战斗堡垒作用　高质量党建引领企业发展　山钢财务　李传玲
27. 以党建引领新时代国有企业创新发展　山东耐材　刘　涛
28. 基于BBS模型的高校消防安全教育模式探索　山工职院　毛新凯　李敬强　尹光磊

特载
专论专文
大事记
概况
机构与人事
战略合作与交流
专业管理
党群工作
山钢股份
权属单位
统计资料
荣誉
☆ 附录

山钢集团
SD STEEL

附 录

山钢集团
SD STEEL

山钢文化

核心理念

山钢核心价值观：共创、共进、共赢

上级文件选录

山东省省属企业战略规划管理暂行办法

（鲁国资〔2022〕1号　2022年1月4日）

第一章　总　　则

第一条　为依法履行出资人职责，规范省属企业战略规划管理工作，切实发挥战略规划对高质量发展的引领作用，根据《中华人民共和国企业国有资产法》《山东省企业国有资产监督管理条例》等法律法规，制定本办法。

第二条　本办法所称省属企业，是指山东省人民政府国有资产监督管理委员会（以下简称省国资委）履行出资人职责的企业（以下简称企业）。

第三条　本办法所称企业战略规划，是指企业根据国家、省发展规划和产业政策，在分析外部环境和内部条件现状及其变化趋势的基础上，为企业长期生存发展所作出的未来一定时期内的方向性、全局性、前瞻性总体谋划。企业战略规划是引领企业高质量发展的基本纲领和实施国资监管的重要依据。

第四条　省国资委按照以管资本为主健全国有资产监管体制要求，围绕国家和省重大战略，基于企业功能定位，强化出资人对企业的战略引导和监督管理，加强企业战略规划管理与各项国资监管工作衔接联动，构建战略引领型的国资监管体系。

第五条　省国资委按照以下原则对企业战略规划工作进行监督管理：

（一）坚持依法合规、服务大局；

（二）坚持规划引领、科学发展；

（三）坚持统筹协调、因企制宜；

（四）坚持尊重企业合法权益、严守商业秘密。

第二章　战略规划管理体系

第六条　企业是战略规划管理的主体，应构建高效的战略规划组织体系、科学的战略规划管理制度和合理的战略规划体系，强化上下衔接、横向协同、纵向贯通、有效管控，实现战略规划研究、编制、实施、调整、评估、考核的全过程闭环管理。

第七条　企业董事会是战略规划的决策和管理机构，统筹负责相关工作。董事会应设立战略与投资委员会，主任由董事长担任。企业党委对战略规划进行前置研究，发挥“把方向、管大局、促落实”的作用。企业应明确专职部门归口管理战略规划工作，配备专业力量，并为战略与投资委员会工作提供支撑和服务。

第八条　企业应制定符合自身特点的战略规划管理制度，一般应包括以下内容：

（一）战略规划决策程序、决策机构及其职责，管理流程、管理部门及其职责；

（二）战略规划体系安排，战略规划管理与集团各项管理职能及权属企业战略规划管理的衔接安排；

（三）战略规划执行的资源要素匹配、评估调整及考核评价制度；

（四）其他应纳入战略规划管理的制度。

第九条 企业应根据自身发展情况，重点构建形成以五年规划为统领、三年滚动发展规划为抓手、专项规划为支撑、子企业规划为基础的战略规划体系，专项规划包括但不限于产业规划、职能规划等。应明确各级各类规划功能定位，下位规划支撑落实上位规划，等位规划相互协调，确保边界清晰、功能互补、相互衔接。

有条件的企业可根据自身情况编制2035年规划等远景战略规划。

第三章 战略规划研究与编制

第十条 企业应重视战略规划研究工作，在深入分析内外部发展环境、产业发展政策等基础上编制战略规划，坚持创新驱动战略和聚焦主业的要求，提高规划科学性。

第十一条 企业编制战略规划，应坚持树立政治意识、大局意识、核心意识、看齐意识，深入贯彻落实党中央、国务院重大决策部署，准确把握“国之大者”的深刻内涵和根本要求，充分落实我省重大发展战略；应充分衔接国家、省发展规划和省属国资国企规划等上位规划；应全面体现国有企业的战略定位、历史使命，符合国家和我省国有资本布局结构优化调整要求和企业功能定位、主业，承担国有企业的政治责任、社会责任和经济责任。

第十二条 编制远景战略规划应在深入分析企业外部环境与内部资源条件基础上，突出未来十年及以上的发展思路，明确企业愿景使命、战略定位、目标等。

编制五年规划应依据企业发展战略并结合现状与发展环境分析，明确规划期的发展目标、实施路径和保障措施。

编制三年滚动发展规划，应依据企业中长期发展规划，按照“近细远粗”原则，明确未来三年的发展目标和实施举措。同时，对三年滚动发展规划进行年度分解，明确年度任务、主要措施和责任单位。

第十三条 企业五年规划一般包括下列内容：

（一）企业现状与发展环境，包括企业基本情况、发展环境分析、竞争力分析等；

（二）发展战略与指导思想，描述企业愿景、使命、核心价值观，明确战略定位、发展方向，产业发展思路；

（三）发展规划目标，包括远景规划目标、五年规划目标、三年发展目标及年度目标分解；

（四）战略实施路径；

（五）战略规划实施的保障措施。

第十四条 省国资委对企业五年规划、三年滚动发展规划等实施备案管理，省国资委认为企业战略规划不符合有关规定的，企业应进行修改完善。

第十五条 企业战略规划的备案程序：

（一）企业按照要求制定战略规划草案及编制说明，充分听取相关行业管理部门的意见建议后，报省国资委；

（二）省国资委对企业战略规划草案进行研究论证；

（三）企业根据省国资委研究论证意见对战略规划草案进行修订，并按规定的决策程序进行审议；

对国有资本参股的企业，省国资委派出的股东代表、股权董事应在企业股东会或董事会上依照省国资委的意见，对企业战略规划发表审议意见，行使表决权；

（四）企业战略规划经董事会决策后，将正式文本及编制说明、董事会决议等资料报省国资委备案。

企业应提高战略规划编制时效性，原则上应于上一个规划期末当年年底前编制完成战略规划草案，于规划期初当年三季度内将正式文本报省国资委备案。

第四章　战略规划实施、评估与调整

第十六条　各企业负责开展企业战略规划的宣贯工作，确保各实施主体准确理解把握战略规划安排。

第十七条　企业负责实施战略规划，制定实施方案，构建战略规划与投资、预算、考核等联动实施机制，保障战略规划落地。

第十八条　企业应建立三年滚动发展规划逐年滚动编制机制，每年结合规划实施情况和内外部环境变化，对尚未实施的后两年规划内容进行必要调整，同时研究制定第三年的发展规划，形成新的三年滚动发展规划，依此逐年推进。

第十九条　企业应对战略规划实施情况及时进行监督控制，完善监测分析手段，建立全过程评估机制。

第二十条　评估发现下列情况之一的，应对战略规划进行调整：

（一）经济形势、产业政策、行业状况、竞争格局等外部环境发生重大变化，对战略规划目标实现产生重大影响的；

（二）企业经营管理内部条件发生重大变化，确需对战略规划作出调整的；

（三）战略风险已经显现或出现征兆的。

企业战略规划调整的，应重新履行决策及备案程序。

第二十一条　省属企业应当于规划期末当年开展全面总结评估，系统总结分析战略规划执行情况，开展战略规划管理工作评价，作为推进战略规划实施、编制下一期战略规划的重要依据。

第五章　战略规划保障支撑

第二十二条　省国资委建立企业战略规划联动监管机制，将战略规划作为投资管理、预算管理、风险防控、考核评价、监督稽查、董事会评价和人才队伍建设等工作的重要基础和依据。省国资委加强对企业战略规划实施情况的监督、检查和指导。

第二十三条　省国资委以战略规划为基础，完善企业投资管理，战略规划未明确的产业发展方向和任务不得安排投资，不得配置相关资源。

第二十四条　省国资委强化对战略规划目标的应用。企业战略规划明确的发展目标作为企业经营绩效考核目标的重要参考依据，经营业绩考核目标应与企业战略规划目标有效衔接。

第二十五条　省国资委委派企业的外部董事应当在董事会上充分反映省国资委对企业战略规划的要求和有关意见，发现企业战略规划实施中存在的重大问题应及时向省国资委报告。

第二十六条　省国资委建立战略规划管理专家咨询机制，支撑企业战略规划管理。企业视情况建立本企业战略规划专家咨询机制。

第二十七条　企业战略规划管理工作情况，纳入企业董事会工作报告的重要内容。

企业应依照法定程序，将战略规划及其执行情况向职工公开，接受职工监督。

第六章　附　　则

第二十八条　有关法律法规对企业战略规划管理另有规定的，从其规定。

第二十九条　本办法自发布之日起施行，原《山东省省管企业发展战略和规划管理暂行办法》（鲁国资规划〔2005〕3号）废止。

山东省省属企业高风险业务管控暂行办法

（鲁国资〔2022〕2号　2022年4月15日）

第一条　为加强高风险业务监督管理，防范财务风险，防止国有资产损失，根据《中华人民共和国企业国有资产法》《企业国有资产监督管理暂行条例》《山东省企业国有资产监督管理条例》等相关法律、法规，结合省属企业实际，制定本办法。

第二条　本办法适用于山东省人民政府国有资产监督管理委员会（以下简称省国资委）履行出资人职责的企业（以下简称省属企业）及各级全资、控股、控制企业。

第三条　本办法所称高风险业务包括：股票（短期持有且以赚取二级市场股票差价为目的）、基金（短期持有且以赚取二级市场基金差价为目的），委托理财、委托贷（借）款（出借资金）、债券投资（国债及政府债券除外），金融衍生业务（包括商品类、货币类衍生业务），大宗贸易，出租方的售后回购（租）业务。

第四条　省属企业开展高风险业务，必须守住不发生系统性风险的底线，坚持“聚焦主业、分类管控、程序规范、风险可控、效益并重”的原则。

第五条　省属企业开展高风险业务实行分类管控。

（一）省属企业及其子企业中的金融机构（包括商业银行、证券公司、基金管理公司、期货公司、保险公司、信托公司、财务公司等）以及其他类金融机构（包括融资租赁公司、小额贷款公司、担保公司、保理公司等），按照所属行业金融监管部门的要求，在监管部门核准的业务许可范围内开展高风险业务。

（二）省属企业以投资与资产管理为主业的，在主业范围内按国家有关规定开展高风险业务。

（三）其他省属企业及其子企业开展高风险业务实行严格管控。

1. 股票、基金：省属企业及其子企业增持所属上市公司股份、股份回购或减持、配股、参与省内国有或战略投资控股上市公司定向增发股份业务，以及根据企业发展战略及规划参与与本企业主业有关且业务协同的上市公司增发股权及并购其他上市公司股票（借壳上市）等股权类股票投资业务按国家有关规定进行。原则上不得从事以赚取二级市场差价为目的的非股权投资性质的股票、基金投资及交易业务。原则上不再设立或参股与主业无关的基金，参与省委、省政府改革专项工作设立的基金除外。

2. 委托理财、委托贷（借）款、债券：省属企业及其子企业的临时闲置资金可以购置本金保本型存款和固定收益凭证，可以按同股、同权、同责和市场化原则通过财务公司、集团共享中心、结算中心等向所属全资、控股、控制企业委托贷（借）款（出借资金），并履行内部审批和担保抵押等程序。原则上不得从事委托理财、购买债券（国债、政府债券除外）等业务。不得以质押、担保、信托以及固定收益等方式变相向金融类的子企业、非控制企业（未纳入合并范围的参股企业，包括混改后的非控制企业）以及无股权关系企业贷（借）款。

3. 金融衍生业务包括商品类衍生业务（以商品为标的资产的金融衍生业务，如大宗商品期货、期权等）和货币类衍生业务（以货币和利率为标的资产的金融衍生业务，如期货、期权、远期合约、掉期等）：省属企业及其子企业可以开展与主业经营相关、以对冲现货市场风险为目的的套期保值业务，开展套期保值交易的品种、额度、方向、期限要与现货相匹配，合理控制金融衍生产品风险敞口，不得盲目从事长期业务或展期。不得开展或变相开展投机性金融衍生品业务和套利交易。

4. 大宗贸易：省属企业及其子企业可以从事与主业有关产品、原材料的大宗贸易，原则上不得开展与主业无关的大宗商品贸易；不得开展无真实货物交易，无商品实物、无货权流转或原地转库的“空转”贸易，以及名为贸易实为对外提供资金的融资性贸易业务。

5. 省属企业及其子企业不得开展高于同期银行贷款利率的内部有偿集资（包括职工信托融资项目）等融资业务，审慎开展债转股、“永续债”、基金定投、信托计划、明股实债等融资业务，审慎开展出租方产品售后回购（租）业务。

第六条　省属企业董事会对本企业及子企业的高风险业务管理承担主体责任，履行以下管理职责：

（一）建立本企业高风险业务管理制度，明确高风险业务的管理部门和风险控制部门，明确高风险业务决策程序、决策机构及其职责，并根据各类高风险业务的特点，制定高风险事项应急处理预案；

（二）对所属子企业的高风险业务负有日常监督责任，督促完善决策程序及授权机制，明确业务风险管控、财务资金监测、法律风险评估等责任主体，加强纪检、审计日常监督检查力度，及时发现并排除风险隐患；

（三）建立高风险业务内部报告制度，风险控制部门会同财务部门、投资管理部门等涉及高风险业务的相关部门按季梳理高风险业务情况并形成报告，及时向企业负责人报告交易、结算、资金使用及浮动盈亏等情况；

（四）其他按有关规定应履行的管理职责。

第七条　省属企业应在年度终了三个月内，随同财务决算填报高风险业务情况统计表，对全年高风险业务开展情况和风险管理制度执行情况进行总结，并形成翔实的报告。报告的主要内容有：高风险业务开展情况、业务类型、投资（投入）成本、当年浮盈（浮亏）或确认收益、实际收到分红或投资收益、投资收益水平、日常检查发现的问题及整改情况、其他重大事项等情况。

第八条　省属企业及其子企业从事股票等高风险业务的，每年 1 月 31 日前，列出本年度拟开展高风险业务企业名单和高风险业务范围（包括品种及资金占用规模等），本年度高风险业务规划及有关事项的说明，连同董事会决议、财务总监或财务负责人出具的书面意见、其他有关资料报送省国资委。

第九条　省国资委对省属企业高风险业务履行以下管理职责：

（一）按照国家有关法律、法规、规章等规定，制定省属企业高风险业务管理办法；

（二）指导省属企业建立健全高风险业务管理制度；

（三）建立省属企业高风险业务年度报告管理制度；

（四）组织开展对省属企业高风险业务的监督检查；

（五）指导省属企业完善相关风险防范措施；

（六）其他按国家法律、法规和规章应履行的管理职责。

第十条 建立省国资委对高风险业务的监督检查全覆盖制度。省国资委通过定期专项检查、随机抽查和年度财务决算审核等方式，对省属企业开展高风险业务的情况进行监督检查。重点检查高风险业务前期研究、决策程序、风险防控措施以及对财务状况的影响等。对检查发现的问题，省属企业应及时整改问责，直至隐患消除。

第十一条 省属企业违反法律法规和本办法规定从事高风险业务并造成资产损失或其他严重不良后果的，按照相关规定，追究相关人员责任。

第十二条 本办法由山东省国资委负责解释。

第十三条 本办法自发布之日起施行，现行企业高风险业务管理规定与本办法不一致的，按照本办法执行。如国务院国资委对高风险业务有新的要求，从其规定。

山东省国资委关于下发《省属企业重大决策事项相关文件依据目录》的通知

各省属企业：

为便于各省属企业更加全面、准确地了解掌握《山东省省属企业重大决策终身责任追究暂行办法》（鲁国资党〔2021〕18号）关于重大决策事项的相关法律法规和制度规定，我们对有关法律法规和制度规定进行了梳理汇总，形成了《省属企业重大决策事项相关文件依据目录》（附件），现予以下发，供各企业在工作中参考使用。相关法律法规可从网站等公开渠道查找，相关制度规定前期多数已下发至各企业，如仍需了解具体内容，可与相关业务处室或我处联系。

联系人：监督与稽查工作处　邢　卫

联系电话：0531-51767810、13505312400

山东省国资委

2022年2月17日

附件　省属企业重大决策事项相关文件依据目录

一、国家法律法规

1. 中华人民共和国公司法
2. 中华人民共和国企业国有资产法
3. 中华人民共和国企业破产法
4. 中华人民共和国安全生产法、环境保护法、水污染防治法、大气污染防治法、土壤污染防治法

二、相关制度文件

（一）企业党委研究决定和前置研究事项

1. 中共山东省委组织部、中共山东省国资委委员会关于印发《省属企业重大决策事项党委前置研究讨论的指导意见》的通知（鲁国资党字〔2018〕111号，不予公开）

2. 中共山东省委组织部、中共山东省委组织部、山东省财政厅、中共山东省国资委委员会《关于印发国有企业党委前置研究、前置研究讨论事项清单示范文本》的通知

（二）企业规划、投资和项目安排事项

1. 山东省人民政府办公厅关于印发《山东省省属企业投资监督管理办法》的

通知（鲁政办字〔2019〕16号）

2. 山东省国资委关于印发《山东省省管企业境外投资监督管理办法》的通知（鲁国资规划〔2017〕1号）

3. 山东省国资委关于印发省管企业境外投资分类监管清单的通知（鲁国资规划字〔2017〕25号，不予公开）

4. 山东省国资委关于印发省属企业投资项目负面清单的通知（鲁国资规划字〔2019〕3号，依申请公开）

（三）企业改革事项

1. 山东省国资委关于省属企业改革有关问题的通知（鲁国资企改字〔2019〕41号）

2. 山东省人民政府办公厅关于贯彻国办发〔2017〕69号文件加快推进省管企业公司制改制的通知（鲁政办发〔2017〕66号）

3. 中共山东省国资委委员会关于印发山东省省属企业公司章程范本的通知（鲁国资党〔2021〕15号）

（四）企业产权转让、资产评估事项

1. 山东省国资委关于印发《省属企业国有产权转让操作指引》的通知（鲁国资〔2021〕9号）

2. 山东省国资委关于印发省属企业资产评估管理工作指引的通知（鲁国资产权〔2018〕1号）

（五）企业收入分配事项

1. 山东省国资委关于印发山东省省属企业工资总额管理办法的通知（鲁国资考核〔2019〕2号，依申请公开）

2. 山东省国资委关于规范省属企业考核分配管理有关事项的通知（鲁国资考核〔2021〕1号，不予公开）

3. 山东省国资委关于进一步完善省属企业控股上市公司股权激励的意见（鲁国资〔2021〕3号）

（六）企业财务管理事项

1. 山东省国资委关于印发山东省省属企业财务决算报告管理办法的通知（鲁国资办〔2020〕5号）

2. 山东省国资委关于印发山东省省属企业财务决算审计工作规范的通知（鲁国资办〔2020〕6号）

3. 山东省国资委关于印发《山东省省属企业资产减值准备财务核销办法》的通知（鲁国资财监字〔2019〕89号）

4. 山东省国资委关于印发《山东省省属企业财务预算管理办法》的通知（鲁国资办〔2021〕1号）

5. 山东省国资委关于印发《省属企业高风险业务管理指导意见》的通知（鲁国资财监字〔2019〕67号，依申请公开）

（七）企业资本运作和上市、担保事项

1. 上市公司国有股权监督管理办法（国资委　财政部　证监会令第36号）

2. 山东省国资委关于进一步加强我省国有上市公司管理有关工作的通知（鲁国资收益〔2019〕108号，依申请公开）

3. 山东省国资委关于增强省属国有控股上市公司控制力的通知（鲁国资收益〔2021〕3号，内部）

4. 山东省国资委关于印发《山东省省属企业担保管理办法》的通知（鲁国资收益〔2019〕1号，依申请公开）

（八）企业干部管理事项

1. 中共中央关于印发《党政领导干部选拔任用条例》的通知（中发〔2019〕8号）

2. 中共中央组织部关于印发《党委（党组）讨论决定干部任免事项守则》的通知（中组发〔2016〕29号）

3. 中共山东省委办公厅印发《关于防止干部“带病提拔”的实施意见》的通知（鲁办发〔2017〕28号）

内部文件选录

山东钢铁集团有限公司重大决策终身责任追究暂行办法

（山钢党字〔2022〕31号　2022年5月16日）

第一条　为进一步规范山钢集团重大决策行为，强化决策责任，落实重大决策终身责任追究制度，根据有关党内法规、国家法律法规和《山东省省属企业重大决策终身责任追究暂行办法》（鲁国资党〔2021〕18号）等文件规定，结合山钢集团实际，制定本办法。

第二条　本办法所称重大决策终身责任追究，是指山钢集团各级权属企业经营管理人员任职期间违反规定，在企业重大决策事项决策或执行中未履行或者未正确履行职责，造成国有资产损失、严重不良后果或者恶劣影响，无论责任人在职、离职或者退休，经调查核实负有相应责任的，按照有关规定进行的责任追究。

前款所称经营管理人员，是指由山钢集团各级党组织、权属国有公司、企业、事业单位提名、推荐、任命、批准等，从事领导、组织、管理、监督等活动的人员。

第三条　企业重大决策终身责任追究应当坚持党的领导，坚持依法合规、客观公正、分级追究、惩教结合的原则，在强化责任约束的同时，贯彻落实“三个区分开来”，鼓励担当作为、实施容错纠错。

第四条　重大决策事项，是指依照法律法规、公司章程或者有关规定应当由党组织、股东（大）会、董事会、经理层决定的事项。

（一）企业党的建设事项。主要包括：

企业贯彻执行党的路线方针政策、落实全面从严治党主体责任、企业重要人事任免、人才队伍建设、基层党组织建设、意识形态工作、党风廉政建设和反腐败工作方面的重要事项。

（二）企业重大经营管理事项。主要包括：

1. 企业贯彻执行党和国家重大决策部署，贯彻落实上级重要工作安排的重要措施；

2. 企业发展战略、发展规划、经营方针、经营计划、投资计划等重大事项；

3. 企业破产、改制、重组、上市等重要改革事项，合并、分立、解散、清算、增减注册资本和变更公司形式，公司章程、基本管理制度的制定、修改，内部管理机构的设置调整等重大事项；

4. 企业年度财务预决算、利润分配和弥补亏损等重大事项；

5. 企业担保、损失核销、资产评估以及资产重组、产权转让、资本运作、重大投融资等重大事项；

6. 对企业资产规模、资本结构、盈利能力以及生产装备、技术状况等产生重要影响的项目的设立和安排事项；

7. 企业工资收入分配、股权激励、员工持股、职工分流安置等涉及职工权益的重大事项；

8. 企业财务、运营、法律等重大风险管理事项；

9. 超过由企业或者履行出资人职责机

构所规定的大额资金调动和使用事项；

10. 企业生态环保、安全生产、维护稳定和海外利益等国家安全，以及社会责任方面的重大事项。

（三）其他依照法律法规、公司章程或者有关规定属于重大决策的事项。

第五条　各级权属企业应依照法律法规或者公司章程等相关规定，制定重大决策事项的权责清单，厘清党组织、董事会、经理层等治理主体的权责，完善议事决策制度，明确决策事项、决策主体和决策程序。

严格落实党组织在公司治理结构中的法定地位，明确党组织研究讨论是董事会、经理层决策重大问题的前置程序。企业重大经营管理事项必须经党组织研究讨论后，再由董事会作出决定。进入董事会的党组织领导班子成员应当执行和落实党组织的决定。

第六条　决策主体对本办法第四条所列事项作出决策，应严格按照议事规则进行，推动科学民主决策，把职工参与、专家论证、合法性审查、集体讨论决定等作为必经程序。

党组织、董事会、经理层应当以会议的形式，对职责权限内重大决策事项作出集体决策，紧急情况下由个人或者少数人临时决定的，应当在事后按规定时限或5个工作日内及时向党组织、董事会、经理层报告；临时决定人应当对决策事项负责，党组织、董事会、经理层应当在事后按程序予以追认。

重大决策事项经决策后，如遇特殊情况需对决策内容作出重大调整的，应重新按规定履行决策程序。

第七条　在重大决策事项决策及执行过程中，有下列情形之一，造成国有资产损失、严重不良后果或者恶劣影响的，应当追究相关责任人的终身责任：

（一）未按规定程序和议事规则决策的；

（二）超越职权、滥用职权决策的；

（三）对违法违规的决策不反对、不制止的；

（四）对有时限要求的重大决策事项久拖不决的；

（五）拒绝、推诿、拖延执行决策或者不完全执行、变相执行、执行中偏离决策方案，导致决策不能全面、及时、正确实施的；

（六）因决策所依据的客观情况存在重大虚假信息或发生重大变化，或者决策执行中发生不可抗力等影响决策目标实现，未及时报告或未及时采取补救措施的；

（七）其他依照法律法规、公司章程或者有关规定应当追究责任的情形。

第八条　企业党的建设方面的重大决策事项，应当追究有关人员终身责任的，按照干部管理权限，由有关党组织依据《中国共产党问责条例》等相关规定进行调查认定、追究处理。

企业重大经营管理方面的重大决策事项，应当追究有关人员终身责任的，由企业有关职能部门依据《违规经营投资责任追究实施办法（试行）》《山东钢铁集团有限公司职工违规违纪处理规定》等相关制度规定进行调查认定、追究处理。

以上责任人员涉嫌违反党纪、职务违法或者职务犯罪的，依规依纪依法移送有关纪检监察机构处理。

第九条　有下列情形之一的，应当从重或加重处理：

（一）在履行重大决策程序中弄虚作假的；

（二）不执行集体决策，经组织提出后拒不纠正或擅自变更集体决定的；

（三）决策执行中发现问题和损失瞒报、谎报、不及时采取补救措施的；

（四）经多次提醒整改仍屡改屡犯、屡禁不止的；

（五）法律法规或者有关规定另有规定的。

第十条 有下列情形之一的，可以从轻、减轻或者免除处理：

（一）参与决策的人员在会议表决时曾表明异议并在会议记录中有明确记载的；

（二）紧急情况下个人或少数人决策，事后及时履行报告程序并得到追认，且不存在故意或重大过失的；

（三）决策、执行和风险管控中，受宏观调控、行业政策变化、不可预知及不可抗力因素等影响造成损失和不良后果，及时报告的；

（四）法律法规或者容错免责等制度另有规定的。

第十一条 对仍在违规行为发生时所在企业任职的责任人员，按照干部管理权限进行责任追究。

对离职后仍在国家机关、国有企事业单位工作的责任人员，由违规行为发生时对其有干部管理权限的单位，提请现对其有管理权限的机关、单位支持配合进行责任追究。

对离职后不在国家机关、国有企事业单位工作，以及退休后社会化管理的责任人员，由违规行为发生时所在企业依照相关法律法规追究其赔偿责任；是党员的，将有关问题移交其所在党组织。

对聘用的兼职外部董事、市场化选聘的职业经理人等经营管理人员，聘用单位应按照本办法规定，在管理制度或者聘用协议中约定其经营管理责任，明确重大决策终身责任追究内容，发生追究情形时按照约定处理。

第十二条 企业重大决策终身责任追究纳入落实全面从严治党责任考核，受责任追究情况记入人事档案和廉洁档案，作为考核、任免、奖惩的重要依据。

第十三条 各级权属企业应建立和完善重大决策事项过程记录和材料归档制度，党委办公室、董事会办公室、办公室等有关部门分工做好有关工作，完整、详细记录决策事项、过程、参与人及其意见、结论等内容并存档备查。

第十四条 集团公司各级党组织、纪检监察机构、有关职能部门按照职责分工负责本办法落实情况的监督检查。对下级权属企业应当追究重大决策终身责任而未追究，或者追究处理不当的，应当及时提出追究处理建议，必要时可直接进行追究处理。对落实本办法不力，造成严重不良影响的，对相关责任人员依规依纪予以问责。

第十五条 本办法适用于集团公司各级权属企业。各级权属企业可结合实际，细化制定实施细则或补充规定。

各级直属机构、直属单位经营管理人员，以及向参股子企业选派的国有股东代表、董事或经理层管理人员，违反本办法规定的，参照本办法执行。

第十六条 本办法由集团公司党委、纪委负责解释。

第十七条 本办法自印发之日起施行。

中共山东钢铁集团有限公司委员会
山东钢铁集团有限公司问责工作办法（试行）

（山钢党字〔2022〕80号 2022年12月8日）

第一章 总 则

第一条 为进一步规范和强化问责工作，推动全面从严治党、全面从严治企向纵深发展，为集团公司高质量发展提供风清气正的政治生态和阳光规范的运营生态，根据《中国共产党问责条例》、集团公司党委《关于加强大监督体系建设的实施意见》等有关制度文件精神，结合集团公司实际，制定本办法。

第二条 本办法所称问责，是指追究失职失责的党组织、单位及人员的责任。既包括对在党的建设、党的事业中失职失责的党组织和党员干部进行问责（以下简称党内问责），也包括对在企业生产经营、职工日常管理等各项管理中失职失责的单位、部门和管理人员进行问责（以下简称企业经营管理问责）。

第三条 问责工作坚持以习近平新时代中国特色社会主义思想为指导，增强“四个意识”、坚定“四个自信”，坚决拥护“两个确立”、做到“两个维护”，立足企业实际，加强各类监督贯通协同，全面从严治党与公司治理有机融合，压紧压实管党治党、管企治企责任，督促各级党组织、单位以及领导干部、管理人员严管所辖、严负其责，强化责任担当。

第四条 问责工作应当坚持以下原则：

（一）依规依纪、实事求是。树立纪法思维和程序意识，严格依规依纪确定问责对象、认定问责事实、划分责任大小、作出问责决定，严格按照规定权限、程序、标准开展问责工作；以事实为依据，正确区分失职失责行为的性质，准确认定各级责任，做到宽严适度、不枉不纵。

（二）失责必问、问责必严。紧紧咬住“责任”二字，抓住“问责”要害，全面从严、一严到底，绝不搞下不为例、网开一面，绝不搞大事化小、小事化了；保持政策统一性和一贯性，既敢管敢严、真管真严，做到尺度不松、力度不减，又正确认识“问责不是越重越好”，不搞一味地从重处理。

（三）权责一致、错责相当。树立“有权必有责、有责要担当，用权受监督、失责必追究”的理念，依据规定职权认定失职失责问题的问责范围和层级，防止“问下不问上”“问小不问大”；在综合考虑失职失责的事实和情节、危害程度、认错态度、一贯表现等情况的基础上，精准稳妥确定问责档次，防止问责“机械化”“一刀切”。

（四）严管和厚爱结合、激励和约束并重。牢牢把握问责工作的价值导向，坚持既严格管理又关心爱护，将思想政治工作贯穿始终，做到制度约束有硬度、组织关怀有温度，让问责对象心悦诚服接受处理，扎扎实实改进工作；坚持“三个区分开来”，对在推动改革发展中的无意过失，大胆容错免责，充分激发和保护干事创业的积极性主动性创造性。

（五）惩前毖后、治病救人。注重抓早抓小、防微杜渐，对轻微失职失责问题早发现、早提醒、早纠正，督促正确规范履职，防止小错酿成大错；注重深化标本兼治，对典型案例通报曝光，督促引以为戒、举一反三，自查自纠、改进管理，避免重蹈覆辙；注重强化制度建设，督促立改废释，提升制度的科学性、针对性和可操作性，力求“问责一起，教育一片、规范一面、治理一域”，使问责工作取得良好的政治效果、纪法效果和社会效果。

（六）集体决定、分清责任。坚持民主集中制，对问责工作过程中的重要问题坚持集体讨论决定，防止“一言堂”，防止“拍脑袋”式问责；分级负责、层层履责，把开展问责工作的责任落实到各级党组织、单位和部门，在开展问责工作中，分清集体责任和个人责任，分清上下级的责任，以精准规范问责促进职责履行到位、制度执行到位。

第五条 集团公司各级党组织、权属各级单位应当充分认识开展问责工作对于推进大监督体系建设、强化日常管理的重要意义，全面强化“严”的基调，坚持全面从严、越来越严，以常态化问责倒逼和强化责任落实，进一步压实下级党组织、单位的主体责任，进一步压实下级“一把手”的第一责任人责任和分管负责人的分管责任、“一岗双责”，进一步压实职能管理部门的管理责任，进一步压实专责监督部门的监督责任。

集团公司各级党组织应当加强对本单位问责工作的领导，组织开展党内问责工作，督促指导企业经营管理问责工作，加强党内问责与企业经营管理问责的贯通协调，确保问责工作落实到位。

第六条 各级党组织、单位和部门应当坚持用制度管人管事管权，重视加强制度建设，健全完善各领域、各方面制度，立“明规矩”，破“潜规则”；强化对制度执行情况的监督检查，对发现的职责范围内的问题，该追责问责的要及时追责问责，对涉及上级党组织管理的干部违规违纪违法问题，涉及职务违法犯罪问题等职责范围内无法实施追责问责的，要及时报告和移交，把制度的刚性立起来，使制度成为带电的“高压线”。

对重要制度拒不执行的，一律先行免职或调离岗位。有其他违规违纪违法问题或者其他应当问责的事项等，需要进一步处理的，追加处理。

第七条 各级党组织、单位和部门应当充分认识企业政治生态与运营生态一体两面、不可分割的内在联系，坚持“政治生态与经营绩效正相关”的理念，勇于自我革命，用好问责利器，加大问责力度，强化内部管理，推动政治生态、运营生态持续优化。坚持“薪酬职务与工作绩效正相关”的理念，完善制度，强化重担当、善作为的选人用人导向，让敢担责、善履责、能干事、干成事的干部有更高平台、担更大责任；改进绩效考核、薪酬分配机制，有功记功、失责问责，防止因搞“好人主义”“平均主义”导致的“责任大风险大”“干活多出错多”、问责“鞭打快牛”等逆向惩罚现象，充分激发和保护党员干部、管理人员和各岗位职工担当作为、干事创业的积极性主动性创造性。

第二章　问责主体及问责对象

第八条 集团公司各级党组织应当履行全面从严治党主体责任，追究在党的建设、党的事业中失职失责党组织和党员干部的主体责任、监督责任、领导责任。

集团公司及权属各级单位应当履行全面从严治企主体责任，追究在企业生产经营、职工日常管理等各项管理中失职失责的单位、部门和管理人员的主体责任、监管责任、领导责任。

集团公司各级党委工作部门、集团公司及权属各级单位内设部门在职责范围内开展问责工作。

集团公司各级纪委、组织人事部门协助同级党委、所在单位开展问责工作。

第九条 党内问责的对象是：党委（党总支、党支部）、党委工作部门及其领导成员，纪委、纪委内设机构及其领导成员，党务工作人员以及其他党员干部。

企业经营管理问责的对象是：单位、单位内设部门及其领导成员，其他管理人员。

第十条 问责应当区分性质、分清责任。党组织（党委、党总支、党支部，纪委，党委工作部门、纪委内设机构）领导班子在职责范围内负有全面领导责任，党组织领导班子主要负责人和直接主管的班子成员在职责范围内承担主要领导责任，参与决策和工作的班子成员在职责范围内承担重要领导责任。对于党务工作职责、任务已明确指定到岗（如业务主管岗位）的，相关岗位管理人员在职责范围内承担主要管理责任。

单位及其内设部门领导班子在职责范围内负有全面领导责任，单位及其内设部门领导班子主要负责人和直接主管的班子成员在职责范围内承担主要领导责任，参与决策和工作的班子成员在职责范围内承担重要领导责任。对于经营管理工作职责、任务已明确指定到岗（如业务主管岗位）的，相关岗位管理人员在职责范围内承担主要管理责任。

对党组织、单位问责的，应当同时对该党组织、单位中负有责任的领导班子成员进行问责。

第十一条　对党组织、单位或职能管理部门、专责监督部门进行问责时，应当综合考虑其在监督管理上的一贯表现，在日常工作中主动开展监督检查，敢于较真碰硬、敢于追责问责的，对及时发现和报告问题、主动移送问题线索的，可以从轻减轻处理；对长期监督缺位、追责问责乏力，该检查不检查，该发现的问题未及时发现，该追责问责不追责问责，该依规处理的问题未依规处理，该报告不报告，该移交的问题线索不移交的，要严肃问责处理。

对于该追责问责而未及时追责问责，造成问题连续发生、叠加合并处理，由此导致的本应“轻问责”演化为“重问责”，甚至连带追究上一级责任的后果由相关党组织、单位或部门承担。

第十二条　对涉及的问责事项，相关党组织、单位以及相关党员干部、管理人员应当坚持把自己摆进去、把职责摆进去、把工作摆进去，积极从自身找问题、查原因，敢于负责、勇于担责，主动认领责任，不得向下级党组织和干部推卸责任。

对能够积极配合问责调查工作，积极主动认领责任、承认错误，及时深刻反省、作出检查且积极采取整改措施的，可以酌情从轻减轻处理；对只想揽权不想担责，出现问题不敢担责，推诿扯皮、上推下卸的，一律严肃处理；对落实整改措施不力、拒不配合问责调查工作等的，从重加重处理。

第三章　问责事项的基本类型及问责清单

第一节　问责事项的基本类型

第十三条　集团公司各级党组织、集团公司各部门和权属各级单位应当守土有责、守土负责、守土尽责，强化各方面管理，防止在管辖范围内、职责范围内发生本章第二节、第三节问责清单所列情形问题导致的各类案件、事故等应予问责的事项。问责事项主要包括以下几种基本类型：

（一）案件。包括违反党的纪律、违反企业规章制度的违规违纪案件，职务违法、职务犯罪和其他违法犯罪案件。

（二）事故。包括生产安全事故、工艺事故、设备事故、质量事故、环境污染事故、火灾事故等。

（三）事件。包括因单位自身失职失责等，导致给企业造成不良影响的工作纠纷事件、治安管理事件、群体性上访事件、意识形态事件、网络舆情事件、侵害职工切身利益的事件等。

（四）损失。包括各类非正常损失。

（五）风险。包括除意外事件或不可抗力因素外，导致的给单位、集体、团队实现目标造成影响的各类风险。

（六）其他类型。

第十四条　集团公司各级党组织、集团公司各部门和权属各级单位应当积极开展问责工作，强化对下级党组织、单位的管理，主动从以下渠道获取问责线索：

（一）上级交办、安排；

（二）领导指示、批办；

（三）日常监督管理发现；

（四）专项监督发现；

（五）地方政府监管机构、上级单位或部门监督检查情况通报；

（六）上级主管部门整改建议；

（七）巡视巡察、审计、合规监督反馈；

（八）纪律审查、监察调查发现；

（九）其他渠道。

第二节　党内问责清单

第十五条　集团公司各级党组织、各级党员干部应当正确履行职责，加强党的领导，防止在职责范围内发生以下问题：

（一）“四个意识”不强，“两个维护”不力，不拥护、捍卫“两个确立”，或者不贯彻执行党的基本理论、基本路线、基本方略；

（二）对习近平总书记重要讲话、重要指示批示精神和党中央、省委等上级重要决策部署不重视，不传达贯彻、不检查落实，工作推进不力；

（三）在贯彻“立足新发展阶段、贯彻新发展理念、构建新发展格局、推进高质量发展”，推动企业改革发展中领导不力；

（四）不履行党组织研究讨论作为重大问题决策的前置程序，或者违规决定企业生产经营的重大决策、重要人事任免、重大项目安排和大额度资金运作等重要事项；

（五）违背客观规律或不顾本单位实际，搞形象工程、虚假政绩；

（六）在处置本单位、本部门、本系统发生的重大问题中领导不力；

（七）落实党对群团、统战工作的领导不力，工会、共青团组织建设缺位；

（八）关于党的领导弱化方面的其他问题。

第十六条　集团公司各级党组织、各级党员干部应当正确履行职责，加强党的政治建设，防止在职责范围内发生以下问题：

（一）在重大原则问题上不同党中央保持一致；

（二）贯彻落实党的路线方针政策和执行党中央重大决策部署不力；

（三）不遵守重大事项请示报告制度；

（四）有令不行、有禁不止，阳奉阴违、欺上瞒下，团团伙伙、拉帮结派问题突出；

（五）党的政治建设工作责任制落实不力，党内政治生活不严肃不健康；

（六）关于党的政治建设方面的其他突出问题。

第十七条　集团公司各级党组织、各级党员干部应当正确履行职责，加强党的思想建设，防止在职责范围内发生以下问题：

（一）党性教育特别是理想信念宗旨教育流于形式，党员队伍理想信念、宗旨观念出现滑坡和动摇；

（二）不重视加强党的理论武装，“第一议题”制度执行不力，党委理论学习中心组学习开展不力、出现错误倾向；

（三）意识形态工作责任制落实不力，阵地失守，管辖范围内发生公开发表否定党的领导、攻击中国特色社会主义制度、宣扬西方“普世价值”等言论，故意制造影响改革发展稳定的谣言，或者组织策划抵制企业决策规定实施，错误倾向、错误观点、错误言论得不到及时批驳和纠正等问题；

（四）思想政治工作削弱，干部职工队伍持续不稳定；

（五）擅自接受社会媒体采访或发布信息、发表稿件，致使新闻宣传报道失实或者泄密；

（六）擅自以企业、单位名义对外发布消息或者擅自发布涉及企业的重要信息，引发负面舆情；

（七）关于党的思想建设方面的其他突出问题。

第十八条　集团公司各级党组织、各级党员干部应当正确履行职责，加强党的组织建设，防止在职责范围内发生以下问题：

（一）党的组织建设薄弱，党建工作责任制落实不力，党组织软弱涣散，或者干部队伍建设迟滞乏力；

（二）违反民主集中制原则，不执行领导班子议事决策规则；

（三）不执行民主生活会、“三会一课”等党的组织生活制度，或者党的组织生活不规范、不严肃，存在表面化、形式化、娱乐化、庸俗化；

（四）领导干部报告个人有关事项制度执行不力；

（五）班子严重不团结，工作长期打不开局面；

（六）对党员疏于教育、管理和监督，发展党员标准不严、程序混乱、质量差，对不合格党员听之任之、不认定不处置；

（七）关于党的组织建设方面的其他突出问题。

第十九条　集团公司各级党组织、各级党员干部应当正确履行职责，加强党的作风建设，防止在职责范围内发生以下问题：

（一）落实中央八项规定及其实施细则精神不力，“四风”问题得不到有效整治，享乐主义、奢靡之风问题频发多发；

（二）形式主义、官僚主义问题突出，执行上级决策部署表态多调门高、行动少、落实差，脱离实际、脱离群众，拖沓敷衍、推诿扯皮，工作推进不力；

（三）关于党的作风建设方面的其他突出问题。

第二十条　集团公司各级党组织、各级党员干部应当正确履行职责，加强党的纪律建设，防止在职责范围内发生以下问题：

（一）维护党的政治纪律和政治规矩不力，发生有令不行、有禁不止，发生破坏党的集中统一，在政治立场、政治方向、政治原则、政治道路上与党中央背道而驰等问题；

（二）维护党的组织纪律不力，发生拒不执行或者擅自改变党组织重大决定，违规选人用人、跑官要官、买官卖官等问题；

（三）维护党的廉洁纪律不力，发生以权谋私、贪污贿赂，权钱交易、利益输送，靠钢吃钢、靠企吃企等问题；

（四）维护党的群众纪律不力，发生对职工群众反映强烈的问题不认真对待，侵害或者漠视群众利益，在涉及职工群众利益问题上优亲厚友、显失公平，破坏党群干群关系等问题；

（五）维护党的工作纪律不力，发生失职渎职、滥用职权，对应当报告的事项不报告或者不如实报告，跑风漏气，泄露、扩散、窃取尚未公开事项或者其他应当保密的内容，违规干预和插手企业重大事项和经营管理活动等问题；

（六）维护党的生活纪律不力，存在违背社会公序良俗和其他违反社会公德、家庭美德等问题；

（七）关于党的纪律建设方面的其他突出问题。

第二十一条　集团公司各级党组织、各级党员干部应当正确履行职责，加强党的制度建设，防止在职责范围内发生以下问题：

（一）制度建设缺失或者明显迟滞；

（二）制度制定不科学、机制设计不合理，出现严重缺陷甚至故意“开天窗”“留暗门”等问题；

（三）随意变通、恶意规避制度；

（四）有制度不执行或对执行情况不检查，有章不循、执规不严；

（五）关于党的制度建设方面的其他突出问题。

第二十二条 集团公司各级党组织、各级党员干部应当正确履行职责，深入推进党风廉政建设和反腐败斗争，防止在职责范围内发生以下问题：

（一）推进党风廉政建设和反腐败斗争不坚决、不扎实，该研究的不研究，该部署的不部署，该落实的不落实；

（二）削减存量、遏制增量不力，不主动查办案件，致使腐败问题日益突出；

（三）对不收敛、不收手，问题线索反映集中、群众反映强烈，政治问题和经济问题交织的腐败案件放任不管；

（四）不领导处置问题线索工作，对反映的问题线索处置工作消极应付，甚至隐瞒不报、拖延不办，导致发生问题线索积压等情况；

（五）对群众监督作用认识不到位，对信访举报受理工作不重视，工作态度不端正，对举报人来访、来电反映问题缺乏耐心，信访举报受理不规范，导致发生舆情、越级访等情况；

（六）不敢监督、不善监督，重点领域监管不严、制度不严，发生窝案、串案，或者区域性、系统性腐败案件；

（七）整治和查处职工群众身边的不正之风和腐败问题不坚决不到位，损害群众利益的不正之风和腐败问题突出；

（八）不按规定落实办案安全责任制，造成重大安全隐患、严重不良影响或引发安全事故、突发性事件；

（九）关于党风廉政建设和反腐败工作方面的其他突出问题。

第二十三条 集团公司各级党组织、各级党员干部应当正确履行职责，落实落细"两个责任""一岗双责"，深入推进全面从严治党工作，防止在职责范围内发生以下问题：

（一）对公权力的监督制约不力，好人主义盛行，不负责、不担当；

（二）监督乏力，该发现的问题没有发现，发现问题不报告、不处置；

（三）领导巡察工作不力，不依规依纪开展巡察，发现问题隐瞒不报；

（四）对巡视巡察工作不支持、不配合，不按规定、要求提供、反馈相关材料；

（五）落实巡视巡察整改要求走过场、不到位，对巡视巡察发现的问题不依规依纪处理；

（六）该追责不追责，该问责不问责；

（七）自身建设缺位，队伍管理"灯下黑"，出现严重违纪违法问题；

（八）关于落实"两个责任""一岗双责"，开展全面从严治党工作方面的其他突出问题。

第二十四条 集团公司各级党组织、各级党员干部应当正确履行职责，加强选人用人工作，防止在职责范围内发生以下问题：

（一）党组织集体领导把关作用发挥不力，对选人用人问题和干部不担当不作为问题不处置、不整改、不问责，导致选人用人违规违纪问题多发，或临时动议、突击提拔调整干部；

（二）封官许愿、任人唯亲、营私舞弊，私自干预下级或原任职单位领导人员任用，或按照规定应当执行任职回避、公务回避而不回避；

（三）采取跑官要官、说情打招呼等手段为本人或他人谋取职位，或搞拉票、助选等非组织活动；

（四）不按规定的编制、职数、资格条件、工作程序和纪律要求选拔任用干部，不按照规定向上级组织（人事）部门报告干部选拔任用工作有关事项，不按照规定对所属单位干部选拔任用工作监督检查导致问题突出，或对反映线索具体、有可查性的选人用人问题不按照规定进行调查核实或者作出处理；

（五）不如实回复拟任人选廉洁自律情况；

（六）考察失真失实，歪曲事实真相、泄露重要考察信息，不认真审核干部人事档案信息，或对反映考察对象的举报不如实报告、不按照规定对问题进行了解核实造成不良后果；

（七）拒不执行组织的分配、调动、交流决定；

（八）关于选人用人方面的其他突出问题。

第二十五条　集团公司各级党组织、各级党员干部应当正确履行职责，加强其他各方面工作，防止在职责范围内发生其他各类突出问题。

第三节　企业经营管理问责清单

第二十六条　集团公司各部门、权属各级单位和各级管理人员应当正确履行职责，扎实贯彻上级决策部署，防止在职责范围内发生以下问题：

（一）对上级和集团公司有关经营管理等方面的决策部署不重视，对严峻复杂形势的认识不充分，大局意识、危机意识、责任意识不强，不传达贯彻，不细化制定工作措施，或者所制定的工作措施偏离实际、空化虚化；

（二）贯彻上级和集团公司有关经营管理方面的决策部署不扎实，“严真细实快”工作作风不牢，不检查落实，不督查督办，工作推进不力，目标、任务完成情况与上级要求或本单位既定、承诺目标有差距；

（三）识变应变求变的意识和能力不强，对可能预见的内外部形势、环境变化没有及时辨识和应对；

（四）关于贯彻上级决策部署方面的其他突出问题。

第二十七条　集团公司各部门、权属各级单位和各级管理人员应当正确履行职责，加强公司（或单位）治理管控，防止在职责范围内发生以下问题：

（一）违反规定程序或超越权限决定、批准和组织实施重大经营投资事项，或决定、批准和组织实施的重大经营投资事项违反党和国家方针政策、上级决策部署或有关规定；

（二）对上级和集团公司有关管控规定未执行或执行不力；

（三）推动落实企业深化改革部署不力；

（四）企业管理体系配套制度建设乏力，重要领域、重要工作无管理制度约束；

（五）关于公司（或单位）治理管控方面的其他突出问题。

第二十八条　集团公司各部门、权属各级单位和各级管理人员应当正确履行职责，加强战略发展管理，防止在职责范围内发生以下问题：

（一）制定的战略和规划不符合法律法规和国家产业政策要求、产业布局和主业发展，或者未及时准确收集信息、未广泛征求意见和开展论证；

（二）不按照战略和规划实施，或者内外部经营环境与条件发生重大变化后不及时修订；

（三）未及时、有效监控战略与规划的实施情况，或者不按规定定期开展评价、考核；

（四）在课题立项计划编制中未充分调研、广泛征集，或者不按规定下达立项计划；

（五）不按规定实施课题计划和开展

课题研究，或者不按规定管理、使用课题经费；

（六）不按规定组织课题评审、奖励和课题成果推广应用，或者弄虚作假、优亲厚友、利用工作便利为他人谋取利益、吃拿卡要等；

（七）国家政策、内外部经营形势、公司发展规划等发生重大变化未及时终止课题；

（八）未经公司允许将课题所形成的商业秘密和知识产权转让或者通过其他方式透露给其他机构或个人；

（九）关于战略发展管理方面的其他突出问题。

第二十九条 集团公司各部门、权属各级单位和各级管理人员应当正确履行职责，加强采购管理，防止在职责范围内发生以下问题：

（一）不按照规定订立、履行采购合同；

（二）不进行必要的资信调查或者资信调查不认真而支付预付款项，或者违反规定提供担保或预付款项；

（三）未履行或未正确履行职责致使采购合同存在问题不能保证应得合同权益，或者采购合同标的价格、招标标的价格与市场同类商品价格相比明显偏高；

（四）未正确履行合同，无正当理由放弃应得合同权益，或者采购标的物与合同约定明显不符而未采取有效措施；

（五）违反采购审批程序，擅自变更采购计划、采购标的规格型号或其他关键要求，或者违反规定购入物资，造成积压、浪费、变质、失效；

（六）授意、指使或者串通进行违规采购，或者违反规定利用关联交易输送利益；

（七）要求供应商或者单位，虚开发票，提高金额，少付多报；

（八）违反规定开展商品期货、期权等衍生业务、融资性采购业务和“空转”“走单”等虚假采购业务，或者利用业务预付或物资交易等方式变相融资或投资；

（九）采购合同、凭证、收发款确认函、收发货函等重要资料、文本保存不当或丢失的；

（十）关于采购管理方面的其他突出问题。

第三十条 集团公司各部门、权属各级单位和各级管理人员应当正确履行职责，加强招投标管理，防止在职责范围内发生以下问题：

（一）违反规定对应当进行招标的项目不进行招标，或者进行虚假招标，或者采取将项目化整为零以及其他方式规避招标；

（二）泄露应该保密的招投标资料和信息；

（三）与投标人恶意串通，损害国家、企业利益或者他人合法权益；

（四）招标单位或者个人违反规定，在评标委员会依法推荐的中标候选人以外确定中标人，或者所有投标被评标委员会全部否决后自行确定中标人；

（五）利用职权影响或者干预招标过程和结果，或者擅自改变中标人、中标方案；

（六）采取公开或者暗示方式，以各种手段拒绝潜在合格投标人投标；

（七）关于招投标管理方面的其他突出问题。

第三十一条 集团公司各部门、权属各级单位和各级管理人员应当正确履行职责，加强营销管理，防止在职责范围内发生以下问题：

（一）销售假冒伪劣产品、提供虚假服务，或者采取不正当手段销售产品、提供服务；

（二）违反国家物价政策和企业有关规定，采取人为低价或者其他不合理销售方式销售产品给企业造成损失；

（三）在产品销售中擅自变更资源配置计划；

（四）擅自确定价格、折扣、折价，或者违反规定擅自向客户透露产品价格调整信息；

（五）不按照规定订立、履行销售合同，未履行或未正确履行职责致使销售合同存在问题不能保证应得合同权益，或者销售合同标的价格与市场同类商品同期价格相比明显偏低；

（六）违反规定赊销，擅自提供赊销信用，或者超出信用额度、期限提供赊销信用；

（七）对应收账款不进行及时催收、对账并纳入考核，以及对异常应收款项不及时追索或者不采取有效保全措施；

（八）未正确履行合同，无正当理由放弃应得合同权益，或者超合同标的发货；

（九）不认真对客户进行资信调查和持续动态评估，致使企业给予不具备相应资信的客户高于其资信的条件，给企业造成经济损失和不良影响；

（十）授意、指使或者串通进行违规销售，或者违反规定利用关联交易输送利益；

（十一）违反规定开展商品期货、期权等衍生业务、融资性销售业务和“空转”“走单”等虚假销售业务，或者利用违规赊销授信或物资交易等方式变相融资或投资；

（十二）销售合同、凭证、收发款确认函、收发货函等重要资料、文本保存不当或丢失的；

（十三）关于营销管理方面的其他突出问题。

第三十二条　集团公司各部门、权属各级单位和各级管理人员应当正确履行职责，加强资金管理，防止在职责范围内发生以下问题：

（一）违反“三重一大”决策制度和程序，进行大额度资金运作，或者违反报批规定及程序进行资金运作；

（二）违反决策和审批程序或超越权限筹集、使用或支付资金；

（三）设立“小金库”；

（四）违规以个人名义留存资金、收支结算、开立银行账户等；

（五）违规集资、发行股票或债券、捐赠、担保、委托理财、拆借资金或办理银行票据等；

（六）违规对外投资、融资、参股、借款；

（七）违反规定在银行、非银行金融机构或者在境外金融机构存款或者变相存款；

（八）违反规定出让银行授信额度、为他人代开信用证；

（九）违反规定进行期货交易；

（十）违反规定进行委托贷款，或者委托其他单位或者个人理财；

（十一）虚列支出，套取资金；

（十二）违规超发、滥发职工薪酬福利；

（十三）因财务内控缺失或未按照财务内控制度执行，发生资金挪用、侵占、盗取、欺诈等；

（十四）故意对外提供虚假债权债务证明；

（十五）关于资金管理方面的其他突出问题。

第三十三条　集团公司各部门、权属各级单位和各级管理人员应当正确履行职责，加强会计管理，防止在职责范围内发生以下问题：

（一）不依法设置会计账簿、私设会

计账簿或者应纳入会计账簿的经济业务不纳入；

（二）随意变更会计处理方法；

（三）违反《会计法》规定任用会计人员；

（四）不按照规定建立、实施单位内部会计监督制度，或者拒绝依法接受监督或者不如实向监督管理部门提供有关会计资料及情况；

（五）伪造、变造会计凭证、会计账簿，编制虚假财务会计报告以及其他会计资料，或者隐匿、故意销毁依法应当保存的会计凭证、会计账簿、财务会计报告以及其他会计资料；

（六）授意、指使、强令会计人员及其他人员伪造、变造会计凭证、会计账簿，编制虚假财务会计报告或者隐匿、故意销毁依法应当保存的会计凭证、会计账簿及其他会计资料；

（七）对依法履行职责、抵制违反《会计法》行为的会计人员进行打击报复；

（八）违规将不符合资本化条件成本费用资本化，借机调节利润；

（九）未按照本单位会计政策，计提固定资产折旧、无形资产摊销；

（十）关于会计管理方面的其他突出问题。

第三十四条 集团公司各部门、权属各级单位和各级管理人员应当正确履行职责，加强财务管理，防止在职责范围内发生以下问题：

（一）转移、截留企业收入私设“小金库”或者账外账，或者账外设立银行账户；

（二）以联营合资、兴办其他产业或者建立其他经济实体等方式转移企业资金、收入、利润；

（三）坐收坐支或者搞资金体外循环；

（四）编制或指使编制虚假财务报告，隐匿潜亏、账实严重不符，或者隐瞒资产不入账，形成账外资产；

（五）虚报冒领，骗取专项拨款或者补贴；

（六）将公款以个人名义存放；

（七）侵占企业资产收益；

（八）抽逃资本金或者擅自冲减资本金，或者恶意逃废金融债务；

（九）不按规定进行成本核算，导致成本核算严重失真；

（十）不按规定操作保险业务，与保险人或者代理人串通、恶意修改保险条款、故意添加不公平约定、不签订保险合同、不出具保险单、投保资产出险不报案或者报案后不跟踪处理；

（十一）未经允许，私自对外泄露企业涉密财务信息；

（十二）未按照“三重一大”决策制度和程序对相关财务事项进行决策，擅自决定重大财务事项或擅自对外披露重要财务信息；

（十三）未执行国有资产监管或集团公司有关规定，过度负债导致债务危机；

（十四）关于财务管理方面的其他突出问题。

第三十五条 集团公司各部门、权属各级单位和各级管理人员应当正确履行职责，加强票据管理，防止在职责范围内发生以下问题：

（一）不按照规定领购、开具、取得、保管发票，或者不按照规定接受税务机关检查；

（二）故意使用伪造、变造、虚假票据；

（三）签发空头支票或者故意签发与预留签名式样或者印鉴不符的支票，骗取财物；

（四）签发无可靠资金来源的汇票、本票；

（五）在开具票据时作虚假记载；

（六）冒用他人的票据，或者故意使用过期、作废票据骗取资金；

（七）付款人同出票人、持票人串通，骗取财物；

（八）不该背书的票据，擅自背书转让；

（九）关于票据管理方面的其他突出问题。

第三十六条　集团公司各部门、权属各级单位和各级管理人员应当正确履行职责，加强对外担保管理，防止在职责范围内发生以下问题：

（一）违反担保管理的有关规定，为其他企业或者个人提供担保；

（二）违反决策程序，擅自决定对外提供担保；

（三）违反有关规定，对同一企业累计担保额超过对其享有的净资产；

（四）在对外担保中，未对被担保企业的资信及担保风险进行详细论证和尽职调查的，以及应采取而未采取反担保措施；

（五）对已担保的项目不跟踪或者跟踪不及时，出现担保风险未及时采取有效应对措施；

（六）关于对外担保管理方面的其他突出问题。

第三十七条　集团公司各部门、权属各级单位和各级管理人员应当正确履行职责，加强资产管理，防止在职责范围内发生以下问题：

（一）在资产重组、改制、租赁或者与外商合资经营以及向境外投资等过程中，将本企业资产非法转移到个人或者其他企业名下；

（二）故意转移、隐匿国有资产或向中介机构提供虚假信息，授意、指使或操纵中介机构出具虚假清产核资、财务审计与资产评估等鉴证结果；

（三）未按规定组织开展清产核资、财务审计和资产评估；

（四）违规进行资产交易，或者恶意串通低价转让资产或者高价购入资产，致使企业资产流失；

（五）在发展混合所有制经济、实施员工持股计划、破产重整或清算等改组改制过程中，违反规定，导致发生变相套取、私分国有资产；

（六）改制后的公司章程等法律文件中存在有损国有权益的条款；

（七）违规低价出售、低价折股、无偿处置企业资产；

（八）未按照企业会计准则及上级有关规定进行会计核算，或对资产价值过度估计，导致企业资产账实不符；

（九）对于货币资金、应收票据、存货、在建工程、固定资产等实物资产，未按规定按时盘点，导致实物资产出现盘盈、盘亏现象；

（十）违反知识产权保护的有关规定，擅自泄露、转让重大科研成果，致使企业知识产权流失；

（十一）关于资产管理方面的其他突出问题。

第三十八条　集团公司各部门、权属各级单位和各级管理人员应当正确履行职责，加强产权、上市公司股权、资产转让管理，防止在职责范围内发生以下问题：

（一）未按规定履行决策和审批程序或超越授权范围转让；

（二）财务审计和资产评估违反相关规定；

（三）隐匿应当纳入审计、评估范围的资产，组织提供和披露虚假信息，授意、指使中介机构出具虚假财务审计、资产评估鉴证结果及法律意见书等；

（四）未按相关规定执行回避制度；

（五）违反相关规定和公开公平交易

原则，低价转让企业产权、上市公司股权和资产等；

（六）未按规定进场交易；

（七）关于产权、上市公司股权、资产转让管理方面的其他突出问题。

第三十九条 集团公司各部门、权属各级单位和各级管理人员应当正确履行职责，加强投资管理，防止在职责范围内发生以下问题：

（一）对投资项目未进行必要、充分的可行性研究论证，或者所作出的可行性报告明显失真失实，投资决策未充分考虑重大风险因素，未制定风险防范预案；

（二）越权审批或者擅自立项扩大投资规模和生产经营规模；

（三）投资概算超立项额度，或中标价格明显不公允；

（四）购建项目未按规定招标，干预、规避或操纵招标；

（五）对投资项目未进行有效监管或未采取有效措施，或者投资项目发生重大变化，未按规定重新履行决策程序并采取止损措施；

（六）擅自变更工程设计、建设内容和追加投资等；

（七）项目管理混乱，致使建设项目明显拖期、成本明显高于同期同类项目；

（八）项目管理前紧后松，甚至滥用职权，致使投资项目实际效益与项目可行性研究论证结论差异较大；

（九）违反规定或违反合同约定为工程项目提供垫资；

（十）故意将投资业务化整为零分解报批或备案，规避监督和审批权限规定；

（十一）在从事投资业务中与有关方恶意串通、弄虚作假；

（十二）违反规定开展列入负面清单的投资项目；

（十三）擅自决定对外投资、融资、参股；

（十四）项目建成后未及时进行项目转资；

（十五）对任职前所任职单位决策或实施的经营投资项目，任期内管控不善或风险处置应对不力；

（十六）未按规定建立企业境外投资管理相关制度，境外投资管控存在缺失，开展列入分类监管清单禁止类的境外投资项目，或者违反规定开展列入分类监管清单限制类的境外投资项目；

（十七）关于投资管理方面的其他突出问题。

第四十条 集团公司各部门、权属各级单位和各级管理人员应当正确履行职责，加强投资并购管理，防止在职责范围内发生以下问题：

（一）未按规定开展尽职调查，或尽职调查未进行风险分析等，导致存在疏漏；

（二）财务审计、资产评估或估值违反相关规定；

（三）投资并购过程中授意、指使中介机构、有关单位出具虚假报告；

（四）未按规定履行投资决策、审批程序，投资并购决策未充分考虑重大风险因素，未制定有效风险防范预案；

（五）投资成本明显高于市场合理水平，并购价格明显高于评估值或通过高溢价并购等手段向关联方输送利益；

（六）违反规定以各种形式为其他合资合作方提供垫资；

（七）投资合同、协议及标的企业公司章程等法律文件中，国有权益保护条款缺失或者对标的企业管理失控；

（八）投资并购后对标的企业重大经营、财务管理失控；

（九）投资项目发生重大变化，未按规定重新履行决策程序，并采取止损措施；

（十）违反规定开展列入负面清单的

投资项目；

（十一）关于投资并购管理方面的其他突出问题。

第四十一条　集团公司各部门、权属各级单位和各级管理人员应当正确履行职责，加强设备租赁、废旧物资和设备处置管理，防止在职责范围内发生以下问题：

（一）未履行审批程序，擅自租赁设备、处理废旧物资、设备，或者在办理过程中弄虚作假，故意让价、让量造成企业损失；

（二）独自、伙同他人或者职工集资购买设备租赁给本单位管理的项目使用；

（三）租赁特定关系人的设备、周转材料，或者将废旧物资卖给特定关系人；

（四）在租赁设备或者设备出租的价格上显失公平，或者在结算上弄虚作假，给企业造成经济损失；

（五）在融资租赁中，对客户资质、担保、抵押等调查不实，给企业造成经济损失；

（六）废旧物资处置过程不公开，未按规定程序进行；

（七）废旧物资处置所收资金未纳入企业财务管理；

（八）关于设备租赁、废旧物资和设备处置管理方面的其他突出问题。

第四十二条　集团公司各部门、权属各级单位和各级管理人员应当正确履行职责，加强改组改制管理，防止在职责范围内发生以下问题：

（一）未按规定履行决策和审批程序；

（二）未按规定组织开展清产核资、财务审计和资产评估；

（三）故意转移、隐匿国有资产或向中介机构提供虚假信息，授意、指使或操纵中介机构出具虚假清产核资、财务审计与资产评估等鉴证结果；

（四）将国有资产以明显不公允低价折股、出售或无偿分给其他单位或个人；

（五）在发展混合所有制经济、实施员工持股计划、破产重整或清算等改组改制过程中，违反规定，导致发生变相套取、私分国有资产；

（六）未按规定收取国有资产转让价款；

（七）改制后的公司章程等法律文件中存在有损国有权益的条款；

（八）未按规定进场交易；

（九）违反回避制度参与制定改制方案、指定中介机构的；

（十）关于改组改制管理方面的其他突出问题。

第四十三条　集团公司各部门、权属各级单位和各级管理人员应当正确履行职责，加强工程项目建设管理，防止在职责范围内发生以下问题：

（一）未按规定履行决策和审批程序，擅自签订或变更合同，工程违规签证或虚假签证；

（二）工程以及与工程建设有关的货物、服务未按规定招标或规避招标；

（三）违反合同约定超计价、超进度付款，或者在工程项目结算中工作不负责任或弄虚作假，致使企业利益受损；

（四）工程组织管理混乱，致使工程质量不达标，工程成本超支；

（五）关于工程项目建设管理方面的其他突出问题。

第四十四条　集团公司各部门、权属各级单位和各级管理人员应当正确履行职责，加强项目承包建设管理，防止在职责范围内发生以下问题：

（一）未对合同标的进行调查论证或风险辨识和控制，或对合同标的收益盲目乐观，与项目实际盈亏不符；

（二）未对合作方的资质、信用、履约能力进行充分的风险辨识和防范；

（三）未按规定履行决策和审批程序，或未经授权和超越授权投标；

（四）违反规定无合理商业理由以低于成本的报价中标；

（五）未按规定程序对合同约定进行严格审查，存在明显疏漏；

（六）违规将工程项目发包、转包、分包给其他单位或者个人；

（七）违规将勘察设计或者施工任务交给不具有相应资质的单位或者个人；

（八）违反施工质量管理规定或者不按照技术规范要求施工；

（九）违反审批程序或者未经审核擅自批准工程设计，违反规定擅自变动设计方案或者技术规格、图纸；

（十）项目实施过程中，不按照相关规定进行质量管理、工期控制、监督检查和认证；

（十一）在施工、验收工作中，未对工程项目进行严格的质量监督、工期管理和检查，放任造成工程质量降低或企业利益损失；

（十二）关于项目承包建设管理方面的其他突出问题。

第四十五条 集团公司各部门、权属各级单位和各级管理人员应当正确履行职责，加强生产管理，防止在职责范围内发生以下问题：

（一）违章指挥、违规作业，或者不按照操作规程、技术标准、质量要求进行生产；

（二）不按规定搬运，或者野蛮吊装搬运损坏设备、设施、物资；

（三）不按规定计量，或者破坏计量器具准确度、伪造计量数据、利用计量器具作弊；

（四）不按规定点检维护；

（五）生产、销售假冒伪劣产品或者有害产品；

（六）违反生产管理秩序，故意破坏生产设备、损毁生产资料，干扰生产秩序；

（七）在组织生产活动时，缺乏周密布置，对事故隐患不能及时发现和实施整改；

（八）关于生产管理方面的其他突出问题。

第四十六条 集团公司各部门、权属各级单位和各级管理人员应当正确履行职责，加强质量管理，防止在职责范围内发生以下问题：

（一）不按规定建立质量管理体系，或者质量管理体系存在明显漏洞、缺项；

（二）不按规定对进厂物资、过程产品、产成品进行取样、制样、检查、检验、化验，或者弄虚作假、错判漏检；

（三）不按规定进行质量统计、质量分析、质量考核；

（四）不按规定组织实施品牌申报、产品认证和产品实物质量监督检查；

（五）不按规定处置产品质量异议、产品质量事故；

（六）关于质量管理方面的其他突出问题。

第四十七条 集团公司各部门、权属各级单位和各级管理人员应当正确履行职责，加强统计工作管理，防止在职责范围内发生以下问题：

（一）拒报、虚报、瞒报统计资料；

（二）伪造、篡改统计资料；

（三）屡次错报统计资料；

（四）编造虚假数据或强令、授意统计部门、统计人员篡改统计资料或者编造虚假数据；

（五）对拒绝、抵制篡改统计资料或者拒绝、抵制编造虚假数据的统计人员进行打击报复；

（六）未经授权或违规对外提供统计资料；

（七）关于统计工作管理方面的其他突出问题。

第四十八条 集团公司各部门、权属各级单位和各级管理人员应当正确履行职责，加强安全和应急管理，防止在职责范围内发生以下问题：

（一）违反安全生产禁令、安全作业禁戒律；

（二）不按规定制定安全生产责任制度；

（三）不按规定开展安全培训和教育；

（四）不按规定开展安全检查；

（五）不按规定发放或穿戴劳动防护用品、设备；

（六）不按规定开展安全风险分级管控和隐患排查治理；

（七）不按规定制定应急预案和开展应急演练；

（八）关于安全和应急管理方面的其他突出问题。

第四十九条 集团公司各部门、权属各级单位和各级管理人员应当正确履行职责，加强环境保护、节能减排管理，防止在职责范围内发生以下问题：

（一）不按规定制定环境保护、节能减排管理制度；

（二）不按规定定期开展环境保护、节能减排检查；

（三）未能完成年度节能减排和污染物总量控制目标；

（四）污染物排放不达标；

（五）不按规定开展能源与环境监测；

（六）不按规定使用、贮存、处置放射源和危险废弃物；

（七）不按规定制定应急预案和开展应急演练；

（八）关于环境保护、节能减排管理方面的其他突出问题。

第五十条 集团公司各部门、权属各级单位和各级管理人员应当正确履行职责，加强科技创新管理，防止在职责范围内发生以下问题：

（一）不按规定立项、实施、验收科技创新项目，或者弄虚作假；

（二）不按规定管理使用研发经费，或者贪占冒领、浪费资材；

（三）不按规定组织科技创新成果评审、考核、奖励分配，或者优亲厚友、吃拿卡要；

（四）不按规定开展技术引进，或者虚构专家意见、提供虚假论证、串通勾结，引进不该引进的技术，或者引进技术达不到规定要求、长期闲置无法使用；

（五）不按规定管理和推广应用科技创新成果，擅自泄露、转让重大科研成果，或者利用科技成果、知识产权为自己、他人谋取私利；

（六）关于科技创新管理方面的其他突出问题。

第五十一条 集团公司各部门、权属各级单位和各级管理人员应当正确履行职责，加强技术引进管理，防止在职责范围内发生以下问题：

（一）因虚构专家意见、提供虚假论证，使不应该引进的技术得到批准；

（二）因违反保密规定、恶意串通，造成引进技术达不到规定要求或长期闲置无法使用的；

（三）关于技术引进管理方面的其他突出问题。

第五十二条 集团公司各部门、权属各级单位和各级管理人员应当正确履行职责，加强产业协同管理，防止在职责范围内发生以下问题：

（一）产业协同制度缺失，不按规定建立健全产业协同管理体系，或者不符合国家法律法规规定和政策要求；

（二）不按规定加强产业协同过程管

控，或者“三个名单”发布不及时、不准确、不全面；

（三）不按规定落实产业协同内部市场准入要求，对“白名单”资源未予协同或者对“黑名单”资源未予禁入；

（四）在产业协同工作中徇私舞弊、暗箱操作、吃拿卡要；

（五）关于产业协同管理方面的其他突出问题。

第五十三条 集团公司各部门、权属各级单位和各级管理人员应当正确履行职责，加强合同管理，防止在职责范围内发生以下问题：

（一）签订有损企业利益的合同，或者签订虚假合同；

（二）在不了解对方资信情况下，盲目与之签订合同，或者未签订合同即实际履行；

（三）未经授权或者批准，擅自超越权限签订或履行合同；

（四）违反规定擅自签订、履行、变更、转让和解除合同；

（五）因故意或严重过失，造成合同不能履行，被对方追究违约责任；

（六）发现对方违约给企业利益造成危害，不及时加以纠正、制止，或者不及时采取有效措施对企业利益加以保护；

（七）签订、履行合同过程中不负责任、疏忽大意或内外勾结谋取私利；

（八）违反合同用章管理规定；

（九）关于合同管理方面的其他突出问题。

第五十四条 集团公司各部门、权属各级单位和各级管理人员应当正确履行职责，加强风险管理，防止在职责范围内发生以下问题：

（一）未加强内控及风险合规管理制度建设，导致内控及风险合规管理制度缺失，内控及风险合规管理流程存在缺陷；

（二）内控及风险管理制度未执行或执行不力，对风险隐患、内控缺陷等问题失察，未能及时分析、识别、评估、预警、应对和报告，或者虽发现但没有及时报告、处理；

（三）未按规定对企业规章制度、经济合同和重要决策等进行法律审核，或者虽经法律审核但因故意或者重大过失未采纳正确法律意见；

（四）风险发生后，应对措施不当，致使重要证据灭失、标的物转移，丧失挽回损失有利时机；

（五）关于风险管理方面的其他突出问题。

第五十五条 集团公司各部门、权属各级单位和各级管理人员应当正确履行职责，加强法律纠纷案件管理，防止在职责范围内发生以下问题：

（一）法律纠纷案件发生后，故意隐瞒或者不按照规定及时向有关部门报告，或者不及时采取有效应对措施；

（二）应当或者可以追究对方当事人责任而擅自放弃追究；

（三）在承办法律纠纷案件中玩忽职守或者有重大疏忽；

（四）不在法定期限内依法清收债权，导致超过诉讼时效，债权无法收回；

（五）拒不提供有关证据材料，对纠纷处理配合不力，或者因故意、严重过失造成证据材料缺失、损毁，导致纠纷处理不利后果；

（六）擅自接待司法机关人员、律师并未按规定程序出具有关证明材料，造成经济损失；

（七）擅自为超过诉讼时效的债权人出具对账单或者签订还款协议；

（八）关于法律纠纷案件管理方面的其他突出问题。

第五十六条 集团公司各部门、权属各级单位和各级管理人员应当正确履行职责，加强人力资源、绩效考核管理，防止在职责范围内发生以下问题：

（一）人力资源引进、使用、管理存在突出问题，人力资源长期缺口、人力资源配置长期失衡、人才严重流失等；

（二）人才建设存在突出问题，人才培养机制缺失、晋升通道不通畅，人才梯次缺失等；

（三）工资总额制度不健全、执行不严格，不按规定发放工资或者超提超发工资；

（四）绩效考核体系存在明显缺陷，指标制定不科学、考核不透明、绩效与收入不匹配；

（五）在对契约化管理、市场化选聘等岗位人员的管理考核中，不履诺践诺、一贯到底刚性执行考核，随意调整考核指标；

（六）薪酬分配机制存在突出问题，薪酬分配不公平、不公开、不科学；

（七）关于人力资源、绩效考核管理方面的其他突出问题。

第五十七条 集团公司各部门、权属各级单位和各级管理人员应当正确履行职责，加强审计工作管理，防止在职责范围内发生以下问题：

（一）违反有关党规党纪、国家法律法规，或者组织领导不力，工作不认真，把关不严格，致使审计质量出现突出问题；

（二）故意不按照审计规则和方法对审计对象进行审计；

（三）该发现的问题没有及时发现，发现问题不如实或者不及时报告，发现问题线索不及时移交；

（四）滥用职权、营私舞弊，或者利用职权打击报复；

（五）关于审计工作管理方面的其他突出问题。

第五十八条 集团公司各部门、权属各级单位和各级管理人员应当正确履行职责，加强保密管理，防止在职责范围内发生以下问题：

（一）工作不负责任，不认真遵守《保密法》等保密法律法规、集团公司保密制度和规定，导致失密、泄密（国家秘密）事件发生且尚不构成犯罪；

（二）窃取工作秘密、企业商业秘密；

（三）泄露工作秘密、企业商业秘密；

（四）关于保密管理方面的其他突出问题。

第五十九条 集团公司各部门、权属各级单位和各级管理人员应当正确履行职责，加强印信管理，防止在职责范围内发生以下问题：

（一）未履行审批程序使用公章；

（二）公章使用管理混乱，公章使用无记录、无法追溯，或者不按使用范围使用公章；

（三）弄虚作假或私自使用公章；

（四）公章保管不严，未经批准私自携带公章外出，或者发生公章遗失；

（五）对应当停用、销毁的公章，不及时办理公章停用销毁手续；

（六）关于印信管理方面的其他突出问题。

第六十条 集团公司各部门、权属各级单位和各级管理人员应当正确履行职责，加强信访工作管理，防止在职责范围内发生以下问题：

（一）违反法律法规和政策规定进行决策，或者不作为、乱作为、失职渎职，损害群众利益，导致产生信访问题；

（二）违反群众纪律，对应当解决的群众合理合法诉求消极应付、推诿扯皮，或者对待信访群众态度恶劣、简单粗暴，损害党群干群关系；

（三）领导班子、领导人员不及时研

究解决信访突出问题，不按规定接待处理信访事项、落实包案责任；

（四）对发生的集体访、信访负面舆情未及时处置或者处置不力，导致事态扩大，或者因信访工作不力引发群体性事件、个人极端行为、负面舆论过度炒作；

（五）对可能造成社会影响的重大、紧急信访问题，隐患排查和信息预警工作不到位，或者获知信访信息后隐瞒、谎报、漏报、授意他人不按规定报告；

（六）未按照规定登记、受理、交办、转送、办理和督办信访事项，拒不办理信访部门交办、转送、督办的投诉请求，拒不执行有权处理机关作出的支持投诉请求意见，或者编报虚假材料欺骗信访群众、信访部门和上级党政机关，损害信访群众合法权益；

（七）对信访部门提出的改进工作、完善政策和给予处分等建议重视不够、落实不力，导致问题长期得不到解决；

（八）关于信访工作管理方面的其他突出问题。

第六十一条 集团公司各部门、权属各级单位和各级管理人员应当正确履行职责，加强档案、资料管理，防止在职责范围内发生以下问题：

（一）将应归档的文件、资料据为己有，拒不向档案、资料管理机构或者工作人员移交；

（二）损毁、丢失企业具有保存价值或者应当保密的档案、文件、资料；

（三）擅自涂改、伪造、撤换、添加、销毁档案、文件、资料；

（四）档案、资料管理人员玩忽职守，造成档案、文件、资料损毁、丢失；

（五）擅自复制、抄录、出借档案、文件、资料；

（六）擅自公布未开放的企业档案；

（七）发生档案安全事故后不及时组织抢救、隐瞒不报、虚假报告或不及时报告；

（八）关于档案、资料管理方面的其他突出问题。

第六十二条 集团公司各部门、权属各级单位和各级管理人员应当正确履行职责，加强信息化管理，防止在职责范围内发生以下问题：

（一）不按规定落实“数智山钢”建设，或者未做到信息化“四统一”管理；

（二）不按规定建立健全信息化管理体系，或者存在明显漏洞、短板；

（三）不按规定制订信息化规划和项目建设计划，或者脱离现实；

（四）不按规定运行维护管理信息化系统，或者不及时消除隐患、避免事故；

（五）不按规定加强网络信息安全管理，或者不能及时发现风险并整改；

（六）不按规定推进软件正版化工作，或者在上级检查中发生问题；

（七）信息化系统发生故障不能及时消除、妥善处置；

（八）关于信息化管理方面的其他突出问题。

第六十三条 集团公司各部门、权属各级单位和各级管理人员应当正确履行职责，加强职工队伍管理，防止在职责范围内发生以下问题：

（一）工作不负责任，致使企业财物被非法侵吞、盗窃、诈骗、流失、损坏、变质、浪费；

（二）违反规定将企业资质证书或者营业执照出租、出借给其他单位或者个人；

（三）弄虚作假，谎报业绩，骗取奖励；

（四）组织、串联、煽动集体上访，或者以上访为名，扰乱施工、生产、工作秩序，影响社会、企业和谐稳定；

（五）不按规定执行请销假制度、履

行请销假手续；

（六）在工作时间、工作场所打架斗殴、饮酒赌博和酒后上岗等其他妨害企业经营管理秩序和管理规定；

（七）发生各类违规违纪违法问题，窝案、串案，或者区域性、系统性案件；

（八）投资、变相投资或参与经营与本企业之间有业务关联的企业；

（九）投资、变相投资或参与经营与本企业经营同类业务的企业；

（十）利用工作时间、场所、设施设备等从事个人营利性活动；

（十一）关于职工队伍管理方面的其他突出问题。

第六十四条　集团公司各部门、权属各级单位和各级管理人员应当正确履行职责，加强其他各方面管理，防止在职责范围内发生其他各类突出问题。

第四章　问题危害程度及问责层级

第六十五条　对在职责范围内失职失责，发生本办法第三章所列问责事项及问责情形的党组织、单位以及党员干部、管理人员，应当区分所问责事项的危害程度轻重，结合相应管理权限、管辖范围，按照“上级管下级”的原则，由有管理权限的党组织或单位开展问责。

第六十六条　对案件、事故、事件等的问责，尤其是发生严重违纪违法案件的问责，要开展“一案四查”，在查直接责任人责任的同时，进一步查找直接责任人背后的责任人、问题背后的问题：

（一）查直接责任人的责任，看是否存在违反党的纪律、国家法律法规和企业规章制度的问题。

（二）查相关党组织、单位以及相关领导干部、管理人员的责任，看是否存在失职失责的问题。

（三）查选人用人问题，看是否存在直接责任人带病上岗、带病提拔以及在选人用人过程中拉关系、打招呼等问题。

（四）查制度机制问题，看是否存在制度制定不科学、机制设计不合理、出现严重缺陷甚至故意“开天窗”“留暗门”等问题。

上述所称“直接责任人”，是指违反制度规定，对造成的后果起决定性直接作用的人员。

第六十七条　拟问责的违纪违法案件、风险等系有关党组织、单位或党员干部、管理人员主动监督发现、报告、处置或移交的，视具体情况，对其可以免予或不予问责，按规定可予表扬或奖励的，应当予以表扬或奖励。

第六十八条　对发生的各类违纪违法案件，除追究违纪违法人员（直接责任人）的责任外，根据违纪违法人员及所属党组织、单位相应的管理权限，视具体情况，统筹考虑管理幅度、难度，对有管理权限的党组织、单位或相关党员干部、管理人员予以问责。

（一）属本级党组织、单位管理的党员、干部或人员中，管理总数在 50 人以下的，1 名违纪违法人员被上级查处、受到撤职（含撤销党内职务、行政职务）及以上处分的，或者 1 年（或连续 12 个月）内有 3 人次及以上违纪违法人员被上级查处、受到处分的，一般应当对领导责任人予以问责。

管理总数在 50 人及以上的，1 年（或连续 12 个月）内 2 名违纪违法人员被上级查处、受到撤职（含撤销党内职务、行政职务）及以上处分的，或者 1 年（或连续 12 个月）内有 3 人次及以上违纪违法人员被上级查处、受到处分的，一般应当对领导责任人予以问责。

（二）属本级党组织、单位管理的党员、干部或人员中，1 年（或连续 12 个月）内3名违纪违法人员被上级查处、受到撤职（含撤销党内职务、行政职务）及以上处分的，或者有5人次及以上违纪违法人员被上级查处、受到处分的，一般应当对相关党组织、单位及其领导责任人予以问责，并上追一级，对上一级领导责任人予以问责。

（三）管辖范围内的党组织、单位严重违纪违法案件多发频发，或者发生区域性、系统性腐败案件，一般应当对发生案件的党组织、单位及其上一级党组织、单位予以问责，对该两级党组织、单位的领导责任人予以问责，并再上追一级，对再上一级领导责任人予以问责。

上述所称“所属党组织、单位”或“本级党组织、单位”，指对直接责任人负有直接管理权限的党组织或单位。

第六十九条 对因失职失责造成的资产损失问题，除追究直接责任人的责任外，视具体情况，对有管理权限的单位或相关管理人员予以问责。

（一）管辖范围内发生一般资产损失的，一般应当对发生损失单位的主管责任人、领导责任人予以问责；情节较重或情节严重的，上追一级，对上一级领导责任人予以问责。

（二）管辖范围内发生较大资产损失的，一般应当对发生损失单位及其领导责任人予以问责，并上追一级，对上一级领导责任人予以问责；情节较重或情节严重的，再上追一级，对再上一级领导责任人予以问责。

（三）管辖范围内发生重大资产损失的，一般应当对发生损失单位及其上一级单位予以问责，同时对该两级单位领导责任人予以问责；情节较重或情节严重的，再上追一至两级，对再上一至两级领导责任人予以问责。

因多个单位或部门失职失责原因导致发生资产损失问题的，以其共同的所在单位为发生损失单位。

对一般资产损失、较大资产损失、重大资产损失的划分标准按照集团公司及权属各级单位关于违规经营投资责任追究的有关制度执行。

第七十条 对给正常工作秩序、重要工作推进、指标任务完成等造成影响和制约的生产安全事故、工艺事故、设备事故、质量事故等各类事故或各类风险，视影响制约程度等具体情况，对有管理权限的党组织、单位或相关党员干部、管理人员予以问责。

（一）对给发生事故、风险的党组织或单位自身正常工作秩序、重要工作推进、指标任务完成等造成影响和制约的，追究直接责任人的责任，对相关主管责任人或领导责任人予以问责。

（二）对给上一级党组织或单位正常工作秩序、重要工作推进、指标任务完成等造成影响和制约的，一般应当对发生事故或风险的党组织或单位及其领导责任人予以问责，并上追一级，对上一级领导责任人予以问责。

（三）对给再上一级党组织或单位正常工作秩序、重要工作推进、指标任务完成等造成影响和制约的，一般应当对发生事故或风险的党组织或单位及其上一级党组织或单位予以问责，同时对该两级党组织或单位领导责任人予以问责，并再上追一级，对再上一级领导责任人予以问责。

给集团公司党委、集团公司正常工作秩序、重要工作推进、指标任务完成等造成影响和制约的，直至对分管领域、分管业务的集团公司党委常委、高管等领导责任人予以问责。

对生产安全事故、工艺事故、设备事故、质量事故等各类事故或各类风险，集团公司及权属各级单位已有专项追责问责制度规定的，可按已有制度规定执行；已有制度规定的问责层级未达到本办法规定幅度的，参照本办法规定幅度进行问责处理。

第七十一条　对造成不良影响的各类事件，除追究直接责任人的责任外，根据直接责任人及所属党组织、单位相应的管理权限，视不良影响范围等具体情况，对有管理权限的党组织、单位或相关党员干部、管理人员予以问责。

（一）给所属党组织或单位造成不良影响的，一般应当对所属党组织或单位相关领域、相关业务的主管责任人或领导责任人予以问责。

（二）给上一级党组织或单位造成不良影响的，一般应当对发生事件的党组织或单位及其领导责任人予以问责，并上追一级，对上一级领导责任人予以问责。

（三）给再上一级党组织或单位造成不良影响的，一般应当对发生事件的党组织或单位及其上一级党组织或单位予以问责，同时对该两级党组织或单位领导责任人予以问责，并再上追一级，对再上一级领导责任人予以问责。

给集团公司党委、集团公司造成不良影响的，视不良影响的严重程度，直至对分管领域、分管业务的集团公司党委常委、高管等领导责任人予以问责。

上述所属党组织或单位，指对直接责任人负有管理权限的最低一级党组织或单位。

相关党组织、单位根据不良影响的范围，结合上述条款进行问责，对同一事件不重复问责。

第七十二条　对应当问责的其他问题，参照本办法第七十条或第七十一条处理。

第七十三条　对在违纪违法案件查处、问责调查等过程中发现违纪违法人员（直接责任人）、相关责任人存在带病上岗、带病提拔等问题，视具体情况，综合考虑情节轻重，对负有选人用人责任的相关党组织或相关负责人予以追责问责。

（一）对日常失管、用人失察，一届任期内发生3人次及以上带病上岗、带病提拔等问题的，一般应当对负有选人用人责任的党委、党委组织部门负责人予以问责，对负有监督责任的纪委负责人予以问责。

（二）对明知存在突出问题、不适应拟任岗位仍执意提拔、使用的，从重加重处理。

（三）对在选人用人工作中存在说情干预、拉关系、打招呼等问题，不论涉及哪一级，都要严肃追究说情干预、拉关系、打招呼的党员干部的责任，同时对没有记录在案、汇报反映的相关党委、党委组织部门予以问责。对能够向上级党委、党委组织部门、纪委及时如实反映的，可予以免责。

（四）对选人用人风气不正，任人唯亲、跑官要官等问题突出，干部群众反映强烈的，一般应当对该单位党组织予以问责，同时对该党组织、党委组织部门、纪委负责人予以问责；问题特别严重的，对该单位党组织及其上一级予以问责，同时对该两级党组织、党委组织部门、纪委负责人予以问责。

第七十四条　对在违纪违法案件查处、问责调查等过程中发现违纪违法人员（直接责任人）、相关责任人存在制度制定不科学、机制设计不合理、出现严重缺陷甚至故意“开天窗”“留暗门”等问题的，对负有制度机制建设责任的相关党组织、单位或相关负责人予以追责问责。

（一）对制度制定不科学、机制设计不合理、出现严重缺陷的，一般应当对负有审核把关责任的业务部门或相关负责人予以问责，对负有审批责任的领导责任人或负有决策责任的领导班子予以问责。

（二）对为局部利益、小团体利益、个人利益，故意在制度制定、机制设计中设置漏洞、缺陷，“开天窗”“留暗门”等的，从重加重处理。

（三）对在制度机制审核、决策等工作中，明知制度制定、机制设计存在漏洞、缺陷，或者“开天窗”“留暗门”等问题，不严格审核把关、明确提出整改意见的，从重加重处理。对在集体决策中明确提出整改意见而未被采纳的，可予以免责。

第七十五条 对巡视巡察反馈的突出问题以及巡视巡察整改存在的突出问题，对相关党组织、单位或党员干部、管理人员予以问责。

（一）对巡视巡察反馈的每项突出问题，追究直接责任人的责任，对该项问题的发生负有审核把关责任的，对相关责任人予以问责；职责范围内发生3项及以上突出问题的，对相关职能部门负责人予以问责；职责范围内发生5项及以上突出问题的，上追一级，对领导责任人予以问责。

（二）对巡视巡察整改不力的问题、屡查屡犯的问题，根据巡察整改责任清单明确的责任，逐级追责问责；对存在3项及以上问题的，对主要领导责任人予以问责。

第七十六条 巡察、纪检、审计、合规等专责监督机构应当切实履行专责监督职责，带头加强监督，及时发现问题，提高监督实效。对应当问责的突出问题，特别是给党组织、单位正常工作秩序、重要工作推进、指标任务完成等造成严重影响和制约的问题，除对履行主体责任的相关党组织、单位予以问责外，对监督不力的专责监督机构，也要予以追责问责。

（一）在巡察工作中落实巡察计划不力，该发现的严重问题、重大风险未发现的，或者隐瞒不报的，除追究直接责任人责任外，对巡察组负责人以及巡察办负责人予以问责。

（二）在纪检工作中不敢监督、不善监督，本单位严重违纪违法案件多发频发，或者发生区域性、系统性腐败案件，或者发挥“监督保障执行、促进完善发展”作用不力，对本单位长期存在的严重问题、重大风险未及时发现或督促处置，该问责不推动问责的，对纪委负责人予以问责。

（三）在审计工作中不认真、不负责，对被审计单位存在的财务数据造假、潜亏等严重问题、重大风险未及时发现、报告，或者隐瞒不报，违规违纪违法问题线索未及时移交的，除追究直接责任人责任外，对审计组负责人以及审计工作机构或部门负责人予以问责。

（四）在合规监管工作中，对有关单位存在的重大法律风险、违规风险等未及时发现、报告，或者隐瞒不报，违规违纪违法问题线索未及时移交的，除追究直接责任人责任外，对专项工作组负责人以及合规工作机构或部门负责人予以问责。

（五）自身建设缺位，对部门、机构（含巡察、审计、办案等专项工作组）内部人员违反有关工作纪律等造成不良影响的，或者违反廉洁纪律的，除追究直接责任人责任外，对该机构负责人予以问责。

其他专责监督机构或部门发生上述类似问题的，参照处理。董事、监事、安全总监、财务总监、总法律顾问等专责岗位人员自身失职失责，发生上述类似问题的，严肃追责问责。

第七十七条 上述条款中对领导责任人予以问责的，同时对负有职能管理责任的部门负责人及有关责任人也应当予以问责。

第七十八条 对应当问责的问题，同时符合上述多个条款规定情形的，原则上分别认定失职失责行为，在问责层级幅度上，原则上从严把握，按问责层级幅度较高的条款处理。

对上述应当予以问责的问题，因体制机制改革、机构改革等，相关党组织、单位隶属关系发生变化的，或者因职务调整、工作调动等，相关责任人职责分工发生变化的，本着尊重历史、尊重实情、实事求是的原则，统筹考量把握、分段予以问责。

第五章 问责方式及运用规则

第七十九条 对党组织的问责，根据危害程度以及具体情况，可以采取以下方式：

（一）检查。责令作出书面检查并切实整改。

（二）通报。责令整改，并在一定范围内通报。

（三）改组。对党组织失职失责，严重违犯党的纪律、本身又不能纠正的，应当予以改组。

第八十条 对党员干部的问责，根据危害程度以及具体情况，可以采取以下方式：

（一）通报。进行严肃批评，责令作出书面检查、切实整改，并在一定范围内通报。

（二）诫勉。以谈话或者书面方式进行诫勉。

（三）组织调整或者组织处理。对失职失责、危害较重，不适宜担任现职的，应当根据情况采取停职检查、调整职务、责令辞职、免职、降职等措施。

（四）党纪处分。对党员干部、党务工作人员失职失责、危害严重，应当给予纪律处分的，依照《中国共产党纪律处分条例》追究纪律责任。

第八十一条 对单位的问责，根据危害程度以及具体情况，可以采取以下方式：

（一）检查。责令作出书面检查并切实整改。

（二）通报。责令整改，并在一定范围内通报。

（三）绩效考核。

（四）撤销并重组。对单位失职失责，严重违反国家法律法规或企业规章制度、本身又不能纠正的，应当予以撤销并重组。

第八十二条 对管理人员的问责，根据危害程度以及具体情况，可以采取以下方式：

（一）批评教育。

（二）检查。责令作出书面检查并切实整改。

（三）约谈。问责对象为下级主要负责人的，一般由上级主要负责人或分管负责人约谈；问责对象为下级分管负责人或部门负责人的，一般由上级分管负责人或部门负责人约谈。

（四）通报。责令整改，并在一定范围内通报。

（五）诫勉。以谈话或者书面方式进行诫勉。

（六）绩效考核。根据情节轻重，结合本单位职工薪酬水平，确定考核额度，纳入月度绩效考核或年度绩效考核。

（七）组织调整或者组织处理。对失职失责、危害较重，不适宜担任现职的，应当根据情况采取停职检查、调整职务（或岗位）、责令辞职、免职、降职等措施。

（八）企业处分（或单位处分）。对领导责任人、管理人员失职失责、危害严重，应当给予企业或单位纪律处分的，依照《山东钢铁集团有限公司职工违规违纪处理规定》或本单位相关规定，追究纪律责任。

（九）移送监察机关或司法机关处理。对涉嫌违法犯罪的，依据国家有关法律规定，移送监察机关或司法机关查处。

第八十三条 上述问责方式，可以单独使用，也可以依据规定合并使用。按照相关规定，有关问责方式有影响期的，依规执行。

纪律处分本身附带经济考核的，一般不与绩效考核方式合并使用，另有规定的除外。

第八十四条 采取通报方式问责的，应当形成书面通报材料，以文件通报或会议通报的方式进行。通报应当陈述调查认定的事实，指出存在的问题，指名道姓地指出单位和个人，提出整改要求，不得含糊其词、轻描淡写。通报范围结合实际确定。

虽未明确采取通报方式，采取诫勉、绩效考核、组织调整或组织处理、纪律处分等方式问责的，根据工作需要，有关单位及其上级单位也可予以通报曝光。

对一起问题问责多人的，或者以事进行通报的，可以在问责建议中一并提出通报建议，不必对每个责任单位、责任人分别提出通报建议。通报时，一般应当将所有相关责任单位、责任人一并通报。

第八十五条 要深化运用绩效考核这一企业内部绩效管理的重要方式，既要用活用好，体现奖功罚过、奖罚分明，又要注重与其他问责方式的结合运用，使问责对象充分认识错误、正确对待错误，防止以罚代管、一罚了之。

在使用绩效考核方式时，应当注重即时性，纳入月度绩效考核的原则上最迟于作出问责决定的次月执行，纳入年度绩效考核的原则上最迟于次年度执行。

第八十六条 本着“同一个单位、同一套体系、同一个标准”“考核面前人人平等”的原则，绩效考核方式也作为本办法第八十条对党员干部问责的辅助方式，可以与其他方式合并使用，对情节轻微、适用“第一种形态”处理的，也可以采取责令作出检查与绩效考核合并使用的方式处理。

第八十七条 对同一个问题的责任追究处理，在追责问责方式的使用上，对直接责任人的追责处理最重，对主管责任人的问责处理次之，对主要领导责任人的问责处理原则上不高于主管责任人，对重要领导责任人的问责处理原则上不高于主要领导责任人，对上级责任人的问责处理原则上不高于下级责任人。对多个问责事项合并处理或者有其他违规违纪违法问题合并处理的，不适用该原则。

第六章 问责程序及要求

第一节 党内问责程序

第八十八条 发现有本办法第三章所列问责事项及问责情形，需要进行党内问责调查的，有管理权限的党组织应当经主要负责人审批，及时启动问责调查程序。其中，纪委、党委工作部门对同级党委直接领导的党组织及其主要负责人启动问责调查，应当报同级党委主要负责人批准。

应当启动问责调查未及时启动的，上级党组织应当责令有管理权限的党组织启动。根据问题性质或者工作需要，上级党组织可以直接启动问责调查，也可以指定其他党组织启动。

下级党组织发现其管辖范围内发生的问题，对照本办法第四章“问题危害程度及问责层级”有关条款，涉及问责上级党组织或上级党组织管理的干部，需要有管理权限的上级党组织进行问责调查的，应当及时向有管理权限的上级党组织报告。一般情况下，有管理权限的党组织应当按照第一款规定启动问责调查，并一问到底，分别提出处理建议，分级组织实施，下级党组织不再另行启动问责调查；根据工作需要，有管理权限的党组织也可以责成下一级党组织对其管辖范围内发生的问题先行启动问责调查，在查清问题发生的基本事实后，再适时对其管理的党组织或干部启动问责调查。

下一级党组织能够主动认领责任，经有管理权限的上级党组织同意，也可以主动先行启动问责调查，调查情况及处理建议及时汇报请示。对下一级党组织及其相关领导责任人应受到问责处理，但其本级党组织能够积极主动启动问责调查、相关领导责任人积极协助配合问责调查的，有管理权限的上级党组织对其可予从轻减轻问责。

集团公司党委工作部门内部发生问题、需要问责的，或者对照本办法第四章“问题危害程度及问责层级”有关条款，涉及问责集团公司党委工作部门或有关责任人的，参照前款规定处理。

对应当问责的问题，该报告不报告、该问责不问责的，或者问责调查过程中该汇报不汇报、该请示不请示的，一经发现，从重加重处理。

对被立案审查的党组织、党员干部问责的，不再另行启动问责调查程序。

第八十九条　党组织启动问责调查后，应当组成调查组，依规依纪依法开展调查，查明党组织、党员干部失职失责问题，综合考虑主客观因素，正确区分贯彻执行党中央或者上级决策部署过程中出现的执行不当、执行不力、不执行等不同情况，精准提出处理意见，做到事实清楚、证据确凿、依据充分、责任分明、程序合规、处理恰当，防止问责不力或者问责泛化、简单化。

第九十条　查明调查对象失职失责问题后，调查组应当撰写事实材料，与调查对象见面，听取其陈述和申辩，并记录在案；对合理意见，应当予以采纳。调查对象应当在事实材料上签署意见，对签署不同意见或者拒不签署意见的，调查组应当作出说明或者注明情况。

调查工作结束后，调查组应当集体讨论，形成调查报告，列明调查对象基本情况、调查依据、调查过程，问责事实，调查对象的态度、认识及其申辩，处理意见以及依据，由调查组组长以及有关人员签名后，履行审批手续。

第九十一条　问责决定应当由有管理权限的党组织作出。

对同级党委直接领导的党组织，纪委和党委工作部门报经同级党委或者其主要负责人批准，可以采取检查、通报方式进行问责。采取改组方式问责的，按照党章和有关党内法规规定的权限、程序执行。

对同级党委管理的党员干部，纪委和党委工作部门报经同级党委或者其主要负责人批准，可以采取通报、诫勉等方式进行问责；提出组织调整或者组织处理的建议。采取纪律处分方式问责的，按照党章和有关党内法规规定的权限、程序执行。

第九十二条　问责决定作出后，应当及时向被问责党组织、被问责党员干部及其所在党组织宣布并督促执行。有关问责情况应当向纪委和组织部门通报，对已建立廉政档案的，纪委应当将问责决定材料归入被问责党员干部廉政档案，组织部门应当将问责决定材料归入被问责党员干部的人事档案，并报上一级组织部门备案；涉及组织调整或者组织处理的，相应手续应当在1个月内办理完毕。

被问责党员干部应当向作出问责决定的党组织写出书面检讨，并在民主生活会、组织生活会或者党的其他会议上作出深刻检查。建立健全问责典型问题通报曝光制度，采取组织调整或者组织处理、纪律处分方式问责的，应当以适当方式公开。

第九十三条　被问责党组织、被问责党员干部及其所在党组织应当深刻汲取教训，明确整改措施。作出问责决定的党组织应当加强督促检查，推动以案促改。

第九十四条 需要对问责对象作出政务处分、行政处分或者其他处理的，作出问责决定的党组织应当通报相关单位，相关单位应当及时处理并将结果通报或者报告作出问责决定的党组织。

第九十五条 问责对象对问责决定不服的，可以自收到问责决定之日起1个月内，向作出问责决定的党组织提出书面申诉。作出问责决定的党组织接到书面申诉后，应当在1个月内作出申诉处理决定，并以书面形式告知提出申诉的党组织、领导干部及其所在党组织。

申诉期间，不停止问责决定的执行。

第二节 企业经营管理问责程序

第九十六条 发现有本办法第三章所列问责事项及问责情形，需要进行企业经营管理问责调查的，有管理权限的单位或部门应当经本单位主要负责人（总经理、经理、厂长、车间主任等，下同）或部门主要负责人审批，及时启动问责调查程序。其中，有关部门对所在单位直接管理的下一级单位及其主要负责人启动问责调查，应当报所在单位主要负责人批准。

应当启动问责调查未及时启动的，上级单位或部门应当责令有管理权限的单位或部门启动。根据问题性质或者工作需要，上级单位或部门可以直接启动问责调查。

下级单位或部门发现其管辖范围内发生的问题，对照本办法第四章“问题危害程度及问责层级”有关条款，涉及问责上级单位、部门或上级单位、部门管理的人员，需要有管理权限的上级党组织进行问责调查的，应当及时向有管理权限的上级单位或部门报告。一般情况下，有管理权限的单位或部门应当按照第一款规定启动问责调查，并一问到底，分别提出处理建议，分级组织实施，下级单位或部门不再另行启动问责调查；根据工作需要，有管理权限的单位或部门也可以责成下一级单位或部门对其管辖范围内发生的问题先行启动问责调查，在查清问题发生的基本事实后，再适时对其管理的单位、部门或相关管理人员启动问责调查。

下一级单位或部门能够主动认领责任，经有管理权限的上级单位或部门同意，也可以主动先行启动问责调查，调查情况及处理建议及时汇报请示。对下一级单位或部门及其相关领导责任人应受到问责处理，但其本级单位或部门能够积极主动启动问责调查、相关领导责任人积极协助配合问责调查的，有管理权限的上级单位或部门对其可予从轻减轻问责。

集团公司内设部门内部发生问题、需要问责的，或者对照本办法第四章“问题危害程度及问责层级”有关条款，涉及问责集团公司内设部门或有关责任人的，参照前款规定处理。

对应当问责的问题，该报告不报告、该问责不问责的，或者问责调查过程中该汇报不汇报、该请示不请示的，一经发现，从重加重处理。

对违反企业规章制度，被立案调查的管理人员问责的，不再另行启动问责调查程序。

第九十七条 单位或部门启动问责调查后，应当组成调查组，依规依纪依法开展调查，查明相关单位、管理人员失职失责问题，综合考虑主客观因素，正确区分执行不当、执行不力、不执行等不同情况，精准提出处理意见，做到事实清楚、证据确凿、依据充分、责任分明、程序合规、处理恰当，防止问责不力或者问责泛化、简单化。

第九十八条 查明调查对象失职失责问题后，调查组一般应当将调查认定的事实和依据告知调查对象，听取其陈述和申辩，并记录在案；对合理意见，应当予以采纳。

调查工作结束后，调查组应当集体讨论，形成调查报告，由调查组组长以及有关人员签名后，履行审批手续。调查报告应当详略得当，根据工作需要列明调查对象基本情况、调查依据、调查过程，问责事实，调查对象的态度、认识及其申辩，处理意见以及依据等情况。

第九十九条　问责决定应当由有管理权限的单位或部门作出。涉及组织调整或者组织处理的，在问责决定作出前，应当征求本单位组织部门意见。

对本单位直接领导的下一级单位，有关部门报经所在单位主要负责人批准，可以采取检查、通报、绩效考核等方式进行问责。采取撤销并重组方式问责的，按照公司章程和其他有关规章制度规定的权限、程序执行。

对管理权限在本单位的管理人员，有关部门报经本单位或者本单位主要负责人批准，可以采取批评教育、检查、约谈、通报、绩效考核方式进行问责；提出组织调整或者组织处理的建议。采取纪律处分方式问责的，按照《山东钢铁集团有限公司职工违规违纪处理规定》或本单位相关规定所规定的权限、程序执行。

第一百条　问责决定作出后，应当及时告知被问责单位、被问责管理人员及其所在单位并督促执行。有关问责情况应当向纪委、组织部门、人力资源部门、绩效考核部门通报。对被问责管理人员属于党员干部，受到通报、诫勉、组织调整或者组织处理、纪律处分，且已建立廉政档案的，纪委应当将问责决定材料归入其廉政档案，组织部门应当将问责决定材料归入其人事档案，并报上一级组织部门备案；人力资源部门、绩效考核部门应当及时落实绩效考核等事项。涉及组织调整或者组织处理的，相应手续应当在1个月内办理完毕。

第一百零一条　被问责单位、被问责管理人员及其所在单位应当深刻汲取教训，明确整改措施。作出问责决定的单位应当加强督促检查，推动以案促改。

第一百零二条　需要对问责对象作出党纪处分或者其他处理的，作出问责决定的单位或部门应当通报相关单位，相关单位应当及时处理并将结果通报作出问责决定的单位。

第一百零三条　问责对象对问责决定不服的，可以自收到问责决定之日（无需送达问责决定的，以告知问责决定事项之日为准）起15个工作日内，向作出问责决定的单位或部门提出书面申诉。作出问责决定的单位或部门接到书面申诉后，应当在30个工作日内作出申诉处理决定，并以适当形式告知提出申诉的单位、管理人员及其所在单位。

集团公司及权属各级单位已有专项追责问责制度或专业管理制度，明确具体的问责方式、处理标准的，或者已形成工作惯例的，原则上对具体处理意见不接受申诉，对问责调查认定的事实、责任界定有异议的除外。

申诉期间，不停止问责决定的执行。

第一百零四条　为精简高效做好企业经营管理问责工作，在保障问责工作顺利稳妥进行的前提下，在开展问责工作中，结合具体实际，可以对上述程序予以简化：

（一）对直接责任人尚不明确的，或者对其他相关责任人尚不明确的，可以以事启动追责问责调查，在查清问题事实的基础上，明确相关责任人。对直接责任人的追责工作与对其他相关责任人的问责工作同步开展，一体报批、一体调查、一体决定、一体落实。

（二）在特殊、紧急情况下，可以口头征得所在单位主要负责人同意，先行启动问责调查，再补办相关手续。调查报告经所在单位主要负责人审批同意的，或者所在单位主要负责人主持问责事项讨论会议的，视为其同意启动问责调查，可不再补办相关手续。

上级单位批示批办、所在单位主要负责人批示批办或所在单位安排问责调查的，不再履行启动问责调查报批手续。

（三）对事实清楚、情节简单的问责事项，或者调查对象积极承认错误、诚恳接受问责处理的，可以不再履行调查认定的事实和依据告知程序。

（四）对事实清楚、情节简单的问责事项，经会议研究作出决定，且有会议纪要或会议记录予以证实的，可以不再制发问责决定书。

第一百零五条 对涉及资产损失，需要追究违规经营投资责任的，按照违规经营投资责任追究有关制度执行。

第三节 其他相关要求

第一百零六条 党内问责与企业经营管理问责之间既有区别、又有联系，二者不能完全割裂开来。要树立贯通思维，对企业经营管理问责事项，要坚持从政治上看，在问责调查中注重洞察调查对象坚持政治方向、落实政治要求等方面的情况，及时发现需要予以党内问责的情形问题；对党内问责事项，要紧密结合企业实际，及时发现需要予以企业经营管理问责的情形问题。

对不确定是否需要进行党内问责或企业经营管理问责的，可以成立由党政工作部门人员组成的联合调查组开展问责调查工作，根据调查结果统筹提出问责建议；也可以根据问责事项性质的倾向性，成立调查组，调查过程中发现超出问责权限的情形问题后，要及时汇报情况，加强过程沟通，由党组织、单位统筹协调问责工作。

第一百零七条 对直接责任人予以追责是对其他相关责任人予以问责的前提和基础。除特殊情况外，对直接责任人的追责工作不得滞后于对其他相关责任人员的问责工作；在未查明直接责任人责任，未对直接责任人进行追责处理之前，不得对其他相关责任人进行问责处理。

第一百零八条 纪委或有关职能管理部门对反映直接责任人违规违纪相关问题线索进行核查的，需要对其他相关责任人员进行问责的，可以一并开展问责工作，在对直接责任人提出处理建议的同时，对其他相关责任人员一并提出问责建议；相关建议经批准后，应当按职责分工落实，并监督落实情况。

第一百零九条 实行终身问责，对应当问责的责任人，不论其在职、离职或者退休，都应当严肃问责。

第一百一十条 有下列情形之一的，可以不予问责或者免予问责：

（一）在推进改革中因缺乏经验、先行先试出现的失误，尚无明确限制的探索性试验中的失误，为推动发展的无意过失；

（二）在集体决策中对错误决策提出明确反对意见或者保留意见的；

（三）在决策实施中已经履职尽责，但因不可抗力、难以预见等因素造成损失的；

（四）上级或集团公司有关规章制度规定的其他可以不予问责或者免予问责的情形。

对上级错误决定提出改正或者撤销意见未被采纳，而出现本办法所列问责情形的，依照前款规定处理。上级错误决定明显违法违规的，应当承担相应的责任。

第一百一十一条 有下列情形之一，可以从轻或者减轻问责：

（一）及时采取补救措施，有效挽回损失或者消除不良影响的；

（二）积极配合问责调查工作，主动

承担责任的；

（三）有关法规或规章制度规定的其他从轻、减轻情形。

第一百一十二条　有下列情形之一，应当从重或者加重问责：

（一）对上级党组织、单位三令五申的指示要求，不执行或者执行不力的；

（二）在接受问责调查和处理中，不如实报告情况，敷衍塞责、推卸责任，或者唆使、默许有关部门和人员弄虚作假，阻扰问责工作的；

（三）对有关工作不重视，短时间内接连发生同类问题的，在上级部署开展的专项整治、专项治理等过程中发生同类问题的，或者其他单位发生同类问题，上级已通报或提出警示、自查自纠要求，仍未避免发生同类问题的；

（四）有关法规或规章制度规定的其他从重、加重情形。

第一百一十三条　问责决定作出后，发现问责事实认定不清楚、证据不确凿、依据不充分、责任不清晰、程序不合规、处理不恰当，或者存在其他不应当问责、不精准问责情况的，应当及时予以纠正。必要时，上级党组织、单位可以直接纠正或者责令作出问责决定的党组织、单位予以纠正。

有关党组织、单位或者党员干部、管理人员滥用问责，或者在问责工作中严重不负责任，造成不良影响的，应当严肃追究责任。

第一百一十四条　正确对待被问责的党员干部、管理人员，及时关注、跟进了解掌握其工作表现情况，对勇于担责、积极改进、工作突出的，要大胆使用；问责方式如有影响期，对影响期满、表现好、符合条件的，要按照干部选拔任用有关规定正常使用。

第一百一十五条　本办法所涉及的审批权限均指最低审批权限，工作中根据需要可以按照更高层级的审批权限报批。

第七章　附　　则

第一百一十六条　本办法适用于集团公司各级党组织、单位。集团公司各级党组织、单位可以在遵从本办法有关要求的基础上，结合实际作出细化、补充规定。

集团公司及各单位其他规章制度涉及问责有关规定，凡与本办法不一致的，以本办法为准。本办法施行后，与上级作出的有关规定不一致的，从其规定。

第一百一十七条　本办法由集团公司纪委商有关部门负责解释。

第一百一十八条　本办法自发布之日起施行。《山东钢铁集团有限公司问责管理办法（试行）》（山钢党字〔2018〕58号）同时废止。

中共山东钢铁集团有限公司委员会
关于大力发现培养选拔优秀年轻干部的实施办法

（山钢党字〔2022〕54号　2022年8月25日）

第一章　总　　则

第一条　为深入学习贯彻习近平新时代中国特色社会主义思想，贯彻落实新时代党的组织路线，及早发现、及时培养、源源不断选拔使用适应新时代要求、忠诚干净担当的优秀年轻干部，着力建设一支适应魅力山钢建设要求的高素质专业化干部队伍，为集团公司高质量发展不断注入新的生机活力。根据上级党组织有关文件精神，结合集团公司实际，制定本实施办法。

第二条 加强和改进年轻干部工作，要以习近平新时代中国特色社会主义思想为指导，全面贯彻新时代党的组织路线，抓好后继有人根本大计，落实新时期国有企业领导人员“二十字”标准，遵循干部成长规律，按照拓宽来源、优化结构、改进方式、提高质量的要求，推动健全完善选拔、培育、使用、管理紧密衔接又统筹推进的运行机制，为建设魅力山钢和推动企业治理体系、治理能力现代化提供充足的优秀年轻干部储备。

第三条 坚持德才兼备、以德为先、崇尚实干、注重实绩、群众公认的用人导向；坚持远近存用相结合，着眼集团公司长远发展需要发现培养选拔优秀年轻干部，确保年轻干部政治上靠得住、素质上过得硬、使用上有梯队、选择上有空间；坚持立足加强领导班子建设，持续优化结构配备、增强整体功能，把各领域具有国际视野、战略思维和经营管理能力潜力的优秀年轻干部聚集到各级领导班子中来，推动干部队伍整体素质更加过硬、年轻干部数量规模显著提升、领导班子结构梯次更加合理。

第二章 拓宽发现渠道

第四条 发现培养优秀年轻干部，要始终把政治过硬放在首位。重点考实考准年轻干部的政治忠诚、政治定力、政治担当、政治能力、政治自律等方面情况，看是否牢固树立“四个意识”、坚定“四个自信”、坚定拥护“两个确立”、做到“两个维护”，始终在思想上政治上行动上同以习近平同志为核心的党中央保持高度一致，严守党的政治纪律和政治规矩。对政治不合格的坚决“一票否决”，不能降格以求。

第五条 立足精准发现识别，改进后备人选产生方式。坚持组织主导，由各权属二级单位党组织结合集团公司及本单位重点工作部署，定期组织年轻干部专项调研，原则上每年不少于1次，建立本级掌握的优秀年轻干部队伍，同时择优向集团公司党委推荐。

第六条 明确后备人选条件。各单位党组织推荐作为后备人选的各层级优秀年轻干部必须对党忠诚、可堪大用、能担重任、作风优良；原则上应当具备大学及以上学历；年龄以40~45岁的为主体，35岁左右的要占一定比例，其中权属二级单位党组织推荐到集团公司党委的各层级优秀年轻干部，40岁以下的不低于50%。

第七条 对各级优秀年轻干部人选（后备人选），坚持组织掌握，不公示、不公开，防止标签化。实行分类管理，集团公司党委分类别、分专业建立规模在300人左右的各层级优秀年轻干部信息库，加强定期分析，实行动态管理。对重点人选逐人建立成长档案、提出培养方向，为统筹培养使用奠定基础。

第八条 各级组织人事部门要坚持把功夫下在平时，经常深入基层一线了解掌握年轻干部状况。加强组工干部职业化、专业化培训，定期“充电蓄力”，原则上每年度应当至少参加1次较为系统的党务或组织人事干部专业培训，确保组工干部始终保持发现优秀年轻干部的敏锐眼光，提高精准发现识别的能力。

第九条 其他各级部门要结合自身专业特点，为发现识别本专业、本领域优秀年轻干部搭建平台、创造条件。各级共青团组织要充分发挥好植根青年群体开展工作的优势，主动参与到年轻干部的发现识别中来，协助本单位组织人事部门做好年轻干部调查研究工作，加大优秀年轻干部的举荐力度，发挥好党的助手作用。

第三章　强化培养锻炼

第十条　突出对党忠诚，把政治历练贯穿年轻干部成长各个阶段。坚持以习近平新时代中国特色社会主义思想武装年轻干部头脑，引导年轻干部坚定理想信念，不忘初心、牢记使命。发挥山钢党校主渠道、主阵地作用，充分利用省内外历史文化和革命文化资源，有计划组织年轻干部到党性教育基地接受教育。要通过兼任党内职务、抽调参加巡察和专项检查、挂职锻炼、轮岗交流、对外援派等多种方式增强优秀年轻干部对基层工作和群众的感情，在实践中提高党性素养。

第十一条　注重年轻干部专业能力、专业精神培养，提高各班次专业培训的办学针对性。其中，管理人员高级研修班重点开阔眼界思路，加快知识更新、启发战略思维、培养国际视野。中青年干部培训班培训对象要向优秀年轻干部倾斜，每年集团公司党委组织部点名调训学员比例不低于80%，加强跟班考核，增强培训实效，确保每年新调整入库人员、新提拔任职干部培训全覆盖。

第十二条　有计划加强挂职锻炼、交流任职。坚持开展干部挂职锻炼，落实重点岗位人员轮岗交流制度，建立总部与权属单位之间干部双向交流的常态化机制，加大各级干部跨单位、跨地域、跨专业、多层次、多岗位交流任职力度，优先选派列入信息库的优秀年轻干部到重大改革攻坚任务、重点工程建设项目和困难企业接受实践考验。其中，每年度总部交流到权属单位任职人员不少于总部员工总数的5%；同等条件下优先推荐40岁以下优秀年轻干部参加驻村第一书记和工作队、援派、外部挂职等工作。推动年轻干部“吃透上情、掌握下情”，在岗位实践中快速成长、均衡发展。

第十三条　加强源头培养，探索实施经营管理人才“青苹果计划”。以培养“未来中高层干部”为目标，以30岁以下的大学本科及以上毕业生为培养对象，每2年集中进行一次遴选，通过专业能力和培养潜力测试确定不少于15名人选，逐一制定个性化阶段培养方案，突出高层次教育培训和多岗位交流任职，持续跟踪培养锻炼效果。

第四章　完善使用机制

第十四条　坚持事业为上、公道正派，坚持组织主导、依事择人，破除论资排辈、平衡照顾、求全责备等观念，既看资历、经历，更注重能力、潜力，正确处理大胆选拔与必要历练之间的关系，稳妥把握节奏、提高成长质量，对重点培养的优秀年轻干部，在使用上不简单按任职时间排序，确保打破隐性台阶“拔得动”，在吃劲岗位有足够历练“蹲得实”。对经历多岗位锻炼的年轻干部同等条件下优先推荐入库、优先选拔使用；对集团公司党委推荐参加驻村帮扶工作的第一书记和工作队成员、派驻期间表现突出的，以及推荐到上级组织掌握和跟踪培养使用的优秀年轻干部，要及时、优先提拔重用。特别优秀或者工作特殊需要的年轻干部，可以突破任职资格规定或越级提拔担任领导职务。破格提拔干部应当按照《干部任用条例》规定从严掌握，在讨论决定前必须报经上级组织人事部门同意。

第十五条　将大力选拔优秀年轻干部与优化领导班子、干部队伍结构相结合，不得简化为干部任职年龄“层层递减”，推动“年轻干部”与其他年龄段干部相互补充、相得益彰，实现并常态化保持“311”配备目标。即，力争2023年起，权属二级单位领导班子中，45岁左右及以下的成员占比达到30%以上，且至少配备1

名40岁以下的成员；总部部门（中心）配备2名及以上负责人的，至少有1名45岁左右及以下的成员。

第十六条 优秀年轻干部选拔配备应当融入日常、抓在经常。加强领导班子进退情况、配备需求和优秀年轻干部储备情况的常态化分析，对有发展潜力、表现优秀的，及早考虑安排使用意见。落实刚性配备比例要求，加强全集团干部工作统筹和年轻干部配备情况的常态化督导，达不到配备比例要求的，优先安排领导班子中年长的进行交流任职、转任非领导职务或安排到技术业务序列岗位工作，岗位空缺时优先选配45岁左右及以下优秀年轻干部，本单位没有合适人选的，由集团公司党委统筹调配、外源补充。

第十七条 持续发挥市场机制作用。坚持内部推选与外部交流相结合，将竞聘上岗、公开招聘、委托推荐等作为选拔优秀年轻干部的重要手段，合理增加权属公司经理层人员中市场化选聘职业经理人的比例。新设立公司选聘经理层成员的、公司原经理层成员任期届满或届中退出需要补充人选的，应当至少选聘1名40岁以下成员。

第十八条 坚持基层和实践导向。注重在企业改革发展、生产经营一线发现优秀年轻干部，健全有利于基层年轻干部脱颖而出的用人机制，集团公司总部和各权属二级单位每年拿出5%~10%的直管岗位面向全集团年轻干部开展公开选拔，由集团公司统一组织，为优秀年轻干部脱颖而出搭建平台。

第十九条 落实集团公司党委《推进领导人员能上能下实施细则》，严格执行到龄退出、不胜任退出和末位调整等制度规定，其中，集团公司总部及各级管理部门（机构）工作人员参照实行末位调整；建立健全管理、技术业务、技能操作三支人才队伍发展横向贯通的岗位管理体系，鼓励技术水平高、创新能力强的管理干部到技术专家岗位发挥更大作用。对调整后的空缺岗位，优先选配优秀年轻干部。

第五章 加强管理监督

第二十条 把从严管理、从严监督贯穿年轻干部发现培养选拔全过程，强化日常跟踪了解，注重分析思想状况，引导年轻干部树立和践行正确的政绩观，立足本职、踏实工作，对搞自我设计和晋升路线图、跑官要官、“坐等提拔”、不敢担当的坚决不用。要发挥有关监督部门合力，始终将年轻干部置于党组织的管理监督之中。完善年度考核、专项考核、任职考察与平时了解相结合的跟踪考核机制，对入库人员实行动态管理，对理想信念不坚定、自我要求不严格、工作实绩不突出的，及时调整出优秀年轻干部库和有关领导岗位，并补充人选，确保始终保持“一池活水”。

第二十一条 要坚持严管与厚爱相结合。健全干部谈心谈话制度，党组织和组织人事部门要经常与年轻干部谈心谈话，对发现的苗头性、倾向性问题早提醒、早纠正，防止小毛病演化成大问题，积极帮助解决思想、工作、生活中的实际问题。坚持“三个区分开来”，正确把握工作失误、问题的性质和影响，符合容错条件的能容尽容，鼓励积极作为、勇于担当，切实保护年轻干部的工作积极性。

第六章 构建保障机制

第二十二条 全集团各级党组织要切实把发现培养选拔优秀年轻干部工作摆上重要议事日程，党组织主要负责同志每年至少听取一次年轻干部工作情况汇报，主动研究谋划，加强工作指导，及时解决问题。建立以党组织主要负责同志为第一责任人的工作责任制，一级抓一级，一级带一级，层层抓落实，把发现培养选拔优秀年轻干部工作实效作为政治巡察、党建工作考核的重要内容。对思想重视不够、工作措施不力、配备长期不达标的，由集团公司党委组织部约谈提醒、督促整改。坚决纠正年轻干部工作中的不正之风，严肃处理涉组涉干违规违纪行为。

第二十三条　各级组织人事部门要充分发挥职能作用，加强日常分析研判和调度协调，立足集团公司大局，统筹优秀年轻干部的选拔培养、管理使用，促进年轻干部工作有机融入领导班子和干部队伍建设，形成共享资源、统筹使用、共同落实的工作格局。要强化惜才育才、用才管才、爱才护才的责任感，加强正面引导，建设良好政治生态和成长环境，真正使发现培养选拔优秀年轻干部成为共识、取得实效。上级组织人事部门要加强对下工作指导，可以根据需要派员参加权属单位党组织听取本单位年轻干部调研情况的汇报，掌握第一手资料，真正形成上下联动、共同落实的工作格局。

第七章　附　　则

第二十四条　本实施办法及集团公司、各权属单位干部管理有关文件中关于年龄条件“左右”的表述，自本实施办法印发之日起均按照放宽1岁把握，如“45岁左右及以下”，即46周岁以下。

第二十五条　权属二级单位党组织要根据本实施办法，结合实际制定细化落实措施，报集团公司党委组织部审核后下发执行。

第二十六条　本实施办法自印发之日起施行。

中共山东钢铁集团有限公司委员会
关于进一步加强党建带团建工作的实施意见

（山钢党字〔2022〕81号　2022年12月8日）

为深入贯彻落实党的二十大精神，有效践行习近平总书记关于党的青年工作重要论述精神，进一步加强集团公司党委对共青团和青年工作的领导，着力构建高质量党建带团建工作新格局，打造一支有理想、敢担当、能吃苦、肯奋斗的新时代青年队伍，团结动员广大团员青年为实现中华民族伟大复兴中国梦，勇担我省“走在前、开新局”光荣使命，实现集团公司高质量发展贡献青春力量。现就加强集团公司党建带团建工作提出如下实施意见。

一、带团的引领力提升，凝聚推动改革发展的青年力量

1. 加强青年思想理论武装。各级党组织要持续推进政治建团，党组织负责同志每年至少为入党积极分子中的团员青年上1次党课，教育引导广大团员青年坚定不移听党话、跟党走。把“青年大学习”行动纳入各级党组织思想政治工作议事日程，持续推动习近平新时代中国特色社会主义思想在青年职工中大学习大普及大落实。安排团组织负责人列席同级党组织理论学习中心组学习。开展党内集中教育时，同步安排团组织开展学习教育，主动吸纳团员青年参加主题党日活动，引导团员青年用党的创新理论武装头脑、指导实践、推动工作。普遍深入实施青年理论学习提升工程，广泛建立各级青年理论学习小组，组织团员青年结合实际开展各具特色的学

习活动；加强对青年理论学习小组的管理，建立党委班子成员联系青年理论学习小组制度，健全完善相关激励机制，切实营造青年理论学习良好氛围。指导集团及所属单位建立青年马克思主义者培养工程落实机制，分级分类分批推进实施，引导先进青年把对马克思主义的信仰、中国特色社会主义的信念、中华民族伟大复兴的信心贯通起来，培养一批习近平新时代中国特色社会主义思想的坚定信仰者、有力传播者和忠实践行者。

2. 抓好形势任务教育。把形势任务教育纳入团员青年思想教育重要内容，组织青年积极参加形势任务教育，同级党组织书记每年为团员青年作形势任务辅导报告。每年定期开展团员青年思想动态调研分析。党的宣传阵地要注重加强对共青团和青年工作的引导指导，全力抓好网络阵地向青年职工的覆盖，注重宣传引领作用发挥，指导和支持团组织加强青年网宣队伍建设，打造具有山钢特色、在青年中有广泛影响力的共青团网宣工作品牌。

3. 弘扬优秀企业文化。引导团员青年坚守钢铁报国初心、践行大国重器使命，传承和弘扬劳模精神、劳动精神、工匠精神，把弘扬先进精神转化为推动企业高质量发展的精神力量。传承弘扬企业文化，不断夯实“利益共同体、事业共同体、命运共同体”等文化理念，强化共同价值观的培育，树牢共同价值追求，增强青年推动企业高质量发展的责任感、使命感，激励青年岗位建功，为建设魅力山钢、铸就世界强企增添强大的精神力量。组织团员青年深入学习党史、新中国史、改革开放史、社会主义发展史和企业发展史，多渠道利用红色教育、红色资源开展主题团日活动，引导青年传承企业红色基因。支持团组织参与企业文化建设，开展企业文化成果展示、青年风采大赛等文化活动，引导团员青年提振行业信心、企业信心、职业信心，增强对企业的认同感、归属感和自豪感。

二、带团的组织力提升，确保团的组织和工作有效覆盖

4. 健全团的基层组织。把团的建设纳入同级党的建设总体规划，同部署、同落实、同检查，做到党团建设同步谋划、党团组织同步设置、党团力量同步配备、党团工作同步开展。保证团组织的相对独立性和完整性，根据企业团员人数和工作需要，依照《中国共产主义青年团国有企业基层组织工作条例（试行）》要求，规范设立团组织，符合设置条件的各级各单位，要按照应设尽设原则建立健全团组织。基层团组织隶属关系原则上与同级党组织保持一致。成立各级青年工作委员会，由党组织领导班子成员担任青年工作委员会主任，推动抓好青年工作，承担党的青年工作具体职责。

5. 保证团的工作力量。按照有利于加强团的工作和精干、高效、协调的原则，合理设置团组织工作机构，可建立与其他工作机构协同运作机制，促进团组织工作体系和能力延伸。支持团组织组建青年社团，发现培育团青工作骨干。基层党组织每年在党建责任制考核自评报告中，要向上级党组织报告团干部配备情况。

三、带团的服务力提升，支持团员青年立足岗位建功立业

6. 服务企业改革发展与青年成长成才。各级党组织指导团组织按照“围绕主线、侧重发现、参与培养”的原则，建立、健全“双推优”工作机制，积极开展推荐优秀青年作为骨干人才后备和推荐优秀团员青年作为党的发展对象工作，搭建平台，努力造就政治合格、业务精湛、忠于企业、作风优良、勇于创新的青年人才队伍。“青年人才推优”工作要充分发挥共青团在了解和发现青年人才方面的优势，团组织要积极协同组织人事部门，建立和加强各级青年人才库、年轻干部、核心骨干等人才库，并加强信息对接。“推优入党”工作要坚持28周岁以下青年入党，一般应从团员中发展，发展团员入党一般应经过团组织推荐，28~35周岁青年入党，一般应征求团组织意见，把好青年入党的“入口关”。组织编制并实施青年职业生涯发展规划，将青年培训纳入企业人力资源专项培训和全员培训计划。各级党组织要聚焦新时代社会主义现代化强省建设重点任务、集团公司高质量发展关键任务，经常给团组织指方向、提要求、压担子，组织引导团员青年充分发挥青春能动力和创造力。支持团组织以青年攻关小组、青年突击队等方式，围绕企业改革发展和生产经营开展揭榜挂帅、突击攻坚、创新创效、岗位练兵、技能比武等多种形式的岗位建功活动；深化青年文明号、青年岗位能手、青年安全生产示范岗、青年突击队等品牌项目建设，提升“青”字号品牌工作的引领力和影响力；积极推进青年在全员平凡创新中的价值展现，团结动员更多优秀青年人才服务大局。持续优化“山钢十大杰出青年”“山钢青年岗位能手标兵”“山钢集团向上向善好青年”等荣誉评选，完善青年典型选树宣传机制，搭建青年榜样示范平台。及时了解青年所思所想所忧所盼，统筹协调、整合配置内外部服务资源，将推动解决青年现实问题纳入各级党组织为职工办实事常态工作机制，帮助解决团员青年集中面临的工作和生活难题。

四、带团干部队伍建设，培养高素质专业化青年干部队伍

7. 选优配强团干部。坚持新时期好干部标准和国有企业领导人员“20字”要求，将德才兼备、智勇双全、志同道合、干事创业作为选拔各级团干部的标准，把团的工作岗位作为培养锻炼年轻干部和青年人才的重要渠道，注重把青年经营管理人才、科技人才、技能人才选拔到团的领导班子、团组织书记岗位上经受锻炼。团组织书记岗位出缺时，应在3个月内配齐。团组织书记是党员的，应列席同级党组织与青年或青年工作有关的会议。保持团组织负责人的相对稳定，任职期限一般为一届，最多不超过两届。各二级单位应当结合实际配备一定数量的专职团干部，青年职工在3000人以上的，一般至少配备2名专职团干部和2名至3名以共青团工作为主的兼职团干部；青年职工在5000人以上的，由各单位党委按照比例适当增加团干部职数。

8. 加强团干部管理使用。集团公司各直属团组织负责人每年要向同级党组织和山钢集团团委进行抓基层团建工作述职，将述职情况纳入年度个人考核，作为奖惩、选用的重要依据。各级党组织要有计划地选送优秀团干部参加年轻干部研修训练营或培养项目（如：集团公司中青年干部培训班），积极创造条件安排团干部参与重大项目、重点工作，让他们在担苦、担难、担重、担险中历练本领。注重从团干部中识别考察优秀年轻干部，对德才兼备、实绩突出、群众公认的优秀团干部，纳入后备干部培养计划，注重日常考察了解和培养使用，充分发挥其作用。

9. 强化团干部教育培训。加大团干部培养力度，每年参加各级群团干部培训的团干部比例不少于团干部总数的三分之一，三年全覆盖。新任职团组织书记和团干部要在半年内完成培训。把团干部纳入本单位党政干部培训序列，有计划地选送优秀团干部进行高层次学习培训。山钢党校有针对性地开发团青干部课程，支持团组织书记上讲台授课，促进团青干部快速成长。

五、健全党建带团建工作长效机制

10. 分级落实领导责任。集团公司各

单位应明确分管共青团和青年工作的党组织领导，定期召开会议研究讨论共青团和青年工作，及时帮助团组织解决存在的困难和问题。各级党组织每年至少组织召开1次专门会议，听取团青工作汇报，研究部署共青团和青年工作，向团组织交任务、压担子、提要求，及时掌握团工作的开展成效，保证团工作方向路径正确。

11. 完善考核和保障制度。各级党组织把党建带团建工作情况纳入年度党建工作责任制考核评价，向上级党组织报告年度党建工作、进行抓基层党建工作述职评议中需包含党建带团建情况，并作为考核重要内容。团组织工作经费应按照本单位35周岁以下青年每人每年不少于200元标准，在本单位行政经费预算中单独列支；有条件的单位，如确有需要，可将部分党建工作经费用于青年党员；建立团组织工作经费合理预算、专项拨付和规范使用、审批及报支机制；集团公司团委建立专项经费规范管理和考核监督机制，注重内控制度建设并督促基层团组织开展经费使用自查，做到信息公开与合理监督并行。建立党团、工团资源共享工作机制，党组织、工会组织活动场所对团组织和团员青年开放。支持基层团组织建设“青年中心（青年之家）”，可视青年需求和本单位实际情况，建设青年中心（青年之家）学习社、青年创客空间等活动阵地。

12. 做好团干部协管工作。坚持和完善同级党组织管理为主、上级团组织协助管理的双重领导体制。同级党组织在团的重要工作部署、团的组织换届、干部选拔配备、干部推荐输送等方面，要加强与上级团组织的充分沟通协商；上级团组织应协助同级党组织对协管范围内事项进行管理，积极推动团的重要工作、组织设置、干部配备和政治工作待遇等政策落到实处。各级团组织有责任协助党的组织部门、基层党组织做好团干部的选拔配备、培养考核和转岗输送工作。各级团组织负责人的任命由同级党组织酝酿推选候选人，经与上级团组织协商一致后，按规定程序行文公布。

13. 健全党建带团建工作评价体系。建立党委组织部门，团组织联合调研制度。每年至少组织开展一次党建带团建专题调研，并及时总结经验、发现问题、督促整改，对问题突出的地方进行约谈或通报。鼓励基层结合实际对党建带团建工作进行大胆创新。集团公司层面及时总结成熟经验做法。对成效突出的单位采取适当方式进行通报表扬，并在资金安排、政策扶持等方面予以倾斜。

各单位党委要认真落实党建带团建工作主体责任，根据本实施意见精神，结合自身实际，研究制定本单位党建带团建工作实施方案，指导所属党组织抓好贯彻落实。

本实施意见中，与集团公司党委《关于印发〈进一步加强和改进党的群团工作的实施意见〉的通知》（山钢党字〔2018〕41号）中内容不一致处，按照本实施意见执行。

山东钢铁集团有限公司董事会授权管理办法

（山钢董事会〔2022〕5号　2022年10月31日）

第一章　总　　则

第一条　为进一步规范山东钢铁集团有限公司（以下简称公司）董事会授权管理行为，建立科学、规范、高效的决策机制，提高决策质量和运转效率，根据《中华人民共和国公司法》等法律法规，《山东钢铁集团有限公司章程》（以下简称《公司章程》）、《山东钢铁集团有限公司董事会议事规则》等规定，制定本办法。

第二条 本办法所称授权是指在不违反相关法律法规、国资监管规定、行政规范性文件和《公司章程》的前提下，公司董事会（以下简称董事会）在一定条件和范围内将其职权中部分事项的决定权授予公司董事长、总经理等主体（以下简称授权对象）行使。

本办法所称行权是指授权对象按照董事会的要求依法行使其获授职权的行为。

第三条 授权应遵循以下原则：

（一）依法合规。授权应符合国家法律法规、国资监管规定、行政规范性文件和《公司章程》等规定。

（二）稳变兼顾。授权采取“制度+清单”的管理模式，在保持本办法相对稳定性的同时，通过制定、修订或废止董事会授权清单，更好地满足公司经营决策的实际需要。

（三）权责清晰。授权对象应严格按照授权规定的范围勤勉尽责，行权不缺位、不越位。

（四）科学规范。授权清单规定的授权对象、授权事项应科学规范，有针对性，可执行、可落实、可监督、可评价。授权事项应明确事项范围、额度标准、权限条件等，表述准确、逻辑严密、清晰规范、简明易懂。

第四条 董事会授权分为常规授权和临时授权。常规授权是指董事会根据日常经营决策需要，通过审议通过授权清单就其一定职权中相关事项的决定权作出的授权。临时授权是指董事会在常规授权基础上，根据某项临时任务或项目需要，通过董事会决议就单个事项的决定权作出的授权。

第五条 董事会常规授权期限一般为1年，期满如需继续授权，应当重新履行决策程序；临时授权期限至授权事项决策并执行完毕自然终止。

第二章 管理职责

第六条 董事会是规范授权管理的责任主体，履行以下职责：

（一）负责研究确定授权事项以及授权对象；

（二）负责授权事项的解释工作；

（三）负责授权事项执行情况的监督、规范性审查，对缺位、越位等行权不当情形及时予以制止和纠正；

（四）负责按权限对违规行权的主要责任人及相关责任人员提出处理意见建议。

董事会秘书协助董事会开展授权管理工作，组织跟踪董事会授权行使情况、开展授权事项监督检查具体工作；根据工作需要，可列席有关会议。

第七条 董事会办公室是授权管理具体工作的归口部门，按照董事会要求、在董事会秘书领导下履行以下职责：

（一）负责组织拟订、修订本办法；

（二）负责对董事会专门委员会及其办公室、高管层、各专业部门拟向董事会提出的授权事项建议的规范性进行审核，汇总拟订、修订董事会授权清单并提交董事会审议；

（三）负责定期收集汇总授权对象行权及执行情况自查报告，并会同负责合规内控工作的董事会专门委员会办公室，对行权及执行规范性进行初步审核；

（四）负责落实董事会授权管理具体工作，并提供专业支持与服务。

第三章 授权的基本范围

第八条 董事会根据公司战略发展、经营管理状况、资产负债规模与质量、业务负荷程度、风险控制能力等，结合实际，科学论证、合理确定授权事项，防止违规授权、过度授权。对于新业务、非主营业务、高风险业务，以及在巡视巡察、纪检监察及审计等监督检查中发现突出问题所涉事项，应当谨慎授权、从严授权。

第九条 董事会不可授权范围包括董事会法定职权、不得转授的股东会授予职权、审议应当由股东会决定的事项。主要为：

（一）召集股东会会议，并向股东会报告工作，执行股东会的决议；

（二）制定公司战略、发展规划，制定或经股东会授权决定公司年度投资计划，决定公司的经营计划和投资方案；

（三）制定公司的年度财务预算方案、决算方案、利润分配方案和弥补亏损方案；

（四）制定公司增加或减少注册资本以及发行公司债券的方案；

（五）制定公司合并、分立、改制、解散、申请破产或者变更公司形式的方案；

（六）制定公司章程草案或修正案，制定公司的基本管理制度；

（七）决定公司内部管理机构的设置；

（八）决定聘任或者解聘公司总经理及其报酬事项，并根据总经理的提名决定聘任或者解聘副总经理等高级管理人员及其报酬事项；

（九）股东会通过《公司章程》等授权董事会决定并明确不得转授权的事项；

（十）审议法律法规、国资监管规定、行政规范性文件和《公司章程》等规定应当由股东会决定的事项；

（十一）法律法规、国资监管规定、行政规范性文件和《公司章程》等规定应当由董事会决定且按照相关规定须经公司党委前置研究的其他事项；

（十二）法律法规、国资监管规定、行政规范性文件和《公司章程》等规定应当由董事会决定且不得授权的其他事项。

第十条 董事会授权应当明确授权事项范围、额度标准、权限条件等，不得全部授权。

第十一条 董事会授权原则上授予董事长、总经理。根据公司实际，可将不属于“三重一大”范围的事项授予董事长、总经理以外的其他主体。未经董事会同意，授权对象不得对董事会授权事项再向下授权。

第四章 授权的基本程序

第十二条 董事会授权应当根据董事会意见拟订，经公司党委前置研究讨论后，由董事会决定。

第十三条 董事会授权事项，公司党委一般不作前置研究讨论。授权董事长决策的事项，原则上董事长应召开专题会议集体研究讨论；授权总经理决策的事项，原则上总经理应召开总经理办公会研究讨论，决策前一般应当听取董事长意见，意见不一致时暂缓上会；授权其他授权对象决策的事项，应征求专业部门意见。

董事会授权事项属于公司“三重一大”事项范围的，应按有关规定进行集体研究讨论，不得以个人或者个别征求意见等方式作出决策。

第十四条 授权事项决策后，由授权对象组织执行。授权对象每半年组织相关专业部门对行权及执行情况进行自查，并向董事会报告，对执行周期较长的事项，应及时向董事会作出说明。董事会办公室应在每年1月中旬、7月中旬汇总授权对象自查报告，统一提报董事会。

第十五条 授权对象与授权事项存在应当公务回避规定情形的，应主动申请回避，并将该事项提交董事会作出决定。

第十六条 遇有特殊情况需对授权事项决策作出重大调整，或者因外部环境出现重大变化可能影响授权决策事项执行的，授权对象应当及时对已决策事项是否继续执行或调整变更进行分析研判，提出处理意见并向董事会报告。如确有需要，应当按照有关规定程序提交董事会再行决策。

第五章　监督检查与调整变更

第十七条　董事会应当定期跟踪掌握、监督检查授权事项的决策、执行情况，对行权效果进行评估。董事会根据授权对象的行权情况，结合公司经营管理实际、风险控制能力、内外部环境变化及相关政策调整等条件，对董事会授权事项实施动态管理，调整或变更授权事项、范围、期限、标准等，或者收回授权事项，确保授权合理、可控、高效。常规授权事项调整变更后的有效期限应与其他常规授权事项期限保持一致。

第十八条　董事会定期对授权进行统一调整变更或者根据需要实时调整变更。出现以下情形时，应当及时研判，必要时可对授权事项进行调整变更或者收回：

（一）与法律法规、国资监管规定、行政规范性文件以及《公司章程》等不一致；

（二）公司治理管控模式等发生调整或变化；

（三）巡视巡察、审计、纪检监察、合规管理等监督及责任追究要求整改；

（四）授权事项决策质量较差、经营管理水平降低和经营状况恶化或者风险控制能力显著减弱；

（五）授权制度执行情况较差，发生怠于行权、越权行为或者造成重大经营风险和损失；

（六）现行授权存在行权障碍，严重影响决策效率；

（七）授权对象发生调整，或授权对象主动提出调整变更建议；

（八）董事会认为应当调整变更的其他情形。

第十九条　授权效果未达到授权具体要求，或者出现董事会认为应当收回授权的情况，可以提前终止。情节特别严重的，董事会应立即收回相关授权。授权对象认为必要时，也可建议董事会收回有关授权。

第二十条　对授权调整变更或者收回，应当制定授权调整变更方案，明确调整变更内容和要求，说明调整变更理由及依据，经党委常委会前置研究讨论后，由董事会决定。授权调整变更方案根据董事会意见提出，研究起草过程中应征求授权对象、有关专业部门的意见；如确有需要的，也可由授权对象提出。基本程序如下：

（一）集团公司董事会专门委员会及其办公室、高管层、专业部门编制拟调整变更授权建议方案，提交并征得分管领导审核同意后，报送董事会办公室；

（二）董事会办公室汇总、审核拟调整变更授权方案；

（三）董事会办公室审核通过后，提交董事会秘书复核并征求相关授权对象意见，通过后按规定程序经董事长作为提议人研究提出、党委前置研究后，提交董事会审议；

（四）经董事会审议通过后，印发调整变更授权事项的通知。

第六章　责　　任

第二十一条　董事会授权坚持授权不免责，授权决策事项出现重大问题时，董事会作为授权主体的责任不予免除，按照有关法律法规、制度规定承担相应责任。董事会在授权中有下列行为，应当承担相应责任：

（一）超越董事会职权范围授权；

（二）在不适宜的授权条件下授权；

（三）对不具备承接能力和资格的主体进行授权；

（四）未对授权事项进行跟踪、检查、评估，未能及时发现、纠正授权对象不当行权行为；

（五）法律法规、国资监管规定、行政规范性文件或者《公司章程》规定的其他追责情形。

第二十二条 董事会对授权事项负有监管责任。董事会授权事项执行情况纳入公司巡察、审计、合规管理等监督范围。

第二十三条 授权对象应当维护股东和公司合法权益，严格在授权范围行权，忠实勤勉从事经营管理工作，坚决杜绝越权行事。通过强化监督、检查、考核，保证授权决策事项规范有效落实执行。按第十四条规定，定期向董事会报告行权及执行情况，重要情况及时报告。

第二十四条 董事会在监督检查过程中，发现授权对象行权不当的，应当及时予以纠正，并按权限对违规行权主要责任人及相关责任人员提出处理意见建议。涉嫌违纪或者违法的，依照有关规定处理。

第二十五条 授权对象有下列行为，致使公司资产损失或者产生其他严重不良影响的，应当承担相应责任：

（一）在授权范围内作出违反法律法规、国资监管规定、行政规范性文件或者《公司章程》的决定；

（二）未行使或者未正确行使授权导致决策失误；

（三）超越授权范围作出决策；

（四）未能及时发现、纠正授权决策事项执行过程中的重大问题；

（五）法律法规、国资监管规定、行政规范性文件或者《公司章程》规定的其他情形。

因未正确执行授权决策事项，致使公司资产损失或者产生其他严重不良影响的，授权对象应当承担领导责任，相关执行部门或单位承担相应责任。

发生本条规定行为，董事会有权调整变更或者收回已授权事项，有权责令授权对象纠正或者废止已作出的各类决策文件。

第二十六条 董事会在授权管理过程中出现第二十一条第（一）至（三）项所列情形，董事表决时投反对票或明确提出异议投弃权票的，予以免除或减轻责任。授权对象行权出现决策失误，但不属于有令不行、有禁不止、不当谋利、主观故意等情形，且决策过程中履职尽责或者事后采取有力措施挽回、减少损失，消除、减轻不良影响的，按照管理权限，可以根据有关规定和程序，予以从轻、减轻或者免除处理。

第七章 附 则

第二十七条 本办法未尽事宜或者与相关法律法规、国资监管规定、行政规范性文件或《公司章程》的规定不一致时，以相关法律法规、国资监管规定、行政规范性文件或《公司章程》的规定为准。董事会常规授权有效期内，如董事会作出的临时授权与常规授权不一致的，以新作出的临时授权为准。

第二十八条 本办法由董事会负责解释和修订。

第二十九条 本办法自印发之日起施行。

山东钢铁集团有限公司应付款项核销管理办法

（山钢财字〔2022〕11号 2022年6月23日）

第一章 总 则

第一条 为进一步加强山东钢铁集团有限公司（以下简称山钢集团）财务管理，夯实财务数据质量，清理冗余数据，特制定本管理办法。

第二条　本管理办法所称应付款项是指应付账款、其他应付款、预收账款、合同负债、长期应付款等经营性应付债务。具备核销条件的应付款项包含两类：第一类是符合相关情形的无法支付的应付款项；第二类是符合相关条件的长期挂账的应付款项。

第三条　本管理办法所称的应付款项核销是指对具备核销条件的应付款项履行相应内部决策程序后，对相关应付款项进行财务核销。

第四条　本管理办法适用于山钢集团各级单位（以下简称各单位）。

第二章　核销认定

第五条　符合下列情形之一且取得相关证明材料的应付款项，属于无法支付的应付款项。

（一）债权单位破产终结，且债权无承继人或承继人未主张权利并超过诉讼时效的，应当取得债权单位破产终结的相关证明；

（二）债权单位被清算注销，且债权无承继人的或承继人未主张权利并超过诉讼时效的，应当取得债权单位清算完毕并注销的证明；

（三）涉及诉讼或仲裁的，应当取得生效判决/裁定或仲裁裁决等明确债务人不需履行债务的相关证明；

（四）债权人死亡（或被宣告死亡），且债权无承继人的或承继人未主张权利并超过诉讼时效的，应当取得有关方面出具的债权人死亡的相关证明；

（五）经双方对账协商，债权单位同意放弃全部或部分债权的，应当取得债权单位同意放弃该债权的书面证明。

第六条　属于长期挂账的应付款项包括下述两种情形。

一是债务超过诉讼时效并取得相关法律文件证明的应付款项。

二是同时符合下列条件且取得相应书面材料的应付款项。

（一）无特殊原因且挂账时间超过三年（含三年）；

（二）近三年无对账记录；

（三）近三年双方无业务往来。

第三章　核销程序

第七条　对于具备核销条件的应付款项，原则上各单位应按照以下程序进行核批。

（一）具备核销条件的应付款项金额小于50万元（含50万元）的，由各单位业务部门提出核销申请，填写《应付款项核销申请表模版》，并附相关情况说明及核销所需证明性材料，情况说明应包括应付款项形成背景及原因、预计未来业务发生情况等。

审批流程：业务部门负责人→财务部门负责人→各单位分管业务部门领导→各单位分管财务部门领导。

（二）具备核销条件的应付款项金额大于50万元的，由各单位业务部门提出核销申请，填写《应付款项核销申请表模版》，并附相关情况说明及核销所需证明性材料，情况说明应包括应付款项形成背景及原因、预计未来业务发生情况等。

审批流程：业务部门负责人→财务部门负责人→各单位分管业务部门领导→各单位分管财务部门领导→各单位总经理。

各单位可根据本单位实际情况，经本单位总经理批准后，对审批标准50万元和审批流程进行适当调整。

第四章　责任与监督

第八条　各单位应认真组织应付款项核销工作，确保应付款项核销相关资料的真实性、合法性，确保应付款项核销审批程序的完整性。对于存在未履行或未正确履行相关审批程序，未取得有效、合法证据，弄虚作假，擅自处置等问题的，将按照山钢集团相关规定，追究相关单位及人员的责任。

第九条 对于已核销的应付款项，各单位应建立“账销案存”管理台账。已经核销的，如有确凿证据和充足理由，确需支付的，应参照核销程序中的审批流程审慎认定，认定批准后再履行支付程序。对认定审批过程中出现本办法第八条所指问题情形的，将严肃追究相关单位及人员的责任。

第五章 附 则

第十条 本管理办法自下发之日起实施。

第十一条 本管理办法由山钢集团财务部负责解释。

山东钢铁集团有限公司信息系统账户安全管理办法

（山钢运营字〔2022〕10号 2022年6月27日）

第一章 总 则

第一条 为规范山东钢铁集团有限公司（以下简称集团公司）信息系统账户安全管理，保障信息系统的安全性、完整性和可用性，避免因账户管理、使用不善等导致的系统安全事故，依据《中华人民共和国网络安全法》、《中华人民共和国数据安全法》、《山东钢铁集团有限公司信息化管理办法》（山钢信字〔2020〕1号）等国家有关法律法规及集团公司有关规定，制定本办法。

第二条 名词解释

（一）信息系统是指集团公司拥有的各类信息化应用系统。

（二）用户是指使用集团公司信息系统、需要身份识别设备的内部员工及授权使用的外部人员或单位。

（三）账户是指用户在访问集团公司信息系统、需要身份识别设备时用于识别身份的唯一标识。

第三条 本办法适用于集团公司统筹建设的信息系统及所有需要身份识别设备的账户安全管理。

第二章 管理原则

第四条 主体责任原则。账户安全管理按照“谁使用、谁负责，谁注册、谁负责，谁授权、谁负责”的原则落实主体责任。按照“业务谁主责、账户谁授权，授权最小化”原则实施账户授权管理。

第五条 实名制原则。用户原则上采用实名注册账户。因特殊需要开立非实名账户时，须落实账户实名管理人，实名管理人原则上为相关单位、部门、机构负责人。具备条件的信息系统账户数据信息须与人力资源管理信息系统在线关联，并保持一致。

第六条 安全性原则。所有单位、个人在未经管理部门审批、许可的情况下，不得透漏账户信息。当集团公司以外单位、人员因工作需要，确需使用集团公司账户时，须经相应管理部门审批同意，并与其签订安全保密协议。

第七条 分级管理原则。账户访问控制策略应遵循分级管理原则，针对不同级别的系统数据、用户账户等制定分级管控措施。

第八条 合规性原则。账户的开通、更新、注销等应通过合法、合规程序授权，任何单位、个人未经相关管理部门审批、授权，不得擅自对账号进行新增、修改、删除等操作。用户账户只限本人使用，不得转让或转借他人，不得盗用他人账户和密码。账户仅限工作使用，严禁利用账户从事与工作无关的活动。

第三章 职责分工

第九条 主管部门

集团公司信息化管理办公室是账户安全管理工作的主管部门，负责主管范围内信息系统、需身份识别设备账户安全的综合管理。主要职责包括：

（一）组织制定主管范围内账户访问控制策略，组织账户安全审计。

（二）审核账户新增、变更、禁用、注销、授权范围及授权时间的合规性。

（三）定期开展信息系统账户安全检查和安全审计。

（四）监督、检查信息化服务单位账户安全支持、保障工作。

（五）监督违规用户的责任追究和处罚。

（六）监督、检查账户安全管理规定落实情况。

第十条 主责部门/单位

业务主责部门/单位负责主责范围内信息系统、需身份识别设备账户的安全管理。主要职责包括：

（一）审批主责范围内的账户新增、变更、禁用、注销及账户授权范围、授权时间等账户管理。

（二）配合主管部门制定账户访问控制策略和开展账户安全审计工作。

（三）定期组织主责范围内账户合规性检查，根据组织、人事变化及业务进展情况，及时清理、变更账户、授权等。

（四）督办信息化服务单位账户安全技术支持、保障工作。

（五）对违规用户及相关单位的责任追究和处罚提出管理意见。

第十一条 信息化服务单位

山信软件股份有限公司是集团公司统筹建设信息系统账户安全管理的信息化服务单位。负责按照主管部门、主责部门/单位的管理要求，为集团公司信息系统、需身份识别设备账户安全提供技术支持和保障，并协助落实账户安全管理工作。主要职责包括：

（一）负责制定运维范围内账户安全访问控制策略，并根据集团公司管理要求和应用情况持续优化改进，对访问控制策略的落实负主要责任。

（二）根据主管部门、主责部门/单位的审批结果，负责账户、账户权限、账户密码、访问控制策略等的设置。

（三）定期（原则上每月至少一次）从技术层面开展信息系统账户安全性扫描、检测、分析，对可能存在的账户安全性风险进行预警及必要的处置。

（四）负责配合主管部门开展系统账户安全检查、安全审计，配合主责部门开展系统账户合规性检查。

（五）负责建立账户管理日志，相关日志至少保留1年以上。

第十二条 各部门/单位

各单位对本单位所有申请开立的账户负安全管理主体责任。主要职责包括：

（一）按照账户管理原则申请本单位账户的新增、变更、禁用、注销及账户授权范围、授权时间等。

（二）监督本单位用户合规使用各类账户。

（三）负责本单位违规用户的责任追究和处罚，并报主管部门备案。

（四）负责本单位离职、内退、退休

人员及外借、外协等账户变更或注销的申报。

（五）定期（原则上每月一次）对本单位账户进行安全检查和行为审计，定期清理不合规账户。

第四章　访问控制管理

第十三条　基本访问控制

（一）每个账户设立独立账户密码、配置登录控制、功能访问权限。

（二）信息系统、需身份识别的设备必须设置登录控制，原则上超过60分钟不使用应自动注销登录，对密码校验失败超过5次的账户实施延时操作或禁入锁定。

（三）原则上密码由数字、字母、特殊字符等三种以上组成，长度不低于8位。应采用密码算法加密存储，密码有效期不超过6个月。系统管理员/超级用户密码的长度不低于12位（系统限制除外），有效期原则上不超过3个月，密码到期更新时，不得使用上次失效密码。涉及国家秘密的设备登录密码长度不得少于10位，国家法律法规另有规定的从其规定。

（四）用户首次登录系统应按照上述原则修改初始密码。

第十四条　物理访问控制

接入终端等设备管理责任到人，由资产实物管理单位/部门负责落实；移动办公时应确保环境安全；认定为保密要害部位的机房等设施按照集团公司相关专项管理规定管理。

第十五条　终端访问控制

（一）各单位应建立终端准入制度。入网终端应采取实名制登记，采用必要的技术手段实施访问控制，安装终端安全管理软件、必要的安全补丁，避免不合规设备入网。

（二）自带设备、集团外单位设备原则上不得接入和访问集团公司内网，确需接入的设备经主管部门审批入网手续，落实专人负责管理。

（三）涉密设备、信息不上网，禁止通过互联网、内部网络处理涉密信息，必须通过指定的国密设备处理。

第十六条　逻辑访问控制

数据库访问账户包括用户直接登录访问和应用程序专用访问账户。程序专用访问账户应单独设置，只供程序访问，不得与用户直接登录访问账户混用，密码有效期最长不超过6个月，密码到期更新时，不得使用上次失效密码。

第五章　账户管理

第十七条　账户审批

用户账户注册、变更和权限分配需向业务主责部门/单位及时提出申请，经主责部门/单位审批、主管部门审核后，由信息化服务单位进行办理。

经主管及主责部门授权，权属二级公司负责集团公司统筹建设信息系统在本单位的账户审批。

第十八条　账户注册

（一）用户注册从严控制，由申请单位、申请人负安全管理责任。用户填写《信息系统开户申请表》（附件1），经申请单位领导审核、单位盖章，业务主责部门/单位审批后，交主管部门审核，主管部门审核同意后，交由信息化服务单位进行办理。

（二）临时账户注册。临时账户是指短暂、临时性地访问信息系统的各类外部人员所使用的临时性账户。注册此类账户时，申请单位需填写《信息系统开户申请表》，经申请单位审核，业务主责部门/单位、主管部门审批后，由信息化服务单位进行办理。申请单位负主体管理责任，在账户使用期间，需指派本单位专人负责账户的安全管理。

第十九条　账户禁用

账户超过3个月未使用或经审计不符合管理要求的，信息化服务单位要按照账户安全管理规定和主管部门要求，及时采取限制、禁用措施，并通知用户所在单位主管部门，由主管部门通知主责部门/单位在5个工作日内变更或注销账户。

第二十条　账户恢复

禁用用户如需恢复账户，需在本部门/单位领导审核批准后提出申请，经主管部门审核、主责部门/单位审批通过后，由信息化服务单位办理。

第二十一条　账户注销

（一）对于用户禁用6个月没有申请恢复使用的账户，信息化服务单位应在与相关用户单位、主管部门、主责部门/单位确认后，采取注销措施。

（二）离职人员、退休人员的账户自收到离职、退休通知后，由所在单位同时办理账户变更或注销申请，并在10个工作日内禁用相关账户。如有特殊需要，需经用户申请，本单位审批，适当延长禁用期限。

第二十二条　账户功能授权

用户单位申请系统账户授权时，应填写《系统功能授权申请表》（附件2），经主责部门和主管部门批准后，由信息化服务单位办理，功能授权包括系统菜单、数据信息等内容。功能授权原则上应当按照角色授权。

第二十三条　授权收回

（一）员工发生离职、退休等岗位与账户授权不符的情况，由员工所在部门/单位审核并收回信息资产使用授权。

（二）非员工离岗时，由代理单位、代理人负责及时收回信息资产使用授权。

（三）密码管理。用户应妥善保管密码，重置密码需填写《用户账户密码重置申请表》（附件3），在本部门/单位审核通过后，由信息化服务单位重置密码。

第六章　责任追究与绩效考核

第二十四条　账户安全管理工作纳入集团公司对各单位（集团公司总部各部门、各直属机构、各权属二级公司）的绩效考核。违反本办法规定，有以下情形的，由主管部门及相关职能部门按程序予以考核或问责。

（一）账户密码设置不符合规定，导致密码被破解，对集团公司或职工造成风险者；

（二）违反规定，将账户转借他人使用，造成集团公司数据泄密、违规复制者；

（三）其他未按管理要求，对账户进行管理者。

对本单位账户管理不善，不能认定用户责任人的，由本单位分管领导或主要负责人承担管理责任。发生账户风险，未按管理要求及时整改或配合整改不积极的，加重考核和问责。

第二十五条　使用集团公司账户，不遵守本办法规定造成经济损失或社会不良影响，涉及违法犯罪者，移交司法机关处理。

第二十六条　权属二级公司负责对本单位及下属公司的责任追究与绩效考核。

第七章　附　　则

第二十七条　本办法自发布之日起施行。

第二十八条　本办法由集团公司信息化管理办公室负责解释。

附件：1. 信息系统开户申请表（略）

2. 系统功能授权申请表（略）

3. 用户账户密码重置申请表（略）

山东钢铁集团有限公司安全检查管理办法

（山钢安字〔2022〕17号　2022年7月8日）

第一条　为规范安全生产检查（包括职业卫生检查）、隐患排查治理工作，促进安全生产、职业病防治法规、制度落实和现场安全文明生产，依据《山东省生产安全事故隐患排查治理办法》（山东省人民政府令347号）等法规规定，制定本办法。

第二条　本办法适用于集团公司对权属单位的安全管理工作；各权属单位应结合实际制定本单位的安全生产检查制度和隐患排查治理制度。

第三条　安全检查和隐患排查治理工作坚持“隐患就是事故，违章就是犯罪”理念，从严检查，从快整改，严肃考核。

第四条　职责分工

（一）安全环保部/应急管理部负责组织开展各类安全检查，核查验证安全生产责任、制度、要求、计划执行情况、权属单位安全自查情况等，并对发现的问题进行考核、督促整改。

（二）集团公司其他管理部门根据“一岗双责”规定，负责落实本部门及系统内相关的安全检查工作。

（三）各单位主要负责人是本单位事故隐患排查治理的第一责任人。各单位应结合实际贯彻落实《山东省生产安全事故隐患排查治理办法》（山东省人民政府令347号）规定，制定落实本单位的安全检查和隐患排查治理制度。负责完成问题和隐患整改工作。

第五条　安全检查内容

（一）查管理。重点核查安全责任、管理制度是否健全完善、执行是否到位；是否及时评估、修订。

（二）查教育。重点核查是否依法依规制定计划并落实，是否按规定持证上岗，是否对培训效果进行考评；检查职工对安全政策、有关文件、要求的掌握情况；检查职工应知应会知识和安全态度。

（三）查现场。重点检查人的不安全行为、物的不安全状态、环境风险及隐患整改情况。

（四）查闭环。重点检查工作计划进度、总结、考核、改进；检查安全隐患溯源分析、整改措施落实。

第六条　安全检查分类和检查周期

（一）日常安全检查。集团公司领导安全督导每年不少于2次；安全环保部对各权属单位随机进行监督检查，每季度对权属二级单位全覆盖检查不少于1次；总部机关相关部门按照“一岗双责”要求开展相应检查。

（二）季节性安全检查。主要指夏季、冬季安全措施计划及落实情况检查。与其他类检查结合进行，季节内对权属二级单位全覆盖检查不少于1次。

（三）节假日安全检查。指春节、国庆节安全检查，一般在节前完成。

（四）专业/专项检查。对重大危险源检查、重点风险管控措施落实情况检查、安全基层基础建设检查督导，每年不少于1次；安全责任落实情况、高风险作业等其他专项检查视情况安排；及时开展敏感时段、政府部署的专项检查。

（五）综合检查。指半年度、年终综合性检查。一般在7月份和次年1月份进行，应实现主要安全工作、所有权属二级权属单位全覆盖。

第七条 安全检查的要求

（一）编制年度安全检查工作计划，具体落实执行“四不两直”原则。

（二）除日常检查外，安全检查应明确检查内容，并把集团公司年度部署落实情况列入重点检查内容。

（三）发现问题应与被检查单位交流，确认的隐患应填写《安全检查情况表》，并由被检查单位签收；一般专项检查、综合检查应印发检查情况通报。

（四）相关权属单位对查出的各类隐患必须按照“五定四不推”的原则，及时整改和反馈。对可能涉及人身安全、临时措施不能保障安全生产的重大安全事故隐患，应立即组织停产整改。

（五）对重大事故隐患，应按规定及时报告所在地县级以上人民政府安委会办公室；重大事故隐患治理方案、治理结果等情况，应当及时报告所在地县级以上人民政府负有安全生产监督管理职责的有关部门。重大事故隐患、治理方案、治理结果同时报告集团公司安全环保部/应急管理部。

第八条 考核

（一）执行集团公司《职业健康安全管理绩效考核办法》（山钢办字〔2021〕22号）。

（二）集团公司设立安全举报奖励专项基金。鼓励职工向集团公司安全环保部/应急管理部举报本单位安全问题，对举报下列事项经核查属实的，对实名举报人给予1万~3万元奖励。

1. 强令冒险作业的。

2. 使用淘汰落后安全技术工艺、设备目录列出的工艺、设备的。

3. 按照应急管理部最新版《重大安全生产事故隐患判定标准》应判定为重大事故隐患的。

4. 集团公司安全环保部/应急管理部研究认为应予奖励的其他举报情形。

安全环保部/应急管理部依据以上规定提出举报奖励意见建议，经集团公司总经理审批后，安全环保部/应急管理部负责兑现，并严格保密。

第九条 本办法自发布之日起施行。集团公司《安全检查管理办法》（山钢安字〔2021〕21号）同时废止。

第十条 本办法由集团公司安全环保部/应急管理部负责解释。

附件：山钢集团安全检查情况表（略）

山东钢铁集团有限公司软件正版化管理办法

（山钢信字〔2022〕5号 2022年7月18日）

第一章 总 则

第一条 为规范山东钢铁集团有限公司（以下简称集团公司）工作环境下的软件正版化管理，保护软件知识产权，维护企业良好形象，避免因集团公司正版软件采购、使用不善等导致的软件侵权行为和软件使用纠纷，依据《中华人民共和国著作权法》、《计算机软件保护条例》、《山东钢铁集团有限公司信息化管理办法》（山钢信字〔2020〕1号）等法律法规和有关规定，制定本办法。

第二条 名词解释

（一）工作环境：指集团公司工作人

员为完成工作任务所使用的、由集团公司提供的计算机等设备。

（二）正版软件：指已获厂商授权、在一定时间和范围内可合法使用的商用软件，包括通用软件、专用软件。

通用软件：指完成工作任务所必备的基础软件，如操作系统、办公软件、防病毒软件等。

专用软件：指进行工程开发和产品研发等工作所需的专业软件，如设计工具、开发语言、测试工具、数据库、网络管理、仿真软件、构件（组件）等。

（三）集团公司正版软件：指软件资产归属集团公司的正版软件，可通过科研项目、信息化项目、固定资产投资项目或零星软件采购获得。其中，零星软件采购是指归属于集团公司的非项目类软件采购。

（四）软件侵权行为：指安装使用未经授权或超授权软件产品后，对著作权法和计算机软件保护条例保护的软件人身权和财产权造成侵害的行为。

（五）软件使用纠纷：指安装使用未经授权或超授权软件产品后，所引起集团公司与软件原厂商（或代理机构）之间的法律纠纷。

第三条 本办法适用于集团公司及权属公司。

第二章 管理原则

第四条 主体责任原则。集团公司软件正版化管理按照“谁采购、谁负责，谁使用、谁负责”的原则落实主体责任。

第五条 安全性原则。各单位须以确保网络信息安全、生产经营稳定为出发点，采购、使用自主可控、安全高效的正版软件，同等条件下优先选择国产正版软件。

第六条 合规性原则。各单位须签订使用正版软件承诺书，所有正版软件的采购、使用等应通过合法、合规程序，严禁违规从事任何软件侵权活动。

第七条 经济性原则。各单位在确保安全性、可靠性的前提下，须充分考虑实际工作需求与软件性价比，科学合理组织软件采购工作，确保按需采购、物尽其用。

第三章 职责分工

第八条 软件正版化工作领导小组

软件正版化工作领导小组负责统筹协调推进软件正版化工作，研究制定软件正版化工作相关规定和措施。

组长：集团公司总经理；

副组长：集团公司信息化分管领导；

成员单位：信息化管理办公室、办公室、人力资源部、财务部、投资与资本运营部等部门主要负责人为领导小组成员。

主要职责包括：

（一）负责审定软件正版化工作年度目标任务、工作计划、经费预算、工作措施、考核评议、年度报告等工作。

（二）负责指导并督促软件正版化工作责任部门贯彻落实软件正版化年度工作计划，按期完成软件正版化工作各项年度目标任务。

领导小组组长为软件正版化工作第一责任人，信息化管理办公室负责软件正版化工作领导小组日常工作。

第九条 信息化管理办公室

集团公司信息化管理办公室是集团公司软件正版化管理的主管部门（以下简称主管部门），负责主管范围内通用、专用软件正版化的综合管理。主要职责包括：

（一）制定集团公司软件正版化管理相关制度。

（二）负责制定年度软件正版化工作计划。

（三）监督、检查软件正版化管理规定落实情况。

（四）组织开展集团公司软件正版化

审计、核查和考核评议。

（五）负责组织集团公司统一采购的正版化软件实施工作。

（六）落实上级软件正版化有关工作要求。

第十条　总部各部门、直属机构

集团公司总部各部门是集团公司软件正版化管理在相关专业职能范围内的主责部门（以下简称主责部门）。主要职责包括：

（一）提报本部门正版化软件采购需求，配合、协助主管部门完成正版软件的申购、验收等相关工作。

（二）负责本部门职责范围内的与集团公司软件正版化管理相关的资产账务管理、零星软件预算审核、软件采购审核、软件资产入账、法律纠纷处置等工作。

（三）配合主管部门软件正版化管理的审计、核查。

（四）落实集团公司部署的其他软件正版化相关工作。

第十一条　权属二级公司

权属二级公司是集团公司软件正版化管理在本单位的主责单位（以下简称主责单位）。负责统筹、协调、推进本单位软件正版化工作。主要职责包括：

（一）贯彻、执行集团公司软件正版化管理规定，并根据实际制定本单位的管理规定。

（二）设立软件正版化工作机构，建立健全本单位软件正版化管理体系。

（三）按照集团公司要求，组织开展本单位的软件正版化审计、核查及考核评议。

（四）负责本单位软件正版化管理相关的预算、采购、部署、应用、运行维护管理等工作。

（五）配合集团公司主管部门软件正版化管理的审计、核查。

（六）落实上级部署的其他软件正版化相关工作。

第十二条　信息化服务单位

山信软件股份有限公司是集团公司软件正版化管理的信息化服务单位。主要服务包括：

（一）负责协助主管部门、主责部门/单位完成集团公司正版化软件的部署、测试、上线等工作。

（二）负责服务范围内集团公司正版软件的安装、卸载等运维工作。

（三）负责配合主管部门、主责部门/单位开展软件正版化审计、核查工作。

（四）落实上级部署的其他软件正版化相关工作。

第四章　管理内容与规定

第十三条　采购管理

（一）各单位须严格遵守国家软件产品管理制度，采购软件产业主管部门登记备案的软件产品。

（二）根据实际工作需求，制定正版软件采购计划，并将软件采购费用纳入单位年度预算，确保软件正版化工作资金到位、措施到位、管理到位。

（三）按照国家法律、法规要求和集团公司管理规定，规范正版软件采购，加强采购软件的管理。

（四）通用软件原则上由集团公司主管部门统一组织，其他软件原则上由各单位自行采购。

第十四条　安装、使用管理

（一）在购买、使用计算机等设备时，不得安装任何非正版、可能存在侵权的软件。

（二）严格按照软件采购合同、授权协议要求安装、使用正版软件，不得擅自扩大安装、使用范围，严禁超越许可授权。

（三）开展软件正版化培训，持续提高员工操作、使用正版软件的能力和水平，提高员工法律意识。

（四）各单位应安排人员负责本单位正版软件的相关工作，采取可靠管理、技术手段，妥善保存软件介质、说明书、使用许可证（或合同）等相关资料，确保正版软件在使用期内的有效性，为员工提供工作环境和相关正版软件，并对工作环境中的软件配置作出统一要求。

（五）集团公司人员须遵守集团公司正版软件管理的相关要求，不得使用任何未经授权的盗版软件，不得非法传播集团公司正版软件。

（六）各单位应定期对本单位的正版软件进行盘点，采取可靠管理、技术手段对软件台账进行有效的日常管理和维护。

（七）各单位在经营活动中如发生软件使用纠纷，须及时上报主管部门，并积极配合相关处理工作。

第十五条 其他管理规定

（一）各单位须将软件正版化工作与网信安全、信息化建设紧密结合，部署相关工作时要明确软件正版化要求，在网信安全检查和信息化项目验收等专项工作中要将软件正版化作为一项重要内容。

（二）各单位须按照集团公司管理要求，开展软件正版化审计、核查、评议等工作，以检查的计算机数量、各类软件正版率、正版软件预装率、突击安装率、软件采购价格等数据为重要参考，排查、整改本单位的软件正版化工作中存在的问题，并形成排查、整改工作报告，向集团公司主管部门反馈、备案。

（三）各单位每年须按照集团公司管理要求，按时完成、提交软件正版化工作年度总结及下一年度工作计划。

第五章 责任追究与绩效考核

第十六条 软件正版化管理工作纳入集团公司对各单位（集团公司总部各部门、各直属机构、各权属二级公司）的绩效考核。

（一）软件正版化管理不符合规定，导致软件侵权，产生法律纠纷，对集团公司或职工造成风险、损失者；

（二）违反软件正版化管理规定，造成集团公司生产经营、网信安全事故者；

（三）其他未按管理要求进行软件正版化管理者。

对本单位软件正版化管理不善，不能认定用户责任人的，由本单位分管领导或主要负责人承担管理责任。发生软件正版化风险，未按管理要求及时整改或配合整改不积极的，加重考核和问责。

第十七条 不遵守本办法规定造成经济损失或社会不良影响，涉及违法犯罪者，移交司法机关处理。

第十八条 权属二级公司负责对本单位及下属公司的责任追究与绩效考核。

第六章 附 则

第十九条 本办法自发布之日起施行。

第二十条 本办法由集团公司信息化管理办公室负责解释。

山东钢铁集团有限公司阳光采购管理办法

（山钢运营字〔2022〕10号 2022年9月9日）

第一章 总 则

第一条 为进一步规范集团公司阳光采购行为，提高阳光采购公开、公平、公正水平，防范采购廉洁风险和经营风险，持续推进降本增效、实现高质量发展，根据国有资产监管、招标采购等相关法律、法规、规章和规范性文件有关规定，按照

《山东省省属企业阳光采购监督管理办法》（鲁国资〔2022〕3号）有关要求，结合集团公司实际，制定本办法。

第二条 本办法适用于集团公司及权属各级全资、控股公司（以下简称权属公司）。

第三条 基本原则

（一）依法合规；

（二）市场化；

（三）压减“中间商”；

（四）协同优先；

（五）公开、透明、可追溯。

第四条 相关定义

（一）阳光采购，是指通过信息发布、公开评价选取供应商的方式，有偿取得物资、工程建设项目和社会服务的行为。

（二）物资，是指生产、建设、经营、管理所需的各类原（辅）材料、燃料、设备设施、备品备件、办公设备及用品等商品。

（三）工程建设项目，是指建筑物和构筑物的新建、改建、 扩建、装修、拆除、修缮（含工程有关的货物和服务）等工程建设项目。

（四）社会服务，是指除前款所称物资和工程建设项目以外的其他各类专业服务，包括但不限于金融保险、物流运输、物业服务、审计评估、法律事务、咨询调查、检验检测、生产协力、设备修复、检修维保等各类服务。

（五）供应商，是指具备相应资格，向集团公司及权属公司提供物资、工程建设项目或者服务的法人、其他组织或个人。分为生产制造商和中间商。

1. 生产制造商，是指具备自主生产制造能力、供应自身制造产品，及自身具备相关资质、能力提供工程建设、服务的法人组织。采用代理销售模式的，由生产制造商作出代理销售说明、并正式书面授权的一级代理机构，经确认后，视同为生产制造商。

2. 中间商，是指自身不具备生产、加工、制造能力，连接生产与使用两端，促使买卖行为发生和实现的法人、其他组织或个人。

（六）直购比，是指直接从生产制造商采购的物资、工程建设项目和服务金额占采购总金额的比例。

（七）确认制，是指采购业务单位主要负责人按管理流程规定，对需审批事项进行审批确认或授权审批确认，授权不免责。

第五条 山钢集团阳光购销管理信息平台（以下简称阳光购销平台）是集团公司实施阳光采购信息管理、监督的综合应用平台，按照省国资委要求与省属企业阳光采购服务平台全面对接。权属公司现自有采购系统（以下简称自有采购系统）应实现与阳光购销平台全面连通。

第二章 管理目标

第六条 集团公司阳光采购主要管理目标：

（一）管理目标

1. 构建阳光采购工作机制，增强采购过程管控，降本提质增效，防止国有资产流失，促进国有资本保值增值。

2. 构建良好政治和经营生态，增强廉洁风险防控，提升本质化运营水平。

（二）绩效考核目标

1. 直购比实现逐年提升。

2. 中间商数量实现逐年降低。

3. 阳光采购信息上线率100%。

对各权属公司阳光采购年度管理目标及考核办法，由集团公司阳光采购工作小组办公室制定并下发。

第三章 机构与职责

第七条 加强组织领导。

成立集团公司阳光采购工作小组（以下简称工作小组）。工作小组下设办公室（以下简称小组办公室），小组办公室设在运营管理部，负责工作小组日常工作。

组长：集团公司董事长；

副组长：集团公司总经理、分管副总经理；

成员：集团公司公司治理部、财务部、投资与资本运营部、运营管理部、纪委、风险合规部、安全环保部、巡察办（审计部）。

第八条 集团公司是阳光采购管理主体和监督主体；负责健全完善公开透明的阳光采购工作机制，强化集团统一监督，规范采购行为，降低采购成本和风险，实现提质增效。

第九条 工作小组负责完善制度体系，建立集团公司阳光采购管理体系、机制，制定管理目标；调度权属公司工作进展，组织评价及考核；指导权属公司阳光采购工作并进行监督检查；指导阳光购销平台建设与管理，协调与省属企业阳光采购服务平台对接；指导处理购销采购活动中的其他重要管理和监督事项。

第十条 工作小组成员单位主要职责：运营管理部承担小组办公室日常工作，负责集团阳光采购部署推进、综合协调、管理监督、运行评价，牵头实施阳光采购专项考核；公司治理部负责审核集团公司阳光采购相关制度；财务部负责省国资委阳光采购预算上报；投资与资本运营部负责阳光采购固定资产投资管理相关业务监督；风险合规部负责审核集团公司阳光采购相关制度，采购合同管理及监督；巡察办（审计部）负责对阳光采购工作的巡察监督、审计监督；安全环保部负责在本专业领域做好对阳光采购业务监督管理。纪委负责强化对阳光采购相关工作“监督的再监督”，对违规违纪和失职失责行为严肃问责。

第十一条 权属公司是具体推进阳光采购工作的管理主体、监督主体、执行主体。按照逐级负责原则，要成立由公司主要负责人牵头的阳光采购领导机构，负责完善阳光采购管理体系；完善本公司阳光采购制度和实施细则；设立阳光采购管理分解目标，配套制定实施方案和考核机制，明确责任，落实到人；审定阳光采购年度预算及月度分解预算、年度采购计划、资金平衡等阳光采购重大事项；组织阳光采购专项检查与评价，形成管理报告；定期向小组办公室报送管理信息等。

第四章 管理内容

第十二条 工作小组按季度调度阳光采购管理推进情况，定期召开专题会议，总结推进阳光采购管理工作。

第十三条 按照“谁制定、谁主管、谁监督”的原则，工作小组成员单位履行职能监督责任，在各自职责范围内对阳光采购进行监督；通过开展日常监督检查、巡察、审计等方式对阳光采购进行“监督的再监督”，对履职不到位的权属公司、部门进行问责。

第十四条 小组办公室制定集团公司阳光采购管理制度；备案权属公司阳光采购相关制度。组织阳光采购专题会议。开展阳光采购专题调研、监督检查、专项抽查。按季度测量、评价权属公司阳光采购管理目标完成情况，出具年度阳光采购管理报告，并提出考核意见。强化对阳光采购各项工作的管理监督，及时发现和处理相关问题，涉嫌违规违纪和失职失责的，及时移送工作小组处置。

第十五条 小组办公室加强阳光购销平台的管理。对内实现各权属公司阳光采购信息互联互通，并逐步实现采购业务流程信息监管全覆盖；对外实现与省属企业阳光采购服务平台全面对接。各级权属公司物资、工程建设项目和社会服务等采购活动，原则上应纳入集团阳光购销平台统一管理，最大限度发挥规模协同优势，提高采购话语权，降低采购成本，实现采购创效，提升采购管理对产业链供应链支撑和保障能力。

第十六条　权属公司要及时修订完善物资供应管理、招标管理、信息公开、供应商管理、合同管理、信息系统平台管理等阳光采购制度，确保适时适用、合理有效。

阳光采购管理制度，包括但不限于以下内容：

（一）企业采购的决策机构及决策程序。

（二）实施采购的操作程序，主要包括编制采购计划、采购项目立项、实施采购、签订合同、采购验收、资金结算、档案管理等环节。

（三）信息公开的内容、形式及责任主体等。

（四）依法依规不对外公开或涉及企业商业秘密的采购项目清单以及此类采购项目的决策程序。

（五）阳光采购活动的内部监督检查主体及职责。

（六）对违法违规和违反职业道德等人员和单位的责任追究和处理处罚措施等。

第十七条　权属公司要围绕“公开、透明、可追溯”工作原则，完善阳光采购分析制度，通过对采购方式的统计分析、实际采购金额和计划采购金额的对比分析，定期对阳光采购工作进行总结评价；动态备案供应商名录，按季度向小组办公室提交阳光采购管理报告。

第十八条　权属公司要以阳光采购为切入点，全面梳理所在行业和领域的供应链条，找准短板弱项，推动强链补链，推动传统采购管理向供应链管理升级。

第五章　过程管控

第十九条　严格执行采购预算计划。根据年度经营目标，按照采购类别编制采购年度预算，并纳入财务预算管理。依据采购年度预算，按照生产经营需要，编制需求计划与采购计划，严禁无计划采购。

第二十条　科学设置部门、流程。实行招采分离、不相容职务分离，明确使用部门、采购部门、招标部门管理职责，完善关键环节业务审批确认流程。

第二十一条　规范选取采购方式。将招标采购作为主要采购方式，灵活选用“年度合格供应商入围招标+比选”采购，竞争性谈判（磋商）采购，直接谈判采购，询竞价采购及其他采购方式。

权属公司应明确界定各采购方式的适用范围、操作流程，制定采购方式对应的物资、工程建设项目、服务名录。原则上采用招标采购方式，做到“应招尽招”。不具备竞争性的采购项目（如专利产品、专有技术、战略资源等），履行内控审批后，可采用直接谈判及其他方式。

权属公司对低值易耗品、土杂产品、通用物资等零星采购，要建立健全面向更大范围的寻源询价机制，可运用外部电商平台采购方式。

第二十二条　加强采购文件管理。规范编制采购文件，设定与采购项目相适应的各项条款，按照“谁采购、谁留痕”的原则，对采购文件、采购方式实行确认制管理。充分利用信息化手段，对采购项目的决策依据、决策审批文件以及采购的全过程进行留痕。

第二十三条　加强专家评委管理。科学组建专家评委库，明确入选标准，规范入选评审过程，完善入选审批流程，提高入选质量。发挥专家评委作用，建立事前抽取规则，在供应商资格审查、采购过程评审环节，随机抽取适合采购项目需要的专家评委。完善事中事后监督，做好专家评委履职评价。明确专家评委退出机制，建立专家评委履职负面清单，实行动态管理。完善过程记录，留存专家评委入选、抽取、履职、评价全过程书面材料。

第二十四条 加强招标、评标（评审）管理。权属公司制定和完善各种采购方式的管理制度和实施细则。制定明确、科学、合理、有效的评标（评审）标准。审查、选取符合采购项目要求的供应商，并进行必要的技术交底。规范开标、评标（评审），严格执行评标（评审）标准，实行评标（评审）场所移动通信屏蔽，对评标（评审）过程进行全程影音记录。

第二十五条 加强采购合同管理。规范采购合同签订，确保采购合同与中标文件、定标结果一致性。完善采购合同审批流程，强化对签署合同涉及的物价、票据、配送、验收等流程审核力度，加强法务部门对采购合同的合规性审核。一般采购合同可使用集团公司发布的格式合同文本。严格执行采购合同，及时准确全面履行合同内容，建立合同履行台账，定期分析合同履行情况。严禁以任何形式向他人转让合同标的。推行采购合同评价，定期全面、客观地评价合同执行情况。采购合同执行额应与招标采购额一致，对超额且无客观原因说明的将进行问责。

第二十六条 完善采购验收及质量检验。按照采购合同约定组织履约验收与质量检验，重要物资组织相关部门实施联合验收、检验，技术难度较大的采购项目可以聘请具备相关资质的机构或专家进行验收和检查，并出具验收报告。建立验收、检验内部稽核制度，强化验收、检验监督力度。加强采购质量跟踪管理，逐步建立采购合同标的全生命周期质量跟踪评价体系。完善采购质量异议处理，规范质量异议处理方式，形成质量异议登记、核实、处置、考核管理闭环。

第二十七条 规范内部结算与资金支付。进一步规范采购资金支出、信用、票据、核算等环节的内控管理；规范内部结算流程，及时办理内部结算，防止形成潜亏，防范财务风险。规范采购资金申请支付条件与审批流程，科学平衡采购计划与采购资金，按合同约定及时支付采购资金。探索开展供应链金融，推进应收债权保理、质押及采购合同融资等金融产品，提高产业金融对采购支持力度。

第二十八条 加强供应商管理。

（一）新增合格供应商实行确认制。根据采购项目情况合理规定供应商的特定条件，但不得要求或者标明特定的供应商，不得含有倾向性或者排斥潜在供应商的其他内容，不得以不合理的条件对供应商实行差别待遇或者歧视待遇。按照“谁选择、谁确认，谁审批、谁担责”明确并落实新增供应商审核责任。对行业排名前列（行业前五名）的供应商优先选择，生产制造商择优入选。除权属公司履行审批程序的应急采购外，原则上禁止新增中间商，新增中间商应报集团公司备案。

（二）厘清合格供应商类型。明确区分生产制造商、中间商，集团公司权属公司、非集团公司权属公司类型，在阳光购销平台及自有采购系统对合格供应商信息进行标记，实施分类管理。

（三）“应去尽去”各类中间商。建立中间商名录并对存量中间商实行动态管理。因生产经营需要，确有必要保留的，由权属公司履行审批程序，具备生产制造商替代条件时，应尽快替代，压减中间商存量。

（四）强化对供应商的激励与约束。定期开展供应商评价与动态管理，积极推动带量采购、量价挂钩、以量换价，调整充实物资服务和供应商信息库，扩大报价比价范围。完善引导供应商诚信履约的管理体系，扩大优质供应商占比，提升与优质供应商合作水平，强化供应保障能力。

完善供应商惩戒和退出机制，明确实施惩戒的情形、方式、期限；严重失信和不合格的供应商要坚决退出，并由责任单位在3个工作日内上传至阳光购销平台“供应商黑名单”，实现信息共享，做到“一黑俱黑”。坚决防止列入“黑名单”的供应商实际控制人通过采取挂靠、重新注册及其他变通方式“改头换面”参加采购活动。

严控供应商“黑名单”信息管理。强化查阅授权管理，建立对应查阅权限名单。实行信息查阅自动“留痕”，信息系统将自动提取并长期保存系统中与供应商“黑名单”有关的操作信息。

第二十九条　推进阳光购销平台规范运行。持续完善相关功能、优化管控与维护；扩大各类采购业务在阳光购销平台全流程上线应用范围；确保阳光购销平台的数据及时、准确、全面，不断提高阳光购销平台与权属公司自有系统互联互通水平。

第三十条　推进采购信息公开，各类阳光采购业务信息通过阳光购销平台公开发布。信息发布的主要内容（包括但不限于）：

（一）公开招标、竞争性谈判（磋商）、询竞价及其他竞争性采购方式需要发布采购公告及结果公示。

采购公告内容包括：项目名称、项目类别、采购方、采购预算、采购方式、采购内容、供应商资格条件、公告开始时间、公告结束时间、采购文件领取地址、响应文件递交截止时间、响应文件递交地址、联系方式等。

结果公示内容包括：项目名称、采购方、成交金额、成交供应商、分包商（如有）、成交内容、公告开始时间、公告结束时间、联系方式等。

（二）邀请招标需要发布结果公示，内容包括：项目名称、项目类别、采购方、采购预算、采购内容、供应商资格条件、供应商名称、成交金额、成交供应商、公告开始时间、公告结束时间、联系方式等。

（三）直接谈判采购（单一来源）需要发布采购公告，内容包括：项目名称、项目类别、采购方、采购预算、采购内容、采购理由（含采购方式确定理由）、项目所需资质条件、供应商名称、公告开始时间、公告结束时间、联系方式等。

第三十一条　公开发布阳光采购信息，不得有以下行为（包括但不限于）：

（一）采购信息应公开未公开或选择性公开。

（二）采购信息发布不真实不准确，有虚假记载、误导性陈述或者重大遗漏。

（三）不按规定或法定要求的内容、时间及时限发布相关采购信息。

（四）其他采购信息不公开、不真实、不一致情形。

第三十二条　依法依规不对外公开或涉及企业商业秘密的采购项目，由权属公司开列清单并依据有关程序审定后，需将内部审批文件及采购全过程等有关信息报阳光采购小组办公室备案。

第三十三条　按市场化、同等优先原则推进产业协同。集团公司产业协同“白名单”的协同点资源采购项目，优先考虑采用竞争性谈判或直接谈判采购方式。权属公司应在资格条件制定与审查、交易过程评审、费用收取、结算与资金支付等关键环节落实内部优先原则。

第三十四条　完善采购活动档案管理。权属公司按采购项目归集采购活动全过程的纸质档案或电子数据档案，并长期保存。

第六章 监　　督

第三十五条 阳光采购监督考核应当依法合规、客观公正、实事求是、廉洁奉公。

第三十六条 工作小组对权属公司阳光采购执行情况进行监督管理，提出考核意见。

权属公司强化阳光采购监督管理，接受工作小组的监督。

第三十七条 管理监督考核内容主要包括（包括但不限于）：

（一）管理目标、采购绩效考核目标。

（二）制度体系。包括权属公司阳光采购工作小组机构建设及运行情况，阳光采购制度体系及配套管理办法、操作规程、实施细则制定及实施情况。

（三）采购预算及计划。

（四）采购文件编制。包括采购方式，供应商选择与确认，评标/评审标准等关键环节的编制等。

（五）供应商管理。包括供应商准入、评价、退出环节管理，压减中间商，提高直购比落实等。

（六）专家库管理。包括专家的选择、评价、考核，专家库动态管理等环节的制度等。

（七）评标/评审等过程组织。包括供应商资格审核，评标/评审规范性，定标审批，结果公示等。

（八）采购合同管理。包括合同的签订、审批、交付、验收、结算、异议处理等。

（九）采购信息管理。包括采购项目公告与结果公开，阳光购销平台数据及时性、准确性、完整性，分析总结数据报送等。

（十）阳光采购投诉管理。包括投诉渠道与流程，投诉事项调查、处置、结果运用等。

第三十八条 集团公司审计部加强对阳光采购的审计监督，阳光采购各参与主体应积极接受和配合审计部门的审计监督。

第三十九条 工作小组对监督发现的和日常接收的违规违纪和失职失责问题线索开展调查核实。对制度制定不及时、制度制定不科学、有制度不执行、应付性执行、选择性执行的，对职能监督不力、该发现未发现、该报告未报告、该移交未移交的，对阳光采购工作中不作为、慢作为、乱作为的，视情节轻重，依规依纪问责。

第四十条 加强阳光采购岗位人员教育、监督、管理工作，对阳光采购有关管理制度执行不到位的具体责任人员，应及时进行岗位调整和责任追究；对岗位调整和责任追究不及时的，要对该单位主要负责人进行问责。

第四十一条 违反本规定的公司，列入《合作异常名录》及产业协同负面清单。造成损失的，按有关规定追偿损失并给予处罚。触犯刑律涉嫌犯罪的，移交司法部门依法追究刑事责任。

第七章 附　　则

第四十二条 本办法由运营管理部负责解释，自下发之日起执行。《山东钢铁集团有限公司阳光购销管理规定》（山钢运营字〔2021〕3号）“采购管理”相关规定按本办法执行。采购涉及法律、审计、金融保险、资产评估、信用评级、管理及技术咨询等服务事项且集团公司有专项规定的，从其规定。

山东钢铁集团有限公司总部办公楼无线网络安全管理暂行规定

（山钢信字〔2022〕7号　2022年9月13日）

第一章　总　则

第一条　为规范山东钢铁集团有限公司总部办公楼无线网络系统管理和使用，保障总部办公楼无线网络的安全、可靠、稳定运行，依据国家有关法律、法规及集团公司有关管理办法，制定本规定。

第二条　名词解释

无线网络系统：是指由集团公司统一建设，为驻总部各单位、直属机构、总部各部门提供互联网访问的无线网络。

无线网络设备：是指提供无线网络信号的设备，包括无线AP、无线路由器、无线网卡等。

访客账户：是指短暂或临时性地需要使用集团公司无线网络的各类外部人员所使用的临时性账户。

访客专用无线网络：是指为访客专门设置的无线网络信道，该信道仅用于访客访问互联网，与总部无线网络用户信道隔离。

第三条　本规定适用于使用总部办公楼无线网络的驻总部各单位、直属机构及总部各部门。

第二章　管 理 原 则

第四条　主体责任原则。集团总部办公楼无线网络安全管理按照“谁使用、谁负责，谁注册、谁负责，谁授权、谁负责”的原则，落实各级主体责任。

第五条　实名制原则。集团总部无线网络用户原则上采用实名注册账户。因特殊需要，开立非实名账户，须落实账户实名管理人，实名管理人原则上为相关机构负责人或分管领导，实名管理人对该账户无线网络行为负责。

第六条　安全性原则。任何单位、个人未经管理部门审批、许可的情况下，不得透漏账户信息。

第七条　合规性原则。无线网络账户的开通、更新、注销等应通过合法、合规程序授权。

第三章　职 责 分 工

第八条　主管部门

集团公司信息化管理办公室是总部办公楼无线网络安全管理工作的主管部门。主要职责：

（一）组织推进总部办公楼无线网络系统建设，监督、检查信息化服务单位支持与保障工作；

（二）审核总部办公楼无线网络系统访问控制策略；

（三）审批账户新增、变更、禁用、注销、授权范围及授权时间的合规性；

（四）根据组织、人事变化及业务进展情况，及时清理、变更账户、授权等，定期开展系统安全检查和安全审计；

（五）对违规用户及所在单位的责任追究和处罚提出意见。

第九条　使用部门/单位

驻总部各单位、直属机构及总部各部门（以下简称各单位）是总部办公楼无线网络使用单位，各单位对本单位无线网络用户负主体管理责任。主要职责：

（一）按照账户管理办法，申请本单

位账户的新增、变更、禁用、注销等；

（二）负责本单位离职、内退、退休人员等非在岗人员及外借、外协等账户变更或注销；

（三）监督本单位用户合规使用总部办公楼无线网络；

（四）定期（原则上每月一次）对本单位账户进行安全检查和行为审计，联系信息化服务单位清理不合规账户。

第十条 信息化服务单位

山信软件股份有限公司是总部办公楼无线网络系统建设与服务单位。主要承担：

（一）建设并运维总部办公楼无线网络系统，落实系统安全访问控制策略，并根据集团公司管理要求和应用情况持续优化改进；

（二）根据主管部门的审批结果，对系统账户、权限、密码、访问控制策略等进行设置；

（三）定期（原则上每月至少一次）开展系统安全性扫描、检测、分析等，对可能存在的安全风险进行预警及必要的处置；

（四）负责配合主管部门开展系统安全检查、安全审计，配合开展系统账户合规性检查。

第四章 无线网络管理与使用

第十一条 总部办公楼无线网络系统由集团公司统一建设，系统投用后原单独布设的无线网络设备（包括无线路由器等）须停止使用。任何单位和个人不得在未经主管部门审批情况下私设无线网络设备。已接入总部办公楼无线网络的终端设备不得开启共享热点功能。

第十二条 用户在使用总部办公楼无线网络过程中应严格遵守国家相关法律、法规要求及集团公司相关规定，严禁实施利用集团公司无线网络实施网络攻击、病毒传播等行为。

第十三条 涉密设备不得接入无线网络系统，禁止通过无线网络处理涉密信息。

第五章 账户管理

第十四条 账户审批

用户账户注册、变更和权限分配需向使用部门/单位及时提出申请，经主管部门审批后，由信息化服务单位办理。

第十五条 账户注册

（一）用户开户。由用户填写《总部办公楼无线网络系统开户申请表》（附件1），经申请单位审核、盖章后，由主管部门审批，信息化服务单位办理；

（二）访客账户注册。当外部人员短暂、临时性使用集团公司总部无线网络时，应连接总部办公楼访客专用无线网络。开通此类账户时，由受访单位审批，并负主体管理责任。访客账户有效期限一般控制在1个自然日内，过期后自动删除，如确需开通超过1个自然日访客账户，应在审批前特殊注明。在账户使用期间，各单位需指派本单位专人负责账户的安全管理。

第十六条 账户禁用

超过3个月未使用或经审计不符合管理要求的账户，信息化服务单位须及时采取限制、禁用措施，并通知用户所在单位主管部门。

第十七条 账户恢复

禁用用户如需恢复账户，需在本部门/单位审核批准后提出申请，经主管部门审批通过后，由信息化服务单位办理。

第十八条 账户注销

（一）对禁用6个月，且未申请恢复使用的账户，信息化服务单位应在与相关用户单位、主管部门确认后，采取注销措施；

（二）离职人员、退休人员的账户自收到离职、退休通知后，由所在单位办理账户变更或注销申请，15 日后将禁用相关账户。经用户申请，用户单位和主管部门审批后，可以根据实际需要，适当延长禁用日期。

第十九条　密码管理

（一）用户无线网络密码应由数字、字母、特殊字符等三种以上组成，长度不低于 8 位；系统管理员/超级用户密码的长度不低于 12 位（系统限制除外），系统管理员/超级用户密码有效期原则上不超过 3 个月；

（二）用户应妥善保管密码，重置密码需填写《用户账户密码重置申请表》（附件 2），在本部门/单位审核通过后，由信息化服务单位重置密码。

第六章　责任追究与绩效考核

第二十条　总部无线网络安全管理工作纳入集团公司对有关单位、直属机构、部门的绩效考核。

（一）账户密码设置不符合规定，导致密码被破解，对集团公司造成风险者；

（二）违反规定，将账户转借他人使用，造成集团公司数据泄密、违规复制者；

（三）其他未按管理要求，使用无线网络者。

对本单位账户管理不善，不能认定用户责任人的，由本单位分管领导或主要负责人承担管理责任。发生网络安全风险，未按管理要求及时整改或配合整改不积极的，加重考核和问责。

第二十一条　不遵守本办法规定造成经济损失或社会不良影响，涉及违法犯罪者，移交司法机关处理。

第二十二条　权属二级公司负责对本单位及下属公司的责任追究与绩效考核。

第七章　附　　则

第二十三条　本规定自发布之日起施行。

第二十四条　本规定由集团公司信息化管理办公室负责解释。

附件：1. 总部办公楼无线网络系统开户申请表（略）

2. 用户账户密码重置申请表（略）

山东钢铁集团有限公司网络安全管理办法

（山钢信字〔2022〕8 号　2022 年 10 月 23 日）

第一章　总　　则

第一条　为规范山东钢铁集团有限公司（以下简称集团公司）网络安全管理，保护网络、数据及信息安全，依据《中华人民共和国网络安全法》《中华人民共和国数据安全法》《山东钢铁集团有限公司信息化管理办法》等法律法规和有关规定，制定本办法。

第二条　名词解释

（一）网络：由计算机或者其他信息终端及相关设备组成的按照一定的规则和程序对信息进行收集、存储、传输、交换、处理的系统。

（二）网络安全：通过采取必要措施，防范对网络的攻击、侵入、干扰、破坏和非法使用以及意外事故，使网络处于稳定可靠运行的状态，以及保障网络数据的完整性、保密性、可用性的能力。

（三）网络安全事件：由于人为因素、软硬件故障缺陷、自然灾害等情况，对网络、系统或其中的数据造成危害，产生企业经济损失和社会负面影响的网络与信息安全事件。

（四）网络数据：通过网络收集、存储、传输、处理和产生的各种电子数据。

（五）集团网：为集团总部、子公司之间提供计算机内部网络互联互通的集团广域网。

（六）局域网：集团公司总部、子公司接入集团网划分的相对独立的区域性网络（简称内网）。

（七）重保：在重大活动期间或关键、特定时期内实施的网络安全保障工作。

第三条 本办法适用于集团公司及权属二级公司。

第二章 管理原则

第四条 主体责任原则。按照“谁建设谁负责，谁主管谁负责，谁运营谁负责，谁使用谁负责”的原则，落实网络安全主体责任。各级领导班子主要负责人是第一责任人，主管网络安全的领导班子成员是直接责任人。

第五条 分级管理原则。网络安全管理坚持自上而下，层层分解，逐级落实，各负其责。

第六条 合法合规原则。网络系统的运营使用、监督管理等均须遵循国家法律法规和集团公司相关管理规定。

第七条 同步推进原则。网络安全和集团数智化“同步规划、同步建设、同步使用”。

第三章 职责分工

第八条 大数据与智慧化委员会

集团公司网络安全领导机构为集团公司大数据与智慧化委员会（简称数智委）。主要职责包括：落实上级有关网络安全工作决策部署，领导并组织研究、协调、推进集团公司网络安全重大事项。

第九条 信息化管理办公室

集团公司信息化管理办公室是集团公司网络安全管理的主管部门（以下简称主管部门），具体承担集团公司网络安全日常管理职责，负责集团公司网络安全的综合管理。主要职责有：

（一）起草制定集团公司网络安全管理制度；

（二）监督检查集团公司网络安全管理制度落实情况；

（三）负责集团总部信息资产的网络安全管理；

（四）组织开展集团公司网络安全审计、检查和考评；

（五）落实数智委及上级网络安全有关工作要求。

第十条 总部各部门、直属机构

集团公司总部各部门、直属机构是本部门主责的信息资产网络安全管理的主责部门（以下简称主责部门）。主要职责有：

（一）配合主管部门制定网络安全控制策略和开展网络安全审计工作；

（二）负责本部门主责信息资产的网络安全管理；

（三）负责本部门主责信息资产网络安全的业务应急预案的制定和落实；

（四）落实集团公司部署的其他网络安全相关工作。

第十一条 权属二级公司

权属二级公司是集团公司部署在本单位信息资产网络安全管理的主责单位（以下简称主责单位）。主要职责有：

（一）贯彻网络安全法律法规和集团公司规章制度，建立健全本单位网络安全管理体系；

（二）承担集团公司在本单位部署信息资产的网络安全管理任务，负责本单位信息资产的网络安全管理；

（三）制定本单位自建系统的应急预

案，并定期开展应急演练；

（四）落实集团公司部署的其他网络安全相关工作。

第十二条　信息化服务单位

山信软件股份有限公司是集团公司网络安全管理的信息化服务单位。主要任务包括：

（一）承担集团公司网络安全监测、风险预警和应急处置工作；

（二）配合主管部门开展集团公司网络安全检查、审计、定级、测评、护网等专项工作；

（三）承担运维范围内网络安全系统应急预案的制定和落实；

（四）落实集团公司部署的其他网络安全相关工作。

第四章　管 理 要 求

第十三条　基本工作要求

（一）夯实管理基础。各主责单位应建立健全网络安全管理规章制度，贯彻网络安全等级保护要求，开展系统定级、风险评估和安全测评等工作，确保网络安全自主可控。

（二）推进穿透式监督。结合集团公司管理架构和信息化实际，在主管部门统一组织下，推动网络安全上平台工作，逐步开展网络安全穿透式监督。

（三）落实备案管理。按照网络安全等级保护制度和公安部门要求完成系统的定级、测评和备案。按照互联网信息服务规定，完成互联网网站工业和信息化部ICP备案和公安网站备案。各主责单位网络安全主管领导和归口管理部门应在集团公司主管部门进行备案。

第十四条　访问控制要求

访问控制包括基本访问控制、物理访问控制、逻辑访问控制和通信网络访问控制。

（一）基本访问控制：网络访问实名制，系统应为每个用户设立独立账号密码、配置登录控制，密码应保证复杂度和设置有效期。

（二）物理访问控制：集团网与互联网原则上实行物理隔离。属于保密要害部位的数据机房、网络设备间、办公场所等应按照集团公司保密管理规定进行管理。

（三）逻辑访问控制：系统主机、数据库等应严格落实终端访问控制，信息基础设施和重要系统网站应通过安全、可靠的网络安全设备实施访问控制，账户访问按照集团公司信息系统账户安全管理办法进行管理。

（四）通信网络访问控制：集团公司以外单位网络及未经安全审核的权属二级公司局域网按照第三方网络实施访问控制。未经主管部门同意，严禁私自搭建VPN网络访问集团网，严禁第三方网络通过主责单位局域网访问集团网。

第十五条　域名管理要求

（一）互联网域名经集团公司主管部门审核后由主责单位自行注册并报主管部门备案。

（二）集团网域名由主管部门负责管理，信息化服务单位负责解析。

（三）主责单位局域网域名由权属二级公司自行管理。

第十六条　网络数据安全要求

（一）按照国家数据安全法等法律法规要求，落实数据安全保护责任，对网络数据实施分类分级保护，确保数据安全可用。所有数据处理活动均应遵守法律法规，不得危害国家安全、公共利益，不得损害企业、员工的合法权益。

（二）涉密信息的传输、处理和涉密系统、设备的使用，应遵守集团公司保密管理相关规定，确保有关数据可管可控。

（三）各主责单位应建立完善的数据

备份管理制度和保障机制，妥善做好信息数据的安全防护工作，严防数据泄露。主管部门、各主责单位应与信息化服务单位及其他相关方签订保密协议，落实网络数据安全保密责任。

（四）涉密数据、敏感信息的跨境传输、存储应符合国家法律法规要求和集团公司相关规定。

（五）建立健全用户信息保护。各信息系统应建立健全用户信息保护机制，采取可靠措施避免用户信息泄露。

（六）各主责单位应建立数据安全监测机制，加强风险监测，发现风险时，应及时组织风险评估，并采取封锁、缓解、修复等有效处置措施。

第十七条 终端应用安全要求

（一）对收集、存储、传输企业生产经营、办公等重要数据的网络，各主责单位应建立终端准入控制制度。入网终端应采取实名制管理，采用必要的技术手段实施访问控制，部署终端安全管理软件，避免不合规设备入网。

（二）自带设备、集团公司外单位设备原则上不得接入集团网，确需接入的，需经主管部门审批通过后办理入网手续，并落实专人负责管理。

第十八条 采购要求

（一）各主责单位应按照自主可控要求防范供应链风险，使用可信开源软件，结合实际逐步采用国产设备、软件、密码算法等。

（二）集团公司对通用软件产品和网络服务，按照统谈分签方式实施集中采购，降低整体采购成本。

（三）对于涉密设备的维修，各主责单位应与服务商签订保密协议，设备报废应采取防泄密措施。

第五章 运行管理

第十九条 集团网运行管理

（一）各主责单位局域网接入集团网，由信息化服务单位进行安全评估并制定接入方案，经主管部门审批后，由信息化服务单位组织实施。

（二）已接入集团网的各主责单位局域网，经查不符合网络安全管理要求的，采取限制措施，待整改合格后恢复。

第二十条 互联网业务

（一）按照集团公司网络安全管理要求，逐步推进互联网出入口收敛，新建互联网出入口须经主管部门审核同意。

（二）各主责单位新增互联网业务优先在集团公司已有互联网出口申请。

第二十一条 其他运行管理

（一）各主责单位应建立包括应急管理在内的系统安全运行管理制度，保障系统运行安全和业务连续性。

（二）信息化服务单位对集团公司关键信息基础设施、重要系统网站、互联网出入口实施网络安全监测预警，承担网络安全值守和应急处置工作。

（三）主管部门应定期对集团公司网络信息资产进行安全检查和通报。各主责单位应定期组织本单位网络安全检查，评估网络安全风险，实施优化改进措施。

（四）各主责单位应建立网络安全信息通报机制，包括网络安全威胁监测预警、信息基础设施和重要系统网站安全检查、重大活动网络安全保障等内容。

（五）国家重大活动期间，主管部门统筹组织制定集团公司重保方案，各主责单位自行实施本单位重保方案。

第六章 应急管理

第二十二条 网络安全事件分类分级

集团公司网络安全事件包括有害程序事件、网络攻击事件、信息破坏事件、信息内容安全事件、设备设施故障、灾害性事件和其他事件等七类；网络安全事件分级包括特别重大、重大、较大、一般等四级。详见附件《网络安全事件分类分级判定指南（试行）》。

第二十三条　风险的预防预警

（一）预防：各主责单位应做好网络安全风险评估和隐患排查工作，制定应急预案，采取有效措施，避免网络安全事件发生。

（二）预警分级：按照网络安全事件可能造成的危害、紧急程度和发展势态，集团公司网络安全预警等级分为四级，从高到低为一级（红色）、二级（橙色）、三级（黄色）、四级（蓝色），分级标准与集团公司网络安全事件分级相对应。

（三）预警监测：各主责单位应做好本单位管理范围内在建、运行系统的网络安全监测，将重要监测信息及时报送主管部门。

（四）预警发布：各主责单位应根据危害、紧急程度，通过信息通报机制，适时在一定范围内发布网络安全预警信息，预警等级可视风险发展态势和事件处置进展作出调整。

（五）预警响应：预警信息发布后，各主责单位应立即采取预防措施，组织安全风险排查、漏洞修复工作，加强网络监测，做好信息通报。信息化服务单位进入应急待命状态，保障所需资源随时可用。

（六）预警解除：主责单位根据实际情况确定是否解除预警，及时发布预警解除信息。

第二十四条　应急预案

应急预案应包括业务应急预案和系统应急预案。业务应急预案由业务主管部门组织编制，系统应急预案由网络安全主管部门组织信息化服务单位编制。

第二十五条　应急演练

（一）各主责部门应不定期组织其主责系统的业务应急预案的演练工作。

（二）各主责单位应定期（每年不少于1次）组织本单位业务、系统应急预案的演练工作。

（三）信息化服务单位应定期（每年不少于1次）开展运维范围内系统应急预案的演练工作。

第二十六条　应急响应

网络安全应急响应包括信息报告、应急处置、信息发布、后期处置、应急保障等。

（一）响应等级。网络安全应急响应等级分为四级（与网络安全预警分级相对应），由各主责部门、单位负责预判并确定。

（二）信息报告。网络安全事件发生后，事发单位须根据事件预判等级在规定时间内（特别重大事件立即、重大事件15分钟内、较大事件30分钟内、一般事件1小时内）上报所属单位网络安全归口管理部门。必要时，向集团公司主管部门报告。

（三）应急处置。网络安全事件发生后，事发单位应在职责范围内第一时间开展先期处置工作，控制事态发展、扩大。并立即设立应急处置组，研判事件等级，启动应急预案。应急处置组根据应急预案采取封锁、缓解、追踪、消除、恢复等技术处置手段，并做好过程、结果的记录，及时向主管部门报告。

（四）信息发布。未经集团公司授权，任何单位、个人不得随意对外发布信息。主管部门负责集团公司总部网络安全事件信息通报，主责单位负责所在单位的网络安全事件信息通报。预判为特别重大、重大网络安全事件时，由主管部门向集团公司网络安全主管领导汇报，请示是否对外发布信息。集团公司宣传部负责对外信息发布，做好舆论监测、引导，主管部门负责提供发布口径。

（五）后期处置。网络系统经应急处

置恢复后，由事发单位负责组织事件的调查评估。必要时，由集团公司主管部门组织重大及以上网络安全事件的调查评估。事发单位应根据事件调查评估结果和应急处置暴露问题，制定预防、改进措施。

（六）应急保障。各主责单位应建立健全应急保障工作机制，做好应对网络安全事件所需人员、物资、通信和经费的保障工作，保证应急处置顺利进行。

第七章　员工网络信息安全规范

第二十七条　集团公司员工应遵守国家法律法规和本办法规定，禁止危害国家安全、损害公司利益的行为。包括但不限于：

（一）利用公司信息资产从事非法活动，以谋取利益为目的向第三方透露、传输、出售在工作中获取的数据信息。

（二）不按公司有关规定处理（含传输、存储、处理、发布）公司涉密信息。

（三）安装使用嗅探、扫描、病毒、木马等非法程序，渗透入侵各类网络和他人电脑。

（四）在网络上发表、传播非法及其他危害国家网络安全、损害公司利益的信息。

第二十八条　集团公司员工应采取必要措施，妥善保管、尽力保护、合规使用公司信息资产。包括但不限于：

（一）不得将公司信息资产（包括但不限于终端设备、存储介质、软件程序、系统账号、涉密信息等）交予他人保管、使用，移动办公应确保网络环境安全、可信。

（二）办公终端设置开机密码，离开时锁机或关机。

（三）不点击、下载不明来历的地址链接和邮件附件，不访问钓鱼等非法网站。

（四）账户使用应符合《山东钢铁集团有限公司信息系统账户安全管理办法》（山钢信字〔2022〕4号）要求。

第二十九条　员工应安装使用集团公司统一采购的防病毒软件或审核认证的防病毒软件。

第八章　考核与责任追究

第三十条　网络安全管理纳入集团公司对各单位、各直属机构和总部各部门的考核。主要包括：

（一）不符合网络安全管理规定，导致发生网络安全事件，对集团公司或职工造成风险、损失者。

（二）其他未按管理要求进行网络安全管理者。

对本单位网络安全管理不善，不能认定责任人的，由本单位分管领导或主要负责人承担管理责任。发生网络安全风险、事件，未按管理要求及时整改、处置或配合整改、处置不积极的，加重考核和问责。

第三十一条　任何单位或个人因违反本办法规定，给企业造成经济损失或不良社会影响的，按集团公司有关规定予以处理。情节严重且涉嫌触犯刑法等法律法规的，移交有关部门依法追究法律责任。

第三十二条　权属二级公司负责对本单位及下属公司的考核与责任追究。

第九章　附　　则

第三十三条　本办法自发布之日起施行。

第三十四条　本办法由集团公司信息化管理办公室负责解释。

第三十五条　权属二级公司根据本办法制定符合本单位实际的管理办法或实施细则。

附件：网络安全事件分类分级判定指南（试行）（略）

山东钢铁集团有限公司通用信息化终端设备管理办法

（山钢信字〔2022〕9号　2022年10月31日）

第一章　总　　则

第一条　为规范集团公司通用信息化终端设备的管理，提升网络信息安全保障能力，降低采购费用，满足智慧化办公的需要，参照中央行政单位相关信息化终端的有关文件，制定本办法。

第二条　名词解释

通用信息化终端设备（以下简称终端设备）：指办公环境下使用的台式电脑、笔记本电脑、平板电脑、瘦终端、复印机、碎纸机等设备及固定电话、打印机、路由器（普通办公用）、交换机（普通办公用）、移动存储、鼠标、键盘、录音笔、音箱等相应的配件。

云桌面：指集中云化部署的办公桌面系统。

第三条　本办法适用于集团公司部门、直属机构的终端设备管理。

第二章　管理原则

第四条　安全可靠原则。坚持采用信息技术手段不断提升集团公司网络信息安全防护水平。

第五条　便捷高效原则。通过逐步优化终端设备配置，不断提升用户智慧化办公体验，满足远程、移动等场景下的办公需求。

第六条　规范节约原则。集团公司终端设备执行严格预算管理与审批管理。在满足用户需要的前提下，原则上终端设备不重复配置，优先利旧调剂使用，杜绝浪费。

第三章　职责分工

第七条　集团公司信息化管理办公室

集团公司信息化管理办公室（以下简称信息办）是集团公司终端设备的专业主管部门。主要职责：

1. 负责起草、制定集团公司终端设备的标准、规范及管理制度；

2. 负责执行终端设备的采购计划，出入库及仓储管理，终端设备的维修监管、调剂、报废管理；

3. 负责建立健全终端设备的档案资料及管理台账；

4. 协同集团公司办公室，完成终端设备的业务审批。

第八条　集团公司办公室

集团公司办公室（以下简称办公室）是集团公司终端设备的业务主管部门。主要职责：

1. 负责终端设备年度预算费用的编制、监控、执行；

2. 负责审批终端设备的需求申请；

3. 协同信息办完成起草、制定集团公司终端设备的标准、规范及管理制度；

4. 协同信息办完成设备采购、库存、维修、调剂、报废等管理。

第九条　集团公司部门、直属机构

集团公司部门、直属机构（以下简称用户单位）是总部终端设备的用户单位，对本单位内终端设备负主体管理责任。主要职责：

1. 负责提出本单位职工和岗位所需的终端设备需求；

2. 负责本单位终端设备实名制管理，建立并动态更新本单位终端设备台账；

3. 负责提出终端设备维修、升级、报废等申请；

4. 按照集团公司的有关规定规范使用终端设备。

第四章　终端设备的管理与使用

第十条　配备标准

（一）办公电脑

按照内外网隔离的要求，配置标准如下：

1. 办公内网：统一使用集团公司建设的总部安全云桌面；

2. 办公外网：每人配备一台办公电脑。考虑移动、远程办公的需要，新增终端设备提倡以配备笔记本电脑为主。

（二）打印机：原则上每个办公室配备一台网络版黑白打印/复印/扫描/传真一体机，支持多人共享使用。

（三）固定电话：原则上配置普通电话机。

（四）其他终端设备：根据实际需要单独申请。

（五）新增终端设备选型应采用当季市场主流厂家、主流配置。信息办、办公室结合技术发展及市场实际情况，制定终端设备年度配置参数标准。

第十一条　设备申请

（一）新增或更新办公电脑、打印机、复印机、碎纸机等设备的申请由用户单位按照岗位定员和实际需求，遵循配备标准提报，提报时必须明确使用人员。经办公室、信息办审批后执行采购。特殊需要的设备需报用户单位的集团公司分管领导、总经理审批。

（二）固定话机、U 盘、鼠标、键盘、移动硬盘等配件申请由各用户单位按照实际需求进行申请提报，提报时必须明确使用人员，经办公室、信息办审批后执行采购。特殊情况下，根据实际需要单独申请。

第十二条　设备采购

（一）信息办、办公室按照《山东钢铁集团有限公司阳光采购管理办法》有关规定，原则上以年度集约方式采购。

（二）用户单位禁止自行采购终端设备。

第十三条　验收及库存

（一）终端设备到货后，由办公室、信息办组织用户单位联合验收，采购的终端设备须与提报计划的配置一致；配置低于计划的，不予验收入库。

（二）终端设备验收后，由信息办办理入库，用户单位办理出库。

（三）以满足应急需求为目的，终端设备可预留适量库存，配置数量及种类追求最小化原则。

（四）信息办、办公室组织定期库存盘点、台账检查，做到账实相符。

第十四条　设备发放和使用

（一）信息办根据核准通过的用户单位需求计划向用户单位发放，办理出入库登记，并更新台账。

（二）按照“谁使用、谁保管”的原则，用户单位须建立本单位终端设备台账，对终端设备进行实名登记，如使用人发生变更、岗位调整等情况，须及时更新相应台账，并定期报专业主管部门更新；终端使用人离职、内退、正式退休等，用户单位须将其使用的设备完整回收后归还到信息办。

（三）终端设备回收后，由信息办负责将利旧设备调拨给有需求的用户单位继续使用，报废的设备除外。

第十五条　设备维护、维修、报废、回收

（一）设备出现故障时，应报信息办安排专业人员进行故障诊断，并对出现故

障的终端设备进行初步维修。

（二）初步维修不能解决的故障，用户单位按照设备维修报修流程，报办公室、信息办审批后，由信息办组织维修。

（三）因使用和保管不当引起的人为损坏，维修费用由使用人承担。

（四）办公电脑原则上使用年限不低于6年。未到达使用年限的故障设备，经信息办组织技术鉴定确无维修价值的，方可申请更新领用。

（五）报废的台式电脑、笔记本电脑、打印机终端设备由办公室、信息办进行统一处置。

第五章 附 则

第十六条 本办法自发布之日起施行，《集团公司机关办公计算机购置、使用暂行规定》（山钢办字〔2011〕37号）同时废止。

第十七条 本办法由信息化管理办公室、办公室负责解释。

附件：1. 终端设备业务审批流程图（略）

2. 信息化终端设备申请表（略）

媒体看山钢

党史铸钢魂奋进向未来，山钢集团铆定高质量发展蓄足澎湃动能

人勤春来早。新春伊始，山钢集团上下铆足“虎劲”抢抓机遇，开足马力掀起发展热潮：新旧动能转换一期工程投产达产、4 个项目入列济南市重点项目名单、3000 余吨精品钢用于北京冬奥会张家口赛区古杨树场馆群、1000 多吨钢结构产品“撑”起冬奥会开幕式冰瀑……

过去一年，山钢集团把开展党史学习教育作为凝心聚力推动实现“强”起来的重要契机，紧扣学史明理、学史增信、学史崇德、学史力行要求，贯通推进学党史、悟思想、办实事、开新局各项工作，800 多个党组织协同联动、15000 余名党员积极投入、广大职工热情参与，有力助推“党员作用更具体、组织力量更集中、党建引领更有力、发展品质更优良”局面的形成，丰硕成果汇聚成山钢发展的“红色动能”。

思想之旗领航，熔铸时代钢魂

“我们必须高质量推动党史学习教育，努力把学习成果转化为发展成效、改革动力、优良生态、职工福祉，为新时代现代化强国建设提供高质量的钢铁支撑。”2021 年 3 月 17 日，山钢集团党史学习教育动员大会召开，党委书记、董事长侯军提出具体要求，拉开了山钢集团党史学习教育的大幕。

行动是最嘹亮的号角。山钢集团及时成立党史学习教育领导机构和工作机构，组建 9 个巡回指导组，制定实施方案和工作配档表。山钢集团党史学习教育领导小组先后召开 5 次工作部署专题会，巡回指导组开展 4 次集中督导，领导小组办公室一周一小结、每月一督导，及时做好工作调度，各相关部门、各单位团结协作，抓实抓细每项工作，确保学习教育贯通推进、有序衔接。

学习是基础和前提。山钢集团党委牢牢把握树立正确党史观这个关键，坚持“学”字打头、贯穿始终，通过干部示范“领学”、丰富载体“助学”、督促指导“促学”、寓教于乐“活学”，线上和线下学习相结合、研讨交流和调查研究相结合、思想教育和舆论引导相结合，做到学习教育“三个全覆盖”：专题学习和读书班覆盖全体党员干部、支部学习覆盖全体党员、红色教育覆盖全体职工。

数据是最有力的证明。党史学习教育以来，山钢集团和权属单位两级党组织共开展“第一议题”学习 196 次、专题学习 238 次；党员干部 200 多人次参加上级组织的专题读书班、培训班，山钢集团党委组织党史学习教育专题学习班 2 期、学习贯彻习近平总书记“七一”重要讲话精神专题培训班 3 期、党的十九届六中全会精神专题学习班 3 期；全集团 1500 多名党员干部参加“我来讲党课”，授课 1700 多场次，47000 余人次观看收听，用党的创新理论最新成果武装头脑、指导实践、推动

工作，日益成为广大党员、干部的自觉追求，把党史学习教育成果和党的十九届六中全会精神贯彻落实到山钢高质量发展的各方面、全过程，以更加奋发有为、开拓进取的精神面貌，加快推进世界一流强企建设。

据山钢集团党委宣传部负责人介绍，党史学习教育以来，各级党组织结合“三会一课”、主题党日，依托理论学习中心组、读书班、理论学习小组等载体，创新学习教育方式方法，采取知识竞赛、观影活动、红色教育、文艺汇演、“微课堂”等方式，推动党史学习教育进产线、进社区、进车间、进厂矿。

从火热的工程现场到高效的生产一线、从山钢集团总部到每个工作岗位，各个工作场景都成为开展党史学习教育的生动课堂，提振着“党史铸钢魂，奋进向未来”的精气神。

“我将深刻汲取党百年奋斗的智慧和力量，在新旧动能项目规划建设中算好经济账、把住技术关，为加快建设钢铁强国做好专业服务和技术支撑。”在山钢集团党委举办的党的十九届六中全会精神专题学习班上，培训班学员代表表示。

扎根红色沃土，不负百年华章

“我志愿加入中国共产党，拥护党的纲领，遵守党的章程……”2021 年 5 月 28 日，在莱芜战役纪念馆大厅，投资与资本运营部党支部党员，面向鲜红的党旗，举起右拳，重温入党誓词。山钢集团党委充分挖掘身边的红色资源，组织参观红色旧址，传承红色基因、赓续红色血脉。

——用心挖掘红色资源。党史学习教育中，各单位注重挖掘和推广红色资源，加强三线建设、劳模工匠、抗震救灾等红色资源的挖掘。

2021 年，莱钢展馆成为第一批山东省属企业爱国主义教育基地。在莱钢展馆里，一张照片勾起了前来“打卡”的参观者的回忆。讲解员指着建设“620”高炉配套烟囱的照片介绍，以前是用竹竿，完全靠人工一点点搭起来。“620 不仅是一个高炉的名字，更演变成了一个地名，是对那段艰苦岁月的怀念和钢铁报国精神的传承。”据了解，莱钢展馆设有“到党最需要的地方去”“建成令人向往的地方”“党建品牌扬四方”三大展区，收录 20 世纪 70 年代至今的多种艺术品、文献、文件手稿、图书资料，藏品档案齐全、馆藏文物安全。

——用情讲好红色故事。山钢集团党委通过邀请专家授课和发挥山钢党校、山东工业职业学院资源优势，为基层单位送培 100 多场。坚持领导干部集中宣讲，先模人物、党群骨干、职工代表、“百姓宣讲员”分层宣讲，使党史学习教育、党的十九届六中全会精神覆盖到每一个党组织、每一名职工。一次次涤荡心灵的学习研讨，一场场生动鲜活的党史宣讲，一堂堂以英雄模范为榜样的现场教学，一件件解民忧聚民心的民生实事，求实、务实、扎实的集中教育在山钢上下如火如荼展开。

山钢的红色故事“活”起来、“火”起来。“我的爷爷是钢一代，他听毛主席说，有了粮食和钢铁，什么都好办了。我的爸爸是钢二代，他们迎着改革开放的春风，干成了许多爷爷辈儿做梦都想不到的事儿。走进新时代，怀揣钢铁强国梦的我成为钢三代，走上岗位，承继父业立志大干一番……”2021 年 12 月，山钢集团职工宋雪通过讲述自己家庭三代钢铁人的奋斗历程，展现山钢集团的发展变化、祖国的发展变迁的红色故事登上了央视晚间新闻联播。在另一平台——全国总工会主办的“中国梦·劳动美 永远跟党走 奋进新征程”全国演讲比赛中，这个故事更是获得了8000万人次的收听收看。

——用功创作红色作品。山钢集团坚持典型带动、舆论推动，在《山东钢铁报》、电视《山钢新闻》、厚道山钢微信公众号和APP开设“奋斗百年路，启航新征程”栏目，报纸编发“中国共产党的‘十万个为什么’”系列红色故事，微信公众号开设“党史天天读”栏目，APP开设“党旗在基层一线高高飘扬”栏目、“我和我的支部”微视频展播、“永远跟党走”摄影专题、“红动齐鲁 我心向党”红色故事讲解短视频展播专区，推出了众多精品力作，在山钢媒体和社会媒体播发党史学习教育报道700多篇次。

在各影像文字作品中“聆听”炮火的轰鸣，在各权属企业历史展馆中体验“咱们工人有力量”的建设热情，在全方位、多层次宣讲中感受改革开放以来企业的欣欣向荣……山钢集团党史学习教育的生动素材，坚定了山钢职工锚定目标的定力和信心，成为奋勇前进的强大精神动力。

服务强企大局，合奏奋进之歌

红色教育激发昂扬斗志，红色血脉凝聚奋进活力。“要搞清楚‘如何检验学’，切实履职尽责，担当作为，发挥好国有企业国之重器、中流砥柱的作用，以高质量发展绩效和职工的幸福感获得感提升检验党史学习教育成效。”山钢集团党委副书记、总经理陶登奎在山钢集团党委专题学习研讨时说。

坚持善作善成“办实事”，扎实开展“我为群众办实事”实践活动，系统组织联系职工“大走访”、基层难题“大排查”、服务职工“大提升”活动。山钢集团和权属单位两个层面确立“解难题办实事”重点事项193个，建立问题清单1313条，重点事项均已全部完成或取得预期阶段性成果。各级党组织共为职工群众办实事896个，出台办实事制度71个。

坚持真抓实干“开新局”，全面完成国企改革三年行动计划年度目标任务，治理体系和治理能力实现新的提升，有效激发国有资本活力，山钢科技创新大会、第二届生态环境保护大会、“全面对标、系统提升”推进会先后召开，形成《“十四五”科技创新规划》等一系列重要成果。“学党史、强党性、固堡垒、争先锋”庆祝建党100周年系列活动如火如荼，基层党组织和广大党员立足岗位、承诺践诺、争创佳绩，“与最强者比肩、与最快者赛跑、向最优者看齐”形成氛围，实现“十四五”良好开局。2021年，山钢在钢产量同比降低9.26%的情况下，营业收入、利润总额、净利润、归母净利润同比增幅分别达到15.52%、113.51%、115.01%、640.05%，均创历史同期新高。

山钢集团党史学习教育受到广大职工和社会的广泛关注和好评。新华网、人民网、中国网、“学习强国”、《大众日报》、《中国冶金报》等中央和省级主要媒体对山钢集团及权属单位的做法广泛报道。在对各单位各层级204名党员干部和职工群众进行的评价调查中，综合满意率达到100%。山东省委第十五巡回指导组在“评估报告”中指出：山钢集团党史学习教育“整体思路清晰、推进有力、形式丰富、氛围浓厚，为职工群众办实事成效显著”。

山钢集团党委书记、董事长侯军在党史学习教育总结大会上表示，要巩固拓展学习教育成果，为企业高质量发展凝心聚力、赋智赋能，开创魅力山钢建设更加美好未来。

（原载于2022年2月21日新华网、大众日报客户端，作者：左丰岐 党 浅 王利峰 任晓华）

高质量发展的纪检监察答卷

——2021 年度山钢纪检监察工作综述

山钢集团纪检监察工作在全省考核为优秀等次；专项监督、“室企地”联合办案等做法在省属企业中作了有益探索；集团纪委在省国资国企纪检监察工作座谈会上专题介绍经验做法，得到省纪委监委领导充分肯定；山钢集团反腐败压倒性态势基本形成，全力打造出山钢政治生态的“绿水青山”……

这是山钢集团 2021 年纪检监察工作的生动缩影。一年来，在省纪委监委和山钢集团党委坚强领导下，集团各级纪委突出监督保障，重拳肃纪反腐，全面创先争优，开创了山钢集团纪检监察工作高质量发展新局面。党委书记、董事长侯军在山钢集团纪委一届七次全会上指出：“党风廉政建设和反腐败工作取得新突破，政治生态和运营生态不断优化，为山钢集团核心竞争力持续提升提供了坚强有力的纪律保障，在全省纪检监察系统树立了山钢榜样。”

以“不敢腐、不能腐、不想腐”一体推进效能保障山钢高质量发展

一年来，山钢集团纪委制定《关于深化“不敢腐、不能腐、不想腐”一体推进的实施意见》，将“三不”体制机制提升到全面从严治党的高度系统谋划、统筹推进。系统调动全集团纪检监察力量，密切协调地方纪检监察机关、公安机关，对在权力集中、资金密集、资产集聚、资源富集的关键岗位、关键环节，始终坚持严的主基调，坚决查处党的十九大后仍不知止、不收手的腐败案件，严厉惩治营私舞弊、滥用职权、内外勾结、靠钢吃钢等问题，保持定力、寸步不让。

充分利用省纪委监委有关监督检查室统筹协调的优势、地方纪委监委办案手段经验丰富的优势和企业纪委熟悉情况的优势，探索实施“室企地”联合办案机制，顺利稳妥办结了全省“室企地”第一案，严肃查办营销总公司原总经理刘立华严重违纪违法案等营销领域多起严重违纪涉嫌犯罪问题。目前已有 25 人主动向组织交代、说明问题，其中第一批 18 人已得到从轻减轻处理，促进了政治效果、法纪效果和社会效果的有机统一。“‘室企地’联合办案机制有效弥补了企业纪检监察机构自身执纪执法手段有限的短板，为省属企业深化反腐败工作、提高腐败案件查办效率闯出了新路。”山钢集团纪委相关负责人表示。

责成案发单位以案为鉴，剖析管理根源，聚焦顽瘴痼疾靶向施治，提升以案促改效能。通过对营销领域突出问题进行专项治理，吨钢销售价格由查处案件前比行业平均水平低近 80 元，提升至 2021 年比行业平均水平高 100 元，年增效益 10 亿元以上。通过以案促改堵漏洞、补短板、促增效，刹住了一些过去被认为不可能刹住的歪风，纠治了一些多年未除的顽瘴痼疾。

深化运用“四种形态”，精准把握政策策略，统筹运用党性教育、政策感召、纪法威慑，全集团受理信访举报、处置问题线索 216 件次，立案 34 件，给予党纪处分 38 人次，组织处理 244 人次，引导形成了崇廉尚廉的浓厚氛围。

以强有力的监督促进山钢高质量发展

“要突出重点，开展好政治监督。”山钢集团党委常委、纪委书记赵文友在多次纪检监察工作会议上强调。

从年初开始，山钢集团纪委深入分析研究国有企业开展政治监督存在虚化泛化简单化等问题，协助党委编制《政治监督指导手册》，推动全集团政治监督工作具体化、常态化；印发《关于进一步对疫情防控工作情况进行监督检查的通知》，查处落实上级关于疫情防控期间保密工作要求不力2人；对国企改革三年行动等工作督导检查，推动解决落实党委决策部署“中梗阻”问题；立足岗位开展“我为群众办实事”实践活动，对违规发放单项奖、薪酬分配不公等问题的有关责任人严肃追责，督促一权属公司党委妥善解决影响职工队伍稳定问题。

健全对中央、省委、集团党委决策部署贯彻落实情况的“回头看”制度，把“回头看”作为强化政治监督“规定动作”，通过抽查与自查、开展专项检查、专项治理等方式，看各级党组织特别是“一把手”的重视程度和落实情况。通过“回头看”，推动并解决一批影响职工队伍稳定和生产经营稳定顺行等突出问题，成效显著。

做实做细日常监督。今年，山钢集团纪委开展二级单位党组织书记向集团纪委全会述责述廉。述责述廉现场，党委常委、纪委书记赵文友代表纪委常委会提出问题，党委书记现场作答，接受民主测评。民主测评意见和结果及时反馈至集团党委组织部门，作为各单位党委书记业绩评定、奖励惩处、选拔任用的重要依据，并纳入领导干部廉洁从业档案。

开展专项监督强化改革保障。开展2020年度压缩“四项资金”占用情况核查问责，对防范化解资金风险、保障资金链安全工作进行专题调研、监督检查，全集团“四项资金”占用余额环比降低47.73亿元，降幅7.57%。开展2020年重点改革事项完成情况“回头看”，发现10余项问题，向党委提出增强制度供给机制的科学性、强化职能监督等4项建议。对资产减值准备财务核销事项涉及的资产损失问题，按照“责任不清不核销、有责未追不核销、追责不到位不核销”原则，对直接责任人、主管责任人、领导责任人共计30人次予以追责问责。

山钢股份与驻地单位纪委联合开展明察暗访20余次，严查违反中央八项规定精神行为。这是山钢集团纪委坚持纠“四风”树“新风”的生动写照。通过开展专题调研督导，督促各级党组织落实《关于持续解决形式主义官僚主义问题的若干措施》，巩固自查自纠成果。盯紧关键节点，开展“明察暗访”“特约监督员在行动”，严防“四风”隐形变异、反弹回潮，新风正气在全山钢蔚然成风。

深入贯彻集团党委《关于加强大监督体系建设的实施意见》，督促各级党组织把监督工作置于企业改革发展大局统筹谋划，以党内监督为主导，各监督主体各司其职、多管齐下、协同发力，形成了全面推进、各具特色的格局。

2021年，共查处违反中央八项规定精神问题31件，处理处分42人次；共移送涉嫌严重违纪违法问题线索19人。数字的背后彰显山钢纪委一体推进不敢腐、不能腐、不想腐，以反复抓、抓反复的韧劲持之以恒正风肃纪，把党的伟大自我革命进行到底的坚定决心。山钢纪检监察工作经验多次在省管企业内部进行交流，“学习强国”、《大众日报》等媒体刊文宣传集团纪检监察工作经验，在全国钢铁行业和省管企业树立了山钢纪检工作品牌。

以过硬的纪检监察铁军护航山钢高质量发展

山钢集团纪委印发《关于在集团纪检监察系统开展创先争优的意见》，确立了政治站位、作风形象、专业能力、工作质量、廉洁自律等五个方面都要争第一的目标，切实把“政治素质高、忠诚干净担当、专业化能力强、敢于善于斗争”的要求落实落地。

坚持“工作写实”，搭建“强素质、练本领”网上学习考试平台，派员参加省委巡视、省纪委监委双向学习锻炼、地方纪委监委学习培训，拓展视野、增长才干。分批选派纪检监察人员30多人次，到“室企地”联合办案的留置点连续5个月深度参与外查内审各项工作，圆满完成任务。他们勤勉敬业、勇于攻坚、甘于奉献，充分体现了山钢纪检监察队伍的过硬作风和优良素质，受到省、市纪委监委的广泛好评。集团纪委机关1人入选省纪检监察案件审理骨干人才库，全集团纪检系统“做最好、争第一”蔚然成风，有力推动了纪检监察工作持续走在省管企业前列。

首次开展纪检工作年度集中检查考核，细化16项考核内容、36项考核标准，逐个单位反馈考核结果、指出问题不足，评出士气干劲、评出责任担当。

全面从严治党永远在路上。面对新形势新任务新要求，山钢集团纪委将进一步提高思想认识，增强忧患意识，锤炼过硬作风，持续深化反腐败斗争，在促进国有资产保值增值、推动全面深化改革中，充分发挥监督保障执行、促进完善发展作用，以永远在路上的坚韧执着抓常抓细抓长，久久为功，善作善成，让党风廉政建设始终成为山钢高质量发展的软实力。

（原载于2022年3月7日大众网、海报新闻，作者：赵 腾 李 梁 宋雷明）

山钢集团重拳出击打赢亏损企业歼灭战

“必须坚定信心，以‘企业不消灭亏损、就消灭企业’的意志坚决按期完成亏损企业治理任务。”山钢集团党委书记、董事长侯军在多次会议上强调。

近三年来，山钢集团按照山东省国资委对亏损企业治理工作的相关要求，最大程度扭亏治亏，亏损企业户数连续三年同口径降低，大额亏损企业逐年下降，资产质量显著提升，纳入国务院国资委、省国资委亏损企业治理范围的重点亏损子企业均完成各项下达任务目标，亏损企业治理专项工作取得实质性成效。

截至2022年11月末，山钢集团20户纳入专项治理范围重点亏损子企业中，7户实现扭亏、3户完成注销、3户实现转让；亏损企业户数与年度目标14户比，超额完成7户；7户亏损企业亏损额较年度目标减亏19.4亿元。

完善机制 细化方案

三年来，山钢集团加快亏损企业扭亏减亏工作进度，纠正偏差，确保治亏工作取得实效。通过集中学习、头脑风暴会、阶段性“回头看”等举措，使广大干部职工从思想深处认识到“亏损企业治理工作是贯彻中央决策部署、履行国企责任使命的必然要求，是落实国企改革三年行动、完成商业计划书任务的具体行动，是应对风险挑战、提质增效的关键举措”，主动担当作为，积极寻求对策，形成了攻坚克难、开拓进取的合力。

山钢集团将亏损企业治理工作列入“1336倒计时”深化改革重点任务，按计划制定亏损企业分解目标，进一步明确各子公司为亏损企业治理的第一责任主体，亏损企业法人代表为亏损企业治理工作的第一责任人，层层压实责任。将亏损企业治理工作目标分解成若干分支，使每一项具体工作可量化、能分解、有抓手，提升了工作针对性、时效性。

加强过程管控，定期调度，将“月度执行跟踪、季度专题会议”的形式贯彻到位，稳步推进亏损企业治理制度化、常态化。统筹亏损企业治理、法人压减、“两非”清理处置等重点任务，每月按时统计亏损企业情况，了解各级亏损企业月度及累计亏损情况，逐户分析，常态化管理。

进一步完善工作机制，走得上去，加强与上级部门沟通对接，争取政策、资源和项目支持；走得出去，带着问题和思考，到标杆企业“串门”，寻求先进经验、寻找创新方法；走得下去，拿出更多时间和精力深入开展调研，向一线专家“问计”、向基层一线“问诊”，摸清实情、找准症结、研究整改，确保亏损企业治理工作健康、持续、稳步推进。

问题导向　刚性考核

“治亏手段及措施较为单一，治亏力度较弱，扭亏治亏的力度和决心还不够”“有息负债规模导致平台类公司亏损幅度仍然较大”“个别企业重视短期效益，忽视长远发展，未能从根本上解决企业亏损实质问题”……通过持续不断的总结分析，一系列亏损企业治理过程中的问题、短板浮现出来，找准原因、分析原因、聚力改进提升成为山钢集团三年来亏损企业治理的常态。

“到底是管理粗放、责任不清晰导致该挣到的没挣到、该堵住的没堵住？是关键人员不担当、不负责、能力不足？还是固守传统思维没有跟上行业的趋势、客户的需求？”山钢集团党委副书记、总经理陶登奎在2020年度工作会议上提出问题，表示亏损企业治理工作是“硬骨头”，这个“硬骨头”到了必须解决的时候。

在推动问题解决中解决问题。山钢集团下最大决心扭转形势、改变困局的攻坚战和突围战全面打响。保持清醒头脑，统一思想，树立有解思维，积极想办法、拓思路，坚定不移高质量完成既定目标。以创新思路先干起来，压紧压实各级责任，发挥主观能动性，制定针对性措施，逐级逐项抓好落实。强化压力传导、过程管控，把工作做在日常、管在平时。

集团层面强化责任担当，加强督促监督，优化精准考核体系。以推动契约化工作为契机，通过建立合理的指标体系，引导、督促各单位提升自身创效能力。进一步健全亏损企业治理评价制度，将亏损企业治理工作纳入《权属二级公司董事长责任制治理管控绩效考核办法》，与董事长责任制挂钩，同时纳入班子考核评价，与薪酬及评优挂钩，对完不成节点任务的企业负责人进行综合评价、严肃问责，确实不能胜任的坚决调整。

加大产业间协同力度，充分发挥集团优势，提升业务获取能力，促进核心竞争力的提升；进一步加强市场形势研判，建立市场分析机制，提高对市场变化的应变能力，抓住市场机会，尽最大努力避免市场风险；加强成本管控，转变子分公司成本管理方式，提升精细化管理水平，做好成本规划，堵塞成本漏洞，形成低成本优势，为完成亏损企业治理目标提供了坚实保障。

分类施策　协力攻坚

按照“谁亏损、谁治理”和“逐级管

理、逐级负责”相结合的原则，针对不同类型亏损企业，分类施策，“一企一策”“一企一表”，多措并举实现减亏、扭亏或退出，坚定不移确保高质量完成各项任务目标。

对于经营类企业，通过管理提升、技术改造、新产品开发、提高产品市场竞争力、提高劳动生产率、引进战略投资者、开源与节流并重等措施，不断提升企业效益。以“双降双提”工作为抓手，降低集团杠杆水平，改善企业资产质量，促进企业经营形成良性循环。通过优化生产结构、对标挖潜、降本增效等方式增强企业盈利能力，力争全部实现扭亏。

对于平台类企业，通过资本运作盘活资产，提高投资收益；优化融资结构，降低融资规模，减少财务费用支出；严格落实《山钢集团利润分配管理办法》有关规定，督促子公司按照已经制定的分红管理制度按时分红，提高投资主体的投资回报意识，有效实现平台类企业减亏、扭亏。

对于“两非”类企业、参股退出企业、纳入法人压减范围内的企业，加快不良资产处置速度。制定《山钢集团法人压减和参股企业退出标准及工作方案》《山钢集团“两非”产业（业务）判定标准》，对规模较小、不符合集团产业发展方向或长期亏损且扭亏无望的企业，通过破产清算、兼并重组、资产出售等方式完成退出，促进企业经营形成良性循环。

对于项目公司类企业，通过加大项目推进力度，尽快实现运营效益，项目完成后尽快注销公司实现减亏扭亏。同时，积极推进股权转让、债务重组、混合所有制改革等多种方式实现减亏、扭亏。

山钢集团还综合考虑“僵尸”企业处置、混合所有制改革等因素，先后数次对各权属单位进行逐户分析，并基于分析结果更新亏损企业治理工作方案，以增强亏损企业盈利能力为核心手段，灵活采取加强内部协同、增强投资回报、盘活资产等方式，确保完成年度亏损企业治理工作目标。

凡是过往，皆为序章。山钢集团将不讲客观、不讲条件，继续持续推进亏损企业治理各项工作，靠实打实的经营业绩真治亏、真减亏，防止返亏，不断提升企业经营管理水平，为山钢集团提质增效和高质量发展保驾护航。

（原载于2022年12月19日中国网、大众日报客户端，作者：赵　腾　荣国才）

科技澎湃　创新有为

——山钢集团科技创新工作综述

2022年5月18日晚7时，夜色渐浓，全国劳模、山钢集团日照公司技术专家胡淑娥正在以她名字命名的劳模创新工作室里埋头工作，她和团队研发的全新性能高强钢进入关键试验阶段，每一个技术参数必须精益求精，确保各方面性能符合标准。

“在山钢浓厚的科技创新氛围下，我们这些科技人员才能心无旁骛搞研发，一项项填补行业空白的技术突破就是最好的证明。”胡淑娥说。

从加强协同创新、持续加大研发投入，到核心技术不断突破、关键产品不断涌现，再到差别化竞争优势凸显、自主创新能力显著提升，2021年，山钢集团科技创新的步伐越走越扎实，51项科技成果被评价为国际领先或国际先进水平，累计拥有有效专利3152件，位列“2021钢铁企业专利创新指数”全国第五位、全球第九位，获评“较强创新力企业”，科技创新直接经济效益6.09亿元。

山钢集团党委书记、董事长侯军在科技创新、商业计划书管理推进暨一季度工作会上强调：“源源不断的科技创新成果激发出山钢高质量发展的蓬勃动力，山钢科技创新大有可为!”

“没有条件，创造条件也要上”

——科技创新保障能力持续增强

近日，山钢集团下发通知，2022年继续开展研发投入和研发费用专项管理提升活动，力争到今年底，研发投入、研发费用占营业收入比例分别达2.8%、2.4%。

山钢集团科技创新部副总经理李丰功表示，在全集团持续开展研发投入和研发费用专项管理提升活动，就是要不遗余力增强科技创新保障能力，进一步激发创新动能，提升企业科技创新能力，促进科研投入快速转化为企业核心竞争力。

2021年，山钢集团研发投入66.8亿元，占营业收入的2.52%，同比增长20.1亿元，增幅43.04%；研发费用占营业收入的2.09%，同比增长25.2亿元，增幅83.68%，研发投入和研发费用占比均完成2021年预算目标。其中，山钢股份积极推进科技创新项目立项和实施，新立项和验收项目同比增长100多项，研发投入、研发费用占营业收入比例分别为3.7%，3.0%，大幅缩小了与行业标杆企业差距。其他各单位围绕提升产品质量、降低工序成本、提高生产效率和加快“高精尖”技术研发，提高研发投入的针对性和有效性，科技创新效果越来越好。

2022年4月19日上午，在山钢集团科技创新、商业计划书管理推进暨一季度工作会议上，山钢研究院高级研究员周平被授予“山钢集团科技进步突出贡献奖”，从侯军手中接过100万元的奖金后，她感慨万千：“这是莫大的荣誉，也是莫大的支持，更是我科技研发的新起点。”

这是继2021年首次科学技术奖励会议后，山钢集团再次召开专题会议，对科技创新团队和个人进行表彰奖励，今年的总奖励金额达1000万元。山钢集团的科技创新激励力度越来越大，越来越多在科技研发、科技成果转化与推广中作出创造性贡献的个人和组织受到表彰奖励，营造了尊重知识、崇尚创新、尊重人才的浓厚氛围。

“没有条件，创造条件也要上。”全面启动“十百千万”全员岗位创新工程，持续开展首席专家首席技能大师选拔，评选表彰十余项优秀岗位创新项目、百余项全员创新改善成果、千余项优秀金点子……山钢集团一项项鼓励科技创新的举措如雨后春笋般不断涌现，2021年完成全员岗位创新项目9.16万项，创新奖励投入近千万元，实现万名职工齐创新的生动局面，形成了浓厚的“人人皆可创新、事事皆可改善”创新文化。

“我和你，一起向未来”

——“产学研用”协同创新活力迸发

2021年10月，山钢股份与济南大学、聊城临清市共建山东省轴承产业技术研究院，策划构建“材料供应—生产制造—用户服务”全产业链技术创新服务模式，推动区域钢铁及延伸产业转型升级。

山钢研究院新兴产业技术研究所所长许荣昌告诉记者，这一“产学研用”协同创新的成果，直接带来山钢轴承钢产量、销量的成倍增长。截至2021年底，山钢轴承钢产量由每年5000吨提升到4万吨，2022年底有望突破8万吨，继续向国内高端轴承钢先进企业靠拢。三年间，山钢轴承钢年销量增长了7倍。

"与其自己低头拉车，不如借力攻坚突破。"山钢集团持续增强与高校、用户的黏性，"产学研用"协同创新活力迸发。聘任燕山大学副校长、上海大学材料科学与工程学院院长为首席专家，与燕山大学共建高品质钢铁材料制备与应用联合研发中心，围绕高品质钢洁净化、精准化、均质化、细晶化开展研究攻关；引进中南大学"降低 FeO 含量及提高烧结矿质量"等技术 38 项。

山钢集团先后与蓬莱巨涛共建海洋工程用钢铁材料联合研发中心；同金风科技共建绿色先进风电用钢铁材料及装备研究所；与北京科技大学、金风科技等单位联合成立高端风电用钢铁材料及装备协同创新中心，推动风电用钢铁材料技术创新和质量提升；联合东北大学、兖矿东华重工等单位成功开发低屈强比 V-N 微合金化高强中厚板绿色低碳关键制备技术，实现铸坯高质量稳定化生产。每每谈到与山钢集团的合作，蓬莱巨涛相关负责人会用"最忠实、最放心的合作伙伴"来形容，协同创新的成果正不断惠及双方。

山钢集团还组建齿轮钢、工程机械用钢、高强及耐磨钢板等重点用户专业服务团队，与三一重工、郑煤机等重点用户开展技术交流与服务 300 余次，签订技术协议 100 余项，助力构建安全高效的钢铁产业生态圈。"协同创新，需要我和你，一起向未来！"山钢集团副总经理王向东表示。

从"卡脖子"到"很给力"

——"山钢制造"华丽蜕变

2022 年 2 月 4 日晚上，当北京冬奥会开幕式上"冰瀑"惊艳世界时，坐在电视机前观看开幕式实况的莱钢银山型钢板带厂热轧车间"齐鲁工匠"王万松激动得热泪盈眶。他表示，能参与到"冰爆"钢生产制作过程中，感到特别荣耀、特别幸福。

北京冬奥会上，山钢有 3000 余吨性能优异的建筑用钢用于张家口赛区古杨树场馆群，独家提供了北京冬奥会"鸟巢"开幕式"冰瀑"钢结构所需的全部型钢、中厚板和钢带产品，展示了"山钢制造"的卓越品质。

曾几何时，一些钢种的核心技术不断遭遇"卡脖子"环节，科技创新困难重重。2021 年，山钢成功开发国内最厚两齿履带钢和高端叉车用新型门架槽钢，履带钢、叉车门架用型钢销售双双创历史新高；攻克高强、高韧、低屈强比综合调控难题，实现高端桥梁钢 Q500qE 高效节约化生产，并应用在滨州黄河特大桥等重大工程；高端超低温储罐用 9Ni 钢成功应用于国内大型石化项目；复合叠轧生产出 260 毫米厚 Q355NB 特厚钢板，技术性能居国内领先水平；高端汽车用钢批量供货北汽、上汽、一汽等知名主机厂，冷轧汽车用钢产品综合质量实现跨越式提升……

"国家有所呼，山钢必有应。"2021 年，山钢集团根据国家有关要求，聚焦绿色低碳、智能制造补短板、锻长板，围绕关键工序提质降本攻关。实现低品位配矿条件下 5100 立方米高炉高效稳定运行，高炉利用系数、燃料比等指标均达到了同类高炉先进水平。稀土钢冶炼及连铸生产关键工艺技术取得实质性突破，通过以稀土钢带动轴承钢研发推广，使轴承钢氧含量逐年下降，洁净度持续提升，疲劳性能达到国内领先水平，国内首次实现 5 炉以上连续浇铸，并实现批量化生产。自主研发的镀锌机组高效稳产控制技术，解决了薄规格焊缝月牙撞伤降速处理难题，降低了厚规格跑偏频率，增强产品质量保障。

山钢集团积极响应国家碳达峰、碳中和行动，制定低碳技术创新路线图，研发形成具有自主知识产权的冶金粉尘高效抑制装备技术，实施高风温富氧大喷煤等 30

余项国际领先节能工艺，极限提升能源利用效率，取得了良好的社会效益。同时，开发宽厚板智能剪切及动态组板系统，填补行业空白；首创铁钢界面多目标柔性智能调度，实现铁水在铁钢工序间全流程动态跟踪和管理，促进物质流、能源流、信息流高效协同优化；工业机器人应用数量大幅增长，行车、原料场等部分区域率先实现无人化。山信软件党委书记、董事长、总经理张元福表示，得益于智能制造技术的突破，山钢智能管控能力、高效生产组织能力逐步显现。

据统计，2021年，山钢集团“高强度、大规格、易焊接海洋工程用钢及研究”等3项国家和省重大专项顺利结题验收，全年新立科技创新项目412项，在研项目778项，创历史新高。

随着“人才驱动、协同创新、智赢市场”的科技创新战略不断落实，科技体制改革的不断深化，山钢集团正在全力赢得竞争新优势，加快向高科技企业转型。

（原载于2022年5月25日新华网，
作者：赵　腾）

当稀土遇见钢

——山钢稀土钢冶炼及连铸生产关键工艺技术突破纪实

“在钢中加入稀土元素，能行吗?”2018年末，这个问题曾让山钢研究院新兴产业技术研究所稀土钢项目的职工心怀疑虑。

“各种条件都具备，在稀土钢领域，我们山钢人一定行!”经过深入研讨，山钢研究人员围绕稀土钢冶炼及连铸生产关键工艺技术的“卡脖子”环节，展开了艰苦的攻坚。

山钢股份、济南大学、聊城重点轴承企业三方近日共同成立“高端轴承国产化创新联盟”，标志着稀土钢的研究又向前大步迈进。历时三年多，山钢建立了特钢洁净钢生产与表征技术平台，展开国内规模最大的稀土特殊钢技术研究，为我国稀土在钢中的应用及钢铁行业实现差异化战略进行了探索。

这项被业内专家称为“点土成金”的事业，正逐渐在山钢集团开花结果。

从“老命题”到“新使命”

——勇于承接省级重点研发项目

作为世界第一钢铁大国，我国虽然在多数钢铁产品上已经领先世界，但在高强度、高耐磨的轴承钢等特殊钢领域，依然显著落后于欧美和日本。即便是已经成为“国家名片”的高铁，其所用的高端轴承钢也需要大量进口，成为制约中国制造的“卡脖子”环节。

稀土被称为“工业维生素”，1吨钢只需加入几十克左右的微量稀土，即可大幅提升钢的韧塑性和疲劳寿命，使钢更加坚韧、耐热、耐磨、耐蚀。

目前，稀土钢项目团队研发的稀土轴承钢氧含量稳定达到6~7 ppm，夹杂物与碳化物明显细化，疲劳寿命达到国内先进水平，为建立山东省轴承产业链奠定了基础，并且完成了稀土轴承钢生产技术指标和用户应用指标，实现了稀土钢关键技术的推广；累计申请专利24项、发表论文8篇、开发新品种4个、参与制定2项团体标准，参与修订1项国家标准，建设创新平台3个……

稀土在钢中的应用是钢铁行业的老命题。山钢研究院二级研究员刘成宝告诉记者："早在20世纪50年代，西方国家就开始往钢材中添加稀土，主要是为了解决钢材中杂质对钢铁性能影响的问题。20世纪80年代，我国曾开展稀土钢的研发和应用，但在大规模生产过程中也出现极易堵塞浇口、钢中稀土吸收率不稳定等问题，导致稀土在钢铁行业应用由热变冷。"

随着稀土金属分离、提纯技术和手段不断进步，以及国家对先进材料的高度重视，稀土钢研究、应用得到了迅速发展。2018年，山东省印发新材料产业发展专项规划，未来5年重点支持高端装备用特种合金，而稀土钢对进一步延伸钢铁产业链、贯通先进钢铁与高端装备制造有重要意义。

作为山东省最大的钢铁企业，2018年，山钢集团承接省级重点研发项目"高端制造装备用高品质稀土特殊钢关键技术研究及产业化"。

如何打好"稀土牌""资源牌"，推动产业迈上全国价值链高端，如何建立完善的稀土钢研发体系，赋予山钢品牌独特内涵，成为山钢稀土钢研究人员肩上的重担。

项目立项以来，山钢集团迅速成立稀土钢项目组，携手中国科学院金属所，山钢研究院、山钢股份莱芜分公司技术中心、特钢事业部、营销总公司按照"五位一体"部署要求，围绕洁净钢平台建设、稀土处理效果、钢水可浇性、性能检测和用户推广等展开攻关。

科学求索的过程从来没有通向成功的捷径。当他们决定扛起使命的时候，困难接踵而至……

从"水土不服"到"工业化生产"
——攻破"钢中加稀土"的难题

稀土如何高效加入、以何种方式加入，成为稀土钢生产领域世界范围内的关键共性技术难题。

"我们提出建设高洁净钢冶炼平台到建设稀土特殊钢特色特钢的整体思路，确定了'洁净钢平台建设'和'特殊钢稀土处理'两步走路径。"山钢研究院新兴产业技术研究所所长许荣昌介绍。在洁净钢平台建设中，从纯净度控制技术、中间包冶金、均匀性控制技术三方面，进行工艺控制现状技术分析和问题辨识，找出了限制性环节，并提出了针对性的原辅料、工艺、设备改进方案。

通过工艺技术优化、原材料升级等措施，钢中氧含量明显降低，钢中钛含量可稳定控制在15ppm以下。钢水洁净度指标的改善，为后续稀土钢工业试验提供了基础条件。建立了特钢洁净钢生产技术平台，并推广应用到2条生产线，4个产品。

解决稀土如何高效加入、以何种方式加入的世界性难题，没有成功案例可寻。研究团队紧紧围绕高端轴承钢，进行关键技术攻关，完成了290炉的稀土钢对比研究，完成了稀土轴承钢、稀土齿轮钢、稀土轧辊钢、稀土球磨钢等产品试验研究。通过大量实验室研究和工程化试验，探索了稀土在特殊钢中的作用机理与疲劳失效、稀土对夹杂物的细化等机理，明确了稀土加入方式，钢中稀土吸收率稳定。

连铸，如果连拉炉数不能突破，工业化生产将不能变为现实。

在"两步走"的同时，连拉炉数也在从"零"开始突破。对生产数据进行细致分析，确立了"4+2"浇铸模式进行试验浇铸，国内首次实现5炉以上连续浇铸，从而突破了稀土在钢中进行工业化应用的技术瓶颈，这对稀土钢的大规模工业化应用具有标志性意义。

从"技术突破"到"市场效益"
——全产业链模式风生水起

如何将技术转化为实实在在的产品和市场效益，成为亟待解决的难题。

山钢研究院稀土钢项目团队在调研中发现，山东聊城临清市素有“轴承之乡”美誉，拥有全国规模最大的轴承市场，以及完整的轴承产业链，轴承钢需求量占全国的三分之一。

“何不以稀土钢带动轴承钢，将稀土钢技术与轴承钢完美结合起来，做大做强轴承钢产业链，满足市场需求。”山钢集团党政领导对于研究院的建议表示赞同并给予支持。

当满腔热情把山钢的轴承钢推荐给临清市某轴承企业试用时，对方当即泼了一盆冷水，“鉴于对产品质量及性能方面的担忧，不敢试用”。

稀土钢项目团队没有放弃，许荣昌等人一遍遍介绍山钢轴承钢的技术特点、质量优势和市场前景，开展技术讲座，帮助企业解决质量问题，对方终于答应进行小批量使用。

从产品试用那一刻开始，项目团队人员吃住在现场，随时掌握产品技术参数，不间断地跟踪用户。一个月后，用户反馈“山钢产品各方面性能都很好，完全满足需求”。一传十、十传百，很多临清市及省内外的轴承企业纷纷抛来橄榄枝，表达合作意愿。

近年来，山钢先后与聊城轴承企业签订项目共同合作研发协议书、与国内先进的汽车轴承企业共同试制高品质轴承、与国内“单项冠军”轴承企业开发高温重载轴承替代进口……每月供应高端轴承钢4000余吨，市场规模和效益持续扩大。

按照山东省委省政府决策部署，2021年10月，山钢股份与济南大学、聊城临清市共建山东省轴承产业技术研究院，策划构建“材料供应—生产制造—用户服务”全产业链技术创新服务模式，推动和带动区域钢铁及延伸产业转型升级。

截至2021年底，山钢轴承钢产量由每年5000吨提升到4万吨，2022年底有望突破8万吨，向国内高端轴承钢先进企业靠拢。国内某知名轴承企业负责人表示：“山钢以稀土钢带动轴承钢的关键技术指标已经接近国内领先企业，仅用3年就完成了一般企业20年才能达到的目标。”

2022年新年第一天，山钢“五位一体”稀土钢项目团队人员穿梭于现场与市场之间，进一步提升稀土钢的品牌价值，用科技力量助推高质量发展，几代人的稀土梦，正在山钢集团加速实现。

（原载于2022年2月23日大众网、海报新闻、国际在线，作者：吕　娟　赵　腾）

山钢集团“智慧工厂”渐入佳境

日前，由山信软件莱芜自动化分公司自主建设完成的山钢股份莱芜分公司新旧动能转换项目智慧炼铁、炼钢集中操控中心已稳定运行两个多月，为新动区炼铁、炼钢工序实现智能管控与高效协同发挥了重要作用。

近年来，在新一代人工智能、大数据、工业互联网技术引领下，钢铁行业数字化转型势在必行。山信软件莱芜自动化分公司抢抓重大发展机遇，以智能制造应用研发为重点，大力推动新一代信息技术与产业升级融合创新，成功实施了智能炼钢、智能远程运维平台、无人料场、智能仓储等一批具有行业影响力的重点项目。

山钢股份莱芜分公司新旧动能转换项目是山钢集团打造绿色、精品、智慧钢铁产业的转型实践，也是山信软件莱芜自动化分公司倾力打造智能制造业务版图的重要组成部分。项目启动以来，该公司积极践行“建一项工程，树一座丰碑”的工程建设理念，跨区域组建项目团队，集结优势技术力量，克服工期紧、工作强度大、功能设计复杂等困难，精心组织，创新推进，以硬核的技术实力确保了两大集控中心建成投用，并取得了控制零差错、热试全部一次性成功的成绩。

据该公司相关负责人介绍，智慧炼铁集控中心以打造炼铁行业“灯塔工厂”为目标，借助数字化力量，打破传统作业模式，消除分散管控弊端，集成了生产、质量成本、设备、原燃料物流、能源环保、安全保卫、智能视频应用七大系统，实现了原燃料进厂、生产运行、铁水出厂全流程可视化及高炉生产运行监控、能源平衡优化、物流平衡预警、安全环保智能可控、设备远程运维的全系统智能化集成。同时，智慧炼铁集控中心立足高炉集控，可辐射原料、烧结、焦化等上下游产线控制系统，各系统信息通过实时对接，进行信息集中和共享，打破了信息壁垒，实现了以高炉生产为核心的多产线协同。

在炼钢工序，依托智慧炼钢集控中心，不仅实现了炼钢数据一站式服务以及系统全集成炼钢智能制造模式，而且通过创新应用高级计划排程系统，实现浇次、炉次计划的自动生成与调整以及生产时刻表等的精准控制，提升了准时化生产能力。该公司还充分应用三维可视化技术，将5台测温取样机器人、12套视觉系统引入炼钢产线，实现了多工序无人化操作和炼钢生产的稳定、高效、低成本控制。此外，炼钢数据池、炼钢物流跟踪、一键脱硫、一键扒渣、一键精炼、炼钢智能调度、数字孪生等13项智能化应用有力提升了智能化炼钢水平。

倾力打造智能制造业务版图，助力钢铁行业智慧化转型。目前，该公司正积极开辟智能化技术应用新场景，探索智能车间、智能工厂建设方案，力争形成多场景、全链条、多层次的应用示范，为打造极致高效安全的智慧工厂贡献“山信力量”。

（原载于2022年3月12日新华网，
作者：刘　芳　巩茂娟　王　静）

硬核产品看山钢

中国钢铁工业协会今年组织召开“基于机器视觉的宽厚板轮廓及板形CPS智能制造技术研发与应用”成果评价会，与会专家一致认为该成果达到了国际领先水平。该项成果是山钢科技自强，突破关键技术的成果之一。

山钢集团“强”起来，必须让产品“强”起来。山钢集团以科技创新推动换道超车，2021年以来，一系列创新和前沿技术落地实施，研发全球最大规格的C270b门架槽钢，被誉为“皇冠上明珠”的9Ni钢形成批量生产……一批代表当今钢铁行业先进水平的硬核产品相继在山钢问世。

从“跟跑”到“领跑”

“增强自立自强本领，‘自立’就是强化底线思维，‘自强’就是强化领跑思维。”山钢集团党委书记、董事长侯军的要求，是山钢集团科技创新、打造硬核产品秉持的理念。

真正的核心关键技术，市场换不来、

花钱买不来。“苦练内功，勇于创新，突破关键核心共性技术。”山钢研究院副院长何毅带领团队开展山东省重点研发项目的研究。目前，山钢研究院攻克稀土钢冶炼及连铸关键工艺技术，获得18项专利、42项技术秘密的重大成果，推动山钢轴承钢迈上价值链的更高端。2021年山钢轴承钢销售量同比增长700%，赢得国内行业众多高端客户的信赖。

从“重点基础材料技术提升与产业化”到“浮式海上风电装备用钢关键技术研发与产业化”创新示范工程等国家重点专项项目，从“超高强韧汽车钢”到“海洋工程用特种钢板”等山东省重大科技专项，山钢一批重大科技项目顺利实施。

据统计，2021年，山钢集团在研国家和省部级重大科技专项达11项，获省部级科学技术奖10项，关键技术攻关、高端产品研发取得突破，硬核产品不断涌现。

从“盆景”到“风景”

如今，智慧赋能成为山钢集团生产一线新的风景。“数字孪生”“无人行车”“工业机器人”等智能制造技术方面形成多项国际领先成果，山钢集团走出了一条强化智能制造技术研究的探索之路。

自2021年初山钢集团全面推进高科技企业目标，全链创新迈入“深改时间”，着力培育和打造隐形冠军、瞪羚企业、“专精特新”等科技型企业，欲形成高新技术企业集群。

山钢集团高端材料、新材料、绿色低碳等新产业新技术势头强劲，增长迅速。山东耐材研制出低蠕变、高热震稳定性的热风炉用莫来石红柱石砖，获得多项国家、行业标准以及发明专利；山信软件成功进入2021年度省软件和信息技术服务综合竞争力百强企业前列……一个个鲜活实践成为科技创新不断深化的智慧之根、活力之源，山钢集团科技创新风生水起，亮点纷呈。

从“大路货”到“卖断货”

技术创新满足了客户需求，推动产品不断升级，领先市场需求的新产品成为山钢“增效”的独门利器。

山钢集团持续深化“高层营销、营销高层”，组建齿轮钢、工程机械用钢、高强及耐磨钢板等重点用户专业服务团队，与国内重点用户开展技术交流与服务300余次，签订技术协议100余项，进一步聚合产业链上下游市场资源，巩固与重要客户的合作关系，助力构建安全高效的钢铁产业生态圈。

产品研发能力不断增强，一批重点新产品取得新突破。2021年，山钢成功开发了国内最厚两齿履带钢和高端叉车用新型门架槽钢，履带钢、叉车门架用型钢销售双双创历史新高；开发高性能CrMn微合金化齿轮钢，在重载汽车齿轮制造领域成功应用。

今日的山钢，科技进步的速度正在加快，成为推动山钢集团在高质量发展中“强”起来的巨大力量。

从“主动”到“联动”

山钢集团大力营造有利于激发科技人才创新的生态系统，关键路径上用机制、投入、平台、人才四大支撑，让广大科技创新者拥抱创新创造的“黄金时代”。

山钢集团持续推进科技创新体制机制改革，按照“统一化管理、专业化整合、一体化运营”的原则升级研发体系，加强钢铁共性技术、新兴产业技术和经济战略研究，加强资源协同和科研合作，健全高效协同的技术创新研发机制；扎实推进高科技企业创建，先后印发《创建高科技企业纲要》《关于全面推进高科技企业创建工作的通知》，为产业高质量发展注入新动能。

2021 年，山钢集团研发投入 66.8 亿元，增幅 43.04%，极大释放了创新创造的热情与活力。山钢集团捧出“真金白银”，鼓励各单位“揭榜挂帅”参与国家、省、市重点研发计划，重点围绕绿色制造、智能制造、关键核心技术开展研发攻关，推动攻克更多技术难题。据不完全统计，山钢集团拥有国家级企业技术中心等省级及以上科技创新平台 27 个，为科研人才的发展和技术创新活动的开展提供了强大的平台支撑。

山钢集团健全科技人才资源保障制度和鼓励创新的激励机制，对于获得国家科学技术奖和专利奖以及获得省部级奖的科研团队，按照规定给予奖励；与国内外多名院士签订合作协议，成功引进各类高层次人才和博士毕业生，人才结构呈现更加趋于合理。

（原载于 2022 年 5 月 12 日新华网，
作者：吕 娟 牛玉波 谢 晖
徐继山）

山钢再拿磁悬浮专用 F 型钢新订单

入围—谈判—中标—签单！一气呵成！近日山钢股份营销总公司华南销售公司成功与国内某龙头工程央企直接牵手，独家提供长沙黄花机场磁悬浮线东延线工程轨道用 F 型钢。

该订单是山钢集团继供货北京 S1 磁悬浮线、湘西凤凰古城磁悬浮线之后，又一次拿下国内磁悬浮重点工程订单，再次巩固了山钢集团在中低速磁悬浮轨道用钢领域的国内领先地位。

据了解，长沙黄花机场磁悬浮东延线是配套长沙机场改扩建工程，将实现高铁站与新建航站楼间的快速接驳，是扩大空铁联运综合交通枢纽效应的重要工程，该线路全长 4.454 公里，同时也是国内首条地下磁浮线路。

今年 8 月初，获得项目信息后，山钢股份营销总公司和莱芜分公司各单位通力合作，充分发挥“五位一体”协调机制优势，凭借良好的业绩和优质的服务，使山钢型钢成功进入该项目供应商名单。

（原载于 2022 年 10 月 10 日大众网、
海报新闻、大众日报客户端，
作者：冯 伟 顾晓燕
王显军 李 栋）

在这里，一线职工创新参与率 100%

日前，山东钢铁集团有限公司对 2021 年度全员平凡创新示范单位、创新型班组（团队）、平凡创新卓越职工、劳模（工匠/高技能人才）创新工作室，以及平凡创新优秀成果和合理化建议“金点子”进行表彰奖励，奖励金额共计 1000 万余元。

这是山钢集团继 4 月 19 日拿出 1000 万元重奖 2021 年度在科技进步中作出突出贡献的团队和个人后，再次对创新工作实施的重奖。与第一次着重奖励企业的科技人员不同，这一次的奖励对象是一线的广大技术工人。“用重奖激励职工创新积极性，无论是科技人员还是技术工人，一个都不能少！”山钢集团党委书记、董事长侯军表示。

打造人人参与的平凡创新工程

近年来，山钢集团为了充分调动职工的创新积极性，构建了科技创新、管理创新和全员岗位创新“三位一体”的创新工作体系。在科技创新方面，每年对一批先进创新成果、个人给予重奖。在管理创新方面，每年对先进管理成果、个人进行奖励。在全员岗位创新方面，在职工中大力实施平凡创新工程，为职工搭建高效创新平台。

“全员平凡创新，立足‘小实快省，一线能为’，突出成果规模小，适合一线实施。如果说科技创新和管理创新有一定的技术门槛，那么全员平凡创新几乎没有门槛，职工人人可以参与。”山钢集团工会主席李长青说，“我们把全员平凡创新工程作为培养知识型、技能型、创新型职工队伍的需要，作为落实新时期产业工人队伍建设改革的重要内容，形成了工会牵头、各部门齐抓共管的良好工作态势。”

“如今在厂里，创新已经成为一种习惯。”山钢集团日照有限公司炼钢厂炼钢作业区技术主管李成龙表示。在今年的评选中，李成龙被评为“山钢集团平凡创新卓越职工”。

多措并举激发职工创新热情

山东钢铁股份有限公司是山钢集团的主体钢铁生产单位。该公司实施了“十百千万”全员岗位创新工程，即通过评选表彰十余项优秀岗位创新项目、百余项全员创新改善成果、千余项各管理单位级以上优秀“金点子”，以实现万名职工齐创新的生动局面。

山钢股份突出目标导向和结果导向，实施高额奖励、精准激励。其中，优秀岗位创新项目奖励5万~30万元，优秀全员改善成果奖励1万~2万元，优秀“献一计”成果奖励2000~5000元，“创客先锋”奖励2万元。在工作推进中，建立了集提案申报、评审表彰、借鉴共享、揭榜攻关等于一体的全员改善手机管理平台，让创新触手可及；搭建了资源支持和技术帮扶的创新平台，赋予一线职工自信。此外，实施全员改善送奖到岗位，让一线职工感受创新的荣耀与自豪。

这些措施极大地激发了职工的创新热情。5分钱投入，让400元的备件重新上岗；仅靠参数调整，零投入盘活价值上亿元设备……一大批“草根”发明家，在他们最熟悉的生产现场，“点燃”一个个创新火花。2021年，山钢股份共评选各类优秀岗位创新项目、成果391项，创客先锋11人，各级奖励金额累计1000万元。

职工企业均受益

“全员平凡创新让职工经济上受益、心理上满足、技能上提升，让企业实现降本增效，真是一举多得。”山钢股份莱芜分公司棒材厂一轧车间精整班班组长燕中旺说。此次，他也被评为“山钢集团平凡创新卓越职工”。

2021年，燕中旺所在精整班完成自主改善470多项，完成小改小革100余项，综合增效1000多万元，获得了山东省“创新型班组”荣誉称号。

3年来，山钢集团共完成平凡创新项目12.6万项，一线职工参与率100%。山钢股份莱芜分公司、山钢集团日照公司分别入选山东省全员创新企业。

“在全员平凡创新工程的推动下，山钢集团有效构建起了管理创新搭框架、技术创新拔头筹、平凡创新强基础的创新格局。下一步，集团要努力打造更加开放包容的全员创新文化，推动全心全意依靠职工‘办’企业向全心全意依靠职工‘强’企业加速蜕变。”侯军表示。

（原载于2022年6月7日《工人日报》，
作者：田国垒　褚慧娟）

《山钢年鉴》(2023) 撰稿、审稿人员名单

序 号	撰 稿 人	审 稿 人	单 位 名 称
1	孙亚宁 张海明 孙 波 魏 东 宋玉前 张 序 刘孝存 郑 玮	李学玉	公司办公室/党委办公室
2	刘 晨 刘 宁 于 奇	陈茂文	董事会办公室/公司治理部
3	王 刚	邱现金	战略发展部/国际事业部
4	周林琳	李 强	财务部
5	奚道鑫	王其成	投资与资本运营部
6	胡 玉 罗 剑 马丽萍 郭全生 朱碧桃 郑 丽	孙日东	运营管理部/信息化管理办公室
7	马家泰 李 霞 张传友 魏 鹏 李小权 张 岳	李 林 李勇实 阎文龙	党委组织部/人力资源部/机关党委
8	徐 晨	罗文军	风险合规部
9	张海鹰 孙 霞 崔中晔	刘松林	工会/团委
10	王利峰 任晓华 徐大天	张兰润	宣传部/企业文化部
11	李 梁 梁玉超 宋雷明	刘烈涛	纪委/监察专员办公室
12	李 琦 徐 毅	刘兰雪 安 燕	巡察办/审计部
13	韩怀平	王志强	安全环保部/应急管理部
14	牛玉波 谢 晖	李丰功	科技创新部
15	张文坛	王 勇	资金中心
16	李 志	刘兰雪	审计中心
17	宋 哲	马先红	法律顾问中心
18	胡 军	张永护	人力资源服务中心
19	李洪江 刘志飞 李建辉 王天宁 吕 娟 刘 芳 李盛熙 党 浅 褚慧娟 亓 迪 赵 腾 李 淼 荣国才 梁玉超 颜永健 谭明林 赵增翼 陈 峰 杜 慧 张 强 巩茂娟 王 静 冯 伟 顾晓燕 王显军 李 栋 田国垒	周传勇	新闻传媒中心
20	吴茂贵 赵呈德 袁伟祎 王子寒	李洪建	莱芜钢铁集团有限公司
21	毛瑞萍	李志波	山东工业职业学院
22	王 哲	刘长进	山东钢铁集团矿业有限公司
23	李乃亮 王敬兰	王佑宝	山东耐火材料集团有限公司
24	孟祥龙	魏 风	山东钢铁集团永锋淄博有限公司

续表

序号	撰稿人	审稿人	单位名称
25	耿佃标	王兴强	山东钢铁集团淄博张钢有限公司
26	赵党党	张　瑾	山东钢铁集团财务有限公司
27	杨玉晶　王　涛　石东华	王兴强	山东钢铁集团国际贸易有限公司
28	冀　晋　赵增翼	王文学	山东钢铁集团房地产有限公司
39	王启明　李晓丹	黄振辉	山钢集团金融控股（深圳）有限公司
30	赵成文	张元福	山信软件股份有限公司
31	杨　鑫　刘　敏　宿　昊 侯丽娜　于　涛　吴　昊 王燕美　高　敏　陈豪卫 冯　丽　于利国　周振峰 王玉军　常　骁　黄训建 李　林　商启亮　董　良 李希海　王沛永　刘运丽 王守栋　马学照　侯文娟 董　晓　杨位钦　张荣海 郭　阳　张庆祥　成耀华	景　凯　耿　亮　董永峰 张　军　孔凡强　郭允义 徐锡坤　刘武修　朱　慧 刘玉良　姜广忠　高洪亮 高淑军　李　锐　张润生 郭伟达　王中学　徐继山 翟大强　张思勋　刘建迅 李传瑾　杜富仁	山东钢铁股份有限公司